Sigrid Bock
Der Weg führt nach St. Barbara

Inhalt

Das Zimmer   9

Auf den Spuren der Mütter und Väter
*Zwischen Rhein und Weser / Treu der Religion der Väter /
Salon in Frankfurt / Leben in Mainz*   25

**»Sie liebte die Verse. In Versen lebte sie; in Versen träumte sie,
und an sie glaubte sie beinahe mehr als an alles andere«**
*Aufwachsen im Puppenhaus / Unter Freundinnen – und doch allein /
Eine Perspektive: Lehrerin für Deutsch, Religion, Handarbeit, Turnen /
Originaleindruck Erster Weltkrieg*   51

Erfahrungen und Denkanstöße 1918/19
*Gerechtigkeit heißt das Zauberwort /
Un-Ordnung zieht ein ins Speisezimmer der
Mutter / Schwere Wahl: Frankreich? Deutschland?
Rheinische Republik? / Aktiv die Zeit bewältigen*   75

Zu sich selbst finden
*Warum studieren? / »Wetterleuchten« über der Hauptstadt
eines »weltumspannenden Geistes« /
Ein ungewöhnlicher Lehrer / Verwandelt*   95

Abenteuer menschlicher Begegnungen
*Von einer, die auszog, das Leben zu lernen /
Geflohen aus dem revolutionären Russland /
Geflohen aus Horthy-Ungarn*   117

Erste Entscheidungen
*Fröhlich, zärtlich, liebend, ganz voller Spiel und Leichtigkeit /
Der große Tschibe und die kleine Tschibe /
Mit Riesenschritten dem Abschluss des Studiums entgegen*   145

Selbstverständigung am historischen Material
*Der Freundschaftsbund / Das Himmelreich auf Erden schon errichten /
Kann man den Teufel mit teuflischen Mitteln vertreiben?*   167

**»Jude und Judentum im Werke Rembrandts« –
nur eine historische Arbeit?**
*Selbstbewusst und streitbar / Sephardim zur Zeit Rembrandts
in Amsterdam / Auf der Suche nach dem spezifisch Jüdischen /
Erste Grund-Sätze eines eigenen Kunst-Programms* 189

Das Verlockende des Andersseins
*Spiegel eigener Träume, eigenen Verlangens /
Bittere Erfahrungen im Elternhaus /
Ehe als Lebensform zur Selbstverwirklichung eines jeden /
Es ist noch zu viel von Liebe und zu wenig von Zement die Rede /
Aufforderung, im strengsten Sinne religiös zu sein* 211

Erste Ehejahre: Schreibende Hausfrau und Mutter
*Eine neue Rolle wird übernommen /
Zum Lehrer berufen – von der Politischen Polizei
Berlins gesucht / Einsamkeit /
Neue Wirklichkeit – neues Erzählen /
Die Erzählung »Grubetsch« / Ein merkwürdiger Brief* 239

Den Träumen der Jugend treu bleiben
*Besonderheiten des Kleistpreises / Ansporn zur Arbeit /
Ein ausgesondertes Manuskript /
Die Mauer des Schweigens wird durchbrochen /
Leser zum Gespräch zusammenführen* 267

Abkürzungsverzeichnis 299
Personenregister 300

Für Helmut

Das Zimmer

Arbeitszimmer der Anna Seghers. Mehr ein Zimmerchen. Vier mal vier Meter. Eingeengt von Bücherregalen. An zwei Wänden ziehen sie sich bis zur Decke empor. Eingebaut ein Schreibschrank auf der einen, ein Kleiderschrank auf der anderen Seite. Dort, wo die Regale im rechten Winkel zusammentreffen, ist Platz ausgespart für eine schmale Tür. Weniger eine Tür: ein Durchschlupf ins Wohn- und Bibliothekszimmer. Bibliothek aber ist hier in dieser Wohnung alles. Ob Wohn- oder Arbeitsraum oder Korridor, überall reiht sich Buch an Buch. Wände aus Büchern.

Türen auch an den anderen Seiten der beiden Regale. Die eine führt zu den Arbeitsräumen des Ehemannes Ladislaus (László) Radványi, auch Johann Lorenz Schmidt genannt. Die andere zum Balkon: auch er ein Winzling. Ein Lieblingsplatz der Schriftstellerin. Manchmal, wenn es warm und sonnig ist, zieht sie mit ihrer Schreibmaschine hinaus. Sitzt dann hoch droben im dritten und höchsten Stockwerk ihres Mietshauses wie in einem »Mastkorb«, wie sie selber sagt. Sieht den Leuten im Haus gegenüber in die Fenster. Lässt den Blick schweifen: nach rechts, wo die Straße aus einer kleinen Gartensiedlung hervorläuft, nach links, wo mit der Straße Abgeschiedenheit und Stille enden, der Lärm beginnt, das Herz schlägt dieser reich bevölkerten Berliner Arbeiter- und Angestelltenvorstadt Adlershof. Wo Menschen rastlos eilen, Geschäft an Geschäft stößt, Straßenbahnen und Autos drängen.

Im Frühjahr vom Balkon aus das wohl schönste Bild. Jetzt kann Anna Seghers Ausschau halten, ob die Magnolien im Nachbargarten zehn Meter entfernt nicht bald blühen werden. Dieser Magnolienbaum ist heute das Prachtstück der Straße. In den rund achtundzwanzig Jahren, die Anna Seghers hier lebte, muss sie zugesehen haben, wie er heranwuchs und zu blühen begann, Jahr für Jahr mehr leuchtete und glänzte. Ein Lichtzeichen, das Menschen und aneinandergereihten Mietshäusern zuwinkt: nicht zur Hauptstraße, hierher, zu den Gärten, zum anschließenden Wald führt der rechte Weg!

Die Fensterwand mit der Balkontür ist die einzige Wand im Arbeitszimmer ohne Bücherregal. Dafür drei kleine Bilder. Glasscheiben mit schwarzem Kalikoband. Ein zeitgenössischer Stich mit einem Porträt von Toussaint l'Ouverture. 1948, ein Jahr nach ihrer Rückkehr aus dem Exil in Mexiko, veröffentlichte die Schriftstellerin eine Kurzbiographie über ihn. Neben dem Bildnis zwei Autographen: ein Schreiben des Neger-Revolutionärs, der zugleich Widersacher Napoleons war, und ein Brief Thomas Münzers, mit dem Anna Seghers ihren »Großen Unbekannten« von der fernen Insel Haiti gern verglich. Halfen ihr Handschriften, den Charakter eines Menschen zu entschlüsseln?

Auch an der vierten Wand steht ein Regal. Aber nur ein halbhohes. Daneben ein Sofa. Auch darüber zwei Bilder. Eines davon scheint ein unter Glas aufbewahrtes Zeitungsblatt zu sein. Doch der erste Blick trügt. Eine Lithographie erzählt in zwei kleinen Bildern die uralte Geschichte vom Ritter und dem Tod. Auf dem ersten Bild sitzt der Recke, als der Tod sich naht, noch hoch aufgerichtet und stolz auf seinem Ross. Auf dem zweiten darunter liegt er am Boden. Für den Lesekundigen folgt in russischer Sprache die Erklärung: Der Ritter will nicht sterben, herrisch feilscht er um sein Leben, bietet Land, Schlösser, Perlen. Doch der Tod lässt sich nicht bestechen, verschont auch den Reichen nicht.»Besser, du hättest all das beizeiten an die Armen verteilt!«, ruft er dem Ritter zu. Dann stößt er ihn vom Pferd. Ein Volksbilderbogen aus dem 18. oder 19. Jahrhundert. Ilja Ehrenburg brachte das heute kostbare Geschenk der Freundin. Wandernde Händler in Russland verkauften damals solch schlichte »Lubki« an Bauern und mittellose Stadtbewohner. Ikonen konnten sie sich nicht leisten. Die Lubki dagegen waren willkommener Wandschmuck und – Trost zugleich. Neben Bildern und Sofa ein Kachelofen. Und dann – o Wunder – ein halbes Meterchen freie Wand bis zur Tür zu den Räumen des Ehemannes, zu Ladislaus Radványi.

In der Mitte des Zimmers der Schreibtisch. Der prangt groß und frei. Nichts zwängt ihn ein. Mittelpunkt allen Geschehens in diesem Raum. Dennoch: Kein besonderes Möbelstück. Nicht – wie andere Schriftsteller es gern mochten – eigenen Wünschen entsprechend angefertigt. Ein Tisch, wie er in den Wohnstuben einfacher Leute steht. Um den sich Familienmitglieder und Gäste versammeln. An dem sie essen, Schulaufgaben erledigen, feiern, sich von den Ereignissen des Tages erzählen. Solch ein Tisch findet sich immer und immer wieder im Werk der Anna Seghers. Symbol der Gemeinsamkeit friedlicher Menschen.

Hier dient er als Schreibtisch. Eine große, schön gemaserte Holzplatte. Die Schreibmaschine steht noch immer vornan. Eine Remington. Von ihr wird berichtet, dass Anna Seghers sie 1947 aus Mexiko mitbrachte. Im Exil Zeugnis der Solidarität: Freunde dort sollen sie von gesammeltem Geld gekauft haben. Begrüßten damit die Autorin, als am 30. Juni 1941 die zweite Flucht vor den Nationalsozialisten geglückt, die Familie Radványi im sicheren Hafen von Vera Cruz angelandet war. Eine Zeit ruhigen Arbeitens sollte beginnen. Endlich – so wünschten die Freunde es der Ankommenden. Der Remington blieb Anna Seghers treu. Bis an ihr Lebensende. Wollte das Maschinchen nicht mehr funktionieren – die Schriftstellerin holte sich Hilfe. Immer und immer wieder. Eine neue kaufte sie nicht. Noch heute erzählt ihr Monteur von dieser Liebe.

Neben der Remington Schreibpapier, eine Schale mit Bleistiften, ein Ständer für Postkarten, eine Lampe. Alles Utensilien, die zum Arbeiten notwendig sind. Aber es finden sich auch Dinge, die nicht so recht auf einen Schreibtisch gehören: eine kleine, aus Papier gefaltete Schachtel, Geburtstagsgeschenk der Enkeltochter. Ein Stein und eine Kugel aus Stein. Wurden beide gerettet aus der geliebten Sammlung der

Mutter Hedwig Reiling? Brachten sie Freunde, die wussten, dass auch Anna Seghers Steine mochte? Die Kugel liegt in einem Hufeisen. Hat es die Schriftstellerin selbst gefunden? Nur dann wirkt der Zauber, bringt das Hufeisen Glück. Diese Aufklärerin aus Leidenschaft vertraute nicht allein ihrem Verstand, rief beim Schreiben alle guten Geister um Beistand an. Sogar ein Miniatur-Mauerstein findet sich auf dem Tisch. Er könnte als Briefbeschwerer gedient haben. Solche Exemplare verschenkten Maurer und Bergleute in den Anfangsjahren der Deutschen Demokratischen Republik. Stolz auf ihre mühselige Arbeit schwang mit bei dieser Gabe. Diese hier trägt eine Aufschrift: »Gruß dem 4. Parteitag der SED. Die Aufbauhelfer in Berlin 1954.«

Aufbauhelfer – so nannte man Leute, die in ihrer Freizeit und ohne Bezahlung halfen, die Kriegstrümmer aus den Städten und Dörfern wegzuräumen, Platz zu schaffen für neue Häuser und Straßen. Sicherlich nicht alle freiwillig. Viele jedoch, Jugendliche vor allem, mit flammender Hoffnung auf ein neues friedliches Leben. Auch Kumpel aus Großräschen in der Lausitz, dem Braunkohlerevier der DDR, müssen in Berlin mitgewirkt haben. Besuchten sie die Schriftstellerin, um von ihren Erfahrungen daheim und in Berlin zu berichten? Am 4. Parteitag nahm Anna Seghers nicht teil. Sie weilte zu dieser Zeit in Moskau, arbeitete im Tolstoi-Archiv, reiste weiter nach Österreich und Belgien. Nach dem 6. April 1954 jedoch können die Kumpel sie angetroffen, mit ihr gesprochen haben. Anregung und Auftakt für einen öffentlich geführten Briefwechsel zwischen Schriftstellern und Arbeitern, der einige Monate danach begann. In dem Fragen des literarischen Schaffens diskutiert wurden, Leser von ihren Lektürewünschen und -erwartungen sprachen. Mit einem Brief an Arbeiter aus Nachterstedt beteiligte sich Anna Seghers an dieser Debatte.[1] Zugleich versuchte sie, in literarischen Skizzen das Verhalten von Aufbauhelfern darzustellen, aufschimmernde Hoffnungen zu kräftigen. Den Ziegelstein der Kumpel aus Großräschen legte sie nicht beiseite, als sie in diese Wohnung einzog. Auch ihn wollte sie in ihrer Nähe wissen. Denn all diese Dinge auf ihrem Schreibtisch erinnerten an liebe und vertraute Menschen, an Begegnungen, die bedeutsam waren. Sie gehörten zu diesem Arbeitsplatz. Erzählten mit.

Hier also saß die Schriftstellerin. Arbeitete sie. Mit dem Rücken zu Schreibschrank und Bücherregal. Vor sich das Sofa, die Bilder. Nach allem Trubel des äußeren Lebens – in diesem Raum, an diesem Tisch war Anna Seghers allein. Allein – sich und ihrem Gewissen verantwortlich. Nur ihre selbstgewählten Bücher, Bilder, Geschenke waren als Zeugen und Ratgeber zugelassen. In dieser Einsamkeit und Stille schrieb sie. Dachte sie nach. Träumte. Schrieb.

Vierundfünfzig Jahre alt ist Anna Seghers, als sie 1955 zusammen mit Ladislaus Radvanyi, Ehemann seit dreißig Jahren, in diese Wohnung zieht. Im Februar lässt sie den Schreibtisch hierher stellen. Beginnt sie, die Regale so zu ordnen, so mit Bü-

---

1 Vgl. dazu Anna Seghers: [Zum Nachterstedter Brief], 7. April 1955, in: Anna Seghers: KuW I, Berlin 1970, S. 237 ff.

chern zu füllen, dass sie meint, hier arbeiten zu können. Nach zweiundzwanzig Jahren des Vertriebenseins und Umherwanderns mit kurzen Zwischenaufenthalten – eine feste Bleibe. Die letzte – bis zu ihrem Tode 1983. In diesem Raum schreibt sie die beiden Romane »Die Entscheidung« und »Das Vertrauen«. Entstehen Erzählungen, Novellen, Aufsätze, Reden. Beginnt sie mit ihrem Alterswerk. Von hier aus laufen ihre Gedanken in alle Welt. Ihre Geschichten spielen nicht allein in Deutschland: Menschen aus allen Gegenden des Erdballs ruft sie in dieses Zimmer.

Nicht sofort in die Maschine tippt Anna Seghers. Was ihr in den Sinn kommt, notiert sie zuerst mit der Hand. Ihre Devise: »Man darf nichts aufschieben, sonst ist's weg, die Idee futsch.«[2] In eine Ecke des Sofas gekauert, schreibt, kritzelt sie mit Bleistift ihre Entwürfe in Schulhefte, Diarien. Die Hand fliegt über das Papier. Kein Gedanke, kein Wort darf verlorengehen. Früher, als die Wohnungen noch voller Kinderlachen waren, saß sie vor ihren Heften an kleinen runden Tischen eines Cafés. Wie viele ihrer literarischen Figuren. Wie 1973 auch Franz Kafka, den sie in ihrer Erzählung »Die Reisebegegnung« mit E. T. A. Hoffmann und Gogol zusammentreffen lässt. Ihn charakterisiert sie, als würde sie über sich selbst sprechen: In Prag sitzt er in der Fensternische eines Cafés, schreibt und schreibt. »Das Geschriebene las er wieder, die meisten Zeilen strich er durch. Dann schrieb er von neuem, völlig benommen, das Neue las er lautlos sich selbst vor, die Lippen bewegend. Dann trank er einen Schluck Kaffee.«[3]

Diese Cafés, in denen man stundenlang selbstvergessen sitzen und arbeiten kann, sind 1973 längst nur noch schöne Erinnerung. Aus dem Nachkriegs-Berlin der DDR sind sie verschwunden. Jetzt schreibt Anna Seghers zu Haus. Geblieben ist die Gewohnheit, Schulhefte zu benutzen, die man schnell in die Tasche stecken und wegtragen kann. Und noch etwas ist anders als früher: Die Schriftstellerin hat eine Sekretärin. Auf dem Sofa sitzend, diktiert sie, sobald sie meint, einen ersten Entwurf »fertig« zu haben. Doch dann werden die Typoskripte »umgeschrieben«. Wieder und wieder. Und von neuem beginnt das Diktieren. Bis – nach zahlreichen Versuchen und Arbeitsstufen – ein Text endlich als abgeschlossen gelten kann. Zum Druck gegeben wird.

Ein paarmal saß ich neben Anna Seghers. Ihre seit 1927 geschriebenen publizistischen und theoretischen Arbeiten hatte ich zu einer geschlossenen Ausgabe zusammengetragen. Sobald ein Band fertig war, begann die Endredaktion – hier in diesem Raum. Die Schreibmaschine war beiseite gestellt. Die Schriftstellerin legte die Typoskripte vor sich auf den Tisch. Text für Text wurde Seite für Seite geprüft: War er wirklich von ihrer Hand? Hielt er ihrem Urteil noch immer stand? Verdiente er es, aufbewahrt zu werden? Anna Seghers hatte niemals notiert, was sie veröffentlichte,

---

2   Achim Roscher: Wirkung des Geschriebenen, Gespräche mit Anna Seghers, 28. April 1973, in: neue deutsche literatur (ndl), Berlin, 31(1983)10, S. 65.
3   Anna Seghers: Die Reisebegegnung, in: Anna Seghers: Gesammelte Werke in Einzelausgaben, Band XII, Berlin und Weimar 1977, S. 499.

wann und wo etwas erschienen war. Faschismus, Flucht und Exil erlaubten nicht, Manuskripte aufzubewahren. Von Land zu Land zu schleppen. Vieles ging verloren. So manche Arbeit entschwand ihrem Gedächtnis. Ich musste suchen. Suchen in Zeitungen, Zeitschriften, Büchern – in aller Welt. Doch hatte sie das, was ich endlich gefunden hatte, wirklich geschrieben? Anna Seghers prüfte genau. Versuchte auch nicht – wie manche ihrer Kollegen –, in Texte, die sie vor Jahrzehnten verfasst hatte, verbessernd einzugreifen, sie aber als »die alten« auszugeben. »Es gefällt mir nicht, was ich damals gesagt habe«, bemerkte sie manchmal. »Wie jung und dumm ich war. Aber es ist ehrlicher, alles stehenzulassen.« Sie bekannte sich zu Irrtümern vergangener Zeiten. Nur eine geringe Anzahl von Aufsätzen, Reportagen, Skizzen wollte sie nicht in ihr Gesamtwerk aufgenommen wissen. Bei einigen bestritt sie gar die Urheberschaft, obwohl sie mit »Seghers« gezeichnet waren. Gründe für die Ablehnung nannte sie nicht. Wühlten diese Arbeiten Erlebnisse auf, an die sie nicht erinnert werden wollte?[4] Hatten Arbeiterkorrespondenten sie geschrieben, Anna Seghers sie nur korrigiert, druckfertig gemacht und an Zeitschriften versandt, deren Redakteure sie kurzerhand als ihre Texte ausgaben? Seit 1929, seit ihrem Eintritt in den »Bund proletarisch-revolutionärer Schriftsteller«, leitete die Autorin »Zirkel schreibender Arbeiter«. Im Exil half sie Flüchtlingen, bedrückende Erlebnisse im faschistischen Deutschland sich von der Seele zu schreiben.[5]

Ab und zu beteiligte sich auch Laszlo Radvanyi an der Redaktionsarbeit. Er kam und ging durch dieses Zimmer, das die beiden Teile der Wohnung miteinander verband. Anna Seghers fragte ihn, sobald sie fürchtete, ein Text könne heute missverstanden, müsse besser aussortiert werden. Sein Urteil wog schwer – das letzte Wort jedoch hatte die Autorin selbst.

Seit dem Tode der Schriftstellerin ist die Wohnung Gedenkstätte bei der Akademie der Künste in Berlin. Auf ihrem Platz sitzend, nicht frei von Beklommenheit, begreife ich: Die Enge des Zimmers hatte auch Vorteile. Vom Stuhl vor dem Schreibtisch war es möglich, ohne aufzustehen, aus dem Regal dahinter ein Buch zu ziehen. Darin zu lesen. Nachzuschlagen. Auch mit Bildern und Texten auf der Wand gegenüber und rechts neben der Balkontür konnte Anna Seghers Zwiesprache halten. Heute darf auch ich Bücher in die Hand nehmen, Bilder betrachten und Texte entzif-

---

4 Ich erinnere mich, wie erregt, ja bestürzt Anna Seghers auf die Wiederentdeckung der Tagebuchaufzeichnungen »Sechs Tage, sechs Jahre« reagierte und behauptete, so etwas hätte sie »nie geschrieben«. Ich spürte, sie versuchte, sich von diesem Text zu distanzieren, obwohl sie ihn selbst verfasst hatte; ich glaubte auch, zu verstehen, warum: Nie wieder hat Anna Seghers so direkt von sich und ihren Kindern erzählt, nie wieder eigene Verzweiflung und Ratlosigkeit über Vertreibung und Exilerfahrung durchblicken lassen. (Der Text erschien unter dem Titel »›Six jours, six années, page de journal‹ von Anna Seghers« in der französischen Zeitschrift »Europe. Revue mensuelle«, Paris 1938, Nr. 188, S. 542 ff.)
5 So bekannte sich Anna Seghers z. B. zu der Arbeit »Das Vaterunser«, die unter dem Pseudonym Peter Conrad erschien (in: Internationale Literatur, Moskau, 3[1933]4, S. 70 ff.; auch in: Anna Seghers: KuW III, Berlin 1971, S. 179 ff.) Den Text »Mord im Lager Hohenstein« (in: Unsere Zeit, Paris, Nr. 10, 15. Juni 1933) dagegen, auch mit Peter Conrad gezeichnet, verbot sie mir geradezu, in die Sammlung ihrer Arbeiten aufzunehmen: Sie hätte ihn nicht geschrieben.

fern – damals unangemessene Grenzüberschreitung. Jetzt ist zu sehen, welche Bücher die Schriftstellerin sich ins Arbeitszimmer geholt hatte. Aus dem Durcheinander der mehr als neuntausend Bände, die in der gesamten Wohnung verteilt waren, in den Regalen oftmals zwei- und dreireihig hintereinander standen, in den von Ladislaus Radvanyi genutzten Räumen sogar im Bad Aufstellung gefunden hatten, wählte sie sich ein paar hundert für ihr Arbeitszimmer aus. Was wollte sie griffbereit in ihrer Nähe wissen? Begleitete sie während ihrer Arbeit?

In den unteren Fächern des Regals gleich neben der Tür zum Wohn- und Bibliothekszimmer: griffbereit verschiedene Ausgaben eigener Publikationen. Arbeitsexemplare. Weiße Zettel ragen hervor wie Tulpen aus einem Blumenbeet. Unzählbare Wegweiser zu Korrekturen, die Anna Seghers bis zuletzt für Neuausgaben vornahm. Immer aufs Neue änderte, strich, ergänzte, verbesserte sie, suchte sie für ihre Vorstellungen und Gedanken den treffendsten, möglichst einen vollkommenen Ausdruck zu finden. Nur die letzte Fassung ihrer Gesammelten Werke wollte sie als gültig verstanden wissen. Gleich hinter dem Schreibtisch, aber hoch droben unter der Zimmerdecke, schwer heranzukommen, Werke Bertolt Brechts. Die Bände I bis XI der im Aufbau-Verlag Berlin ab 1956 erschienenen »Stücke«, Hefte der Reihe »Versuche«, »Mutter Courage und ihre Kinder. Eine Chronik aus dem Dreißigjährigen Krieg« (1951), »Das Leben des Galilei« (1955), »Die Tage der Commune« (1957) zum Beispiel. Dahinter, versteckt in der zweiten Reihe, ein Buch aus dem S. Fischer Verlag, Frankfurt am Main 1951: Thomas Mann, »Der Erwählte«. Was hätten beide Autoren gesagt, wüssten sie um diesen Platz, um das Nebeneinander in diesem Raum? Eine Etage tiefer, schneller erreichbar, alle Bücher von Georg Lukács, die der Aufbau-Verlag seit 1945 herausbrachte. Und dann – Anna Seghers konnte sie vom Schreibtischstuhl aus greifen – Ilias und Odyssee. Homer: geliebte Kindheitslektüre. Zudem Werkausgaben von Aischylos, Sophokles, Shakespeare, Gogol, Lermontow, Tolstoi, Alexander Blok. Von Hölderlin, Kleist, Lenau, Büchner, Heine. Etwas weiter entfernt, schon an der Balkontür: Goethe, »Maximen und Reflexionen«. Auch eine alte Prachtausgabe von »Hermann und Dorothea«. Reich bebildert. Mit einer herzlichen Widmung von Pablo Neruda. Warum wählte der Poet aus dem fernen Chile gerade dieses Buch als Geschenk für die Freundin? Hatte sie ihm von einer nachhaltigen Lektüre irgendwann in ihrem Leben erzählt? Auch eine dreibändige Werkausgabe von André Bonnard steht da: »Civilisation grecque«. In einem der drei Bücher ein Brief: 1960 dankt Anna Seghers der Frau des Autors für das Geschenk. Es habe ihr außerordentlich große Freude gemacht. Sie sei jetzt »viel froher, viel weniger allein mit diesen Büchern«, schreibt sie. Was bedrückte sie damals? Wann und wo hatte sie Bonnard kennen- und schätzengelernt?

In der Nähe von »Civilisation grecque« taucht noch einmal Thomas Mann auf, mit den »Buddenbrooks« und der ersten in Deutschland publizierten Ausgabe von »Doktor Faustus. Das Leben des deutschen Tonsetzers Adrian Leverkühn, erzählt von einem Freunde«. Schon das Impressum – ein Kuriosum deutscher Nachkriegsgeschichte: »Suhrkamp Verlag vormals S. Fischer, Berlin und Frankfurt am Main, 1.-7. Tausend. Veröffentlicht in Frankfurt/Main unter Zulassung US-W-2022. Lizenzausgabe mit Genehmigung des Bermann-Fischer Verlags Amsterdam. Die erste Ausgabe erschien 1947 im Berman-Fischer Verlag in Stockholm.« Und noch eine Besonderheit: In diesem Exemplar taucht etwas auf, das selten zu sehen ist in den Anna Seghers gehörenden Büchern. Einige Sätze, ganze Abschnitte, sogar ganze Seiten sind mit Bleistift dick angestrichen. Zeugnis angespanntester Lektüre, besonders dort, wo aus »schneidender Kälte« der aus »der Hellen und ihrer Spelunck« auftaucht. Wollte sie wissen, wie dieser Erzähler die Begegnung Adrian Leverkühns mit dem Teufel darstellte? Las sie das Buch, als sie in der Novelle »Der gerechte Richter« sich mit stalinistischer Unmenschlichkeit auch in der DDR auseinandersetzte und versuchte, einen Teufel zu gestalten?[6]

Werke junger deutscher Gegenwartsschriftsteller dagegen, sichtbar aufgestellt, finden sich überraschend wenige. Stephan Hermlins »Deutsches Lesebuch. Von Luther bis Liebknecht« (1976) zum Beispiel. Ein Band Erzählungen von Heinrich Böll (1966). Vor allem Bücher von Christa Wolf. Alle mit Widmungen der Autorin: »Nachdenken über Christa T.« (1968), »Kindheitsmuster« (1976), »Kein Ort. Nirgends« (1979), »Fortgesetzter Versuch. Aufsätze, Gespräche, Essays« (1980). Auch die von Christa Wolf besorgte und eingeleitete Ausgabe von Gedichten, Prosa, Briefen, Zeugnissen von Zeitgenossen über »Karoline von Günderode, Der Schatten eines Traumes« (1979) ist da. Das Buch dagegen, das 1963 heftigen Streit auslöste und den Namen der jungen Schriftstellerin bekannt machte, muss sie Anna Seghers noch nicht gewidmet haben: »Der geteilte Himmel« fehlt in der Sammlung, obwohl Anna Seghers schon den Vorabdruck in der Zeitschrift »Forum« aufmerksam verfolgte und der Autorin im März 1963 schrieb, sie müsse den Roman »unbedingt als geschlossenes Buch noch einmal lesen«[7]. »Kindheitsmuster« dagegen zeigt sich als Arbeitsexemplar: Nicht schlechthin gelesen hatte Anna Seghers. Sich intensiv mit dem Text beschäftigt. Ihn weit mehr als bei Thomas Mann mit Anmerkungen und Kommentaren versehen. Widerspruch oder Zustimmung an den Rand geschrieben. Diesmal interessierte nicht der Aufbau einer literarischen Figur. Diesmal prüfte sie die dargestellte Realität: Lernte Anna Seghers an diesem Roman, wie Kinder und junge Leute ab 1933 in Deutschland gelebt hatten?

Doch dann fällt ein Buch auf, das eigens in neutrales Papier eingeschlagen ist. Titel und Verfasser sind nicht zu erkennen. Sollten sie unerkannt bleiben? Artur London, »L'aven. Dans l'engrenage du Proces de Praque. Version francaise d'Artur et Lise London«, Gallimard, Paris 1968. Mit einem Vorwort von Louis Aragon. Eine bittere Anklageschrift gegen den Stalinismus. Augenzeugenbericht eines der Opfer

---

6 Die Arbeit wurde nicht vollendet und als Fragment erst 1990 aus dem Nachlass veröffentlicht: Anna Seghers: Der gerechte Richter, Berlin und Weimar 1990.
7 Anna Seghers an Christa Wolf, Berlin, den 20. März 1963, in: Christa Wolf/Anna Seghers: Das dicht besetzte Leben, Briefe, Gespräche und Essays, Berlin 2003, S. 11.

des terroristischen Schauprozesses von 1952 in Prag. Verfasst von dem tschechischen Kommunisten und ehemaligen Außenminister Artur London. Zu lebenslanger Haft war er verurteilt, später freigelassen und rehabilitiert worden. 1956 emigrierte er nach Paris. Nach der Flucht vor den deutschen Faschisten vor Beginn des Zweiten Weltkrieges – nun Flucht vor den eigenen Genossen. In Paris bearbeitete er für französische Leser, was er nach seiner Freilassung aufgeschrieben hatte, in Prag jedoch nicht veröffentlichen durfte. Aber allen Erfahrungen zum Trotz: Mit seinem Buch, so betont Artur London in seinem Vorwort, wolle er nicht allein den gemordeten »unglücklichen Kameraden« und »unschuldigen Prozess-Opfern« ein ehrendes Denkmal errichten. Er widmete seinen Augenzeugenbericht zugleich all denen, »die den Kampf fortsetzen, um dem Sozialismus sein menschliches Antlitz zurückzugeben«.

Der neutrale Umschlag des Exemplars im Arbeitszimmer der Anna Seghers belegt: Das Buch, in der DDR verschwiegen, sollte unsichtbar sein für Besucher. Lesezeichen und Anstreichungen bezeugen: Anna Seghers las »L'Aven«. Lange bevor in der BRD eine Ausgabe in deutscher Sprache erschien, wusste sie, was damals in Prag tatsächlich geschah. Sie wusste, dass im Prozess gegen Artur London in verleumderischer Absicht auch ihr Name genannt wurde. Wusste, dass auch sie gefährdet war.

Eigene Einbände, Tarnkappen gleich, mussten sich auch Bücher von zwei Autoren aus der Sowjetunion gefallen lassen. Zu Lew Kopelew, Freund, Übersetzer und Herausgeber des Romans »Transit«, brach Anna Seghers ihre persönlichen Kontakte ab, als 1970 sein Werk »Aufbewahren für alle Zeit!« in deutscher Sprache im Verlag Hoffmann & Campe in Hamburg erschien. Schonungslos harsche Kritik an der eigenen Heimat in Westdeutschland veröffentlichen zu lassen – für Anna Seghers undenkbar. Eine Haltung, die sie bewahren, verzweifelt bewahren sollte. Kopelews authentischen Erlebnisbericht jedoch, seine schonungslose Abrechnung mit verheerenden Folgen des Stalinismus verbannte sie nicht aus ihrem Arbeitszimmer. Ihre Besucher dagegen sollten das Buch nicht bemerken, nicht danach fragen. Ähnlich erging es Alexander Solshenizyn. Seine in der DDR verbotenen Romane und Erzählungen »Krebsstation«, »Im Interesse der Sache« und »August vierzehn«, 1968, 1970 und 1972 bei Luchterhand, Neuwied und Berlin herausgekommen, bewahrte sie auf. Jahrzehnte später wurde offensichtlich, dass Anna Seghers versucht hatte, dem in der Sowjetunion und in der DDR geächteten Autor beizustehen. Auf ihre Art: Ein Informant der Staatssicherheit der DDR beschattete Anna Seghers, berichtete am 4. Mai 1972, bei einem festlichen Empfang mit Mitarbeitern der sowjetischen Botschaft in Berlin habe sie den Repräsentanten der Sowjetunion gegenüber in russischer Sprache geäußert: »Hört mal, was macht ihr denn nur mit dem Solshenizyn, lasst ihn [!] doch endlich seinen Nobel-Preis, den er ja doch bekommen hat.« Mit »Spuren von Erregung« wiederholte sie »diese Aufforderung etwa zwei bis drei mal«, um dann Ehrentafel und Festsaal zu verlassen.[8]

Im geschlossenen Kreis eines Staatsbanketts nahm Anna Seghers Verfemte und Verfolgte in Schutz. In ihrem Zimmer las sie deren Bücher – verbarg sie jedoch: Fürchtete auch sie fremde ausspähende Augen? Sogar hier in diesem kleinen Raum? Werke anderer Schriftsteller aus der Sowjetunion stellte sie dagegen demonstrativ in die erste Reihe ihrer Regale. Zur deutschen Erstausgabe von Fjodor Gladkows Roman »Zement« hatte sie 1927 ihre erste publizistische Arbeit geschrieben. Von jüngeren Schriftstellern wählte sie »Abschied von Gulsary« und »Moskauer Novellen« von Tschingis Aitmatow und Juri Trifonow. Besucher wurden eindringlich aufgefordert, unbedingt die poetischen, doch kritischen Darstellungen des alltäglichen Lebens in ihrer Heimat zu lesen. Die Bücher von Ilja Ehrenburg »Der zweite Weg« und »Ohne Atempause« – Ausgaben von 1933 und 1935 – muss Anna Seghers schon damals gekannt haben. Dem Autor begegnete sie im Pariser Exil. Beide wurden Freunde. »Wir besuchten uns gegenseitig, stritten, orakelten«, schrieb Ehrenburg später. Sie war »ein bisschen närrisch, sehr lebhaft, kurzsichtig – aber ihr entging nichts, zerstreut – aber sie erinnerte sich an jedes Wort«.[9] Ehrenburgs Bücher »Eve of War 1933–1941« und »Tauwetter«, ein Werk der Hoffnung, 1953, im Todesjahr Stalins, geschrieben, wurden griffbereit aufbewahrt.

Auch Bücher ihrer Kinder- und Jugendzeit wollte Anna Seghers in ihrer Nähe wissen. 1976 fragte ein Freund: »Kanntest du ›Münchhausens Abenteuer‹, den ›Robinson Crusoe‹, die ›Sagen des Altertums‹, Märchen?« »Aber ja! Märchen und auch Sagen«, lautete die Antwort. »Ich hatte von meinem Vater die Ausgabe der Bechstein-Märchen mit den Illustrationen von Ludwig Richter. Man konnte bei diesen Bildern richtig in der Landschaft herumspazieren. Es war eine merkwürdige Vermischung von Phantastischem und Wirklichem, die mich beeindruckte; die Betulichkeit Richters hat mich aber auch belustigt. Ich konnte schon gut lesen, bevor ich zur Schule kam. Die Bücher der Johanna Spyri waren damals große Mode. Und, seltsam, ich mochte sie gern: ›Heidi‹... Von der Robinson-Geschichte war ich fasziniert, ich nahm mir vor, etwas Ähnliches zu schreiben. Übrigens machte es mir Spaß, die Handlung nur anhand der Bilduntertexte zu erschließen, ich spann die Geschichte in meiner Phantasie fort.«[10] In ihrem Arbeitszimmer findet sich wieder, was von den Kinderbüchern erhalten blieb. Münchhausen, Robinson, Märchen und Sagen, Heidi, »Träumereien am französischen Kamin« von Richard Leander, Leipzig 1907. In dieses Buch hatte die Mutter stellvertretend eingeschrieben: »Von den Eltern als ich krank war im Juni 1907.«

Der Roman »Schuld und Sühne« von Dostojewski, eines der ersten Geschenke Ladislaus Radványis an die umworbene Freundin, ist mit einer Widmung versehen. Im November 1921, vielleicht zum Geburtstag Netty Reilings, überreichte er das

---

8   Akte der Hauptabteilung XX/7 der Staatssicherheit der DDR. Im Jahr 2000 zeigte Ruth Radvanyi in Berlin in einer Ausstellung über Leben und Werk ihrer Mutter dieses Blatt.
9   Ilja Ehrenburg: Menschen, Jahre, Leben, Memoiren, Band II, Berlin 1978, S. 257.
10 Achim Roscher: Wirkung des Geschriebenen, a. a. O., S. 66.

Buch, schrieb er hinein: »Der große Tschibe gibt dieses Buch der kleinen Tschibe.« Traditionelles Rollenspiel aus männlicher Sicht. Vier Jahre später war der »große Tschibe« ihr Ehemann. Ihr Kosename »Tschibe« oder »Tschibi« – ungarisch für Küken – wurde beibehalten. 1921 saßen beide Studenten in Heidelberg nebeneinander in einer Vorlesung zur »Geschichte der russischen Literatur«, nahm Netty Reiling zudem an einem russischen Sprachkurs teil. Mit seiner Gabe, dem Dostojewski-Roman in der Originalsprache, wollte Radványi sie wohl zum Lernen anspornen. Denn Anna Seghers liebte diesen Autor, bevor sie ihren Freund kennenlernte. Der Band »Briefe« von Dostojewski von 1914 zeigt es. Auf dem Exlibris ist noch der Namenszug Netty Reiling zu lesen. Und ein Geschenk späterer Jahre weist darauf hin, dass die Bücher dieses russischen Erzählers schon während der Schulzeit Gesprächsstoff waren. Die Englischlehrerin Magdalena Hermann sandte 1954 ihrer ehemaligen Schülerin eine Ausgabe von Romano Guardini, »Religiöse Gestalten in Dostojewskis Werken« (München 1947) mit der Widmung: »Zur Erinnerung an die Jugend, Mainz, 20.X.1954.« Auf etwas anderes macht ein Band Sören Kierkegaards aufmerksam. In das »Buch des Richters. Seine Tagebücher 1833–1855« (1905) ist das Eignerzeichen der Mutter Hedwig Reiling eingeklebt: Beide, Mutter wie Tochter, waren von Kierkegaard fasziniert. Von diesem Schriftsteller-Philosophen finden sich auch »Die Krankheit zum Tode« von 1911 und eine späte Berliner Ausgabe aus dem Unions-Verlag, Berlin 1963, »Christ aus Leidenschaft. Eine Auswahl aus dem Gesamtwerk«. Die Neigung zu diesem Autor begleitete Anna Seghers ein Leben lang.

Von 1921 sind »Das Dschungelbuch« von Rudyard Kipling und »Krieg und Frieden« von Lew Tolstoi. Von 1925 Kafkas Roman »Der Prozess« – Zeugnis dafür, dass die Kafka-Lektüre früh begann. Schon die Erstausgabe des ersten Romans, ein Jahr nach dem Tod des Autors und gegen seinen Willen vom Freund Max Brod veröffentlicht, interessierte sie. Im Pariser Exil kaufte sie sich 1938 »Beim Bau der chinesischen Mauer. Ungedruckte Erzählungen und Prosa aus dem Nachlass«, 1931 zusammengestellt von Max Brod und Hans-Joachim Schoeps. Dann kam Buch um Buch hinzu. Eine lange Reihe Kafka. Kein Zufall, dass der Prager Schriftsteller zu den Figuren ihrer Erzählung »Die Reisebegegnung« (1973) gehört. Dennoch muss diese Arbeit speziell vorbereitet worden sein. Alle in der DDR seit 1965 erschienenen Werke hat Anna Seghers zusammengetragen. Auch in anderen Himmelsrichtungen nachgefragt. Eine Fotomappe aus Prag steht da. Ein Band mit Briefen Kafkas von 1902 bis 1924, wiederum von Max Brod, diesmal 1948 in New York herausgegeben. Johannes Urzidil, in Prag geboren, sandte ihr seine Essaysammlung von 1965 »Da geht Kafka« mit der Widmung: »Damit Netty auch einmal etwas erfährt über Johannes. New York 1967.« Hatten seine Darstellungen sie angeregt, von Kafka zu erzählen?

In dem zweiten bis zur Decke reichenden Regal, das im rechten Winkel an die Bücherwand hinter dem Schreibtisch stößt, fällt der Blick zuerst auf politische Schriften – sobald die nach innen ins Arbeitszimmer gehende Tür zum »Durchschlupf« in den Wohnraum geöffnet ist, Besucher eintreten dürfen. Hier erinnern Bücher daran, dass Anna Seghers einst auch Sinologie studierte: »Räte-China. Dokumente einer chinesischen Revolution«, Verlagsgenossenschaft ausländischer Arbeiter, Moskau und Leningrad 1934. »Reden und Schriften« von Sun Yat-sen (1974). Hefte mit Arbeiten von Mao Tse-tung. Warum aber fehlt seine Schrift »Reden an die Schriftsteller und Künstler im Neuen China auf der Beratung in Yenan«? Anna Seghers hatte sie 1950 in Paris gelesen, war begeistert, regte Übersetzung und Druck in der DDR an. Die 1952 erscheinende Ausgabe versah sie mit einem ausführlichen Nachwort. Warum diese Lücke? Entfernte sie Bücher, wenn sie sich von einem Autor entfernte?

Weiter oben Werke Rosa Luxemburgs, auch die von ihr übersetzte und mit einem Vorwort versehene Autobiographie Wladimir Korolenkos »Geschichte meiner Zeitgenossen« (1919). Dann Luxemburgs Briefe an Karl und Luise Kautsky (1896 bis 1918), zur Erinnerung an die ermordete Freundin von Luise Kautsky herausgegeben (Berlin 1923), Werke von Marx, Engels, Lenin. Die Werkausgabe von Stalin – bis 1955 erschienen in der DDR dreizehn Bände – bricht bereits mit dem zweiten Band von 1950 ab. Ist zudem in die hintere Reihe verbannt.

Auch Bücher anderer Autoren befinden sich in diesem Teil des Regals. Von Henri Barbusse »Der Schimmer im Abgrund« zum Beispiel, deutsche Ausgabe von Yvan Goll, Basel o. J. Und wieder Dostojewski. Zwei Bücher von Konrad Onasch, seine Dostojewski-Biographie von 1960 und von 1961 »Dostojewski als Verführer«. Auch die Gabe von Magdalena Hermann wurde hier untergebracht.

Was sich in dem von der geöffneten Tür verdeckten Regal befand, konnte ich während unserer Arbeitsgespräche damals nicht sehen.

Doch. Einmal. Flüchtig.

Ich hatte von Gustav Regler die Autobiographie »Das Ohr des Malchus« gelesen, viele Fragen dazu, vor allem zu den beschriebenen Jahren im mexikanischen Exil. Ich wollte wissen, ob Reglers Darstellung, die in vielem abwich von dem, was bislang in der DDR bekannt war, der Wahrheit entsprach. An meinen Fragen spürte Anna Seghers, dass ich mit dem sinntragenden Titelmotiv »Ohr des Malchus« nichts anzufangen wusste. Für sie unerträglich. Sie griff hinter die Tür, zog eine Bibel hervor, las mir aus dem Johannes-Evangelium das Kapitel der Gefangennahme Jesu vor: Petrus hob das Schwert gegen seine Häscher, hieb dem Knecht Malchus ein Ohr ab. Jesus aber sagte: Stecke dein Schwert in die Scheide. Soll ich den Kelch nicht trinken, den mir mein Vater gegeben hat? Dass Anna Seghers mit dieser Lektion zugleich meinen Fragen ausgewichen war, merkte ich erst später. Oder hatte sie mir doch geantwortet? Wehrte auch sie sich nicht gegen ihr Schicksal? Meinte auch sie, den einmal eingeschlagenen Weg bis zu Ende gehen, ihren Kelch, einen bitteren Kelch, trinken zu müssen?

Die Bibel hatte sie einer umfangreichen Sammlung religiöser Schriften entnommen. Vieles war in vielen Jahren zusammengetragen worden. Darunter auch

Werke, die sie wohl von den Eltern erhalten hatte. Unterschiedliche Bibel-Editionen. Alte und neue Ausgaben. Einfache und kostbare. Ein Exemplar völlig zerlesen. Judentum und Christenheit nebeneinander. So manches Buch mit einer Widmung. Viele mit eingelegten Merkzetteln. Ein »Buch für die jüdische Ehefrau. Mit einer Beigabe: Lehren unserer Weisen über die Erziehung der Kinder« (1920). »Erzählung von dem Auszug Israels aus Ägypten für die beiden Peßachabende« (1936) – eingeschrieben ein Zeichen vergangener Tage: »Für Anna Seghers zur Erinnerung an den ›Goldenen Löwen‹ in Heidelberg, Ernst Simon, 18. 11. 1954«: Hatte sich an diesem Tage, kurz vor dem 54. Geburtstag der Schriftstellerin, ein Studienfreund gemeldet, der jetzt an der Hebräischen Universität von Jerusalem lehrte? Dann Martin Luther, »Von der Freiheit des Christenmenschen« (1950). Erich Küppers, »Die Stimme des Christen« (1948). Anton Maria Keim, »Tagebuch einer jüdischen Gemeinde, 1941–1943«, Mainz 1968. »Der Babylonische Talmud« (1963). »Die Haggadah von Sarajewo und ihre Bedeutung in der Kunstgeschichte« von 1963 – eine Prachtausgabe. Und vieles andere.

All diese Werke verraten die lebenslange Beschäftigung der Autorin mit religiöser Thematik. Während der sechziger Jahre verstärkte sich ihr Interesse. Im Oktober 1962 bat sie einen Vetter in London, Literatur »zur Geschichte der Juden« zu senden.[11] 1980 wünschte sie sich von einem Enkel in Paris eine Menora, den siebenarmigen Leuchter – Ergänzung eines kleinen Altarbildes aus Holz, das seit langem auf einem der Regale stand. Das Triptychon, zusammenklappbar, zeigt in der Mitte den Heiligen Christophorus, der auf seinen Schultern das Christuskind sicher über den Fluss bringt. Anna Seghers soll diese Arbeit mexikanischer Volkskunst auf einem Markt ihres Gastlandes gekauft und bei sich getragen haben: Der Schirmherr der Fährleute, Schiffer und aller Reisenden, auch der aus Not Fahrenden, der Vertriebenen, der Flüchtenden – beschützte er auch die Schriftstellerin? Neben ihm fand 1980 der siebenarmige Leuchter seinen Platz. Beide Ruhepunkte für die Augen während der Arbeit?

Ihre heimliche Büchersammlung hatte Anna Seghers in eine Ecke gedrängt. So aufgereiht, dass die geöffnete Tür sie für Besucher unsichtbar machte. Warum? Wollte sie, die im orthodoxen jüdischen Glauben aufgewachsen war, nicht über religiöse Prägungen sprechen? Nicht danach gefragt werden? Ihre Lebensentscheidung hatte sie in eine andere Richtung geführt – ohne die Wurzeln aus der Erde zu reißen, auf der sie stand.

Hängt damit ihre Liebe zu Heinrich Heine zusammen?

So viele Autoren und Werke Anna Seghers in ihr Arbeitszimmer rief – einer führte die Schar an. Auch er geprägt wie sie. Seine Werke stehen direkt hinter dem Schreibtisch. Griffbereit. Auch über dem Sofa ist er präsent. »Heines Geist« be-

---

11 Anna Seghers am 18. Oktober 1962 an ihren Vetter David S. Cramer, ASA.

gleitete Anna Seghers nicht nur im Exil. Auch hier in diesem Raum war er anwesend. Auch er »Schutzpatron« seit Jugendjahren.

Am auffälligsten – und am abgegriffensten – ist eine Gesamtausgabe in rotem Velourleder: Heinrich Heine. Sämtliche Werke in 12 Bänden, eingeleitet von Adolf Kohut, Knaur Nachfolger Berlin und Leipzig, ohne Jahr. Auf dem Innendeckel eingeklebt ein Exlibris mit dem im Jugendstil kunstvoll gestalteten Namenszug Netty Reiling. Dieses Bücherzeichen benutzte Anna Seghers schon, als sie noch im Elternhaus in Mainz lebte. Die Werkausgabe – ein Geschenk der Eltern oder eines Freundes der Familie? Dieser Freund – der sozialdemokratische Reichstagsabgeordnete Hermann Wendel – schenkte 1916 der Schülerin eine von ihm verfasste und soeben erschienene Heine-Biographie, die im deutschen Kaiserreich sofort verboten wurde. Werkausgabe und Heine-Biographie standen auch in den Jahren des Pariser Exils in ihrer Bibliothek, die ihr die Eltern nachgeschickt hatten. Mussten dort zusammen mit den anderen Büchern versteckt werden, als die Familie weiter nach Mexiko flüchtete. Im Geiste jedoch blieb Heine der Wegbegleiter. Die in Mexiko entstandene deutschsprachige Kulturvereinigung der Emigranten, Anna Seghers war Mitbegründerin und Präsidentin, erhielt seinen Namen. Kurz vor der Rückkehr nach Deutschland erinnerte Anna Seghers sich in einem Abschiedsgruß an den »Heinrich-Heine-Klub«: »Er war der Schutzpatron unserer Gemeinschaft in diesem seltsamen Land, in das wir auf unseren Irrfahrten verschlagen wurden. Wir haben mit unseren geringen Kräften versucht, den Abglanz von seinem Geist, von seinem Spott und seiner Kritik hier neu zu beleben [...] Wir haben uns, wenn uns das Heimweh gar zu stark überkam, von seiner spöttischen Trauer trösten lassen: dieselben Sterne werden als Todeslampen über unseren Gräbern schweben, am Rhein oder unter Palmen, auch wenn man kein Requiem betet und kein Kaddisch sagen wird.«[12] Heine sollte ihr weiterhin Ratgeber sein. Auch in der zurückgewonnenen Heimat Antwort wissen auf neue Fragen. »Sein Ernst und seine Heiterkeit sind uns nicht gegeben«, schrieb sie in ihrem Abschiedsgruß weiter, »doch seine Schriften gehören uns; wir lesen nach, was er zur Judenfrage geschrieben hat, in seinem Aufsatz ›Shylock und Jessica‹, in ›Shakespeares Mädchen und Frauen‹. Er beginnt mit den Worten: ›Dem armen Mann geschieht Unrecht‹.«[13] Nicht wörtlich zitierte sie, das Buch hatte sie 1946 in Mexiko nicht zur Hand. Die Heine-Ausgabe in rotem Velourleder kehrte erst zu ihr zurück, als sie 1955 in Berlin-Adlershof eine feste Bleibe gefunden hatte. Ein Lesezeichen jedoch liegt noch heute zwischen den erwähnten Seiten.

Auch an der Wand gegenüber dem Schreibtisch – Heinrich Heine. Aber kein Bildnis: Ein Originalbrief des Dichters aus dem Pariser Exil vom 27. Mai 1848 an die Mutter in Hamburg. Den Text wird Anna Seghers auswendig gekannt haben. Was Heine damals empfand, empfand auch sie: Liebe zur Mutter, Heimweh, Verzweiflung. Denn

---

12 Anna Seghers: Abschied vom Heinrich-Heine-Klub (1946), in: Anna Seghers: KuW I, Berlin 1970, S. 205 f.
13 Ebenda, S. 206.

der Dichter wusste, dass die erhofften Zuckererbsen für alle Menschenkinder – trotz der Pariser Februarrevolution von 1848 – so schnell nicht reifen würden: »Dieses Jahr ist kein Zuckerjahr und es geht der ganzen Welt sehr bitter«, schrieb er.

Anders als die Werkausgabe: Der kleine Brief konnte sie begleiten – von Paris über Mexiko-City zurück nach Berlin. Auch er wohl ein Geschenk des Vaters, vermittelt durch Hermann Wendel. Vielleicht sogar gedacht als »Notbrot« in auswegloser Situation. Sein materieller Wert war sehr hoch. Aber die Schriftstellerin veräußerte ihn nicht. Nahm ihn im Rucksack mit, als sie aus Paris in den unbesetzten Teil Frankreichs zu fliehen versuchte. Musste ihn mit ihrem Gepäck an der Grenze zurücklassen. Die Freundin rettete den Rucksack. Reichte den Brief, in einer Puppe verborgen, heimlich weiter, so dass auch ihm die Flucht nach Mexiko gelang. Sein Schicksal – schon heute eine Legende. Stoff für eine Anekdote, die wohl nur der Freund Franz Carl Weiskopf hätte erzählen können. Anna Seghers ließ den Brief nach ihrer Rückkehr aus dem Exil einrahmen. Gab ihm seinen Platz an der Wand über dem Sofa – neben dem Volksbilderbogen von Ritter und Tod. Erinnerung und Mahnung an Heines Ernst und Heiterkeit, spöttische Trauer und revolutionäre Hoffnung – trotz alledem. Sie fühlte sich in seiner Pflicht.

Neben der Heine-Ausgabe im Regal ein Buch aus der Bibliothek der Mutter: Friedrich Hölderlin, Gedichte, herausgegeben von Paul Ernst, Verlag Eugen Diederichs, Jena und Leipzig 1905. Auch hier ein Exlibris, ähnlich gestaltet wie das der Tochter, im Jugendstil der Namenszug Hedwig Reiling. Schenkte sie das Buch der Tochter bei einem Besuch im Pariser Exil? Noch immer weisen beigelegte Zettel auf Gedichte, die beiden aus dem Herzen gesprochen sein mochten. Hölderlins vier Fragment-Zeilen »An Diotima« reden von Trennung und Verbundenheit:

»Wenn aus der Ferne, da wir geschieden sind,
Ich dir noch kennbar bin, dir Vergangenheit,
O du Teilhaber meiner Schmerzen!
Einiges Gute bezeichnen dir kann ...«

Die Verse »An die Deutschen« sind vom Leiden an der verlorenen Heimat gezeichnet. Doch in der Frage »Leben die Bücher bald?« schwingt eine Hoffnung mit, die Anna Seghers zeitlebens beseelt hat:

»Spottet ja nicht des Kinds, wenn es mit Peitsch und Sporn
Auf dem Rosse von Holz, mutig und groß sich dünkt.
Denn, ihr Deutschen, auch ihr seid
Tatenarm und gedankenvoll.

Oder kömmt, wie der Strahl aus dem Gewölke kommt,
Aus Gedanken die Tat? Leben die Bücher bald?
O ihr Lieben, so nehmt mich
Dass ich büße die Lästerung.«

Beide Gedichte: Wortlose Verständigung zwischen Mutter und Tochter während ihrer letzten Begegnung in Paris 1938? Damals: Abschied für immer. Warum war das schmale Wandstück neben dem Ofen frei gelassen worden? Fünf Leisten – wie Linien auf einem Notenblatt – hatte Anna Seghers sich hier anbringen lassen, befestigte daran Postkarten, Zeitungsausschnitte, Fotos. Pinwand – in frechem Neudeutsch wäre die Erklärung heute schnell zur Hand. Jedoch: Der Besucher wird still, begreift er, wohin die Gedanken der Autorin während der Arbeit wieder und wieder wanderten,

Landschaften auf Postkarten. Spanien und Frankreich. Eine zeigt das Städtchen Pamier. Zwischenstation auf der ungewissen Flucht vor den deutschen Invasoren quer durch Frankreich. Drei Monate, von Ende September bis Ende Dezember 1940, lebte sie dort mit den beiden Kindern in der »Gasse zum roten Portal« bei »Madame Jeanne«, einer Kartenlegerin und Wahrsagerin. Die gab die Fremden neugierigen Nachbarn gegenüber als Polen aus – rettete sie so vor dem gerechten Zorn der Franzosen. Von hier suchte Anna Seghers ihren Mann, der bei Kriegsausbruch von den Franzosen aus Paris verschleppt worden war, fuhr sie ins Internierungslager Le Vernet, betrieb sie die weitere Flucht der Familie nach Mexiko. Heimweh nach diesem Ort wird sie nicht gequält haben. Und doch wollte sie dieser Erinnerung nicht ausweichen.

Auf einem Zeitungsausschnitt sind in gestreiften Kitteln Kinder zu sehen. Sie recken ihre dünnen Ärmchen hoch empor, weisen auf die ihnen eingebrannten KZ-Nummern. Dieses Kinderbild kannten die meisten der erwachsenen Bürger in der DDR. Anna Seghers wollte es vor Augen haben. Dachte sie an ihren Sohn, ihre Tochter? Beide konnte sie vor einem solchen Schicksal bewahren. Die Rettung ihrer Mutter gelang ihr nicht: Sie starb einen grausamen Tod in einem zu Auschwitz gehörenden Deportations-Dorf in Polen. Mainzer hatten sie gezwungen, in den Zug nach Piaski zu steigen.

Auf einem Foto ein lächelnder, glatzköpfiger junger Mann. Philipp Schaeffer. Sehr spät sprach Anna Seghers öffentlich von ihm, dem Freund aus der Studentenzeit. Erst 1975. Und doch hatte sie ihn dreißig Jahre zuvor, als sie allein, ohne ihren Mann, ohne ihre Kinder heimkehrte, verzweifelt gesucht. Von ihm erhoffte sie Beistand bei ihrem Neuanfang im fremd gewordenen Land. Und musste bald erfahren: »die Nazis hatten ihn enthauptet«[14], Deutsche ihn aufs Schafott geschleppt ...

Last der Erinnerung. Nicht auszulöschen, was geschah. Die Bilder – Dokumente eines Lebens. Bis in ihre letzten Lebensjahre waren die Schrecken faschistischer Vergangenheit in Deutschland der Schriftstellerin gegenwärtig. Ins Gedächtnis eingebrannt. Wunden – wie auf den Ärmchen der Kinder. Nur nicht vorzeigbar. Nicht so einfach vorzeigbar. Verborgen weiterwirkend. Schreibend mussten sie befragt werden: Warum? Wie weiter? »Ich wusste«, sagte Stephan Hermlin 1990, »dass

---

14 Anna Seghers: Erinnerungen an Philipp Schaeffer, in: Anna Seghers: KuW IV, Berlin 1973, S. 132.

Anna Seghers tief in ihrem Innern unter Bergen von Schweigen Worte und Schreie barg, die niemals laut wurden.«[15]

Und dann, fast am Ende, an der vierten Leiste unten, das Porträt einer jungen Frau. Siebenunddreißig Jahre nach Anna Seghers in Buenos Aires geboren. Zufällig beide am selben Tag, am 19. November. Kind deutscher Kommunisten und Emigranten, die in Argentinien Zuflucht gefunden hatten. Zusammen mit den Eltern heimgekehrt nach Deutschland – in die DDR. Danach zurück nach Lateinamerika: Kampfgefährtin Ernesto Ché Guevaras. Und, wie er, 1967 ums Leben gekommen beim Guerillazug durch Bolivien. Tamara Bunke: Revolutionärin oder Rebellin oder Terroristin? Abenteurerin oder Träumerin? Traum einer Erlösung der Menschheit von Hunger, Gewalt, Ausbeutung. Traum einer gewaltsamen Erlösung. Der ausgemergelten Indios in Bolivien zunächst. Die nicht wussten und wollten, wie ihnen geschah – und Tamara an ihre Häscher aus den USA und Bolivien verrieten.

1970 erhielt Anna Seghers von den Eltern Tamaras mit langer herzlicher Widmung die erste Biographie, in Kuba erschienen: »Tania la Guerillera inolvidable«. Auch dieses Buch steht im Arbeitszimmer. Zusammen mit einer ganzen Reihe von Büchern, die von Menschen und Schicksalen in Lateinamerika berichten. Das Bild Tamaras heftete die Schriftstellerin an ihre Wand: War Tania ihr eine jüngere Schwester?

Eines der Hauptmotive im Gesamtwerk der Anna Seghers von Anfang an: Frauen lassen ein freudloses Leben hinter sich, brechen auf zu unbekannten Ufern. Auch die Erzählung »Das Argonautenschiff«, veröffentlicht zwei Jahre nach der Rückkehr in die Heimat, berichtet davon. Eine uralte Sagenfigur trifft auf eine junge, von ihrem Mann misshandelte Frau. Jason von Iolkos, der einst selbst zu abenteuerlicher Fahrt aufbrach und das Goldene Vlies eroberte, ruft ihr das Zauberwort zu: »Warum lässt du dir das gefallen? [...] Pack ihn doch auf, den Sohn, und geh.« Und die Frau begreift: »Alles war möglich.«[16] Auch das Sich-Selbst-Befreien. Botschaft an Frauen in einem Land, das von Faschismus und Krieg verheert worden war. Botschaft – nicht an Frauen allein.

Sah Anna Seghers in Tanja Bunke eine Frau, die auf ihre Weise Ähnliches versuchte wie sie selbst? Sah sie mit Freude oder mit Schmerz und voll Trauer auf ihren – gescheiterten – Versuch?

So viele Fragen.

Es wird nicht leicht sein, von der Frau zu erzählen, die in diesem Zimmer lebte und arbeitete. Von Anna Seghers.

---

15 Stephan Hermlin, in: Argonautenschiff, Band 1, Berlin 1992, S. 7.
16 Anna Seghers: Gesammelte Werke in Einzelausgaben, Band X, Berlin und Weimar 1977, S. 133 f.

Auf den Spuren der Mütter und Väter

Zwischen Rhein und Weser

Einmal fragte mich Anna Seghers nach Elisabeth Langgässer. So manches Zusammentreffen geriet anfangs zu einer Prüfungssituation. Anna Seghers fragte. Fragte nach meiner Arbeit, meiner Familie. Nach Debatten und Atmosphäre im Institut für Literaturgeschichte und an der Akademie der Wissenschaften. Nach öffentlich heiß umstrittenen neuen Arbeiten der jungen Schriftstellerinnen Sarah Kirsch, Irmtraut Morgner, Christa Wolf. Nach diesem und jenem Buch: Gefielen mir die »Moskauer Novellen« von Juri Trifonow? Kannte ich Isaak Babel, Michail Bulgakow, Gabriel García Márquez? Und eben auch Elisabeth Langgässer. Sie examinierte. Wollte wissen, wer an ihrem Tische saß. Oder gab es diesmal noch einen anderen Grund? Denn als sie wenig später bemerkte, dass ich nichts von Ina Seidel wusste, erhielt ich den Auftrag, unverzüglich den Roman »Das Wunschkind« zu lesen und genau auf die Beschreibung der Stadt Mainz zu achten. Fühlte sie sich in heimlicher Konkurrenz um die eindringlichste Darstellung ihrer Heimat?

Die Erzählungen der Elisabeth Langgässer faszinierten mich durch ihre bildkräftigen Schilderungen rheinischer Landschaft. Besonders angetan hatte es mir die Figur des Lazarus Belfontaine im Roman »Das unauslöschliche Siegel«. Den vielbesungenen Goldenen Rhein, das Auf und Ab der Hügel und Täler hatte ich noch nie mit eigenen Augen gesehen. Aber mit Lazarus Belfontaine konnte ich seinen Weinberg hinaufsteigen, die Rebstöcke prüfen und weithin ins Land schauen. Ich ahnte, wie schön seine Heimat sein musste.

Davon begann ich zu sprechen.

Anna Seghers sah mich an. Sah sie mich wirklich? Kletterte auch sie mit Lazarus Belfontaine zum Häuschen inmitten der Rebstöcke empor? Oder war es ein anderer Jude, ein Kind an der Hand führend? Ich stockte. Da brach Anna Seghers auch schon das Examen ab. Kehrte sie zu strenger Redaktionsarbeit zurück.

Damals wusste ich noch nicht, dass immer dann, wenn etwas zu nah an eigene Erinnerungen rührte, sie den Faden durchriss, der sie zu binden drohte. Über Eigenes wollte sie nicht reden. Nicht über ihren Werdegang. Nicht über ihre Herkunft. Selten hat Anna Seghers in ihren Gesprächen etwas von sich selbst preisgegeben. Darstellungen ihres Lebens lehnte sie ab. Dennoch gab es 1963 das »Projekt einer Biographie«. Christa Wolf wollte sich einer solchen Aufgabe widmen. Sogar der Verlag stand schon fest. Anna Seghers war einverstanden. Schien sich auf die gemeinsame Arbeit mit der jungen Kollegin zu freuen. Dachte darüber nach, »wie man so etwas macht«.[1] Und erklärte zwei Jahre später abrupt: »Was die biographischen Fragen anbelangt: die Erlebnisse und die Anschauungen eines Schriftstellers, glaube ich, werden am allerklarsten aus seinem Werk, auch ohne spezielle Biographie.«[2] Ein Schock wohl für Christa Wolf.

In einer Hinsicht hatte Anna Seghers recht: Auch ihr Werk ist, entgegen der verbreiteten Auffassung von ihrer »autobiographische[n] Verhaltung«[3], zutiefst gezeichnet vom eigenen Erleben. (Jahre nach ihrem Tode sollten Texte aus dem Nachlass darauf aufmerksam machen.) Doch wie soll man autobiographische Impulse zu einem Werk auffinden, wenn reale Anlässe nicht bekannt sind?

Christa Wolf verwirklichte ihr Projekt nicht.

Anna Seghers verbarg weiterhin jede Spur eigenen Erlebens, blieb zurückhaltend mit Aussagen über sich, ihre Herkunft, die Geschichte ihrer Familie.[4] Nur einmal, Anfang der fünfziger Jahre, eröffnete sie einen internen Lebensbericht lapidar, aber unübersehbar mit einem Bekenntnis: »Ich bin in Mainz geboren, November 1900. Aus bürgerlicher Familie. Mein Vater war Kunsthändler. Ich hatte keine Geschwister, mein Vater war orthodoxer Jude. Aus Überzeugung, aus Tradition und aus Stolz.«[5] Aufrecht und trotzig schrieb sie das, stolz wie ihr Vater. Wissend, dass in den Jahren nach 1949 in dem Teil der Welt, auf dem ihre Hoffnungen ruhten, Ungeheuerliches geschah. In der Sowjetunion setzten Verfolgung, Deportation, Hinrichtung von Juden ein. Im stalinistischen Schauprozess von Prag – von dem später Artur London in seinem Buch »L'aven« erzählen sollte – trieb man von vierzehn unschuldig Angeklagten und zum Tode Verurteilten elf Juden unter den Galgen. In der DDR kam es zu Verhaftung und Drangsalierung jüdischer Kommunisten, wurden vier Genossen zu Tode gehetzt. Auch der Anna Seghers abverlangte »Lebenslauf« diente ihrer Überwachung. Sie wich nicht zurück. Betonte entschlossen und würdevoll ihre jüdische Herkunft. Details nannte sie nicht. Öffentlich schwieg sie. Nur erzählend setzte sie sich – auf ihre Art, ohne auf Persönliches einzugehen – mit diesen Erfahrungen auseinander. Aber nahezu zwei

1   Briefe von Christa Wolf an Anna Seghers vom 27. Mai 1963 und von Anna Seghers an Christa Wolf vom 30. Mai 1963, in: Anna Seghers/Christa Wolf: Das dicht besetzte Leben. Briefe, Gespräche, Essays, hrsg. von Angela Drescher, Berlin 2003, S. 13 f.
2   Christa Wolf spricht mit Anna Seghers, in: Anna Seghers: KuW II, Berlin 1971, S. 36.
3   So u. a. Kurt Batt: Anna Seghers. Versuch über Entwicklung und Werke, Leipzig 1973, S. 14.
4   Abgesehen von dem Briefwechsel mit W. Stechinski, Mitarbeiter des Schriftstellerverbandes der UdSSR, der in den fünfziger Jahren begann, gestattete Anna Seghers erst ab 1973 dem Stellvertretenden Chefredakteur der »neuen deutschen literatur« (ndl), Achim Roscher: Fragen zu ihrem Werdegang und zu ihrer Familie zu stellen. Die Interviews wurden später abgedruckt in: ndl, Berlin, 24(1976)11 und 31(1983)10 und in dem Buch von Achim Roscher: »Also fragen Sie mich! Gespräche«, Halle/Leipzig 1983, S. 51 ff.
5   Der ohne Datumsangabe geschriebene Lebenslauf, angefordert vom Zentralkomitee der Sozialistischen Einheitspartei Deutschlands, befindet sich in SAPMO, DZ 30/IV 2/11 v. 3154. Er muss vor den in Berlin stattfindenden Weltfestspielen der Jugend und Studenten im August 1951 geschrieben worden sein, denn Anna Seghers erwähnt, dass sie »für das Jugendfest im August« noch kleine Geschichten schreiben möchte. Ein Teilabdruck des Lebenslaufes erschien 1994 in: Anna Seghers. Eine Biographie in Bildern, hrsg. von Frank Wagner, Ursula Emmerich, Ruth Radvanyi, Berlin und Weimar 1994, S. 12. Vollständig abgedruckt in: Argonautenschiff, Bd. 12, Berlin 2003, S. 92 ff.

Jahrzehnte vergingen, ehe sie in ihrem Roman »Das Vertrauen« zu sprechen vermochte. Sollte diese Last dazu beigetragen haben, dass ihr das Schreiben der Dilogie »Die Entscheidung« (1959) und »Das Vertrauen« (1968) so schwer fiel, die Vollendung des zweiten Bandes sich von 1959 bis 1968 hinzog?[6]

Wollen wir mehr über die Geschichte ihrer Familie wissen, müssen Dokumente zu Hilfe gerufen werden. Dokumente? Es ist nicht viel, was die Stadtarchive zu Mainz und Frankfurt am Main aufbewahrt haben. Spärliche, oft unvollständige Angaben nur über Geburts- und Sterbedaten einiger Personen, über Wohnorte, Berufe. Doch ein paar Männer und Frauen tauchen auf aus dem Dunkel der Geschichte. Anders als Lazarus Belfontaine waren sie zunächst arme Juden. »Krämpler«, »Gängler«, »Handelsmann« und »Handelsfrau«, wie es in amtlichen Papieren heißt. Sollten sie mit dem Tragkorb auf dem Rücken durchs Land gezogen sein? »Handele!«, »Nichts zu handele?« rufend?[7]

Vor mehr als 250 Jahren durchwanderten Ahnen väterlicherseits Berge und Täler des Rhein-Main-Gebietes. Vor den Türen der Bauernhöfe und auf den Marktplätzen der Städtchen werden sie ausgebreitet haben, was sie zum Kauf heranschleppten: allerlei Kleinkram, handgefertigte Gegenstände, wie sie die Frauen in der Küche, die Männer zum Feierabend brauchten. Auch getragene Kleider, alte Stoffe: mit neuen Tuchwaren zu handeln, das war Juden in Deutschland damals ebenso verboten wie der Vertrieb von Artikeln, die in Zünften produziert wurden.

Für Löw und Ziphe Haas, die ältesten der bekannten Vorfahren, Ururgroßeltern der Anna Seghers, wird die ehrwürdige Residenz- und Bischofsstadt Würzburg wohl Zentrum ihrer Wege gewesen sein. 1749 bzw. 1756 geboren, hatten sie im nicht weitab gelegenen Fuchsstadt ihre feste Bleibe, fanden sie 1840 bzw. 1812 ihre letzte Ruhe. Auskünfte über ihre Berufe gibt es nicht.[8] Ihre Tochter Fratel jedoch wird dem Gewerbe der Eltern treu geblieben sein: Sie zog nach Mainz, heiratete dort am 24. Mai 1820 den »Krämpler«, »Wiederverkäufer« oder »Gängler« Joseph Schmalkalden. Nur ein weiteres Datum dieser Urgroßeltern steht fest: Sie verstarben 1831 bzw. 1850.

Eine andere, nicht ganz so weit zurück zu verfolgende Spur von Urgroßeltern führt nach Auerbach, heute ein Stadtteil von Bensheim. Joseph Loeb Reiling und seine Frau Magdalena, geborene Oppenheimer, 1780 und 1792 zur Welt

---

6 Vgl. zu dieser Problematik Sigrid Bock: Sprechen in Andeutungen. Bemerkungen zu Anna Seghers, in: Text und Kritik, Literatur in der DDR, Rückblicke, München 1991, S. 72 ff.
7 Im Grimmschen Wörterbuch (DWB, Berlin, Bd. 4, S. 1251 und Bd. 11, S. 2015) werden die Begriffe Gängler und Krämpler wie folgt erklärt: »Gängler, Gengeler [...] noch im 18. jh. gängler hausirer, wandernder krämer«; »der mit krämpelwaare handelt, höker, trödler.«
8 Die Angaben zur Geschichte der Familien Haas-Schmalkalden-Reiling sind nachzulesen im Stadt A Mz, Bestand 50 und Bestand 70. Vgl. dazu auch den Aufsatz des Archivdirektors Friedrich Schütz: Die Familien Seghers-Reiling und das jüdische Mainz, in: Argonautenschiff, Bd. 2, Berlin 1993, S. 151 ff. Soweit nichts anderes vermerkt, folge ich den Angaben dort. Statt Ziphe Haas wird in den Archiv-Dokumenten auch die Schreibweise Zive Haas verwendet. Ich bedanke mich bei Friedrich Schütz für die langjährige geduldige Unterstützung meiner Arbeiten!

gekommen, »Handelsmann« und »Handelsfrau«, zogen die Bergstraße entlang, durch Dörfer und Städtchen des Odenwaldes. Sagenumwobenes Land! Nibelungenland! Sie lebten nahe dem Felsenmeer mit der Quelle, wo der grimme Hagen den kühnen Siegfried erschlagen haben soll. Ihr sechstes und jüngstes Kind David, als »Krämpler« tätig, stand nach dem Tode des Vaters 1857 zunächst »noch dem Geschäfte seiner Mutter vor«. Zwei Jahre später wurde ihm »wahrheitsgetreu, mit Vergnügen amtlich« bescheinigt, »dass er ein untadeliges Leben bisher geführt, rührig und umsichtig in seinen Geschäften und der vaterlosen Familie ein treuer Vorstand gewesen« sei.

Doch ihm gefiel Mainz. Denn in dieser links des Rheins gelegenen Stadt hatte sich am klarsten offenbart, was die Revolution in Frankreich mit der Deklaration der Menschen- und Bürgerrechte für Juden in Deutschland bedeutete. Der Freiheitsbaum vor dem Mainzer Dom war am 3. November 1792 auch für sie gepflanzt worden. Die Konstituierung des Freistaates Mainz als Bestandteil der Französischen Republik im März 1793 galt auch ihnen. Fünf Jahre später wurden die verhassten Tore zur »Judengasse« feierlich verbrannt – Symbol allgemein gewonnener Freiheit.[9]

Napoleon, zum Kaiser gekrönt, versprach mehr. Versprach persönliches Glück, persönlichen Wohlstand. Denn die Stadt sollte völlig umgestaltet werden. Vorbei mittelalterliche enge und winklige Gassen. Vorbei kleinstädtisches Leben. Nicht allein eine starke Grenzfestung zum Osten sollte entstehen. Auch ein Handelsplatz ersten Ranges. Und eine Kaiserliche Residenz. Aussicht auf Arbeit und Gewinn, mehr als genug für Alteingesessene und Neuankömmlinge. Sogar der verwegene Plan tauchte auf, den Dom abzutragen, einen freien Platz als »place de la liberté« zu schaffen. Der Dom wurde gerettet. Der Freiheitsbaum aber welkte. Welkte im brennenden Moskau und auf dem Schlachtfeld von Waterloo – wie die frisch gepflanzten Pappeln an Napoleons Heerstraßen, die der Legende nach am Tag der Niederlage des Imperators alle gleichzeitig verdorrt sein sollen.

Doch nicht alle Funken der Revolution konnten ausgetreten, die Juden nicht in die Dunkelheit eines Ghettos zurück gesperrt werden. Mainz bewahrte ihnen in den Jahren der Restauration von allen deutschen Städten die günstigsten Lebensbedingungen. Selbst dann war es mit dem Genuss der Staatsbürgerrechte nicht ganz vorbei, als auf Beschluss des Wiener Kongresses die Stadt am 16. Juni 1816 Teil des Großherzogtums Hessen-Darmstadt wurde. Nur »würdig machende Eigenschaften« hatten alle Zuwanderer vorzuweisen, wollten sie die Gunst der Stadtväter erringen.[10] Vor allem aber – ein gefülltes Säckel. Auch David Reiling. Als er im

---

9 Zur Geschichte der Juden in Mainz vgl. Friedrich Schütz: Aufklärung und Befreiung durch die Franzosen. Die Mainzer Judenschaft von 1763 bis 1814, und Anton M. Keim: Emanzipation und Gleichberechtigung (1814–1933). Beide Aufsätze in: Juden in Mainz. Katalog zur Ausstellung der Stadt Mainz im Rathaus Foyer, November 1978, S. 51 ff. Die Angaben zu den geplanten Umbauten der Stadt finden sich in: Ernst Neeb: Geschichte des alten Mainz, in: Deutsche Städte. Mainz. Stuttgart 1922, S. 23.

10 In der Verfassung des Großherzogtums Hessen-Darmstadt von 1820 hieß es, dass die Juden »von ihren

Frühling 1859 an die Stadttore klopfte, musste er in der demütigen Geste eines Bittstellers daherkommen, um ansässig werden, eine Ehe schließen zu dürfen. Zudem hatte er ein Mindestkapital von 1 500 Gulden vorzuweisen. Er hoffte, die in Mainz ansässige, sechs Jahre ältere Esther Schmalkalden, die »bis jetzt das Gewerbe als Händlerin mit alten Gegenständen betreibt«, heiraten, mit ihr zusammen ein Manufakturwarengeschäft eröffnen zu dürfen.

David Reilings »Gehorsamste Bitte« vom 21. April 1859 wurde schnell beantwortet. Er und seine Braut waren durch ihr Gewerbe, auch durch Geldverleih zu einigem Besitztum gelangt. Am 4. Juni 1859 beschloss der Mainzer Stadtrat: »In Erwägung, dass Bittsteller einen guten Ruf genießt und – wie aus dem vorliegenden Polizeiberichte erhellet – an Staats- und sonstigen Werthpapieren ein Vermögen von 2 038 Gulden, seine Braut aber ein solches von 2 610 besitzt, das beiderseitige Vermögen demnach 4 648 Gulden beträgt und also das vorschriftsmäßige Inferendum weit übersteigt, in Erwägung, dass Bittsteller mit diesem Vermögen und durch den Betrieb eines Manufakturwarengeschäfts wohl in dem Falle sein dürfte, eine Familie redlich zu ernähren, beschließt der Gemeinderat, dem Bittsteller das hiesige Bürgerrecht per Protocollum unter der Bedingung zu bewilligen, dass er die benannte Esther Schmalkalden eheliche.«

Am 27. Juli 1859 fand im Mainzer Stadthaus die Hochzeit David Reilings mit der »Trödlerin« Esther, einer Tochter von Joseph und Fratel Schmalkalden, statt. Hinfort bezeichneten sich beide – wie es im Adress- und Gewerbeverzeichnis von 1859 hieß – als »Krämpler, Spezerei, Mehl- und Dürgemüßhändler«, denen zudem Weinverkauf über die Straße erlaubt war.[11] Die Großeltern Netty Reilings hatten sich eine neue Existenz geschaffen.

Auch von einem Ururgroßelternpaar mütterlicherseits ist bekannt, dass sie arme Handelsleute waren. Meier und Leah Goldschmidt (nur von Meier kennen wir die Lebensdaten 1787 bis 1858) werden wie Löw und Ziphe Haas mit ihren Waren für den Lebensalltag kleiner Leute durchs Land gezogen sein – nicht aber an Rhein und Main entlang, sondern an der Weser, von Grebenstein bei Kassel in Kurhessen kommend.[12] Auch ihre Söhne Jacob, von dem die Dokumente nur das Geburtsjahr 1820 freigeben, und Selig Goldschmidt (1828 bis 1896) lebten und arbeiteten anfangs bei ihren Eltern in Grebenstein. Doch wie David Reiling zog es auch sie weiter. Ihnen gelangen Einbürgerung und Aufstieg in Frankfurt am Main. Denn

---

Schutzbürgerrechten zum vollen Staatsbürgerrecht bei dazu würdig machenden Eigenschaften hinaufsteigen könnten, im welchem Falle sie in Ansehung der bürgerlichen und politischen Rechte den christlichen Staatsbürgern gleichstehen sollten«. (Günther Gillessen: Wenn Steine reden könnten. Mainzer Gebäude und ihre Geschichten. Führungen durch eine Stadtlandschaft, Mainz 1991, S. 158.)

11 Das »Adreß- und Gewerbeverzeichnis« von 1959 befindet sich im Stadt A Mz.
12 Die Dokumente zur Geschichte der Familien Goldschmidt und Fuld befinden sich im Stadt A F. Soweit nichts anderes vermerkt, beziehen sich alle folgenden Angaben auf die amtlichen Dokumente dieser Materialien. (In späteren Veröffentlichungen finden sich bei einzelnen Daten Abweichungen.) Die Familiengeschichte Fuld beginnt erst mit Herz Salomon Fuld (1806–1872) und seiner Frau Caroline, geb. Schuster (1816–1890).

beide Brüder wandten sich unter glücklichem Stern und mit Geschick einem Handel zu, der gerade zu florieren begann.

In dem unruhigen, von Revolutionen, Aufständen, Kriegen und Krisen erschütterten 19. Jahrhundert, wo Macht und Reichtum des Adels schwanden und eine neue Klasse ihre Ansprüche anmeldete, wo über Generationen angesammeltes Hab und Gut von Hand zu Hand zu wandern begann, vermögende Bürger als Käufer auftreten konnten und der Aufbau öffentlich zugänglicher Kunstsammlungen geplant wurde, versprachen Vermittlung und Vertrieb von kostbaren Gegenständen, von Schmuck und Juwelen, Porzellanen und Möbeln, Kunstwerken und Inkunabeln schnelle Erfolge. Jacob und Selig Goldschmidt versuchten es. Ihren Neuanfang begünstigten auch hier Frauen. Jacob – Urgroßvater Netty Reilings – holte sich seine Frau Henriette Cahn (1830 bis 1906) »aus einer Alt-Frankfurter Familie« und gründete 1853 die Firma »Jacob Goldschmidt, Kunst- und Antiquitätengegenstände, Juwelen, antikes Gold und Silber«.[13] Richtig in Schwung jedoch kam das Unternehmen wohl erst, als sein jüngerer Bruder Selig vier Jahre später Clementine Fuld (1837 bis 1888) heiratete und dem Geschäft beitrat, dem beide Brüder jetzt den Namen »Jacob und Selig Goldschmidt« gaben.[14] Denn Clementine, ebenfalls aus Frankfurt, brachte einen Brautschatz von 6500 Gulden mit in die Ehe – mehr als das Doppelte dessen, was Esther Schmalkalden sich in Mainz erarbeitet hatte.[15]

Clementine war die Tochter der Frankfurter Juden Herz Salomon Fuld (1806 bis 1872) und seiner Frau Caroline, geborene Schuster (1816 bis 1890). Woher beide kamen – darüber schweigen die Annalen. Anna Seghers vermutete, dass »diese armen« Juden, ebenfalls Urgroßeltern, »ob sie nun halb Hausierer oder halb Kaufleute waren«, einst aus Frankreich einwanderten.[16] Wahrscheinlicher ist, dass sie bereits in Frankfurt aufwuchsen. Deren Vorfahren werden es gewesen sein, die aus fremden Orten oder Landen kamen, um Bleiberecht in der Stadt nachsuchten, sich ein Dasein als Handelsleute aufbauten. Bekannt ist nichts über sie. Wie ihr Lei-

---

13 Paul Arnsberg: Die Geschichte der Frankfurter Juden seit der Französischen Revolution, 3 Bd., Darmstadt 1983, Bd. 3, S. 160. Den Namen der Firma nennt das »Allgemeine Adress-Handbuch von 1853«, Frankfurt am Main, S. 103 (Stadt A F).
14 Erst ab 1858 verzeichnete das »Allgemeine Adress-Handbuch« von Frankfurt am Main eine Namens- und Eigentümeränderung, jetzt hieß das Geschäft »Jacob und Selig Goldschmidt. Kunst- und Antiquitätengegenstände, Juwelen, antikes Gold und Silber, Eigentümer Jacob und Selig Goldschmidt«. Das Sterbedatum von Jacob Goldschmidt (wahrscheinlich 1864) kann nur erschlossen werden, denn ab 1865 wurden als Eigentümer »Selig Goldschmidt und Ww. Jettchen Goldschmidt, geb. Cahn« verzeichnet. (Stadt A F, Null-Kartei, Kasten 556.)
15 Zu den Lebensdaten der genannten Personen vgl. auch die Porträts in: Frankfurter Biographie. Personengeschichtliches Lexikon. 2 Bd., Frankfurt am Main 1994/96 und: Paul Arnsberg: Die Geschichte der Frankfurter Juden seit der Französischen Revolution, a. a. O. Ausführlich dargestellt wird der Lebenslauf von Julius Goldschmidt, einem Sohn Jacob Goldschmidts. Das Jahr 1853 wird auch hier als Gründungsjahr des Antiquitätengeschäfts durch Jacob genannt und das Jahr 1857 als Zeitpunkt des Firmenbeitritts von Selig und damit der Namensänderung des Geschäftes in »Jacob und Selig Goldschmidt«. (Bd. 3, S. 160 f.)
16 Anna Seghers: Brief an David Cramer vom 18. Oktober 1962. ASA.

densgefährte Ludwig Börne müssen sie die Drangsal eines Ghettolebens noch erfahren haben, auch die Versuche der Restauration, das seit 1789 Gewonnene wieder zurückzudrängen. Trotz allem aber profitierten sie vom nicht aufhaltbaren Aufbruch in eine neue Zeit bürgerlicher Emanzipation. Denn es bedurfte nur einer Generation, um beachtliches Vermögen und Ansehen zu erlangen. Schon ihr Sohn Herz Salomon Fuld wird sich nicht mehr mit dem Tragkorb abgemüht haben. Er blieb ein »schlichter, biederer Kaufmann«, betrieb aber den von den Eltern übernommenen »Merceriewarenhandel« bereits »en gros«.[17] Die israelitische Gemeinde vertraute ihm ehrenvolle Ämter an, 1861 und 1864 wurde er zudem in die Frankfurter Bürgerschaft gewählt. Als er 1857 seine Tochter Clementine mit Selig Goldschmidt vermählte, schuf er beiden nicht allein durch die Mitgift eine solide Geschäftsgrundlage. Auch die öffentliche Achtung, die er als israelitischer Bürger in der Stadt genoss, wird eine vorzügliche Starthilfe gewesen sein.

Mit dieser Verbindung verlagerte sich auch hier der Schwerpunkt aller geschäftlichen Tätigkeiten. Herz Salomon Fulds ältester Sohn Sally Salomon (1836 bis 1882) führte nicht fort, was Großvater und Vater begonnen hatten. Der Bruder Clementines befasste sich nicht weiter mit Merceriewaren. Er wandte sich ebenfalls dem Antiquitätenhandel zu. Trat als Teilhaber dem Geschäft »Jacob und Selig Goldschmidt« bei. Und mit vereinten Kräften gelang es, das Unternehmen innerhalb eines Jahrzehnts zur Blüte zu führen. Allmählich konnten internationale Beziehungen aufgebaut, Zweigstellen in Berlin, Paris, New York eingerichtet werden. Eine Firma entstand, die bald zu den erfolgreichsten Antiquitätenhandlungen der Welt zählte. Der amerikanische Bankier John Piermont Morgan z. B. gehörte zu ihren Kunden. Der russische Zar Nikolai II. und der König von Griechenland ernannten sie zu »Hoflieferanten«. Die Rothschildts holten sich bei ihnen Angebote und gutachterlichen Rat.[18] Um 1873 festigte sich die Bindung beider Familien weiter. Auch die Bindung beider Vermögen: Sally Salomon Fuld heiratete eine Tochter des Firmengründers Jacob Goldschmidt, des Schwagers seiner

---

17 Eine wichtige Quelle für Lebensweise und Atmosphäre im Hause Fuld ist für mich die »Chronik der Familie Herz Salomon Fuld«, die einer seiner Enkel, Heinrich Benjamin, am 1. Januar 1944 in Jerusalem abschloss. (Manuskriptdruck; ASA Nr. 592; im Folgenden »Chronik«.) Anna Seghers bekam das Dokument am 22. Mai 1958 von ihrem Vetter David Cramer (ASA). Heinrich Benjamin ist ein Großvetter von Anna Seghers. Bei Daten irrt sich der Chronikschreiber manchmal, auch schreibt er Anna Seghers acht Kinder zu. Dafür charakterisiert er eindrucksvoll die einzelnen Personen, z. B. Großvater und Großmutter der Anna Seghers, Sally Salomon und Helene Fuld, deren Töchter Clementine und Hedwig, die Mutter von Anna Seghers, und Isidor Reiling. Die angegebenen Zitate finden sich auf S. 1 der Chronik. Das von Alexander Dietz herausgegebene »Stammbuch der Frankfurter Juden. Geschichtliche Mitteilungen über die Frankfurter jüdischen Familien von 1349–1849«, Frankfurt am Main 1907, nennt auf S. 96 den 25. August 1828 als Gründungsjahr des Merceriewarengeschäftes von Herz Salomon Fuld. Dietz geht davon aus, dass die Familie Fuld bereits am 21. November 1639 als Mitglied der jüdischen Gemeinde in Frankfurt am Main aufgenommen wurde (ebd., S. 93).
18 Diese Einzelheiten werden alle im Porträt Julius Goldschmidts aufgezählt und ihm zugeschrieben; er wird jedoch nur fortgeführt haben, was bereits sein Vater Jacob und sein Onkel Selig erreicht hatten. (Vgl. Paul Arnsberg: Die Geschichte der Frankfurter Juden seit der Französischen Revolution, a. a. O., Bd. 3, S. 160 f.)

Schwester. Und Helene, zwanzig Jahre jünger als er (1856 bis 1922), wurde am Tage ihrer Eheschließung als weitere Teilhaberin des Geschäftes eingesetzt. Beide wurden künftige Großeltern Netty Reilings: Ihre jüngste Tochter Hedwig (1880 bis 1942?) zog nach Mainz. Isidor Reiling (1867 bis 1940), zweiunddreißig Jahre alt, Sohn des dort eingebürgerten David Reiling und seiner Frau Esther, genannt Jeannette, holte die Neunzehnjährige am 17. November 1899 als Ehefrau in sein Haus. Ein Jahr und zwei Tage später, am 19. November 1900, wurde ihr einziges Kind, Netty, geboren: Anna Seghers erblickte das Licht der Welt.[19]

Treu der Religion der Väter

Ob Mainz oder Frankfurt: Von »unten auf« waren die Familien Haas-Schmalkalden-Reiling und Goldschmidt-Fuld in die Städte gekommen, um hier ihr Glück zu suchen. Doch sie glichen sich noch in anderer Hinsicht: in ihrer Haltung zur Religion der Väter.

Als Geschäftsleute profitierten sie von der durch Aufklärung und Französische Revolution eingeleiteten bürgerlichen Gleichberechtigung der Juden. Deren Auswirkungen auf das religiöse Leben aber lehnten sie ab. Verweigerten sich der religiösen Reformbestrebungen, die allmählich ihre israelitischen Gemeinden spalteten und zur Ausbildung unterschiedlicher Gruppierungen mit jeweils eigenen Institutionen, Schulen, Kranken- und Pflegeeinrichtungen führten. Sie bekannten sich zur Minorität der Orthodoxen. Versuchten, was Eltern und Großeltern sie gelehrt, weiterzugeben an Kinder und Kindeskinder. Hofften, die auch in der Diaspora gewohnten religiösen und nationalen Besonderheiten wahren zu können. Worte des Erzvaters Jakob sollen in Mainz geholfen haben, Gründung und Zuversicht der orthodoxen Gemeinde zu verteidigen: »Und er teilte das Volk in zwei Lager, und er sprach: ›Wenn der religionsfeindliche, herrschende Zeitgeist das eine Lager vernichten sollte, so möge wenigstens das übriggebliebene Lager errettet werden.‹«[20]

In diesem Sinne wirkten auch in Frankfurt Herz Salomon Fuld und seine zahlreiche Familie. Herz Salomon und sein Schwiegersohn Selig erwarben sich als Mitglieder der Gemeindevorstände Achtung und Ansehen über die Stadtgrenzen hinaus. Als 1896 Selig Goldschmidt starb – nach dem Tode Herz Salomon Fulds (1872) hatte man ihn zum Oberhaupt der Familie erkoren –, soll ein Leichenbegängnis stattgefunden haben, wie bislang nur wenige zu sehen waren. Um Selig Goldschmidt »trauerte nicht nur die Judenheit von Frankfurt, sondern auch die orthodoxe Judenheit des In- und Auslandes. Sämtliche Zeitungen brachten große Nachrufe, die den herrlichen Aufstieg dieses Mannes schilderten.« So erzählt es

---

19 Vgl. dazu Friedrich Schütz: Die Familie Seghers-Reiling und das jüdische Mainz, a. a. O., S. 157. Die standesamtliche Hochzeit fand laut Mainzer Familienregister am 17. November 1899 statt.
20 Zitiert nach Friedrich Schütz: Die Familie Seghers-Reiling und das jüdische Mainz, a. a. O., S. 153.

Heinrich Benjamin, ein Großvetter von Anna Seghers. Am 1. Januar 1944 beendete er seine Arbeit an einer »Familienchronik«. In Jerusalem, wohin er sich retten konnte vor dem Inferno der deutschen Faschisten. Jetzt war er der Älteste und damit selbst »Oberhaupt« der »uralten Frankfurter Familie Herz Salomon Fuld«, die »die weitbekannte ›Frankfurter Zeitung‹« einst »als ›Altfrankfurter jüdisches Patriziat‹« gefeiert hatte. Sein Gewissen gebot ihm, allen Verwandten vom vormals so »herrlichen und wunderbaren Leben dieser Familie« zu erzählen. Denn allen war die Heimat geraubt worden. Die ganze Welt musste Sally Herz bzw. Heinrich Benjamin an diesem Neujahrsmorgen anrufen, um aller Familienmitglieder zu gedenken. Nach Algier, Amerika, Argentinien, Kanada, Chile, Cuba, Ecuador, England, Mexiko, Palästina, Paraguay, der Schweiz waren sie ab 1933 vertrieben worden. In Deutschland zu bleiben, das hatte nur die Mutter der Anna Seghers auf sich genommen. Als kleine »Heddy«, als »ein sehr liebes und hübsches Mädchen«, blieb sie im Gedächtnis des Chronisten für immer lebendig.[21] Doch schon am 20. März 1942 war sie von Mainz nach Piaski bei Lubmin in Polen deportiert, dort ermordet worden ...[22]

Vor allem die Erinnerung an das von »tiefster Frömmigkeit« erfüllte Leben in Frankfurt wollte Heinrich Benjamin aufbewahrt wissen. Der Urgroßvater der Anna Seghers hing – so schrieb er – »mit jeder Faser seines Herzens an der alten Israelitischen Gemeinde«, übte dort mehrere Ehrenämter aus. Für die Urgroßmutter Caroline Fuld hätte jeder Tag mit dem Gebet »Schmaunoh E rei« begonnen, die »Tefilla« in der Hand. »Jeden Donnerstag früh wurden sämtliche Tür- und Fensterklinken so kräftig geputzt, dass sie hell aufblinkten, und dann mit Tüchern vollständig umwickelt, die erst am Freitag bei Beginn des Schabbath gelöst wurden.« Die Familie galt traditionsgemäß für alle als sicherer Hort. Zum Sabbat fanden sich möglichst viele zusammen, um gemeinsam die Glaubensgebräuche, religiösen Erzählungen, köstlichen Speisen und heiligen Handlungen zu erleben, zu pflegen, weiterzureichen. Der Chronist berichtet von den »Familienzusammenkünften« im Hause des Oberhauptes Selig Goldschmidt, wo sich am Samstag »ca. 60 bis 70 Familienmitglieder ohne jede Formalitäten einfanden«. Auch andere jüdische Feier- und Festtage wie Chanukka, Pesach, Brith-Milach, Bar-Mizwa, Lewaja und Seder-Abend wurden streng eingehalten. Helene Fuld, die Großmutter der Anna Seghers, wollte aus Frömmigkeit und Gottesfurcht ihren sechzigsten Geburtstag nicht festlich begehen, fiel er doch auf den Vorabend des Pesachfestes, das an die Befreiung Israels aus Ägypten gemahnt und fordert, dass am Tage zuvor die jüdische Hausfrau mit eigener Hand alle Winkel aller Wohnräume aufs sorgfältigste säubert. Kinder, Enkel und Freunde jedoch arrangierten eine Überraschung. Der Chronist erinnert sich: »Als sie die Türe zu ihrem Zimmer öffnete,

---

21 Chronik, S. 6, S. 1, S. 19.
22 Vgl. dazu Frank Wagner: Deportation nach Piaski. Letzte Stationen der Passion von Hedwig Reiling, in: Argonautenschiff, Bd. 3, Berlin 1994, S. 117 ff.

jubelten ihr ca. hundert Menschen zu, die Herren alle im Frack, die Damen in großer Balltoilette. Ihr erster Ausruf war: ›Um Gotteswillen, meine frisch geputzte Wohnung!‹ Doch als sie ihre Tochter Clementine sofort mit der Mitteilung beruhigte, dass schon zwei Putzfrauen für den nächsten Tag bestellt waren, gab sie sich nach und nach zufrieden, und schließlich gestaltete sich diese ›surprise‹ zu einem der schönsten Familienfeste, die ich jemals erlebte.« Auch Netty Reiling wird an diesem 4. April 1916 dabei gewesen sein. In »großer Balltoilette« selbstverständlich.[23]

Die Nachrichten über das religiöse Leben im Hause Reiling dagegen fließen nur spärlich. Einen Chronisten gab es dort nicht. Dennoch existieren Zeugnisse und Berichte, die darauf hinweisen, dass auch hier Gesetze und Bräuche der Väter den Tages- und Jahresablauf bestimmten. Vielleicht weniger streng. Lässiger. Großzügiger.

Auch die Reilings bekannten sich zur orthodoxen jüdischen Gruppierung, der »Israelitischen Religionsgesellschaft«. Die Tochter der Anna Seghers, Ruth Radvanyi, berichtete 1991 lapidar, aber eindrucksvoll: »Die Familie meiner Mutter war jüdisch-orthodox. Mit liebevoller Sehnsucht erzählte sie von jüdischen Festen.«[24] In der Dissertation Netty Reilings, später auch in ihren Werken sollte diese Prägung spürbar werden. Ehrenvolle Ämter im Vorstand der Religionsgesellschaft – vergleichbar den Verwandten in Frankfurt – bekleideten die Reilings nicht. Die Unterstützung jüdischer Hilfsvereine und der jüdischen Schule durch Spenden und praktische Mitarbeit jedoch war auch ihnen ein Bedürfnis. Hedwig Reiling wird dem Vorbild der Mutter gefolgt sein, dem jüdischen Brauch gehorcht haben. Auch sie schuf in ihrem Heim in Mainz die Grundlagen dafür, dass die Familie zum Ort der Religionsausübung werden konnte, Feiertage und Speisegesetze eingehalten, jüdische Tradition und Verhaltensweisen gepflegt und weitergetragen wurden. Wie ihre Mutter, so soll auch sie darauf bedacht gewesen sein, zum Pesachfest kein Krümchen gesäuerten Brotes in der Wohnung zurückzulassen. Sie »erzählte mir selbst einmal«, berichtete eine Schulkameradin Nettys, »dass sie einmal jährlich ganz allein einen Hausputz durchführen müsse mit einer Gewissenhaftigkeit, die fast grotesk wirkte«.[25] Stolz berichtete Hedwig Reiling 1918 nach Frankfurt, dass sie in den Vorstand eines soeben begründeten jüdischen Frauenbundes gewählt worden sei.[26]

23 Chronik S. 1-4 und S. 15.
24 Ruth Radvanyi, in: Anna Seghers. Eine Biographie in Bildern, a. a. O., S. 22.
25 Brief der Schulfreundin Elisabeth Stimbert an Jörg Bernhard Bilke vom 14. August 1974, in: Jörg Bernhard Bilke: Die Revolutionsthematik in der frühen Prosa von Anna Seghers (1927–1932), Wiesbaden 1979, S. 7. Der Autor hat als erster und einziger Schulfreundinnen und Lehrer von Anna Seghers befragt und damit auch Einzelheiten des religiösen Lebens im Hause Reiling erschließen können. Seine gesammelten Materialien, auch Briefe und Interviews, stellte er mir zur Verfügung. Ich danke ihm dafür herzlich! Die Dissertation Netty Reilings zum Thema »Jude und Judentum im Werke Rembrandts« von 1924 (Abdruck im Reclam Verlag Leipzig 1981) zeugt von der Vertrautheit der Autorin mit dem religiösen Leben. Vgl. auch das Kapitel »›Jude und Judentum im Werke Rembrandts‹ – nur eine historische Arbeit?« in diesem Buch.
26 Hedwig Reiling an Helene Fuld am 22.12.1918. ASA.

Isidor Lutz Reiling unterstützte 1925 die Gründung eines »Vereins zur Pflege jüdischer Altertümer«, der zur »Klärung jüdischer Geschichtsfragen« beitragen und eine Gesamtdarstellung der »Geschichte der Juden in Mainz« vorbereiten sollte. Das Sonderheft »Magenza« der Vereinszeitschrift »Menorah« von 1927 weist als einen der Mitarbeiter »Antiquar I. Reiling« aus. Er schrieb keinen Artikel, gehörte wahrscheinlich zu denjenigen, die »wertvolles Altertums-, Kunst- und Kulturmaterial als Zeugnis jüdischen Lebens« beisteuern konnten.[27] Vielleicht sah er seine Aufgabe sogar auf weit wichtigerem Gebiet. Seit der Jahrhundertwende hatte die Einwanderung von Juden aus osteuropäischen Ländern stark zugenommen. Pogrome vor allem in Polen, Rumänien und Russland vertrieben die Verfemten aus ihrer Heimat. Hilfe suchten sie zunächst in Deutschland. Auch in Mainz. Die Alteingesessenen jedoch empfanden die zumeist völlig mittellosen Neuankömmlinge mehr als Störenfriede denn als Glaubensgenossen. Ihre andere Sprache und Lebensweise, ungewohnte religiöse Bräuche schufen Distanz. Und die Fremden sonderten sich vollends ab, indem sie sich in einer eigenen, einer dritten Gruppierung zusammenschlossen. Wollte Isidor Lutz Reiling helfen, durch die Erinnerung an die gemeinsame Geschichte die feindlichen Brüder zu versöhnen? Genaue Auskünfte über Anteil und Motiv seines Mitwirkens jedoch gibt die Einführung zum Sonderheft »Magenza« nicht.

Salon in Frankfurt

Trotz der Übereinstimmung im Religiösen gab es einen gravierenden Unterschied zwischen den Familien in Mainz und Frankfurt. Der Chronist, der den »herrlichen Aufstieg« Herz Salomon Fulds und dessen Schwiegersohnes Selig Goldschmidts feierte, sprach zwar mit Respekt von der Ehe, die Hedwig Reiling eingegangen war. Aber er versäumte nicht, darauf hinzuweisen, dass das Geschäft ihres Mannes »kleineren Umfangs« war. Für den Sohn und Erben des jüdischen Juwelenhändlers Bernhard Benjamin, der europäische Fürstenhäuser, auch das englische Königspaar zu seinen Kunden zählte, musste der Umzug in eine kleinere Stadt einem sozialen Abstieg gleichen. Aufstieg brachte nur Berlin: Hedwig Fulds Bruder Harry zog es dorthin. Allenfalls Hamburg kam noch in Frage: Hedwigs Schwester Minna suchte dort ihr Glück. Aber Mainz? Seit langem schon hatte diese Stadt den Wettbewerb mit Frankfurt um ökonomischen Einfluss und politische Macht verloren. Heinrich Benjamin nannte für eine erfolgreiche Eheschließung drei Bedingungen: »Gesundheit, erstklassige Familie, gut gehendes Geschäft«. Sollte seine Cousine Hedwig nicht alle diese Prinzipien beachtet haben, als sie 1899, neunzehn Jahre alt, nach Mainz zog?

---

27 Magenza. Ein Sammelheft über das jüdische Mainz im fünfhundertsten Todesjahr des Mainzer Gelehrten Maharil, Mainz 1927, S. 1.

Die Mutter der Anna Seghers wuchs zwar im Kreise einer Familie auf, die von Zeitgenossen achtungsvoll zum »Altfrankfurter jüdischen Patriziat« gerechnet wurde. Sie konnte teilhaben an deren Wohlstand, deren Anerkennung in Gemeinde, Stadt und Geschäftswelt. Aber wie ihre drei Geschwister musste sie ohne Vater auskommen. Sally Salomon Fuld, nach dem vom Chronisten gezeichneten Bild ein großer, schöner und stattlicher Mann, war einst von seinen Eltern mit höchsten Erwartungen nach Paris zur Ausbildung geschickt worden. Und er enttäuschte nicht. Auf Kunden soll der sprachgewandte junge Mann wie ein »französischer Edelmann« gewirkt haben, eine Ausstrahlungskraft, die eine aufstrebende Firma gut gebrauchen konnte, um in Paris und New York Zweigstellen einzurichten. Der Mitinhaber der Firma »Jacob und Selig Goldschmidt« erzielte durch »sein schönes Auftreten und durch seine außergewöhnliche Begabung in fremden Sprachen« große Erfolge.[28] Doch er, der spät geheiratet hatte, starb 1882 plötzlich nach nur neun Ehejahren. Seine Frau Helene zählte erst sechsundzwanzig Jahre, als sie sich einem Leben allein mit vier kleinen Kindern gegenüber sah. Ihre jüngste Tochter Hedwig war erst zwei Jahre alt. Halt und Hilfe fand die junge Witwe bei ihrer Mutter Henriette und im engen Zusammenschluss der zahlreichen Familienmitglieder. Aber auch in der Beschäftigung mit Kunst und Literatur.

Der Umgang mit Kunstschätzen, die gesammelt und in den großzügigen Wohnräumen auch ausgestellt werden konnten, galt nicht allein durch den Beruf der Väter als selbstverständlich. Er war für jeden einzelnen zum Bedürfnis geworden. Der ins Exil vertriebene Chronist erinnert all das, was einstmals zum stolzen Besitz von Familienangehörigen gezählt hatte: altjüdische Antiquitäten und Handschriften, »eine Thorarolle, für die eine goldene ›Klei Kaudesch‹ angefertigt wurde, eine Sederschüssel aus Mahagoniholz mit goldenem Gestell«, eine »auf Pergament mit echt goldenen Ornamenten und herrlichen Buchmalereien« geschriebene »Jad Hachacakah« des Maimonides, untergebracht in einer speziell hergestellten Vitrine. Der Anblick dieses Meisterwerkes soll »eine Herzensfreude für viele Besucher« gewesen sein. Heinrich Benjamin nennt Gemälde der Gotik und der Renaissance, Werke der französischen Malerei der zweiten Hälfte des 19. Jahrhunderts, Bilder junger zeitgenössischer Maler und den »Nachlass des Malers Oppenheim«.[29] Kurzbiographien über Harry Fuld, eines Onkels von Anna Seghers, berichten ebenfalls von solchen Schätzen. Auch er trug eine öffentlich viel bewunderte Sammlung von Werken der bildenden Kunst zusammen. Sie umfasste »gotische Skulpturen, chinesische Keramik, alte Meister und Bilder von Künstlern, die zu seiner Zeit noch nichts galten, wie Paul Klee, Feininger, Kokoschka und Signac«.[30] Später erzählte Anna Seghers, dass auch sie »fast mehr mit bilden-

---

28 Chronik, S. 6, S. 19, S. 23, S. 13.
29 Ebenda, S. 9.
30 Zitiert nach: Franz Lerner: Harry Fuld, in: Neue deutsche Biographie. Hrsg. von der Historischen Kommission bei der Bayrischen Akademie der Wissenschaften, Bd. 5, Berlin 1961, S. 726.

der Kunst gelebt habe als mit Literatur«.[31] Sie wird dabei nicht nur an die Werke gedacht haben, die sie in Mainz tagtäglich bewundern konnte.

Als 1882 Sally Salomon Fuld so plötzlich starb, muss Helene Fuld als Mitinhaberin der Firma »Jacob und Selig Goldschmidt« eine stattliche Abfindung erhalten haben – der Chronist spricht von 800 000 Mark. Diese Summe gestattete es ihr, das gewohnte Leben fortzuführen. Mehr noch: Sie erschloss sich eine neue Welt. Versammelte um sich Freunde, Künstler, Wissenschaftler, Persönlichkeiten des religiösen, kulturellen und politischen Lebens. »Helene Fuld war eine Frohnatur«, erinnert sich Heinrich Benjamin. »In ihrem Hause verkehrten neben den Familienmitgliedern viele Freunde und Bekannte, die sich alle in den gastlichen Räumen wohlfühlten.«[32]

Führte sie eine Art Salon?

Lange vor ihr hatten jüdische Frauen wie Henriette Herz oder Rahel Varnhagen ihre zum Teil bescheidenen Wohnräume in Berlin zum Treffpunkt bürgerlicher Intellektueller werden lassen. Leidenschaftliches Fortschrittsdenken artikulierte sich in diesen »Salons«. Und eine ungewöhnliche Sicherheit von Frauen: als Frau und als Jüdin gleich zweimal an den Rand der Gesellschaft gedrängt, ließen sie hier ihren Anspruch auf Selbständigkeit und Gleichberechtigung hell aufleuchten. Sie holten nach, was altjüdische Tradition ihnen verweigerte. Kein jüdisches Lehrhaus stand den Mädchen offen. Keine spezielle Feier, der Bar-Mizwa der heranwachsenden Knaben vergleichbar, führte sie ein in den Kreis der Erwachsenen und die jüdische Glaubensgemeinschaft. Nicht einmal am religiösen Leben durften sie aktiv teilnehmen. Der Vorschrift gemäß möglichst früh verheiratet, fanden sie nur als Gattin und Mutter Anerkennung. Nur wenigen jüdischen Frauen war es bislang gelungen, sich geistig-kulturell zu bilden, ihre weibliche Individualität zu entfalten. Im Salon kündigte sich eine Entwicklung an, die noch Jahrzehnte brauchte, um sich durchzusetzen. Auch Helene Fuld, die junge Witwe aus Frankfurt am Main, wird allmählich zu einem Lebensstil gefunden haben, der ihr den Sinn des Daseins auf neue Weise erschloss, ihr den Weg bahnte zur selbst denkenden Persönlichkeit mit eigenen Ansprüchen, Empfindungen, Überlegungen. Wie ihre berühmten Vorgängerinnen schuf sie im Haus Obermainanlage 15 einen Ort der Geselligkeit, des künstlerischen Erlebens, des Gedankenaustausches für viele, nicht allein für Juden. Sie förderte das Gefühl von Gemeinsamkeit von Menschen unterschiedlicher Herkunft und Denkart, auch der Religionen. Anders jedoch als zu Beginn des 19. Jahrhunderts wird sie nicht mehr auf Assimilation der Juden orientiert gewesen sein. Das Selbstbewusstsein ihrer jüdischen Patrizierfamilie war stark genug, im Kreis der so zahlreich versammelten Freunde die Unterschiede zu achten, jüdische Identität jedoch zu wahren. Zwei ihrer engsten Freunde werden sie in

---

31 Wirklichkeit und Phantasie. Fragen an Anna Seghers, in: Achim Roscher: Also fragen Sie mich! A. a. O., S. 53.
32 Chronik, S. 14.

diesem Bestreben am meisten bestärkt haben: der aus New York zurückgekehrte Bankier Charles Lazarus Hallgarten und die Schriftstellerin und Frauenrechtlerin Bertha Pappenheim aus Wien, die seit 1888 in Frankfurt ansässig war. Beide gehörten nicht mehr dem orthodoxen Judentum an, setzten sich dennoch für die Bewahrung speziell jüdischen Lebens, jüdischer Religiosität und Kultur ein und unterstützten sich gegenseitig in ihren Aktivitäten. Charles Lazarus Hallgarten rief die »Gesellschaft zur Erforschung jüdischer Kunstdenkmäler« ins Leben und beteiligte sich an der Gründung des »Museums jüdischer Altertümer«, während Bertha Pappenheim, seit 1904 Vorsitzende des »Jüdischen Frauenbundes« in Berlin, tätig auch im Vorstand des »Bundes deutscher Frauenvereine«, ihre Aufgabe vor allem in der Bildung und Erziehung jüdischer Mädchen und Frauen sah. Ihre Maxime »Schutz den Schutzbedürftigen, Erziehung den Erziehungsbedürftigen« prägte – wie noch zu zeigen sein wird – nicht allein das Leben Helene Fulds, sondern auch das ihrer Tochter Hedwig.[33] Mehr als hundert Gäste zählte Helene Fuld, als sie 1916 ihren vom Chronisten so eindrucksvoll beschriebenen 60. Geburtstag feierte, Bewunderung, Dank auch für das rege geistig-kulturelle Leben in ihrem gastlichen Hause entgegennahm. Vielleicht gehörte auch der Schriftsteller und Literaturkritiker Alfred Kerr zu den Gratulanten. Und der sozialdemokratische Reichstagsabgeordnete Hermann Wendel wird die Zusammenkunft genutzt haben, um ihrer Enkeltochter Netty Reiling seine soeben erschienene und sofort verbotene Biographie über Heinrich Heine zu schenken.[34]

Helene Fulds älteste Tochter Clementine (1874 bis 1962), genannt Clem, machte den Lebensstil der Mutter zu dem ihren. Nach ihrer frühen Eheschließung als Siebzehnjährige führte sie ein gleich offenes und kunstsinniges Haus. Nicht allein zahlenmäßig vergrößerte sie den Kreis der Menschen, die sich jede Woche bei ihr oder ihrer Mutter trafen. Sie muss weitere Kontakte hergestellt haben zu politisch engagierten Journalisten und Schriftstellern, weitere Kontakte auch zur Frauenbewegung, öffnete ihr Haus so ungewohntem Denken, oppositionellem gesellschaftlichen Wirken. Ihr Name soll »stadtbekannt« gewesen sein: »Wer sie nicht kennt, kennt Frankfurt nicht«, meinte ein Frankfurter Schriftsteller.[35] Ins Familiengedächtnis eingeschrieben ist ein »Skandal«, von dem zu erzählen der Chronist sich nicht versagen konnte: Um 1901 veröffentlichte eine vielgelesene Zeitung ein Ge-

---

33 Zu beiden Persönlichkeiten vgl. die Lebensbeschreibungen in: Frankfurter Biographien, a. a. O., Bd. 1, S. 298 f. und Bd. 2, S. 116 ff. (das Zitat befindet sich im Bd. 2, S. 118) sowie Paul Arnsberg: Die Geschichte der Frankfurter Juden seit der Französischen Revolution, a. a. O., Bd. 3, S. 173 ff. und S. 342 ff. Der Chronist Heinrich Benjamin zählt Ch. L. Hallgarten auch zu den Freunden Clementine Cramers (Chronik, S. 16).
34 Alfred Kerr beobachtete und förderte den Werdegang von Netty Reiling, er wird den Druck ihrer ersten Arbeiten in der Frankfurter Zeitung und im Handelsblatt vermittelt haben. Das Buch Hermann Wendels »Heinrich Heine. Lebens- und Zeitbild«, Dresden 1916, trägt die Widmung: »Meiner lieben Nichte Netty Reiling zur freundl. Erinnerung an Pesach 1916 Hermann Wendel«. Er wird es ihr am Geburtstag ihrer Großmutter in Frankfurt geschenkt haben. (Es befindet sich – mit Exlibris – in der Bibliothek der Anna Seghers, ASG.)
35 Paul Arnsberg: Die Geschichte der Frankfurter Juden seit der Französischen Revolution, Bd. 3, a. a. O., S. 84.

dicht, in dem Clementine Cramer ohne Scheu und mit vollem Namen eine »zehnjährige Ehe als zehn Jahre Prostitution«[36] bezeichnete. Sollte dieser Familienskandal noch in der Erinnerung von Anna Seghers nachgewirkt und sie veranlasst haben, ihre erste Publikation mit einem Pseudonym zu zeichnen?

Leben in Mainz

Auch Hedwig Fuld wird die Lebensart von Mutter und Schwester verinnerlicht haben. Zeitlebens blieb sie diesen beiden Menschen innig verbunden: »[...] Ihr seid so fest in mir, dass ich das Gefühl der räumlichen Trennung nicht aufkommen lasse«, hieß es in einem Brief an die Mutter vom 21. Februar 1919.[37] Clementine, fast sechs Jahre älter, wurde engste Freundin und Vertraute Hedwigs. Aber konnte sie nach ihrer Eheschließung 1899 in Mainz ein dem gewohnten Leben vergleichbares Feld geistiger Anregung und Betätigung aufbauen? Ihr bereits eingegrenztes Dasein als Hausfrau und Mutter wurde durch geringere Mittel und religiöse Vorschriften, denen sie sich verpflichtet fühlte, weiter eingeschränkt. Vermochte sie Enge und Reglementierung zu sprengen?

Wir wissen nicht, wo und wann Hedwig Fuld ihren Mann Isidor Reiling, genannt Lutz, kennenlernte. Dessen Vater David hatte 1880 versucht, sich geschäftlich zu verändern. Er nannte sich jetzt »Spezereihandlung, Antiquitäten, Kunstgegenstände und Manufaktur, Mäkler in Gold und Immobilien«.[38] Doch diese Kennzeichnung ließ keine Neuorientierung erkennen. Statt Wechsel oder Konzentration nur Erweiterung des Warenangebotes. Wollte David Reiling, siebenundvierzig Jahre alt, sich einmal an anderen Gegenständen ausprobieren? Abwarten, was von der genannten Vielfalt auch ihm in diesen »Gründerjahren« mehr Gewinn brachte? Vorsichtig jedoch, gab er die vertrauten Spezerei- und Manufakturwaren nicht preis. Denn er wählte den Antiquitätenhandel, als der seinen Zenit bereits überschritten hatte. Schnelle Triumphe waren im engen Zusammenhang mit dem Aufstieg eines Besitz- und Bildungsbürgertums möglich gewesen. Jetzt war der Markt aufgeteilt. War es schwer, tragfähige, dauernde Geschäftsbeziehungen aufzubauen. Dennoch wagte er bald, sich zu konzentrieren, gab er dem Geschäft eine Entwicklungsrichtung, die zu größeren Erfolgen führen sollte. Aber er selbst hatte für den Neubeginn nur wenige Jahre Zeit. Er starb bereits 1889. Seine Frau Esther, genannt Jeannette, suchte weiterzuführen, was begonnen worden war, leitete allein das Geschäft, das sich nur noch »Manufakturwaren- und Antiquitätenhandlung«[39] nannte. Ihr Sohn Hermann (1862 bis 1942) unterstützte sie, übernahm nach dem

---

36 Chronik S. 16.
37 ASA.
38 Adressbuch der Stadt Mainz, 1880. Stadt A Mz.
39 Adressbuch der Stadt Mainz 1891, ebenda.

Tod der Mutter 1892 die Führung des Geschäftes. Und jetzt zahlte sich aus, was der Vater eingeleitet hatte. Das Unternehmen gewann neue Kunden, zu denen auch »der kunstsinnige Herzog Ernst Ludwig« gehörte, der hier so »manche Kostbarkeit aus alter Zeit« erstand.[40] Schon zwei Jahre später vermeldete das »Israelitische Familienblatt«, der Großherzog von Hessen habe nach mehreren Besuchen und Einkäufen der Antiquitätenhandlung David Reiling das Prädikat »Hoflieferant« verliehen.[41] Im selben Jahr begann Hermann Reiling mit einer Modernisierung des Geschäftshauses. Noch aber konnte er sie nicht zu Ende führen. Denn die Konkurrenz wuchs. Im Jahre 1900 waren es sechs, 1916 bereits sechzehn, 1920 sogar neunzehn Antiquitätenhandlungen, die sich von der kleinen Stadt Mainz aus gegenseitig die Kunden streitig machten.[42]

Erst Isidor Lutz Reiling brachte weiteren Aufschwung. Um 1898 kam er als Mitinhaber hinzu. Das war ein Jahr vor seiner Eheschließung. In seinem einunddreißigsten Lebensjahr. Was er davor tat, gelernt hatte, ist nicht bekannt. Wahrscheinlich half auch er Eltern und Bruder. Anzunehmen ist aber auch, dass sich Kontakte zu Frankfurt über geschäftliche Beziehungen zur Firma »Jacob und Selig Goldschmidt« aufbauten, Isidor Lutz Reiling dort einige Zeit als Lernender verweilte. Oder sollte – was in orthodoxen jüdischen Kreisen noch immer üblich war – gar ein Heiratsvermittler im Spiel gewesen sein? Dann wäre es auch denkbar, dass der junge Mann sich erst endgültig für den Antiquitätenhandel und für den Eintritt ins Geschäft seines Bruders entschied, als sich die Chance einer Ehe mit Hedwig Fuld abzeichnete und damit eine engere und erfolgreichere Zusammenarbeit mit dem berühmten Haus in Frankfurt in greifbare Nähe rückte.

In Frankfurt suchte man nicht allein der religiösen, sondern auch der geschäftlichen Tradition eines Kaufmannes treu zu bleiben. Bislang war nur einer der Nachkommen von Herz Salomon Fuld und den Brüdern Goldschmidt aus der Reihe getanzt: der einzige Bruder Hedwigs. Harry Fuld (1879 bis 1832) war anfangs der Weg seines Großvaters Jacob Goldschmidt und seines Vaters Sally Salomon Fuld vorgezeichnet. Auch er wurde zur Ausbildung als Antiquitätenhändler ins Ausland geschickt, nach London, Paris, Belgien. Auch er fühlte sich dem Antiquitätenhandel eng verbunden. Doch 1896 übernahm sein Onkel Julius Goldschmidt allein die Leitung des Familienunternehmens. Und – verweigerte dem vaterlosen Neffen die erwartete Mitinhaberschaft. So entschied sich Harry für ein anderes Tätigkeitsfeld, für das, was im anbrechenden neuen Zeitalter die Welt und das Leben aller Menschen grundsätzlich verändern sollte: für moderne Technik und industrielle Massenproduktion. In Brüssel hatte er das bislang in Deutschland

---

40 So Carl Heerdt in »Jüdische Geschäfte in alten Mainz«, in: Das Neue Mainz, H. 4, 1962, zitiert nach Jörg Bernhard Bilke: Die Revolutionsthematik in der frühen Prosa der Anna Seghers (1927–1932), a. a. O., S. 3.
41 Friedrich Schütz: Die Familie Seghers-Reiling und das jüdische Mainz, a. a. O., S. 158.
42 Friedrich Schütz beschreibt sowohl den Umbau des Hauses, der in Etappen vor sich ging, als auch die wachsende Konkurrenz. Ebenda, S. 158 und S. 165.

unbekannte amerikanische System der Vermietung von Haustelefon-Anlagen kennengelernt. Jetzt setzte auch er auf das Telefon. Erst neunzehn Jahre alt, machte er sich als Unternehmer und Fabrikant selbständig. Er entwickelte Produktion und Vertrieb von Fernsprechanlagen, führte in Deutschland die bis ans Ende des zwanzigsten Jahrhunderts übliche Praxis von Verleih und Wartung der Apparate ein und baute mit den »H. Fuld und Co. Telephon- und Telegraphenwerken A.G.« einen Konzern auf, der – »ganz durch die Persönlichkeit seines Gründers und Leiters bestimmt« – um »1930 in der Schwachstrom-Industrie Europas führend« war und Weltruf genoss.[43]

Die anderen Familienmitglieder blieben entweder in der Firma »Jacob und Selig Goldschmidt« oder wandten sich durch Eheschließungen dem Juwelenhandel, dem Bankgewerbe und anderen Zweigen zu. Auch Hedwig, die jüngste der vier Geschwister, muss bereit gewesen sein, sich der hergebrachten Ordnung einzufügen. Sie war die letzte, die sich noch unter der Obhut der Mutter befand. Ihre Lieblingsschwester Clementine hatte bereits als Siebzehnjährige den Hopfenhändler David Cramer (1862 bis 1946) geheiratet. Und Hedwig war schon achtzehn, als der nur ein Jahr ältere Bruder Harry das Haus verließ. So muss es für sie, noch dazu der Tochter einer Witwe, 1899 höchste Zeit gewesen sein, die Rolle einer Hausfrau und Mutter zu übernehmen – zumal es ein Antiquitätenhändler war, der um sie warb. Was aber bedeutete es für eine Neunzehnjährige, an einen dreizehn Jahre älteren Mann »vermittelt« zu werden, dessen Geschäft tatsächlich »kleineren Umfangs« war? Bekannt ist nur, dass in Mainz die erwarteten Erfolge nicht ausblieben. Eine Mitgift wird das Ihre getan haben. Im Jahre 1900, ein Jahr nach der Eheschließung, konnte der Umbau des Geschäftshauses fortgeführt, wenn auch noch nicht abgeschlossen werden. Erfüllten sich die Träume des jungen Mädchens?

Isidor Lutz Reiling war zwar Mitinhaber eines jetzt florierenden Geschäftes. Kopf des Unternehmens jedoch wird nach wie vor der fünf Jahre ältere Bruder gewesen sein. Wenn in Zeitungen von dem Antiquitätengeschäft die Rede war – immer wurde zuerst oder ausschließlich Hermann genannt. Die Ehrenämter der jüdischen Gemeinde fielen ihm zu: Ihn ernannte man zum Finanzdirektor des »Israelitischen Hilfsvereins« und Vizedirektor des »Israelitischen Krankenpflegevereins Nr. 3«. In die Beratungskommission zur Erhaltung des Mainzer Domes wurde er berufen, nicht – wie oft angegeben – Isidor, der Vater von Anna Seghers. Noch 1932 gratulierte der ehemalige Großherzog Ernst Ludwig Hermann Reiling zum 70. Geburtstag.[44] Dennoch: Seit der Hochzeit Isidors werden die geschäftlichen Kontakte zur Familie Fuld enger geworden sein. Der Leiter des Unternehmens, Julius Goldschmidt, gehörte zu den international anerkannten Fachleuten vor allem

---

43 Zitiert nach: Franz Lerner: Harry Fuld in: Neue deutsche Biographie, a. a. O., S. 726.
44 Friedrich Schütz: Die Familie Seghers-Reiling und das jüdische Mainz, a. a. O., S. 162 und 167.

auf dem Gebiet des Kunsthandels mit Werken der Gotik und der Renaissance und trat in der Gesellschaft zur Erforschung jüdischer Kunstdenkmäler in die Fußstapfen von Charles Lazarus Hallgarten.[45] Er wird beiden Brüdern weitergeholfen haben, besonders Isidor Lutz Reiling, der sich ebenfalls zum Fachberater für die Zeit der Renaissance, speziell der niederländischen Kunst, spezialisierte.[46]

Die Firma in Mainz durfte sich ab 1910 ebenfalls als »Hoflieferant« des Zaren bezeichnen. Der Großherzog Ernst Ludwig wird seinen Schwager aus Petersburg nach Mainz geführt haben. Der Mainzer Schriftsteller Rudolf Frank erinnerte sich: »Wie eine Vision sehen wir auf dem Mainzer Flachsmarkt eine Hofequipage halten, der Ernst Ludwig, der Schirmherr von Darmstadt, in Begleitung des russischen Zaren Nikolai, seines Schwagers, entsteigt, um bei Ganz und dem Antiquitätenhaus Reiling vorzusprechen.«[47] Mit dem Titel war weiterer wirtschaftlicher Aufschwung verbunden, und die Modernisierung des Geschäftshauses konnte endlich durch den Einbau eines großen Ausstellungsraumes zu einem glücklichen Ende gebracht werden. Doch man strebte weiter. Im Sommer 1913 verhandelte die Firma »David Reiling« – der Name des Geschäftsgründers war beibehalten worden – mit Wilhelm Bode, dem Generaldirektor der Königlichen Museen in Berlin, über den Ankauf von Werken einer Pariser Sammlung. »Was die Pariser Sammlung [...] betrifft«, hieß es in einem Brief, den einer der Brüder im Namen der Firma geschrieben hatte, »so möchte ich nicht die Veranlassung sein, wenn das Königliche Museum Interesse an derselben hat, deren Ankauf an meiner Provisionsfrage scheitern zu sehen, und verzichte ich lieber auf eine Provision, wenn das die Erwerbung erleichtern kann.« Für dieses Entgegenkommen wurde Wilhelm Bodes Unterstützung in einer anderen Frage angerufen. Zurückhaltend, aber unmissverständlich lautete ein Postscriptum: »Darf ich zum Regierungsjubiläum Sr. Majestät auf den Titel hoffen?«[48] Die Brüder durften: Ab 1914 waren sie nicht allein Hoflieferanten des Großherzogs und des russischen Zaren. Auch »Hoflieferant« des preußischen Königs.

Der geschäftliche Aufschwung wirkte sich auf das familiäre Leben aus. Um 1905 wurde eine Etagenwohnung in einem neuerbauten Haus des modernen »Boulevards« von Mainz, der Kaiserstraße, bezogen. Ein Hausmädchen, eine Kinderfrau, Kur- und Badereisen, Privatschulbesuch der kränkelnden Tochter bestimmten hinfort auch hier den Lebensstil. Waren äußeres Zeugnis dafür, dass in Mainz der Weg zu Anerkennung und Erfolg eingeschlagen worden war. Im Überfluss je-

---

45 Vgl. dazu das Porträt von Julius Goldschmidt, Sohn des Firmengründers Jacob Goldschmidt, in: Paul Arnsberg: Die Geschichte der Frankfurter Juden seit der Französischen Revolution, Bd. 3, a. a. O., S. 160 f.
46 In einem Gespräch mit Achim Roscher am 19. August 1978 sagte Anna Seghers: »Auf Niederländer war mein Vater spezialisiert.« In: Achim Roscher: Wirkung des Geschriebenen. Gespräche mit Anna Seghers, ndl, Berlin, 31(1983)10, S. 69.
47 Zitiert nach Jörg Bernhard Bilke: Die Revolutionsthematik im Frühwerk der Anna Seghers (1927–1932), a. a. O., S. 3 f.
48 Stadt A Mz.

doch lebte man nicht. Im Frühjahr 1919 – der 20. Hochzeitstag von Hedwig und Isidor Lutz Reiling stand bevor – konnte Hedwig sich einen »Pelz [...] zum Umhängen« kaufen. Die Mutter in Frankfurt wurde um Rat gefragt: Was sollte sie wählen? Skunks nicht. Zu teuer. Fuchs war erschwinglich. Aber eingefärbt. Doch welche Farbe stand Hedwig am besten?[49] Zur selben Zeit – im ersten Nachkriegsjahr herrschten noch immer Hunger und Not – gab es im französisch besetzten Mainz Gelegenheit, zusätzlich Lebensmittel zu erwerben. Man kaufte für die Frankfurter, die eine solche Vergünstigung nicht erhielten, mit ein: »25 Pfund Reis, ein Pfund Cacao, ein Pfund Chokolade u. a.« Die Preise waren im Brief sorgsam aufgelistet: Hedwigs Mutter zahlte die ausgelegte Summe sicherlich zurück.[50]

Kein Reichtum also. Aber ein materiell sorgenfreies Leben. Und ein »standesgemäßes« dazu. Dafür wird vor allem Hedwig gesorgt haben. Sie legte sicherlich Wert darauf, dass der äußere Rahmen ihres Daseins dem von Mutter und Schwester glich. Der großbürgerliche Lebensstil sollte beibehalten werden – trotz begrenzterer Mittel. Doch eines fehlte: Von einem Treffpunkt geistig interessierter Menschen im Hause Reiling, wie in Frankfurt gewohnt, ist in den vorhandenen Dokumenten nirgendwo die Rede. Auch in überlieferten Briefen, Erinnerungsberichten und Gesprächen nicht. Häufige Besuche in den Salons von Mutter und Schwester in Frankfurt mussten sicherlich ersetzen, was in Mainz fehlte. Denn eines kann bezeugt werden: Die vorgegebene Rolle als Mutter und Hausfrau stellte auch Hedwig Reiling nicht zufrieden. Wie Mutter und Schwester suchte sie sich zusätzliche Betätigung. Der Einfluss Bertha Pappenheims wurde spürbar.

Bertha Pappenheim war 1888 von Wien nach Frankfurt, der Heimatstadt ihrer Mutter, übergesiedelt. Ein wohlfundiertes Vermögen der traditionsreichen jüdischen Kaufmanns- und Bankiersfamilie machte sie zwar unabhängig vom Zwang, sich ein regelmäßiges Einkommen zu erarbeiten. Dennoch wollte sie sich eine selbständige Existenz aufbauen. Einunddreißig Jahre alt, versuchte sie sich als Schriftstellerin. Anfangs schrieb sie Märchen für Kinder, die sie ab 1888 unter wechselnden Pseudonymen veröffentlichte. Die schriftstellerische Tätigkeit gab sie nie auf, doch erkannte sie bald ihre eigentliche Aufgabe: Sie nutzte die in der jüdischen Gemeinde Frankfurts vorhandenen Angebote. Es gehörte zur jüdischen Tradition, freiwillig gemeinnützige Sozialarbeit, die Förderung von Kindern und Jugendlichen, Waisen, Kranken und Hilfsbedürftigen zu übernehmen. Bertha Pappenheim baute die soziale Betreuung von Frauen und Mädchen in Frankfurt weiter aus, fand zur Frauenbewegung in Deutschland, wurde in dieser Mission auf nationaler und internationaler Ebene tätig. Vor allem um die nicht gern gesehenen Flüchtlinge aus Osteuropa kümmerte sie sich. Mit brennendem Interesse kämpfte sie gegen den zunehmenden Handel mit jungen Frauen und Mädchen aus Osteuropa, deren Schicksal in Deutschland Prostitution hieß. 1909 reiste sie im Auftrag

---

49 Brief Hedwig Reilings an die Mutter vom 22. Dezember 1918. ASA.
50 Ebenda.

des Jüdischen Frauenbundes sogar nach Rumänien, um dort die Königin, die als Schriftstellerin unter dem Namen Carmen Sylva bekannt geworden war, als Verbündete in diesem Feldzug zu gewinnen.[51] Vielleicht war es ihrem vorbildlichen Einsatz mit zu verdanken, dass der Beschluss der Internationalen Konferenz sozialistischer Frauen, alljährlich den 8. März als Internationalen Frauentag zu begehen, 1911 erstmalig in Frankfurt am Main realisiert wurde. Damals kam die russische Revolutionärin Alexandra Kollontai, seit 1908 in Deutschland im Exil lebend, nach Frankfurt, um in einer öffentlichen Kundgebung die Festrede zu halten. Nicht ausgeschlossen, dass Netty Reilings Großmutter, ihre Tante, auch ihre Mutter, die Bertha Pappenheim freundschaftlich verbunden waren und längst mit den Bestrebungen zur Emanzipation der Frauen sympathisierten, diesen Festtag, diese Rede miterlebten.[52]

Hedwig Reiling folgte dem Vorbild Bertha Pappenheims. Auch sie erschloss sich in Mainz in der jüdischen Gemeinde einen ehrenamtlichen Wirkungskreis. Übernahm Aushilfen als Lehrerin in einer Volksschule, arbeitete seit Beginn des Weltkrieges als Rote-Kreuz-Schwester, erlernte die Blindenschrift, vielleicht, um verwundeten Soldaten zu neuem Lebensmut zu verhelfen.[53] All das tat sie nicht, um allein der Not des Krieges zu begegnen. Denn als kein Kriegsdienst mehr gebraucht wurde, sah sie sich sofort nach einer anderen Beschäftigung um. »Ich habe wieder neue Arbeit gefunden, nachdem mein Bahndienst nun beendet« ist, schrieb sie am 22. Dezember 1918 ihrer Mutter, ohne allerdings anzugeben, wo und wie sie hinfort tätig sein werde. Und die Schwester bat sie im selben Brief voller Stolz: »Sage Frl. Pappenheim, […], liebe Clem, dass diese Woche hier ein jüdischer Frauenbund gegründet wurde, der schon 300 Mitglieder umfasst, und in den ich mit in den Vorstand gewählt worden bin.«[54]

All das sprach für die Tatkraft Hedwig Reilings. Und für ihren Wunsch, selbständig zu sein, Arbeit, Selbstbestätigung, Anerkennung auch außerhalb des Hauses zu finden. Die Tochter Anna Seghers irrte mit ihrem Bild der Mutter, das sie – liebevoll zwar – später in der Novelle »Der Ausflug der toten Mädchen« zeichnen sollte: Hedwig Reiling fühle sich »bestimmt zu arbeitsreichem Familienleben«.[55] Mit ihrer Übersiedlung nach Mainz hatte sich – trotz wachsenden Wohlstandes –

---

51 Zu den schriftstellerischen Arbeiten B. Pappenheims vgl. das von Lena Kugler und Albrecht Koschorke hrsg. Buch: Bertha Pappenheim (Anna O.), Literarische und publizistische Texte, Wien 2002.
52 Vgl. zu Alexandra Kollontai auch das Kapitel »Das Verlockende des Andersseins« in diesem Buch.
53 Darüber berichtet Anna Seghers im Gespräch mit Achim Roscher vom 19. August 1978 (Achim Roscher: Wirkung des Geschriebenen, a. a. O., S. 70). Interessant: In ihrem Bericht über die Reise nach Rumänien 1909 und die Audienz bei der Königin Elisabeth (Carmen Sylva) erzählt B. Pappenheim von deren »Lieblingsschöpfung«, dem Blindenheim, in dem drei Blindenlehrer unterrichten. Bertha Pappenheim (Anna O). Literarische und publizistische Texte, a. a. O., S. 63 ff. Der Bericht »Gegen den Frauenhandel. Bericht von Fräulein Bertha Pappenheim, 1. Vorsitzende des Jüdischen Frauenbundes«, wurde zuerst abgedruckt in: Israelitisches Gemeindeblatt Nr. 17, 1909, S. 11. Hedwig Reiling wird diese Arbeit gekannt und – vielleicht – als Anregung zum Erlernen der Blindenschrift genommen haben.
54 Brief Hedwig Reilings an die Mutter vom 22. Dezember 1918. ASA. (Zitiert nach: Christiane Zehl Romero, Anna Seghers. Eine Biographie. 1900–1947, Berlin 2000, S. 29.)

ihr Lebensstil verändert. Kein Gespräch im geselligen Kreis eines »Salons« führte sie über den Familienalltag hinaus, bot Anregung und Unterhaltung. Auch wenn sie ab und an die bequeme Bahnfahrt nach Frankfurt nutzen, weiterhin an so mancher Zusammenkunft im Hause von Mutter oder Schwester teilnehmen konnte – kurze Reisen und Begegnungen befriedigten sie nicht. Sie musste andere Wege suchen, um Enge und Eintönigkeit eines Hausfrauendaseins zu sprengen. Ansporn, Freude, Lebenserwartung gewann auch sie bei praktischer Sozialarbeit außerhalb des Hauses. Wie Bertha Pappenheim setzte sie sich für »fremde« Menschen ein – und wurde so Vorbild für ihre Tochter.

Einer Gewohnheit konnte Hedwig Reiling auch in Mainz treu bleiben: der Lektüre von Büchern. Über ihre Schulbildung ist nichts bekannt. Dass sie viel gelesen haben muss, kann bezeugt werden. Bücher gehörten zu ihrem Eigentum – ein Exlibris mit ihrem Namenszug sorgfältig eingeklebt. Einige dieser Werke befinden sich heute in der Bibliothek der Anna Seghers. Sie werden der Tochter geschenkt oder ins Pariser Exil mitgegeben worden sein, konnten so vor der Beschlagnahme durch die Faschisten bewahrt bleiben. Andere Exemplare wurden nach der Deportation und dem Tod ihrer Besitzerin in alle Winde verstreut. Gerieten in fremde Hände. Jetzt geben Antiquariate manchmal eines dieser verlorenen Bücher wieder frei. Alle zusammen informieren sie über die geistigen Ansprüche Hedwig Reilings: Sie las Werke von Kierkegaard und Dostojewski, von Goethe, Hölderlin, Heine, interessierte sich für Kleist, Büchner, Hölty, für Schriftsteller, die, wie der befreundete Hermann Wendel schrieb, sich nicht damit begnügten, »am Strand der Gegenwart Anker zu werfen und die Welt als gegeben hinzunehmen«, sondern in ihren Werken »die Flagge der Zukunft«[56] hissten. An die Tochter gab sie weiter, was ihr gefiel. Schon dem Kind las sie den »Prolog im Himmel« aus Goethes »Faust« vor, weckte Nettys Neugier auf Kierkegaard, auf die Romane Dostojewskis. Im einst ihr gehörenden Band »Gedichte« von Hölderlin, der in Berlin-Adlershof im Arbeitszimmer der Schriftstellerin direkt hinter ihrem Schreibtisch steht, mahnt ein Lesezeichen noch heute an die Verse »An die Deutschen«.

Hermann Wendel nannte Hedwig Reiling eine »verstehende Mutter«, die auf besondere Neigungen ihres Kindes einzugehen, seine Freude an Versen und Märchen anzuregen und wachzuhalten verstand und so Anteil hatte an der Entwicklung der Tochter zur Schriftstellerin.[57] Mehr noch: 1928 widmete er ihr seine so-

---

55 Anna Seghers: Der Ausflug der toten Mädchen, in: Anna Seghers, Gesammelte Werke in Einzelausgaben, Bd. IX, Berlin und Weimar 1977, S. 360.
56 So Hermann Wendel im »Geleitwort« seines Buches »Kämpfer und Künder« (Berlin 1928), das er 1928 Hedwig Reiling mit einer Widmung versehen schenkte.
57 H. O.- W.: Die Kleistpreisträgerin 1928, in: Mainzer Anzeiger, 28. Dezember 1928. (Obwohl diese Rezension der Erzählung »Aufstand der Fischer von St. Barbara« ohne Namensnennung erschien, bin ich überzeugt, dass Hermann Wendel sie schrieb: Er kannte nicht nur den Vornamen Anna des gewählten Pseudonyms, den die Autorin bei der Erstveröffentlichung ihrer Erzählung nicht mit angegeben hatte, er nannte unverschlüsselt auch den Namen des Vaters, »des Altertums- und Kunsthändlers Isidor Reiling«. Seine Vertrautheit mit dem Leben der Familie Reiling verrät ihn. Vgl. auch die Kapitel »›Sie liebte die Verse. In Ver-

eben erschienene Porträtsammlung »Kämpfer und Künder« mit den Worten: »Der Mutter Seghers mit treudeutschem Gruß / Frankfurt am Main / 29. Dezember 1928 / Hermann Wendel«.[58] Der Schriftsteller und sozialdemokratische Reichstagsabgeordnete kannte Hedwig Reiling seit Jahren. Seit seiner Übersiedelung nach Frankfurt um 1908 gehörte der in Metz Geborene zu den gern gesehenen Gästen im Salon Helene Fulds, Clementine Cramer nannte ihn ihren Freund. Auch Netty Reiling war ihm vertraut: Er sah ihre Begabung und förderte sie. Sein Buch »Kämpfer und Künder« schenkte er ihrer Mutter an dem Tag, da zeitgleich in der Mainzer Presse sein kurzer Aufsatz über die »Trägerin des Kleistpreises 1928«, über Anna Seghers, erschien. Beschwörend lobte Wendel, was er als Schriftsteller selbst erstrebte: Die junge Autorin habe begonnen, »Künstler- und Menschentum Hand in Hand gehen und einander Richtung weisen« zu lassen.[59] Hedwig Reiling, so meinte er wohl mit seiner Wortwahl »Mutter Seghers«, wird ihrem Kind das Rüstzeug mitgegeben haben für diesen schweren Weg, den Anna Seghers mit ihren preisgekrönten Erzählungen »Grubetsch « und »Aufstand der Fischer von St. Barbara« eingeschlagen hatte. Und dem sie – hartnäckig – weiter folgen sollte: Er forderte mehr, als Geschichten zu erzählen.

Anna Seghers selbst hat so gut wie nie über ihre Eltern gesprochen. Über ihre Lebensweise, ihr Weltbild. Obwohl sie – anders als so manch sozialistischer Schriftsteller bürgerlicher Herkunft – sich zeitlebens mit ihnen verbunden fühlte. Die Eltern halfen ihr 1933 bei der Flucht aus Nazideutschland. Billigten diesen Schritt. Sorgten sich zunächst um die beiden Kinder, sechs und vier Jahre alt. Brachten sie im Juni 1933, als deren Eltern nach Wochen des Umherirrens endlich eine feste Bleibe in Paris gefunden hatten, nach Frankreich.[60] Später muss zumindest der Vater die Familie in Paris besucht haben. Noch 1941 – ein Jahr zuvor war Isidor Lutz Reiling verstorben – mühte sich Anna Seghers, die Mutter nach Mexiko nachzuholen. Es gelang nicht. Als um 1951/52 Anna Seghers der bereits erwähnte »Lebenslauf« abverlangt wurde, fertigte sie handschriftlich einen ersten Entwurf an, suchte sie nach einem Wort, das ihre innige Verbundenheit mit den Eltern ausdrücken könne. Vergeblich. Sie ließ den Platz für das Wort frei, wollte es später nachtragen, zitierte jedoch eine Nachricht, die Mutter und Vater, in Na-

sen lebte sie; in Versen träumte sie, und an sie glaubte sie beinahe mehr als an alles andere«« und »Den Träumen der Jugend treu bleiben« in diesem Buch.)
58 Dieses Buch, durch Exlibris und persönlicher Widmung des Autors als Eigentum Hedwig Reilings erkennbar, wurde 1998 von einem Antiquariat in München zum Kauf angeboten. Wer es erwerben konnte (ich kam zu spät), teilte mir der Antiquar nicht mit, aber sandte mir freundlicherweise Fotokopien mit Exlibris und Widmung Hermann Wendels. Über H. Wendel vgl. auch das Kapitel »Erfahrungen und Denkanstöße 1918/19« in diesem Buch.
59 H. O.-W.: Die Kleistpreisträgerin 1928, a. a. O.
60 Angaben von Pierre Radvanyi, dem Sohn der Anna Seghers, in: Pierre Radvanyi: Einige Erinnerungen, in: Argonautenschiff, Bd. 3, Berlin 1994, S. 185.
61 Anna Seghers: Lebenslauf, ohne Datum. Das handschriftlich angefertigte Manuskript befindet sich nur im ASA.

zideutschland selbst in Lebensgefahr, ihr heimlich ins Exil nach Paris gesandt hatten – und bezeugte so, anrührender als jedes andere Wort, Liebe, Charakterfestigkeit und stille Größe der Eltern und die eigene unsagbar tiefe Trauer: »Die Eltern waren orthodoxe Juden«, notierte sie. »Sie machten um nichts in der Welt einen Kompromiss. Teils aus Tradition, teils aus Überzeugung. Ich ... an ihnen sehr: Sie ließen mir später in die Emigration ausrichten: ›Du hörst zwar, dass man uns verfolgt. Deinethalben noch mehr. Du musst aber immer Deinem Gewissen folgen.‹«[61]

Wenige Äußerungen, einige Briefmitteilungen charakterisieren den Vater, »Papa Lutz« oder »Babache« genannt. Die Kinder mochten ihn. Auch die der Lieblingsschwester Hedwig Reilings. Vor allem der Vetter David Cramer, der Anna Seghers »Schwester« nannte.[62] »Babache« ging ein auf die Spiele der Kinder, machte Scherze, belustigte sie. Er war »ein selten gütiger Mensch«, schrieb Heinrich Benjamin.[63] In der Novelle »Der Ausflug der toten Mädchen« charakterisierte die Schriftstellerin auch ihn, hob sie seine offene, freundliche Lebensart hervor, gab sie etwas preis von den unterschiedlichen Charakteren der Eltern. »Er liebte nur«, erzählt sie, am Feierabend »länger als meiner Mutter lieb war, an den Straßenecken mit seinen Nachbarn herumzuschwatzen«.[64] Als sie 1947 in Berlin keine Zigaretten mehr auftreiben konnte, erinnerte sie sich des Vaters. An David Cramer schrieb sie: »Ich hab mir ein Pfeifchen angewöhnt und den Satz von Papa Lutz: ›Mein Pfeifchen ist mir lieber, als ›ne verbissene Fribirn.‹«[65] In einem nicht für die Publikation bestimmten Text notierte Anna Seghers um 1950/51: »Er liebte seine Stadt über alles. Nicht so sein Land, sondern seine engere Heimat. Er kannte in dieser Stadt jedes Gesicht und jeden Stein.«[66]

Das qualvoll grausame Schicksal der Mutter hielt Anna Seghers davon ab, über sie zu sprechen. In der Novelle »Der Ausflug der toten Mädchen« – geschrieben 1943/44, als die Autorin nur erst von der Deportation, noch nichts vom Zugrundegehen der Mutter im Ghetto von Piaski bei Lublin wusste – gesteht sie: »Wie schade, ich hätte mich gar zu gern von der Mutter umarmen lassen.«[67]

Danach öffentlich kein gewichtiges Wort mehr. Anna Seghers ehrte sie im Schweigen. Möglich, dass 1965 die Wiederaufnahme einer Erzählung, die um 1940 im Pariser Exil mit dem Arbeitstitel »Weiße Hochzeit« begonnen, nicht aber fortgeführt wurde, ein Versuch war, sich mit dem Schicksal der Mutter literarisch auseinanderzusetzen. Vielleicht wollte sie hier vom Leid und vom Elend der Mutter im faschistischen Deutschland erzählen, von den Erniedrigungen, der Zwangsarbeit, dem Zusammengepferchtsein im »Judenhaus«. Sie scheiterte ein zweites

---

62 Brief David Cramers an Anna Seghers, 9. Juli 1947. ASA.
63 Chronik, S. 19.
64 Anna Seghers: Der Ausflug der toten Mädchen, a. a. O., S. 361.
65 Brief von Anna Seghers an David Cramer, 9. Juli 1947. ASA.
66 Abgedruckt in: Anna Seghers. Eine Biographie in Bildern, a. a. O., S. 12.
67 Anna Seghers: Der Ausflug der toten Mädchen, a. a. O., S. 361.

Mal. Für Anna Seghers blieb das Erlebte auch literarisch unsagbar.[68] Konnte sich nur in dem Stöhnen äußern, von dem der Freund Stephan Hermlin 1990 berichtete: »Ich erinnere mich an einen heißen Sommertag in Stockholm, als wir, Anna Seghers, Franz Dahlem und ich, zu dritt einen Hügel zu einem Restaurant emporstiegen. [...], und sie sagte auf einmal, dicht neben mir, scheinbar ohne jeden Zusammenhang: ›Mein geliebtes jüdisches Volk...‹ Ich sagte nichts. Ich begriff alles – dass sie an ihre Mutter dachte, die schutzlose alte Frau, die im Konzentrationslager Piaski ihr Ende gefunden hatte; [...] Ich wusste, dass Anna Seghers tief in ihrem Innern unter Bergen von Schweigen Worte und Schreie barg, die niemals laut wurden.«[69]

Nur einmal brach sie ihr Schweigen. Fünf Jahre vor ihrem Tode. Mit Achim Roscher, ihr besonders vertraut, wollte sie von ihrer Mutter sprechen, ihm gegenüber ihr Gewissen entlasten: »Ich hab aus Gründen wenig über meine Mutter erzählt, und ich weiß nicht, ob's richtig ist, es jetzt zu tun. Jedenfalls sollst du wissen, dass ich kein so gutes Verhältnis zu ihr hatte. [...] Mit den Geschäften meines Vater hatte meine Muttern nichts zu tun, sie hatte keine Beziehung zur Arbeit meines Vaters. Sie hat sich für anderes interessiert. Zum Beispiel lernte sie die Blindenschrift; vielleicht hatte sie einmal eine Begegnung mit einem Blinden, die das ausgelöst hat. Sie hatte ein starkes Sozialempfinden. Eigentlich hätte ich Grund gehabt, auch ihr dankbar zu sein, denn ihrem Erzählen verdanke ich viele Anregungen für meine ersten Geschichten.« Aber mein »Vater verstand mich besser, und ich verstand ihn auch sehr gut. Ich war ein fürchterliches Kind, ich machte meinen Eltern immerzu Probleme; und mein Vater zeigte für mich mehr Verständnis als meine Mutter. Deswegen stand ich ihm näher.«[70] Hatte das Kind schon unterschiedliche Haltungen der Eltern gefühlt und beobachtet und für sich eine Entscheidung getroffen? Instinktiv gewählt zwischen großbürgerlicher Lebensweise und heiterer Leutseligkeit, offen für alles, was geschieht?

Erhalten ist ein Geschenk Isidor Lutz Reilings an seine Tochter. Es begleitete Anna Seghers ins Exil nach Frankreich. Kehrte von dort unversehrt nach Berlin zurück. Der Vater übergab seiner einzigen Erbin ein kostbares Gebetbuch, in lila Samt gebunden, mit Schmiedearbeiten aus Silber verziert. Ein »Israelitisches

---

68 Am 25. Januar 1940 teilte Anna Seghers in einem Brief an Wieland Herzfelde mit, dass sie diese Erzählung begonnen habe: »Es ist eine Liebesgeschichte, sehr traurig und fröhlich zugleich ...« (Anna Seghers, Wieland Herzfelde: Ein Briefwechsel 1939–1946, Berlin und Weimar 1985, S. 35). 1945, nach Beendigung des Krieges, wurde der Anfang der Erzählung unter einem dem Fragment gemäßen veränderten Titel »Zwei Denkmäler. Aus einer unveröffentlichten Novelle ›Mariage Blanc‹« noch in Mexiko in der Zeitschrift »Demokratische Post« (1. August 1945) abgedruckt. Wiederabdruck in: Anna Seghers: KuW IV, Berlin 1979, S. 222 f. 1965 und 1973 gab die Autorin diesen Anfang in variierter Form erneut zum Druck – Ausdruck dafür, wie sehr ihr dieser Text am Herzen lag. (1965 in der Anthologie »Atlas. Zusammengestellt von deutschen Autoren«, Klaus Wagenbach Verlag Berlin; 1973 in: Anna Seghers aus Mainz. Kleine Mainzer Bücherei.)
69 Stephan Hermlin in: Argonautenschiff, Bd. 1, Berlin 1992, S. 7 f.
70 Achim Roscher: Wirkung des Geschriebenen. Gespräche mit Anna Seghers, a. a. O., S. 69 f. Gespräch vom 19. August 1979. Anna Seghers ging sicherlich davon aus, dass der Stellvertretende Chefredakteur der Literaturzeitschrift dieses Gespräch eines Tages veröffentlichen werde.

Gebetbuch hebräisch und deutsch«, im Anhang enthaltend »Deutsche Gebete für Israelitische Frauen für verschiedene Verhältnisse des Lebens«. Auf der linken Innenseite waren von Hand zwei Daten eingetragen: »19. November 1899«, darunter: »Meinem geliebten Kinde zum 10. August 1925«. Zwei Hochzeitstage: der von Vater und Mutter, der von Netty und Ladislaus Radványi. Als Datum der Eheschließung der Eltern Nettys wurde nicht der 17. November, der Tag der standesamtlichen Trauung, angegeben. Für den strenggläubigen Isidor Reiling zählte nur das zwei Tage später stattfindende Hochzeitsfest: Nur die »Vermählungsfeier« in Frankfurt am Main, die möglicherweise nach jüdischem Brauch begangen wurde, war bedeutsam für ihn.[71] Und damit rückte zugleich die Geburt der Tochter in ein besonderes Licht: Am ersten Hochzeitstage ihrer Eltern kam sie zur Welt.

Die rechte Innenseite des Gebetbuches hatte Isidor Reiling für eine ausführliche Widmung – und Mahnung – genutzt. Er erinnerte seine Tochter an die Geschichte seiner Familie, jüdischer Tradition gemäß an die seiner Mutter Jeannette Schmalkalden, desjenigen Zweiges, der in Mainz ansässig war und dessen Spuren bis ins 18. Jahrhundert zurück zu reichen schienen: »Dieses Gebetbuch schenkte ich meiner lieben Frau Hedwig geborene Fuld an unserem Hochzeitstage 19. November 1899. Das Buch war ein Geschenk der Kinder Meiner verst. Mutter Frau David Reiling Jeannette geborene Schmalkalden geb. in Mainz im Jahre 1827 Tochter von Herz Schmalkalden Sohn von I. Schmalkalden, dessen Namensschild mit Wappen im Jahre 1850 gefunden wurde, sämtlich geboren in Mainz. Meine Geschwister Hermann Reiling, Carl Reiling, Rirka Goldberg geborene Reiling und Johanna Arfeld geb. Reiling schenkten es mit mir am Silberhochzeitstage mit meinem verst. Vater David Reiling geb. in Auerbach a. d. Berg im Jahre 1833, am 25. Au [?] 1885. Mir schenkte es meine Mutter! Möge es Dir Erbauung und Erinnerung bereiten. Mainz, 10. 10. 1925 / Dein Vater Isidor Reiling / geb. a. 30. 10. 1867 in Mainz.«

Warum diese Aufzählung an diesem Ort? Warum verwies Isidor Reiling auf das »Namensschild mit Wappen«, schrieb er »sämtlich geboren in Mainz«? Sicher konnte er sich nicht sein. In amtlichen Unterlagen hieß es, seine Mutter Esther – so ihr amtlicher Vorname – habe bei ihrer Eheschließung am 27. Juli 1859 angegeben, sie kenne nur ihren Vater, den Krämpler Herz Schmalkalden, wisse aber nichts von dessen Eltern anzugeben, weder Name, Wohnort, Geburts- und Sterbetag, noch ihr Gewerbe.[72] Merkwürdig auch die Bemerkung über den Silberhochzeitstag: Der musste am 27. Juli 1884 stattgefunden haben – das Buch jedoch, das

---

71 Das Mainzer Familienregister (Stadt A Mz) gibt als Tag der standesamtlichen Hochzeit den 17. November 1899 an; gedruckte Einladungskarten bitten zur »Vermählungsfeier von Fräulein Hedwig Fuld mit Herrn Isidor Reiling, Frankfurt am Main, am 19. November 1899«. (Beides im Besitz von Ruth Radvanyi. Rechtschreibung und Zeichensetzung der Eintragungen im Gebetbuch folgen dem Original.)
72 So die Urkunde der standesamtlichen Eheschließung vom 27. Juli 1859. Stadt A Mz.

an diesem Tage ein Geschenk der Kinder an ihre Eltern gewesen sein soll, trug als Erscheinungsjahr das Datum 1885. Warum diese Ungenauigkeiten am Hochzeitstage, den die Tochter sich ertrotzt hatte? Trog das Gedächtnis? Oder ordnete Isidor Reiling listig Daten und Ereignisse, um die Erinnerung der Tochter ein wenig lenken zu können?

Er mochte ahnen, dass seine Tochter den Glauben ihrer Väter nicht forttragen würde. Verwehren konnte er ihr eine solche Entscheidung nicht. Zu beeinflussen war etwas anderes: Traditionsbewusstsein. Familienstolz. Ein Gedächtnis, das die Geschichte auch der Mainzer Familie bewahrte und in Ehren hielt. Isidor Reiling legte Wert auf eine Haltung, die den Patriziern in Frankfurt selbstbewusst etwas Ebenbürtiges an die Seite stellte. Ihnen vielleicht sogar überlegen war durch eine weiter in die Geschichte zurückreichende Ahnenreihe. An dem Tage, da sein geliebtes Kind das Elternhaus verließ und – mit ungewisser Zukunft, wie er fürchtete – in die Welt ging, suchte der Vater nach einer Gelegenheit, in einem Gebetbuch seine Tochter Netty noch einmal daran zu gemahnen, woher sie kam. Wessen Vornamen sie in abgekürzter Form trug: den ihrer Großmutter Esther Schmalkalden, genannt Jeannette, die einst als Krämplerin begonnen hatte. Im Begriffe, eine eigene Familie zu gründen, sollte Netty wissen und sich vor Augen halten können, woher sie kam, an welchem Platz einer langen Vergangenheit sie und ihre Kinder standen.

»Sie liebte die Verse. In Versen lebte sie; in Versen träumte sie, und an sie glaubte sie beinahe mehr als an alles andere«

Aufwachsen im Puppenhaus

List und Spaß des Vaters standen auch Pate, als das Leben der Tochter begann. Netti Reiling kam am 19. November 1900 in Mainz zur Welt. An einem Montag. Am Beginn der Woche. Doch erst fünf Tage später – die Woche neigte sich bereits dem Ende zu – begab sich Isidor Lutz Reiling zum Standesamt, das Kind und seinen Namen registrieren zu lassen. An einem Sonnabend. Einem Sabbat. Einem Tag, an dem es einem strenggläubigen Juden untersagt ist, ein Schreibgerät zur Hand zu nehmen, amtliche Papiere zu unterzeichnen. Zögerte er diesen Gang absichtlich so lange hinaus? Denn nun musste ein Beamter die Geburt des Mädchens bezeugen, »in Vertretung« Isidor Lutz Reilings unterschreiben, dass es »den Vornamen Netti erhalten« habe.[1] Nicht Hedwig, nicht Helene – wie Mutter und Großmutter Nettis mütterlicherseits – sollte die Tochter heißen. Auch nicht Esther: Wohl wählte Isidor Lutz Reiling den Namen seiner Mutter, aber deren Rufnamen Jeannette. Er entschied sich sogar für die Koseform Netti. Seine Frau wurde Heddy gerufen: Heddy und Netti – im Mainzer Dialekt gab das einen schönen Klang. War die Abkürzung vorher gemeinsam besprochen worden? Die »Schuld« jedenfalls für eine so unkorrekte, unamtliche Bezeichnung konnte dem Standesbeamten aufgebürdet werden. Wie es die Familienlegende denn auch prompt kolportiert: »Meine Mutter sollte Jeannette genannt werden«, berichtet die Tochter Ruth. »Als ihr Vater ihre Geburt beim Standesamt anmeldete, lehnte der Beamte diesen Namen ab, er sei französisch. Warum nicht Netti?«[2]

List, Spaß und liebevolle Zuneigung: taugliche Morgengaben für einen langen Lebensweg in gefahrvollen Zeiten.

So wenig Anna Seghers von ihren Eltern erzählte, so zurückhaltend blieb sie mit Äußerungen über ihre Kindheit. Erst, als in den letzten beiden Lebensjahrzehnten die Fragen drängender wurden, gab sie Auskunft. Aber nur über einige Einzelheiten: wann sie lesen lernte, wie erste Schreibversuche entstanden, dass Krankheiten sie häufig plagten. Über ihre Lebensweise im Elternhaus sprach sie nicht.

Nur wenige Fotografien zeigen das kleine Mädchen: Einmal, das Laufen wird Netti gerade erlernt haben, sitzt sie bei einem Fotografen auf einem Terrassengitter, vom Vater sorgsam gehalten. Ein andermal, jetzt schon mit lang fallendem

---

1 Die »Geburtsurkunde«, unterzeichnet am 24. November 1900, ist abgedruckt in: Anna Seghers. Eine Biographie in Bildern, hrsg. von Frank Wagner, Ursula Emmerich, Ruth Radvanyi, Berlin und Weimar 1994, S. 18. Der Name Netti wird hier mit i geschrieben.
2 Ebenda, S. 19.

Haar, zeigt das Bild sie liebevoll Kopf an Kopf mit der Mutter. Auf einem dritten Foto führt das Kind, ernst und unwillig, ein Schaukelpferd am Zügel. Immer in Spitzen, in teure Kleider gehüllt. Spielen verboten. Auf einem vierten Bild kniet Netti im Bett, pausbäckig und lächelnd, aber mit dick verbundenem Kopf.[3] Krank war sie oft. Mehr als übliche Kinderkrankheiten schränkten schwere Mittelohrentzündungen das Leben ein. In ein erhalten gebliebenes Kinderbuch, »Träumereien am französischen Kamin« von Richard Leander, schrieb die Mutter mit Bleistift zur Erinnerung: »Von den Eltern als ich krank war im Juni 1907«.[4]

Auch später weisen ihre Schulzeugnisse viele Fehltage auf. Noch ein Jahr vor dem Abitur, 1919, versäumte sie fünfzig Tage.[5] Mehr als zwei Unterrichtsmonate. Ihr Fehlen mochte zum einen dadurch begründet sein, dass es in Mainz selbstverständlich war, jüdischen Schülerinnen höherer Lehranstalten am Sabbat oder an jüdischen Feiertagen frei zu geben. Klassenarbeiten wurden am Sonnabend nicht geschrieben. Zum anderen jedoch waren Krankheiten die Ursache. Die Teilnahme am Turnunterricht wurde oft untersagt. Das Schwimmen durfte nicht erlernt werden. Am Rhein lebend, den Rhein liebend, mag das Entbehrung bedeutet haben. Noch im hohen Alter erzählten Schulfreundinnen von ihren Erlebnissen im nahe gelegenen Ponton-Schwimmbad am Ufer des Flusses. Auch Anna Seghers erinnerte sich – wehmütig jedoch. Vom Sport ausgeschlossen, abseits stehend, konnte sie ihre Freundinnen bei »schwierigen Ballspielen und Wettschwimmen«[6] nur beobachten. In der Novelle »Der Ausflug der toten Mädchen« – der einzigen Arbeit mit klar erkennbarem autobiographischem Hintergrund – erzählt sie davon.

Dennoch: eine von den Eltern umsorgte, wohlbehütete Kindheit.

Den Krankheiten suchte man mit Kuraufenthalten zu begegnen: in Bad Münster am Stein, an der Nordsee, in Scheveningen in den Niederlanden, später auch in St. Moritz. Das Kind schon lernte den Reiz des Reisens kennen, die Begegnung mit fremden Menschen, fremden Landschaften, dem Meer. Das Meer liebte Netti »schrecklich«, sie »heulte und brüllte, wenn sie einmal nicht im Sommer dahin fahren« durfte.[7] Vielleicht wusste der Vater ein weiteres Mittel zur Kräftigung der kränkelnden Tochter: Spaziergänge. Was ihm selbst Lebensbedürfnis war, unter-

---

3 Die Bilder mit dem Vater und im Bett finden sich ebenda, S. 19; das Foto mit Schaukelpferd ist abgedruckt bei Christiane Zehl Romero: Anna Seghers, Reinbek bei Hamburg 1993, S. 9; das vierte Bild befindet sich im Privatbesitz von Ruth Radvanyi.
4 Bibliothek der Anna Seghers, ASG.
5 Das Zeugnis vom 26. September 1919, wahrscheinlich das Zeugnis, das die Zulassung zum Abitur bestätigte, befindet sich heute im Archiv des Staatlichen Frauenlob-Gymnasiums zu Mainz, der Nachfolgerin der Großherzoglichen Studienanstalt an der Höheren Mädchenschule Mainz.
6 Anna Seghers: Der Ausflug der toten Mädchen, in: Anna Seghers: Gesammelte Werke in Einzelausgaben, Bd. IX, Berlin und Weimar 1977, S. 335. Im Besitz von Jörg Bernhard Bilke befinden sich Briefe ehemaliger Klassenkameradinnen, in denen sie ihm von ihrer gemeinsamen Schulzeit mit Netty Reiling berichten. Er stellte sie mir zur Verfügung: Ich danke ihm herzlich!
7 Christa Wolf: Bei Anna Seghers, in: Christa Wolf: Die Dimension des Autors, Essays und Aufsätze, Reden und Gespräche 1959–1985, Bd. 1, Berlin und Weimar 1986, S. 333.

nahm er mit Netti gemeinsam. Hand in Hand streiften sie durch die nicht sehr große Stadt. Waren nicht die Ahnen schon wandernd durchs Land gezogen? Was Anna Seghers vom Vater erzählte, galt auch für sie. Kannte der Vater »jedes Gesicht und jeden Stein« in Mainz, so war auch sie »mit vielen Orten von klein auf vertraut«. Sie sah sich »alles ganz genau« an, was sie »schon als junges Ding« interessierte.[8] Der Vater wird ihr gezeigt haben, was ihn selbst so innig mit Mainz verband: den Strom, der nur wenige hundert Meter vom Wohnhaus entfernt dahinfloss, den Dom, auch er in wenigen Minuten erreichbar, den Landsitz von Karl dem Großen, Reste des Limes, Ausgrabungen aus der Römerzeit, denen man auf Schritt und Tritt begegnete: »[...] durch ihn und meine Lehrer kam ich als Kind früh und einfach mit dem in Berührung, was man ›Kulturerbe‹ nennt.«[9]

Älter geworden, führte Netti auf eigene Initiative fort, wozu der Vater sie angeleitet hatte. Allein. Manchmal auch mit anderen Kindern. Sie eroberte sich ihre Umgebung. Unbekanntes sehen, hören, in sich aufnehmen, sich aneignen. Die Stadt erleben. Die Stadt als »Originaleindruck« – eingeprägt, unverlierbar, ein Leben lang: »Wir liefen überall herum, in der alten, kleinen Stadt, stöberten jeden Winkel auf: der Rhein, der Floßhafen, die Dampfer mit den vielen Schleppern, die Waren nach Holland brachten, der Dom, die Kirchen, die Römersteine (das waren die Reste der römischen Wasserleitung) usw., – all das hat offenbar großen Eindruck auf mich gemacht.«[10]

So wuchs auch in dem Kind heran, was es beim Vater so intensiv spürte: Liebe zur Stadt. Heimatliebe. Nur die ersten zwanzig Jahre ihres mehr als acht Jahrzehnte währenden Lebens hat Anna Seghers in Mainz verbracht. Und doch lebte die Stadt so fest in ihr, dass sie in ihren Romanen und Erzählungen aus der Ferne die schönsten Heimatbilder deutscher Literaturgeschichte zu zeichnen vermochte. Die Nacht Georg Heislers im Mainzer Dom zum Beispiel. »Ich habe versucht, in vielen meiner Bücher festzuhalten, was ich hier erfuhr und erlebte«, schrieb Anna Seghers 1975 an ihre »bekannten und unbekannten Freunde in Mainz«: »Es ist kein Zufall, dass mein Roman ›Das siebte Kreuz‹ in der Gegend von Mainz spielt. Kein Zufall, dass der Flüchtling Georg Heisler sich eine Nacht im Mainzer Dom versteckt. Kein Zufall, dass ihm auf einem Rheinschiff die Flucht gelingt.«[11] Der Sohn Pierre (Peter) erinnert ein Erlebnis aus den letzten Lebensjahren der Mutter: Er war von einer Reise zur Westküste Kanadas zurückgekehrt, berichtete an ihrem Krankenbett in Berlin von den Lachsen, die in einem Fluss nahe des Pazifischen Ozeans geboren werden und ihre Kindheit verbringen, dann durch die Weltmeere ziehen, nach Jahren jedoch in den Heimatfluss zurückkehren, um dort zu

---

8 Christa Wolf spricht mit Anna Seghers, in: Anna Seghers: KuW II, Berlin 1971, S. 38.
9 Handschriftlicher Lebenslauf von Anna Seghers vom 13. März 1954, unveröffentlicht, in: Kaderakte Anna Seghers beim ZK der SED. Diese Materialien wurden ab 1990 überführt in die SAPMO.
10 Gespräch mit Anna Seghers, in: Materialienbuch, hrsg. von Peter Roos und Friederike J. Hassauer-Roos, Darmstadt und Neuwied 1977, S. 153.
11 Anna Seghers: [Gruß an die Geburtsstadt], in: Anna Seghers: KuW IV, Berlin 1979, S. 129.

sterben. »Als ich ihr diese Geschichte erzählte, sagte sie: ›Ich würde so gern ein Lachs sein.‹«[12]

Doch so wohltuend das Kind das Gefühl der Geborgenheit bei Vater und Mutter empfand, so sehr es Spaziergänge daheim und Reisen in die Ferne liebte, immer wieder bedrängte auch das andere: Krankheit, Verbannung ins Krankenzimmer. In einer ihrer ersten Geschichten – bereits 1925 begonnen, aber erst im Jahre 2000 aus dem Nachlass veröffentlicht –, in »Jans muss sterben«, erzählt sie von einem kleinen kranken Jungen, von seinen Ängsten in durchwachten Nächten, seinen Träumen und Fieberphantasien, von der grenzenlosen Verlassenheit dieses einsamen Kindes. Quält Jans, was einst Netti quälte? Auch sie musste oftmals im Bett bleiben, durfte nicht mit Spielgefährten umhertollen, sich nicht mit ihnen freuen, streiten, versöhnen. Konnte, wie Jans, ihren Spielen nur vom Rande aus zuschauen. Sie, die zudem ohne Geschwister aufwuchs, erlebte Gemeinsamkeit mit Gleichaltrigen nicht als selbstverständlich. Selten nur die Erfahrung, auf Fremde zugehen zu müssen, sich unbekümmert mitzuteilen, Vertrauen zu schaffen. Zurückhaltung bildete sich aus, Verschlossenheit, Scheu. Das Alleinsein prägte Netti. War Schmerz. Wurde aber auch zur Kraft: Weckte Phantasie, Lust, sich eine eigene Welt zu schaffen. »Infolge einer Krankheit war ich als Kind etwas zurückgeblieben, auf mich selbst angewiesen und in mich gekehrt. Ich konnte mich nicht an den Spielen und dem Treiben der übrigen, gesunden Kinder beteiligen. Einsamkeit und Krankheit isolierten mich; deshalb baute ich mir eine eigene Welt: eine Phantasiewelt«, erzählte Anna Seghers 1943 einem Reporter in Mexiko.[13] Geschenke der Eltern, Bilderbücher vor allem, regten an, das Lesen, das Schreiben zu versuchen, sich aus Büchern zu holen, was das Leben vorenthielt.

Aufbewahrt werden konnte ein großformatiges, reich mit Bildern ausgestattetes Buch, das Netti einige Jahre lang begleitete: Wilhelm Busch, »Hans Huckebein, der Unglücksrabe; Das Pusterohr; Das Bad am Samstagabend.«[14] Kinderfreundlich gestaltet. Die linke Seite frei von Wort und Bild. Einladung an die Betrachterin, nachzumalen, was die rechte Buchseite zeigte, selbst darzustellen, was die Bilder ihr erzählten, ihrer Phantasie freien Lauf zu lassen. Die vier-, fünfjährige Netti machte reichlich Gebrauch von diesem Angebot, zeichnete auf, was ihr gerade in den Sinn kam. Ihre Kritzeleien sind wie die aller Kinder ihres Alters. Sie malte Strichmännchen, Häuser, ein Kind mit Drachen, eine Uhr, den Unglücksraben bei einer Missetat, einen Weihnachtsbaum, die Mutter in der Küche, am Esstisch. Doch erstaunlich, wie genau sie beobachtet hatte: Die Klinke an der Tür, die Tülle der Kaffeekanne, der Knopf am Deckel waren nicht vergessen, die

---

12 Pierre Radvanyi: Einige Erinnerungen, in: Argonautenschiff, Bd. 3, Berlin 1994, S. 192.
13 Gespräch mit Anna Seghers, zuerst erschienen in der mexikanischen Zeitschrift »Futuro« vom Mai 1943; ins Deutsche übertragen und leicht gekürzt in: Sinn und Form, Beiträge zur Literatur, Berlin 38(1986)2, S. 268.
14 Das Buch befindet sich in der ASG.

Zuckerdose mit einem Muster versehen worden. Genaues Hinsehen also von klein auf: Großmütig hatte die Natur dem Kind diese Fähigkeit geschenkt. »Einem Stück Wirklichkeit einen Steckbrief ausstellen« – das sollte Maxime der Schriftstellerin werden. Jahrzehnte später empfahl sie es Arbeiterkorrespondenten als Grundlage klaren Schreibens. Zuerst sollten die jungen Kolleginnen und Kollegen lernen, genau hinzusehen, Details wahrzunehmen, im Gedächtnis zu bewahren, was das Auge aufgenommen hatte. Exaktes Beobachten der Wirklichkeit als Voraussetzung allen Erzählens, Ausgangspunkt einer jeden künstlerischen Umgestaltung, Neuschöpfung.[15]

Zwischen den Kritzeleien im Kinderbuch: Buchstaben, Worte, Schreibübungen. Das Kindermädchen oder die Mutter werden geholfen haben. Denn die Druckschrift erscheint oft übertragen in Sütterlin. »Mutti« oder »hier sitzt her bartelmann« wurden zu schreiben versucht, auch Versstücke von Wilhelm Busch: »Drum schieß mit deinem Pustericht auf keine alten Leute nicht!« Und dann, eingeschrieben in ein seitengroß gemaltes Haus: »Netty Reiling«. Der eigene Name. Aber Netty mit Ypsilon. Obwohl in Sütterlin sehr schwer zu schreiben. Viel schwerer als das i. Ein vornehmes Ypsilon wurde dem einfachen i vorgezogen. Hatte das Kindermädchen es vorgemacht? Wollte die Mutter das so? Ihr Kosename »Heddy« wurde auch so geschrieben. Netty kannte keine andere Schreibweise. Auch Anna Seghers, wann immer sie ihren Geburtsnamen notierte, blieb bei dem, was sie als Kind zuerst versucht hatte.

Die spielerischen Versuche, Buchstaben zu malen, zu Worten zusammenzusetzen, führten dazu, dass das Kind bald schreiben und lesen konnte. Sich selbst – krank allein im Bett sitzend – Verse vorlas, Verse vorsprach. Dabei entdeckte, dass es selbst einen Vers in der Weise Wilhelm Buschs zustande brachte. Ihn aufzuschreiben, festzuhalten, der Mutter vorzulesen vermochte. Auf einmal war Alleinsein kein Alleinsein mehr. Plötzlich war ein Freund da, mit dem Netty reden, sich unterhalten durfte. »Aus der Substanz meiner Träume entstanden meine ersten schriftlichen Arbeiten, als ich noch ziemlich klein war. Seitdem habe ich nie zu schreiben aufgehört«, erzählte Anna Seghers 1943.[16] »Seit ich Buchstaben schreiben konnte, schreibe ich«, wiederholte sie dreißig Jahre später. »Als Kind war ich lange krank. Im Bett schrieb ich Geschichten unter Abziehbilder. Die Geschichten aus den ersten ›Kinderbüchern‹, die man mir schenkte und die ich allein entzifferte, gefallen mir noch heute.«[17] Auch in einem Interview von 1965 hieß es: »Als kleines Kind, als ganz kleines Kind, bevor ich in die Schule kam und im ersten Jahr, in dem ich in die Schule ging, war ich oft krank, und dabei lernte ich verhältnismäßig früh lesen und dadurch auch schreiben. Und dann erfand ich, hauptsäch-

---

15 Anna Seghers: Kleiner Bericht aus meiner Werkstatt, in: Anna Seghers: KuW II, Berlin 1971, S. 13.
16 Gespräch mit Anna Seghers, in: Sinn und Form, a. a. O.
17 Anna Seghers: Wie ich zur Literatur kam, in: Sinn und Form. Beiträge zur Literatur, Berlin 31(1971)6, S. 1264.

lich, weil ich allein war und mir eine Umwelt machen wollte, alle möglichen kleinen Geschichten, die ich mir vorerzählte, und manchmal schrieb ich auch drei Sätze, sozusagen zu Abziehbildern.«[18]
Wie Wilhelm Busch es ihr gezeigt hatte.
Die Mutter förderte die Lust zum Spielen mit Worten, bewusst und eigenmächtig mit der Sprache umzugehen. Ihre eigene Liebe zur Literatur half, dass die Tochter ein Gefühl für den Klang des gesprochenen Wortes entwickeln, der Melodie eines Satzes lauschen konnte. Noch bevor Netty die Bedeutung von Versen begriff, nahm sie deren Rhythmus in sich auf: »Meine Mutter sagte manchmal den ›Prolog im Himmel‹ auf, und obwohl ich ihn nicht verstand, bat ich sie immer wieder, ihn aufzusagen. Besonders gefiel mir der Satz ›Die Sonne tönt nach alter Weise‹. Weil die Sonne nicht tönen kann, erstaunte ich mich.«[19] Der Sinn für die Sprache, einmal geweckt, bildete sich aus. Die Melodie eines Wortes, eines Satzes strukturierte später die Texte der Dichterin. Der Sohn Pierre erlebte es und bewahrte auf, wie Teile der Erzählungen über den Räuber Woynok entstanden. Beim Spazierengehen mit den Kindern probte sie den Rhythmus ihrer Sätze: »Und die Mutter erzählte uns schöne Geschichten. Sie ging vor uns auf dem Bürgersteig oder im Wald und sagte manchmal Sätze vor sich hin. Die Sätze veränderten sich langsam. Sie versuchte, ein schöneres Wort zu finden, und so bildeten sich langsam die Sätze. Das war damals die ›Sage vom Räuber Woynok‹. Da gibt es einige Sätze, an die ich mich noch erinnere. […] ›Es war einmal ein Mädchen, das wohnte mit seiner Mutter im schwarzen Walde von Doboroth. Jede Nacht, wenn das Licht ausging, kam der Wolf bis unter das Fenster.‹ Diese Melodie ist in mir geblieben. Ich wusste nicht, dass das die Mutter erfunden hatte. Ich dachte, das sei von jemandem, der Sagen schreibt.«[20]

Lesen, schreiben, kleine Texte selbst verfertigen: für das Kind gehörte das alles zusammen. In einer Landschaft, die aus Bilderbüchern kam, bewegte sich Netty. Eigene Erfindungen erweiterten diese Welt. Lesen, schreiben, Verse selbst produzieren: Mittel gegen Einsamkeit. Isolierung wurde überbrückt, fehlende Kommunikation ersetzt. Phantasie, Träumerei, spielerischer Umgang mit Sprache füllten eine Lücke. Diese Lebenshaltung wurde zur zweiten Natur.

Die Mutter wusste Möglichkeiten, Phantasie, Vorstellungskraft, Ausdrucksvermögen des Kindes weiter anzuregen, Freude an dieser Art Beschäftigung wachzuhalten. Ein Puppentheater entstand, eine Szenerie in einem Schuhkarton, die wie eine Harmonika auseinandergezogen werden konnte. (Ein Spielzeug, das Anna Seghers auch den eigenen Kindern bastelte.) Ein Puppenhaus oder Puppenzimmer kam hinzu. Jetzt spielten auch Schulfreundinnen gern mit, leisteten Gesellschaft. Denn 1907 hatte auch für Netty die Schulzeit begonnen. Eine ihrer Mitschülerinnen

---

18 Christa Wolf spricht mit Anna Seghers, a. a. O., S. 36.
19 Anna Seghers: Wie ich zur Literatur kam, a. a. O.
20 Pierre Radvanyi: Einige Erinnerungen, a. a. O., S. 185.

erinnert sich: »Wie schön war es, wenn wir in unserem Puppenzimmer spielten.«[21] Ein erwachsener Freund der Familie beschreibt die Situation genau: »Als Kind ist sie verträumt, verbringt Stunden und Tage im ›Puppenhaus‹, das eine verstehende Mutter dem phantasiebegabten, kindlichen Gemüte errichtet. Darin entstehen die ersten poetischen Versuche: Märchen, die sie in selbstgebundenem Büchlein der Mutter widmet. Jacobsens Worte über Bartholine aus dem ›Niels Lyhne‹ scheinen auf Anna Seghers geschrieben: ›Sie liebte die Verse. In Versen lebte sie; in Versen träumte sie, und an sie glaubte sie beinahe mehr als an alles andere.‹«[22]

Unter Freundinnen – und doch allein

Auch die Schulzeit erweiterte den Kreis der Kontaktpersonen Nettys zunächst nicht wesentlich. Bei der Wahl der Schule folgten die Eltern einem modernen Trend, nicht den Regeln ihrer »Israelitischen Religionsgesellschaft«. Eine Entscheidung, die ihnen noch acht Jahrzehnte später eine Missbilligung eintrug. Schon Isidor Lutz Reiling war in Mainz im Kreis der orthodoxen Gemeinde aufgewachsen. Seit seinem fünften Lebensjahr (1872) hatte er deren spezielle »Unterrichtsanstalt« besucht. 1859 begründet, stand sie sowohl Knaben als auch Mädchen offen, was zur damaligen Zeit ungewöhnlich war und der Schule hohes Ansehen verschaffte – weit über die Grenzen der Stadt hinaus. Neben einem allgemeinen Grundwissen in Schreiben, Lesen, Rechnen standen Religionslehre, hebräische Sprache und Schriftkunde, Biblische Geschichte und Geographie Palästinas auf dem Lehrplan. Zum größten Teil von der Gemeinde selbst finanziert, bestand ihre Hauptaufgabe darin, »die Jugend zum Verständnis der Gebete und zu den Quellen unsrer heiligen Religion zu führen« und so für die Ausbildung einer eigenständigen jüdischen Identität Sorge zu tragen. Noch im zwanzigsten Jahrhundert soll es »bei den rechtgläubigen Mainzer Judenfamilien gute Tradition« gewesen sein, ihre Kinder zumindest für die ersten vier Grundschuljahre dorthin zu schicken. Isidor Lutz Reiling jedoch – so wurde ihm 1989 in einem Aufsatz vorgeworfen – zog für seine Tochter »offensichtlich eine andere Schulbildung vor«.[23]

Vielleicht fürchtete er, gleich anderen alteingesessenen Mainzern, eine sinkende Qualität des Unterrichts. Denn mit dem Zustrom osteuropäischer Immigranten seit der Jahrhundertwende veränderten sich Schülerzahl und Unterricht. Die Kinder der Flüchtlinge, oftmals jiddisch sprechend und des Deutschen nur recht und schlecht mächtig, fanden sich an allgemeinbildenden staatlichen Volksschulen

---

21 Brief von Marianne Büttler (Suder) am 11. November 1970 an Anna Seghers, ASA.
22 H. O.-W.: Die Kleistpreisträgerin 1928, in: Mainzer Anzeiger, 28. Dezember 1928. (H. O.-W., d. i. Hermann Wendel, vgl. in diesem Buch im Kapitel »Auf den Spuren der Mütter und Väter« die Anm. 57.)
23 Alle Angaben nach: Susanne Schlösser: »Eine Selbstverständlichkeit für orthodoxe Juden.« Die Unterrichtsanstalt der Israelitischen Religionsgesellschaft in Mainz 1859 bis 1939, in: Mainz, Vierteljahreshefte für Kultur, Politik, Wirtschaft, Geschichte, Mainz 9(1989)3, S. 122 ff. Zitate S. 123 und S. 125.

nicht zurecht, füllten die Klassen der »Unterrichtsanstalt der Israelitischen Religionsgesellschaft«. Hedwig Reiling, so berichtete ihre Tochter, arbeitete ab und an ehrenamtlich als Lehrerin. Hier an dieser Schule? Die Gemeinde hatte die »Unterrichtsanstalt« eingerichtet, finanzierte sie, musste dem einsetzenden Lehrermangel aus eigenen Kräften entgegenwirken. Sie wird Hedwig Reilings Tatendrang begrüßt haben. Sollten ihre Schüler die »armen Teufel« gewesen sein, von denen sie ab und an zu Hause erzählte? Ihr Schicksal beeindruckte die zuhörende Netty. Noch als Siebzigjährige erinnerte sie sich: »Meine Mutter unterrichtete zum Beispiel an der Mainzer Dummenschul – so nannten die Bürgerlichen die Schule wirklich –, da mangelte es oft an Lehrern. Da hat sie mir so manches über die armen Teufel dort erzählt, was mich anregte.«[24] Doch dann müssen die Eltern von dieser israelitischen Unterrichtsanstalt mit den überfüllten Klassen und der unzureichenden Zahl an Lehrern auch als der »Dummenschul« gesprochen haben – kein Wunder, dass Isidor Lutz Reiling seine Tochter dort nicht hinschicken mochte. Vielleicht wollte er auch nicht die Dominanz strenggläubiger Religion, war er als Kaufmann vorrangig an einer Bildung und Erziehung interessiert, die auf das praktische Leben vorbereitete. Er wählte aber auch keine staatliche Schule. Entschied sich für den privaten Unterricht bei Jakob Goertz und seiner Tochter Elsa, die beide schon seit Jahren bei betuchten Mainzer Familien wegen ihrer Unterrichtsmethoden und ihrer Lernerfolge angesehen waren. Zudem war diese Entscheidung mit der ungefestigten Gesundheit Nettys zu entschuldigen. Täglich zwei bis drei Stunden Unterricht zusammen mit drei, höchstens vier anderen Kindern verkraftete sicherlich auch sie.

Herzliche Freundschaften entstanden während dieser ersten Schuljahre. »Fünfblättriges Kleeblatt« nannten sich die Kinder.[25] Das »Kleeblatt« hielt auch zusammen, als alle in die Höhere Mädchenschule wechselten. Beinahe siebzig Jahre später konnten vier der ehemaligen Mitschülerinnen ausfindig gemacht und befragt werden. Sie hatten Netty nicht vergessen, erzählten von Erlebnissen in der Schule, den häufigen Krankheiten der Freundin, die sie auch zu Haus besuchen durften, lernten Vater und Mutter kennen, spielten gemeinsam mit Theater und Puppenhaus. Auch über die jüdische Erziehung sprachen sie. Die Familie Reiling gehörte zu den »streng an ihren Gesetzen Festhaltenden und […] zur alten Synagoge im ehemaligen ›Ghetto‹ in der Synagogengasse«, berichtete eine der Freundinnen. »Netty durfte kein Schweinefleisch essen, sie durfte am Sabbat nicht mit der Bahn fahren und kein Geld anfassen, so weit ich mich erinnere. […] An den Türrahmen waren die berühmten Glasröhrchen befestigt, die, soviel ich weiß, jeweils eine Zeile aus dem Alten Testament enthielten. Von Freitag bis Samstag abends war ein

24 Achim Roscher: Wirkung des Geschriebenen. Gespräche mit Anna Seghers, in: ndl, Berlin 31(1983)10, S. 70. (Das Gespräch fand am 19. August 1978 statt.)
25 Brief von Elisabeth Stimbert-Usinger an Jörg Bernhard Bilke vom 10. Mai 1975. Im Brief von Lotte Marianne Wittekind-Nonnenbruch vom 12. Oktober 1974 wird die Schulzeit in der Privatschule ausführlich beschrieben. Briefe im Besitz von Jörg Bernhard Bilke.

Besuch unsererseits nicht erwünscht. Ich glaube, dass dann auch der siebenarmige Leuchter brannte.«[26] Nettys Eltern legten Wert auf die Ausbildung jüdischen Selbstbewusstseins, sonderten sich und die Tochter jedoch nicht ab, waren an Kontakten zu christlichen Nachbarn und Familien der Mitschülerinnen interessiert. Auf einfachstem Wege gelang es, Verständnis zu wecken für die jeweils andere, die »fremde« Lebensweise. Die Eltern erlaubten, dass die Freundinnen sich auch dann gegenseitig besuchen durften, wenn religiöse Feste bevorstanden: »Manchen christlichen Feiertag hast Du bei uns Gast gespielt und bei den jüdischen ich bei Euch«, schrieb 1970 eine ehemalige Klassenkameradin.[27] Vielleicht erlebte Netty bei ihr das Weihnachtsfest, sie einen Sederabend im Kreise der Familie Reiling. Beide beeindruckt vom Neuen, Anderen – und vom Gemeinsamen. Denn hier wie da wurden zum Zeichen der Freude Kerzen entzündet, am Christbaum ebenso wie am siebenarmigen Leuchter. Toleranz – erlebte Erfahrung dieser Kinder. Eine Haltung, die später auch das Erzählen der Schriftstellerin prägen sollte.

Das sanfte Licht der Kerzen – es leuchtet nach im Schaffen der Schriftstellerin. Ein Lichtsymbol durchzieht ihr gesamtes Werk. Licht strahlt auf, wenn Besonderes geschieht – im Guten wie im Bösen. Beleuchtet die Kraft der Schwachen, macht Versagen sichtbar. Es begleitet das Sterben des Fischers Kedennek in St. Barbara (1928), steht über dem Galgen, an dem Sasportas auf Jamaika den Tod findet (1962), geht aus von der mit Gold und glitzernden Steinen geschmückten Frau am Spieltisch zu Santos, die Triebel bei seiner »Überfahrt« (1976) nach Deutschland noch einmal sieht: Doch wer ist sie? Wartet sie wie Penelope auf die Heimkehr des Geliebten? Hat sie die Treue gebrochen, ihre Liebe verraten?

Das Hauptproblem Nettys jedoch konnten die vier Mitschülerinnen in der Klasse von Elsa Goertz nicht lösen. Das Gefühl des Alleinseins, der Einsamkeit dominierte weiterhin. Prägte. Nettys Schwierigkeiten, sich unbeschwert den anderen anzuschließen, anzuvertrauen, fielen auf. Die ehemaligen Spielgefährten erinnerten sich später »ihrer überragenden Intelligenz« und »besonderen Begabung«[28], meinten zugleich, Netty sei »etwas anders als wir« gewesen.[29] Eine ihrer Lehrerinnen nannte sie »sehr zart«, »sehr fein«, »klug, reif, bescheiden«, doch auch »sehr zurückhaltend«.[30] Die Zurückhaltung blieb – ein Leben lang.

Anna Seghers selbst beschreibt in ihrer Novelle »Der Ausflug der toten Mädchen« ihre frühe Situation. Sie schildert einen Augenblick, da sie nach langer Zeit ihre beiden besten Freundinnen Leni und Marianne wiedertrifft, beide im Begriff, durch ein Tor davonzugehen, Netty nicht zu beachten: »Ich wurde gerade ein wenig traurig, kam mir, wie es in der Schulzeit leicht geschah, ein wenig verbannt vor

---

26 Elisabeth Stimbert-Usinger an Jörg Bernhard Bilke am 14. August 1974, in: Jörg Bernhard Bilke: Die Revolutionsthematik in der frühen Prosa von Anna Seghers (1927–1932), Wiesbaden 1979, S. 7.
27 Brief von Maria Büttler (Suder) an Anna Seghers vom 11. November 1970, ASA.
28 Jörg Bernhard Bilke: Die Revolutionsthematik in der frühen Prosa der Anna Seghers (1927–1932), a. a. O., S. 11.
29 Christa Wolf: Fortgesetzter Versuch, in: Christa Wolf: Die Dimension des Autors, a. a. O., S. 342.
30 Jörg Bernhard Bilke: Die Revolutionsthematik in der frühen Prosa von Anna Seghers (1927–1932), a. a. O.

aus den gemeinsamen Spielen und herzlichen Freundschaften der anderen. Da blieben die beiden noch einmal stehen und nahmen mich in die Mitte.«[31] Verbannt aus gemeinsamen Spielen und Freundschaften: Die Erzählerin charakterisiert die Lage eines Kindes, das sich ausgeschlossen fühlt, an den Rand gedrängt, dem fröhlichen Treiben der anderen von außen zusehen muss – gequält, verletzt, das sich nichts sehnlicher wünscht, als in die Mitte genommen zu werden, mit Leib und Seele dem Kreis der Spielgefährten anzugehören. Zehn Jahre vor ihrem Tode versuchte Anna Seghers in einem Gespräch, sich ihr Verhalten zu erklären. Sollte es nicht allein mit ihren Krankheiten, auch mit ihrer künstlerischen Begabung zusammenhängen? Schon als Kind übte sie sich in ihrer Fähigkeit, Geschichten erfinden und erzählen zu können. Zahlreiche unbekannte Dinge, die sie beim Herumstreifen in der Heimatstadt entdeckte und bestaunte, blieben für sie nicht verwitterte, stumme Zeugen einer fernen Vergangenheit. Der Bann, der sie versteinert hatte, löste sich unter den Blicken des Kindes. Wie im Märchen belebten sie sich, begannen sie zu sprechen. Netty nahm sie auf in ihre Welt. Sie wurden Teil ihres Erlebens: »Ich habe, wenn ich ein Bauwerk aus der Römerzeit sah, nicht nur an die Geschichte gedacht, sondern ich erdachte sofort auch Geschichten, ich erlebte diese Geschichten in meiner Phantasie, ich erregte mich, und ich war enttäuscht, dass es meinen Freundinnen nicht so erging wie mir.«[32] Ihre Begabung, früh hervortretend, schuf nicht nur Freunde. Ließ auch Distanz entstehen, die alle spürten – Netty, ihre Freundinnen, die Lehrer. Die übersprudelnde Phantasie der einen, das Nichtbegreifen der anderen machten es schwer, Kontakte herzustellen, Nähe zu bewahren.

Eine Perspektive: Lehrerin für Deutsch, Religion, Handarbeit, Turnen

Beinahe zehn Jahre alt musste Netty werden, ehe sie in einen größeren Kreis von Kindern kam. 1910 entschied der Vater sich endgültig, der Tochter die Ausbildung an einer staatlichen Schule zu ermöglichen. Sie durfte ihren Freundinnen folgen, ebenfalls die Mainzer »Höhere Töchterschule« besuchen. Diese Schule blickte auf eine völlig andere Tradition zurück als die Unterrichtsanstalt, die Isidor Lutz Reiling absolviert hatte. Sie entstand gegen Ende des Jahrhunderts, als das stürmische Voranschreiten von Wissenschaft und Technik alles gewohnte Leben umzustülpen begann. Das immer wohlhabender werdende Bürgertum der Stadt forderte für seine Töchter, was für Knaben seit Aufklärung und Französischer Revolution selbstverständlich geworden war: Die Mädchenbildung und -erziehung sollte endlich religiösen Kreisen aus den Händen genommen, den Bedürfnissen einer neuen

---
31 Anna Seghers: Der Ausflug der toten Mädchen, a. a. O., S. 337.
32 Achim Roscher: Wirkung des Geschriebenen. Gespräche mit Anna Seghers, a. a. O., S. 61. (Das Gespräch fand am 28. April 1973 statt.)

Zeit angepasst werden. Charakteristisch für die beginnende Umwälzung waren die Orte, an denen die ersten Unterrichtsstunden stattfanden: umgebaute Räume der »Jesuitenkaserne« und des »Reich-Klara-Klosters« verwandelten sich ab 1889 bzw. 1907 in Schulklassen.[33] Eine Entwicklung setzte ein, die auch den Mädchen bürgerlicher Familien eine neue Perspektive eröffnete – eine Perspektive, die von einigen Gründungsvätern der Schule sicherlich nicht vorausgesehen, noch weniger gewünscht worden war: Die junge Emanzipationsbewegung der Frauen ließ auch Mainz nicht unberührt. Auch hier wuchs das Verlangen junger Frauen nach Unabhängigkeit. Sie drängten darauf, sich eine eigene Existenz aufbauen, selbstbestimmt leben zu können. Nicht länger gaben sie sich allein mit einem Dasein als Hausfrau und Mutter zufrieden. Auch sie wollten die Möglichkeit erhalten, sich auf einen speziellen Beruf vorbereiten zu können. Anfangs währte die allgemeine Ausbildung an der »Höheren Mädchenschule« vom sechsten bis zum sechzehnten Lebensjahr; 1901 musste sie durch ein weiterführendes spezielles »Lehrerinnenseminar« erweitert werden. Vorsichtig jedoch setzte man dieser neuen Chance enge Grenzen – die Lehrerlaubnis konnte nur für wenige Fächer erworben werden, und viele Jahrzehnte lang durften »diese Lehrerinnen nur so lange ihren Beruf ausüben«, wie sie »unverheiratet blieben«. Dennoch war eine Mauer durchbrochen worden.

Als Netty im Frühjahr 1910 zum ersten Mal die Räume der Höheren Mädchenschule des Großherzogtums Hessen-Darmstadt in der Petersstraße in Mainz betrat, lag vor ihr eine Zukunft, die ihr bis zum sechzehnten Lebensjahr die Vermittlung einer soliden Allgemeinbildung in allen auch den Knaben zugänglichen Fächern versprach. Schwerpunkte waren Deutsch und Geschichte – Bereiche, die den Neigungen des Kindes besonders entgegenkamen. Danach konnte sie mit einem völlig unverbindlichen Abschlusszeugnis, das nicht zum Studium an einer Universität berechtigte, die Schule verlassen und ein Leben als Hausfrau und Mutter beginnen. Sie durfte jedoch anschließend das »Lehrerinnenseminar« besuchen. Hier konnte sie sich auf eine Tätigkeit als Lehrerin in Hessen, sogar – was damals als außerordentlich galt – in Preußen vorbereiten. Ein erfolgreicher Abschluss berechtigte sie, Mädchen an Höheren Schulen in den beiden Fächern Deutsch und Religion, an Volksschulen zusätzlich in Handarbeit und Turnen zu unterrichten. Für Frauen in Deutschland bedeutete eine solche Ausbildung trotz aller Beschränkungen einen gewaltigen Schritt nach vorn. Hedwig Reiling hätte eine solche Möglichkeit sicher als höchstes Glück empfunden. Auch ihre Tochter? War sie die richtige Perspektive für Netty?

33 Diese und die folgenden Angaben, auch die Lehrpläne betreffend, nach: Staatliches Frauenlob-Gymnasium 1889–1989. Festschrift zum 100jährigen Bestehen, Mainz 1989. Zitate S. 22, S. 57, S. 59. Karl Ernst Fey betont dort in seinem Aufsatz »Das Fach Deutsch in den vergangenen 100 Jahren« ausdrücklich: »Was wir hier dargelegt haben, sind übrigens die Aspekte und Bedingungen, unter denen Netty Reiling ihren Deutschunterricht erlebte. Er hat zumindest nicht verhindert, dass sie später als Anna Seghers Weltliteratur schreibt.« (S. 61)

Als sie ihr erstes Unterrichtsjahr beendet hatte, zeigte ihr Zeugnis in den Fächern Deutsch und israelitische Religion zwar eine Eins. Aber in Turnen eine Drei. In Handarbeit gar eine Vier.[34] Keine gute Grundlage für eine künftige Lehrerin dieser Fächer! 1913 half eine Schulreform weiter. Von Preußen ausgehend, erfassten kaiserlich-preußische Verordnungen allmählich alle deutschen Länder. Mit fatalem Beigeschmack allerdings: Der Kaiser wünschte »nationale junge Deutsche [zu] erziehen und nicht junge Griechen und Römer«. Das war eine nicht zu überhörende Kampfansage an das traditionelle humanistische Gymnasium der Knaben. Antipreußisch gesinnt, wusste man im Großherzogtum Hessen bei der Mädchenbildung das Geforderte mit eigenen Wünschen zu verbinden. Man verzichtete auf Griechisch. Ließ Latein als Wahlfach zu. Auch in Mainz sollten die »Standesschulen des gehobenen Bürgertums« in eine zeitgemäßere Oberrealschule umgewandelt, die Berufsmöglichkeiten zumindest für Mädchen betuchter Eltern erweitert werden. Das »Lehrerinnenseminar« nach Abschluss des zehnten Schuljahres wurde zur »Großherzoglichen Studienanstalt«, drei Jahreskurse umfassend. Eine Art Oberstufe. Sie erlaubte, sich weiterhin auf den Beruf einer Lehrerin vorzubereiten. Aber jetzt gab es einen verbindlichen Abschluss dieser »Studienanstalt«: das Abitur. Endlich – ab 1913 – waren auch diese Mädchen zum anschließenden Besuch von Universitäten und Hochschulen berechtigt. Längst noch nicht alle den Knaben vorbehaltenen Wege der Berufsausbildung hatten sich ihnen geöffnet. Und doch war die Palette der Möglichkeiten, zwischen denen sie wählen konnten, weitaus farbenprächtiger geworden.

Ostern 1916 bestanden zum ersten Mal in der Geschichte der Mainzer Höheren Mädchenschule einige Absolventinnen die Reifeprüfung. Am 1. April 1917, Netty hatte die zehnte Klasse absolviert, begann ihre Ausbildung an der Großherzoglichen Studienanstalt. Jetzt stand zumindest eines fest: Sie würde die Schule nicht vor dem erfolgreichen Ablegen eines Abiturs verlassen. Wieder einmal lag für Netty ein großes Los in der Wagschale des Glücks.

Die Jahre des Lernens an der Höheren Mädchenschule wurden zu Jahren intensivsten Erlebens. Nicht allein den Unterricht wird sie in vollen Zügen genossen haben. Mehr noch die Beziehungen zu anderen Menschen. Die Förderung durch Lehrer und Lehrerinnen. Die Freundschaften mit Klassenkameradinnen. Die Novelle »Der Ausflug der toten Mädchen« gibt einen Abglanz dieser Freude im fröhlichen Schwarm der Mädchen, der erlebten Nähe. Der Deutschunterricht im Anfangsjahr 1910 begann mit einem Glanzpunkt. Die Eins auf dem ersten Jahreszeugnis: kein Zufall. Erzählen von Märchen und Sagen stand auf dem Stundenplan. Netty liebte das Erzählen. Liebte Märchen und Sagen. Wie Mutter und Vater das Erzählen, Märchen und Sagen liebten. Immer wieder selbst erzählten. Zuhörten, wenn die Tochter an der Reihe war. Die Märchen der Brüder Grimm waren

---

34 Archiv des Staatlichen Frauenlob-Gymnasiums.

Netty in Fleisch und Blut übergegangen. Was Anna Seghers Jahrzehnte später ihre literarische Figur Franz Kafka sagen lässt, galt für sie selbst: »Ich liebte Grimms Märchen. Aus ihrer Sprache lernte ich viel. Ich muss gestehen, den Sinn und den Rhythmus mancher Sätze habe ich mir angeeignet.«[35] Abenteuer und Schicksale Jung-Siegfrieds, Kriemhilds, des grimmen Hagen werden besonders durch den Vater lebendig geworden sein. Hatte er nicht schon seinem Vater gelauscht, wenn davon erzählt wurde? Der wusste es ganz genau, kam er doch aus Auerbach, hatte mit eigenen Augen die Quelle gesehen, wo der tödliche Speer Hagens die einzig verwundbare Stelle an Siegfrieds Rücken getroffen haben soll. Und nun überraschte der Lehrplan damit, dass jede Woche eine Extrastunde der »Sagengeschichte« gewidmet war! Sieben Jahre später wiederholte sich das Spiel in der ersten Klasse der »Großherzoglichen Studienanstalt«. Auf höherer Ebene. Ab 1917 sollte das bislang Erlebte und Erlernte historischen Hintergrund erhalten. Eingeordnet werden in die Geschichte. Die Vermittlung der Geschichte der Literatur begann. Internationaler Literatur seit Beginn des Mittelalters. Und wieder: Die Nibelungen. »Lektüre des Nibelungenliedes und der Gudrun« forderte der Stundenplan – im wortwörtlichen Sinne: Gelesen wurde in der Klasse, laut vorgelesen. Der Rhythmus der Verse prägte sich ein, auch wenn die Mädchen unbeholfen vortrugen. Gemeinsames Lesen, gemeinsames Debattieren des Gehörten: Der Sinn für literarisches Gestalten bildete sich aus, das Gefühl der Gemeinsamkeit vertiefte sich. »Die Nibelungen [...] interessierten mich immer und interessieren mich noch heute, wie die ganze Völkerwanderungszeit mich interessiert«, erinnerte sich Anna Seghers 1972.[36] Nach dem Niebelungenlied und der Gudrunsage folgten Gedichte Walthers von der Vogelweide. Seine Verse beeindruckten. Jahre später, an der Universität in Heidelberg, widmete Anna Seghers sich weiterhin seiner Dichtung. Im Exil plante sie sogar, Vorlesungen über Walther und die mittelhochdeutsche Literatur an der deutschen Volkshochschule in Paris zu halten, wollte sie für die Exilzeitschrift »Das Wort«, die in Moskau erschien, »eine Arbeit über Walther von der Vogelweide« schreiben[37] – umso verwunderlicher, dass sie selbst nie mit Gedichten hervortrat. Das zweite Unterrichtshalbjahr 1917 begann mit Homers »Odyssee«. Der historische Vergleich sollte ermöglicht, den Mädchen eine Reflexionsebene geschaffen werden. Homers »Odyssee« schien der Schulbehörde als »Gegenstück zu den deutschen Epen [...] für den Mädchenunterricht unentbehrlich«. Leider verraten die Dokumente nicht, was Homer damals für die spezielle Mädchenerziehung leisten musste. Das Epos verfehlte dennoch seine Wirkung nicht: »Meine Mutter konnte Homer auswendig«, erzählte Jahrzehnte später die Tochter der

---

35 Anna Seghers: Die Reisebegegnung (1973), in: Anna Seghers: Gesammelte Werke in Einzelausgaben, Bd. XII, Berlin und Weimar 1977, S. 513.
36 Brief von Anna Seghers an Kurt Batt vom 23. März 1972, in: Kurt Batt: Anna Seghers: Versuch über Entwicklung und Werke, Leipzig 1973, S. 16.
37 Brief von Anna Seghers an Fritz Erpenbeck vom 2. Juni 1938, in: Argonautenschiff, Bd. 11, Berlin 2002, S. 289.

Anna Seghers. Zu jeder Zeit, an jedem Ort berichtete die Mutter ihr und dem Bruder von Homers Fahrten und Abenteuern: »Mit Homer sind wir aufgewachsen.«[38] Mündliches Erzählen von Märchen und Sagen: Anna Seghers gab ihren Kindern weiter, was sie selbst gehört und erlebt hatte. Reihte sich ein in die Kette der Generationen. Hielt uraltes Verhalten der Menschen wach. Erfüllte erneut mit Leben, was an Erfahrungen, Sehnsüchten, Träumen der Völker zu Sagen und Märchen geronnen war, so aufgehoben werden konnte. Erzählte nicht allein den eigenen Kindern, schöpfte als Schriftstellerin aus diesen Erfahrungen, Sehnsüchten, Träumen der Völker. Vielleicht ist Anna Seghers diejenige Schriftstellerin des zwanzigsten Jahrhunderts, in deren Werk Mythen, Sagen, Legenden, Märchen am häufigsten Quelle eigenen Erzählens sind. Mehr noch: Sie selbst hat Sagen, Legenden, Märchen geschaffen, auf diese Weise zur Sprache gebracht, was ihr an eigenen Erfahrungen, Sehnsüchten und Träumen am Herzen lag: Schicksale des zwanzigsten Jahrhunderts – eingebettet in Geschichte.

Nach Homer standen in Nettys Schule Werke der Aufklärung, Klassik, Romantik auf dem Lehrplan. Viele Namen, die Anna Seghers später nennen sollte, zahlreiche Werke, die ihre Jugend erfüllten, ihr eigenes Schaffen beeinflussten – im Deutschunterricht tauchten sie auf: Lessing, Goethe, Schiller, Kleist beispielsweise. Heine war nicht darunter. »Schillers Dramen haben auf mich als Schulkind großen Eindruck gemacht, in der Zeit, in der ich begann, das Theater für eine andere Art Wirklichkeit zu halten.«[39] Anna Seghers beschrieb zugleich die Art ihres Umgangs mit Literatur: Lesen »erregte« sie, weckte ihre Phantasie, machte sie unfähig, eine Lektüre zu beenden, ein Buch wieder zuzuklappen, bevor die letzte Seite erreicht worden war. Wie später die Hauptfigur ihres Romans »Transit« lesen sollte, so muss auch die sechzehn-, siebzehnjährige Schülerin von den Dramen Schillers, den Romanen Dostojewskis gepackt worden sein. Auch sie war »verzaubert«, wie sie als Kind »verzaubert« war, wenn sie den Erzählungen von Vater und Mutter lauschte. Auch sie traf der »alte Bann, der in den Märchen die Knaben in Bären verwandelt hat und die Mädchen in Lilien«.[40] Die literarischen Figuren, ihre Handlungen, Worte begleiteten sie im täglichen Leben. Unterschieden sich nicht von Menschen und Erlebnissen der Realität. Wirklichkeit wurde gemessen an literarischen Figuren und ihren Schicksalen. Einigen Freundinnen erging es ebenso: »Meinen Hang zu Schiller [...] teilte ich in der betreffenden Zeit mit mehreren Altersgefährten. Es gab niemand, der uns damals etwa gefragt hätte: Warum nicht

---

38 Ruth Radvanyi 1998 in einem persönlichen Gespräch mit mir. Auch Christel Berger sagte sie: »Sie hat uns auch die ›Odyssee‹ vorgelesen, Teile davon kannte sie auf Deutsch und Griechisch auswendig.« Ch. Berger: Gespräch mit Dr. med. Ruth Radvanyi, Tochter von Anna Seghers, in: Argonautenschiff, Bd. 1, Berlin 1992, S. 151.
39 Anna Seghers: Woher sie kommen, wohin sie gehen. Über den Ursprung und die Weiterentwicklung einiger Romangestalten Dostojewskis, besonders über ihre Beziehungen zu Gestalten Schillers. Geschrieben auf dem Schiff zwischen Brasilien und Europa [1963], in: Anna Seghers: KuW II, Berlin 1971, S. 182.
40 Anna Seghers: Transit. Werkausgabe. Das erzählerische Werk I/5, Berlin 2001, S. 25 f.

Goethe? [...] Wir stillten unseren Hunger an der Nahrung, nach der uns am meisten verlangte. Wer sie zuerst entdeckte, das weiß ich nicht mehr. Sie war jedenfalls da, wir bildeten uns sogar ein, besonders für uns bereitet.«[41] Literatur als unentbehrliche Nahrung. Hunger haben nach einer bestimmten Lektüre, wie man hungert nach Brot. Das war Lesen für Netty Reiling in dieser Zeit. Unauffällig tadelte sie 1963 mit ihrer Erinnerung an eigenes Verhalten eine Kulturpolitik, die in der DDR Lektürebedürfnisse junger Leute zu reglementieren suchte. Ein Brief Dostojewskis, im Archiv in Leningrad gefunden, bestärkte sie. Auch dieser Schriftsteller beschrieb, wie er Schillers Werke erlebt hatte: »Ich habe Schiller auswendig gelernt, ich habe mit seinen Worten gesprochen, ich habe von ihm geträumt, und ich glaube, dass das Schicksal nichts in meinem Leben mehr fügte, als dass es mich den großen Dichter kennenlernen ließ in einer solchen Epoche meines Lebens.«[42] Diese Art Umgang mit Literatur war Netty Reiling wohl vertraut. Auch sie klärte ihr Leben lang eigene Probleme im Gespräch mit Dichtern und ihrem Werk. Hatte als Siebzehnjährige erlebt, dass Lehrer versuchten, auf Lektürebedürfnisse einzuwirken, das Interesse der Mädchen vorrangig auf Goethe zu richten. Wehrte sich dagegen: Nicht Goethe zog sie damals zu Rate. In dieser Phase ihres Lebens brauchte sie Schiller.

Im Anschluss an Homers »Odyssee« stand die Lektüre von »Hermann und Dorothea« auf dem Lehrplan. Danach, im Herbst 1917, lasen die Schülerinnen vier Wochen lang »Wilhelm Tell«. Die Lehrer erwarteten wohl, gerade mit dem Werk Goethes auf die Mädchen »einen sittlich veredelnden Einfluss ausüben und in nachhaltiger Weise auf den Willen der Jugend wirken« zu können.[43] Reagierten sie auf aktuelles Geschehen? Standen nicht einige Mädchen, darunter Netty Reiling, im Briefwechsel mit Soldaten, die seit Jahren an der deutsch-russischen Front kämpfen mussten, jetzt in einem Land, das im Februar 1917 durch eine Revolution erschüttert worden war? Am Rande welthistorischer Umbrüche muss Goethes Aufforderung, Ruhe und Ordnung zu bewahren, bei einigen Schülerinnen nicht viel Zustimmung gefunden haben. Seiner Aufforderung, Gott und Gesetz, Familie und Besitz zu vertrauen, darin das zu erblicken, was den Deutschen gemäß sei, folgten sie nicht. Die Lektüre Schillers, jahrzehntelang im Gedächtnis der Schriftstellerin bewahrt, zeugt davon. Von Schiller geleitet, werden die Mädchen mit Verwunderung, mit Bewunderung erlebt haben, dass Ungehorsam triumphieren, rebellisches Verhalten sich durchsetzen kann. Und eine Frau stand Wilhelm Tell zur Seite. Bertha von Brunneck forderte auf zur befreienden Tat! (Jahrzehnte später wird Anna Seghers ihrem Freund Pablo Neruda von ihrem Schulerlebnis mit »Hermann und Dorothea« berichten, ihm gestanden haben, dass die Abneigung ge-

---

41 Anna Seghers: Woher sie kommen, wohin sie gehen, a. a. O., S. 183.
42 Ebenda, S. 203.
43 Zitiert nach Karl Ernst Fey: Das Fach Deutsch in den vergangenen 100 Jahren, in: Staatliches Frauenlob-Gymnasium 1889–1989, a. a. O., S. 59.

genüber Goethe nie gewichen sei. Der Dichter antwortete auf seine Art, schenkte ihr die in ihrem Zimmer noch immer zu bewundernde Prachtausgabe des Poems – ein Stachel im Schaffen der Schriftstellerin: das Werk »Die Überfahrt« [1971] erzählt, wie sie ihm die Spitze abbrach, sich mit Goethe auseinandersetzte.)

Netty Reiling sei »intelligent und frech« gewesen, so soll eine Mitschülerin, ein Jahr jünger, sie charakterisiert haben.[44] Frech? Glich ihr Zeitalter nicht dem, auf das Goethe, bitter enttäuscht, so ablehnend reagierte? Ging nicht auch sie »fürchterlichen Bewegungen« entgegen? Längst folgte das Alltagsleben nicht mehr gewohnten Bahnen. 1917 dauerte der Weltkrieg schon drei lange Jahre. Wieder hatte ein Jahrhundert sich mit Mord geöffnet. Mit Mord von bislang unbekanntem Ausmaß. Wissenschaft und Technik wurden zur Tötung von Menschen missbraucht, zur Zerstörung von Natur und Kultur. Nie zuvor hatte die Welt eine solche Verheerung gesehen. Das Dasein aller Menschen veränderte sich. Nicht nur an der Front. Auch in der Heimat. Die Zeit drängte viele, »frech« zu sein, sich Gott und Gesetz, Familie und Besitz nicht mehr fraglos zu unterwerfen. Auszubrechen aus urväterlichen Verhaltensmustern. Spürten die Siebzehnjährigen, die zusammen mit Netty Reiling »Hermann und Dorothea« lasen und »Wilhelm Tell«, dass sie sich auf einem Vulkan befanden? Vielleicht waren auch sie »frech«, weil sie sich wehrten, so zu leben wie Hermann und Dorothea. Die die Knie nicht mehr beugen wollten vor dem Reichsvogt Gessler. Andere Wege gehen mussten als die, die ihre Väter bei der Begründung der »Höheren Töchterschule« im Auge gehabt hatten.

Welche Wege aber? Was wusste Netty, die ihre Kindheit im Puppenhaus verbrachte, von den Vorgängen in der Welt?

Originaleindruck Erster Weltkrieg

Als 1913 Hermann und Isidor Lutz Reiling sich in Berlin um den Titel »Preußischer Hoflieferant« bemühten, musste in Mainz ein polizeiliches Zeugnis ihres Wohlverhaltens angefertigt werden. Bei der Vorbereitung des amtlichen Berichtes fiel die bislang einzig bekannte Äußerung über politische Interessen der beiden Brüder: Sie »sollen der fortschrittlichen Volkspartei angehören«, schrieb der Mainzer Polizeirat am 31. März 1914. Der Oberbürgermeister ließ diese Passage streichen. Wahrscheinlich, um jegliches Risiko für die Bewerber auszuschalten – auch für die Stadt: Der Glanz »Preußischer Hoflieferant« sollte auch Mainz vergolden.[45]

---

44 Mariella Fehl: Begegnungen mit Anna Seghers, in: Staatliches Frauenlob-Gymnasium 1889–1989, a. a. O., S. 111.
45 Friedrich Schütz: Die Familie Seghers-Reiling und das jüdische Mainz, in: Argonautenschiff, Bd. 2, Berlin 1993, S. 160.

Die »Fortschrittliche Volkspartei«, 1910 begründet, verfolgte ein Programm, das dem deutschen Kaiser nicht gut in den Ohren klang. Unüberhörbar forderte sie, dass endlich realisiert werde, was der Kaiser in den Kämpfen des vergangenen Jahrhunderts versprochen hatte. Noch stand die volle »Gleichberechtigung aller Staatsbürger vor dem Gesetz« nur auf dem Papier, waren Anerkennung aller religiösen Bekenntnisse und Religionsgesellschaften und »Berücksichtigung der Minderheiten« nicht garantiert. Von der Sozialdemokratie grenzten sich die Mitglieder der neuen Partei strikt ab, sie verlangten aber ebenfalls, dass die wirtschaftliche und soziale Lage der Arbeiter und Angestellten verbessert werde. Der »Grundsatz der Gerechtigkeit« – so hieß es in einem Wahlaufruf von 1911 – sollte das gesamte gesellschaftliche Leben durchdringen.[46] Die Neugründung fand sofort Anhänger, zeigte sich doch, dass im Deutschen Kaiserreich Antisemitismus wie eine Seuche um sich griff. Zahlreiche Juden, aufstrebende Kaufleute und Intellektuelle unterstützten die »Fortschrittliche Volkspartei«. Der »Centralverein deutscher Staatsbürger jüdischen Glaubens e. V.«, entstanden, um der Judenfeindlichkeit und dem Einfluss des »Alldeutschen Verbandes« entgegenzuwirken, zählte zu ihren Sponsoren. Auch im Großherzogtum Hessen konnte sich die neue Partei etablieren.

Sollte die Bemerkung des Mainzer Polizeirates vom 31. März 1914 trotz ihrer Streichung im Gutachten für die Brüder Reiling zutreffen, so prägten liberal-demokratische Vorstellungen das politische Denken der Eltern Nettys: Auch sie strebten nach Anerkennung, nach voller Gleichberechtigung, wollten die Besonderheiten ihres Glaubens bewahren und doch uneingeschränkt Bürger des Deutschen Kaiserreiches sein. Auch ihre Einstellung gegenüber dem nur wenige Monate später beginnenden Weltkrieg entsprach der Position der »Fortschrittlichen Volkspartei«, die bürgerlich-liberale Grundsätze mit patriotischer Gesinnung zu vereinbaren wusste. Das Parteiprogramm von 1910 verlangte nicht, Kriege zu ächten, das Heer zugunsten einer großzügigen Förderung von Volksbildung und Kultur zu reduzieren. Lediglich die Gleichstellung aller Bürger auch innerhalb des Heeres interessierte, nur Umbau und »Ausgestaltung der Armee zu einem wirklichen Volksheer unter Beseitigung der Begünstigung einzelner Klassen, Stände oder Konfessionen« wurde gefordert.[47]

Erhalten ist ein Foto, das Netty Reiling im Herbst 1914 als Teilnehmerin einer theatralischen Veranstaltung zeigt.[48] Überall in Deutschland wurde die Kriegserklärung an Frankreich und England auf vielfältigste Weise euphorisch gefeiert, auf der Straße und in geschlossenen Sälen, mit Demonstrationen, Massenkundgebungen, Aufführungen von Theaterstücken. Auch Mainz jubelte, unter anderem mit einer »Patriotischen Apotheose«, die dem Krieg wie einem Gott huldigte. Beliebt

---

46 Vgl. dazu »Lexikon zur Parteiengeschichte 1789–1945. Die bürgerlichen und kleinbürgerlichen Verbände in Deutschland, hrsg. von Dieter Fricke u.a., Leipzig 1986, S. 600 ff.
47 Ebenda, S. 602.
48 Abgebildet in: Anna Seghers. Eine Biographie in Bildern, a. a. O., S. 24.

war es, zu einer solchen Aktion die Bevölkerung zum Mitwirken aufzurufen. Die Teilnehmer führten aneinandergereihte kleine Szenen vor, stellten sich zu »Lebenden Bildern« auf, und Schauspieler und Sänger begleiteten sie mit hymnischen Versen, Liedern und Chören. Es ist nicht bekannt, wo das Mainzer Spektakel stattfand, wer es organisierte, einstudierte. War es die Schule? Die jüdischen Gemeinden? Das Foto zeigt nur eine Szene, vielleicht die, mit der die Aufführung abschloss: Mehr als fünfzig Akteure bauen sich auf der Bühne auf. Männer in den Uniformen deutscher Soldaten, Frauen in griechischen Gewändern, Kinder. Sie schwenken Fahnen, Palmenzweige, tragen Blumengirlanden. Zeigen ihre Bereitschaft, dem Ruf des deutschen Kaisers zu folgen, gemeinsam das Vaterland zu verteidigen. Von ihnen umrahmt, in der Mitte des Bildes, steht stolz auf einem Podest eine Frau, eine Krone auf dem Haupt. Auch sie reckt einen Palmenzweig hoch empor. Die Siegesgöttin feiert schon jetzt. Fest steht: Einzig den Deutschen gewährt sie den Sieg. Inmitten dieses treudeutschen Rummels – die Schülerin Netty Reiling. Mit einem Palmenzweig jubelt auch sie.

1916 wurde in Mainz eine großangelegte Geldsammlung für verwundete deutsche Soldaten durchgeführt. Auch die jüdischen Gemeinden und Institutionen beteiligten sich. Am Kriegswahrzeichen auf dem Liebfrauenplatz vor dem Mainzer Dom, einer Säule, kennzeichnen eingeschlagene Nägel und Inschriften die Spender. Die Nägel Nr. 192 und Nr. 193 tragen die noch heute lesbaren Namen »Netty Reiling« und »I. Reiling und Frau geb. Fuld«.[49] Eisernes Kreuz und Davidstern schmücken die Säule: Hegten die Spender die Illusion, der Krieg werde endgültig die Zusammengehörigkeit von Christen und Juden als deutsche Bürger besiegeln? Soldat wurde Isidor Lutz Reiling nicht; mit seinen siebenundvierzig Jahren war er bereits zu alt. Nettys Mutter erfüllte ihre patriotische Pflicht als Krankenschwester beim Bahndienst des Deutschen Roten Kreuzes. Eine Auszeichnung lobte ihre Einsatzbereitschaft. Auch Jugendliche drängten sich zu helfen. Auch Schülerinnen der »Höheren Töchterschule«. Gemäß dem Charakter ihrer Schule als Ausbildungsstätte für Lehrerinnen übernahmen sie, darunter Netty, von 1914 bis 1917 Aufgaben in einem Kriegskindergarten.[50] Ausdauer und Fleiß sollten mit einer Medaille belohnt werden, der Antrag aber wurde zurückgewiesen: nicht zur Arbeit, wohl aber zur Ehrung schienen die Mädchen noch zu jung. Wie ihre Freundinnen führte auch Netty, sicherlich von der Schule und der Jugendorganisation der Wandervögel dazu angehalten, einen Briefwechsel mit Soldaten.[51]

Erfahrungen mit dem Kriegsalltag erschütterten die patriotische Haltung.

---

49 Friedrich Schütz: Die Familie Seghers-Reiling und das jüdische Mainz, a. a. O., S. 161 f.
50 Davon berichtet die Freundin Lotte Marianne Wittekind-Nonnenbruch in einem Brief vom 12. Oktober 1974, in: Jörg Bernhard Bilke: Die Revolutionsthematik in der frühen Prosa von Anna Seghers (1927–1932), a. a. O., S. 10.
51 Eine Karte des Briefpartners Georg Ratazzi vom 9. Februar 1918 ist im Faksimile wiedergegeben in: Anna Seghers. Eine Biographie in Bildern, a. a. O., S. 26 f. Dort ist auch ein Foto der Mutter als »Rote-Kreuz-Schwester mit einer Auszeichnung« zu sehen.

Am 9. März 1918 kam der Krieg auch nach Mainz. Die ersten Fliegerbomben fielen auf die Stadt, töteten elf Menschen. Darunter in der Nähe der Kaiserstraße und der Wohnung der Familie Reiling eine Frau, die während des Einkaufs von den Alarmsirenen überrascht wurde und nach Hause zu ihren Kindern eilen wollte. Dieser Kriegstod von Zivilpersonen war damals noch »etwas so Sonderbares und Seltenes«, dass die Stadtverwaltung ein kleines Denkmal errichten ließ, um »ihn für immer den Mitbürgern einzuprägen«. Auch Netty Reiling war aufgewühlt. Das Leid der betroffenen Familie erschütterte sie. Das unscheinbare Denkmal wurde »so fest in mein Gedächtnis gepflanzt«, dass es »keiner Zerstörung anheimfallen« konnte.[52] Noch um 1940 erinnerte sich Anna Seghers im Pariser Exil an dieses Erlebnis, versuchte sie, es zum Ausgangspunkt der Novelle zu nehmen, die den Titel »Weiße Hochzeit« tragen sollte. Die Novelle wurde, wie bereits erwähnt, nicht vollendet. Das Ereignis aber vergaß die Schriftstellerin nicht. »Was mich damals erregt hat, geht mir auch heute noch nicht aus dem Kopf«, schrieb sie 1965.[53] Und als es im Januar 1970 – durch eine Veröffentlichung des Fragments angeregt – zum Briefwechsel mit dem in Israel lebenden Gatten der damals getöteten jungen Mutter kam, bekannte Anna Seghers ihm, das Geschehen sei ihr noch immer gegenwärtig – »trotz all der Dinge, die auch ich seitdem erlebt habe«[54].

Auch das ein Origialeindruck der damals siebzehnjährigen Netty Reiling. Ein Origialeindruck des Schreckens. Des Er-Schreckens. Vom Krieg hervorgerufen. »Menschenfresserisch, grausam war der Erste Weltkrieg [...].«[55] Und wiederum war es Literatur, die nicht zur Ruhe kommen ließ, was die Realität aufwühlte, Netty bewusst machte, was sie erlebte. Nur einen Monat nach der Bombardierung, im April 1918, erschien der Roman »Das Feuer« von Henri Barbusse auch in deutscher Sprache. Netty Reiling las – und erschrak erneut: Franzosen hatten die Fliegerbomben über Mainz abgeworfen. Aber Franzosen litten unter dem Krieg ebenso wie Deutsche. Etwas stimmte nicht an dieser Welt, in die sie hineingeboren worden war. Die Ordnung, in der sie lebte, die Elternhaus und Schule verkörperten: sie war nicht mehr in »Ordnung«. Unruhe erfüllte sie. Fragen kamen auf. Fragen, die sie nicht beantworten konnte. Die aber nicht verstummten. Weiter bohrten. Doch wer antwortete? Vater und Mutter? Die Lehrer der »Großherzoglichen Studienanstalt«? Mädchen wurden nicht angehalten, nicht befähigt, sich mit politischen Ereignissen auseinanderzusetzen. Die Lehrerin, Frau Dr. Hermann, berichtete 1971, sie habe »nicht mit ihren Schülerinnen über Politik gesprochen. Das sei nicht üblich gewesen.«[56] Es schickte sich nicht für Frauen, sich für solche Dinge zu interessieren, Fragen zu stellen, gar den Wunsch zu äußern, sich an po-

---

52 Anna Seghers: Zwei Denkmäler, in: Anna Seghers: KuW IV, Berlin 1979, S. 222 f.
53 Ebenda, S. 102. Dieser hier wieder abgedruckte Text ist identisch mit dem, der 1965 zuerst im Band »Atlas. Zusammengestellt von deutschen Autoren« im Verlag Klaus Wagenbach, Berlin, erschien.
54 Anna Seghers im Brief an Jacob Cahn vom 21.1.1970, in: Argonautenschiff, Bd. 6, Berlin 1997, S. 120.
55 Anna Seghers: Zwei Denkmäler, a. a. O., S. 103.
56 Frau Dr. Hermann am 18. April 1971; das Gesprächsprotokoll befindet sich im Besitz von J. B. Bilke.

litischen Streitgesprächen zu beteiligen. Das politische Leben, Parteien, Wahlen – verbotenes Terrain für sie. Und doch äußerte Anna Seghers 1967, als sie sich an ihre Lektüre des Romans »Das Feuer« von Henri Barbusse erinnerte: »Also die Ungerechtigkeit des Krieges und dadurch die Losung ›Brot und Frieden‹, für die war ich schon aufgeweckt worden.«[57] Verkürzte sich in der Erinnerung die Zeit, die Netty Reiling gebraucht hatte, sich zu klären? Oder gab es doch jemanden, der helfen, Nachdenken befördern konnte?

Der Freund der Familie, Hermann Wendel, hatte früh schon das Vertrauen des Kindes gewonnen. Zahlreiche literarische Werke erlebte Netty Reiling durch ihn: »Mit Literatur, bewusst aufgenommen in gutem Deutsch, machte mich zuerst der Freund einer Verwandten bekannt«, schrieb Anna Seghers 1971. »Er las schöne Abschnitte schön vor. Ich glaube, zuerst hörte ich mit Staunen und Freude Heinrich Heine, zuerst ›Deutschland, ein Wintermärchen‹ und ›Das Buch Le Grand‹, es folgten Kleist, Büchner usw.«[58] Die Autoren, die am nachhaltigsten ihr Werden als Schriftstellerin beeinflussten: Hermann Wendel brachte ihre Werke als Erster, las daraus vor, ergänzte, was die Schule versäumte. Vielleicht gelang es ihm jetzt, auch auf Nettys Zeitverständnis einzuwirken – über Literatur. Der Erste Weltkrieg hatte auch ihn aus der Bahn geworfen. Anders und früher als seinen Schützling. Der junge Intellektuelle, nur sechzehn Jahre älter als Netty, griff schon als Gymnasiast, Student, Lyriker nach den Sternen, versuchte als Schriftsteller, sich einzumischen in die Kämpfe der Zeit, das Wort zur Tat werden zu lassen. Um 1905 fand der Einundzwanzigjährige den Weg zu den Sozialdemokraten, wollte er Mitglied und Sprecher einer Partei sein, die immer erfolgreicher Millionen werktätiger Menschen zu vertreten wusste, auch sein Wort schneller, zielgerichteter, massenhafter zur Wirkung bringen konnte. Jetzt als Journalist und Redakteur tätig, wurde Franz Mehring ihm zum Lehrer, arbeitete er mit Hermann Duncker, Julian Marchlewski und Rosa Luxemburg zusammen. Vor allem in Frankfurt am Main fand der Feuerkopf schnell Bewunderer und Anhänger, beeinflusste er in Massenversammlungen, mit Ansprachen und Schriften die politische Öffentlichkeit. 1910 wurde er in Frankfurt zum Stadtverordneten, 1912 sogar in den Reichstag gewählt. Freunde und Genossen setzten große Hoffnungen auf den treffenden Formulierer und flammenden Redner: »Wir trauten ihm zu, damals, dass er das Ungeschäftsmäßige, den gutgeschriebenen Satz, Ahnungen vom Blut und die präzis tötende Glosse der Polemik in die Politik bringe«, schrieb 1912 Ludwig Rubiner in seiner Programmschrift »Der Dichter greift in die Politik«.[59]

---

57 Anna Seghers: [Gespräch mit Wilhelm Girnus], in: Anna Seghers: KuW III, Berlin 1971, S. 30.
58 Anna Seghers: Wie ich zur Literatur kam, a. a. O.
59 Ludwig Rubiner: Der Dichter greift in die Politik, in: Ludwig Rubiner: Ausgewählte Werke 1908–1919, Leipzig 1976, S. 255 f. Rubiner schreibt das aus der Rückschau, von »damals« aus der Jugendzeit; 1912 zeigt er sich von der politischen Tätigkeit seines Freundes bereits enttäuscht: »Wir haben uns natürlich getäuscht. Aus Gedankenlosigkeit; wir hatten den ersten Hauptsatz zur Politik vergessen: Verhaltenheit ist unsympathisch, aber die Atmosphäre der Öffentlichkeit macht in Deutschland dämlich.« (Ebenda.)

Wendels Beliebtheit in Frankfurt am Main, sein Ruf als scharfer Polemiker werden ihm die Türen zum Salon Helene Fulds geöffnet haben, obwohl er im Kreis der Kaufleute, Bankiers, Unternehmer und ihrer Frauen wie ein Agent provocateur gewirkt haben muss. Vielleicht war er gerade deshalb gern gesehener Gast: Seine Überlegungen zwangen einen jeden, ernsthaft über alternative Möglichkeiten gesellschaftlicher Entwicklung nachzudenken. Als 1910 der russische Zar Nikolai II Deutschland und seinen Schwager, den Großherzog von Hessen-Darmstadt, besuchte, bei dieser Gelegenheit im Geschäft der Brüder Reiling Antiquitäten erwarb und der Firma den Titel »Hoflieferant des Zaren« verlieh, sprach Wendel öffentlich von einem »Blutzaren«, der mit einer demagogischen Friedensinitiative Vorbereitungen zu einem Krieg europäischen Ausmaßes verbergen wolle.[60] Der Sozialdemokrat sah seine Aufgabe darin, möglichst »große Massen mit möglichst großer Erbitterung gegen den Krieg« zu erfüllen.[61] Noch am 31. Juli 1914 rief er dazu auf, der jetzt unmittelbar drohenden »Feuersgefahr mit einer Revolution, der einzigen Friedensbürgschaft«, zu antworten.[62] Vier Tage später der Absturz: Parteidisziplin verband ihm den Mund. Machte ihn zur Marionette. Auch Hermann Wendel folgte der Forderung seiner Führer. Stimmte im Reichstag für die Bewilligung der Kriegskredite.

Die eigene moralische Niederlage verletzte ihn tief. Veränderte sein Leben. Nie hat Wendel später öffentlich über diese verzweifelte Situation gesprochen: Eigene Genossen zwangen ihn, gegen sein Gewissen zu handeln. Zerstörten das Kostbarste, was die Arbeiterpartei besaß: die Tatkraft jedes einzelnen Genossen. Wendels Ausweg: Abschied von aktiver Parteiarbeit. Rückzug zur Literatur. Zur Biographie. Zu Reiseberichten, wie Heinrich Heine sie geschrieben hatte. Mit »Heinrich Heine. Ein Lebens- und Zeitbild«, 1916 veröffentlicht, versuchte er zum ersten Mal, in der Sklavensprache zu reden, auf diese Weise Zensur, Parteidisziplin und Selbstzensur zu trotzen, seinen Idealen treu zu bleiben. Trotz alledem. Was Heine »nie müde ward, seinen Zeitgenossen zu verkünden, die Notwendigkeit einer Verständigung zwischen Deutschen und Franzosen, ›den beiden auserwählten Völkern der Humanität‹, das reicht als zu lösende Aufgabe über die Blutjahre 1914/16 weit hinaus«, heißt es im »Geleitwort« des Buches. Heines »ernstester und letzter Wille« muss erfüllt werden, »wenn Europa zum dauernden Frieden gelangen soll. Es lebe Deutschland! Vive la France! Es lebe die deutsch-französische Verständigung!«[63]

Ein Traum vom Frieden. Mitten im Kriege.

60 Hermann Wendel am 7. September 1910 in einer Stadtverordnetenversammlung in Frankfurt am Main. Vgl. dazu Rainer Stübling: »Vive la France!« Der Sozialdemokrat Hermann Wendel (1884–1936), Frankfurt a. Main, Bern 1983, S. 40.
61 Hermann Wendel auf einer sozialdemokratischen Konferenz in Frankfurt a. Main, ebenda, S. 47.
62 Hermann Wendel: Europa in Feuersgefahr! In: Die Neue Zeit. Wochenschrift der Deutschen Sozialdemokratie, Stuttgart, zitiert nach ebenda, S. 56.
63 Hermann Wendel: Heinrich Heine. Ein Lebens- und Zeitbild, Dresden 1916, S. VII f. Vgl. dazu auch Sigrid Bock: Der Dichter im ersten Weltkrieg. Heine-Bild eines sozialdemokratischen Reichstagsabgeordneten, in: Heinrich Heine: Erbe und Erben. Kolloquium anlässlich des 150. Todestages des Dichters, Helle Panke e.V., Berlin 2006, H. 82, S. 48 ff.

Das Buch wurde sofort verboten. Die Konterbande jedoch schenkte Wendel Ostern 1916 – der Geburtstag der Großmutter Netty Reilings wurde gefeiert – seiner »lieben Nichte«, wie er in der Widmung schrieb.[64] Ein Anstoß zum Nachdenken für ein Mädchen, das seinen ersten Auftritt auf dem Theater in einer »Patriotischen Apotheose« erlebt hatte. Verstand die Fünfzehnjährige diese Geste? Es ist nicht nachzuweisen, ob sie das Buch sofort las. Drei vorsichtige Striche am Rande verraten eine Lektüre, stammen aber wahrscheinlich aus einer späteren Zeit – ich werde darauf zurückkommen. Ostern 1916, so ist zu erwarten, kann zumindest das Anliegen des Autors bekannt gewesen, Gesprächsstoff im Kreis der Familie gewesen sein. Netty mochte ahnen, warum der Freund ihr ein Exemplar schenkte, extra mit roter Tinte eine Widmung hinein schrieb. Ein Jahr später: keine Mitarbeit im Kriegskindergarten mehr. Verweigerung. Krieg wurde nicht mehr als patriotisches Unternehmen hingenommen, nicht mehr unterstützt. Die Freundin Marianne erzählt: »Ich bin mir dessen zum ersten Mal bewusst geworden, als ich Ende 1918 strahlend vergnügt in die Klasse kam und sagte: Mein Bruder ist als jüngster Hauptmann in den großherzoglichen Generalstab versetzt, worauf Netty entrüstet rief: Und darüber kannst du dich auch noch freuen? Er ist doch bloß ein Kriegsverlängerer!«[65]

Dieser Bericht bezeugt eine veränderte Haltung, ist vielleicht Ausdruck für einen Sinneswandel nicht nur Nettys, sondern der Familie. Die geschäftlichen Beziehungen des Vaters zu Partnern in Frankreich und den Niederlanden litten schwer unter dem Krieg. Möglich, dass auch Hermann Wendel das Nachdenken des jungen Mädchens weiter befördern konnte. Im Februar 1918, noch bevor der Roman »Le Feu« in deutscher Sprache erschien und Netty erneut aufwühlte, rezensierte er das Buch.[66] Sein Text verstärkt die Erschütterung des Lesers, gibt den Inhalt der Tagebuchaufzeichnungen wieder, mit denen Barbusse die Erfahrungen einer kleinen Gruppe einfacher Soldaten festhält, die Gräuel und das Grauen des Krieges beschreibt, das Morden und Gemordetwerden. Unmissverständlich betont der Rezensent, dieser Roman gehe nicht »die Franzosen allein« an, sondern »alle sich abschlachtenden Völker«, die »ganze Menschheit«, die »unzähligen Opfer des Weltkrieges, welche Kokarde sie auch tragen«. Weniger »ein Werk über als gegen

---

64 Das Buch befindet sich in der Bibliothek von Anna Seghers, ASG. Vgl. auch Kapitel »Auf den Spuren der Mütter und Väter«.
65 Brief von Lotte Marianne Wittekind-Nonnenbruch vom 12. Oktober 1974 an Jörg Bernhard Bilke, in: Jörg Bernhard Bilke: Die Revolutionsthematik in der frühen Prosa von Anna Seghers (1927–1932), a. a. O., S. 10.
66 Hermann Wendel: Barbusses Kriegsbuch, in: Die Neue Zeit. Wochenschrift der Deutschen Sozialdemokratie, Stuttgart, 8. Februar 1918. Wendel rezensierte die 1917 erschienene französische Buchausgabe. Eine erste Fassung des Romans war bereits vom August bis zum November 1916 im Feuilleton der Zeitung »L'Oevre« abgedruckt und – überarbeitet – im Dezember 1916 als Buch herausgegeben worden. Die deutschsprachige Buchausgabe erschien im Frühjahr 1918 in Zürich. Sie muss Wendel noch nicht zur Verfügung gestanden haben, denn seine Zitate – wie der von mir wiedergegebene Schluss der »Vision« – sind seine eigenen Übersetzungen. Ich zitiere aus der von Horst F. Müller besorgten Ausgabe: Henri Barbusse: Das Feuer. Tagebuch einer Korporalschaft, Berlin 1986 (S. 421 f., S. 417, S. 426 f.).

den Krieg« habe Barbusse geschrieben, gestalte er doch einen Lernprozess. Der Erzähler zeige, dass die Soldaten beginnen, über ihre furchtbaren Erlebnisse nachzudenken: »Sie wollten wissen und über die Gegenwart hinaussehen. Erregt versuchten sie, das Licht der Weisheit und des Willens in sich selber anzuzünden.« Im letzten Kapitel, Franzosen und Deutsche liegen in tiefster Erschöpfung und Verzweiflung nebeneinander, in Schlamm und Dreck wie in Särgen eingepfercht, schreien sie Sätze hervor, die »wie auf Flügeln durch die Lüfte getragen« und von einem Erzählerkommentar weitergeführt werden: »Nie wieder Krieg, nie wieder Krieg! Ja, Schluss damit.« »Die Männer des Volkes hier ahnen nur, was für eine Revolution […] sich zusammenbraut. In ihnen hat sie ihren Ursprung, und sie stecken bereits bis zum Hals in ihr.« Dieses den Roman abschließende Kapitel korrespondiert mit dem ersten, von Barbusse »Vision« genannt. Einleitung und Schluss umschließen das Kriegsbild wie ein Rahmen, geben einer Hoffnung Ausdruck, die auch die Hoffnung des Rezensenten ist. Auch Wendel entlässt den Leser seiner Buchbesprechung, indem er aus dem Zukunftsbild des Erzählers zitiert: »Die dreißig Millionen Sklaven, die durch Verbrechen und Irrwahn in den Schlammkrieg gegeneinander geworfen wurden, heben ihr Menschenantlitz, in dem endlich ein Wille keimt. Die Zukunft liegt in den Händen der Sklaven, und sicherlich wird die alte Welt eines Tages durch die Vereinigung derer gewandelt, deren Zahl und Elend ohne Grenzen ist.« Roman wie Rezension – Aufrufe zum Widerstand, zur Revolte, zur Revolution. In Frankreich. In Deutschland. Sollte Wendel nicht auch diese Arbeit seiner »Nichte« gegeben, die Lektüre des Buches angeregt, beeinflusst haben? Hier konnte Netty lernen, Romane nicht nur zu lesen, sondern mit ihnen auch zu arbeiten, um eigene Auffassungen zu überprüfen, sich am literarischen Text selbst zu klären. Damit war der Weg zum Verständnis der Losung »Brot und Frieden« tatsächlich nicht mehr weit. Möglich sogar, dass zehn Jahre später »Le Feu« als Anregung nachwirkte und Anna Seghers half, ihre Geschichte vom Aufstand der Fischer zu erzählen.

Erfahrungen und Denkanstöße 1918/19

Gerechtigkeit heißt das Zauberwort

Die Rezension zum Roman »Das Feuer« schrieb Hermann Wendel im Frühjahr 1918 unter dem Eindruck der Ereignisse in Russland. Freude und Hoffnung belebten ihn, als er erfuhr, dass im Februar 1917 Frauen und streikende Rüstungsarbeiter in einem Hungermarsch durch die Straßen der russischen Hauptstadt zogen und Petrograd unter ihren Losungen »Brot!«, »Schluss mit dem Krieg!«, »Nieder mit der Selbstherrschaft!« erbebte. Die Demonstranten eröffneten eine revolutionäre Bewegung, die mit der Machtübernahme durch die Bolschewiki im Oktober endlich auch den eingeforderten Frieden in Sichtweite brachte. An der Großherzoglichen Studienanstalt hingegen glaubte man, es gehe alles seinen gewohnten Gang. Die Entwicklung im Osten schien weit entfernt zu sein, der Friedensaufruf Lenins »An alle!« nur dazu geeignet, dem kaiserlichen Deutschland im fast schon verlorenen Krieg den Sieg doch noch in die Hände zu spielen. »Man lehrte uns, die Revolution in Russland sei etwas, was Deutschland nütze, weil sie in das feindliche Land Aufruhr brachte«, erinnerte sich Anna Seghers.[1] Doch dann das schier Unglaubliche: Auch in Deutschland wurde der Krieg durch eine Revolution beendet, die Niederlage besiegelt. Nettys Heimat – bislang Großherzogtum Hessen-Darmstadt – plötzlich »Volksstaat Hessen« und zugleich französisch besetztes Gebiet mit vielfachen Versuchen der Sieger, die Bevölkerung im Linksrheinischen ganz auf ihre Seite zu ziehen. Das Land abzutrennen vom deutschen Territorium.

So überraschend diese Entwicklung gekommen war, so schnell würde sie vorübergehen. Glaubte man. Auch in der Schule. Der Deutschlehrer Nettys, Mitglied der Alldeutschen Partei, stellte im Februar 1920 den Mädchen für ihren Abituraufsatz ein Thema zur Wahl, als wolle er den Krieg noch nachträglich gewinnen: »Die vaterländische Dichtung der Deutschen«.[2] Es schien sich nicht einmal zu lohnen, für die Abitur-Zeugnisse neue Formulare anzufertigen: Man benutzte die üblichen Vordrucke, strich im Namen der Schule lediglich das Wort »Großherzoglich« durch, ersetzte es durch den Stempel »Volksstaat Hessen«.[3]

Verwirrend all das. Noch verwirrender für ein Mädchen, das – nach traditionellen Vorstellungen – mit Politik sich nicht zu beschäftigen habe. Kein zeitgenössi-

---

1 Anna Seghers: Oktober und Nachher, in: Prawda, Moskau, 1. November 1967. Deutsch zuerst in: Sinn und Form. Beiträge zur Literatur, Berlin 39(1987)5, S. 889.
2 Bericht der Klassenkameradin Lotte Marianne Wittekind-Nonnenbruch am 12. Oktober 1974 im Brief an Jörg Bernhard Bilke, in: Jörg Bernhard Bilke: Die Revolutionsthematik in der frühen Prosa von Anna Seghers (1927–1932), Wiesbaden 1979, S. 10.
3 Zeugnis vom 26. September 1919, heute im Archiv des Staatlichen Frauenlob-Gymnasiums zu Mainz, der Nachfolgerin der Großherzoglichen Studienanstalt an der Höheren Mädchenschule Mainz.

sches Dokument gibt Auskunft darüber, wie die Schülerin der Großherzoglichen Studienanstalt die Ereignisse aufnahm, die dem Jahrhundert ihren Stempel aufdrückten. Erst Jahrzehnte später, wenn Anna Seghers direkt gefragt wurde, suchte sie sich zu erinnern. Und gefragt wurde sie nur in der Sowjetunion und in der DDR. Da jedoch interessierten allein ihre »Beziehungen zur Oktoberrevolution«, als könnten die zahlreichen kräftigen Farben auf der Palette der einstmals auf sie einstürmenden Eindrücke, Erlebnisse, Erfahrungen weggewischt werden zugunsten eines einzigen Rot. 1967 – zum 50. Male jährte sich der Tag, an dem die Bolschewiki zur Macht gegriffen hatten – häuften sich die Interviews. Aufrichtig, ohne die Erwartungen ihres Gesprächspartners zu erfüllen, erklärte die Schriftstellerin im Sommer: Ich »würde lügen, wenn ich behaupten würde, die Oktoberrevolution hätte sofort auf mein Wissen und Denken usw. eingewirkt. [...] Es hat eine Weile gedauert, bis das Ereignis in verschiedenen Gerüchten, Botschaften und Zungen, wie man so sagt, bis zu mir hinkam. Und derartig widerspruchsvoll und oft sonderbar, dass ich von alleine gar nicht recht klug daraus wurde.«[4]

Klug wurde sie sicherlich nicht aus einer Nachricht, die direkt an Netty Reiling adressiert war. Ihr Briefpartner, der Soldat Georg Ratazzi, sandte ihr am 19. Februar 1918 unmittelbar von der Ostfront ein Foto, das damals um die Welt ging: Deutsche und russische Soldaten trafen sich in einer sogenannten neutralen Zone unter einem Weihnachtsbaum. Verbrüderten sich. Redeten miteinander. Ausdruck beginnender Friedensgespräche. Denn auf Initiative Lenins war am 15. Dezember 1917 ein Waffenstillstand vereinbart worden, um erste Friedensverhandlungen vorzubereiten. Auf der Rückseite der Karte jedoch schrieb Georg Ratazzi: »Jetzt ist dies vorbei. Gestern ging der Krieg wieder los, um 12 Uhr hat die Artillerie wieder gesprochen. Wir werden vorgehen bis zur Stadt ›Mir‹ ...«[5]

Fragte Netty, warum es nicht zu einem »Frieden ohne Annexionen und Kontributionen« kam? Doch wer sollte antworten?

Zeitungen, die sie durchblätterte, gaben keine oder einander widersprechende Auskünfte. Gelesen wurde im Hause Reiling das der »Fortschrittlichen Volkspartei« nahestehende Organ »Frankfurter Zeitung und Handelsblatt«. Dreimal am Tag informierte es seine Leser: mit dem »Ersten Morgenblatt«, dem »Zweiten Morgenblatt«, dem »Abendblatt«. Über die Ereignisse in Russland berichtete es von Anfang an und ausführlich. Hunderte von Details wurden ausgebreitet, Skepsis und Vorbehalte vor allem gegenüber den »Maximalisten« geäußert. Einzelteile eines Riesenpuzzles, nicht abzusehen, zu welchem Bilde sie sich fügen würden. Hätte Hermann Wendel, noch immer Abgeordneter der SPD im Reichstag, beim Durchdringen des Nachrichtendickichts helfen können? Er urteilte anders als die Journalisten der »Frankfurter Zeitung«, erwartete, dass der Oktoberumsturz endlich den

---

4 Anna Seghers: [Gespräch mit Wilhelm Girnus], in: Anna Seghers: KuW III, Berlin 1971, S. 29.
5 Ein Faksimileabdruck der Karte befindet sich in: Anna Seghers. Eine Biographie in Bilder, hrsg. von Frank Wagner, Ursula Emmerich, Ruth Radvanyi, Berlin und Weimar 1994, S. 26.

Weltfrieden herbeiführen werde. Am Silvesterabend 1917 schrieb er, an die eigenen flammenden Antikriegsreden von früher erinnernd, in einem Artikel in der »Volksstimme«: »Zur Wahrheit wird das Wort, das wir oft, vor dem Kriege, den zweifelhaften Friedensversicherungen entgegengehalten haben: Die Revolution, das ist der Friede!« Und als Deutschland im Februar 1918 die russischen Verhandlungspartner mit einer militärischen Offensive zu erpressen suchte, der »Krieg wieder losging«, wie Georg Ratazzi berichtete, stellte sich Hermann Wendel auf die Seite Russlands: Die Bolschewiki sind »Kämpfer für die Verjüngung und Erneuerung der Menschheit«.[6]

Doch Netty Reiling wird ihre Schwierigkeiten gehabt haben, die Sprache politischer Journalisten zu verstehen. Abstrakte Berichte der Zeitungen waren wenig geeignet, sie zum Nachdenken anzuregen. Sie brauchte Erlebnisse, eigene Erfahrungen. Hautnah. Christa Wolf erinnerte im November 1970 ein Gespräch, in dem man von Anna Seghers wissen wollte, »wie sie zum ersten Mal von der russischen Oktoberrevolution« gehört habe. »Das ist nun ganz ulkig, sagt sie. Ich saß zu Hause in Mainz auf einer Bank am Fluss, und neben mir saßen zwei Weiber und tratschten. Da kam die Rede auf ein Kind, das da auch herumspielte. Es war der einen von einer Verwandten aus Russland geschickt worden, wo sie doch gerade diese Revolution hatten. Und die Frau wunderte sich, wie diese Ideen gleich ansteckend sein müssten, sogar für Kinder. Denn als dieses Kind kürzlich gesehen hatte, wie weiße französische Besatzungsoffiziere einem Negersoldaten eine Tafel Schokolade gegeben hatten, damit er ihnen eine Brücke bewache, sagt doch der Junge: Der ist schön dumm, dass er ihnen ihre Brücke für eine Tafel Schokolade bewacht ... Übrigens, fügt sie hinzu, war ich meiner ganzen Gemütsart nach kommunistisch gesinnt ...«[7] Und ihrem Gesprächspartner vom Sommer 1967 erzählte sie: »Ich sah mit erschrockenen Augen, wie man durch die Stadt einen Gefesselten führte, einen Menschen, der gegen weiß der Teufel was revoltiert hatte. Ich wusste ja nicht, warum er von Polizisten durch die Stadt geführt wurde. Ich kann mich aber noch sehr gut an seinen Tonfall erinnern: ›Ihr könnt mich wegschleppen, ihr könnt mich fesseln, aber stoßen lasse ich mich nicht‹, oder wie man in meiner Muttersprache sagt: ›Stumpe lass' ich mich nicht!‹ Das ist sehr, sehr weit weg von diesem mächtigen Ereignis, und es hat für mich doch dazu gehört.«[8]

Den Krieg lernte Netty Reiling begreifen und verabscheuen, als sie erleben musste, dass er Menschen tötet, eine Mutter, die Milch für die Kinder holen wollte. Die ferne Oktoberrevolution gewann in dem Augenblick an Vorstellungskraft, in dem sie sah, dass sie in Kindern und jungen Menschen Stolz weckte, das Ge-

---

6   Hermann Wendel in: Volksstimme (Organ der SPD für Südwestdeutschland), Frankfurt am Main, 31. Dezember 1917 und 18. Februar 1918. Zitiert nach Rainer Stübling: »Vive la France!«. Der Sozialdemokrat Hermann Wendel (1884–1936), Frankfurt, Bern 1983, S. 69.
7   Christa Wolf: Bei Anna Seghers, in: Christa Wolf: Die Dimension des Autors, Essays und Aufsätze, Reden und Gespräche 1959–1985, Bd. 1, Berlin und Weimar 1986, S. 336.
8   Anna Seghers: [Gespräch mit Wilhelm Girnus], a. a. O., S. 30; die folgenden Zitate ebenda, S. 29 f.

fühl eigener Würde. Plötzlich war die Selbstsicherheit gewohnter Lebensweise erschüttert. Nahmen ihre Fragen Gestalt an. Strukturen gesellschaftlicher Gliederung traten hervor; ein »Oben und Unten, ein Hoch und Niedrig« zeichneten sich in Umrissen ab: »Das, was wir heute einfach Klassen nennen, das hatte ich damals in meiner Weise als ganz junger Mensch verstanden. […] Ich sah jetzt mit wachen Augen, dass es Menschen gab, die schlechter als andere gekleidet waren, dass es Menschen mit schlechten Schuhen gab. Ich scheute mich, bessere Schuhe zu tragen als diese.« Was 1917/18 in Russland und Deutschland geschah, begriff Netty Reiling zunächst nicht als historische Ereignisse. Sie erfasste die Vorgänge »mit einem neuen Begriff, ja, sagen wir es doch ganz einfach, mit einem neuen, starken, unerhörten Begriff von Gerechtigkeit. Ich glaube, so sonderbar es klingt, das war damals das erste vorherrschende Gefühl, als ich noch gar nichts von Politik verstand.«

Gerechtigkeit hieß das Zauberwort, ihr »Sesam, öffne dich!«: Ein Tor hatte sich aufgetan, durch das sie gehen konnte. Berge von neuen Einsichten lagen vor ihr. Jahrelang mochte sie neben ihrer Freundin Leni hergegangen sein, die immer – wie sie im »Ausflug der toten Mädchen« erzählt – klobige, zu große Schuhe trug, anziehen musste, was ihrem älteren Bruder nicht mehr passte. Netty wunderte sich, dachte jedoch nicht weiter darüber nach. Jetzt erst begriff sie die sozialen Ursachen. Ein sonderbares Kind aus Russland, ein junger Bursche aus Mainz, der sich nicht »stumpe« lassen wollte, öffneten ihr den Blick. Mit erschrockenen Augen sehen, Denken mit dem Gefühl, Gerechtigkeit als Maßstab allen Geschehens nehmen: Das war ihre Weise, die Welt zu erleben. Das waren die Sinne, mit denen das junge Mädchen die Wirklichkeit wahrnahm. In diese Haltung ging ein, was Netty bis dahin erlebt, erfahren, verstanden hatte. Sie fasste zusammen, was das Elternhaus, die Schule, die Literatur ihr an Welt- und Wertvorstellungen, an wünschbarem menschlichen Verhalten vermitteln konnten. Schloss mit ein, was die Religionen in ihr wachgerufen hatten. Nicht allein die jüdische. Auch die christlichen, die sie in der Bischofsstadt Mainz auf Schritt und Tritt ansprachen, bei ihren Freundinnen und Lehrern, in ihrem Lieblingsort, dem Dom, in den zahlreichen Kirchen. Nicht allein der katholische Dom lockte: auch die evangelische Christuskirche. Das mächtige Bauwerk mit der hohen Kuppel, um die Jahrhundertwende sicherlich nicht ohne konkurrierenden Seitenblick auf den Dom errichtet, bildete das Zentrum des neuen Boulevards. Jeder Blick aus den Fenstern der Reilingschen Wohnung musste sich auch dorthin wenden. Das Glockengeläut morgens und abends gab auch Netty die Tageszeit an. Was Wunder, dass schon das Kind gedrängt haben soll, auch an christlichen Feiertagen teilnehmen zu dürfen. So mag das, was später im Roman »Das siebte Kreuz« dem Flüchtling aus einem faschistischen Konzentrationslager die Nacht im Dom erträglich macht, auch Gültigkeit für Netty Reiling gehabt haben. Die Glasfenster rufen Georg Heisler Szenen des Neuen Testaments mit der Kreuzigung Jesu ins Gedächtnis: »Alles, was das Alleinsein aufhebt, kann einen trösten«, denkt er. »Nicht nur was von andern gleichzeitig durchgelitten wird, kann einen trösten, sondern auch, was von andern früher durchlitten wurde.«[9]

Un-Ordnung zieht ein ins Speisezimmer der Mutter

Merkwürdig: Die Absetzung des Großherzogs spielt in den Erinnerungen von Anna Seghers keine Rolle. Ernst Ludwig, der doch Kunde war im väterlichen Geschäft, mit beiden Brüdern »eng befreundet« gewesen sein soll, »fast jede Woche ins Geschäft kam«[10] und noch 1932 Hermann Reiling zum 70. Geburtstag gratulierte, ihm »eine Nadel mit seinem Namenszug in Brillanten und Rubinen«[11] sandte, interessierte sie nicht. Sollte der Übergang vom Großherzogtum Hessen-Darmstadt zum »Volksstaat Hessen« in Mainz reibungs- und lautlos vor sich gegangen sein?

Auch hier fürchteten die Menschen, durch Hunger und Grippeepidemie zermürbt, neue Drangsal, neue Entbehrungen. Das Erste, was in der altehrwürdigen Stadt am Samstag, dem 9. November 1918, die Ruhe störte, waren Massenplünderungen. Vornehmlich die Magazine der Militärs wurden ausgeraubt. Und nicht allein der »Mob«, auch »anständige Leute« schleppten Lebensmittel, Bekleidung, Schuhe nach Hause. Nachmittags bildeten Soldaten und Offiziere der Garnison, Sozialdemokraten und Gewerkschaftler einen Arbeiter- und Soldatenrat, der noch nachts Plakate mit dem Aufruf »An die Bevölkerung von Mainz!« kleben ließ. Mitgeteilt wurde, dass ein Aktionsausschuss die Macht übernommen habe, für Ruhe und Ordnung sorge, das Eigentum der Bürger sichere; Plünderer würden erschossen. Revolution: das hieß zunächst, Ruhe, Ordnung, Eigentum zu schützen. Am Sonntagvormittag dann eilten fünfzehn- bis zwanzigtausend Menschen zum Schlacht- und Viehhof. Mindestens jeder siebente Einwohner war auf den Beinen. Alle schlossen sich zu einem großen Menschenstrom zusammen, der im Anschluss an Reden und Proklamationen durch die Straßen der Stadt zog. Zum Stadthaus. Hier wurde am 10. November 1918 – Höhepunkt der Massenansammlung – die Republik ausgerufen. Der Übergang zum »Volksstaat Hessen« hatte begonnen. Aufrufe, Plakate in schreienden Farben sollten hinfort das Straßenbild bunt färben, Demonstrationen als öffentliche Willenskundgebungen von nun an zum neuen Leben in Mainz gehören. Und immer war der Boulevard, die Kaiserstraße, ein Ort des Geschehens. Nichts konnte Netty Reiling verborgen bleiben.

Nur vier Wochen später war dieser Volksstaat zweigeteilt. Vom 28. November bis zum 7. Dezember zogen, von Westen kommend, rückflutende deutsche Trup-

---

9 Anna Seghers: Das siebte Kreuz, Berlin 1953, S. 74 f.
10 So Fanny Liebenstein und Edith Ringwald im Gespräch mit Jörg Bernhard Bilke vom 5. Juni und 14. Juni 1974, in: J. B. Bilke: Die Revolutionsthematik im Frühwerk der Anna Seghers (1927–1932), a. a. O., S. 3.
11 Friedrich Schütz: Die Familie Seghers-Reiling und das jüdische Mainz, in: Argonautenschiff, Bd. 2, 1993, S. 167. (Friedrich Schütz zitiert aus dem katholischen »Mainzer Journal« vom 5. Februar 1932.)

pen durch Mainz zum Bahnhof. Die Kaiserstraße entlang. Vorbei an der Wohnung der Reilings. Die Menschen der Stadt feierten sie mit Fahnen und Blumen. Sie kehren als »Helden zurück, als ungeschlagene, unbesiegte Helden«, schrieb der »Mainzer Anzeiger« am 28. November.[12] Doch am Morgen des 8. Dezember jähes Erwachen. Gerade noch konnten die Bürger aufgefordert werden, Fahnen und Blumen wegzuräumen. Den deutschen Soldaten auf dem Fuße folgten französische: Vorauskommandos, Vorboten des Kommenden, marschierten in Mainz ein. Einquartierung. Bis zu 36 000 Offiziere und 917 000 Soldaten sollten im gesamten besetzten Gebiet untergebracht werden. Einquartierung auch bei der Familie Reiling. Das vornehm ausgestattete Speisezimmer musste geräumt werden.

Von nun an existierten zwei Machtblöcke innerhalb des »Volksstaates Hessen«.[13] Die Hauptstadt Darmstadt auf dem rechten Rheinufer. Mainz als Sitz des Oberkommandos der 10. Französischen Armee auf dem linken Rheinufer. Darmstadt, nicht mehr im Bereich des besetzten Gebietes: Zentrum der neuen republikanischen Regierung. Gebildet nach den Wahlen im Januar 1919 von SPD, Zentrum und der Deutschen Demokratischen Partei, der Nachfolgerin der Fortschrittlichen Volkspartei, zu der die Brüder Reiling gehört haben sollen. Mainz: Brückenkopf der Franzosen, gedacht als Ausgangsbasis für ein weiteres Vorrücken der französischen Armee nach Osten, falls Deutschland die Bedingungen des Waffenstillstandes nicht einhielt. Und nicht in Harmonie lebten die beiden Machtblöcke miteinander. Das letzte Wort bei unterschiedlichen Auffassungen und Streitigkeiten beanspruchten die Franzosen, sie setzten durch, was sie für richtig hielten – wenn es sein musste mit Gewalt, mit Gefängnisstrafen und Ausweisung aus der Heimatstadt.

Sogar die Zeit musste sich den neuen Herren unterwerfen: Die Uhren wurden eine Stunde nachgestellt. In Mainz sollten sie übereinstimmen mit den Uhren in Paris. Vom ersten Tag der Besetzung an: Ausgangssperre zwischen neun Uhr abends und sechs Uhr in der Früh. Bis 12. Juli 1919: Totale Blockade zwischen besetztem und unbesetztem Gebiet. Kein Bürger konnte einreisen, keiner ausreisen. Kein Telefon, keine Postverbindung, so gut wie kein Güterverkehr. Die Lebensmittelknappheit wuchs. Deutschsprachige Zeitungen: Verboten. Die Bevölkerung durfte sich zwar bewegen – aber nur im Umkreis von zwanzig Kilometern ihres Wohngebietes, zudem nur mit Erlaubnisschein. Auch für Eisenbahn-, Auto- und Motorradfahrten wurden Genehmigungen verlangt. Erst ab Februar 1919 ermöglichte eine dreisprachige Ausweiskarte den Bewohnern, sich etwas freier zu bewegen.

---

12 In meiner Schilderung dieser Tage stütze ich mich auf die Darstellungen von Bernhard Adelung: Sein und Werden. Vom Buchdrucker in Bremen zum Staatspräsidenten in Hessen, Offenbach/Main 1952, und: Friedrich Schütz: Bernhard Adelung rief am 10. November 1918 vor der Stadthalle die Republik aus, in: Mainz, Vierteljahreshefte für Kultur, Politik, Wirtschaft, Geschichte, Mainz 13(1993)4, S. 121 ff.

13 Die Zeit der französischen Besatzung von Mainz schildere ich nach Martin Süß: Rheinhessen unter französischer Besatzung. Vom Waffenstillstand im November 1918 bis zum Ende der Separatistenunruhen im Februar 1924, Wiesbaden/Stuttgart 1988.

Die Einquartierung im Speisezimmer der Familie Reiling hatte zunächst Vorteile: Das Telefon wurde nicht unterbrochen. Als im Frühjahr 1919 die Franzosen Lebensmittel heranschafften, konnte eingekauft werden – auch für Mutter und Großmutter in Frankfurt. Schleichwege für den Postverkehr wurden aufgespürt. Sie lebten, so klagte Hedwig Reiling dennoch in einem Brief an ihre Mutter in Frankfurt, abgeschnitten von der Welt, wie auf »einer Insel«. Kurz vor Weihnachten wuchsen Trauer über die Trennung, Unbehagen und Angst. Hedwig Reiling hatte »das Gefühl, in einer Mausefalle zu sitzen«. Anders Netty: Sie hatte Schulferien und ließ die Großmutter als »Franzosentiffel« grüßen, variierte einen Spitznamen, den sie einem Kinderbuch entnommen und sich angeeignet hatte: Sie »ist vergnügt und liest anstatt die ›Frankfurter‹ nun ›Le Matin‹«.[14] Der Brief der Mutter vom 22. Dezember 1918 ist das einzige Zeugnis, dass Netty damals Zeitungen las, sich informieren wollte. Lässt er nicht auch erkennen, dass sie Hermann Wendels Heine-Biographie zumindest in Teilen gelesen hatte? Sie war vergnügt, nannte sich »Franzosentiffel«, sah die Franzosen mit den Augen Heines und Wendels – nicht wie ihr Deutschlehrer als »feindliche Besatzer«. Hoffte auch sie auf den Beginn einer deutsch-französischen Freundschaft? Netty Reiling, die »Kriegsverlängerer« verurteilt hatte, wird die Niederlage Deutschlands nicht betrauert haben. Begriff sie als Chance für etwas, das sie ersehnte – aber noch nicht in Worte zu fassen vermochte. Wieder nahm sie, auf ihre Weise und mit wachen Sinnen, ein Stück bislang unbekannter Wirklichkeit in sich auf. Diesmal nicht mit Entsetzen. Mit Neugier. Mit Gier auf das Neue, das kommen sollte. Dieser Um-Bruch mit allen seinen Folgen wurde hautnah selbst erlebt. Mit eigenen Augen und Ohren gesehen und gehört. Auch die Nase reagierte. Noch dreißig Jahre später – Anna Seghers schrieb in Mexiko an ihrem Roman »Die Toten bleiben jung« – erinnerte sie sich an den aufdringlichen Geruch: »Ein süßlicher fremder Geruch einer unbekannten Pomade, der den Rheinländern vertraute Geruch der Einquartierung, durchzog danach alle Fugen des Hauses ...«[15] Der süßliche fremde Geruch im Speisezimmer, der Guten Stube, dem Stolz der Mutter, wo jetzt ein französischer Offizier hauste, wird damals auch alle Fugen der Reilingschen Wohnung durchzogen haben. Un-Ordnung zog ein in den zweiten Stock der Kaiserstraße Nr. 34.

Un-Ordnung herrschte auch in der großen Welt. Was für die Ewigkeit geschaffen, letztes Wort der Geschichte zu sein schien: vorbei. Etwas anderes begann sich durchzusetzen. Un-Ordnung, von einzelnen Menschen verstanden als Weg, der aus einer ungeliebten dunklen Welt hinausführt zu neuen lichteren Ufern, sollte in den künftigen Werken der Schriftstellerin ein oft gebrauchtes Motiv werden. Altes zerbricht, Neues beginnt. Die Möglichkeit zeichnet sich ab, ein Chaos zu durchdringen, neuen Lebenssinn zu erkennen. Am eindringlichsten strukturiert dieses Motiv

---

14 Briefe Hedwig Reilings an ihre Mutter Helene Fuld in Frankfurt am Main vom 4. Dezember 1918, 22. Dezember 1918, 25. Dezember 1918, ASA.
15 Anna Seghers: Die Toten bleiben jung, Berlin 1952, S. 111 f.

die kleine Arbeit »Aufstellen eines Maschinengewehrs im Wohnzimmer der Frau Kamptschik«, wo während des Februaraufstandes 1934 österreichische Arbeiter ins Wohnzimmer eindringen, Plüschkissen und Spitzendecken zusammenraffen, um vom Fenster aus mit einem Maschinengewehr in den Häuserkampf eingreifen zu können. Die Novelle wurde 1935 als Teil des Romans »Der Weg durch den Februar« veröffentlicht. Mehrmals jedoch, noch 1963, publizierte Anna Seghers sie als selbständige Arbeit.[16] Sollte sie in Erinnerung an die Mutter, an das eigene neue Lebensgefühl 1918/19 entstanden sein? Eine unendliche Zuversicht wird in diesen Wochen und Monaten in die Achtzehnjährige eingeströmt sein. Sie erlebte, dass alles ein Ende finden, alles einen Anfang bekommen konnte, Persönliches und Allgemeines. Vertrauen in eine unbekannte offene Zukunft erfasste sie.

Alles ist möglich: Auch das sollte später ein Grundmotiv der Novellen, Erzählungen, Romane der Anna Seghers werden. Vielleicht sogar der Grundantrieb ihres Erzählens. Das ihr Eigene und Besondere.

Der erste größere Text, der 1928 spontan, unbekümmert, schnell geschrieben wurde und den Namen der Schriftstellerin in die Öffentlichkeit trug, beginnt mit den beiden Sätzen: »Der Aufstand der Fischer von St. Barbara endete mit der verspäteten Ausfahrt zu den Bedingungen der vergangenen vier Jahre. Man kann sagen, dass der Aufstand eigentlich schon zu Ende war, bevor Hull nach Port Sebastian eingeliefert wurde und Andreas auf der Flucht durch die Klippen umkam.« Doch dann das Bild, das sich ins Gedächtnis des Lesers eingräbt und das Lebensgefühl der Autorin wiedergibt: »Aber längst, nachdem die Soldaten zurückgezogen, die Fischer auf der See waren, saß der Aufstand noch auf dem leeren, weißen, sommerlich kahlen Marktplatz und dachte ruhig an die Seinigen, die er geboren, aufgezogen, gepflegt und behütet hatte für das, was für sie am besten war.«[17]

Schwere Wahl: Frankreich? Deutschland? Rheinische Republik?

Seit dem ersten Tage ihres Einzugs in Mainz rangen die Franzosen um die Seelen der Deutschen. Viel Aufwand, viel Geld steckten in den Truppenparaden mit Ansprachen, Fackelzug und Feuerwerk, den Propagandaschriften, Plakaten, der extra in Mainz gedruckten zweisprachigen illustrierten Zeitschrift »Le Rhin Illustré« und der französischen Tageszeitung in den Rheinlanden »L' Echo du Rhin«, die alle Bewohner »rapidement« und »exactement« informieren sollten. Französischunterricht an Volksschulen, kostenlose Sprachkurse für Erwachsene und Lesehal-

---

16 Vgl. dazu Anna Seghers: Der Bienenstock, Gesammelte Erzählungen in drei Bänden, Bd. 1, Berlin 1963. Erst in der von ihr selbst besorgten »Werkausgabe« (Anna Seghers: Gesammelte Werke in Einzelausgaben, Bd. IX, Berlin und Weimar 1977) verzichtete sie darauf, diese Novelle extra aufzunehmen.
17 Anna Seghers: Der Aufstand der Fischer von St. Barbara, in: Werkausgabe, Das erzählerische Werk I/1.1, Berlin 2002, S. 5.

len für alle Bürger – »salle de depêche« oder »salle de lecture« – wurden eingerichtet, französische Theaterensembles und Orchester zu Gastspielen gerufen: Sie warben um Sympathie für die Besatzungsmacht, sollten den Sinn der Bevölkerung nach Frankreich als dem Schutzpatron und Förderer lenken – vielleicht oder hoffentlich sogar als dem »neuen Vaterlande«.

Die Ansprachen der beiden Kommandierenden Generale während der ersten festlichen Zeremonie am 14. Dezember 1918 zeigten, mit welchen Argumenten man die Menschen gewinnen wollte. General Emile Fayolle sprach von den Verbrechen der deutschen Armee auf französischem Boden: Sie hätte gemordet, geplündert, zerstört, die Zivilbevölkerung aufs Grausamste drangsaliert, den ungerechtesten und grausamsten Krieg seit Menschengedenken geführt. General Charles Mangin bemühte die Geschichte, um an Gemeinsamkeiten seit Menschengedenken zu erinnern, sprach von Jahrhunderte alten Verbindungen zwischen Frankreich und den Rheinlanden, erinnerte an die Politik Napoleons: Hatten die Völker sich nicht längst vermischt? Wusste nicht auch die jüngste Geschichte von Zusammengehörigkeit zu erzählen? Zweimal schon floss der Rhein als Grenzfluss zwischen beiden Ländern, zweimal schon – 1793 und 1797 bis 1814 – war das linksrheinische Mainz ein Teil Frankreichs. Warum nicht ein drittes Mal?[18]

Vertrautes und Neuartiges strömte auf Netty ein. Mangin und andere hatten eine Art »Theorie« entwickelt, um die Rheinländer gegen das »kriegerische Preußen« und damit gegen Deutschland ausspielen zu können. Sie unterschieden zwischen den links des Rheins lebenden Menschen und der übrigen Bevölkerung, sprachen von historisch gewachsenen unterschiedlichen Mentalitäten: Die Preußen – Synonym für Deutschland – seien »energisch« und »von lebendiger Intelligenz, skrupel- und treulos«, »gewaltsam« und »hasserfüllt« sowie von dem »unbedingten Willen zum Erfolg geleitet, gleichgültig, welche Mittel dabei angewendet werden müssten«. In den Rheinlanden dagegen habe sich durch die »Vermischung von keltischen und galloromanischen Volksteilen« eine eigenständige »nation allemande« entwickelt, die der französischen nahestehe, sich »die Zivilisation des westlichen Nachbarn« aneignen konnte.[19]

Kritik an Preußen war Netty nicht fremd. Sowohl die Familie in Frankfurt als auch in Mainz soll – trotz ihrer geschäftlichen Verbindungen – den Preußen mit Distanz begegnet sein. Schon ein Bruder der Urgroßmutter Nettys, so schrieb der Chronist der Familie Fuld, »war der größte Preußenhasser, den ich jemals kannte, weil man 1866 seine ›Freie Stadt Frankfurt‹ dem Königreich Preußen einverleibt hatte«.[20] Auch Nettys Vater, obwohl »Preußischer Hoflieferant«, war »antipreußisch« gestimmt.[21] Ihm, dem Mainz über alles ging, mag nach der Gründung des

---

18 Vgl. dazu Rainer Süß: Rheinhessen unter französischer Besatzung, a. a. O. Zitate S. 10.
19 Ebenda, S. 9.
20 Heinrich Benjamin: Chronik der Familie Herz Salomon Fuld, Jerusalem 1944, ASA.
21 Kurt Batt: Anna Seghers. Versuch über Entwicklung und Werk, Leipzig 1973, S. 15.

deutschen Kaiserreiches die Besetzung der als »Reichsfestung« ausgerufenen Stadt ausschließlich durch preußische Soldaten ein Stachel gewesen sein.

Ihre Kritik an Preußen verbanden die Franzosen mit Versprechungen: Der Bevölkerung sollte das Gefühl suggeriert werden, sie brauche »unter bestimmten Voraussetzungen die Lasten des Krieges nicht oder nur teilweise« mitzutragen, könne mit Frankreich »erfolgversprechende wirtschaftliche Verbindungen« eingehen. Jetzt endlich sollte sich ein alter Traum des Mainzer Bürgertums erfüllen, mit dem wirtschaftlichen Wachstum zugleich die Möglichkeit geschaffen werden, »sogar noch den Handel Frankfurts«, des alten und bislang erfolgreicheren Konkurrenten, zu überbieten.[22]

Fanden die Franzosen Gehör? Reichten antipreußische Stimmungen und Luftschlösser aus, um Bundesgenossen unter den Deutschen links des Rheins zu finden? Am 1. Juni 1919, einem Sonntag, nur ein knappes halbes Jahr nach Novemberrevolution und Besetzung der Stadt, der Friedensvertrag der Alliierten mit Deutschland war noch nicht unterzeichnet, klebten in Mainz wiederum in allen Straßen, an allen Plätzen und öffentlichen Gebäuden Plakate mit einer Proklamation: »An das rheinische Volk«. Flugblätter wurden verteilt. Eine »selbständige Rheinische Republik im Verbande der Deutschen als Friedensrepublik«[23] ausgerufen. Eine neue Regierung stellte sich vor. Als Minister für Kunst und Wissenschaften gehörte ihr der Mainzer Kunsthistoriker und Lehrer Dr. Franz Theodor Klingelschmitt an. Doch am Montag: Generalstreik. Widerstand gegen den mit Wissen der Franzosen geplanten Umsturzversuch. Um neun Uhr morgens fuhren plötzlich »die Elektrischen zur Wagenhalle, die Läden gingen herunter, die Richter schlossen ihre Büros, die Betriebe schlossen, die von der Schule heimkehrenden Mädchen und Jungen sangen hell schmetternd das Lied: ›Ich bin ein deutscher Knab und hab die Heimat lieb.‹ Die Straßen füllten sich mit schweigenden Menschen. Es war eine tief ergreifende Demonstration.«[24] Die Mehrheit der Bevölkerung lehnte den Versuch ab, eine »selbständige Rheinische Republik« zu gründen. Die Franzosen allerdings waren über diese Reaktion enttäuscht. Sie antworteten mit harten Strafen. Ihr Bannstrahl traf nicht die Ausrufer des Staatsstreiches. Zu leiden hatten die Organisatoren des Generalstreiks. Sie wurden aus ihrer linksrheinischen Heimat vertrieben. Dieses Schicksal teilten auch sechs Lehrer: Indem sie den Unterricht willkürlich beendeten, hätten sie die Kinder »hilflos mitten in die politischen Kämpfe geworfen«.[25] Ob Lehrer der Höheren Töchterschule bzw. ihrer Studienanstalt zu ihnen gehörten, war nicht zu ermitteln. Auch über die Reaktionen Netty Reilings wissen wir nichts. Auch nichts darüber, auf welcher Seite ihre Eltern standen.

Oder doch?

---

22 Rainer Süß: Rheinhessen unter französischer Besatzung, a. a. O., S. 40 und S. 53.
23 Zitiert nach dem Faksimile, abgedruckt bei Bernhard Adelung: Sein und Werden, a. a. O., S. 203.
24 Ebenda, S. 205.
25 Rainer Süß: Rheinhessen unter französischer Besatzung, a. a. O., S. 82.

1932 erschien ein Roman, der die Geschichte eines Kunsthistorikers erzählt, der sich 1919 der unabhängigen Rheinischen Republik als Minister zur Verfügung stellte, dafür 1930 beim Abzug der Franzosen aus Mainz von einem Großteil der Bevölkerung als »Separatist« geächtet und verfolgt, sein Haus verwüstet wird. In einer meisterhaft aufgebauten und spannenden Kriminalhandlung will Karl Theodor Schlittenglock, Hauptfigur des Romans, sich 1930 rechtfertigen, beweisen, dass alles, was er 1919 tat, dem »Wohl Deutschlands« diente. Andere dagegen, so meint er, nutzten die Zusammenarbeit mit den Franzosen nur, um sich selbst zu bereichern, den Kriegsfolgen zu entziehen. Brachten damit das ganze Unternehmen in Verruf. Verurteilten es zum Scheitern. Dem Buch »Madelon Sieben. Roman aus dem Rheinland«[26] ist ein Motto vorangestellt, das den Leser an Goethes bekannten Satz aus der »Kampagne in Frankreich 1792« und an ein Gespräch des Dichters mit Georg Forster in Mainz zu Beginn des Feldzuges erinnern soll.[27] Beide Männer trafen sich in einer schicksalsschweren Stunde zu einem kurzen freundschaftlichen Gedankenaustausch. Sie wussten um ihre unterschiedlichen Auffassungen. Wussten, dass ihre Wege sich trennen, sie in verschiedenen Richtungen davongehen würden: Während Forster seine republikanische Gesinnung nicht verleugnete, eilte Goethe, »mit einer Armee zu ziehen, die eben diesen Gesinnungen und ihrer Wirkung ein entschiedenes Ende machen sollte«.[28] Beide ahnten die historische Bedeutung von Augenblick und Ort ihrer Begegnung: »Das Buch der Weltgeschichte lag hier weit aufgeschlagen.« Das Motto baut der fiktiven Gegenwartsgeschichte einen historischen Hintergrund auf, verrät die Wirkungsstrategie des Autors. Schlittenglock verehrt Forster. Will 1919 das Unwiederholbare wiederholen. Vergleicht die historische Bedeutung der ersten Republik auf deutschem Boden, die am 18. März 1793 in Mainz ausgerufen wurde und nur drei Tage später ihren Anschluss an Frankreich verkündete, mit der »Rheinischen Republik« von 1919 und seiner eigenen Kooperation mit Frankreich. Er weiß um das Vergebliche seines Tuns. Will dennoch den Leser mahnen, künftig »dabeigewesen« zu sein, wenn »eine neue Epoche der Weltgeschichte« beginnt.[29] »Einstmals war unsere Stadt die Arena der Welt. Vorbei«, bedeutet er niedergeschlagen seinem Freund, dem jüdischen Antiquar Mannsfeld, der so denkt und fühlt wie er. »Erinnere dich, im August 1792 sprach hier vor dem Hotel ›Drei Reichskronen‹ der Philosoph und Weltenumsegler Forster mit Goethe. Dieses allgemeine Sehnen nach Änderung der gegenwärtigen Lebensformen, nach Abhilfe der so häufigen Mängel, […], dieses Suchen hier und dorthin, dies Auflehnen der Vernunft gegen den politischen Zwang, […] diese allgemeine Gärung, alles verkündet einen neuen Lehrer, eine neue Zeit.

26 Lotte Braun: Madelon Sieben. Roman aus dem Rheinland, Leipzig 1932, Zitat S. 50.
27 Dem Motto »Das Buch der Weltgeschichte lag hier weit aufgeschlagen« ist die Unterschrift »Gespräch Goethes mit Forster« hinzugefügt, ebenda, S. 5.
28 Johann Wolfgang Goethe: Kampagne in Frankreich 1792, in: Der Freiheitsbaum. Die Französische Revolution in Schilderungen Goethes und Forsters 1792/93, hrsg. von Günter Jäckel, Berlin 1983, S. 44.
29 Ebenda S. 88.

So weit Forster. Uns steht die Frage offen: Gehen wir dieser neuen Zeit entgegen? Wird sie? Wer wird ihr Führer sein?« Oder ist bereits alles »vorbei«?[30]

Von der Autorin dieses Romans, von Lotte Braun, ist nichts bekannt. Wahrscheinlich ist der Name ein Pseudonym, heute nicht mehr auflösbar. Oder verbirgt sich dahinter, nur leicht verhüllt, Franz Theodor Klingelschmitt selbst, Mitglied der Regierung der Rheinischen Republik? Mainzer Regionalhistoriker vermuten, dass die literarische Figur Karl Theodor Schlittenglock dem Kunsthistoriker und Minister Klingelschmitt gleicht, er unter dem Pseudonym Lotte Braun seine eigene Lebensgeschichte erzählt habe.[31] Das wirft die Frage auf, ob der jüdische Antiquar des Romans, Josef Mannsfeld, der Rheinallee 5 wohnt und die Auffassungen seines Freundes wie seine eigenen verteidigt, eine erfundene rein literarische Figur ist. Sollte auch hier reales Geschehen das Material für die Darstellung geliefert haben? Sympathisierten die Brüder Reiling mit den Ideen des Mainzer Kunsthistorikers und Ministers der Rheinischen Republik von 1919? Hermann Reiling, der Onkel Netty Reilings, wohnte ebenfalls in der Rheinallee, nur ein Haus weiter als Josef Mannsfeld. Das Geschäft des Antiquars wird im Roman beschrieben: »Weit hinter dem Schaufenster in der zurückgebauten Nische am Ende des gedehnten, schmalen Verkaufsraumes saßen Schlittenglock und Mannsfeld vor einem kleinen Biedermeiertisch und rauchten.«[32] »Genauso hat man sich den Laden Reilings nach den erhaltenen Bauzeichnungen vorzustellen«, schreibt Friedrich Schütz in seinem Aufsatz »Die Familie Seghers-Reiling und das jüdische Mainz«.[33] Er äußert die Vermutung, Hermann Reiling könnte Modell gestanden haben bei der Zeichnung von Josef Mannsfeld. Im Roman lehnt Josef Mannsfeld am »Seitenflügel eines Renaissanceschrankes«[34]. Von »schönen Renaissance-Sesseln« im Geschäft der Herren Reiling ist im bereits erwähnten Brief Jacob Cahns an Anna Seghers vom 2. Januar 1970 die Rede: Er besuchte Vater und Onkel der Schriftstellerin in ihrem Geschäft noch 1939, kurz bevor er aus Mainz nach Frankreich floh.[35]

Es wird heute nicht mehr herauszufinden sein, ob die Vermutungen von Friedrich Schütz und anderen Historikern zutreffen. Nur ein Brief eines Bekannten der beiden Familien Reiling bestätigt bislang, »der etwas merkwürdige Franz Th. Klingelschmitt, damals Leiter des Dommuseums«, sei oftmals Gast bei dem Vater Netty Reilings gewesen.[36] Tatsache jedoch ist, dass Netty den Kunsthistoriker und

---

30 Lotte Braun: Madelon Sieben, a. a. O., S. 51 f.
31 Den Hinweis auf den Roman verdanke ich Friedrich Schütz. Er selbst nennt die Herren Philipp Kepplinger (Mainz) und Michael Brumby (Mainz), die ihn auf den Roman aufmerksam machten. Vgl. Friedrich Schütz: Die Familie Seghers-Reiling und das jüdische Mainz, a. a. O., S. 166 f.
32 Lotte Braun: Madelon Sieben, a. a. O., S. 49.
33 Friedrich Schütz: Die Familie Seghers-Reiling und das jüdische Mainz, a. a. O., S. 166.
34 Lotte Braun: Madelon Sieben, a. a. O., S. 49.
35 Jacob Cahn an Anna Seghers, 2. Januar 1970, in: Argonautenschiff, Bd. 6, 1997, S. 118. Vgl. auch Kapitel Erfahrungen und Denkanstöße 1918/19.
36 Fritz Volbach aus Rom an Jörg Bernhard Bilke am 1. Oktober 1974. Der Brief befindet sich im Besitz von Jörg Bernhard Bilke.

gescheiterten Minister kannte. Nicht allein, dass sie sich im hohen Alter an ihn erinnerte. Sie nannte ihn sogar ihren Lehrer, obwohl er nicht an der Höheren Mädchenschule unterrichtet hatte. Befragt, ob sie als Kind schon an Kunstwerke herangeführt worden sei, antwortete sie: »Einer meiner Lehrer, er hieß Klingelschmidt und wohnte im Haus seines Vaters, eines Malermeisters, in der Goldenen Luftgasse, er nahm uns nach Hause mit, und wir sahen, dass er die Keller zu einer romanischen Krypta umgebaut hatte.«[37] Anna Seghers gab nicht zu erkennen, wer mit dem Wir gemeint sein könnte: Besuchte sie zusammen mit Vater und Onkel den befreundeten Kunsthistoriker? Gingen Spielgefährten mit? Aber sie legte Wert darauf, dass ihr Gesprächspartner Achim Roscher als Stellvertretender Chefredakteur der Literaturzeitschrift »neue deutsche literatur« den Namen Klingelschmitt weiterträgt, öffentlich bekannt macht, dass er als einer ihrer Lehrer zu gelten habe.

Auch über das Projekt einer unabhängigen Rheinischen Republik von 1919 äußerte sich Anna Seghers, kurz zwar, aber so, wie es ihr gemäß war: eigene Erfahrungen verarbeitend, ohne auf Autobiographisches einzugehen.

Im März 1944 publizierte sie in der Zeitschrift deutscher Emigranten in Mexiko den Aufsatz »Freies Deutschland 1792«. Die militärische Niederlage des faschistischen Regimes zeichnete sich ab, Anna Seghers und ihre Freunde wollten heimkehren – nicht mit leeren Händen. Die Schriftstellerin rief alle Leidensgefährten dazu auf, im Gepäck Informationen über die »Geschichte ihrer speziellen Heimat« mitzubringen. Nicht die Kenntnis »der ehemals üblichen reaktionären Lokallegende«, sondern der »echten, bis jetzt in Deutschland vernachlässigten progressiven Geschichte der Freien Deutschen«.[38] Als Beispiel beschrieb sie Werden und Niederlage der Mainzer Republik, würdigte sie den geistigen Inspirator Georg Forster. Dabei urteilte Anna Seghers ähnlich wie Lotte Braun/Franz Theodor Klingelschmitt. Die kleine Schar entschlossener Männer und Frauen, die im Land zwischen Landau und Bingen sich der »angemaßten Souveränität« des Adels und der Geistlichkeit entledigt hatte, die Begründung der Republik und den staatlichen Anschluss an das revolutionäre Frankreich durchsetzte, verabschiedete sich nicht vom deutschen Vaterlande: Das Errungene sollte gegen innere und äußere Angriffe gesichert werden und als Vorbild für ganz Deutschland wirken können. Im Gegensatz zu den literarischen Figuren Schlittenglock und Mannsfeld jedoch lehnte sie oberflächliche historische Vergleiche ab, »da jede Periode einen andern Ideengehalt hat, und selbst die fortgeschrittensten Zeitgenossen einer vergangenen Epoche nur in den besten Ideen ihrer eigenen, aber nicht unserer Zeit denken konnten«. Dennoch erwähnte sie am Schluss ihres Aufsatzes die Ereignisse vom Sommer

---

37 Wirklichkeit und Phantasie. Fragen an Anna Seghers, in: Achim Roscher: Also fragen Sie mich!, Halle-Leipzig 1983, S. 53. (Roscher, der auf Tonband bewahrte und später aufschrieb, was Anna Seghers erzählte, schreibt den Namen Klingelschmitt versehentlich falsch.)
38 Anna Seghers: Freies Deutschland 1792. Der Aufsatz erschien zuerst in der Zeitschrift »Freies Deutschland«, Mexiko 3(1943/44)4, S. 15 ff. Wiederabdruck in: Anna Seghers: KuW III, Berlin 1971, S. 204 ff. Zitat S. 212.

1919 in ihrer Heimat, nannte sie eine der Ursachen für das Zustandekommen des Generalstreiks, urteilte auch sie über einen Teil der Mainzer Mitbürger wie der Autor Braun/Klingelschmitt: »Nach dem ersten Weltkrieg hat die sogenannte Rheinische Republik versucht, an alte Traditionen anzuknüpfen«, jedoch »suchten einige Industrielle nicht den Anschluss an ein fortschrittliches Nachbarland«, sondern lediglich »ein letztes Mittel, sich für sich selbst den Kriegsfolgen zu entziehen. Das verstand die rheinische Bevölkerung und antwortete mit Streik.«[39]

Für Fragen zur Biographie der Autorin ist der Aufsatz »Freies Deutschland 1792« von besonderer Bedeutung. Anna Seghers verfasste ihn in einer persönlich verhängnisvollen Situation. Am 24. Juni 1943 hatte ein schwerer Autounfall sie lebensgefährdend verletzt. Lange lag sie im Koma. Ein mexikanischer »Spezialist in Kopf- und Gehirnchirurgie«[40] rettete ihr das Leben. Nicht alle Gefahren aber waren gebannt. Der Unfall hatte der Schriftstellerin das Gedächtnis geraubt. Verloren schien vor allem die Zeit von Kindheit und Jugend: Würde sie je wieder denken, erzählen, schreiben können? Doch nicht nur die Novelle vom »Ausflug der toten Mädchen« entstand. Neben oder nach dieser einzigen Erzählung ihres Gesamtwerkes mit autobiographischem Hintergrund schrieb sie auch den Aufsatz über Georg Forster und ihre Heimatstadt. Auch er war mühsame Erinnerungsarbeit. Rückruf versunkener Einzelheiten ihres Lebens. Dabei tauchte auch das Jahr 1919 wieder auf – Ausdruck dafür, wie tief beeindruckt sie war von den Ereignissen damals. Sie muss gewusst haben, was ihre Eltern, ihren Onkel, ihren Lehrer beunruhigt, was sie »gewollt, gewünscht, erhofft« hatten zum »Wohl Deutschlands«[41]. Teilte sie damals ihre Auffassungen? Ihr Aufsatz – vielleicht ein spätes klärendes Gespräch mit ihnen über Probleme, die auch sie bedrängt, in dem jungen Mädchen Spuren hinterlassen hatten.

Aktiv die Zeit bewältigen

Die Jahre der französischen Besatzung erlebte Netty Reiling nicht allein als Zuschauerin. Ihre Mitarbeit im Kriegskindergarten hatte sie aufgegeben, als sie das Völkermorden durchschaute. Doch mit Beginn der Friedenszeit wird sie, noch immer Schülerin, wie ihre Mutter nach einer neuen Aufgabe Ausschau gehalten haben. Damals suchten Mitglieder einer »Christlich-sozialen Arbeitsgemeinschaft« freiwillig die Not der Nachkriegsjahre zu lindern. Sie verteilten »Gaben, die meist englische Freunde gestiftet hatten«, an besonders bedürftige Familien. »Eine andere Arbeit ergab sich« für sie »aus der Gründung einer Kinderlesehalle«, die »in

---

39 Ebenda, S. 211, S. 205, S. 212.
40 Auszug aus dem Arztbericht vom 13. Juli 1943 in Mexiko, dort heißt es auch: »Die Patientin befindet sich seit dem Unfall in einem Zustand der Amnesie für verschiedene Vorgänge ihres früheren Lebens.« Zitiert nach: Anna Seghers. Eine Biographie in Bildern, a. a. O., S. 136.
41 So der jüdische Antiquar Josef Mannsfeld im Roman von Lotte Braun: Madelon Sieben, a. a. O., S. 50.

der Nähe des Münsterplatzes gelegen« war und wo Kinder »sich Bücher ausleihen oder [...] in den behaglichen Ecken schmökern« durften. Hier muss auch Netty Reiling einen Ort gefunden haben, erneut tätig zu werden. Denn die größeren Kinder brachten oftmals »jüngere Geschwister mit, die noch nicht lesen konnten«. Durch Vorlesen, Erzählen, Malen sollten sie »in Ruhe gehalten« werden. Dabei »betätigte sich häufig eine zierliche, einfach-vornehm gekleidete Helferin. Sie war bescheiden, ruhig, ja zurückhaltend, hatte sich niemand besonders angeschlossen, war aber immer freundlich und verstand es hervorragend, die Kleinsten zu fesseln [...] und das unruhige Völkchen stets in ihren Bann« zu ziehen. »Das war Netty Reiling«, berichtete später eine Gefährtin aus jenen Tagen.[42]

Anzunehmen ist, dass diese »Kinderlesehalle« zur »salle de dépèches« gehörte, die als »centre de propagande« ab März 1919 im Bassenheimer Hof eingerichtet worden war. Die Deutschen sollten dort mit französischer Literatur versorgt, an französischer Lebensart interessiert werden. Ohne Einwilligung und Unterstützung der Franzosen wäre eine spezielle »Lesehalle« für Kinder nicht möglich gewesen. Erst ab 1922 antworteten deutsche Reichsregierung und Stadtverwaltung mit dem Aufbau von Gegeninstitutionen.[43] Da aber lebte Netty Reiling schon in Heidelberg. Auch den Kindern werden 1919/20 Bücher, Zeitschriften, Bilder ausgehändigt worden sein, die um Verständnis für die Franzosen warben. Warum sollte Netty einem solchen Unternehmen sich entziehen? Freundschaft mit den Franzosen als Ausgangsbasis für Völkerfrieden hatte mitten im Kriege schon der Freund Hermann Wendel angemahnt. Also: Mitarbeit.

Damals bildete Netty eine Verhaltensweise aus, die für immer bestimmend bleiben sollte. Sie ignorierte gesellschaftliche Veränderungen nicht, zog sich nicht ängstlich zurück, beobachtete nicht nur, was vor sich ging. Versuchte, sich in die Ereignisse der Zeit aktiv einzuschalten, sie als Mitwirkende zu begreifen, zu beeinflussen. Von ihren Freundinnen als »anders« eingeschätzt, als zurückhaltend, Distanz wahrend, verlangte es sie dennoch danach, teilzuhaben an wichtigen Unternehmungen. Sich ihren Kräften entsprechend einzubringen in Gemeinschaft und Zeit. Es blieb keine Ausnahme, dass sie – der Mutter abgeschaut – schon als Vierzehn-, Fünfzehnjährige Betätigung in einem Kindergarten gesucht hatte. Jetzt, da die Franzosen das Leben in Mainz bestimmten, die Uhren auch im persönlichen Alltag der Menschen anders zu gehen begannen, wollte auch sie einen Auftrag übernehmen. Eine Pflicht erfüllen. Dem Neuen helfen, Fuß zu fassen. »Man hat uns nun einmal von klein auf angewöhnt, statt uns der Zeit demütig zu ergeben, sie auf irgendeine Weise zu bewältigen«[44]: Nicht zufällig steht dieses Resümee am Ende ihrer Erzählung »Der Ausflug der toten Mädchen«. Eine Lebensmaxime der

---

42 Hanna Geck-Bauer: Als Anna Seghers noch Netty Reiling war, in: Anna Seghers aus Mainz, Mainz 1973, S. 60.
43 Vgl. dazu Rainer Süß: Rheinhessen unter französischer Besatzung, a. a. O.
44 Anna Seghers: Der Ausflug der toten Mädchen, a. a. O., S. 362.

Schriftstellerin trat zutage. Die Englischlehrerin der Studienanstalt erinnerte sich noch 1971, dass sie sich Anna Seghers – »ich sage eigentlich noch immer Netty« – anders als »aktiv« so »gar nicht vorstellen könne«.[45]

Aktiv war Netty auch in der Wandervogelbewegung. »Diese Jugend«, erzählte die Englischlehrerin, »sei damals eigentlich nur in Wandervögel und Nichtwandervögel gegliedert gewesen. Anna Seghers hat dem Wandervogel sehr nahegestanden, dem mehrere ihrer Freundinnen und Mitschülerinnen selbst angehörten.«[46]

Nicht Mitglied. Aber Nähe.

Das heißt, Netty durfte an Wanderfahrten teilnehmen. Im Wandern schlug das Herz dieser Jugendorganisation. Wir sind eine »bunte Gemeinde vieler ganz verschieden gearteter Menschen«, lautete 1913 ein heiteres Selbstporträt: »In seinen Mauern vertragen sich die größten Querköpfe – wenn sie sich nicht in den Haaren liegen. Glücklicherweise kommt das nur bei Nebendingen vor. Denn alle sind sich in dem Hauptpunkte vollständig einig: der heißt: Wandern!«[47]

Die Geburtsstunde der Wandervögel schlug zu Beginn des Jahrhunderts – dem »Jahrhundert des Kindes« – an einem Berliner Gymnasium. Der nahe gelegene Grunewald war erstes Ziel gemeinsamer Ausflüge. Die Organisation breitete sich rasch über ganz Deutschland aus. Die Initiatoren hatten einen Nerv der Zeit getroffen, erfüllten Bedürfnisse der Jugend. Der Kinder vermögender Eltern. Denn nur Schüler, nur Knaben im Alter von zwölf bis neunzehn Jahren an Gymnasien und Höheren Schulen wurden angesprochen, durften sich beteiligen. Hatten auch genügend Zeit zur Verfügung. Für Volksschüler dagegen begann mit dem vierzehnten Lebensjahr bereits der Arbeitsalltag. Die Wandervögel verkündeten ihr Recht auf einen selbstbestimmten Lebensstil. Abseits aller politischen Auseinandersetzungen der Parteien wollten sie ihren eigenen Interessen nachgehen, der Stadt, der Zivilisation, bürgerlichen Konventionen entfliehen, zurückkehren zur Natur, zu Sport, Spiel, Singen in der kleinen Gemeinde Gleichgesinnter.

Die soziale Ausrichtung blieb erhalten. Der Ausschluss der Mädchen nicht. Ab 1910/11 waren auch sie in den Wandergruppen zu finden. Konnten auch sie für einige Stunden oder Tage der Reglementierung durch Elternhaus und Schule entfliehen. In einer Gesellschaft, die sich ausschließlich auf den Mann als öffentlich tätiger Person orientierte, die das Wahlrecht für Frauen nicht kannte, war der Wandervogel die einzige nichtreligiöse Organisation, die Mädchengruppen zuließ. Duldete, dass Ideen der Frauenemanzipation sich ausbreiteten. Nicht ohne Protestgeschrei aus den eigenen Reihen und der Öffentlichkeit.

Ab wann Netty Reiling Kontakte herstellen konnte, ist nicht bekannt. Frau Dr. Hermann, die Englischlehrerin, übernahm die Klasse Ostern 1918. Mit der Verset-

---

45 Aus dem Gedächtnisprotokoll eines Gespräches von Herrn Berold van der Auwera am 18. April 1971 mit Frau Dr. Hermann. Im Besitz von Jörg Bernhard Bilke.
46 Ebenda.
47 Zitiert nach Walter Laqueur: Die deutsche Jugendbewegung. Eine historische Studie, Köln 1978, S. 46.

zung in die Unterprima am 1. April 1918 wird sich für Netty Reiling der Weg zu den Wandervögeln geöffnet haben. Anne Flörke, älter als Netty, ebenfalls Schülerin der Studienanstalt, erinnerte sich später, dass beide 1918/19 derselben Jugendgruppe um Hermann Flörke und Dr. Balser angehörten.[48] Im letzten Jahr des Krieges also. Möglich, dass 1918 die Anregung zum Briefwechsel mit Soldaten mehr von den Wandervögeln denn von der Schule ausging: Die Daheimgebliebenen hatten sich verpflichtet, ihre an der Front stehenden Mitglieder zu betreuen.

Die Höhere Mädchenschule in Mainz, ihre Studienanstalt, beide selbst Ergebnisse von Reformbestrebungen in Mädchenbildung und -erziehung, verschlossen sich neuen Entwicklungen nicht. Frischer Wind wehte aus der Jugendorganisation in die Schule hinein. Veränderte sie. Veränderte Lernatmosphäre und Beziehungen zwischen Lehrern und Schülern. Manche Lehrerin, mancher Lehrer – nicht mehr nur Autoritätsperson. Auch Wandergefährte und Kamerad der ihnen anvertrauten jungen Menschen. Die Schule auf dem Weg von der »Lernschule« zur »Lebensschule«.

Einige Lehrerinnen und Lehrer wollten mehr. Als in den Debatten um die Weimarer Verfassung auf Drängen der Zentrumspartei der Gedanke einer einheitlichen und weltlichen Schule preisgegeben wurde, fand sich eine kleine Schar »Entschiedener Schulreformer« zusammen. Auch an der Höheren Töchterschule und Studienanstalt.[49] Sie duldeten keinen Kompromiss. Wollten ihren Träumen treu bleiben: Im »Geiste der Jugendbewegung und der nach sozialer Lebensauffassung und neuen Lebensformen strebenden kulturellen Entwicklung« waren sie um die Herausbildung einer »Produktionsschule« bemüht, die nicht allein geistige Kenntnisse vermittelte, sondern »alle jugendlichen Kräfte« weckte, »intellektuelle, technisch-werktätige und künstlerische Veranlagungen« förderte, »Körper und Triebleben« bildete und »das soziale Bewusstsein« entwickelte.[50] Auch unter ihnen fand Netty Reiling Freunde und Freundinnen. Eine von ihnen erinnerte 1957 in einem Brief an gemeinsame Unternehmungen.[51] Anna Seghers hatte all das nicht vergessen: »Es gab die französische Besatzung, Unruhen, die Jugendbewegung. Manche Lehrer traten einer Bewegung bei, die, wie ich glaube, ›Bund entschiedener Schulreformer‹ hieß. All das war fühlbar im Schulleben. Befreundete Lehrer machten mit uns Ausflüge in alle möglichen Orte.«[52]

Das Jahr 1918 wird das glücklichste Wandervogeljahr Netty Reilings gewesen sein. Höhepunkt im Erleben einer ganz neuen, ganz anderen Lebensweise als im

---

48 Brief von Anne Flörke am 6.9.1957 an Anna Seghers, ASA.
49 Der Bund Entschiedener Schulreformer wurde am 18.9.1919 in Berlin begründet. Zur Tätigkeit des Bundes in Mainz vgl. Hedwig Brüchert-Schunk: »Die Lebens- und Produktionsschule« als Weg zur ganzheitlichen Erziehung. Entschiedene Schulreformer in Mainz 1920–1933. In: Mainzer Geschichtsblätter. Veröffentlichungen des Vereins für Sozialgeschichte Mainz e.V., 1987, H. 4, S. 75-111.
50 Zitiert nach dem Faksimile der Satzung, abgedruckt bei Hedwig Brüchert-Schunk, ebenda, S. 76.
51 Vgl. den Briefwechsel zwischen Anna Seghers und Anne Flörke (18.9.1957 und 6.9.1957), ASA.
52 Gespräch mit Anna Seghers. In: Peter Roos und Friderike J. Hassauer-Roos: Anna Seghers. Materialienbuch, Darmstadt und Neuwied 1977, S. 153.

Elternhaus. Höhepunkt von Gemeinsamkeit und Freundschaft im vertrauten kleinen Kreis junger Menschen, wo sie im ernsten intensiven Gedankenaustausch über all das zu sprechen vermochte, was sie bewegte, wo diffuse Neigungen und Abneigungen sich klärten, bewusst wurden, Lebensfreude und Heiterkeit gediehen »aus dem Blut selbst, wie ein bestimmtes Korn aus einer bestimmten Luft und Erde«.[53] Auch das ein »Originaleindruck«, der sie prägte. Immer wieder verlangte es sie nach dem kleinen Kreis vertrauter Freunde. Suchte sie ihn. Ab 1919 schränkten die Zeitverhältnisse das zwar ein, das Bedürfnis danach konnten sie jedoch nicht auslöschen. Militärische Besetzung, Einengung der Bewegungsfreiheit, neue Unsicherheiten, die vom Putschversuch am 1. Juni ausgingen, vereitelten sicherlich größere Wanderungen. Zusammenkünfte in der kleinen Gruppe in Mainz aber konnten die Franzosen kaum verhindern. Jetzt bewährte sich die Struktur der Jugendorganisation. Einige Fotos als Zeugnis fröhlichen Wanderlebens um 1918 sind erhalten geblieben. Sie zeigen Netty Reiling auf einer Waldwiese im hohen Gras, auf einer Bergkuppe, immer umgeben von jungen Menschen, Freunden, Lehrern.

Dazugehörend. Entspannt. Gelöst.[54]

Erlebnisse, Gedankenaustausch in solcher Gruppe, solcher Atmosphäre von Nachdenklichkeit und Heiterkeit werden die Gläubigkeit vieler Mädchen zerstört haben, im Leben ihrer Mütter, die an Haus, Kinder, Familie gebunden waren, Beispiel und einzig mögliche Daseinsform zu erblicken. Wiederholung – ausgeschlossen. Auch für Netty Reiling.

In einem Alter, in dem die Mutter an ihre Heirat gedacht hatte, bereitete Netty sich auf das Abitur vor. Viel Lust allerdings, noch immer zur Schule gehen zu müssen, scheint die Achtzehn-, Neunzehnjährige nicht mehr gehabt zu haben. Ihr Vorzeugnis vom 26. September 1919: miserabel. Nur eine einzige Eins – in Betragen! Die Vier in Ordnung allerdings, auf früheren Zeugnissen zu finden, war einer Zwei gewichen. Eine Zwei gab es auch in Geschichte, Latein, Religion, Turnen. Doch die Drei, sogar die Vier herrschten vor. In Englisch, Französisch, Erdkunde, Biologie, selbst in Deutsch galten ihre Leistungen nur als befriedigend. (Mit ihrem Deutschlehrer scheint Netty auf keinem guten Fuß gestanden zu haben: Sollte er mit den Mädchen bereits die Werke Goethes und Schillers gelesen haben, so verwahrte sich Anna Seghers ein Vierteljahrhundert später in ihrem Aufsatz über Georg Forster gegen seine Behauptung, Forster sei in Paris dem Terror der Jakobiner zum Opfer gefallen: Forster »starb dort im dritten Jahr schwerer Krankheit« und »nicht, wie man in deutschen Schulen eine Stelle aus ›Hermann und Dorothea‹, den Tod von Dorotheas erstem Bräutigam, auf Forster zu interpretieren pflegte, ›der nach Paris ging, wo er im Kerker den Tod fand‹«[55].) Naturwissen-

---

53 Anna Seghers: Der Ausflug der toten Mädchen, a. a. O., S. 338.
54 Vgl. dazu die Abbildungen in der Festschrift »Staatliches Frauenlob-Gymnasium 1889–1989«, a. a. O., S. 113, S. 120, S. 122.
55 Anna Seghers: Freies Deutschland 1792, a. a. O., S. 211.

schaften interessierten wohl noch weniger als das Fach Deutsch, reichte es doch in Physik, Chemie, Rechnen bzw. Raumlehre nur zur Vier.[56]

Glanz ging von diesem Zeugnis wahrlich nicht aus. Kein Adlerfederchen – Zeichen kommender Höhenflüge – war zu sehen. Die Aufmerksamkeit der Schülerin muss anderen Dingen gegolten haben. Vom Deutschunterricht, dem sie sich »damals schon sehr kritisch gegenüber« verhielt, erzählte später eine ihrer Freundinnen: »Netty interessierte das wenig, sie schrieb unter dem Tisch ihre Geschichten, die übrigens durch Vermittlung ihrer Frankfurter Verwandten (von mütterlicher Seite) an Alfred Kerr weitergeleitet und von ihm sehr gut beurteilt wurden.«[57] Das galt sicherlich auch für andere Schulstunden. Auch in Mathematik, Chemie, Physik werden »unter dem Tisch« Geschichten geschrieben worden sein.

Schreiben, Geschichten erzählen, Märchen, Sagen erfinden: Die Schülerin führte weiter, was das Kind im Krankenbett begonnen hatte. Verbarg es nicht. Wird in der Schule so »manche Geschichte Freunden vorgelesen«, »darüber mit ihnen gesprochen«, sich mit ihnen »gefreut« und »verkracht« haben.[58] Auch die Mutter wusste, was ihre Tochter liebte. Sie tadelte nicht, half sogar. Wollte wissen, ob die literarischen Versuche ernst zu nehmen seien, gab sie in der Familie weiter. Und der Freund Hermann Wendel wird sie als Bote zu Alfred Kerr geleitet haben, der später – Weihnachten 1924 – in der »Frankfurter Zeitung« den ersten Druck, eine »Sage aus dem Holländischen«[59], durchsetzen konnte: »Die Toten von der Insel Djal« – ein Pfarrer lehnt sich auf gegen Gott, wie Goethes Prometheus gegen Zeus. Hier erst zeigte sich das Adlerfederchen!

Netty Reiling muss es sehr eilig gehabt haben, Mainz zu verlassen. Im Februar 1920 bestand sie ihr Abitur. Am 4. März 1920 bekam sie das ein wenig aufgebesserte Zeugnis ausgehändigt. Am 20. April meldete sie sich an der Ruprecht-Karls-Universität, hatte sie in Heidelberg schon eine neue Bleibe. Das erste Semester ihres Studiums konnte beginnen.[60]

»Ich wollte überhaupt nur studieren, weil ich fürchterliche Angst hatte, in dem Nest Mainz hängenzubleiben.«[61] Angst, hängenzubleiben? Die geliebte Stadt Mainz – nur ein »Nest«? Die Mutter wird versucht haben, in ihrem Mainzer Heim die Atmosphäre des Frankfurter großbürgerlichen Lebensstils aufrechtzuerhalten. Wenn auch mit weniger Mitteln. Wahrscheinlich nicht ohne Anstrengungen. Nicht, ohne Spannungen zu erzeugen. Sie wird auch auf die Fortführung der strengen Religio-

---

56 Das Zeugnis befindet sich im Archiv des heutigen Frauenlob-Gymnasiums in Mainz.
57 Lotte Marianne Wittekind-Nonnenbruch im Brief vom 12.10.1974 an Jörg Bernhard Bilke, in: Jörg Bernhard Bilke: Die Revolutionsthematik in der frühen Prosa von Anna Seghers (1927–1932), a. a. O., S. 10 f.
58 Christa Wolf spricht mit Anna Seghers, in: Anna Seghers: KuW II, Berlin 1971, S. 37.
59 Die Toten auf der Insel Djal. Eine Sage aus dem Holländischen. Nacherzählt von Antje Seghers. Wiederabdruck in: Anna Seghers: KuW IV, Berlin 1979, S. 205 ff. Hier benutzt die Autorin noch den Vornamen Antje.
60 Nach der »Anmeldung zur Immatrikulation an der Universität Heidelberg«, das Dokument wurde mir freundlicherweise vom Archiv der Universität Heidelberg zur Verfügung gestellt.
61 Achim Roscher: Wirkung des Geschriebenen. Gespräche mit Anna Seghers, 28.4.1973, in: ndl, Berlin 31(1983)10, S. 62.

sität ihres Elternhauses gedrängt haben. Beides begründete eine wachsende Distanz ihrer Tochter. Dennoch: Die Erziehung der Mutter hatte Netty geprägt. In Kleidung, Sprache, Haltung drückte sie eine Vornehmheit aus, an die Mitschülerinnen, Lehrer, Verwandte auch im hohen Alter sich erinnerten. Im Inneren Nettys aber brodelte es. Liest man ihre Grußadresse von 1975 an die Geburtsstadt Mainz genau, spürt man neben der Vertrautheit auch die Zurückhaltung: »Es ist kein Zufall, dass mein Roman ›Das siebte Kreuz‹ in der Gegend von Mainz spielt. Kein Zufall, dass der Flüchtling Georg Heisler sich eine Nacht im Mainzer Dom versteckt.« Aber es ist auch kein »Zufall, dass ihm auf einem Rheinschiff die Flucht gelingt«[62]. Der Rhein weckte ihre Liebe zur Stadt. Band sie. Der Rhein lockte aber auch. Ver-lockte: Er, der sich immerwährend bewegt, fortbewegt, keinen Stillstand, keine Rückkehr kennt, zog sie in die Ferne. Zu unbekannten Ländern, Strömen, Meeren. »Das Eingesperrtsein« in der »typischen bürgerlichen Wohnzimmeratmosphäre« des elterlichen Heimes »war mir so zuwider, dass der Drang in mir immer stärker wurde, so schnell wie möglich auszufliegen, wegzufliegen«.[63]

Aus der Lust zum Wandern war die Lust zum Aus-Wandern geworden. Netty Reiling ahnte nicht, wie weit ein widriger Wind sie von der Heimat wegtreiben würde.

---

62 Anna Seghers: [Gruß an die Geburtsstadt], in: Anna Seghers: KuW IV, Berlin 1979, S. 129.
63 Achim Roscher: Wirkung des Geschriebenen. Gespräche mit Anna Seghers, 19.8.1978, a. a. O., S. 70.

Zu sich selbst finden

Warum studieren?

Sommer 1920. Der Stadt Mainz und ihrer Familie war Netty Reiling entronnen. Auch jeglicher Besatzungsmacht. Endlich frei. Ungebunden. Unkontrolliert. Trotz Nachkriegselend und galoppierender Inflation – sie durfte studieren. Obwohl ein Mädchen. Die Eltern erlaubten den Weg zur Universität. Nicht allzu viele bewiesen damals diese Großmut. Die meisten vermochten es aus materiellen Gründen nicht. Für vier Jahre gehörte Netty Reiling zur Minorität glücklicher junger Leute, denen Monat für Monat ein Wechsel ins Quartier flatterte. Einbezahlt von den Eltern. Geld – dringend benötigt für Studiengebühren und selbständige Existenz. Das junge Mädchen brauchte diesen Wechsel auch nicht aufzubessern. Musste sich nicht einreihen in die ständig wachsende Zahl der »Werkstudenten«, die ihre Zeit zu teilen hatten zwischen Studium und Gelderwerb. Mehr als zweiundfünfzig Prozent aller deutschen Studenten sahen sich 1923 dazu gezwungen.[1] Der Besuch der Universität – für Netty Reiling auch kein Sprungbrett, so schnell wie möglich in Lohn und Brot zu kommen. »Examenspaukerei«, Beschränkung nur auf das unbedingt Notwendige für ein schnelles Examen und einen schnellen Einstieg ins Berufsleben, blieben ihr erspart. Ihre einzige Aufgabe: lernen, sich bilden, sich ausprobieren.

Die Studentin nutzte diese Zeit. Verbummelte sie nicht. Nur viereinhalb Jahre gönnte sie sich – und musste doch ihren Weg erst suchen. Die ersten drei Semester verbrachte sie in Heidelberg, und nur von diesen soll zunächst die Rede sein. Danach wechselte sie für ein Jahr nach Köln, kehrte dann nach Heidelberg zurück, um die letzten drei Semester zu absolvieren und diese Etappe ihres Lebens konsequent mit einer Dissertation abzuschließen. Diese Entschiedenheit, einmal Begonnenes unverzüglich zu Ende zu führen, spricht für ihren Charakter: »Man hat uns nun einmal von klein auf angewöhnt, statt uns der Zeit demütig zu ergeben, sie auf irgendeine Weise zu bewältigen«: Sie selbst handelte ihrer Novelle gemäß.[2]

Doch welchem Ziel galt dieser Aufbruch? Sollte – was üblich war in ihren Kreisen – eine »Wartezeit« zwischen Schule und Eheschließung standesgemäß überbrückt werden? Wurde ihr Aufschub gewährt, bevor sie – der Mutter gleich – ins Joch gespannt wurde, »bestimmt zu arbeitsreichem Familienleben«?[3] Oder war es ein Beruf, der lockte?

---

1 Vgl. dazu Norbert Giovannini: Zwischen Republik und Faschismus. Heidelberger Studentinnen und Studenten 1918–1945, Weinheim 1990, S. 44.
2 Anna Seghers: Der Ausflug der toten Mädchen, in: Anna Seghers: Erzählungen 1926–1944, Gesammelte Werke in Einzelausgaben, Bd. IX, Berlin und Weimar 1977, S. 362.
3 So charakterisiert Anna Seghers ihre Mutter in »Der Ausflug der toten Mädchen«, ebenda, S. 360.

Lehrerin hatte Netty Reiling nicht werden wollen. Diese Entscheidung lag längst hinter ihr. Dennoch finden sich in keinem Werk eines deutschen Erzählers so viele Lehrerfiguren, sind sie im Wahrnehmen ihrer Verantwortung oder ihrem Versagen so differenziert gestaltet wie in dem der Anna Seghers. Ausdruck dafür, wie sehr sie die Tätigkeit der Lehrer schätzte. Nachhall ihrer Freundschaft mit jungen Reformpädagogen in Mainz, die darum rangen, den ihnen anvertrauten Kindern ein »guter Lehrer« zu sein. Dennoch Nein zu diesem Beruf. Auch Schreiben als Lebensaufgabe wurde vorerst nicht angestrebt. Kein Studium der Germanistik, der Geschichte deutscher Literatur und Sprache. Selbst die Aussicht, im Schlosspark von Heidelberg den »Dichterfürsten Stefan George mit wallendem weißen Haar« einherwandeln zu sehen, verlockte nicht. Auch nicht sein Jünger, der soeben zum Ordentlichen Professor ernannte »genialische« Friedrich Gundolf⁴, der »überall anzutreffen und immer zu einem Gespräch zu haben«[5] war.

Zu einem anderen Beruf dagegen war das letzte Wort noch nicht gesprochen. Netty Reiling war nicht nur Einzelkind und einzige Erbin ihrer Eltern. Die Ehe des Onkels Hermann Reiling, Mitinhaber der Firma »David Reiling – Kunst- und Antiquitätenhandlung«, blieb kinderlos. Auch seine Nachfolge stand Netty offen. Das Unternehmen, das Großvater und Großmutter, Onkel und Vater aufgebaut hatten, wartete auf sie. Ein Studium der Kunstgeschichte und Geschichte konnte für die Tätigkeit als Antiquitätenhändlerin eine solide Grundlage schaffen, sie lehren, Kunstschätze ästhetisch und historisch zu begreifen, Entstehungs- und Wirkungszeit einzuschätzen, Kunden fachgerecht zu beraten. Eine Frau als Geschäftsführerin, zudem mit einem Doktortitel im Fach Kunstgeschichte – das gab es nicht einmal bei der weitverzweigten Familie Fuld in Frankfurt am Main. Träumte Isidor Lutz Reiling davon, die Tochter würde eines Tages an Wissen und Können die Verwandten dort übertrumpfen? Warum sollte Netty nicht versuchen, dem Vater diese Freude zu bereiten?

Die Wahl der Studienfächer lässt vermuten, dass sie erste Schritte in diese Richtung unternahm: Kunstgeschichte, Geschichte, Sinologie. Die Verbindung von Bildender Kunst und Geschichte verriet den Einfluss des Elternhauses. Der Sinn für den Zusammenhang beider Fächer war durch die Tätigkeit des Vaters, auch durch den Einfluss seines Freundes, Nettys Lehrer Dr. Klingelschmitt, entwickelt worden. Auch die – merkwürdig anmutende – Entscheidung für Sinologie, für eine Wissenschaft, die in Deutschland noch in den Kinderschuhen steckte, hatte etwas mit dem »Kunst- und Antiquitätenhandel« zu tun. Früh schon muss Netty Arbeiten aus den fernen Ländern gesehen haben. Bei den Geschäften von Vater und Onkel, vielleicht auch bei dem Bruder der Mutter, bei Harry Fuld, werden ihr Bild-

---

4 Carl Zuckmayer beschreibt beide in seiner Autobiographie »Als wär's ein Stück von mir. Horen der Freundschaft«, Frankfurt am Main 2003, S. 253 f. (Die Biographie Friedrich Gundolfs über Stefan George befindet sich in der Bibliothek der Anna Seghers, ASG.)

5 Ludwig Curtius: Deutsche und antike Welt. Lebenserinnerungen, Stuttgart 1958, S. 245.

werke aufgefallen sein, die ausführliche Texte als Teil der künstlerischen Gestaltung aufwiesen. Neugier erregte sie, ließ ihrer Phantasie freien Lauf.

1953, Anna Seghers betrat zum ersten Mal chinesischen Boden, erzählte sie: »Ich wünschte mir, als ich noch ein Kind war, hier einmal anzugelangen. Ich hatte ein paar Märchen und Gedichte gelesen, ich hatte ein paar Bilder gesehen, auch Schriftzeichen, die mir vorkamen wie Gedichte und Bilder in einem. Ich fragte mich, was sind das für Menschen, die ihre Gedanken mit Tusche und Pinsel in solchen Schriftzeichen ausdrücken können?«[6] Noch gab es in Deutschland nicht viele Antiquitätenhandlungen und Museen, die sich dafür interessierten. Von 1905 bis 1908 sind Versteigerungen vorwiegend von japanischem Kunsthandwerk und von Farbholzschnitten in Köln, Berlin und München bekannt geworden. In Frankfurt am Main begann ein Unternehmen, sich auf Ostasiatika zu spezialisieren. Und im Oktober 1913 öffnete in Köln ein Museum seine Pforten, das nicht allein in Deutschland, sondern in Europa das erste seiner Art sein sollte: das »Museum für Ostasiatische Kunst, Sammlung Adolf Fischer«. Von Harry Fuld ist überliefert, dass er seiner Leidenschaft zur Kunst nicht abgeschworen hatte. Im Gegenteil: Er nutzte sein wachsendes Vermögen, um eine öffentlich bewunderte Sammlung aufzubauen. Wertvolle Zeugnisse alter chinesischer Kultur sollen dazu gehört haben.[7] Plante Nettys Vater, sich diesem Gebiet zuzuwenden, um von dem zunehmenden Interesse an japanischer und chinesischer Kunst zu profitieren? Hatte er die Tochter gebeten, ihn dabei zu unterstützen? 1973 wurde Anna Seghers nach den Gründen für die Wahl ihres Studienfaches gefragt. Ihre Antwort verblüfft, bekräftigt die Vermutung, dass sie dem Vater zuliebe sich für Sinologie entschied: Erst während des Studiums soll ihre Liebe zur chinesischen Kunst erwacht sein. Anfangs galt ihre Aufmerksamkeit nur den geheimnisvollen Schriftzeichen: »Ich war der irrigen Ansicht, ich könnte schnell lernen, Texte auf alten chinesischen Bildwerken zu entziffern«, und sie fügte hinzu: »So naiv war ich. Nach und nach begann ich mich für chinesische Geschichte zu interessieren, auch für chinesische Kunst. Allmählich fand ich überhaupt Interesse an ostasiatischer Kunst.«[8] Erst die Freunde in Heidelberg und Köln werden dazu beigetragen haben. Aber davon später.

---

6 Anna Seghers: Verwirklichung, in: Anna Seghers: KuW II, Berlin 1971, S. 106.
7 Franz Lerner: Harry Fuld, in: Neue Deutsche Biographie, a. a. O., S. 725 f.
8 Anna Seghers im Gespräch mit Achim Roscher am 28.4.1973, in: Wirkung des Geschriebenen. Gespräche mit Anna Seghers, in: ndl, Berlin 31(1983)10, S. 62.

»Wetterleuchten« über der Hauptstadt eines »weltumspannenden Geistes«

Die Absicht Netty Reilings, Heidelberg zum Studienort zu wählen, mag vom Gefühl bestimmt worden sein. Diese Stadt lag zwar weit genug entfernt vom Elternhaus – in Baden, nicht mehr in Hessen. Doch noch immer in heimatlich anmutender Umgebung: Kein schmerzliches Losreißen aus geliebter Landschaft wurde verlangt. Schon der erste Anblick der Stadt ließ das Herz höher schlagen. Wo der Neckar den Odenwald verlässt, von den Bergen hinab in die weite Rheinebene strömt, liegt sie. Der Fluss, die sanft ansteigenden Hänge mit ihren schwarzen Wäldern, das Schloss über der Stadt prägen das Bild. Urbild deutscher Romantik.

Und doch: Als sich Netty Reiling am 20. April 1920 an der Ruperta Carola immatrikulieren ließ, entschied sie sich nicht nur für die älteste, sondern auch für die »akademischste Universität« Deutschlands.[9]

Ihr Landsmann Carl Zuckmayer, der nur vier Jahre älter war als sie, an den Fronten des Weltkrieges aber »eine innere Wandlung erlebt« und – wie die französischen Soldaten im Roman »Le Feu« – »zu denken begonnen« hatte[10], war schon 1919 von der Universität zu Frankfurt am Main nach Heidelberg geflohen. In Frankfurt – so schreibt er in seiner Autobiographie – bestand »die Majorität der Studierenden« aus einem »dumpfen, verärgerten Haufen, der – in feindseliger Verachtung der neuen Republik und aller sozialen Entwicklung – dem verlorenen Nimbus seiner Kaste und der höher gehängten Futterkrippe nachtrauerte«. In Heidelberg dagegen befand er sich an der »fortschrittlichsten und geistig anspruchsvollsten Universität Deutschlands«.[11] Auch der Berliner Jürgen Kuczynski, der 1923/24 seine Studien in Heidelberg fortsetzte und später Anna Seghers freundschaftlich zugetan war, nannte die Alma mater die »bedeutendste gesellschaftswissenschaftliche Universität« im ersten Viertel dieses Jahrhunderts. In seinen Lebenserinnerungen bezeichnete er sie als eine »ideale Ausbildungsanstalt für wirklich begabte, arbeitsame Studenten«.[12] Und der Ungar Karl Mannheim – über ihn wird an anderer Stelle ausführlicher zu reden sein – schrieb im Oktober 1921 in einem seiner »Heidelberger Briefe«, dass man von dieser »kleinen Provinzstadt aus die Seele des großen Deutschlands sehen« könne.[13]

Vor allem seit der Jahrhundertwende hatten sich in Heidelberg Wissenschaftler zusammengefunden, deren Forschungsergebnisse Weltruhm errangen. Sie verstanden es, in Herz und Hirn junger Leute Begeisterung für ihre Arbeiten zu entfachen. Vorlesungen, Seminare, Freundeskreise zogen nicht nur Schüler aus ganz Deutschland an. Immer auch war eine zahlreiche Gruppe junger Ausländer hier zu finden,

---

9 Ludwig Curtius: Deutsche und antike Welt, a. a. O., S. 239.
10 Carl Zuckmayer: Carlo Mierendorff. Porträt eines deutschen Sozialisten, Berlin 1947, S. 13.
11 Carl Zuckmayer: Als wär's ein Stück von mir, a. a. O., S. 322 und S. 336.
12 Jürgen Kuczynski: Memoiren. Die Erziehung des J. K. zum Kommunisten und Wissenschaftler, Berlin und Weimar 1975, S. 60 und S. 73.
13 Karl Mannheim: Heidelberger Briefe, Oktober 1921, in: Georg Lukács, Karl Mannheim und der Sonntagskreis. Hrsg. von Éva Karádi und Erzsébet Vezér, Frankfurt am Main 1985, S. 77.

gingen auch von ihnen Impulse aus zu gemeinsamen Forschungen von Weltrang. Heidelberg galt als der bedeutendste Ort eines internationalen geistig-kulturellen Lebens in Deutschland: Diese Wissenschaftler und ihre Schüler praktizierten »in gastlichen Häusern eine freie Gelehrtenrepublik, die [...] an Toleranz, Weltoffenheit und Ausstrahlung ein deutsches Gegenstück zu Oxford und Cambridge darstellte«.[14] Hier, so formulierte der Jurist Gustav Radbruch rückschauend, habe sich ein »geistiges Leben ganz eigenartigen Charakters« entwickelt, »das man halb ernst, halb spöttisch damals den ›Heidelberger Geist‹ nannte«.[15]

Der Erste Weltkrieg, die folgenden Jahre der Krise, in denen alle festgefügten Lebensordnungen und -maximen zerbrachen oder ins Wanken gerieten, erschütterten zwar, zerstörten jedoch Heidelbergs Ruf zunächst nicht. Unter den veränderten Bedingungen der Weimarer Republik wurde das überkommene Profil der Universität weiter ausgebaut. Ruhe und Sicherheit der Forschungen aber zeigten sich schon spürbar gefährdet. Dennoch traf Netty Reiling nicht nur in den Fächern, die sie am meisten interessierten, auf Professoren mit wissenschaftlicher und persönlicher Ausstrahlungskraft. Sie sollte in Gedankengut eingeführt werden, Menschen kennenlernen und Erfahrungen sammeln, die maßgeblich zur Ausbildung ihrer Künstlerpersönlichkeit beitrugen. Sie kam nach Heidelberg, um Wissen zu erwerben, einen Beruf zu erlernen, dem Vater – vielleicht – zu helfen, das Geschäft mit neuen Ideen neuen Höhen entgegenzuführen. Sie fand Wichtigeres: sich selbst. Und sie fand in dieser kleinen Stadt Menschen, die sie mit der Welt verbanden, mit neuen Ideen einer neuen Welt. Nicht glücklicher hätte sie wählen können.

Wie an allen europäischen Hochschulen vertiefte eine notwendig wachsende Spezialisierung auch hier den Graben zwischen den einzelnen Fakultäten und Disziplinen. Immer neue Forschungsfelder entstanden, differenzierten sich weiter, grenzten sich ab, teilten sich erneut. Doch an der Philosophischen Fakultät wurde zumindest der Versuch unternommen, in Lehre und Forschung interdisziplinär zusammenzuarbeiten. In seinen Lebenserinnerungen schrieb der Archäologe Ludwig Curtius, dass »unter den führenden Persönlichkeiten der Fakultät« ein eigentümlicher Zusammenhang »bestand in der Verbindung von Philosophie, Geschichte und Gesellschaftswissenschaft, die zwar nirgends als Programm formuliert, in jedem einzelnen auch individuell verschieden gemischt war, die aber als geistiges Fluidum in der Luft lag und auch in die juristische und theologische, ja selbst in die medizinische Fakultät nebenan weiterwirkte«. Das Ziel der Ausbildung junger Menschen bestand nicht allein in der Weitergabe begrenzten Spezialwissens. Diese

---

14 Rolf Sühnel: Friedrich Gundolf und der George-Kreis, in: Semper apertus. Sechshundert Jahre Ruprecht-Karls-Universität Heidelberg (1386–1986). Festschrift in 6 Bd. Bd. III, Berlin, Heidelberg, New York, Tokio 1985, S. 259.
15 Gustav Radbruch: Der innere Weg. Aufriß meines Lebens, Stuttgart 1951; zitiert nach: Thomas Schipperges: Neue und alte Musik im Kontext der Gemeinschaft, in: Neue Kunst – Lebendige Wissenschaft. Wilhelm Fraenger und sein Heidelberger Kreis 1910–1937, hrsg. von Susanne Himmelheber und Karl-Ludwig Hofmann, Heidelberg 2004, S. 101.

Aufgabe wurde als selbstverständlich vorausgesetzt. Darüber hinaus erstrebten alle »eine kulturwissenschaftliche Synopsis des europäischen und des deutschen Geistes«.[16] Vor allem der Rembrandt-Spezialist Carl Neumann hatte sich dieser Aufgabe verschrieben. Er soll noch »als Hörer zu den Füßen Jacob Burckhardts in Basel gesessen«, ihm nachgeeifert haben. Voller Bewunderung sprach Curtius von der »enzyklopädischen Natur« Neumanns. Wie »keiner der gleichzeitigen Kunsthistoriker«, die nur »von der schönen Form« ausgingen, habe dieser Gelehrte »ein wirkliches Verhältnis zur Geschichte« entwickelt, »ein weites und helles Historikertum« verband sich in ihm »mit der modernen ausgebildeten Betrachtung der künstlerischen Einzelform und ihrer Gesetze«.[17]

Auch die Studentin Netty Reiling sollte von dieser Besonderheit Heidelbergs beeinflusst werden. »Mein Studium war schwierig und komplex«, erinnerte sich Anna Seghers zu Beginn der siebziger Jahre.[18] Abgesehen vom zeitintensiven Versuch, die chinesische Sprache zu erlernen: der Archäologe Ludwig Curtius und der Kunstwissenschaftler Carl Neumann waren die Professoren, deren Vorlesungen und Seminare Netty Reiling am häufigsten besuchte. Jedoch erst nach ihrer Rückkehr aus Köln. Bei Carl Neumann erarbeitete sie ihre Dissertation »Jude und Judentum im Werke Rembrandts«, mit der sie ihr Studium abschloss. Der interdisziplinäre Austausch von Philosophie und Geschichte, von Kunst- und Gesellschaftswissenschaften muss für die junge Frau gerade die geistige Nahrung enthalten haben, die sie dringend brauchte, um selbst produktiv zu werden. Der Wille zur Zusammenschau – in Heidelberg wurde er entwickelt. Zum großen deutschen Gesellschaftsroman sollte er eines Tages die Schriftstellerin führen

Zweite Richtschnur ihrer Entwicklung wurde das politische Engagement einiger Professoren und Studenten. Zum »Heidelberger Geist« gehörte nach Curtius die »Forderung einer neuen ethisch-moralisch-politischen Haltung des einzelnen und schließlich der Nation«.[19] Aber nur wenigen Lehrern gelang es, sie sich zu eigen zu machen. Dennoch reichte der Einfluss der wenigen weit. Vielleicht, weil diese kleine Stadt, die keine nennenswerte Industrie aufwies, »ganz von der Universität und den Studenten beherrscht« wurde und nichts »die dominierende Stellung der Studenten in Frage stellen konnte«.[20] Heidelberg war »ihre« Stadt. Die Streitgespräche unter Professoren und Studenten blieben nicht auf die Hörsäle begrenzt. In den Mauern der Kleinstadt hallten sie weitaus stärker wider als in den Metropolen. Auch auf den Marktplätzen wurden sie leidenschaftlich diskutiert. Die Presse debattierte mit. Ein Klima politischer Auseinandersetzungen entstand, das Beteiligte und Zuhörer zwang, sich ein Urteil zu bilden.

16 Ludwig Curtius: Deutsche und antike Welt, a. a. O., S. 239.
17 Ebenda, S. 242 f.
18 Gespräch mit Anna Seghers, in: Anna Seghers. Materialienbuch, hrsg. von Peter Roos und Friederike Hassauer-Roos, Darmstadt und Neuwied 1977, S. 154.
19 Ludwig Curtius: Deutsche und antike Welt, a. a. O., S. 239.
20 Fritz Croner: Ein Leben in unserer Zeit. Autobiographie, Frankfurt a. Main, Wien, Zürich 1968, S. 163.

Heidelberg war keine Insel, kein Idyll. Die »Gelehrtenrepublik« lag nicht fernab aller Auseinandersetzungen, die Nachkriegsdeutschland aufwühlten. Die mit allen Mitteln, auch mit Waffen und Terror ausgetragenen Kämpfe um die eben erst begründete Republik, um Erfüllung oder Zurückweisung des Versailler Friedensvertrages erschütterten die Menschen auch hier. Carlo Mierendorff, Freund Carl Zuckmayers und Kommilitone Netty Reilings, beschrieb später die politische Atmosphäre: »Wie zuweilen am Horizont eines Gebirgstales ringsum Gewitter stehen, so gewitterte es in das Heidelberg jener Tage ständig von allen Seiten über die Berge herein.«[21] Gerade in den Jahren, in denen sie hier studierten, zeigten turbulente Ereignisse, wie unsicher der Boden wurde, auf dem auch diese Universität stand, unter welchen Bedingungen sie ihre Traditionen fortzuführen, ihren Ruf zu wahren trachtete. Noch immer sprach Mierendorff, wie Zuckmayer dem Krieg entronnen und überzeugter »Anhänger der deutschen Revolution«[22], von »Kriegsschauplätzen«; sie zwangen ihn und seine Freunde, in die politische Arena zu springen – sehr zum Ärger der meisten Professoren. »Die Politik wurde unser Schicksal. Sie stand über unserem Heidelberger Dasein wie ein ständiges Wetterleuchten, das von den politischen Kriegsschauplätzen hereindrang.«[23] Schon als Student suchte Mierendorff als »Motor und Mittelpunkt der politisch radikalen Jugend im Umkreis der Universität« wirksam zu werden, andere mitzureißen.[24] Nur wenige Lehrer jedoch vermochten es, klärend und helfend auf das ungestüme Stürmen und Drängen ihrer Schüler einzuwirken.

Die meisten Professoren, selbst nicht vorbereitet auf die gesellschaftlichen Umbrüche seit 1918, suchten jeder politischen Stellungnahme auszuweichen. Steckten den Kopf in den Sand. Unterschieden sich nicht von der Mehrzahl ihrer Kollegen an anderen deutschen Universitäten. Sie reagierten wie der überwiegende Teil ihrer Studenten, deren Haltung Carl Zuckmayer mit beißender Ironie charakterisierte. Verunsichert und borniert zugleich, trauerten auch sie der gestürzten Monarchie nach, verweigerten sie der jungen Republik ihre Mithilfe an Ausbau und Festigung. Es bleibt »die Tragödie nicht nur unserer Generation, sondern unserer ganzen Welt«, erklärte Zuckmayer später, dass wir Jungen damals »nicht reif genug waren« und »die Gereifteren, Führenden und Verantwortlichen« uns bei der Erneuerung Deutschlands mehr »im Wege standen«, als »uns heranzubilden und zu stützen«.[25] Auch auf Heidelberg traf zu, »dass wirkliches politisches Engage-

---

21 Carlo Mierendorff: Nach 14 Jahren. Heidelberg 1918 und 1932. Wie wir es uns damals dachten und was daraus geworden ist. Eine Fotokopie der Rede, die Mierendorff Pfingsten 1932 bei einem Treffen der »Sozialistischen Studentengruppe« der Nachkriegssemester hielt, befindet sich im Archiv der sozialen Demokratie der Friedrich-Ebert-Stiftung Bonn-Bad Godesberg, Sammlung »Kleine Erwerbungen, Mappe 260«. Sie wurde mir dankenswerter Weise zur Verfügung gestellt. Zitat S. 1.
22 Carl Zuckmayer: Carlo Mierendorff, a. a. O., S. 18.
23 Carlo Mierendorff: Nach 14 Jahren, a. a. O., S. 2.
24 Carl Zuckmayer: Carlo Mierendorff, a. a. O., S. 22.
25 Ebenda, S. 19 f.

ment bei nicht mehr als 10 % der Hochschullehrer zu finden war, der repräsentative Typus war wie in den Vorkriegsjahren der politisch passive Fachgelehrte«.[26]
Diese zehn Prozent, die anderes dachten, anders handelten, bewirkten viel. Und doch zu wenig. An der Philosophischen und der Juristischen Fakultät fanden sich einige Professoren zu einem »Politischen Club« zusammen, um sich selbst klären, gemeinsam ihre Vorstellungen über die Zukunft Deutschlands diskutieren zu können. »Tory mit sozialistischem Einschlag« – so nannte Curtius, der dazugehörte, sich und seine Kollegen. Ihre Gespräche nannte er »wahre Musterbeispiele zukünftiger parlamentarischer Sitte. Denn trotz der Schärfe der ideellen Gegensätze fiel nie ein den Gegner verletzendes Wort, und jeder setzte bei dem anderen die gleiche, zu positiver Arbeit bereite Vaterlandsliebe voraus, die ihn selber erfüllte. [...] Uns schwebte für den Reichstag eine große neue Gruppierung vor, die vom linken Flügel der Deutsch-Nationalen weit in die Sozialdemokratie reichen und die von Nationalsozialismus und Kommunismus drohenden Gefahren überwinden sollte.«[27] Diese Haltung zeigte sich stark genug, in Einzelfällen antisemitische und gegen die Gleichberechtigung der Frauen gerichtete Umtriebe zurückzudrängen. Den Zerfall des geistigen Lebens an der weltbedeutenden Universität vermochte sie nicht aufzuhalten.
Zwei der turbulenten Ereignisse, die sich zum Skandal weiteten, sollten das deutlich machen. Netty Reiling studierte erst wenige Monate, da fand die Universitätskarriere eines Privatdozenten ein Ende, der einen berühmten Namen trug. Seit langem schon wetterte Arnold Ruge, Nachfahre des Junghegelianers und zeitweiligen Mitstreiters von Karl Marx, gegen die »jüdisch zersetzte Universität« und das Frauenstudium, attackierte er vor allem den Versailler Friedensvertrag. Seine Auffassungen propagierte er nicht nur in seinen Vorlesungen. In Schmähschriften, auf Flugblättern und als Redner in Massenversammlungen trug er sie in die Öffentlichkeit, wo sie aufgeregt verfolgt wurden. Doch im Juni 1920 entschloss sich das Kultusministerium, Arnold Ruge die Lehrbefugnis und damit einen Teil seines Einflusses zu entziehen.[28] Weit leidenschaftlicher noch als um Ruge verliefen 1922/23 die Auseinandersetzungen um den Experimentalphysiker Philipp Lenard. Sein Auftreten entfachte in ganz Deutschland Stürme der Entrüstung, aber auch der Zustimmung. Den weltbekannten Wissenschaftler und Nobelpreisträger charakterisierte Carl Zuckmayer als »Chauvinist« und »Aggressionspolitiker«, der »seine Studenten [...] gegen die Demokratie aufhetzte und für den kommenden

---

26 Norbert Giovannini: Zwischen Republik und Faschismus, a. a. O., S. 102.
27 Ludwig Curtius: Deutsche und antike Welt, a. a. O., S. 248.
28 Norbert Giovannini (Zwischen Republik und Faschismus, a. a. O.) beschreibt die Vorfälle um den Privatdozenten Arnold Ruge (S. 108-115) und kommt zu dem Schluss: »Für die Zeitgenossen der Vorfälle, die Studenten der Semester von 1920–1922, waren es singuläre, aktionsreiche Vorgänge, die zur Stellungnahme nötigten. Für manche mochten sie zweifellos den Ruf Heidelbergs als liberale Hochburg erhärten; skeptische Beobachter wurden sich eher gewiss, dass die Beschaulichkeit des akademischen Lebens und die republikanische Reputation der Universität auf brüchigem Terrain gediehen war.« (S. 115.)

Revanchekrieg zu begeistern suchte«[29]. Als im Juni 1922 der Außenminister Walther Rathenau ermordet wurde, überall in Deutschland die bislang größten Protestdemonstrationen gegen den rechtsradikalen Terrorakt stattfanden, weigerte er sich, dem jüdischen Opfer die letzte Ehre zu erweisen, Staatstrauer und angeordnete Arbeitsruhe einzuhalten. Carl Zuckmayer hat beschrieben, was geschah: Demonstrierende Arbeiter, unterstützt von Carlo Mierendorff, verließen den durch die Stadt ziehenden Trauerzug, eilten zu Lenards Institut, zwangen Professor und Studenten, die Arbeitsräume zu verlassen. Abends jedoch, der Schriftsteller und seine Freunde hatten sich zusammengefunden, um »Carlos Mut und Tatkraft« zu feiern, »zogen Trupps von Burschenschaftern und anderen Randaleuren« durch die Stadt. Zum »ersten Mal hörten wir jene ›Sprech-Chöre‹, von denen später, als Hitlers braune Banden die ›nationale Erhebung‹ inszenierten, die deutschen Städte widerhallten:

›Verreckt ist Walther Rathenau,
Die gottverdammte Judensau!‹

Wir saßen zusammen – ein kleiner ernst entschlossener Kreis. Wir hörten die Stimmen der Mörder.«[30] Für Zuckmayer begann mit diesem Tage das Verhängnis der Universität.

Netty Reiling studierte im Juni 1922 nicht in Heidelberg, sondern in Köln, erlebte dort den Massenprotest der Bevölkerung, der sie tief beeindruckte. Den Nachhall des Vorfalls um Lenard jedoch verfolgte auch sie, als sie wieder nach Heidelberg zurückkehrte. Denn nicht der Professor wurde zur Rechenschaft gezogen, sondern zwei Arbeiter und Mierendorff: Das Heidelberger Landgericht verurteilte sie ein Jahr später »wegen Haus- und Landfriedensbruch« zu Gefängnisstrafen. Der Disziplinarausschuss der Universität dagegen widersetzte sich dem Landgericht, sprach den Studenten frei – und löste wiederum bei vielen Professoren Proteststürme aus. Einen solchen Vorgang hatten bislang weder Universität noch Stadt gesehen. Der Philosoph Karl Jaspers – noch ganz im Banne gewohnter Vorstellungen – nutzte im Wintersemester 1923/24 seine Vorlesung über Ethik, um die Ereignisse um Lenard und Mierendorff zu durchdenken und zu versuchen, die Frage nach den Handlungsmöglichkeiten des Einzelnen, nach dem Recht auch zum Einsatz revolutionärer Gewalt zu klären. Das konsequente Handeln des Studenten kritisierte er als »Spielerei des Alltags«. Denn Mierendorff habe »seine Idee als Bürger der Universität verraten an die Idee seines Staatsbürgertums«. Jaspers sorgte sich weiterhin mehr um die Unantastbarkeit der akademischen Lehrfreiheit und der Autonomie der Universität denn um den Schutz der jungen Republik. Dreißig Jahre danach, in Hitler-Deutschland nur knapp einem gewaltsamen

---

29 Carl Zuckmayer: Carlo Mierendorff, a. a. O., S. 24.
30 Carl Zuckmayer: Als wär's ein Stück von mir, a. a. O., S. 363.

Tod entronnen, überprüfte er im Rückblick sein Verhalten, ging er mit sich selbst hart ins Gericht. Indirekt bestätigte er Zuckmayers bitteres Wort über seine Lehrer. Damals hatte ein Student eine Widerrede gewagt, während der Vorlesung seinen Freund Mierendorff verteidigt. Jetzt gestand sich Jaspers: »Ich war, wie ich später erkannte, gegenüber dem Jüngling vergleichsweise naiv.« Er »sah etwas, was ich nur ahnte, ohne es recht zu wissen«. Er, nicht ich, hatte 1923 bereits »begriffen, wie gefährlich die Hintergründe, wie bösartig für unser deutsches Geschick die Kräfte waren, die damals in Lenard sich vorwagten, die in den Mördern Rathenaus und denen, die sie billigten, von der Art waren, dass sie uns alle vernichten konnten...«[31] Wohl möglich, dass Netty Reiling den Disput zwischen dem Philosophen und seinem Schüler verfolgte – sie besuchte die Vorlesung über Ethik. Schon wenig später konnte sie spüren, wie notwendig das Eingreifen der Studenten gewesen war: Im Sommer 1924 – ihre Dissertation hatte sie noch nicht verteidigt – kandidierte zu den Wahlen des »Allgemeinen Studenten-Ausschusses« (ASTA) erstmals eine Nationalsozialistische Studentengruppe. Noch sollte deren Auftritt eine Episode bleiben. Doch dann mehrten sich die Ereignisse, die das geistige Leben dem Abgrund zutrieben. »Nach 1933 gab es in Heidelberg zwei Ruinen, oben die des Schlosses, unten die der Universität.« So Ludwig Curtius.[32]

Ein ungewöhnlicher Lehrer

Nur vorsichtig und zögernd muss sich Netty Reiling im Sommer 1920 in den Studienbetrieb eingereiht haben. Nur fünf Vorlesungen bzw. Seminare wählte sie im ersten Semester – gebannt durch das Versprechen, das sie wohl dem Vater gegeben hatte. Sie begann tatsächlich, die chinesische Sprache zu erlernen, malte in einem Sprachkurs für Anfänger ihre ersten chinesischen Schriftzeichen, besuchte zudem eine Vorlesung über »Moderne Entwicklung in China und Japan«.[33] Auch Kunstgeschichte und Geschichte wurden mit je einer Vorlesung berücksichtigt. Weit in die Vergangenheit zurückgehend, hörte sie bei Hermann Ranke »Einführung in die ägyptische Kunst«. Das verhieß Einstieg in eine systematisch aufgebaute Beschäftigung mit der historischen Entwicklung der Bildenden Kunst, den damaligen Vorstellungen gemäß mit ihrer ersten Phase beginnend, der Kunst des Altertums. Auf dem Gebiet der Geschichte blieben die Absichten der Studentin of-

---

31 Vgl. dazu Norbert Giovannini: Zwischen Republik und Faschismus, a. a. O., S. 112-115. Er beschreibt auch den Vorstoß der Nationalsozialistischen Studentengruppe (ebenda, S. 115 ff.).
32 Ludwig Curtius: Deutsche und antike Welt, a. a. O., S. 250.
33 Die Mitarbeiter des Universitätsarchivs in Heidelberg unterstützten mich in freundlichster Weise. Ihnen sei herzlich gedankt! Sie stellten mir Vorlesungsverzeichnisse von Netty Reiling, Philipp Schaeffer und Ladislaus Radványi zur Verfügung, die sie überprüft und – wo notwendig – korrigiert hatten. Sie verglichen z. B. die von den Studenten angegebenen Titel der besuchten Vorlesungen mit den Titeln, die von den Professoren ausgeschrieben worden waren. Alle folgenden Angaben über Vorlesungen, die Netty Reiling besuchte, stützen sich auf diese Angaben.

fener: Sie belegte bei Hermann Oncken, Ordinarius für neuere Geschichte, eine Vorlesung über »Allgemeine Geschichte im 19. Jahrhundert (1815–1871)«. Nur eine Ausnahme gönnte sich Netty Reiling. Nur ein einziges Mal wich sie vom vorgeschriebenen Wege ab – und eine neue Welt öffnete sich: Bei Emil Lederer, Nationalökonom und Soziologe, belegte sie die Vorlesung zur »Sozialtheorie des Marxismus«. Löste Lederer den Bann, der sie gefangen hielt?

Vielleicht hatte Hermann Wendel ihr den Rat gegeben, sich an diesen Professor zu wenden. Von Kindheit an vertraute Netty den Vorschlägen des väterlichen Freundes. Möglich auch, dass er das schüchterne junge Mädchen, das sich zum ersten Mal allein in der Fremde befand, der besonderen Obhut Lederers empfahl. In diesem Fall gab er den Staffelstab weiter. Hoffte er, der neue Lehrer werde fortführen, was er begründet hatte? Verbürgt ist, dass der Nationalökonom die Studentin persönlich kennenlernte, Anteil nahm an ihrer Entwicklung – auch zur Schriftstellerin. 1932, zu seinem 50. Geburtstag, widmeten ihm Freunde und Schüler eine Kassette mit eigenen Arbeiten. Ein Aufsatz von Else Staudinger über »Aufstand der Fischer von St. Barbara« gehörte dazu. In einem beigefügten Brief erinnerte sie ihren Lehrer an seine Begegnungen mit der Autorin – damals in Heidelberg.[34]

Emil Lederer kam – ungewöhnlich für die Universität – aus der Gewerkschaftsbewegung, was seinen Charakter, sein Auftreten, seine Arbeit prägte. Ihn an der Universität zunächst zum Außenseiter machte. 1910 entschied er sich für eine wissenschaftliche Laufbahn, wandte er sich an das wohl berühmteste Institut, das heimliche Zentrum aller Innovationen und geistig-politischen Besonderheiten im Leben der Universität. Das »Volkswirtschaftliche Seminar«, später »Institut für Sozial- und Staatswissenschaften«, wurde 1897 für Max Weber anlässlich seiner Berufung zum Professor eingerichtet. »Diktator eines geistigen Reiches, das alle Probleme des modernen Lebens umspannte«, nannte Curtius nicht ohne Kritik, aber voller Bewunderung den Mitbegründer der soziologischen Wissenschaft. Er charakterisierte damit zugleich das weitgespannte Forschungsfeld, dem sich die Soziologie in ihren Anfangsjahren zuwandte.[35] Einer der Nachfolger Max Webers wurde Emil Lederer.

1882 in Pilsen geboren, an den Universitäten Wien und München zum Juristen und Nationalökonomen ausgebildet, verdiente sich der junge Mann seine Sporen als Sekretär des Niederösterreichischen Gewerbevereins (1907 bis 1910).[36] 1912 reichte er bei Max Weber seine Habilitationsschrift ein, die aus den Erfahrungen

---

34 Hans Speier, erster Doktorand und später Mitarbeiter Lederers, beschreibt in seiner Arbeit »Emil Lederer. Leben und Werk« (in: Emil Lederer: Kapitalismus, Klassenstruktur und Probleme der Demokratie in Deutschland 1910–1940. Ausgewählte Aufsätze, hrsg. von Jürgen Kocka, Göttingen 1979, S. 268) diese Kassette: »Else Staudinger, die Frau des Staatssekretärs Hans Staudinger, schrieb für die Sammelmappe eine Besprechung des Buches von Anna Seghers ›Der Aufstand der Fischer von St. Barbara‹. Aus dem Brief, den sie der Besprechung beilegte, geht hervor, dass Lederer Anna Seghers persönlich kannte.«
35 Ludwig Curtius: Deutsche und antike Welt, a. a. O., S. 239.
36 Zur Biographie Emil Lederers vgl. Hans Speier: Emil Lederer. Leben und Werk, a. a. O., S. 253 ff. Schon 1918 erfolgte die Berufung Lederers zum Außerordentlichen Professor.

als Gewerkschaftsfunktionär erwachsen war. Er hatte es nicht leicht, brauchte zehn Jahre, um zum Ordentlichen Professor für Sozialpolitik berufen zu werden. Dennoch setzte sich seine Art, zu arbeiten und zu lehren, allmählich durch. Beeinflusst von Karl Marx, blieben die Gewerkschaftsbewegung, die soziale Lage der arbeitenden Bevölkerung, die Veränderungen der Klassen und ihrer Beziehungen, speziell die Herausbildung einer Angestelltenschicht, eines »neuen Mittelstandes«, und die Analyse des ökonomischen Systems des Kapitalismus Schwerpunkte seines Forschungsprogramms. Zugleich reagierte er auf aktuelle Ereignisse. Gerade diese Aufmerksamkeit für das Zeitgeschehen unterschied ihn von den meisten Professoren seiner Umgebung, bildete das Außerordentliche seiner Tätigkeit. Er gehörte zu den wenigen Professoren Deutschlands, die politische Arbeit mit wissenschaftlicher Forschung und Lehre zu vereinen suchten, unmittelbar teilnahmen an der Gestaltung der Weimarer Republik.

Wie Hermann Wendel hatte er als junger Mensch zur sozialistischen Bewegung gefunden. Schon ab 1911 soll er »Mitglied einer geheimen SPD-Organisation in Heidelberg« gewesen sein. Nur wenige wussten damals davon, denn diese Parteinahme hätte im Kaiserreich seine wissenschaftliche Karriere unmöglich gemacht.[37] Konsequenter als sein Parteifreund Wendel, bekannte er sich nach dem Ende des Ersten Weltkrieges zur USPD, mit ihrer Mehrheit jedoch kehrte er 1922 zur SPD zurück. Lederer war der Auffassung, dass »im November 1918 die politische Macht dem Proletariat zufiel«, ihm »die Herrschaft geradezu aufgedrängt«[38] werden musste. Seine spezielle Aufgabe sah er darin, alles zu tun, diese Klasse zu befähigen, politische Verantwortung zum Wohle aller Menschen zu übernehmen, Macht auch auszuüben. Die Gründung der Weimarer Republik verstand er als Chance, diese Mission erfüllen zu können. Die Möglichkeit, an Aufbau und Festigung des jungen Staates mitzuwirken, beflügelte ihn, formte ihn zu einer einmaligen Lehrerpersönlichkeit. Sein Elan muss Netty Reiling mitgerissen haben: Auch sie versuchte später als Erzählerin, die »Kraft der Schwachen«, der einfachen arbeitenden Menschen zu befördern. Seit 1928, seit ihrer ersten Buchpublikation »Aufstand der Fischer von St. Barbara«, sollte dieses Anliegen zum Programm ihres gesamten Erzählens werden.[39]

Netty Reiling lernte Emil Lederer in seiner wohl glänzendsten und schmerzlichsten Situation kennen. Als sie 1920/21 in seinem Hörsaal saß, war er – soeben zum Ordentlichen Professor berufen – auf dem Höhepunkt seiner praktisch-politischen Tätigkeit. Doch er scheiterte mit seinen Vorstellungen und Konzeptionen.

---

37 Hans Ulrich Esslinger: Emil Lederer. Ein Plädoyer für die politische Verwertung der wissenschaftlichen Erkenntnis, in: Heidelberg im Schnittpunkt intellektueller Kreise. Zur Topographie der ›geistigen Geselligkeit‹ eines ›Weltdorfes‹ 1850 bis 1950, hrsg. von Hubert Treiber und Karol Sauerland, Opladen 1995, S. 429.
38 Emil Lederer: Deutschlands Wiederaufbau und weltwirtschaftliche Neueingliederung durch Sozialisierung, Tübingen 1920, S. 70 und S. 49.
39 1965 hob Anna Seghers ihr Erzählprogramm noch einmal besonders hervor, indem sie einem Zyklus von Erzählungen den Titel »Die Kraft der Schwachen« gab.

Im Dezember 1918 in Deutschland, im Frühjahr 1919 auch in Österreich zum Mitglied der jeweiligen »Sozialisierungskommission« berufen, unterbreitete er konkrete Vorschläge zur Umgestaltung der Wirtschaft. Für ihn hieß Sozialisierung »Vergesellschaftung der Industrie« und somit »wirtschaftliche Selbstbehauptung der besiegten Völker« nach Unterzeichnung des Versailler Friedensvertrages von 1919.[40] Lederer gehörte sicherlich zu den entschiedensten Mitgliedern der beiden Arbeitsgruppen, wünschte die »Durchführung radikaler Sozialisierungsmaßnahmen«.[41] Ihm schwebte die Organisation eines Wirtschaftslebens vor, welches nicht das »des Kapitalismus ist«, sondern »Produktivität befördert« und zugleich »jenes Gerechtigkeitsideal der Verwirklichung näher« bringe, »das der Sozialismus vertritt«.[42] Auch für ihn war Gerechtigkeit das Zauberwort, das in eine lebenswerte Zukunft führen sollte. Kein Wunder, dass die Studentin Netty Reiling seinen Worten hingerissen lauschte. Schon im Frühjahr 1918 hatte Lederer in einem Wiener Freundeskreis für einen »Sozialismus« geworben, »welcher gegenüber der zerstörenden Gleichgültigkeit der kapitalistischen Maschinerie an das unverbrüchliche Recht des Menschen auf leibliche und seelische Existenz appelliert und das Ideal der Gleichheit aus der politischen in die wirtschaftliche Sphäre« übersetzt.[43] Wie so viele seiner Zeitgenossen war er jedoch davon überzeugt, dass die Realisierung des Sozialismus »nur international möglich« und »an Bedingungen geknüpft« sei, welche im Augenblick »nirgends in Europa gegeben sind«.[44] Von dieser Position aus entwickelte er sich, der noch im Frühjahr 1918 die Vorgänge in Russland mit Sympathie verfolgt hatte, zu einem Kritiker der dortigen Entwicklung seit dem Machtantritt der Bolschewiki. Er wollte anders vorgehen. Schrittweise. Zu seiner Konzeption gehörte die Sozialisierung nur einiger, der am höchsten entwickelten Industriezweige wie Kohlebergbau, Chemieindustrie, Erzförderung und Verhüttung. Er strebte ein gemischtwirtschaftliches System an, das private und sozialisierte Betriebe nebeneinander bestehen und wirtschaften ließ. Als prinzipiell bedeutsamsten Schritt in diese Richtung verstand er »die Enteignung, das heißt die Ausschaltung des privaten Kapitals« – nicht aber »bürokratische Verstaatlichung«. Auf die ausgewählten Industriezweige sollten demokratische Prinzipien übertragen, für die einzelnen Produktionsstätten eine Art »Geschäftsleitung«[45] gebildet werden, die aus Vertretern von Betriebsangehörigen, Verbrauchern und der Allge-

---

40 Emil Lederer: Deutschlands Wiederaufbau und weltwirtschaftliche Neueingliederung durch Sozialisierung, a. a. O., S. 71 und S. 76.
41 Emil Lederer: Probleme der Sozialisierung. Rede im »Verein für Sozialpolitik« am 16. September 1919 in Regensburg, in: Schriften des Vereins für Sozialpolitik. 159. Band, München und Leipzig 1920. S. 194.
42 Emil Lederer: Probleme der Sozialisierung. In gekürzter Fassung findet sich diese Rede auch in dem Band: Emil Lederer: Kapitalismus, Klassenstruktur und Probleme der Demokratie in Deutschland 1910–1940, a. a. O., S. 161.
43 Emil Lederer: Einige Gedanken zur Soziologie der Revolution, Leipzig 1918, S. 6 f. Der Vortrag wurde Anfang September 1918 zum Druck überarbeitet.
44 Emil Lederer: Probleme der Sozialisierung, zitiert nach: Emil Lederer: Kapitalismus, Klassenstruktur und Probleme der Demokratie in Deutschland 1910–1940, a. a. O., S. 160 und S. 159.
45 Ebenda, S. 165.

meinheit bestand. Ein organisiertes »Nebeneinanderbestehen dieser beiden Arten von Betrieben, der sozialisierten und der kapitalistischen«, war für Lederer noch kein Sozialismus. Aber ein in der gegebenen Situation möglicher Übergang: Auf diese Weise werde eine »wirtschaftliche Zwischenform« geschaffen, welche »aus ihrer eigenen Weiterentwicklung heraus zur klassenlosen Gesellschaft« führen werde.[46] So hoffte er.

Der Heidelberger Professor wurde nicht müde, in Reden, Schriften, öffentlichen Veranstaltungen für die Realisierung seiner Vorstellungen zu werben. Und zu streiten. Alle notwendigen Bedingungen seien gegeben. Man müsse nur wollen, betonte er. Warnte er. Vergebens. Er blieb ein Rufer in der Wüste. Schon im September 1919 stellte er desillusioniert fest, dass ein allgemeines »Misstrauen der kapitalistischen Welt gegen die Sozialisierung« vorherrsche, von »den leitenden Stellen in Deutschland [...] bisher tatsächlich noch keine Sozialisierungsaktion in die Wege geleitet werde«: »Das kapitalistische System wird also weiterbestehen, es wird in seinem Wesen keine Veränderung erfahren.«[47] 1920 sah er »die politischen Widerstände gewachsen«, die psychologische Lage »nicht mehr so günstig als im November 1918«. Die Industriellen und ihre Verbände widersetzten sich zunehmend jeglicher Neuerung. Eine einzige Devise trieb sie: steigende Profite. Wiederum scheiterte, wer auf ihre Einsicht zugunsten des Volkes hoffte: »Die Angst des deutschen Kapitalisten vor der Sozialisierung ist so stark, dass er Verschleuderung ins Ausland, besonders wenn er dadurch ein ausländisches Bankguthaben erwerben konnte, weitaus vorzog.« Von Umgestaltung – keine Spur. »Nach einem Anlauf, nach prinzipiellen Deklarationen, der Bestellung einer Sozialisierungskommission ist schließlich – nichts geschehen«, schrieb er in seinem Buch »Deutschlands Wiederausbau und Neueingliederung durch Sozialisierung«.[48] Die junge Republik löste das mit den »Sozialisierungsgesetzen« gegebene Versprechen nicht ein. Sein schöner Traum, in Deutschland Gerechtigkeit zum Triumph zu führen, ohne Gewalt »das Prinzip einer demokratischen Wirtschaft, welche von allen Klassen gewollt und getragen wird, zu realisieren«, zerrann.[49] Es war ein Ausdruck von Resignation: Im April 1923 verließ er Deutschland und ging für zwei Jahre nach Japan an die Universität in Tokio.[50]

Spürten die Studenten seine Enttäuschung?

---

46 Ebenda, S. 167 f.
47 Ebenda, S. 165 und S. 168.
48 Emil Lederer: Deutschlands Wiederaufbau und weltwirtschaftliche Neueingliederung durch Sozialisierung, Tübingen 1920, S, 73, S. 72, S. 71.
49 Emil Lederer: Probleme der Sozialisierung, a. a. O., S. 168.
50 Damit begann etwas wie eine »erste Emigration« Lederers. 1925 kehrte er zwar nach Heidelberg zurück, er verzichtete aber weiterhin auf politische Aktivität. Erst bei Ausbruch der Weltwirtschaftskrise wurde er erneut politisch tätig. 1931 folgte er einem Ruf an die Berliner Universität. 1933 ging er endgültig ins Exil: In New York baute er zusammen mit dem Begründer und Direktor der »New School for Sozial Research«, Dr. Alvin Johnson, die ihr angegliederte »Universität im Exil« auf. Er blieb bis zu seinem plötzlichen Tod am 29. Mai 1939 deren Dekan.

Lederers Vorlesungstexte sind nicht erhalten. Auch keine Mitschriften oder Belegarbeiten Netty Reilings. In Biographien anderer Schüler jedoch gewinnt der Lehrer lebendige Gestalt, wird sein Wirken sichtbar, auch verständlich, warum Netty Reiling von ihm besonders beeindruckt war, seine Auffassungen und Zukunftsvorstellungen sie beeinflussen konnten. Hermann Wendels Verhalten und Erschütterung – sein Engagement für die arbeitenden Menschen, die Leidenschaft, sich für Frieden und Völkerverständigung einzusetzen, aber auch die Verzweiflung über das Scheitern seiner Träume – konnte sie nur von außen beobachten. Verhalten und Erschütterung Emil Lederers hingegen muss sie in beträchtlicher Weise miterlebt haben. Denn es gehörte zu seinem Auftreten als Lehrer, die Schüler an seinen unmittelbaren politischen Erfahrungen teilnehmen zu lassen. »Er verblüffte seine nicht sehr zahlreichen Studenten dadurch, dass er vor und mit uns offenbar die Probleme diskutierte, die ihm in den Sitzungen begegnet waren. Mit einer solchen Haltung seitens eines Professors hatte man uns bisher kaum verwöhnt«, so beschrieb Fritz Croner seine erste Begegnung. »Tatsächlich dürfte Lederer nichts anderes getan haben, als was er stets in seinem Unterricht tat, nämlich uns die verschiedenen Wertungen und theoretischen Modelle vorzulegen, von denen die Meinungsverschiedenheiten in der Sozialisierungskommission hergeleitet werden konnten.« Er behandelte die jungen Leute wie »Erwachsene und Gleichgestellte«, weckte ihre Aufmerksamkeit, schärfte selbständiges Denken. Er erreichte »weit mehr als die meisten anderen unserer regulären Professoren, nämlich eine lebhafte, sachliche Diskussion, die auch nach den Vorlesungen und Übungen nicht zu Ende war, sondern die Teilnehmer an manchen Abenden außerhalb der Universität beschäftigte«.[51]

Lederers Auffassungen, auch seine Art, mit Studenten umzugehen, müssen Netty Reilings Zustimmung gefunden haben. Gleich im folgenden Semester, im Winter 1920/21, belegte sie zwei weitere Vorlesungen bei ihm: »Sozialpolitik und soziale Bewegung« und »Theorie der Sozialisierung«. Wie Fritz Croner, der diese Lehrveranstaltungen ebenfalls besuchte und später beschrieb, muss sie zum ersten Mal systematisch in die »marxistische Theorie« eingeführt worden sein. Sie lernte »die prinzipiell bedeutungsvolle Methode des Marxismus, die Erkenntnis der Strukturierung der Gesellschaft, also ihrer Gliederung in soziale Gruppen« kennen, wurde zugleich angehalten, kritisch mit marxistischen Auffassungen umzugehen, sie an den Entwicklungen moderner Industrie und Gesellschaft zu überprüfen.[52] Die genaue Analyse der sozialen Lage der Menschen wird ihr erklärt haben, was ihr als Schülerin bei ihren Streifzügen durch die Heimatstadt, das Armenviertel, den Floßhafen mit seinen Kneipen und Dirnen fremd und verschlossen geblieben war. 1927 versuchte sie in ihrer Erzählung »Grubetsch« zum ersten Mal, auf die soziale Lage literarischer Figuren einzugehen.

---

51 Fritz Croner: Ein Leben in unserer Zeit, a. a. O., S. 148. Auch Croner ging ins Exil, nach Schweden.
52 Ebenda, S. 163 f.

Mit der Wissensvermittlung einher ging »Lederers großartige Fähigkeit, zum Nachdenken und selbständigen Denken anzuregen«. Noch im Examen wusste er das Selbstbewusstsein der Kandidaten zu stärken: »Er hatte eine Art zu fragen, die einem plötzlich zeigte, dass man viel mehr wusste, als man geahnt hatte.«[53] Hemmungen und Ängste konnten auf diese Weise überwunden werden – was der schüchternen, zögerlichen Netty Reiling zugute gekommen sein wird. Politisch aufgeschlossene junge Menschen fanden seine besondere Unterstützung. Nicht allein für ihr Wissen zeigte er sich verantwortlich. Auch für die Bildung ihres Charakters, ihrer Persönlichkeit. Er fühlte sich »am wohlsten in Diskussionen mit radikalen Studenten«, berichtete ein Assistent, der Lederer später ins Exil in die USA begleitete.[54] Wir fanden »geistige Reibung und Auseinandersetzung genug«, erzählte Carl Zuckmayer.[55] Bis in die Nacht hinein sollen sie gestritten haben, so als setze der Lehrer all seine Hoffnungen auf die nächste Generation. Auch Frauen nahmen an diesen Debatten teil. »In der Regel hörten wir nicht auf zu diskutieren, ehe sich Lederer mit einem Blick auf die Uhr erhob und erklärte, er ginge jetzt schlafen«, erinnerte sich Fritz Croner.[56] Zuckmayers Freund Carlo Mierendorff, Mitglied der SPD und der Gruppe »Sozialistischer Studenten«, sprach rückblickend davon, dass Lederer ihnen »damals Lehrer, Freund und Genosse« gewesen sei: »Die Zielvorstellung, von der wir getragen waren, war mehr als vag. In irgendeiner Form gedachten wir mitzuwirken an dem großen historischen Werk der Fundierung der Demokratie in Deutschland. Demokratie und Sozialismus waren uns die Leitsterne. Wir brannten darauf, unseren Teil an ihrer Realisierung beizutragen.« Lederer half ihnen, sich zu klären. Sein Schüler dankte ihm 1932 für seine »geistige Führung«.[57]

War auch Netty Reiling unter diesen wissbegierig Streitenden?

Zur Gruppe der »Sozialistischen Studenten« gehörte sie sicherlich nicht. Ihre Zurückhaltung gegenüber Organisationen war schon bei den »Wandervögeln« spürbar geworden. Sie ließ sich anregen – nicht aber binden. Das schloss eine Teilnahme an einzelnen Veranstaltungen nicht aus. Schon als Schülerin hatte sie ein solches Verhalten praktiziert. Hinzu kam, dass junge Leute wie Mierendorff und seine Freunde ein »Zwischenspiel« initiierten: Für einen kurzen Zeitraum probten sozialdemokratische und kommunistische Studenten, von Funktionären ihrer Parteien misstrauisch beobachtet, den Zusammenschluss in einer von ihnen begründeten »Arbeitsgemeinschaft«. Zu ihren Diskussionsabenden hießen sie jeden Gast

---

53 Ebenda, S. 154 und S. 162.
54 Hans Speier: Emil Lederer. Leben und Werk, a. a. O., S. 260 f.
55 Carl Zuckmayer: Carlo Mierendorff, a. a. O., S. 20.
56 Fritz Croner: Ein Leben in unserer Zeit, a. a. O., S. 161.
57 Carlo Mierendorff: Nach 14 Jahren, a. a. O., S. 12, S. 3, S. 12. Mierendorff hielt diese Rede, die er Pfingsten 1932 bei einem Treffen der »Sozialistischen Studentengruppe« der Nachkriegssemester vortrug, als Dank und Gruß anlässlich Lederers 50. Geburtstag. Zu einer Geburtstagsfeier trafen sich ehemalige Mitglieder der »Sozialistischen Studentengruppe« am Fuße des Heidelberger Schlosses.

willkommen, so er sich »zum Sozialismus bekennt und an der Arbeitsgemeinschaft Interesse hat«.[58] Anna Seghers hat nichts über eine solche Gruppe berichtet. Nur ein Schreibfehler verrät, dass auch sie damals die leidenschaftlichen Debatten über Sozialismus im Kreis um Lederer – vielleicht auch in der Gruppe junger Sozialisten und Kommunisten – stark beschäftigt haben müssen: 1921 nannte sie auf ihrer Quästurliste Lederes Vorlesung nicht »Theorie der Sozialisierung«, sondern »Theorie des Sozialismus«.[59]

Neu zu bedenken ist auch ihre Bemerkung über ihre Bekanntschaft mit ausländischen Studenten, politischen Flüchtlingen aus aller Herren Länder: »Wir horchten erregt ihren Berichten«, verriet sie 1948, sich an ihre Heidelberger Jahre erinnernd, im »Vorwort« des Romans »Die Gefährten«.[60] Sollte der Kreis ihrer Freunde sich nicht allein auf Kommunisten beschränkt haben? Breiter und vielfältiger gewesen sein, als – unwidersprochen – später von ihren Lesern in der DDR angenommen wurde? Mierendorff erzählte 1932 rückblickend ebenfalls von ausländischen Gefährten – nicht allein aus Polen, Ungarn, China: Im »Zeichen der Politik trafen wir uns, lernten uns kennen, schlossen Bande der Freundschaft. Die einen Flüchtlinge aus dem Abenteuer der Münchener Räterepublik, Verbannte, Gescheiterte. Flüchtlinge waren auch unsere georgischen Freunde. Wo mögen sie heute stecken – die ›mili's und schwili's‹, die ›madzes und dazes‹, deren unzerstörbare politische Leidenschaft unsere damaligen Diskussionen beherrschte?«[61] Damals nannte auch Netty Reiling einen ihrer vertrautesten Freunde einen »Georgier«.[62] Aber davon im nächsten Kapitel. Der Name Lederer – wie auch der Name Wendel – taucht in den Erinnerungen der Anna Seghers nicht auf, auch nicht in den wenigen erhaltenen Briefen. Dennoch: Viele Menschen trugen zur Entwicklung Netty Reilings bei, behüteten, förderten, was an intellektuellen und künstlerischen Möglichkeiten angelegt war. Lederer jedoch blieb es vorbehalten, im rechten Augenblick das Quentchen Erkenntnis hinzuzufügen, das Grundlagen auszubilden half für eine lebenslange schöpferische Arbeit.

Auch ihren Kommilitonen Carlo Mierendorff erwähnte später Anna Seghers nie – trotz seines besonderen Schicksals: Ab 1933 gehörte er zu den ersten Häftlingen der Faschisten im KZ Osthofen, aus dem die Schriftstellerin in ihrem Roman »Das siebte Kreuz« sieben Häftlinge entkommen lässt. Ein winziger Fingerzeig auf

---

58 Vgl. dazu Norbert Giovannini: Zwischen Republik und Faschismus, a. a. O., S. 76 ff. Die »Arbeitsgemeinschaft sozialistischer und kommunistischer Studenten« soll 1921 begründet worden sein. Im März 1922 konstituierte sich in Leipzig sogar ein »Verband der sozialistischen und kommunistischen Studenten Deutschlands und Österreichs«, der aber schon 1923 am Widerstand von SPD und KPD scheiterte. Fritz Croner, Vorsitzender der Gruppe »Sozialistischer Studenten«, nennt Namen einiger Mitglieder, Netty Reiling ist nicht darunter. (Fritz Croner: Ein Leben in unserer Zeit, a. a. O., S. 166.)
59 UAH, B 636 in Rep. 29-287.
60 Anna Seghers: Wiedersehen mit den Gefährten, in: Anna Seghers: KuW II, Berlin 1971, S. 19.
61 Carlo Mierendorff: Nach 14 Jahren, a. a. O., S. 2.
62 Anna Seghers: Und ich brauch doch so schrecklich Freude. Tagebuch 1924/1925. Die Legende von der Reue des Bischofs Jehan d'Aigremont von St. Anne in Rouen, Berlin 2003, S. 27.

»Gastrollen« bei den sozialistischen Studenten könnte eine Widmung im »Schwalbenbuch« Ernst Tollers sein, das noch heute in der Bibliothek der Anna Seghers zu sehen ist. Dieser Dichter, Akteur im »Abenteuer der Münchener Räterepublik« und danach zu Festungshaft verurteilt, wurde nach seiner Entlassung am 15. Juli 1924 von der Gruppe »Sozialistischer Studenten« eingeladen, zu ihnen nach Heidelberg zu kommen und von seinen Erfahrungen zu berichten. Er schärfte den Freunden ein: »Ihr müsst Fachleute werden, wenn Ihr der großen Sache, der Ihr dienen möchtet, wirklich dienen wollt. Ihr müsst etwas lernen, wenn Ihr helfen und nicht bloß Schönredner und schöngeistige Betrachter sein wollt. [...] Und so haben wir denn auch gehandelt«, fügte Mierendorff seiner Erinnerung an diesen Abend hinzu.[63] »Für Netty Reiling im Frühling 1924«, schrieb Ernst Toller ihr in sein »Schwalbenbuch« ...

Warum vermied Anna Seghers, davon zu sprechen, dass es Sozialdemokraten waren, die sie in Kindheit und Jugend an die Hand nahmen? Nur eine Tagebucheintragung verrät ihre Nähe, die auch nach dem Studium noch immer lebendig war. Am 28. Februar 1925 notierte sie zum Tode Friedrich Eberts, des ersten Reichspräsidenten aus den Reihen der SPD: »Ebert gestorben. Traurig.«[64] Doch als Schriftstellerin schwieg Anna Seghers nicht. Sie ließ sich nicht hindern, in ihren Werken immer wieder von Sozialdemokraten zu erzählen, so vom letzten Weg des »Koloman Wallisch«, der 1934 im Abwehrkampf gegen den Faschismus als Anwalt der Armen in Österreich am Galgen starb und dem sie mit ihrem Bericht ein Denkmal setzte.[65] Und immer wieder warb sie auf ihre Weise für Gemeinsamkeit und Zusammenarbeit von Sozialdemokraten und Kommunisten – auch die »Schönsten Sagen vom Räuber Woynok«, entstanden 1936 und 1938 zum ersten Mal in Moskau veröffentlicht, erzählen davon.

Ein einziges Mal in ihrem Gesamtwerk gestaltete die Schriftstellerin ein knappes Bild ihrer Universitätsstadt. In einigen Figuren ihres Romans »Die Gefährten«, 1932 veröffentlicht, schimmern Züge ihrer Professoren und Freunde auf. Das »kluge, junge Gesicht des Doktor Felix Robert, Redakteur der ›Monatshefte‹« könnte an das Gesicht Lederers erinnern.[66] Immer ließ Anna Seghers sich von Freunden und Feinden anregen zum Erzählen. Niemals jedoch zeichnete sie von ihnen genaue Porträts. »Ich traf in der letzten Zeit nicht nur die gleichsam erfundenen Freunde, deren Leben in meinem Buch verlief, ich traf auch die wirklichen, die lebendigen«, schrieb sie 1948, als nach Beendigung der Emigration ihr Buch in einer zweiten Auflage herauskommen konnte.[67] An anderer Stelle wird ausführ-

---

63 Vgl. dazu Carlo Mierendorff: Nach 14 Jahren, a. a. O., S. 5.
64 Anna Seghers: Und ich brauch doch so schrecklich Freude, a. a. O., S. 26.
65 Anna Seghers: Der letzte Weg des Koloman Wallisch, in: Anna Seghers: Erzählungen 1926–1944, a. a. O. Auch »Die schönsten Sagen vom Räuber Woynok« sind dort wieder abgedruckt.
66 Anna Seghers: Die Gefährten, Berlin 1959, S. 75. Jung, schlank, »mit charmantem österreichischem Dialekt und überzeugenden Bewegungen seiner eleganten schmalen Hände«, so beschrieb ihn Fritz Croner (Fritz Croner: Ein Leben in unserer Zeit, a. a. O., S. 148).

licher auf die Art ihrer Figurendarstellung eingegangen werden. Jetzt interessiert nur, welche Details sie aus dem Leben der Universitätsstadt wiedergibt. Erkennbar wird das wissbegierige, diskussionsfreudige Treiben der Studenten, das Engagement einiger Professoren außerhalb der Hörsäle. So skizziert sie mit wenigen Worten Lehrer und Schüler aus der Sicht eines aus Ungarn emigrierten Gelehrten. Er sieht ein »Rudel Jugend«, »Scharen unruhiger, zielloser Jugend«, einen alten Professor, der »in einem Knäuel stürmischer, fragender Jungen« steckt. In seinem Hörsaal stritten sich seit einigen Jahren aus »irgendeinem Grund [...] Schüler aus allen Ländern und Städten um die besten Plätze«. Der ungarische Emigrant registriert dieses Treiben zunächst mit Unverständnis, bis er begreift, dass diese Jungen von demselben Verlangen getrieben werden wie er selbst: Auch sie suchen Antworten, Halt in den Stürmen der Zeit, fragen nach dem Sinn ihres Weges »zwischen Leben und Sterben«[68].

Unruhig, ziellos, stürmisch, fragend: Mit diesen Worten wird die junge Anna Seghers auch sich selbst als Studentin charakterisiert haben. Immer wieder erinnerte die Schriftstellerin später an die heftig geführten Auseinandersetzungen: »Wir waren alle aufgewühlt von den Ereignissen der Zeit«, erklärte sie 1952 Studenten der Humboldt-Universität Berlin, die sie mit ihren Worten ermunterte, sich den neuen Fragen einer neuen Zeit nicht zu verweigern. »Und während wir daran teilnahmen, leidenschaftlich diskutierend, folgten wir unserem Studium.«[69] Fünfzehn Jahre später schrieb sie ihren Lesern in der Sowjetunion: »Was Revolution wirklich bedeutet, lernte ich auf der Universität von meinen jungen Mitstudenten. Das Lernen war ständig unterbrochen von Streit und Widersprüchen. Jedes Wort war uns ernst. Ausbeutung und Klassenkampf und Roter Oktober klangen einfach und unbezwinglich wie Hass und Liebe und Menschenleid.«[70] Dieses Bild der geistigen Atmosphäre Heidelbergs, erinnert in einer Moskauer Zeitung zum 50. Jahrestag der russischen Oktoberrevolution, lässt deutlich werden, dass die Studentin damals nicht abseits stand. Sie fühlte sich einbezogen in den Kreis junger Leute, unabhängig davon, welcher Partei oder Konfession sie angehörten. Wurde angeregt, ermuntert, eigene Fragen auszusprechen, zu diskutieren, zu verarbeiten. Nicht allein Probleme der Wissenschaft nahmen sie in Anspruch. Auch die Politik hatte sie wild gepackt. Die junge Frau wagte sich hinaus aufs offene Meer politischer Auseinandersetzungen, hielt Ausschau nach neuen Ufern.

---

67 Anna Seghers: Wiedersehen mit den Gefährten, a. a. O., S. 18.
68 Anna Seghers: Die Gefährten, a. a. O., S. 74, S. 162, S. 77, S. 74, S. 34.
69 Anna Seghers: Ansprache vor Studenten, in: Anna Seghers: KuW III, Berlin 1971, S. 86.
70 Anna Seghers: Oktober und Nachher, in: Sinn und Form, Beiträge zur Literatur, Berlin 39(1987)5, S. 890. (Der Beitrag wurde am 1.11.1967 nur in russischer Sprache in der »Prawda« veröffentlicht. Dem Druck in »Sinn und Form« zwanzig Jahre später lag das deutschsprachige Originalmanuskript zugrunde.)

Verwandelt

Schon das zweite und dritte Semester 1920/21 zeigten eine verwandelte Netty Reiling. Ein doppeltes Pensum an Vorlesungen und Seminaren traute sie sich jetzt zu.[71] Den chinesischen Sprachkurs führte sie weiter. Baute ihre Beschäftigung mit China und Japan aus. Begann, sich für philosophische Texte von Lao-tse, Chuangtse und Chou Tun-i zu interessieren. Alles, wie schon im ersten Semester, bei Friedrich Ernst-August Krause-Bakowski.

Ihm allerdings stand Netty Reiling äußerst kritisch gegenüber. Sie ahnte, welche Laufbahn dieser Lehrer, Sohn eines Generalmajors, hinter sich hatte. Die Revolution stieß ihn aus seiner Bahn. Von 1897 bis 1918, mehr als zwanzig Jahre, hatte er dem Kaiser als aktiver Offizier gedient. In China. Als Kolonialoffizier. Als das Kaiserreich zusammenbrach, rettete er sich, indem er auf eine Wissenschaft setzte, die in Deutschland sich erst herauszubilden begann. 1919 konnte er sich in Heidelberg habilitieren. Als kaisertreuer Offizier jedoch trat er noch immer auf. Auch im Hörsaal. »Ich glaube, unser Sinologie-Lehrer war als Kolonialoffizier während der Boxer-Aufstände in China gewesen und hatte dort sein Chinesisch gelernt«, berichtete Anna Seghers 1975. »Er brachte jetzt im Institut eine Karikatur Erzbergers an, unter der in chinesischer Schrift zu lesen war [...]: ›Heute nennt man ihn einen Minister, früher nannte man ihn einen Räuber am Volk.‹«[72]

Das Verhalten des Professors reizte Netty Reiling zum Widerspruch. Dennoch hielt sie fest an ihrem einmal beschlossenen Studienprogramm. In jeder Woche ihres Heidelberger Aufenthaltes wanderte sie zwei- oder dreimal zu Krause-Bakowski. Zum Sprachkurs oder zu Vorlesungen und Seminaren. Kein anderer Lehrer wird für dieses Fach zur Verfügung gestanden haben. 1930 oder 1931 jedoch trug Anna Seghers im Berliner Rundfunk eine Novelle vor, für die das Auftreten ihres Lehrers wohl Anregungen gegeben hatte. Sie erzählt von deutschen Offizieren, die Tschiang Kai-shek helfen sollten, mit preußischem Drill, mit der »Stoppuhr«, wie es heißt, »eine Armee nach europäischem Muster« aufzubauen, fähig, die roten Provinzen im Süden Chinas zu vernichten. Doch im entscheidenden Augenblick, genau nach der von der »Stoppuhr« befohlenen Zeit, drehen die chinesischen Soldaten die Gewehre um, werden sie zur bestgeschulten »Kerntruppe der Südprovinzen«, der Volksbefreiungsarmee. Den deutschen Beratern bleibt nichts als eine erbärmliche Flucht.[73]

---

71 Die folgenden Angaben alle nach den überarbeiteten Listen der Mitarbeiter des Heidelberger Archivs (vgl. Anm. 33).
72 Anna Seghers: Erinnerungen an Philipp Schaeffer, in: Anna Seghers: KuW IV, Berlin 1979, S. 130.
73 Anna Seghers: Die Stoppuhr. Eine Notiz in der »Weltbühne«, Berlin, vom 30.12.1930 kündigte diese Lesung an. Jedoch ist nicht klar ersichtlich, ob der 30.12.1930 oder erst der 6.1.1931 gemeint ist. Schriftlich publiziert wurde die Novelle erst 1933 im Staatsverlag der nationalen Minderheiten in der UdSSR, Charkow-Kiew (in deutscher Sprache). Im »Vorwort« verweist der Herausgeber, Oto Biha, auf die Rundfunksendung (ebenda, S. 3). In dieser Form ist die Novelle von Anna Seghers niemals mehr veröffentlicht wor-

Die Schriftstellerin hielt es mit Heinrich Heine: Erzählend baute sie für ihren Professor eine »Hölle des Dante« auf:

»Wen da der Dichter hineingesperrt,
Den kann kein Gott mehr retten.«[74]

Neben dem Chinesischen wurden die einmal begonnenen kunsthistorischen Studien der Ägyptologie bei dem Archäologen Hermann Ranke weitergeführt. Im Winter 1920/21 besuchte Netty Reiling eine Vorlesung zur »Geschichte des alten Ägypten«. Damit allerdings war ihre Neigung zu diesem Fach vorerst erschöpft. Im dritten Semester fand sie sich zu keiner Veranstaltung dieser Art mehr ein. Was so weitausgreifend begonnen hatte, fand schnell ein vorläufiges Ende. Die Geschichtsstudien blieben von einem solchen Schicksal verschont – aber ausgedehnt wurden auch sie nicht. Nur zwei Vorlesungen suchte sie vorerst noch auf: Im Winter »Französische Geschichte im 19. Jahrhundert (1815–1904)« bei Wolfgang Windelband, »Allgemeine Geschichte im Zeitalter der Reformation und Gegenreformation« bei Hermann Oncken im Sommersemester 1921. Gewachsenen Eifer Netty Reilings konnte allein Emil Lederer verbuchen. Der liebte es, zur Erklärung seiner Thesen Ereignisse aus der Geschichte der Französischen Revolution von 1789 heranzuziehen. Das regte an, historische Vorgänge zu vergleichen, Gegenwartsereignisse in ihrer historischen Dimension begreifen zu lernen. Führte das die Studentin dazu, sich den revolutionären Vorgängen in Europa seit Luthers Thesenanschlag zuzuwenden? Sogar französische Sprachstudien zu beginnen? In der Schule hatte sie in diesem Fach nur mäßigen Erfolg verbuchen können. Jetzt holte sie Versäumtes nach. Im dritten Semester ging sie sogar zum Russischunterricht – um die revolutionären Vorgänge im Osten besser verstehen zu können, wie sie betonte: »Wir versuchten, Russisch zu lernen der russischen Revolution zuliebe.«[75] Es wird nicht der einzige, nicht einmal der ausschlaggebende Grund gewesen sein.

Denn die Sprachstudien machten sichtbar, dass sich die Interessen der Studentin zu ändern begannen. Der Bann des Elternhauses löste sich. Schon bei Krause-Bakowski belegte sie im Winter 1920/21 neben Sprachkurs und Philosophie eine Vorlesung über »Die Literatur Chinas und Japans«. Auch das Seminar zum Neufranzösischen von Leonardo Olschki, Ordinarius für Romanistik, diente der »Lektüre und Interpretation neufranzösischer Texte« und fand im nächsten Semester seine Fortsetzung. In einer weiteren Veranstaltung kamen »Übungen zur Geschichte des französischen Romans« hinzu. Auch eine Vorlesung über »Grundzü-

---

den. Sie wandelte den Text später in eine Anekdote um (Anna Seghers: Die Stoppuhr, in: Anna Seghers: Erzählungen 1926–1944, a. a. O., S. 184 f.).
74 Heinrich Heine: Deutschland. Ein Wintermärchen, in: Heinrich Heine: Werke und Briefe, Bd. 1, Berlin und Weimar 1972, S. 607.
75 Anna Seghers: Oktober und Nachher, a. a. O., S. 890.

ge der russischen Literaturgeschichte« von Nicolai von Bubnoff stand auf dem Programm. Sprach- und Literaturstudien drängten die Beschäftigung mit der Bildenden Kunst in den Hintergrund. Die ursprünglichen Neigungen Netty Reilings brachen durch. Sie ließ ihnen freien Lauf – verbrämte sie aber. Verbarg sie vor sich selbst, gab chinesischer, japanischer, französischer und russischer Literatur den Vorrang. Verzichtete noch auf die Geschichte deutscher Literatur. Aber sie begann, sich von den Vorgaben des Vaters zu lösen. Befreite sich von selbstauferlegter Disziplin. Nahm Kurs auf literarische Tätigkeit. Netty Reiling war auf dem Wege zu sich selbst. »Die Künstlerseele als das eigentlich Schaffensmächtige und Ursprüngliche«, wie ihr Lehrer Carl Neumann sagen würde, wagte sich hervor.[76]

Und dann, im Herbst 1921, Ende des Studiums in Heidelberg. Schluss mit dem, was gerade begonnen. Netty Reiling verließ die heimliche Hauptstadt des Geistes. Zog für ein Jahr nach Köln. Entschied sich für eine Universität, die erst am 17. Juni 1919 – nach mehr als hundertjährigem Dornröschenschlaf – mühsam zu neuem Leben erweckt worden war. Keine bedeutenden Lehrer, kein wissenschaftliches Profil vorweisen konnte. Noch dazu in einer von englischen Truppen besetzten Zone lag. Sie wurde das, was Spötter damals als »Kommilitone Koofmich« verlachten.

Warum dieser Schritt? Zog der Vater die Notbremse? Floh Netty Reiling aus Heidelberg?

Die Frage kann nicht beantwortet werden, ohne zuvor von jenen Studenten zu berichten, die ihre engsten Freunde wurden und von denen sie manchmal ein klein wenig erzählte. Die Emotionalität dieser Beziehungen ergänzte, vertiefte die Anregungen, die von ihrem gemeinsam bevorzugten Lehrer kamen, verlieh ihnen Dauer – ein Leben lang.

---

76 Carl Neumann im »Vorwort« zur ersten Auflage seines Buches »Rembrandt«, in: Carl Neumann: Rembrandt, Bd. 1, München 1924, S. VI.

Abenteuer menschlicher Begegnungen

Von einer, die auszog, das Leben zu lernen

Ungeduldig, voller Erwartungen war Netty Reiling 1920 aus Mainz abgereist. Aber in Heidelberg kam sie als Fremde an. Keine Klassenkameradin begleitete sie, begann wie sie mit dem Studium. Niemand erwartete sie. Allein musste sie ihre ersten Schritte gehen. In einer unbekannten Stadt. Ihre vornehme Verschlossenheit wird es ihr schwer gemacht haben, Distanz zu überwinden, unbekümmert auf Menschen zuzugehen, sie für sich zu gewinnen. Wie als Kind oft geübt, zog sie sich auf sich selbst zurück. Ein Foto zeigt sie vor der Tür ihres Studentenquartiers. Hochgewachsen. In dunkler Kleidung. Allein.[1] In diesem Sommer 1920, so erinnerte sich Carl Zuckmayer mehr als fünfzig Jahre später in einem Geburtstagsgruß, war sie »sehr still, von freundlicher Zurückhaltung, fast schüchtern«. Im Gedächtnis geblieben war ihm sogar der Ausdruck ihrer achatbraunen Augen, die »ihre Klugheit hinter einem immer etwas kindlich-erstaunt wirkenden, manchmal auch schläfrigen Ausdruck« verbargen. »›Sie hat die Grazie einer javanischen Tempeltänzerin‹, sagte Fraenger, ›welche sich ausruht.‹ Vielleicht ruhte sie damals wirklich aus – für strengeres Beginnen.«[2] Möglich, dass dieser Schriftsteller, der mit wachen, gütigen Augen Menschen zu durchschauen verstand, etwas Wahres gesehen hatte. Eine Kind-Frau, angstvoll, aber begierig, zog aus, das Leben zu lernen. Wem würde sie begegnen: Wolf oder Prinzen?

»Noch als Studierte war ich ein sehr kindliches Wesen; ich war viel kindlicher, als ich hätte meinem Alter nach sein dürfen«, so beschrieb Anna Seghers 1973 sich selbst.[3] Ihr Kinderzimmer mit dem Puppenhaus hatte sie in Mainz zurücklassen müssen. In Heidelberg holte sie einen Abglanz davon ins Studentenquartier. Zumindest erinnert werden wollte sie. Ihr Kindsein möglichst lange bewahren. Es hüten wie einen Schatz. Auf einem Foto aus dieser Zeit stützt sie, verträumt, den Kopf auf eine Truhe, Puppen und Stofftiere bevölkern sie.[4] Puppen und Stofftiere als Schutzwall gegen Unvermeidliches: das Erwachsenwerden. Lange bewahrte Kindlichkeit – Netty Reiling schüttete die Quellen ihres Talentes nicht zu, als sie begann, die Wissenschaften zu erobern. Außenstehenden Menschen jedoch muss-

---

1   Anna Seghers. Eine Biographie in Bildern, hrsg. von Frank Wagner, Ursula Emmerich, Ruth Radvanyi, Berlin und Weimar 1994, S. 49.
2   Carl Zuckmayer: Grußwort, in: Anna Seghers aus Mainz. Kleine Mainzer Bücherei, Bd. V, Mainz 1973, S. 11.
3   Achim Roscher: Wirkung des Geschriebenen. Gespräche mit Anna Seghers, in: ndl, Berlin 31(1983)10, S. 62. (Das Gespräch wurde am 18. April 1973 geführt.)
4   Anna Seghers. Eine Biographie in Bildern, a. a. O., S. 39.

te sie als »weltfremd« erscheinen, als »naiv« – was nicht erleichterte, neue Freundinnen und Freunde zu finden.

Carl Zuckmayer wird versucht haben, sie in seinen Literatenzirkel einzuführen. Er nahm sie, die »im kunstgeschichtlichen Seminar des Dr. Wilhelm Fraenger« studierte, gelegentlich mit zu den »beschwingten Abenden«, die außerhalb des Universitätslebens von »Fraenger und dem Kreis seiner musisch gestimmten Adlaten veranstaltet wurden«, erzählte er 1973.[5] Die Schriftstellerin mochte seinem späten warmherzigen »Grußwort« nicht widersprechen, denn ihre Vaterstadt Mainz hatte sie zum ersten Mal öffentlich ehren wollen und den weltweit anerkannten Schriftsteller gebeten, dem geplanten Buch seine Erinnerungen an die Studentin Netty Reiling beizufügen. Erst kurz vor seinem Tode berichtigte sie Zuckmayer. In einem Interview sagte sie, sie habe »nicht bei Fraenger studiert«.[6] Die Quästurlisten der Universität bestätigen ihre Worte; der Name dieses jungen Wissenschaftlers, der gegen überkommene kulturelle Traditionen rebellierte, taucht nicht auf. Seit 1918/19 gehörte er – zum Kummer seines Lehrers Carl Neumann – nicht mehr zu den Mitarbeitern der Universität. Er hatte sich nicht um die Habilitation, nicht um die Venia legendi bemüht, wollte lieber freiberuflich tätig sein, in Heidelberg und Darmstadt ein ungewohntes kulturelles Leben mit moderner Musik, Malerei und Literatur inszenieren. Im alten Wirtshaus »Wolfsbrunnen« vor den Toren der Stadt, wo seine von Freibier und Kirschwasser inspirierten literarischen »Nachtfeste« stattfanden, wird Netty Reiling kaum zu finden gewesen sein. Die mit »jugendlich-aggressivem Übermut« singenden, deklamierenden, lärmenden Studenten der Gemeinschaft um Fraenger, von deren Treiben Zuckmayer noch im Alter liebevoll schwärmte, wird nicht in ihre Welt gepasst haben.[7] Nur vorsichtig, immer wieder zurückschreckend, öffnete sie das Tor zur ersehnten Freiheit.

Unsicherheit und Angst müssen verstärkt worden sein an einer Universität, die von Männern dominiert wurde. In der Schule in Mainz konnten die Mädchen unter

5 Carl Zuckmayer: Grußwort, in: Anna Seghers aus Mainz, a. a. O. Mit dem liebevoll zusammengestellten Buch ehrte die Stadt Mainz die Schriftstellerin zu einer Zeit, da in der Bundesrepublik Deutschland noch eine Mauer des Schweigens sie umgab. Die »Kleine Mainzer Bücherei« war »den Mainzern gewidmet, die dazu beigetragen haben und beitragen, das Bild des heutigen Mainz zu prägen«. In seiner Einleitung »Anna Seghers und ihre Entscheidung« schrieb Walter Heist: »Unsere Sammlung würde ihren Sinn verlieren, hätte die Dichterin von ›Das siebte Kreuz‹ und ›Der Ausflug der toten Mädchen‹ nicht ihren Platz darin. Sie hat einen neuen, zugleich exakten und beseelten sozialen Roman geschaffen und uns in ihrer neuen Form der beiden großartigsten Erzählwerke geschenkt, in denen Mainz und das Land um Mainz lebendig werden, Stadt und Landschaft in ihrer Totalität, ihrem Gut und Böse – fast kommt man in Versuchung zu sagen: in ihrer essentiellen Wahrheit und ihrer essentiellen Lüge. Mainz wäre eine arme Stadt, wenn es diesen Beitrag zu seinem Bild nicht annehmen würde. Dazu gehört auch, dass es die Entscheidung des Menschen, der es schuf, anerkennt: Anna Seghers aus Mainz.« (Ebenda, S. 8)
Die aus politischen Gründen heiß entbrannte Auseinandersetzung um Werk und Autorin, die nach der Rückkehr aus dem Exil ihren Wohnsitz in der DDR genommen hatte, wurde durch diese Worte, dieses Buch entscheidend beeinflusst: 1977 wurde Anna Seghers mit der Auszeichnung »Ehrensenatorin der Universität Mainz«, 1981 »Ehrenbürgerin der Stadt Mainz« gewürdigt.
6 Gespräch mit Anna Seghers, in: Anna Seghers. Materialienbuch, hrsg. von Peter Roos und Friederike J. Hassauer-Roos, Darmstadt und Neuwied 1977, S. 154.
7 Carl Zuckmayer: Als wär's ein Stück von mir. Horen der Freundschaft, Frankfurt/Main 1969, S. 247.

sich bleiben. Koedukation war noch unbekannt. In Heidelberg sah man unter hundert Studierenden nur zwölf bis dreizehn Frauen.[8] Ein glanzvolles Bild zwar im Vergleich mit den anderen Universitäten Deutschlands, wo der Anteil studierender Frauen weitaus geringer war. Dennoch bestimmten Männer auch in Heidelberg Lebensweise und Studienatmosphäre. Einzelne von ihnen – Lehrende wie Lernende – attackierten noch immer Emanzipation und Frauenstudium mit Schmähschriften und wütendem Hohn. Weder eine Professorin noch eine Lehrbeauftragte konnten Netty Reiling helfen, in dieser Welt heimisch zu werden.

Zwei Kommilitonen durchbrachen das Eis. Der Typ des Gelehrten der eine. Der Typ des Künstlers der andere. Fotos zeigen sie.[9] Auf einem Bild ein freundlich lächelnder junger Mann mit schütterem Haar, fast kahlköpfig. Dunkles hochspringendes Haar die Fülle dagegen auf dem anderen Bild, aber auch ein finster bannender Blick. Eine Aura des Abenteuerlichen umgab beide. Sie war es wohl, die Netty Reiling neugierig machte, anzog. Die Kind-Frau wünschte sich das Abenteuerliche. Wollte ausbrechen aus wohlbehüteter Bürgerlichkeit, in die Welt ziehen, endlich erleben, was ihr bislang nur die Literatur – Schillers Dramen, die Romane Dostojewskis vor allem – vorgeführt hatten. Sie verabscheute – so schrieb sie später – das Blässlich-Kleinbürgerliche ihrer Herkunft, suchte Menschen »mit furchtbar auf die Spitze getriebenen Leidenschaften, die auf einen gewaltigen Ausbruch zutrieben«.[10] Großen Taten entgegen. Glaubte Netty Reiling, in Philipp Schaeffer aus St. Petersburg und Ladislaus Radványi aus Budapest auf solche Menschen gestoßen sein?

Geflohen aus dem revolutionären Russland

Zuerst lernte sie Philipp Schaeffer kennen. Einen Tag vor ihr hatte er sich in die Matrikel der Philosophischen Fakultät eingetragen. Studienfach: Orientalische Sprachen. Im »Sinologischen Institut« begegneten sie sich. Beide hatten dieselben Veranstaltungen, denselben Lehrer gewählt: Dr. Krause-Bakowski. Wie Netty Reiling verharrte Schaeffer nicht bei seiner Spezialisierung. Auch ihn zog es zu Emil Lederer. Allerdings – anders als Netty Reiling – im ersten Semester zur »Einführung in die Nationalökonomie«. Die Studien bei Lederer führte er fort. 1921 und 1922 beschäftigte er sich mit »Handelspolitik«, »Finanzwissenschaft«, »Geld- und Kredittheorien«. Seine Interessen verrieten seine Herkunft als Sohn einer Unternehmerfamilie. Lederers Darlegungen über Marxismus, Sozialtheorie und Theorie

---

8 Norbert Giovannini: Zwischen Republik und Faschismus. Heidelberger Studentinnen und Studenten 1918 bis 1945, Weinheim 1990, S. 296.
9 Anna Seghers. Eine Biographie in Bildern, a. a. O., S. 42 und S. 45.
10 Anna Seghers: Woher sie kommen, wohin sie gehen. Über den Ursprung und die Weiterentwicklung einiger Romangestalten Dostojewskis, besonders über ihre Beziehungen zu Gestalten Schillers. Geschrieben auf dem Schiff zwischen Brasilien und Europa, in: Anna Seghers: KuW II, Berlin 1971, S. 183.

der Sozialisierung fand er nicht hörenswert. Stattdessen schrieb er sich ein bei eben jenem Privatdozenten Arnold Ruge, dem im Juni 1920 wegen nationalistischer und antisemitischer Aufwiegelung die Lehrbefugnis entzogen wurde. Das Thema der Vorlesung Ruges: »Staatsanschauungen der Vergangenheit und unmittelbaren Gegenwart mit Beziehung auf die Äußerungen heutiger Staatsmänner«.[11] Was Krause-Bakowski in seiner republikfeindlichen Haltung nur in den engen vier Wänden seines Instituts auf einem Plakat und zudem verhüllt in chinesische Schriftzeichen zu äußern wagte, wird auch Ruge versucht haben – weitaus aggressiver und ohne ein Blatt vor den Mund zu nehmen. Seine Vorlesung jedoch wurde bald untersagt. Warum wollte Philipp Schaeffer gerade diesen Menschen hören? Was erwartete er?[12]

Schaeffer muss seiner jungen Mitstudentin weit überlegen gewesen sein. Nicht allein, weil er sechs Jahre älter war. Andere Verhältnisse hatten ihn geprägt. Das Leben ihn anders gebeutelt. Nicht direkt von der Schulbank wechselte er in die Hörsäle und Seminarräume der Heidelberger Universität. Er kam aus einer Welt, die Netty Reiling teils fremd, teils nur allzu vertraut war. Entstammte einer Familie, die zu Beginn des 19. Jahrhunderts nach Russland auswanderte und in Sankt Petersburg die erste Tapetenfabrik begründete, Besitz und Anerkennung errang. Öffentlicher Beifall erklang auch auf künstlerischem Gebiet: Einer der Vorfahren, Galvanoplastiker, schuf für Sankt Petersburg und vor allem für Zarskoje Selo, die Sommerresidenz des Zaren, prachtvolle, noch heute zu bewundernde Skulpturen. Schaeffers Vater dagegen gelüstete es zu ganz anderem: Er zog den Rock eines Offiziers der Kaiserlichen Armee Deutschlands an, war als Leutnant in Königsberg stationiert, als dort am 16. November 1894 sein ältester Sohn Philipp geboren wurde. Zwei Jahre später quittierte er den Dienst, kehrte er mit Frau und Sohn nach St. Petersburg zurück, um im Familienbetrieb tätig zu werden.

Wie Netty Reiling verbrachte Schaeffer seine Kindheit in einer Atmosphäre, die von Wohlhabenheit, Bildung, künstlerischen Interessen bestimmt war. In russischer Umgebung, in einer deutschen Familie, in der Französisch zu sprechen zum guten Ton gehörte, wurde der Sinn für Sprachen früh geweckt. Deutsches Gymnasium und Abitur 1913 bereiteten ihn auf die Hochschule vor. Doch dem Heranwachsenden behagten die aristokratische Haltung und der preußisch-knappe militärische Ton der Eltern nicht. Auch er suchte auszubrechen. »Seine feindselige Auflehnung überstieg alle Grenzen, und er startete die unglaublichsten Attacken«, erzählte später ein Onkel, in dessen Haus der Sechzehnjährige Zuflucht fand.[13] Der Maler, Graphiker und Karikaturist Jacobus Belsen war es auch, der Philipp Schaef-

---

11 Alle Angaben zu den von Philipp Schaeffer belegten Vorlesungen stammen ebenso wie die zu Anna Seghers aus Dokumenten, die mir dankenswerterweise das Archiv der Universität Heidelberg zur Verfügung stellte.
12 Der »Fall Arnold Ruge« wird ausführlich beschrieben bei Norbert Giovannini: Zwischen Republik und Faschismus, a. a. O., S. 108-111. (Vgl. auch das Kapitel »Zu sich selbst finden« in diesem Buch.)
13 Jacobus Belsen: Das Leben eines Künstlers, Manuskriptdruck, im Besitz von Frau Antonie Grill, Baden-Baden, S. 42.

fer ein neues Lebensziel wies. Er riet ihm, nicht in die Fußstapfen des Vaters zu treten, sondern eine wissenschaftliche Laufbahn anzustreben.

Der junge Mann folgte seiner Anregung und entschied sich zum Studium orientalischer Sprachen. Zwei Semester lang konnte er an der Universität in Sankt Petersburg die gewählten Hauptfächer Chinesisch, Manjurisch und Japanisch studieren – dann brach der Erste Weltkrieg aus. Es erging ihm wie allen männlichen Ausländern in kriegführenden Staaten: Das Vermögen wurde konfisziert, Schaeffer zusammen mit seinem Vater nach Schenkursk im Gouvernement Archangelsk verbannt, wo beide ein schweres und entbehrungsreiches Leben führen mussten. Oft »gingen Vater und Sohn zum Angeln, mit der Gewissheit, zu verhungern, wenn sie nichts fingen«.[14] Doch seine Studien vernachlässigte Philipp Schaeffer nicht. Er beschäftigte sich weiter mit Sanskrit, gab – allen Unbilden zum Trotz – seinen Traum von einer Zukunft als Gelehrter nicht preis. Er lernte eine Lehrerin für russische Literatur kennen, heiratete, und im August 1916 und im Juni 1918 kamen die Töchterchen zur Welt. Als Deutschland dem Sowjetstaat, der aus den revolutionären Umbrüchen hervorgegangen war, im März 1918 den räuberischen Vertrag von Brest-Litowsk aufzwang, wurde die Verbannung aufgehoben. Drei Monate später verließ die Familie Russland.

Schaeffer reiste nach Deutschland – wo er sofort als Soldat rekrutiert wurde. Nur das Kriegsende verhinderte seinen Fronteinsatz. Aber der Neu-Heimkehrer wollte weder die Niederlage noch die auch hier einsetzende revolutionäre Umgestaltung akzeptieren: Er schloss sich dem badischen »Sturmbataillon Kurland« an, zog als Angehöriger eines Freikorps nach Lettland, um gegen Sowjetrussland und Rote Armee zu kämpfen. Erst 1919 sah er Frau und Töchter wieder, die inzwischen ein Zuhause gefunden hatten – in Heidelberg. Auch Schaeffers Eltern und zwei seiner Schwestern mit Ehemännern und Kindern suchten sich dort eine neue Existenz aufzubauen. Der demobilisierte Soldat verhehlte seine Gesinnung nicht, lehnte die gesellschaftlichen Umbrüche in Deutschland ebenso ab wie die Revolution in Russland, trat als Student sofort dem »Kriegsteilnehmer-Verband Heidelberg« bei. Kein Wunder, dass es ihn danach verlangte, bei Arnold Ruge Vorlesungen zu hören.[15]

14 Ebenda, S. 45.
15 Zur Biographie Philipp Schaeffers gibt es – neben den im Universitätsarchiv Heidelberg bewahrten Dokumenten – nur wenig Material. Als Dr. Hans Coppi (Berlin) 2003 in Berlin-Mitte in der Philipp-Schaeffer-Bibliothek eine Ausstellung über ihn vorbereitete, konnte er Kontakt aufnehmen zur ältesten Tochter Schaeffers, Antonie Grill, geb. Schaeffer, die in Baden-Baden lebt. Er ermöglichte es freundlicherweise auch mir, sie kennenzulernen. Ihre Erzählungen bereicherten das Bild ihres Vaters, eine kurze Skizze über ihre Erinnerungen an die Mutter wurde mir zur Verfügung gestellt. Auch das bereits zitierte Manuskript der im Familienbesitz befindlichen Autobiographie von Jacobus Belsen: Das Leben eines Künstlers, erhielt ich von ihr. (Belsen ist ein Schwager ihrer Mutter.) Meine Darlegungen stützen sich auf diese Aufzeichnungen und die Gespräche mit ihr. Ich danke ihr dafür herzlich! Ein lebendiges Bild zeichnete auch Heinrich Scheel in seiner Autobiographie »Vor den Schranken des Reichsgerichts. Mein Weg in den Widerstand«, Berlin 1993, S. 304-308. Beide waren Kampfgefährten im Widerstand gegen das faschistische Regime. Im Zuchthaus Spandau wurde ihm Schaeffer ein väterlicher Freund, der durch Sprachunterricht (Russisch und Persisch) seinen

Vielleicht auch beunruhigten Schaeffer seine Erlebnisse, musste er seiner jungen Mitstudentin schildern, was ihm als Freikorpssoldat widerfahren war. Erinnerte sich die Schriftstellerin mehr als ein Vierteljahrhundert später, als sie an dem Roman »Die Toten bleiben jung« schrieb, an seine Erlebnisberichte? Sie erzählt, wie junge Deutsche, die durch den Krieg »die Heimat verloren« hatten, 1918/19 den Balten halfen, aus Lettland »die Sowjets herauszuschmeißen«[16]. Niemals sprach Anna Seghers vor deutschem Publikum direkt über Auffassung und Haltung Philipp Schaeffers zu Beginn seines Studiums. Aber sie meinte wohl ihn, als sie 1967 in Moskau in russischer Sprache einen Artikel veröffentlichen ließ, in dem sie von ihren Erfahrungen in Heidelberg erzählte und, ohne den Namen des Freundes zu nennen, Kommilitonen erwähnte, die mit ihren Familien aus Russland geflohen waren, »geflohen vor der Revolution«.[17] Sie kannte Schaeffers Lebensweg, traute dem russischen Leser mehr Verständnis zu für verworrene Entwicklungen als dem deutschen. Doch wie Netty Reiling rang auch Schaeffer um Klärung. Er wollte verstehen, was er erlebt, durchschauen, woran er sich beteiligt hatte, im politischen Streitgespräch lernen, sich einen eigenen Standpunkt erarbeiten. Möglicherweise auch im Disput mit einem Nationalisten wie Arnold Ruge. Seine Suche führte ihn nicht allein zu Emil Lederer. Er knüpfte Kontakte zu ausländischen Studenten. Zu den aus Georgien geflohenen, von denen Mierendorff erzählte. Zu jungen Revolutionären anderer Länder, die der Terror der Konterrevolution ins Exil getrieben hatte. Gegen ihren Traum von einem gerechteren Leben war Schaeffer in Lettland mit der Waffe in der Hand zu Felde gezogen. Jetzt jedoch diskutierte er mit ihnen, »stritt er heftig«. Er lernte, klärte sich. Was Anna Seghers immer wieder zu lebensbestimmenden Entscheidungen motivierte, beobachtete sie auch bei dem Freund, schätzte und liebte sie: sein starkes Empfinden für Gerechtigkeit. »Es war ›Gerechtigkeit‹, was uns Junge damals am tiefsten erregte«, schrieb sie 1967, sich selbst mit einbeziehend in die Auseinandersetzungen. »Klassenkampf – sein Sinn war Gerechtigkeit, der uralte Satz war darin enthalten, dass die Letzten die Ersten werden.«[18] Die entstehende Freundschaft mit seinen Gesprächspartnern leitete eine Wende ein in Schaeffers Leben. »Er wurde manchmal so gründlich belehrt, dass er später sein Leben als Antifaschist eingesetzt hat.«[19]

Als gegen Ende der zwanziger Jahre die anwachsende Arbeitslosigkeit immer mehr Menschen an den Rand der Verzweiflung trieb, die politischen Kämpfe sich zuspitzten, war für ihn der Augenblick der Entscheidung gekommen. In der KPD

Überlebenswillen stärkte. Scheel überlieferte als Einziger Schaeffers literarische Interessen: »Er schrieb auch mit großem Sinn für Humor Kurzgeschichten, die er gern im Seemannsmilieu ansiedelte.« Vgl. auch Hans Coppi: Philipp Schaeffer, Orientalist, Bibliothekar, Widerstandskämpfer, in: Internationale Wissenschaftliche Korrespondenz zur Geschichte der deutschen Arbeiterbewegung, 41(2005)3, S. 367 ff.

16 Anna Seghers: Die Toten bleiben jung, Berlin 1952, S. 36 f.
17 Anna Seghers: Oktober und Nachher, in: Sinn und Form. Beiträge zur Literatur, Berlin 39(1987)5, S. 890.
18 Ebenda.
19 Ebenda.

sah er die einzige Kraft, die auch in Deutschland mitwirken könne, »dass es auf der Welt gerechter« zugehe.[20] 1928 wurde er Mitglied. Der Machtantritt Hitlers konnte ihn weder irreführen noch verunsichern. Vom ersten Tage an war er fest verbunden mit dem antifaschistischen Widerstand. Besonders einer Aufgabe sah er sich verpflichtet, die ihm wohl aus der Erinnerung an den eigenen Irrweg zuwuchs: Er schrieb Artikel für die illegal hektographierte Zeitschrift »Die Rote Standarte. Organ der revolutionären SA-Männer der Gruppe Berlin-Brandenburg«, die per Post verschickt oder heimlich verteilt wurde, wandte sich an SA-Männer und Studenten, um sie zum Nachdenken über die politische Situation zu bewegen, wollte ihnen helfen, kritische Haltung, Distanz zum faschistischen Regime auszubilden. 1934 wurde er zum ersten Mal verhaftet, aber wieder freigelassen. 1935 geriet er erneut in die Fänge der Gestapo, wurde er zu fünf Jahren Zuchthaus verurteilt. Zwei Jahre Einzelhaft und Arbeit in einer Straßenbaukolonne musste er ertragen. Er fand dennoch die Kraft, den Überlebenswillen anderer durch heimlichen Sprachunterricht zu stärken, die Arbeit an einem begonnenen chinesischen Wörterbuch weiterzuführen und sich selbst zu klären, z. B. in Gesprächen mit Wolfgang Abendroth über schwer durchschaubares unmittelbar aktuelles Geschehen.[21] 1940 entlassen, resignierte er nicht: Er reihte sich ein in die weit verzweigte Widerstandsorganisation, die wegen ihrer internationalen Funkkontakte von der Gestapo den Namen »Rote Kapelle« erhielt. 1942 ereilte ihn das Schicksal zum dritten und letzten Mal: Das Todesurteil wurde verhängt und vollstreckt. Noch nicht fünfzig Jahre alt, starb Philipp Schaeffer am 13. Mai 1943 auf dem Schafott in Berlin-Plötzensee.

Als Anna Seghers 1947 aus dem Exil nach Berlin zurückkehrte, wollte sie nur wenige Menschen sofort wiedersehen. Sie fürchtete die Verstrickungen der daheimgebliebenen Freunde und Bekannten in den Faschismus. Philipp Schaeffer aber suchte sie. Obwohl sie von seiner Verhaftung 1935 wusste, war sie überzeugt, dass er ihren gemeinsamen Träumen treu geblieben und »schnell zu finden« sei. Er sollte ihr »beistehen in dieser zertrümmerten Stadt, unter ihren verwirrten Menschen«.[22] Hatte sie im fernen Mexiko das Ausmaß des Terrors unterschätzt? Bei der unerwarteten Nachricht von seiner Hinrichtung erging es ihr wie mit allen Ereignissen, die sie zutiefst erschütterten. Quälten. Sie konnte nicht darüber sprechen. Sich nicht von der Last befreien. Wie Deportation und Tod der Mutter um 1942 ihr die Zunge lähmten, so auch das Schicksal des Freundes. Erst 1975 war der Bann

---

20 Achim Roscher: Wirkung des Geschriebenen, a. a. O., S. 64. (Das Gespräch wurde am 28. April 1973 geführt.)
21 Vgl. hierzu Wolfgang Abendroth: Ein Leben in der Arbeiterbewegung. Gespräche, aufgezeichnet und herausgegeben von Barbara Dietrich und Joachim Perels, Frankfurt am Main 1976, S. 179 ff. Schaeffer regte den ebenfalls inhaftierten Freund an, mit seiner Hilfe im Zuchthaus Luckau Persisch und Arabisch zu lernen, um sich so Rezeptions- und wissenschaftliche Arbeitsfähigkeit zu bewahren. Beide suchten sich in Diskussionen auch über die Moskauer Prozesse und die sowjetische Außenpolitik 1939, die sie irritierten, zu verständigen.
22 Anna Seghers: Erinnerungen an Philipp Schaeffer, in: Anna Seghers: KuW IV, Berlin 1979, S. 132.

gebrochen. Ihre Zunge gelöst. Acht Jahre vor ihrem Tode konnte sie deutschen Lesern von ihm erzählen. Widmete sie ihm einen Gedenkartikel, den sie in der meist gelesenen Illustrierten der DDR publizieren ließ.[23] Erhielt ich – nach bekannter Weise – den Auftrag, Sorge zu tragen, dass möglichst viele Menschen ihre »Erinnerungen an Philipp Schaeffer« lasen, diesen besonderen Menschen kennen und achten lernten. Auch jetzt ging sie nicht ein auf die Widersprüche, auf die Wende in seiner Entwicklung. Sie beschrieb einen Menschen, der seine Hoffnungen auf verwirklichte Gerechtigkeit nicht verlor, auch in schlimmen Zeiten nicht, der sich als Antifaschist bewährte und seinen Mut, seine Unbeirrbarkeit mit dem Leben bezahlte. Sie erinnerte sich an die Strecke Wegs, die sie gemeinsam gegangen waren, an gemeinsame Arbeit, gemeinsame Feste: »Sorglos, offenherzig waren wir damals. Wie waren wir bereit, uns zu freuen! Wir fanden immer etwas zum Freuen, trotz der bedrohlichen Zeit, trotz aller Bedrängungen.« Einmal schickte sie den ausgehungerten Studenten zu ihren Eltern nach Mainz, damit er sich »herausfuttern« könne: »Abends in ihrer Wohnung erzählte er ihnen hundert Geschichten von seinen Reisen und seinen Berufen. Auch Schiffsjunge war er gewesen. Einmal kam das Hausmädchen schreiend gerannt: ›Er ist über und über tätowiert!‹« Wenn auch die späte Erinnerung manche Details seines Lebens gelöscht oder in ein Licht gerückt hatte, das seine Tochter Antonie später befremden sollte: Liebevoll errichtete Anna Seghers dem Freund einen Gedenkstein.[24]

Während seines Studiums in Heidelberg werden Philipp Schaeffer und seine Frau sich anfangs mehr schlecht als recht durchs Leben geschlagen haben. Die enge Integration in die Großfamilie erleichterte ihnen das Dasein – vor allem Antonina Schaeffer, die sich mit zwei kleinen Kindern in einem ihr fremden Land zurechtfinden musste. Schaeffer gehörte zur Mehrheit der Werkstudenten. Einer seiner Arbeitsplätze: ein Steinbruch. »Vor einem Fest legte er stundenlang die zerschundenen Hände in warmes Seifenwasser. Er blieb aber immer aufgelegt zu Festen. Er war immer gleichmütig, gutgestimmt«, erinnerte sich Anna Seghers.[25] Von diesem Steinbruch berichtete auch Margarete Buber-Neumann, die damals ebenfalls

---

23 Der Artikel erschien in: Neue Berliner Illustrierte (NBI), Die Zeit im Bild, 31(1975)45, S. 11. Auch zu diesem späten Zeitpunkt fiel Anna Seghers die Arbeit an diesem Artikel nicht leicht, mindestens zwei Jahre brauchte sie bis zur Fertigstellung. Beginnende Krankheit, vielleicht auch ihre durch einen schweren Verkehrsunfall in Mexiko erlittenen Gedächtnislücken erschwerten ihr das Schreiben.
24 In einem Gespräch mit mir fand die Tochter Philipp Schaeffers den Artikel befremdlich, von einem Besuch ihres Vaters bei den Eltern der Anna Seghers z. B. wusste sie nichts, zu Reisen und verschiedenen Berufen hätte er weder Zeit noch Gelegenheit gefunden. Vielleicht auch nahm Netty Reiling seine kurzen, im Seemannsmilieu angesiedelten Erzählungen, von denen Heinrich Scheel gesprochen hatte, für bare Münze, basiert darauf ihre Annahme, er sei auch »Schiffsjunge« gewesen. Zwar war er nicht »über und über tätowiert«, wie Anna Seghers schrieb, beide Unterarme jedoch zeigten die bei Seeleuten beliebten Bemalungen, wie aus einem Gestapo-Bericht hervorgeht. Antonie Grill erzählte, dass auch ihre Mutter ein kleines tätowiertes Bild am Oberarm trug: Tätowierungen müssen bei den jungen Leuten in Archangelsk Mode und Ausdruck eines Protestes gewesen sein. (Die Verbindung ihrer Mutter mit einem Deutschen traf anfangs auf den Widerstand der Eltern von Antonina Schaeffer.) Alle Zitate in: Anna Seghers: Erinnerungen an Philipp Schaeffer, a. a. O., S. 129, S. 131, S. 130.
25 Anna Seghers: Erinnerungen an Philipp Schaeffer, a. a. O., S. 130.

in Heidelberg studierte. Ihr erster Mann Raphael, ein Sohn Martin Bubers, kannte diesen Arbeitsplatz genau. Ich werde darauf zurückkommen.

Auch Antonina Schaeffer trug zum Lebensunterhalt der Familie bei. Wie die älteste Tochter Antonie berichtete, war ihre Mutter zeitweise in der Stadtbibliothek beschäftigt, erteilte sie »zu Hause russischen Unterricht an Chinesen, die in Heidelberg studierten«.[26] Um 1922 besserte sich die Lage der Umsiedler, ein Lastenausgleich für das in Russland konfiszierte Vermögen wurde gezahlt, erste Anschaffungen konnten gemacht, ein Fotoapparat, ein Fahrrad, sogar ein Segelboot gekauft werden.

Anna Seghers hat nie über Schaeffers Frau gesprochen, nie von seinen Kindern erzählt. Doch in ihrem Nachlass fand sich ein Foto, das den Freund mit seinen beiden Töchtern vor seinem Wohnhaus in Heidelberg zeigt.[27] Unterstützte Schaeffer den Unterricht seiner Frau? Brachte er seine ausländischen Kommilitonen, auch Netty Reiling und Ladislaus Radványi mit zu ihrem Sprachkurs? Netty Reiling lernte Russisch zu dieser Zeit, »unsere Lehrer waren zumeist weißrussische Emigranten, geflohen vor der Revolution«, schrieb sie 1967.[28] Dann dürfte die Sinologiestudentin schon hier in Heidelberg mit Chinesen zusammengetroffen sein, sich mit ihnen befreundet haben. In ihrem Roman »Die Gefährten«, in dem Anna Seghers Erlebnisse ihres Aufenthaltes in Heidelberg auswertete, widmete sie einen Handlungsstrang einem jungen Chinesen, der in London und Berlin studierte und zur revolutionären Bewegung fand.

Während ihres Studiums war Schaeffer ihr Mentor. Er begleitete ihre ersten Schritte in der Fremde, wird ihr geholfen haben, ihre Scheu zu überwinden, Kontakte zu anderen Menschen herzustellen. Viele Vorlesungen, Seminare, Diskussionsrunden besuchten sie gemeinsam. Sie lernten gemeinsam. Als Netty Reiling während ihres zweiten und dritten Semesters an Seminaren zur »Interpretation philosophischer Texte« des Lao-tse, Chuang-tse, Chou Tun-i und zum »Staatsbegriff des Konfuzius« teilnahm, war es Schaeffer, der Arbeiten des Lao-tse, diese »ganz besonders schöne Sache«, wie sich Anna Seghers noch 1981 in einem Brief an mich erinnerte, »damals mit mir durcharbeitete«.[29] »Wir beide, Schaeffer und ich«, schrieb sie in ihrem Gedenkartikel 1975, »waren nicht für Konfuzius mit seiner feudalistischen Staatsmoral, sondern für Laotse. Wir glaubten zu verstehen, was Laotse verstand unter seinem großen Tao, mit seinem Leitsatz ›Tun durch Nichttun‹. Das Original, wenn es ein solches gab, war dunkel und in der Übersetzung noch dunkler – doch wurde es aufgeblendet durch das, was ich darunter verstand oder vielmehr Schaeffer daraus entnahm.«[30]

26 Aufzeichnungen von Antonie Grill.
27 Die Angaben über Lastenausgleich und Einkäufe entstammen den Ausstellungstafeln, auch das Foto und Auszüge aus den Gestapo-Berichten waren dort zu sehen. (Vgl. Am. 15)
28 Anna Seghers: Oktober und Nachher, a. a. O.
29 Brief vom 19.10.1981, in meinem Besitz.
30 Anna Seghers: Erinnerungen an Philipp Schaeffer, a. a. O., S. 130.

Er wird sie bestärkt haben, durchzuhalten beim Erlernen der chinesischen Sprache. Mehr zu tun als üblich. Denn beide beschäftigten sich auch mit Problemen, von denen bei ihrem Lehrer kein Wort zu hören war. Im Sommer 1920 bot Krause-Bakowski zwar eine Vorlesung an über die moderne Entwicklung in China und Japan. Eine Reaktion vielleicht auf die ein Jahr zuvor in Peking und Shanghai entbrannten Volksaufstände, die mit unvorstellbarer Grausamkeit niedergeschossen worden waren. Nicht nur von monarchistisch gesinnten einheimischen Truppen. Auch von ausländischen Militärs, auch von deutschen Soldaten aus der Weimarer Republik. Doch der ehemalige kaiserliche Offizier, einst selbst in China stationiert, wird seine Aufmerksamkeit auf all das gerichtet haben, was dort die Restauration der Monarchie befördern sollte. Netty Reiling und ihren Freund hingegen interessierte an China, was sie auch in Deutschland außer Atem hielt: die stets gefährdeten Bemühungen um den Aufbau einer lebenskräftigen Republik. Im fernen Osten war Sun Yatsen Repräsentant der seit der Jahrhundertwende immer wieder aufs Neue unternommenen Anstrengungen, China auf den »Weg der Revolution«[31] und damit zu einer bürgerlich-demokratischen Republik zu führen. Krause-Bakowski hatte für Hoffnungen auf eine Republik China kein Wort übrig. »In unserem Institut war nie die Rede von dem zeitgenössischen China. Kenntnisse über Sun Yat-sen und seine drei Volksprinzipien verschafften wir uns allein«, berichtete Anna Seghers.[32]

Wissensdurst und Sprachkenntnisse werden es Schaeffer ermöglicht haben, nicht auf Publikationen in der deutschen Presse zu warten. Er konnte chinesische und andere fremdsprachliche Quellen ohne Vermittlung auswerten. Im Sommer 1920 hatte er den chinesischen Sprachkurs für Anfänger wohl einzig deshalb aufgesucht, um eigenes Können aufzufrischen. Erstaunliche Kenntnisse muss er schon aus St. Petersburg mitgebracht haben. Er beherrschte nicht nur Russisch und Französisch. War auch vertraut mit Chinesisch, Tibetisch, Sanskrit, Persisch, Griechisch, Latein, Estnisch. Er lernte Japanisch. Beschäftigte sich mit türkischen und altbulgarischen Texten. Publizierte ab 1924 Übersetzungen aus dem Chinesischen und dem Russischen. Reden und Schriften Sun Yatsens, auch Informationen über den Verlauf der nationalrevolutionären Volksbefreiungsbewegung in China wird er sich selbst besorgt, mit Netty Reiling durchgesprochen haben. Auch das Programm der bürgerlich-demokratischen Revolution mit dem Kern der »Drei Volksprinzipien«. Anna Seghers erinnerte es später immer wieder, es blieb ihr beispielhaft für demokratische Veränderungen. Sun Yat-sen hatte es ab 1904 öffentlich propagiert. Zuerst als Emigrant in San Francisco, Brüssel, Berlin, Paris. Er suchte etwas zu verwirklichen, was auch den beiden Studenten in Heidelberg innerstes

---

31 Vgl. dazu Sun Yat-sen: Erklärung anläßlich der Übernahme des Amtes des Provisorischen Präsidenten der Republik vom Januar 1912, in: Sun Yatsen: Reden und Schriften, Übersetzung, Auswahl, Einleitung und Anmerkungen von Brigitte Scheibner und Helga Scherner, Leipzig 1974, S. 110.
32 Anna Seghers: Erinnerungen an Philipp Schaeffer, a. a. O., S. 130.

Bedürfnis war, für das auch ihr Lehrer Emil Lederer immer aufs Neue eintrat. Als Sun Yat-sen für kurze Zeit das Amt eines Provisorischen Präsidenten der Republik China übernehmen konnte, erklärte er im Januar 1912: »Seit acht Monaten weht die Fahne der Gerechtigkeit.«[33] Sie wehte nur zwei Jahre. Großgrundbesitzer und Militärs, einheimische und fremde, vertrieben ihn erneut. Doch er hielt fest an seinem Ziel – ob als Exilant, Vorsitzender der Partei der Guomindang oder – ab Mai 1921 – wiederum Präsident. Diesmal jedoch konnte er nur als »Außerordentlicher Präsident« eines Teiles von Süd-China auftreten. In Reden und Schriften stellte er Überlegungen zu einem neuen China öffentlich vor. Er schulte Parteimitglieder. Wandte sich an ein Publikum aus allen Teilen der Bevölkerung, in China und im Ausland. Er arbeitete an seinem Programm. Verband Erfahrungen westlicher Republiken, vor allem der USA, mit Traditionen seines Heimatlandes. Die »Drei Volksprinzipien«, das Prinzip des Nationalismus, das auf einen einheitlichen und unabhängigen Nationalstaat abzielte, und die Grundsätze der Demokratie und des Volkslebens, so sagte er 1921, »entsprechen der These des amerikanischen Präsidenten Lincoln: ›of the people, by the people, and for the people‹«: »Das Volk muss befähigt werden, selbst zu regieren, erst dann ist es in der Lage, seinem Wunsche gemäß zu leben; wenn es nicht selbst regieren kann, vermag es nicht sein Leben zu gestalten...« Deshalb erweiterte er die »Drei Volksprinzipien«, schuf er eine »Verfassung der fünf Gewalten«, der zwei weitere Rechte, »Prüfungsgewalt« und »Kontrollgewalt«, hinzugefügt worden waren, damit das Volk jeden Kandidaten vor seiner Wahl auf seine Eignung hin testen, jeden gewählten Abgeordneten bei Unfähigkeit oder Machtmissbrauch absetzen könne.[34]

Für Philipp Schaeffer und Netty Reiling wird die Begegnung mit Sun Yat-sen mehr bedeutet haben als Bereicherung ihres Wissens. Wie so vieles ihrer Heidelberger Jahre werden in den Machtkämpfen deutscher Nachkriegszeit seine Schriften zu Orientierungshilfen geworden sein, beigetragen haben, eigene Vorstellungen über eine lebenswerte Zukunft auszubilden, eine demokratisch organisierte Gesellschaft für erstrebenswert zu halten. Immer wieder während ihres gesamten Lebens und Schaffens kam Anna Seghers auf ihre frühe Beschäftigung mit den Schriften Sun Yat-sens zurück. In allen Etappen ihrer literarischen Entwicklung sollte sie Stoffe und Themen aus Geschichte und Gegenwart Chinas aufgreifen.

Schaeffers Initiativen werden sie noch in eine andere Richtung gewiesen haben. Im Sommer 1921 nahm er Netty Reiling mit zu dem Lehrer, der auf ihn den größten Einfluss ausübte. Sein Name wird ihm schon in Petersburg vertraut gewesen sein, ihn nach Heidelberg gezogen haben. Bei Prof. Dr. Max Walleser, einem bekannten Indologen, hörten sie gemeinsam eine Vorlesung über den »Buddhistischen

---

33 Sun Yat-sen: Erklärung anläßlich der Übernahme des Amtes des Provisorischen Präsidenten der Republik (Januar 1912), in: Sun Yat-sen: Reden und Schriften, a. a. O., S. 109.
34 Sun Yat-sen: Die Verfassung der fünf Gewalten (1921), in: Sun Yat-sen: Reden und Schriften, a. a. O., S. 238 bis 246. Zitate S. 243 und S. 244.

Relativismus«. Eine für die gläubige Jüdin Netty Reiling entscheidende Phase ihrer Entwicklung setzte ein. In der Kindheit hatten die Eltern dazu beigetragen, dass die Tochter auch die christliche Religion achten lernte, sich religiöse Toleranz ausbilden konnte. Jetzt begann eine wissenschaftliche Beschäftigung mit der Geschichte der Weltreligionen.

Studien zur Geschichte des Buddhismus und – damit im Zusammenhang – Sprach- und Textvergleiche waren das Spezialgebiet Philipp Schaeffers. 1923 erarbeitete und verteidigte er bei Max Walleser seine Dissertation zu einer Schrift des Nâgârjuna, der gegen Ende des zweiten Jahrhunderts nach der Zeitrechnung als einer der einflussreichsten Reformer des Buddhismus gewirkt hatte. Das Sanskrit-Original ist nicht erhalten, nur zwei Übersetzungen überdauerten: eine tibetische des 9. und eine chinesische des 11. Jahrhunderts. Schaeffer übersetzte beide, verglich, interpretierte, zog Schriften des Sanskrit zu Rate, um »Sinnenstellungen und Abweichungen der chinesischen Version im Gegensatz zu der genauen tibetischen«[35] erkennbar zu machen. Er konnte die Autorschaft überprüfen, Datierungen der Texte vornehmen und damit eine der Quellen des Buddhismus erhellen, sie der europäischen Forschung erschließen.

Schaeffers Doktorarbeit zeigte, dass er als Orientalist und Mitarbeiter Max Wallesers, in dessen Zeitschrift »Materialien zur Kunde des Buddhismus« er publizierte, zu einer Laufbahn als Gelehrter befähigt war. Eine ungenügende Förderung der Universitäten während der Weimarer Republik stand dem im Wege. Fehlende finanzielle Mittel für Lehre und Forschung verhinderten es. Stattdessen warteten auf Schaeffer Arbeitslosigkeit bzw. Existenz als Transportarbeiter in Berlin. 1927 fand er wenigstens für fünf Jahre eine Anstellung als Bibliothekar.

In Heidelberg jedoch steckte Schaeffers Leidenschaft Netty Reiling an. Es blieb nicht bei der einen Vorlesung über Buddhismus. Gemeinsam führten sie ihre Beschäftigung mit der Geschichte der Weltreligionen fort, hörten sie bei Max Walleser »Einführung in die indische Philosophie«. Allerdings: Zu Krause-Bakowskis Veranstaltung »Die einheimischen Religionen in China und Japan« begleitete Schaeffer die Freundin nicht. Doch sie blieb der Thematik treu, auch nach seinem Umzug nach Berlin. Noch im Winter 1923/24, kurz vor dem Schreiben der eigenen Dissertation, befasste sie sich mit »Buddhismus«. Wenn auch wiederum nur bei Krause-Bakowski. Dieses Studium, das Entstehung und Wesen unterschiedlicher religiöser Bewegungen historisierte und zu erklären suchte, wird die gläubige Jüdin veranlasst haben, sich mit der eigenen Religiosität auseinanderzusetzen. Aufgewachsen im Vertrauen auf Gott, hatte sie verinnerlicht, was »sich nicht lehren und übertragen lässt«, wie die Erzählerin später in einer ihrer schönsten Novellen schreiben sollte.[36] Doch was Vater und Mutter vorgelebt hatten, dem Kind

---

35 Das Archiv der Universität Heidelberg stellte mir die Dissertation dankenswerterweise zur Verfügung: Philipp Schaeffer: Das Yukti sastaka des Nâgârjuna, Inaugural-Dissertation zur Erlangung der Doktorwürde der Hohen Philosophischen Fakultät der Ruprecht Karls Universität zu Heidelberg, 1923, S. 2.

selbstverständlich geworden war, wurde jetzt dem Denken ausgesetzt. Überprüft. Ein quälender Prozess des Suchens setzte ein. Fragen und Zweifel wurden laut, Ängste, sogar Todesfurcht tauchten empor. Die Studentin begann, sich ihren weltanschaulichen Standpunkt neu zu erarbeiten. Heraufbeschworen wurde die Gefahr, sich vom Glauben der Väter, auch von den Eltern entfernen zu müssen. Ein Tagebuch, nach Abschluss des Studiums vom November 1924 bis Mai 1925 geführt, und eine in diesen Monaten entstehende »Legende von der Reue des Bischofs Jehan d'Aigremont von St. Anne in Rouen« zeugen davon.[37] Für das Schreiben der Erzählung bat sie um den Segen Gottes. Dem Text setzte sie die Worte voran: »mit Gottes Hilfe«. Wenige Wochen später jedoch, die Legende war fertiggestellt, fragte sie: »Warum habe ich immer in d. Freude das Gefühl, mich von Gott zu entfernen?« Wie als Kind gelernt, suchte sie weiterhin Rat und Hilfe im Gebet: »Herr, hilf. Hilf einmal unverdient!« hieß es am 11. Dezember 1924. »Gott nimm von mir die schreckliche Angst, die schreckl. Gewissensqualen«, am 1. März 1925. »Gott, mach dass ich dich sehe. Wenn ich dich sehen würde, gäbe es keine Furcht mehr«, am 24. März 1925. »Niemals ist das Rechte leicht. Ich will nicht verzweifeln. Gott soll mir helfen« am 15. April 1925. Ihre letzte Eintragung aber lautete: »Freudlos und einsam und Gott weit weg.« Lange Jahre sollte diese zermürbende Auseinandersetzung währen.

Geflohen aus Horthy-Ungarn

Der Freund Philipp Schaeffer wird es auch gewesen sein, der Netty Reiling in den Kreis junger ausländischer Studenten einführte. Vielleicht trafen sich alle im Sprachzirkel seiner Frau, um Russisch zu lernen. Ihrem Landsmann Carl Zuckmayer, der Netty Reiling mitnehmen wollte zur Gruppe ausgelassen dichtender und zechender Literaten um ihn und Wilhelm Fraenger, folgte sie nicht. Die ausländischen Studenten dagegen verlockten sie. Vor allem die politischen Emigranten unter ihnen, die noch »erschöpft« waren »von dem Erlebten, doch ungebrochen und kühn«, ihr selbst »überlegen an Erfahrungen, auch an Opferbereitschaft im großen und Hilfsbereitschaft im kleinen«[38]. Doch ihr Kreis wird weitaus vielfarbiger gewesen sein, als Anna Seghers 1948 in ihren Erinnerungen glauben machte. Die unterschiedlichsten politischen Erfahrungen werden hier zusammengetroffen sein. Nicht nur Philipp Schaeffer und seine Frau gehörten zu denen, die

---

36 Anna Seghers: Post ins Gelobte Land, in: Anna Seghers: Gesammelte Werke in Einzelausgaben, Bd. IX, Berlin 1977, S. 307.
37 Anna Seghers: Und ich brauch doch so schrecklich Freude. Tagebuch 1924/25. Die Legende von der Reue des Bischofs Jehan d'Aigremont von St. Anne in Rouen«, hrsg. von Christiane Zehl Romero, Berlin 2003. Am 22.12.1924 notierte die Autorin über die Erzählung: »Den Bischof vollendet […].« (S. 15.) Die folgenden Zitate befinden sich S. 34, S. 20 (12. 1. 1925), S. 12, S. 26, S. 27, S. 31, S. 32.
38 Anna Seghers: Wiedersehen mit den Gefährten, in: Anna Seghers: KuW II, Berlin 1971, S. 19.

andere Erlebnisse mitbrachten als die kommunistischen Emigranten, nicht sie allein werden Partner der heftigsten Streitgespräche gewesen sein. Vielleicht zählten einige der »Georgier« dazu, die vor der Eroberung ihrer Heimat durch sowjetische Truppen geflohen waren. In ihrem »Tagebuch« – dem frühesten authentischen Selbstzeugnis ihrer Erlebnisse damals – nannte Netty Reiling auch Philipp Schaeffer einen »Georgier«.[39] Sicher ist nur eines: Unter diesen Studenten, denen Netty Reiling erregt zuhörte, befand sich auch Ladislaus Radványi.

Anfangs müssen beide sich gesehen haben, »ohne sonderlich Notiz voneinander«[40] zu nehmen. Wenigstens Netty Reiling nicht. Auch Radványi eilte in die Vorlesungen Emil Lederers. Auf diesen Lehrer wird ihn sein ungarischer Förderer Georg Lukács, befreundet mit den Familien des Soziologen und dessen Frau, aufmerksam gemacht haben.[41] Radványi hörte alles, was Lederer anbot. Wird dort schon in seinem ersten Semester auf Netty Reiling gestoßen sein, sich heftig in sie verliebt haben. Auch bei Nicolai von Bubnoff, der über die Geschichte der russischen Literatur sprach, sah er sie. Hier könnten sie sogar zu dritt nebeneinander gesessen haben: Netty Reiling, Philipp Schaeffer, Ladislaus Radványi. Das Gewebe menschlicher Beziehungen verdichtete, die Fäden verwirrten sich. Ein Spiel zu dritt begann.

Der Ungar Ladislaus Radványi kam erst ein halbes Jahr später als Netty Reiling nach Heidelberg. Wählte andere Studienfächer: Philosophie und Moderne Philologie, vielleicht Ausdruck dafür, dass er sich als Schriftsteller versuchen wollte.[42] Am 18. Oktober 1920 trug er sich in die Matrikel ein. Mit wenigen Angaben: Geboren am 13. Dezember 1900 in Budapest, »konfessionslos«, Beruf des Vaters Emerich Radványi: »Maschinenfabrikant«, Reifezeugnis der »Oberrealschule in Budapest« vom 8. Juni 1918 mit Ergänzungsprüfungen in Latein und Griechisch. In Wien, so notierte er, habe er bereits ein Semester in seinem Fach absolviert.

Er blieb nicht einmal ein Jahr. Am 24. August 1921 wurde sein »Abgangs-Zeugnis« ausgestellt. Wohin Radványi sich wandte, lässt sich nur erschließen. Denn schon nach einem Jahr, am 16. Oktober 1922, meldete er sich an der »Badischen Ruprecht-Karls-Universität« zurück – mit der Bemerkung, Winter und Sommer 1921/22 in Wien studiert zu haben. Diesmal belegte er nur das Fach Philosophie, veränderte er einige Angaben zur Person. Als Religionsbekenntnis nannte er jetzt »israelitisch«; der Vater war »Maschinen-Werkstätten-Inhaber«; dem Abitur fügte er pedantisch die Daten der Prüfungen in Latein und Griechisch vom 30. Juni

---

39 Anna Seghers: Und ich brauch doch so schrecklich Freude, a. a. O. Am 25. März 1925 schrieb sie: »Guter Abend bei Schaeffers. Der Georgier mit den großen Zähnen.« (S. 27)
40 Achim Roscher: Wirkung des Geschriebenen, a. a. O., S. 64. (Das Gespräch fand am 28. April 1973 statt.)
41 Georg Lukács war befreundet mit Irma Seidler (Freitod August 1911), der Tochter eines ungarischen Fabrikanten. Ihre Schwester Emy Seidler wurde die Frau Emil Lederers. Bei seinen Aufenthalten in Heidelberg (1912–1915 und 1917/18) lebte Lukács bei der Familie Lederer.
42 Ein Verzeichnis der von Ladislaus Radványi besuchten Vorlesungen sowie Kopien der Immatrikulations- und der Exmatrikulationsurkunden wurden mir dankenswerterweise vom Archiv der Universität Heidelberg zur Verfügung gestellt. Alle folgenden Angaben und Zitate zur Person finden sich dort.

1918 und vom 16. Dezember 1919 hinzu. Eine Korrektur auch bei den bereits besuchten Hochschulen: Vor Heidelberg und Wien, so gab er an, habe er in Budapest je ein Semester Jura und Philosophie absolviert. Auf stolze sieben Semester Studium verwies der noch nicht Zweiundzwanzigjährige bei seiner Rückmeldung in Heidelberg. Seit dem Abitur im Sommer 1918 schien er ununterbrochen Universitäten besucht zu haben. Wie ein lückenloses Alibi liest sich die Matrikel vom 16. Oktober 1922. Wollte Radványi, dass man sie so verstand? Warum Abschied und Rückkehr und die Änderung einiger Angaben?

Im Herbst 1920, als Ladislaus Radványi zum ersten Mal nach Heidelberg kam, hatte er ein weit bewegteres Leben hinter sich, als sein so karg ausgefüllter erster Fragebogen glauben machen wollte. Mit diesem Ungarn begegnete Netty Reiling einer Welt, die anders und sehr viel abenteuerlicher war als die, die Heidelberger Lehrer ihr zu eröffnen vermochten, die sich zudem grundlegend unterschied vom Erleben Philipp Schaeffers. Jetzt lernte sie nicht nur theoretisch revolutionäre Auffassungen kennen. Jetzt traf sie auf einen jungen Menschen, der zwar wenige Wochen jünger war als sie, doch bereits selbst teilgenommen hatte an den politischen Kämpfen im Gefolge der russischen Revolution. Als Achtzehnjähriger. Für sie gehörte er zu den »wirkliche[n], nicht beschriebene[n] Helden« einer erträumten neuen Zeit.[43]

Auch Radványi wuchs auf im Haus eines jüdischen Unternehmers, in dem wissenschaftliche und künstlerische Interessen gepflegt wurden und in einer Bibliothek Werke der Weltliteratur zur Verfügung standen. Schon als Gymnasiast zeichnete er sich aus, errang er mit Gedichten, literarischen Übersetzungen und Studienaufsätzen mehrmals den ersten Preis eines Schulzirkels.[44] Gefördert durch einen Lehrer, der mit einer Monographie über Endre Ady hervortrat, begeisterte sich auch der Knabe für den zeitgenössischen Lyriker und Erzähler, der die ungarische Lyrik erneuerte und mit seinen kriegskritischen Ansichten und revolutionären Visionen in der Öffentlichkeit heftige Debatten auslöste. Sie erregten auch den jungen Radványi. Weckten in ihm sicherlich den Wunsch, selbst Schriftsteller zu werden. Ady nacheifernd, versuchte er sich an Gedichten, konnte er als Fünfzehnjähriger ein Lyrik-Bändchen mit dem Titel »Fekete könyv« (»Das schwarze Buch«) veröffentlichen. Noch heute befindet es sich in der Bibliothek der Anna Seghers. Immer wieder werden in den Gedichten der Tod und die Liebe beschworen, die Farbe Schwarz beherrscht die Szenerie. »Schon an den Titeln«, schrieb Helen Fehervary, die 1995/96 zum ersten Mal auf die Gedichte in ungarischer Sprache aufmerksam machte, »lässt sich die Gefühlsstimmung eines empfindsamen

---

43 Anna Seghers: Wiedersehen mit den Gefährten, a. a. O.
44 Angaben nach Éva Gábor: László Radványi und die MASCH, Aufsatz aus einem unveröffentlichten Buchmanuskript »Ungarische Schriftsteller, Kritiker und Künstler in der Weimarer Republik«, hrsg. von László Illés und Alfred Klein, S. 2 ff., Stiftung Archiv der Akademie der Künste, Berlin. Die Autorin stützte sich auf Briefe und Gespräche mit Radványi und seiner Schwester Lili und wertete die Jahrbücher der Realhauptschule in Budapest, Markógasse, aus.

Gymnasiasten ablesen, der 1916 als junger ungarischer Jude und belesener Ady-Epigone gegen den Krieg und zugleich hungrig auf Leben war.«[45] Vielleicht erschloss das Bändchen dem Schüler Zugang zu einem exklusiven Kreis von Menschen, die weitaus älter waren, wie er jedoch Krieg und Kriegsbegeisterung ablehnten und sich auf der Suche nach neuem Leben, neuem Denken befanden. Was er bei ihnen in Budapest erlebte, entschied über seinen Werdegang.

Der Dichter Béla Balázs hatte ab 1915 einige Freunde zu regelmäßigem Treffen um sich versammeln können: »Sonnabends (beziehungsweise neuerdings am Sonntagnachmittag) ist bei mir ›Herrenjour‹, aus dem vielleicht eine Akademie des ›Geistes‹ und der Ethik werden könnte. Nur ›ernsthafte‹ und zur Metaphysik neigende Leute werden eingeladen«, schrieb er im Dezember 1915 in sein Tagebuch. »Von herrlichen Dingen ist die Rede, in herrlicher Stimmung, alle werden stimuliert, befruchtet. Es ist eine ideale philosophische Akademie. Vielleicht in dem alten griechischen Sinne, als die Philosophie noch nicht so sehr eine Einzelwissenschaft war.«[46] Ein kleiner Kreis junger Intellektueller strebte nach dem, was auch in Heidelberg das geistige Leben bestimmte. Auch hier in Budapest wollten die Freunde um Béla Balázs interdisziplinär arbeiten, eine Zusammenschau philosophischer, historischer, künstlerischer Erkenntnisse versuchen.

Zum geistigen Mittelpunkt dieser Gruppe junger Künstler und Philosophen, zu der auch Frauen gehörten, Schriftstellerinnen vor allem, wurde bald Georg Lukács, ein Jugendfreund des Initiators der Treffen. Aus Heidelberg war er 1915 in die Heimatstadt zurückgekehrt. Durchaus nicht der Älteste, überragte er intellektuell jedoch alle. Mit zahlreichen Publikationen hatte der Dreißigjährige sich schon einen Namen gemacht. Zudem war er davon überzeugt, eine Mission erfüllen, »eine neue Generation erziehen« zu müssen. »Die überlegene Sicherheit seines Gehirns hat etwas von enormer Monumentalität«, bemerkte Balázs.[47] Zwei Doktorhüte trug er bereits. Jetzt bereitete er seine Habilitation und Lehrtätigkeit an der Universität Heidelberg vor – mit nichts weniger denn einer systematischen Ästhetik, einer »Philosophie der Kunst«, die er im Sommer 1918 bei Max Weber und Heinrich Rickert verteidigen wollte.[48] Von 1912 bis 1915 und wieder 1917/18 in Heidelberg studierend und mit Emil Lederer und dessen Frau befreundet, brachte der Sohn eines be-

---

45 Helen Fehervary: Die Seelenlandschaft der Netty Reiling, die Stimmen der Jeanne d'Arc und der Chiliasmus des Kommunisten László Radványi, in: Argonautenschiff, Berlin 1996, Bd. 5, S. 129.
46 Béla Balázs: Tagebuch (1915-1922), in: Georg Lukács, Karl Mannheim und der Sonntagskreis, hrsg. von Éva Karádi und Erzsébet Vezér, Frankf./Main 1985, S. 107 und S. 108. (Im Folgenden nur Sonntagskreis.) Diese Dokumentensammlung mit ihrer informativen »Einleitung« von Éva Karádi bietet den bislang besten Überblick über die Arbeit des Sonntagskreises.
47 Ebenda, S. 117.
48 Lukács hatte am 25.8.1918 in Heidelberg den Habilitationsantrag eingereicht. Der Dekan teilte ihm jedoch mit, »... dass die Philosophische Fakultät unter den gegenwärtigen Zeitumständen einen Ausländer, zumal einen ungarischen Staatsangehörigen, zur Habilitation nicht zulassen darf«. Zitiert nach Johanna Rosenberg: Das Leben Georg Lukács' – Eine Chronik. In: Dialog und Kontroverse mit Georg Lukács: Der Methodenstreit deutscher sozialistischer Schriftsteller, Leipzig 1975, S. 402.

güterten Bankdirektors das Denken des Kreises um Max Weber mit nach Budapest. Er verpflanzte das Streben nach Zusammenschau der vielfältigsten Disziplinen und Künste, setzte auch in Ungarn auf die Debatte als Mittel geistiger Klärung und Verständigung. Auch mit den Auffassungen seiner Freunde Irma und Emil Lederer hatte er sich vertraut gemacht, auch sie trug er nach Budapest. Vor allem auf eine notwendig herzustellende Einheit von Denken, Schreiben und Leben – eine Devise auch Emil Lederers – verwies er seine ungarischen Freunde. Schon 1909 hatte er in seinem Essay über Sören Kierkegaard auf diese Grundforderung des Philosophen aufmerksam gemacht. Ladislaus Radványi wird diese Mahnung verinnerlicht, später mitgeholfen haben, dass auch Netty Reiling die Bücher Kierkegaards in diesem Sinne las. Die Sehnsucht, Denken, Schreiben und Leben in Übereinstimmung zu bringen, bewegte Anna Seghers bis ins hohe Alter.

Die Probleme, die im Sonntagskreis diskutiert wurden, waren so vielfältig wie die Interessen der am Tisch Sitzenden. (Die nur zuhörenden »Knaben«, unter ihnen Radványi, mussten an den Wänden stehen.) Wir behandelten »Metaphysik, Erkenntnistheorie, Ethik und Kunstphilosophie«, erinnerte sich 1922 Béla Balázs.[49] »Das Gespräch verlief ganz locker«, schrieb 1965 Anna Lesznai. »Jedes Thema kam zum Zuge, Malerei, Folklore, Geschichte. Von Liebe war am häufigsten die Rede, von Liebesphilosophie.«[50] Die »Suche nach einer höheren geistigen Weltanschauung und einem höheren Leben«[51] verführte zu Grenzüberschreitungen, zum Interesse an einer »Welt jenseits meiner Wahrnehmbarkeit«, am Mystischen, wie Balázs bekannte.[52] Das »Fundament unserer geistigen Welt«, sagte Arnold Hauser 1975 in einem Interview, bildeten »Männer wie Meister Ekkehard, der deutsche Mystiker, Kierkegaard, der dänische Religionsphilosoph, Dostojewski, von dem wir wissen, dass er durch und durch konservativ war.«[53] Die Liebe zum Geistigen und zum Mystischen trug den Freunden – in Erinnerung an zwei Nummern einer Zeitschrift, die Lukács und Lajos Fülep 1911 herausgegeben hatten – den Spottnamen »Geister« (»Szellem«) ein.[54]

Nicht im geringsten interessierten sich diese »Geister« für politisches Geschehen. »Nicht im Traum kümmerten wir uns um Politik«, bemerkte Balázs.[55] Das geistige Leben wollten sie umwälzen, dem europäischen Niveau angleichen. »Die moralische Revolution, die notwendiger ist als jede soziale Revolution, muss vorbereitet werden«, forderte Balázs am 24. März 1916.[56] 1917 reifte der Plan, eine

---

49 Sonntagskreis, a. a. O., S. 93.
50 Ebenda, S. 94 f.
51 Zitiert nach Éva Karádi, die zur Beschreibung des Sonntagskreises das Programm der philosophischen Zeitschrift »A Szellem« heranzog. (Éva Karádi, Einleitung, in: Sonntagskreis, a. a. O., S. 12)
52 Béla Balázs: Tagebuch, Dezember 1915, in: Sonntagskreis, a. a. O., S. 109.
53 Arnold Hauser: Gespräche mit Georg Lukács, München 1978, S. 50.
54 Vgl. dazu Johanna Rosenberg: Das Leben Georg Lukács', in: Dialog und Kontroverse mit Georg Lukács, a. a. O., S. 399 f.
55 Béla Balázs: in: Sonntagskreis, a. a. O., S. 93.
56 Ebenda, S. 112.

»Freie Schule der Geisteswissenschaften« zu begründen, eine Gegen-Universität, gerichtet gegen »die beschränkte, geistlose, Kompendien ableiernde ›Lehrerausbildungs‹-Schule der Universität«[57], gegen den »damals noch modischen und festgefügten Positivismus«[58], gegen die Dominanz der Naturwissenschaften. Erste Stichpunkte für ein Programm notierte der Dichter am 11. Februar 1917: »Spiritualismus, Neoidealismus, Problemsensibilität [...] – und nicht populär.«[59] Im Mai 1917 waren die ersten Vorlesungen über die Bühne gegangen, hatten Balázs, Fogarasi, Hauser, Ritoók, Mannheim, Lukács über Dramaturgie, Theorie des philosophischen Denkens, Ästhetik nach Kant, Wirkung des Ästhetischen, Erkenntnistheorie und Ethik gesprochen. Mit viel Erfolg. Mal kamen 70, mal nur 15, mal 200 Hörer – zweimal in jeder Woche. 1917 und 1918. Jeder, der Lukács' Ausführungen hörte, »mag ein neues heroisches Zeitalter der Philosophie gespürt haben«. So Béla Balázs.[60]

Vielleicht spürte das auch Ladislaus Radványi. Er war Teilnehmer des Sonntagskreises und Hörer der Hochschule. Vielleicht meinte er bei seiner zweiten Immatrikulation in Heidelberg mit seiner Bemerkung, er habe in Budapest ein Semester lang Philosophie studiert, den Besuch dieser »Gegen-Universität«. Gesprochen hat er später darüber nie. Auch nicht gegenüber seinen besten Schülern und späteren Mitarbeitern an der Humboldt-Universität in Berlin. Wie Anna Seghers kein Interesse an biographischen Aufzeichnungen zeigte, so auch Radványi. Aus seinen frühen Jahren wissen wir nur, was Freunde notierten. Vor allem Balázs wurde Zeuge seiner Entwicklung. Er muss ihn gefördert haben. Vielleicht hatten die Gedichte des Schülers ihn aufhorchen lassen. Im Februar 1917 bemerkte er in seinem Tagebuch, dass bei den »philosophischen Sonntagsnachmittagen« die jüngsten Gäste, »Knaben« genannt, »begeistert« seinen Worten folgten. Im Juli 1918 charakterisierte er diese »gerade maturierte[n] Jungen: Radványi, Gergely, Tolnay, Káldor usw. Eine neue philosophisch und ethisch ernsthafte Generation. Diese werden bestimmt zu uns gehören. Wir müssen sie um uns sammeln und uns mit ihnen beschäftigen.« Er fügte hinzu, dass diese »Knaben« unerbittlich seien, versprachen, festzuhalten an der reinen Lehre seines Kreises: »Es ist ergreifend, dass unsere Achtzehnjährigen die Intransigentesten sind, die die intime Vornehmheit der früheren Vorlesungen, die Repräsentation einer einheitlichen Weltanschauung um keines Erfolgs und praktischen Nutzens willen gefährden lassen wollen.«[61]

Dieses Intransigente seiner Haltung wird den jungen Radványi bewegt haben, das im Sonntagskreis und an der »Gegen-Universität« Diskutierte ehrlich und kon-

---

57 Ebenda, S. 93.
58 Arnold Hauser: Gespräche mit Georg Lukács, a. a. O.
59 Béla Balázs: Tagebuch, in: Sonntagskreis, a. a. O., S. 114.
60 Ebenda, S. 115 (28. Mai 1917). Das Vorlesungsprogramm ist abgedruckt in der Einleitung von Éva Karádi (vgl. ebenda, S. 25 f.).
61 Ebenda, S. 113 und S. 118 f.

sequent zu Ende zu denken, als sich die geschichtliche Situation seines Heimatlandes veränderte. Die Kriegsniederlage Österreich-Ungarns an der Seite Deutschlands, der Sturz der vierhundertjährigen Herrschaft der Habsburger brachten Ungarn die nationale Unabhängigkeit, die auch die Freunde des Sonntagskreises seit langem ersehnten. In diesen stürmischen Herbstwochen folgten die meisten nicht mehr ihrem Lehrmeister Kierkegaard, der sich 1848 der revolutionären Bewegung verweigert hatte. Sie wichen nicht vor den Forderungen des Tages zurück. Waren dabei, als sich am 16. November 1918 unter Mihály Károlyi die Republik Ungarn konstituierte. Beförderten die Radikalisierung der bürgerlich-demokratischen Revolution zur Räte-Republik, die am 21. März 1919 ausgerufen wurde. Schon am 10. November 1918 erklärte Georg Lukács in einem Zeitungsartikel:»Wir alle, die wir Anhänger der jetzigen Umgestaltung sind, müssen klar sehen, warum wir die Republik wollen. Denn wenn wir die Republik fordern, so wollen wir Bodenreform und Steuerreform, neue Sozialpolitik und neue Schulen, mit einem Wort die innere wirtschaftliche und soziale Wiedergeburt Ungarns.[...] Mit der Erringung der Republik hat die Revolution erst begonnen und ist nicht zu Ende.«[62]

Wohlüberlegt und nicht über Nacht, wie später behauptet wurde[63], trat Lukács Mitte Dezember 1918 der Kommunistischen Partei Ungarns bei. Erst einen Monat zuvor war sie unter der Leitung Béla Kuns begründet worden. Im Februar 1919 – Béla Kun wurde von der Károlyi-Regierung verhaftet – gehörte Lukács bereits zum engsten Führungskreis. Wie er handelten einige seiner Freunde. Einer der ersten: Béla Balázs. Ab Dezember 1918 war auch er in den Reihen der KPU zu finden.[64] Und Ladislaus Radványi?

Dokumente seiner Entscheidungen gibt es nicht. Einige Fakten jedoch sprechen dafür, dass er seinen Förderern und Ratgebern folgte. Doch dann wird er anfangs einen Kommunismus vertreten haben, wie Balázs ihn verstand, der am 4. Dezember

---

62 Abgedruckt in: Georg Lukács. Sein Leben in Bildern, Selbstzeugnissen und Dokumenten, zusammengestellt von Éva Fekete und Éva Karádi, Stuttgart 1980, S. 80. Die ausführlichste und überzeugendste Darstellung des Engagements der »Sonntägler« während der ungarischen Räterepublik, die mir bekannt ist, lieferte David Kettler: Marxismus und Kultur, Mannheim und Lukács in den ungarischen Revolutionen 1918/19, Neuwied und Berlin 1967.

63 Das Wort, dass »Saulus zum Paulus« wurde, halte ich für eine Legende. Nach Kettler muss es seinen Ursprung in einer Äußerung von Anna Lesznai haben (vgl. David Kettler: Marxismus und Kultur, a. a. O., S. 64). Allein der in der Bild-Biographie abgedruckte Artikel von Lukács vom 10. November 1918 spricht dagegen. In der Bild-Biographie ist auch ein Bild zu finden von Ernö Seidler, Bruder von Irma und Emy Seidler (der Frau von Emil Lederer), der nach seiner Heimkehr aus russischer Kriegsgefangenschaft im November 1918 an der Gründung der Kommunistischen Partei Ungarns teilnahm. Mit ihm führte Lukács lange Zeit ausführliche Gespräche. Er schrieb rückblickend: »Von den Führern der Kommunistischen Partei Ungarns hatte ich mit Ernö Seidler alte freundschaftliche Beziehungen, und er sprach fortwährend mit mir über diese Fragen, und als sich diese Krise löste [ob er Mitglied der KPU werde oder nicht], hielt ich es für natürlich, dass Seidler mich zu einem Gespräch mit Kun und Szamuely mitnahm.« (Georg Lukács. Sein Leben in Bildern, a. a. O., S. 81 und S. 83) Gründungstag der KPU: 24.11.1918.

64 Zur Biographie von Béla Balázs vgl.:Lexikon sozialistischer Literatur. Ihre Geschichte in Deutschland bis 1945, hrsg. von Simone Barck, Silvia Schlenstedt, Tanja Bürgel, Volker Giel, Dieter Schiller, Stuttgart/Weimar 1994, S. 44 f.

1919 in seinem Tagebuch festhielt: »Für mich ist auch der Kommunismus Glaube und nicht Politik.« Noch im Frühjahr 1921 sah er seine Aufgabe darin, den »Kommunismus zu einer Religion spiritualisieren« zu wollen.[65] Kein Wunder: Die um Lukács gescharten Freunde innerhalb der KPU, die »Lukács-Gruppe«, wie Béla Kun sie abgrenzend taufte, wurde nicht mehr als »Geister« verspottet. Ihr Spitzname jetzt: »Ethiker«[66]. Auch das bezeugte Misstrauen, Kritik, Distanz. Hatte die Bindung an ethische Normen die »Lukács-Gruppe« in die KPU geführt, weil ihre Mitglieder hofften, in und mit ihr endlich Gerechtigkeit und individuelle Selbstverwirklichung realisieren zu können, so schuf diese ethische Grundhaltung, die sie weder preisgeben wollten noch konnten, auch das Gefühl, in der KPU nicht völlig akzeptiert zu werden. Wie ein Kainsmal auf den Stirnen brannte dieses Gefühl.

Dennoch wurden den »Sonntäglern« einflussreiche Funktionen im jungen Staat angeboten, nahmen sie diese Möglichkeiten wahr. Auch diejenigen, die vor der Kommunistischen Partei zurückschreckten. Wie Arnold Hauser und Karl Mannheim zum Beispiel. Sie folgten dem Ruf zur Lehrtätigkeit als Professoren an der zu reformierenden Universität in Budapest. Hauser fand sich zudem bereit, den neugebildeten »Reformrat«[67] zu leiten, um Vorschläge zur Umgestaltung der künstlerischen Erziehung aller Bürger zu erarbeiten. An vorderster Stelle auch hier: Georg Lukács. Er amtierte als Stellvertreter des »Kommissars für Kultur und Volksbildung«, war praktisch für die gesamte Arbeit dieses Gremiums verantwortlich. Dem Freund Béla Balázs übertrug er eine Abteilung, die ihm selbst am meisten am Herzen lag: die »Literatur- und Theaterabteilung im Volkskommissariat für Unterrichtswesen«. Ladislaus Radványi, der sich »aktiv in die kommunistische Studentenbewegung«[68] eingeschaltet haben soll, wurde sein Sekretär. Im Frühjahr 1919 schenkte Balázs dem Achtzehnjährigen sein soeben erschienenes Buch »Der schwarze Krug. Neue Spiele« mit einer Widmung, die Vertrauen und Sympathie des väterlichen Freundes, aber auch Radványis politische Aktivität deutlich werden lässt: »Für Ladislaus Radványi, so auch meinem Sekretär, in der zweiten Woche der Kommune, liebevoll, Béla Balázs Budapest, 5.April 1919«.[69]

Bei ihrer ungewohnten Arbeit, zu der sie mehr schlecht als recht vorbereitet waren, mussten alle Sonntägler versuchen, ihren Individualismus, das gewollt Elitäre, Exclusive zurückzudrängen. Jetzt gehörten die Adressaten ihrer Tätigkeit nicht mehr zum kleinen Kreis auserwählter Intellektueller. Jetzt standen sie vor der

---

65 Béla Balázs: Tagebuch, in: Sonntagskreis, a. a. O., S. 122 und S. 124 (Januar-Februar 1921).
66 David Kettler: Marxismus und Kultur, a. a. O., S. 32. Er beschreibt das Spannungsverhältnis zwischen einzelnen Kommunisten genauer und schlussfolgert: »Ganz allgemein riefen die Ethiker in den Unterdrückungsorganen der Kommune das Gefühl für das Problematische des Tuns wach.« (Ebenda, S. 35)
67 Arnold Hauser: Gespräche mit Georg Lukács, a. a. O., S. 58.
68 So Éva Gábor in ihrem »Vorwort« zu der von ihr herausgegebenen Dissertation von Ladislaus Radványi: Der Chiliasmus. Ein Versuch zur Erkenntnis der chiliastischen Idee und des chiliastischen Handelns. Lukács Archívum Budapest 1985, S. 7. Dokumente, die seine Tätigkeit belegen, gibt es bislang nicht.
69 Das Buch befindet sich in der Bibliothek der Anna Seghers, ohne Angabe einer Nummer. Die Widmung ist in ungarischer Sprache geschrieben.

arbeitenden Bevölkerung, vor Proletariern, Angestellten, Bauern, mussten sie eine Sprache finden, die jeden von ihnen erreichte. Denn sie wollten die Fesseln zerbrechen, die die Masse des Volkes bislang gehindert hatten, sich die Schätze der Bildung, der Künste, der Kultur anzueignen. Alle von Lukács verantworteten Gesetze zur Erneuerung des geistigen Lebens dienten diesem Zweck. In einer von ihm unterschriebenen Erklärung hieß es: »Das kommunistische Kulturprogramm unterscheidet nur gute und schlechte Literatur und ist nicht geneigt, Shakespeare oder Goethe zu verwerfen, weil sie keine sozialistischen Schriftsteller waren, ist aber auch nicht geneigt, unter dem Titel des Sozialismus die Kunst dem Dilettantismus preiszugeben. Das kommunistische Kulturprogramm ist: die höchste und reinste Kunst dem Proletariat zukommen zu lassen, und das Kommissariat wird es nicht zulassen, mit zu politischem Mittel verdorbener Leitartikelpoesie den Geschmack zu verderben. Die Politik ist bloß Mittel, die Kultur ist das Ziel.«[70] Der junge Radványi wird diese Auffassung verinnerlicht, an Netty Reiling weitergegeben haben. Auch Anna Seghers, die Radványis Freunde, Mannheim, Balázs und Lukács, persönlich kennenlernte, vertrat später als Schriftstellerin ebenfalls diese Haltung, die ihr oftmals die Kritik führender Genossen ihrer Partei einbringen sollte.

Diesem Ziel dienten auch Arbeiteruniversitäten, die 1919 in Budapest eingerichtet wurden, historisches Unrecht zumindest an einigen Menschen ausgleichen sollten. Lukács hielt dort Vorlesungen.[71] Als 1927 in Deutschland begonnen wurde, eine »Marxistische Arbeiterschule« aufzubauen, entdeckte Radványi, dem Lukács zum Vorbild geworden war, eine solche Lehrtätigkeit als eigenen Lebensauftrag. Im Exil – in Frankreich sogar im Internierungslager Vernet – führte er ihn fort. Die Anregung kam aus Ungarn.

Lukács und seine Freunde packten 1919 eine Aufgabe an, die einen Herakles herausgefordert hätte. Innere Konterrevolution und eine auf Teilung und Schwächung dieses revolutionären Ungarn orientierte Politik der westlichen Siegerstaaten ließen ihnen nur 133 Tage Zeit. Bereits am 16. November 1919 marschierte Konteradmiral Miklós Horthy mit seinen Offiziersabteilungen in Budapest ein. Blutiger Terror überzog das Land. »Alles war zu Ende. Das Dorf war eingekreist, die Dorfausgänge waren besetzt, die Luft war bitter, die Herzen hämmerten. [...] Räte-Ungarn war aus. Jetzt, da alles zu Ende war, hieß es, aus dem Ende ein wahres Ende machen, alles aus ihm herausholen, was sich aus einem Ende an Schre-

---

70 Zitiert nach David Kettler: Marxismus und Kultur, a. a. O., S. 43. Kettler beschreibt die kulturpolitischen Maßnahmen genau; sie lassen das »Messianische« der Lukács-Gruppe deutlich hervortreten. Gleich zu Beginn ihrer Tätigkeit wurden z. B. Reformpläne für Vorschulen, Schulen und Universitäten und für die Organisierung einer Erwachsenenbildung verabschiedet. Die Schulpflicht wurde bis zum 14. Lebensjahr ausgedehnt, was allein 12 000 neue Lehrer erforderte. Journalisten sollten als Lehrer auf die Dörfer gehen, Arbeiteruniversitäten gebildet werden. An Pförtner von Fabriken wurden Bücher ausgegeben, die sie den Arbeitern ausleihen sollten, Theaterkarten wurden verteilt, Vorschulen und andere Institutionen angewiesen, den Kindern »hübsche und lehrreiche Märchen vorzutragen«. (Ebenda, S. 42 und S. 36 ff.)
71 Mitte Juni 1919 hielt Lukács an der Karl-Marx-Universität zwei Vorlesungen über »Alte und neue Kultur«. Ebenda, S. 45 ff.

cken holen lässt.« So sollte Anna Seghers 1932 ihr Buch »Die Gefährten« eröffnen, in dem sie die Erzählungen ihrer Freunde zum Roman verdichtete. Fast alle »Sonntägler« mussten fliehen. Wurden in die Emigration getrieben. »Heute, nach fast einem halben Jahrhundert«, schrieb Georg Lukács 1968, »wundere ich mich darüber, dass uns auf diesem Gebiet doch relativ nicht wenig Fortsetzbares ins Leben einzuführen gelang.«[72]

Auch Ladislaus Radványi verließ auf den Rat von Lukács seine Heimat. Wahrscheinlich nach Ablegen der Prüfung in Griechisch. Ende 1919 oder Anfang 1920. Er ging nach Wien, wo sich der Sonntagskreis erneut zu sammeln begann. Für Januar bis Mai 1920 notierte Balázs in sein Tagebuch: »In den vergangenen Wochen waren die ›Knaben‹ bzw. die ›Enkel‹ hier draußen zu Besuch: Káldor, Radványi, Berger.«[73] Radványi wird seine Zeit hauptsächlich zum Studium genutzt haben. Denn das Sommersemester 1920 soll er an der Philosophischen Fakultät der Universität Wien inskribiert gewesen sein. Wie Mannheim, dessen Frau, die Psychologin Julia Láng, und sein Schulfreund György Kaldor wanderte er im Oktober 1920 weiter. Nach Heidelberg.

Nicht die Landschaft, die Begegnung mit Netty Reiling wühlte ihn auf. Sie dagegen muss kühl, abweisend reagiert haben, glaubt man ihrer späten saloppen Bemerkung. Er warb um sie – mit all der Beredsamkeit, dem Gedankenreichtum seiner Budapester »Lehrjahre«. Jetzt war es nicht Lukács, sondern einer der »Knaben«, der weitertrug, was er erlebt, erfahren hatte, sich an Erkenntnissen aneignen konnte. Er nahm Budapest nach Heidelberg mit. Legte Netty Reiling seinen ganzen geistigen Reichtum zu Füßen. Auch die Bücher, die seine eigenen Heiligtümer, die auch ihr, ihrer Mutter schon, vertraut waren, zum »Geist der Zeit« gehörten, für sie jedoch durch die politischen Erfahrungen des jungen Mannes allmählich neue Bedeutung gewannen: Kierkegaard und Dostojewski. Durch Radványi sollte sie die Gedankenwelt und politischen Erfahrungen der »Sonntägler« kennenlernen. Sie prägten ihre Entwicklung. Umgekehrt dagegen spiegelte sich in dem jungen Mann die starke Religiosität seiner Freundin: Bei seinem ersten Eintreffen in Heidelberg hatte er sich »konfessionslos« genannt. Jetzt, unter dem Eindruck seiner erwachenden Liebe, muss er bereit gewesen sein, seine religiöse Haltung erneut zu überdenken, zu revidieren. Als er aus Wien zurückkehrte, bezeichnete er sich als »israelitisch« ...

Dennoch konnte man Radványi sechs Monate nach Studienbeginn schon nicht mehr in Heidelberg finden. Gab es eine Kraft, die stärker anzog als die Liebe?

Am 26. April 1921 – in Heidelberg hatte das Sommersemester längst begonnen, auch Radványi sich eingeschrieben – notierte Béla Balázs in sein Tagebuch: »Radványi ist in Wien. Die Mannheims (mit Juliska) sind in Wien. [...] An diesen Sonn-

---

72 Lukács im Vorwort zur Neuauflage von »Geschichte und Klassenbewußtsein. Studien über marxistische Dialektik«, Neuwied und Berlin 1968, S. 9 f.
73 Béla Balázs: Tagebuch, in: Sonntagskreis, a. a. O., S. 122.

tagen ist nur noch vom Problem des Kommunismus die Rede bzw. vom Schicksal und der Bedeutung unseres ethischen Individualismus und künstlerisch-philosophischen ›Platonismus‹ in jener neuen Welt, die wir haben wollen (denn sie kommt ohnehin und wird besser sein als die jetzige), von der aber keiner von uns sagen kann, wie sie als geistige und seelische Welt sein wird.«[74]

Bevor Radványi zurück nach Wien reiste, schenkte er Netty Reiling ein Buch. Die erste Gabe, von der wir wissen. Kierkegaard, »Die Krankheit zum Tode«. Mit einer Widmung. Die Unterschrift: noch der förmliche Name. Doch in der Anrede schon ein aus dem Sonntagskreis vertrauter Begriff, der anzeigte, dass alle Mitglieder sich einer großen Familie zugehörig empfanden, auch Netty Reiling den nach Heidelberg Geflohenen keine »Fremde« mehr war, zu ihnen gehörte: »Liebes Schwesterlein Netty Reiling, Gott gebe, das [!] es so werde, wie wir es wollen. 1921,1-te März Ladislaus Radványi.«[75]

Prägte allein Hoffnung auf privates Glück diese Worte?[76] Erinnern sie nicht auch an die eben zitierte Tagebuchnotiz von Balázs über die erträumte neue Welt?

Ende Februar 1921 traf ein Ungar, aus Italien kommend, in Deutschland ein. Radványi wird ihn aus den Tagen der Räterepublik gut gekannt haben. Beide blieben sich lebenslang freundschaftlich verbunden. Auch Anna Seghers wandte sich ihm zu, nahm ihn 1932 in ihren Roman »Die Gefährten« als authentische Gestalt mit auf, gab dieser Figur zugleich legendenhaft-verklärte Züge. Zwanzig Jahre darauf stellte sie ihrer Erzählung »Der Mann und sein Name« eine Widmung voran: »Genossen Mátyás Rákosi zum 60. Geburtstag«. Auch das: Zeugnis Jahrzehnte währender Nähe.

1919 amtierte Rákosi als Mitglied der Regierung Räte-Ungarns. 1920/21 reiste er als Emissär der Kommunistischen Internationale. Sein Auftrag: mitzuhelfen, in Europa kommunistische Parteien aus dem Boden zu stampfen, sie fest an die Weisungen der Zentrale in Moskau zu binden und – für Unterstützung zu sorgen für den in Bedrängnis geratenen Sowjet-Staat. »Russland befinde sich in einer außerordentlich schwierigen Situation«, soll er den deutschen Genossen erklärt haben. »Es sei unbedingt erforderlich, dass Russland durch Bewegungen im Westen entlastet würde, und aus diesem Grund müsse die deutsche Partei sofort in Aktion treten.«[77] Sollte sie Möglichkeiten dazu notfalls »mit dem Bajonett erkunden«, wie es

---

74 Ebenda, S. 125.
75 Das Buch mit Widmung befindet sich in der Bibliothek der Anna Seghers. Interessant ist, dass später im antifaschistischen Exil der Begriff der »Familie« und damit der Gebrauch der Anrede- bzw. Grußformel Bruder bzw. Schwester zum Tarnbegriff der Kommunisten im Briefverkehr untereinander wurde. Auch Anna Seghers bediente sich dieser Tarnung.
76 So interpretiert Christiane Zehl Romero diese Widmung in ihrem Buch »Anna Seghers. Eine Biographie, 1900 bis 1947«, Berlin 2000, S. 150.
77 Über seine Begegnung mit Mátyás Rákosi im Februar 1921, auch über dessen Gespräch mit Clara Zetkin berichtete Paul Levi in einem Brief an Lenin (27.3.1921), in: Paul Levi: Zwischen Spartakus und Sozialdemokratie, Schriften, Aufsätze, Reden und Briefe. Herausgegeben und eingeleitet von Charlotte Beradt, Frankfurt/Main 1969, S. 37 f., Zitat S. 38.

Lenin wenige Monate zuvor im Zusammenhang mit Ereignissen in Polen gefordert hatte?[78] Eine folgenschwere Mission.

Rákosi gehörte zu einer Handvoll politischer und militärischer Berater, die unter der Leitung Béla Kuns aus Moskau nach Italien und Deutschland gesandt wurden. Zusammen mit den Führern der Vereinigten Kommunistischen Partei Deutschlands (VKPD) sollten sie Vorbereitungen treffen für einen bewaffneten Aufstand zum Sturz der deutschen Regierung. Einer solchen Aktion widersprachen nicht nur führende Funktionäre der Partei wie Paul Levi und Clara Zetkin. Sie stand auch im Widerspruch zu den tatsächlichen Gegebenheiten. Nach den Wirren des Weltkrieges und der Nachkriegskrise begann sich in Europa eine wirtschaftliche Konsolidierung abzuzeichnen, und in Deutschland dürsteten die Menschen danach, endlich in Ruhe und Frieden leben zu können. Dennoch: Drei Wochen später brannte es im mitteldeutschen Industriegebiet Halle-Merseburg. Polizei, Reichswehr und streikende Arbeiter standen sich in bewaffneten Kämpfen gegenüber. Aber der erwartete Generalstreik, wie noch ein Jahr zuvor beim Kapp-Putsch, kam nicht zustande. Nur auf Hamburg und Rheinland-Westfalen dehnten sich die Unruhen aus. Im übrigen Deutschland blieb alles still. Der Aufstand wurde blutig niedergeschlagen.

Traf Rákosi während seiner Reise durch Deutschland mit Radványi zusammen? Weihte er ihn ein in seine Pläne? Die Widmung an Netty Reiling vom 1. März – lässt sie Begegnung und Aufforderung zur Teilnahme nicht vermuten? Vielleicht hatte Radványi der Freundin sogar anvertraut, was vorbereitet wurde. Bezog er sie nicht ein in seine Hoffnungen? Schrieb er nicht »Gott gebe, das es so werde, wie w i r es wünschen«? [Gesperrt: S. B.] Dokumente, die antworten könnten, gibt es nicht. Noch nicht. Und doch sind diese Fragen jetzt zu stellen: Sollten die Archive eines Tages mehr Material freigeben, müssen spätere Seghers-Biographen die Spur weiter verfolgen, um genauer beschreiben zu können, welche Erlebnisse damals auf die junge Studentin Netty Reiling einstürmten.

Denn Heidelberg war nicht nur heimliche Hauptstadt des geistigen Deutschlands. 1919 schon fand hier ein illegaler Parteitag der KPD statt, einer Partei, die damals noch jung und klein war und vorwiegend Intellektuelle in ihren Reihen vereinte. Auch zwei Jahre später – inzwischen war durch den Zusammenschluss mit linken Sozialdemokraten eine ungefähr 400 000 Mitglieder starke Organisation entstanden (VKPD) – blieb das Städtchen nicht unberührt von den politischen Auseinandersetzungen. Margarete Buber-Neumann bezeugte es in ihren Lebenserinnerungen.

Sie erzählte von dem bereits erwähnten »Steinbruch«, in dem Philipp Schaeffer, auch ihr Mann Raphael während ihrer Semesterferien arbeiteten. »Eines

---

78 Lenin am 22. September 1920 in einer internen Rede auf der IX. Parteikonferenz der RKP(B), und er fügte hinzu: »Ich bitte Sie, weniger aufzuschreiben: Das darf nicht in die Presse gelangen.« Zitiert nach Klaus Kinner: Der deutsche Kommunismus, Selbstverständnis und Realität, Band 1, Die Weimarer Zeit, Berlin 1999, S. 35.

Tages, es war wohl Ende Februar oder Anfang März 1921«, schrieb sie, »setzte sich ein geheimnisvoller Parteigenosse mit Raphael Buber in Verbindung und erteilte ihm sowie einem weiteren Mitglied des Kommunistischen Jugendverbandes einen konspirativen Auftrag. Sie sollten nachts in das umzäunte Gelände des Steinbruchs eindringen, den Schuppen, in dem die Säcke mit Dynamit lagerten, aufbrechen und den Sprengstoff auf einen mitgebrachten Wagen laden.« Alles ging gut. Der Abtransport gelang. Nur einer der Helfer hatte Pech: Ein Sack platzte. Er fasste in die Masse – und seine Hände, vor allem die Nägel färbten sich im Nu »quittegelb«. Was sich nicht mehr entfernen ließ. Um nicht entdeckt zu werden, musste der junge Mann sofort »an die nächste östliche Grenze« und weiter ins Ausland gebracht werden. »Wir empfanden das ganze Dynamitunternehmen als höchst romantisch«, hieß es weiter, »zerbrachen uns aber den Kopf, was man mit solchen Mengen von Sprengstoff eigentlich vorhatte.«[79]

Sollte der Bericht zutreffen, so gab der Vorsitzende der VKPD die Antwort auf ihre Frage: Eisenbahnzüge zum Beispiel sollten als Fanal für den Aufstand in die Luft gejagt werden. Paul Levi, nicht einverstanden mit dieser Praxis, enthüllte es schon im April 1921.[80] Von Anfang an attackierte er die sich ausbreitende »Offensivkonzeption« russischer und deutscher Kommunisten. Er wurde aber überstimmt und verlor sein Amt. Kämpfte weiter mit seinem Buch »Unser Weg. Wider den Putschismus«. Geißelte, verzweifelt und anklagend, die Vorgänge vom 18. bis 31. März als verantwortungslosen, verbrecherischen Putsch. Diese Wertung hat sich unter Historikern heute weitgehend durchgesetzt.[81] Neue Archivfunde bestätigen sie. Auch Georg Lukács, damals selbst an der Ausarbeitung »einer ›linken‹ politisch-theoretischen Linie« der Kommunisten beteiligt, überdachte später die geistigen Grundlagen seiner damaligen Haltung. 1968 beschrieb er, warum er und seine Freunde die Ereignisse der Nachkriegszeit anders verstanden als Paul Levi. Ausgehend von ihren »messianisch-utopische(n) Zielsetzungen«, handelten sie in dem »damals noch sehr lebendigen Glauben, dass die große revolutionäre Welle, die die ganze Welt, wenigstens ganz Europa in kurzer Zeit zum Sozialismus führen werde, durch die Niederlagen in Finnland, Ungarn und München keineswegs abgeebbt sei«. »Ereignisse wie der Kapp-Putsch, die Fabrikbesetzungen in Italien, ja die Märzaktion bestärkten in uns diese Überzeugung von der rasch nahenden Weltrevolution, von der baldigen totalen Umgestaltung der ganzen Kulturwelt.«[82] Zur Klärung ihrer Meinungsverschiedenheiten in öffentlich geführten, harten Aus-

---

79 Margarete Buber-Neumann: Kriegsschauplätze der Weltrevolution. Ein Bericht aus der Praxis der Komintern 1919–1943, Stuttgart 1967, S. 46.
80 Paul Levi: Unser Weg. Wider den Putschismus. Wiederabgedruckt in: Paul Levi: Zwischen Spartakus und Sozialdemokratie, a. a. O., S. 74, S. 78 und S. 83. (Die Broschüre wurde am 12.4.1922 veröffentlicht.)
81 Zur Geschichte des Märzaufstandes vgl. Stefan Weber: Die Märzaktion 1921 – Putsch oder Provokation? In: Beiträge zu Geschichte der Arbeiterbewegung, Berlin 33(1991)2, S. 147 ff. Vgl. auch Klaus Kinner: Der deutsche Kommunismus, a. a. O., S. 37 ff.
82 Georg Lukács: Geschichte und Klassenbewußtsein, a. a. O., S. 11.

einandersetzungen ließen sich die Genossen keine Zeit. Ein verhängnisvoller Weg wurde eingeschlagen.

Radványi wird wie sein Vorbild Lukács gedacht haben und zu revolutionären Aktionen zum Nutzen der »Weltrevolution« bereit gewesen sein. Und Balázs bewunderte seinen jungen Freund, als der im April 1921 nach Wien kam: »Der kleine Káldor und auch Radványi haben sich sehr stark entwickelt. Es ist eine tapfere und aggressive neue Generation«, hielt er in seinen Aufzeichnungen fest.[83] Er, der so hartnäckig am Wort feilte, jeden Ausdruck sorgfältig überlegte, wählte sicherlich nicht zufällig die Begriffe »tapfer« und »aggressiv«. Als emigrierter Ausländer wird Radványi nicht Mitglied der kommunistischen Jugendgruppe Raphael Bubers, nicht am Raub des Dynamits beteiligt gewesen sein. Offen jedoch bleibt die Frage, ob er seinen Gefährten Rákosi nicht in irgendeiner Weise unterstützte, ihn vielleicht bekannt machte mit den deutschen Jungkommunisten in Heidelberg, sodass auch er den Zugriff der Polizei befürchten musste. Bei den Unruhen im März hatten die Arbeiter nicht allein 145 Tote zu beklagen. Die Staatsgewalt verfolgte alle Beteiligten unnachgiebig. Harte Strafen erwarteten sie. Mehr als 6 000 wurden verhaftet, 4 500 vor Gericht gestellt, viele zu langjährigen Zuchthaus- oder Gefängnisstrafen verurteilt. Wich Radványi aus Furcht vor einem solchen Schicksal nach Wien aus?

Am 11. Juni 1921 ließ er der Freundin mit den Worten »Netty Reiling zugeeignet« eine kleine Zeichnung zukommen.[84] Seine zweite erhalten gebliebene Gabe. Zusammen mit anderen Materialien erst 1999 vom Sohn Pierre Radvanyi in Paris aufgefunden. Von Christiane Zehl Romero im ersten Band ihrer Biographie der Anna Seghers im Jahre 2000 zum ersten Mal öffentlich vorgestellt.[85] Ein wenig anders als sie sehe ich jedoch das Bild. Wie schon die Widmung vom 1. März 1921, so erzählt die Zeichnung wohl nicht allein die Geschichte einer Liebe. Denn eine Figur, die gemeinhin nichts mit privatem Erleben zu tun hat, nimmt als Hauptakteur den größten Raum ein. Im Mittelpunkt des Bildchens steht ein Polizist mit lang hängendem Säbel und grimmigem Gesicht. Mit beiden Armen zeigt er auf einen Baum neben ihm, hinter dem sich ein Tier versteckt hat. Zwei weitere halten den Polizisten sogar zum Narren: Sie tummeln sich auf seiner breiten Mütze, wo er sie nicht sehen kann. Eine Schlange begrenzt den gesamten rechten Bildrand. Würdevoll schiebt sie sich von unten nach oben. An der Schmalseite darunter ein kleines Schild mit zwei Strichmännchen, einer Frau und einem Mann, die beide getrennt sind durch eine Inschrift: »1 000 Dollar USA«. Soll das der Preis sein für das Bildchen? Oder wird die Summe genannt für die Auslieferung eines der Tiere an die Po-

---

83 Béla Balázs: Tagebuch (26. April 1921), in: Sonntagskreis, a. a. O., S. 125. (Auch wenn die Tagebuchnotate Übersetzungen aus dem Ungarischen sind, werden sie diese Sprachbesonderheiten wiedergeben.)
84 Pierre Radvanyi, der das Bild erst kürzlich im Nachlass seiner Mutter fand, stellte mir eine Kopie zur Verfügung. Ich danke ihm herzlich!
85 Christiane Zehl Romero: Anna Seghers, a. a. O., S. 150.

lizei? Denn man könnte das Ganze auch als einen Steckbrief betrachten, den Radványi der Freundin als (getarnte) Erklärung für seinen – schnellen und wahrscheinlich nicht angekündigten – Umzug nach Wien schickte: Ein Polizist, die Staatsgewalt, versperrt den beiden jungen Menschen den Weg ins Paradies.

Verständigung über Tierbildchen – möglich, dass sie beiden längst vertraut war. In ihrer Schulzeit liebte Netty Reiling das »Dschungelbuch« von Rudyard Kipling. Im Englischunterricht mussten es die Mädchen übersetzen, und Netty zeigte sich dabei besonders eifrig. Ihre Lehrerin erinnerte sich noch 1974 daran.[86] Auch Tierfigürchen kritzelte die Schülerin in ihr Buch. Auch – wie Radványi auf seinem Bildchen – eine Schlange. Den mächtigen Felsenpython Kaa vielleicht, der das geliebte Menschenjunge Mowgli aus der Gefangenschaft der Affen befreit. Ausgerechnet dieses Exemplar widmete sie später ihrem Freund: »Dem guten Rod von der Tschib«, schrieb sie hinein. Tschib – sie gebrauchte den Kosenamen, den er ihr gegeben hatte. Auch das ein Wort für ein Tier. Ungarisch. Am treffendsten wohl übersetzt mit »Küken« oder »Vögelchen«: als ein Vögelchen zeichnete Radványi oft und gern die Freundin. Nur: Netty Reiling fügte ihrer Widmung kein Datum hinzu. Wann sie das Buch dem Freund gab oder schickte ist – leider – nicht festzustellen.[87]

Unbekannt ist auch, ob Ladislaus Radványi 1921 noch einmal nach Heidelberg kam. Sein am 24. (?) August 1921[88] endlich beantragtes »Abgangs-Zeugnis« von der Universität wurde am 2. September 1921 abgeholt. Dem Schriftstück ist jedoch nicht anzusehen, wer es erbat und an sich nahm. Erst ein Jahr später, am 16. Oktober 1922, ließ sich Radványi erneut in Heidelberg immatrikulieren. Jetzt fest entschlossen, sich der Liebe Netty Reilings für immer zu versichern. Sogar um den Preis einer Rückkehr zum israelitischen Glauben. Sein Anmeldungsformular füllte er peinlich genau und lückenlos aus. Anfragen sollte es nicht provozieren. Auch eine andere Aufgabe stellte er sich: Die Erlebnisse der letzten Jahre wollte er durchdenken, sich Klarheit schaffen über seine wirklichen religiösen Gefühle, Rechenschaft ablegen über eigenes Tun in dieser Zeit. Er begann, eine Dissertation vorzubereiten. Nicht zu einem Thema unmittelbarer Zeitgeschichte. Seine Selbstverständigung erfolgte am historischen Material zum Thema: »Der Chiliasmus. Ein Versuch zur Erkenntnis der chiliastischen Idee und des chiliastischen Handelns.« Wie muss der Mensch handeln, um das »Idealreich des Göttlich-Absoluten, des summum bonum« zu verwirklichen? So fragte Radványi gleich zu Beginn seiner Arbeit. Er wollte herausfinden, wo die »Hauptursache[n] des Misslingens der chiliastischen Versuche« lagen: Woran scheiterten die Aufstände vergangener Jahrhunderte?[89]

---

86 Magdalena Herrmann, die Englisch- und Französischlehrerin Netty Reilings, in einem Gespräch mit Jörg Bernhard Bilke am 5. Juni 1974, in: Jörg Bernhard Bilke: Die Revolutionsthematik in der frühen Prosa von Anna Seghers (1927–1932), Inaugural-Dissertation, Wiesbaden 1979, S. 12.
87 Das Buch befindet sich in der Bibliothek der Anna Seghers.
88 Das genaue Datum ist auf der Urkunde im Archiv der Universität Heidelberg nicht erkennbar.
89 Ladislaus Radványi: Der Chiliasmus, a. a. O., S. 25 und S. 22.

Karl Mannheim – als Mitarbeiter Emil Lederers ebenfalls wieder in Heidelberg lebend – wird den jüngeren Freund beraten, ihm geholfen haben, rang er doch selbst um Antwort darauf, ob religiös inspirierte »messianisch-utopische Zielsetzungen« ausreichten, um sich zurechtzufinden in der immer komplizierter werdenden Welt. Mehr noch: um verantwortungsvoll handeln zu können, den Lebensbedürfnissen aller Menschen angemessen. Beide, Radványi und Mannheim, stellten die Ideenwelt des Sonntagskreises und ihre Beteiligung an den revolutionären Umwälzungen in Ungarn (und vielleicht auch in Deutschland) auf den Prüfstand der Geschichte.

Auch Netty Reiling unterbrach ihren Aufenthalt in Heidelberg, ließ sich am 17. Oktober 1921 exmatrikulieren. Sie musste nicht fliehen. Vielleicht folgte sie einem Rat des Vaters, der spürte, dass sich die Richtung ihrer Studien änderte, sie ihren literarischen, gar schriftstellerischen Neigungen nachzugeben begann. Hoffte er, ein »Praktikum« auf dem Gebiet ostasiatischer Kunstschätze würde helfen, die Tochter auf den rechten Weg zur Antiquitätenhändlerin zurückzuführen? Köln mit seinem einzigartigen Museum bot eine gute Chance dafür.[90] Netty folgte dem Vater – sicherlich aus anderen Gründen. Sie brauchte Abstand. Abstand, um sich ihrer Gefühle vergewissern zu können. Um über ihre Zukunftspläne nachzudenken. Sich zu klären. In ihren Träumen hatte sie sich Abenteuer gewünscht. Ausgemalt. Die wirklichen Abenteuer mit Radványi zum Beispiel sprengten ihre Vorstellungskraft. Köln als neuer Studienort entsprach auch ihren Bedürfnissen. Diese Stadt lag im englisch besetzten Teil Deutschlands. Hier unterstanden die Bürger – Mainz vergleichbar – einer fremden Besatzungsmacht, waren sie dem Zugriff deutscher Polizei nicht unmittelbar ausgesetzt. Hier konnte Radványi – eventuell – seine Freundin besuchen. Vielleicht mit fremdem Namen, fremdem Pass. Ab 1924, so gab er später an, nannte er sich Johann bzw. Johann Lorenz Schmidt: Hatte er diese Tarnung schon früher erprobt?

Netty Reiling zog also nach Köln. Zwölf Jahre später veröffentlichte sie ihren Roman »Der Kopflohn«, in dem die Hauptfigur wegen Teilnahme an einem Hungermarsch, bei dem ein Polizist durch Messerstiche getötet worden sein soll, aus Leipzig fliehen muss. Polizeilich gesucht wird. Mit einem Steckbrief. Ausgesetzt fünfhundert Mark Belohnung für alle Angaben, die zu ihrer Ergreifung führen. Ihr Name: Johann Schulz.

---

90 Auch Anna Seghers begründete später ihren Aufenthalt in Köln mit einem »Praktikum«.

Erste Entscheidungen

Fröhlich, zärtlich, liebend, ganz voller Spiel und Leichtigkeit

1942, Anna Seghers lebte im fernen Mexiko im Exil, publizierte in der dort begründeten Emigrantenzeitschrift »Freies Deutschland« einen längeren Aufsatz, der kurz und knapp den Titel »Köln« trägt. Nach einem Großangriff englischer Flugzeuge gedachte sie dieser Stadt, die »seit mehr als zweitausend Jahren das große westliche Zentrum deutscher Geschichte« bilde, jetzt jedoch drohe, unter dem Bombenhagel in Schutt und Asche zu versinken. Mit »Trauer und Achtung« erinnert die Schriftstellerin das wechselhafte historische Schicksal, das auch die Mentalität der Einwohner geprägt, eine eigentümliche Zwiespältigkeit ihres Verhaltens ausgebildet habe. Erbaut wurde Köln »auf uraltem keltischen Siedlungsgebiet« – aber als »römische Kolonie«. Sie galt als »Mittelpunkt römischer Strategie und später christlich-abendländischer«: »Im Mittelalter waren die Erzbischöfe [...] die großen Mit- und Gegenspieler der Kaiser, die Packler zwischen Papst- und Kaisertum.« Diesen »Grundzug ihrer Geschichte«, ihre Stellung zwischen den Fronten, »zwischen Reich und Kirche, [...] dem Westen und dem übrigen Deutschland«, habe die »reiche eigenmächtige Erzbischofstadt« nie aufgegeben, ihr »Separatismus« sie nach dem Ende des Ersten Weltkrieges sogar »zur gegebenen Hauptstadt der ›Rheinischen Republik‹« gemacht, deren Konstituierung 1919 und 1923 vergeblich versucht wurde. Anna Seghers hebt ein Nebeneinander von Prozessionen, Karneval und politischer Wachheit der arbeitenden Menschen hervor, geht auf ein Ereignis der unmittelbaren Nachkriegsjahre genauer ein: »Prozessionen und Karneval, Freude an jähem und grellem Bildwechsel dieser an jähen und grellen historischen Bildwechsel gewöhnten, schau- und spottlustigen Bevölkerung: das sprang den Fremden in die Augen. Wer aber am Tag nach dem Rathenaumord in Köln war, der sah das andere Gesicht der Stadt, die nächst Berlin die mächtigste, die wuchtigste Demonstration des Reiches stellte. Das war das Gesicht der arbeitenden Bevölkerung aus den Fabriken von Köln-Kalk und Köln-Mühlheim.«[1]

Der Artikel verrät, dass Anna Seghers die Geschichte Kölns und das Verhalten der Menschen gut kannte. Er verrät nicht, dass sie »am Tag nach dem Rathenaumord«, im Juni 1922, bereits seit Monaten in der Stadt weilte. Möglich, dass sie damals selbst als »Fremde« am Straßenrand stand, hineingezogen wurde in die Demonstration, vielleicht zum ersten Mal die Kraft einer solchen massenhaften Widerstandsaktion erlebte, sich beteiligte und in Köln ebenso gegen Mord und Antisemitismus aufbegehrte wie ihr Landsmann Zuckmayer zur selben Zeit in Hei-

---

1 Anna Seghers: Köln, in: Anna Seghers: KuW III, Berlin 1971, S. 195 und S. 193 f.

delberg. Doch kein Wort davon. Ihr Erlebnis aber, unauslöschlich ins Gedächtnis eingeschrieben, kann sie einige Jahre später inspiriert haben, in der Novelle »Auf dem Wege zur amerikanischen Botschaft« (1930) eindringlich von der Wirkung einer anderen Demonstration auf einen »Fremden« zu erzählen: Gerade erst in einer ihm unbekannten Stadt eingetroffen, sieht er am Bahnhof, dass Hunderte Menschen mit Transparenten und Fahnen durch die Straßen marschieren. In traumwandlerischer Sicherheit schließt er sich an, lässt er sich mitziehen, protestiert er zum ersten Mal in seinem Leben mit ihnen gemeinsam gegen den bevorstehenden Justizmord an den beiden amerikanischen Bürgern Sacco und Vanzetti, der ihn bislang so gut wie nicht interessiert hatte.

Köln war 1945 zu 72 Prozent zerstört. Zerstört auch Teile der Universitätsgebäude und das Archiv. Vernichtet alle Dokumente, die hätten Auskunft geben können über das Studium in dieser Stadt 1921/22, an das Anna Seghers später nur zwei-, dreimal kurz erinnerte. Die Universität wurde lediglich erwähnt: Man hätte annehmen können, sie wäre dort niemals immatrikuliert gewesen. Sollte sie wirklich »keine Spuren in Köln hinterlassen« haben, wie mir im Februar 2000 der Direktor des Archivs mitteilte?[2] Doch zwei Blätter mit ihrem Namen konnte er auffinden: die Immatrikulations- und die Gebührenliste für das Wintersemester 1921/22. Am 4. November 1921 hatte sich Netty Reiling für das »Studienfach Philosophie« eingeschrieben; insgesamt 63 Mark musste sie für den Besuch von vier Veranstaltungen bezahlen. Also doch eine Spur. Sie hatte wirklich hier studiert. Wenn auch in sehr eingeschränkter Weise.

Die Schuld daran, dass sie nur vier Vorlesungen belegte, lag diesmal nicht bei der Studentin. Die Fakultät konnte nicht mehr anbieten. Bis 1798 hatte auch Köln sich rühmen können, Sitz einer traditionsreichen und angesehenen Universität zu sein. 1388 – nur drei Jahre nach Heidelberg – war sie begründet worden. Doch Franzosen schlossen ihre Pforten. In den europäischen Kriegen um Sein oder Nichtsein der Französischen Revolution besetzten ihre Truppen das linksrheinische Territorium. Kölns Professoren wurden aufgefordert, den Eid auf die französische Republik abzulegen. Ihre Weigerung jedoch führte am 28. April 1798 das Ende der Universität herbei – und einhundertzwanzig Jahre mussten vergehen, bis eine Neugründung möglich wurde. Nach der Niederlage im Ersten Weltkrieg gehörte die Stadt wiederum zu besetztem Gebiet, diesmal durch englisches Militär. Der nicht uneigennützige Plan tauchte auf, im »Berührungspunkt deutscher und ausländischer Kultur« mit einer Universität »ein festes Bollwerk deutscher Art und Wissenschaft« zu schaffen und zugleich »der Gedankenvermittlung der heute in Hass getrennten Völker« zu dienen. Der Anfang jedoch war alles andere als glor-

---

2   Die Angaben stammen aus dem Archiv der Universität zu Köln. Am 21.2.2000 schrieb mir Prof. Dr. E. Meuthen: »Aber leider hat sie keine Spuren in Köln hinterlassen bis auf das eine Semester, das ich belegen kann.« Ich bedanke mich für seine Mühe, die beiden Blätter aufzuspüren! (Welche Vorlesungen jedoch Netty Reiling im Wintersemester 1921/22 belegte, war nicht zu ersehen.)

reich. Am 12. Juni 1919 fand die feierliche Eröffnung einer Universität statt, deren Fundament die bereits existierende Handelshochschule bildete und die zunächst nur eine wirtschaftswissenschaftliche und eine medizinische Fakultät vorweisen konnte. Das reiche Industrie- und Handelsbürgertum der Stadt finanzierte das Unternehmen, versprach es sich doch »in dieser schweren Zeit, angesichts der drückenden Last«, die mit dem Versailler Friedensvertrag zu erwarten war, eine Belebung seiner Geschäfte. Der Spottname »Kommilitone Koofmich« wurde geboren.[3]

Als Netty Reiling sich für das Wintersemester 1921/22 anmeldete, gab es zwar bereits eine Philosophische Fakultät, wurden einige Vorlesungen und Übungen zu Problemen der Philosophie, der unmittelbaren Zeitgeschichte und der Literatur angeboten. Sinologie jedoch fehlte völlig. Auch Kunstgeschichte. Wissenschaftliche Interessen konnten sie nicht nach Köln geführt haben. Im Sommersemester 1922 zeigte sich die Situation nicht wesentlich verändert. Ein Lehrstuhl für Sinologie existierte noch immer nicht. Geschichte, Völkerkunde und Kunstgeschichte waren – der Not gehorchend – provisorisch zusammengeschlossen worden, aber insgesamt nur fünf Vorlesungen standen zur Verfügung. Darunter waren allerdings zwei, die Netty Reilings Aufmerksamkeit verdient hätten: »Geschichte der Barockkunst. 1. Teil. Architektur, Skulptur und Malerei des 17. und 18. Jahrhunderts in Italien und Frankreich« sowie »Rembrandt und die holländischen Hauptmeister des 17. Jahrhunderts«. Beides bei Professor Dr. Albert Erich Brinckmann.[4] Er könnte den Anstoß gegeben haben für das Thema der Dissertation, mit der die Studentin später ihr Studium abschloss. Beweisen lässt sich das nicht. Es ist nicht einmal sicher, ob sie dieses Angebot nutzte. Für ihre Arbeit »Jude und Judentum im Werke Rembrandts« fertigte sie nur einen unvollständigen Nachweis der ausgewerteten Literatur an; der Name Brinckmann kommt in ihrer Dissertation nicht vor.[5] Es bleibt also fraglich, ob die Kölner Universität für sie von Bedeutung war.

Eine andere Einrichtung dagegen, deren wissenschaftliche Mitarbeiter Professor Brinckmann zu ignorieren, wohl auch zu desavouieren suchte[6], beanspruchte sie ganz: das »Museum für Ostasiatische Kunst Köln«. Nicht die Universität, dieses Museum muss der eigentliche Anlass ihres Kölner Aufenthaltes gewesen sein. Hier arbeitete sie als Praktikantin. Von ihm erzählte sie in ihren Erinnerungen mit warmen Worten. In einem Interview während der siebziger Jahre meinte sie:

3   Die Angaben zur Geschichte der Kölner Universität entstammen der Darstellung »Älteste Stadtuniversität Nordwesteuropas. 600 Jahre Kölner Universität«, Köln 1988. Die Zitate finden sich auf S. 123 und S. 129.
4   Die Angaben entstammen den Vorlesungsverzeichnissen der Universität Köln, Winter-Semester 1921/22 und Sommer-Semester 1922. (Archiv der Universität Köln)
5   Im Nachdruck der Dissertation 1981 im Reclam Verlag Leipzig ist der Anmerkungsapparat gegenüber dem Original, das sich im Universitäts-Archiv Heidelberg befindet, verändert worden.
6   In seinen »Erinnerungen« teilte Karl With mit, »dass es Prof. A. E. Brinckmann war, der alle Versuche meiner Habilitation zum Scheitern brachte. Nicht aus wissenschaftlichen Gründen, sondern aufgrund einer persönlichen Abneigung, die auf einen früheren Zwischenfall zurückging.« In: Zur Kunstgeschichte Asiens. 50 Jahre Lehre und Forschung an der Universität Köln, hrsg. von Roger Goepper, Ulrich Wiesner, Wiesbaden 1977, S. 22.

»Während meiner Arbeit am Ostasiatischen Institut kam ich in einen Kreis junger Leute, mit denen ich mich eng befreundete.«[7] Auffällig: Anna Seghers sprach von einem »Institut«, obwohl das Museum eine selbständige, damals noch nicht mit der Universität kooperierende Einrichtung darstellte. Im Alter verwischten sich wohl die Unterschiede.

Das »Museum für Ostasiatische Kunst, Sammlung Adolf Fischer« war im Oktober 1913 in Köln eröffnet worden. Mit dem am Rhein »wohlentwickelten Sinn für Feierlichkeit«, wie es in einem Zeitungsbericht hieß, wurde »das erste und bis jetzt einzige Spezialmuseum dieser Art nicht nur in Deutschland, sondern in Europa« dem Publikum zugänglich gemacht.[8] Eine neue Etappe öffentlicher Beschäftigung mit Ostasiatika begann. Ein Ende dagegen fand ein Wettlauf zweier Konkurrenten. Seit Jahren wurde in Berlin an einem viel weiter ausgreifenden Projekt gearbeitet. Der Generaldirektor der Königlichen Museen, Wilhelm von Bode, Gönner auch der Firma Reiling in Mainz, hatte ein »gigantisches Projekt« entworfen, wollte etwas völlig Neues versuchen. In Berlin-Dahlem sollte, der Museums-Insel vergleichbar, in einem Ensemble von vier neu zu errichtenden Gebäuden eine Ausstellung entstehen, die völkerkundliche und künstlerische »Sammlungen der verschiedenen Erdteile, unter Ausschluss Europas und der auf Europa bezogenen alten Kulturen« zusammenfasste und der Öffentlichkeit eine Gesamtschau aller außereuropäischen Kulturen ermöglichte. Geplant war, 1913 mit dem Bau eines Hauses für ein »Asiatisches Museum« zu beginnen. Doch weder dieses Gebäude noch das Gesamtvorhaben wurden jemals realisiert. Das völkerverbindende Kultur-Projekt fiel dem Weltkrieg zum Opfer.[9]

Stattdessen triumphierten – bescheidener angelegt – Privatinitiative vereint mit den Interessen einer einzelnen Kommune. Köln, deren Wirtschaftsrepräsentanten »Kunst, Wissenschaft und Welthandel«[10] als Einheit begriffen und nicht nur die Wissenschaften, auch die Kunst zum Nutzen des Welthandels fördern wollten, half dem Weltreisenden, Kunstsammler und Mäzen Adolf Fischer, sich nach mehreren fehlgeschlagenen Versuchen endlich einen Lebenstraum zu erfüllen. Seit Jahren hatte er Werke der »großen Kulturnationen Ostasiens […], deren Macht und Bedeutung für die Weltgeschichte in stetem Wachsen« sei, zusammengetragen, immer wieder nach einem Ort Ausschau gehalten, wo er sie der Öffentlichkeit präsentieren konnte.[11] 1913 war endlich seine Stunde gekommen. Er durfte als Stifter auftreten, seine Schätze in einem eigens für sie geschaffenen Haus unter seiner

---

7   Achim Roscher: Wirklichkeit und Phantasie. Fragen an Anna Seghers, in: Achim Roscher: Also fragen Sie mich! Gespräche, Halle-Leipzig 1983, S. 54. Anna Seghers ließ den Namen noch »Witt« schreiben statt »With«.
8   Der Bericht vom 24. Oktober 1913 in der »B.Z. am Mittag« (Berlin) wurde nachgedruckt in: Museum für Ostasiatische Kunst Köln. Zum 75jährigen Jubiläum des Museums, Köln 1984, S. 27.
9   Ulrich Wiesner: Die Gründerjahre des Museums 1903–1913, ebenda, S. 5.
10 Ulrich Wiesner: Die Geschichte der Abteilung Asien, in: Zur Kunstgeschichte Asiens, a. a. O., S. 3.
11 Zitiert nach: Adolf Fischer (4. Mai 1856 bis 13. April 1914) in: Japanische Malerei und Graphik, Gedächtnisausstellung zum 100. Geburtstag Adolf Fischers, Köln 1956, S. 6.

Leitung allen Kunstfreunden vorführen. Köln hatte den Wettlauf gegen Berlin gewonnen. Fischers Tod wenige Monate später und der Beginn des Weltkrieges lähmten auch hier alle weiterfliegenden Wünsche. Aber ein Anfang war gemacht worden. In Berlin dagegen konnten erst 1924 den vorhandenen Museen neue Abteilungen für Islamische und Ostasiatische Kunst eingegliedert werden.

Sollte Netty Reilings Vater wirklich versucht haben, die Tochter durch ein Praktikum in Köln für den Kunsthandel zurückzugewinnen, so hatte er den glücklichsten Ort gewählt. Schon die Geschichte des Museums sprach dafür. Auch, dass eine Frau dem Unternehmen vorstand: Frieda Fischer, sechs Jahre älter als Netty Reilings Mutter, hatte nach dem Tod ihres Mannes die Leitung der Ausstellung übernommen. Mit den Kunstschätzen war sie bestens vertraut. Immer hatte sie ihrem Mann zur Seite gestanden, ihn auf seinen Weltreisen begleitet, bei Auswahl, Kauf und Tausch der einzelnen Werke beraten, zusammen mit ihm geeignete Partner für seine Ausstellung gesucht. Auch an der Vorbereitung und dem Aufbau des Kölner Museums war sie beteiligt. Von ihr hätte Netty Reiling all die Kenntnisse und Fähigkeiten lernen können, die eine Kunsthändlerin braucht. Mehr noch: Fachkundig und praktisch wäre sie eingeführt worden in den Umgang und den Handel mit Ostasiatika. Keine bessere Lehrerin hätte sie sich wünschen können, um vorbereitet zu werden auf die erfolgreiche Eröffnung eines neuen Abschnitts in der Geschichte der Firma Reiling.

Von Frieda Fischer jedoch erzählte Anna Seghers in ihren Erinnerungen nichts. Tief beeindruckt dagegen war sie von den wenigen anderen Menschen, denen sie an ihrer neuen Wirkungsstätte begegnete. Nur einen »Wissenschaftlichen Assistenten« konnte die Museumsleiterin fest anstellen: Dr. Alfred Salmony. Einen zweiten Mitarbeiter, Dr. Karl With, beschäftigte sie nur auf der Grundlage eines Honorarvertrages. Damit schon schloss sich der kleine Kreis junger Leute, gerade dreißig Jahre alt. Vielleicht gehörte als Gast noch Dr. Arthur Wachsberger dazu, ein Kunsthistoriker, der sich mit chinesisch-turkestanischer Wandmalerei beschäftigte und schon als Student 1913 an der Katalogisierung der Museumsbestände teilgenommen hatte. Netty Reiling lernte auch ihn kennen, besuchte ihn und seine Familie auch noch bei späteren Reisen nach Köln. Ob noch weitere »Praktikanten« engagiert waren, ließ sich nicht ermitteln.[12]

Diesen drei Wissenschaftlern muss sich die sonst so zurückhaltende Netty Reiling schnell angeschlossen haben. In Wien ausgebildet, traten sie welterfahren, selbstbewusst und kreativ auf. Die Freude am Ausprobieren, am praktischen Umsetzen waghalsiger Ideen war ihnen anzumerken. Die Kühnheit, mit der sie neue Auffassungen vertraten, wird ihnen den Unmut der Universitätsprofessoren zuge-

---

12 Auf Dr. Arthur Wachsberger weist Ulrich Wiesner in seinem Artikel hin in dem Buch »Zur Kunstgeschichte Asiens«, a. a. O., S. 3. In einer Tagebucheintragung vom 11.1.1925 schrieb Netty Reiling: »Abends bei Wachsbergers.« (Anna Seghers: Und ich brauch doch so schrecklich Freude. Tagebuch 1924/1925. Die Legende von der Reue des Bischofs Jehan d'Aigremont von St. Anne in Rouen, Berlin 2000, S. 19)

zogen haben. Bei der neuen Mitarbeiterin weckte sie sofort Sympathie und Zustimmung. Auch die Abneigung der jungen Leute gegenüber Prof. Brinckmann wird sie geteilt haben: »In einem Punkt waren wir alle derselben Auffassung: Wir waren nämlich gegen die Theorie, dass die Kunst überall ihren Ursprung in der antiken Kunst hätte. Ein junger Wissenschaftler, bei dem ich arbeitete, er hieß Karl Witt, versuchte durch Forschungsreisen und durch theoretische Arbeit nachzuweisen, dass die ostasiatische Kunst sich unabhängig herausgebildet hat. Meiner Freundschaft mit diesem Kreis verdanke ich, dass ich noch heute viel und gern über verschiedene Kunstepochen lese und die Kunst besonders liebe, die man fälschlich primitiv nennt.«[13] Salmony und With schrieben in dem Jahr, in dem Netty Reiling mit ihnen zusammenarbeitete, an Buchmanuskripten zur chinesischen bzw. japanischen Plastik. Im Frühjahr 1923 erschienen sie als Band eins und zwei der »Veröffentlichungen des Museums für Ostasiatische Kunst der Stadt Köln«. (Später sollten beide Wissenschaftler – wie ihre junge Kollegin – von den Faschisten aus Deutschland vertrieben werden; zuletzt folgten sie einem Ruf an das »Fine Art Institut« in New York bzw. der Universität von Kalifornien in Los Angeles.)[14] Netty Reiling wird das Entstehen der beiden Bücher unterstützt, an der Katalogisierung und Auswertung der im Museum vorhandenen Ausstellungsstücke mitgewirkt haben. Fotos aus dieser Zeit zeigen, wie freundschaftlich und heiter die Atmosphäre unter den jungen Leuten gewesen sein muss, wie unbekümmert sie mit einzelnen Kunstwerken und Exponaten umgehen konnten. Netty Reiling probierte ein kostbares chinesisches Hofgewand aus Seide an, trat als chinesische Gelehrte mit einer Schriftrolle auf, bat mit erhobener Hand um Ruhe – vielleicht, um chinesische Texte vorzutragen. Noch heute gehört ein solches Kleidungsstück vom Typ Qifu aus der ersten Hälfte des 19. Jahrhunderts zu den Ausstellungsstücken – allerdings eingesargt in eine gläserne Vitrine.[15]

Mit ihren Abhandlungen und Essays bahnten Salmony und With der deutschen Kunstgeschichtsschreibung neue Wege. Sie wiesen auf die Eigenständigkeit der asiatischen Kunstentwicklung hin, betonten den außerordentlichen Kunstwert der einzelnen Gegenstände und widerlegten durch genaueste Beschreibungen »das törichte Urteil von der monotonen Gleichförmigkeit chinesischer und japanischer Plastik«, wie Karl With 1977 rückblickend schrieb.[16] Obwohl methodisch dazu noch kein ausgefeiltes Rüstzeug vorhanden war, begannen sie mit einer vergleichenden Betrachtung ausgewählter Werke der östlichen und der westlichen Hemisphäre, in die auch Überlegungen zur sozialen Lage und zum religiösen Verhalten der Menschen einflossen. In Heidelberg war Netty Reiling von Emil Lederer ange-

---

13 Achim Roscher: Wirklichkeit und Phantasie, a. a. O., S. 45 f.
14 Biographische Angaben zu Salmony und With finden sich in dem bereits erwähnten Buch »Zur Kunstgeschichte Asiens«, a. a. O.
15 Die Fotos finden sich in: Anna Seghers. Eine Biographie in Bildern, hrsg. von Frank Wagner, Ursula Emmerich, Ruth Radvanyi, Berlin und Weimar 1994, S. 40.
16 Karl With: Erinnerungen, a. a. O., S. 23.

halten worden, den Zusammenhang gesellschaftlicher und kulturell-geistiger Entwicklungen zu beachten, hatte sie zusammen mit Philipp Schaeffer begonnen, sich religionsgeschichtlichen Studien, auch dem Buddhismus, zuzuwenden. In Köln nun konnte sie Bildwerke und Plastiken buddhistischer Kunst sehen, wiesen Salmony und With auf Parallelen und Unterschiede zwischen der Geschichte und Kultur Europas und Asiens. Netty Reiling verstand, dass sich in Asien eigenständige Entwicklungen und Stilwandlungen vollzogen – ähnlich »dem Übergang von griechisch-archaisch zu klassischen oder hellenistischen Stilen oder von romanischen zu gotischen und nachmittelalterlichen Darstellungsprinzipien«.[17] Diese vergleichenden Betrachtungen brachten den beiden jungen Wissenschaftlern nicht nur Anerkennung. Denn sie kritisierten damit eine seit Jacob Burckhardt vorherrschende Überbetonung der italienischen Renaissance, stellten zugleich ein Welt- und Kulturbild in Frage, das sich einzig auf Geschichte und Entwicklung in Europa konzentrierte. »Wir fanden Lehrer, Gelehrte«, erinnerte sich Anna Seghers 1953, »die leidenschaftlich die Selbständigkeit der Kunst Chinas verteidigten. Sie stritten mit Kunsthistorikern, die in der Antike Europas den einzigen Ursprung künstlerischer Gestaltungskraft erblickten« und »der Phantasie des gewaltigen Volkes keine eigene Ausdruckskraft« zutrauten[18]. Es sollte später zum eigenen Kunstprogramm der Schriftstellerin gehören, eurozentristisches Denken und Schreiben zu überwinden, sich vorurteilslos den Menschen und ihrer Geschichte überall in der Welt zuzuwenden.

Besonders freundschaftlich gestalteten sich die Beziehungen Netty Reilings zu Karl With, auch zu seiner Frau Irene: Ein herzlicher Briefwechsel verband beide Frauen bis in die Zeit nach dem Zweiten Weltkrieg.[19] Besessen von der Liebe zu fernöstlicher Kunst, hatte Karl With, 1891 geboren, Japan und Ägypten schon als Student bereist. Seine Mittel erlaubten ihm, an Ort und Stelle anzuschauen, was deutsche Museen ihm nicht zu bieten vermochten. Das eine oder andere Stück konnte er sogar erwerben. Von ihm wird Netty Reiling gelernt haben, das einzelne Kunstwerk in seiner Gesamtheit und in seinen Details genau zu betrachten, auf Nuancen zu achten, um Veränderungen in Lebensweise, Kunstauffassungen und Stil wahrzunehmen, Arbeiten unterschiedlicher Kunstperioden miteinander zu vergleichen. Ein Jahr später wandte sie in einer Seminararbeit über Grabplatten an, was sie ihrem Lehrer abgeschaut hatte. Aber davon später. Eine seiner ersten Reisen hatte Karl With auch nach Frankreich geführt zum Studium der Kathedrale in Chartres. An den »Zauber des farbigen Lichtes, das durch die in Glas aufgelösten Wände eindringt«, erinnerte sich noch der Fünfundsiebzigjährige. Er wird sein »unauslöschliches«[20] Erlebnis weitergegeben haben. Vom »Zauber aus blauem und

---

17 Ebenda.
18 Anna Seghers: Verwirklichung, in: Anna Seghers: KuW II, Berlin 1971, S. 106.
19 Vgl. dazu: Anna Seghers: Hier im Volk der kalten Herzen, Briefwechsel 1947, hrsg. von Christel Berger, Berlin 2000, S. 118 ff.
20 Karl With: Erinnerungen, a. a. O., S. 26.

rotem Glas« der Fenster in Chartres, in Notre-Dame und Sainte-Chapelle in Paris, vom »Märchen der westeuropäischen Christenheit«[21] schwärmte auch Anna Seghers, als sie 1948 erneut nach Frankreich kam.

Eindringlicher als alle Eindrücke wissenschaftlicher Arbeit jedoch wird das Zusammentreffen mit Menschen gewesen sein, die das taten, was Netty Reiling sich insgeheim selbst wünschte.

Bei ihren Studien in Heidelberg, auch in Köln begegnete sie vor allem Studenten und Lehrern, die wissenschaftlich tätig waren. Sie »waren an Literatur, an Kunst überhaupt sehr interessiert, aber sie schrieben nicht im literarischen Sinne, wie ich es ab und zu tat«, berichtete Anna Seghers 1973.[22] Dr. Karl With war eine Ausnahme. Er dichtete auch. 1920 hatte er ein Poem auf eine buddhistische Plastik veröffentlicht, die aus Japan stammte. Im folgenden Jahr bereitete er eine zweite Auflage seines Buches mit dem Titel »Jizo«[23] vor. In Zusammenarbeit mit einem Bildenden Künstler sollte eine bibliophile Ausgabe von nur sechsundfünfzig Exemplaren entstehen, die mit zwölf handsignierten Holzschnitten versehen war. Karl With rief einen seiner Freunde nach Köln, gewann ihn für sein Projekt. Auch ihn, den Zeichner, Graphiker, Bildhauer, Holz- und Steinschneider Moissey Kogan, lernte Netty Reiling kennen – und war fasziniert.

Dieser Künstler, 1879 in Bessarabien geboren, blieb zeitlebens ein Wanderer. Ein ewig wandernder Jude. Russland, Deutschland, Frankreich, die Schweiz, Holland waren Stationen. Eine Zeitlang zählte er zu den »Münchner Russen« um Wassili Kandinsky. Bis die Faschisten 1943 in einem Konzentrationslager auch seinem Leben gewaltsam ein Ende setzten.[24] Wie erschreckend die endlose Spur bitterer Menschenschicksale, die sich durch die Geschichte zieht! Viele Lehrer und Freunde, denen Netty Reiling sich tief verbunden fühlte, die entscheidend zur Ausformung ihrer Künstlerpersönlichkeit beitrugen, wurden von den deutschen Faschisten gemordet oder ins Exil getrieben. Auch das muss erinnert werden, wenn der Verwandlung Netty Reilings in eine weltbedeutende Erzählerin nachgegangen wird.

»Kogan besucht Deutschland«, überschrieb 1922 Karl With einen kleinen Aufsatz. Nach zehn Jahren ist »Kogan plötzlich wieder da«, hieß es, und man freut sich, »dass dieser Mensch lebt, dieses russische Brüderchen«. Man freut sich, »dass er so ganz still und selbstverständlich allerlei in die Welt setzt und mitbringt, wie etwas das man auf langen Reisen gesammelt hat und nun gerne hergibt. Und das man dann in seine vier Wände trägt und in die Tasche steckt und noch immer nicht recht weiß, dass dieses kleine Ding ein Amulett ist, das zur rechten Zeit gefunden ist; in einer Zeit voll Alpdruck, Vereinsamung und menschlichen Wider-

---

21 Anna Seghers: Glauben an Irdisches, in: Anna Seghers: KuW III, Berlin 1971, S. 46.
22 Anna Seghers am 28.4.1973, in: Achim Roscher: Wirkung des Geschriebenen. Gespräche mit Anna Seghers, in: ndl, Berlin 31(1983)10, S. 64.
23 Karl With: Jizo. Verlag des Hauses Yi-Yuan, Amsterdam 1920, 2. Auflage im Verlag der Galerie Flechtheim, Berlin 1922, versehen mit 12 Holzschnitten von Moissey Kogan.
24 Zu Moissey Kogan vgl. Gerhart Söhn: Moissey Kogan. Bausteine zu einer Monographie, Düsseldorf 1980.

streits.«[25] Und der Dichter Yvan Goll fand für die Arbeit seines Freundes Worte, wie sie heute verloren sind, wenn gesagt werden soll, wie und was da ein Mensch zu schaffen vermochte. »Und wie ein Verliebter behandelt er die Kunst, oder vielmehr lässt sich von ihr unterkriegen. Er gehorcht ihr, wann sie will, und gebietet ihr nicht, wann er will! [...] Aber wenn er sich einmal hinsetzt, und der Akt einer Frau blüht vor ihm auf, da lispeln seine Finger mit rotem Stift die zartesten Gesichte aufs Papier, da steigen die reinsten Frauenlinien aus dem Nichts, zerbrechlich wie Wasserstrahlen eines Brunnens, ein Hauch könnte sie umbiegen, aber aus Traum, nicht mit Bleistift, wird weitergebildet. Und wenn dann die Finger in den morgenrötlichen Ton fassen, zittern sie, tasten, streichen wie über Menschenfleisch, und naive Göttinnen, zerbrechliche, unbekannte, niegewesene Gestalten erblühen. Dahin muss erst die Kunst wieder kommen: zum Einmaligen, zur Inspiration, zum Phänomen, und die mit ihren Theorien werden zurückbleiben wie die Grammatiklehrer hinter den Dichtern. Kogan gehört zu den feinen Lyrikern, und könnte seinen Platz haben nach Lehmbruck, zu Füßen Hölderlins.«[26]

In dem Poem, das Kogan mit Holzschnitten versah, beschreibt Karl With eine frühbuddhistische japanische Plastik, die Figur eines unbekannten »dunklen Knaben«[27], der betend die Hände faltet. »Jizo« nennt er ihn nach einem japanischen Gott und Schutzpatron, der dem Christophorus des Christentums gleicht. In der Zwiesprache mit ihm wandelt sich das Gedicht zum Gebet; die eigene durch die Teilnahme am Weltkrieg belastete Vergangenheit wird ins Gedächtnis zurückgerufen, an Leiden, Verzweiflung, Ungenügen gemahnt, Jizo mit Jesu verglichen. Der Betende erkennt, dass beide gleich, beide »ewig Liebende« sind, »Brücke zwischen Gott und Welt«, Nothelfer aller Menschen, die nach dem Sinn ihres Lebens suchen. Schutzpatrone auch des Lyrikers. Adressaten seiner Bitte um die Kraft,

»Zu lieben und zu erfüllen
[...]
Wie Jesu,
Wie Jizo.«

Seinem Anruf fügt er jedoch einen Nachsatz hinzu: Er wünscht sich ein Leben als Mensch, ein menschliches Leben. Nicht Märtyrer will er sein. Kein stumm Duldender. Er bittet darum,

»Nicht blutig zu sein wie Jesu am Kreuz,
Nicht stumm zu sein wie Jizo,

---

25 Karl With: Kogan besucht Deutschland, in: Das Kunstblatt, hrsg. von Paul Westheim, VI(1922)11, S. 461.
26 Yvan Goll: Moissey Kogan, in: Das Kunstblatt, hrsg. von Paul Westheim, IX(1925)11, S. 321 f.
27 Karl With: Jizo, Berlin 1922, Vers 1 [ohne Seitenangabe]. Die folgenden Zitate entstammen den Versen 9, 11, 12 und 13.

Sondern fröhlich
Und ganz voller Spiel und Leichtigkeit,
Ja ganz zärtlich;

Denn sonst ist alles nutzlos.«

Moissey Kogan nimmt den Lebensanspruch des Lyrikers auf, umgibt die Verse Withs mit einem Reigen tanzender Mädchen, beginnend mit einer »Stehenden Frauenfigur mit schleppendem Gewand«[28], der Mutter Maria gleich, einer Altarfigur des Mittelalters. Dann schlägt er sein Hauptthema an, den weiblichen Akt, lässt anmutige junge Mädchen sich im Tanze bewegen, sich begegnen, sich zuwenden, abwenden, sich setzen, legen, bis wieder die Marienfigur hervortritt, »mit fußlangem Gewand«[29], den Reigen, das Poem beendend. Die zwölf Holzschnitte, als Einzelblätter zwischen die zwölf Verse gelegt, bekräftigen Bitte und Wunsch nach einem menschlichen Leben, fröhlich, zärtlich, liebend, ganz voller Spiel und Leichtigkeit.

Diese Frömmigkeit, gepaart mit neuem Lebensgefühl, wie sie aus Versen und Bildern spricht, wird Netty Reiling angerührt haben. Ein Ton erklang, in dem sie eigene Sehnsucht wiedererkannte. Der eigene Lebensvorstellungen bewusst werden ließ. Zum Leitmotiv ihres Handelns wurde.

Kogans zwölf Holzschnitte müssen 1921/22 entstanden sein. Offensichtlich in Köln. In ständigem Austausch mit dem Freunde. Netty wird bei dieser oder jener Arbeit zugeschaut haben, gebannt, überrascht, dass die Linien, die Formen, die Mädchenleiber sich scheinbar mühelos aus Kogans Händen hervorschwangen. Sie erlebte, wie besessen er bei der Arbeit war – und wie behutsam. Wie er über seine Figuren wachte, bis er sie ins Leben entließ: Er druckte und setzte selbst, damit sie ganz seinem inneren Bilde entsprachen.

Bei ihm erfuhr Netty Reiling eine Lebenseinstellung, die ihr in dieser Rigorosität noch nicht begegnet war. Kogan hatte sich mit Leib und Seele der Kunst verschrieben. Mit einer Unerbittlichkeit, die erschrecken musste. Einen jungen Menschen aber auch ahnen ließ, was es bedeuten konnte, in dieser Welt gesellschaftlicher und geistig-kultureller Umbrüche, »in einer Zeit voll Alpdruck, Vereinsamung, menschlichen Widerstreits«[30], als Künstler leben zu wollen. Kogan arbeitete nicht für den Markt. Moden waren ihm fremd. Expressionistischer Experimente, ihm seit seiner Begegnung mit Kandinsky vertraut, bedurfte er nicht mehr. Er hatte sich angeeignet, was er brauchte, wusste, was, wie er arbeiten musste. Er folgte nur seiner Inspiration. Wie selbstverständlich formten sich seine Figuren.

---

28 Im Werkverzeichnis, das Gerhart Söhn im Anhang seiner Monographie (a. a. O.) vorstellt, wird die erste Figur Kogans so bezeichnet (S. 75).
29 Ebenda, S. 79.
30 Vgl. Anm. 25.

Zeitlos – und doch modern. Doch leben konnte er von den Erzeugnissen seines leidenschaftlichen Schaffens nicht. Obwohl er Mäzene fand, Galerien, Museen: Die Not war seine ständige Begleiterin. Wohl selten nur stand ihm ein Atelier zur Verfügung. Meist hauste und arbeitete er in dürftigen Hotelzimmern. Bis zu seinem grausamen Ende. Während des Ersten Weltkrieges versuchte er, als Fabrikarbeiter sich durchzuschlagen. Später, als Drucker Geld zu verdienen. Er hielt beides nicht lange durch. Die Kunst verlangte ihn ganz.

Netty Reiling war verzaubert. Wird den mehr als zwanzig Jahre Älteren bewundert, verehrt, ihn als Vorbild eigener Haltung gesehen haben. Im Überschwang der Gefühle schrieb sie ihm auch. Doch was? Zeigte sie, wie seine Kunstbesessenheit sie erregte, eigene Zukunftspläne weckte? Vertraute sie ihm Konflikte an, Probleme mit den Eltern, Schwierigkeiten erster literarischer Versuche? Der Briefwechsel ist verloren. Kann nichts mehr erzählen über ihre Gespräche, Gedanken, Gefühle. Möglich, dass sie mehr erwartete, als Kogan zu geben vermochte. Eine Tagebucheintragung drei Jahre später verrät, dass sie sich zurückgestoßen, nicht verstanden fühlte: »Kummer durch Irenens Bemerk. über Kogans Äußerung über m. Briefe. Der große Schmerz, wenn man empfindet, es ist Vorbei, selbst wenn d. Vorbei gut ist«, notierte sie am 11. Januar 1925 nach einem Besuch in Köln.[31]

Doch da hatte Netty Reiling bereits begonnen, ihr Recht zum literarischen Schaffen durchzusetzen – mit einer ähnlichen Unerbittlichkeit, wie sie ihr bei Kogan begegnet war. Sie nahm Schreiben, Erzählen, »die Not ernster Arbeit«[32] als ihre Aufgabe an. Wollte, konnte ihre Begabung nicht länger unterdrücken. Nicht fremden Interessen dienen. Mit traumwandlerischer Sicherheit hatte Netty Reiling schon während des dritten Semesters in Heidelberg begonnen, auf sich selbst zuzugehen. Nicht mit deutscher Literaturgeschichte beschäftigte sie sich. Nur französische, russische, chinesische Literatur wagte sie an sich heranzulassen. Aber sie handelte ihrer Begabung gemäß – bewusst oder unbewusst. Der Wechsel nach Köln brach diese Entwicklung nicht ab. So überraschend er gekommen sein mochte. Im Gegenteil: das Erlebnis mit Moissey Kogan wird sie angespornt haben. Führte sie auf dem Weg zum eigenen Kunstschaffen weiter. »Mein Studium interessierte mich so sehr, dass es mich ganz absorbierte«, erzählte Anna Seghers 1973. »Aber meine Phantasie arbeitete und arbeitete, produzierte jedoch nichts. Als ich dann eines Tages zu schreiben anfing, brach's wie ein Sturzbach aus mir heraus; ich schrieb, studierte, schrieb, studierte – wie 'ne Verrückte, das ging bis zur Erschöpfung. Da merkte ich, dass beides nicht lange durchzuhalten war; ich entschied mich fürs Schreiben.«[33] An den Künstler Kogan jedoch erinnerte sie in öf-

---

31 Anna Seghers: Und ich brauch doch so schrecklich Freude, a. a. O., S. 19.
32 So bezeichnet sie in einer Tagebucheintragung vom 29.4.1925 ihre schriftstellerische Arbeit. Ebenda, S. 31.
33 Anna Seghers am 28.4.1973, in: Achim Roscher: Wirkung des Geschriebenen. Gespräche mit Anna Seghers, a. a. O., S. 62.

fentlichen Äußerungen niemals mehr. Nur in ihrem Wohnzimmer sah sie sich ihm gegenüber. An versteckter Stelle brachte sie einen Originalholzschnitt an, den sie trotz Flucht und Verfolgung gerettet hatte. Eine seiner Mädchenfiguren. Hier, im stillen Winkel zwischen Bücherwand und Fenster, wo in der Regel nur sie allein sich aufhielt, nickten sie einander zu. Die kraftvoll-karge Sprache in Erzählungen und Romanen der Anna Seghers gleicht der Sprache auf Kogans Bildern. Viele ihrer Figuren ähneln den Gestalten Kogans, sind Geschwister. Seine Bitte, sein Wunsch nach einem menschlichen Leben, fröhlich, zärtlich, liebend, ganz voller Spiel und Leichtigkeit erklangen noch in Berlin-Adlershof. Bis an ihr Lebensende.

Der große Tschibe und die kleine Tschibe

Schon im November 1921, während der ersten Tage ihres Aufenthaltes in Köln, wahrscheinlich zum Geburtstag, erreichte Netty Reiling ein Buchgeschenk: eine russischsprachige Ausgabe des Romans »Schuld und Sühne« von Dostojewski. Den Text vermochte sie sicherlich nicht zu lesen. Wichtig: Jemand dachte an sie. Ladislaus Radványi. Er konnte darauf bauen, dass ihr das Buch trotz unzureichender Sprachkenntnisse bestens vertraut war. Er wusste: Es würde an gemeinsame Diskussionen erinnern. Denn wie in Budapest und Wien hatten auch in Heidelberg die jungen Leute eigene Lebensprobleme im Streitgespräch um Dostojewski zu klären versucht. Dieser Dichter wirkte als Brücke zwischen altem und neuem Leben. Seiner Religiosität, die auch die ihre war, vertrauten sie; seiner Aufforderung, jedem menschlichen Leid entgegenzutreten, folgten sie. Auch sie lasen seine Romane »wie eine ihren Glauben bestärkende, ihre Kämpfe aufheizende Bibel«[34]. Später beschrieb Anna Seghers, wie sie und ihre Freunde damals den Roman »Die Brüder Karamasow« gelesen hatten: »Für uns ergänzten sich die zwei Brüder; es war ihnen ernst, bitter ernst mit Fragen, die jeden von uns angingen. Sie standen beide zusammen, und wir mit ihnen, gegen die Unmenschlichen, Gierigen.«[35] Radványi hatte auch im November 1921 sein Buchgeschenk mit einer Widmung versehen. Sie verriet, dass eine Veränderung ihrer Beziehungen vor sich gegangen sein musste. Jetzt wurde nicht mehr – wie zuvor im März und Juni – die förmliche Anrede gebraucht. »Der große Tschibe gibt dieses Buch der kleinen Tschibe«, hieß es.[36] Zum ersten Mal tauchten in erhalten gebliebenen und datierten Dokumenten Kosenamen auf. Die zugleich eine Botschaft enthielten. Eine Rollenverteilung vornahmen. Er, der nach Wien Geflohene, bezeichnete sich als den »großen Tschibe«. Er führte. Schritt voran. Wusste, welcher Weg einzuschlagen war. Sein Ange-

---

34 Béla Balázs: Zur Dostojewski-Jahrfeier, in: Georg Lukács, Karl Mannheim und der Sonntagskreis, hrsg. von Éva Karádi und Erzsébet Vezér, Frankfurt am Main 1985, S. 269.
35 Anna Seghers: Woher sie kommen, wohin sie gehen, in: Anna Seghers: KuW II, Berlin 1971, S. 201.
36 Dieses Buch von Dostojewski, auch die beiden folgenden, »Von dem Fischer un syner Frau« und »Legende des Baalschem« von Martin Buber, befinden sich in der Bibliothek der ASG.

bot an die Freundin, das kleine »Vögelchen« oder »Küken«: ihm zu vertrauen, zu folgen. Und – Netty Reiling schien die ihr zugewiesene Rolle anzunehmen. Anfangs nicht ohne distanzierende Ironie. Denn sie antwortete ihm mit einem Märchen, das Ansprüche einer Frau zur Veränderung ihres Lebens als maßlose Gier nach Reichtum und Macht verteufelt. Im Februar 1922 sandte sie ihm aus Köln das Buch »Von dem Fischer un syner Fru«, nur mit der Unterschrift »Lütt tschibe / Februar 1922 / Köln« versehen. Den Kosenamen akzeptierte sie, verfremdete ihn aber, indem sie die niederdeutsche Sprache der Nacherzählung aufgriff, als »Lütt Tschibe« signierte. Doch wenige Monate später – ihr Aufenthalt in Köln war zu Ende, sie wieder in Heidelberg – ging sie weiter. Versah sie ein weiteres Buchgeschenk, Martin Bubers »Legende des Baalschem«, mit den Worten: »Das Buch gehört / dem Rodi / von seinem Kind / Mainz, September 1922.« Jetzt waren die Rollen geklärt. Wohl auch das Versprechen eines gemeinsamen Lebens gegeben. (Genaue Daten dafür gibt es nicht.)

Der Kosename »Tschibi« – ohne Attribut – blieb Netty Reiling treu. Zeitlebens wurde sie von Familienmitgliedern so gerufen. Noch heute lebt in der Erinnerung ihrer Kinder und Enkel die Mutter und Großmutter als Tschibi fort. Nicht so der Name »Großer Tschibe«. Netty Reiling verwarf schon im September 1922 die Selbstbezeichnung des Mannes. Taufte ihn um. Nannte ihn schlicht »Rodi« – eine Abwandlung des Nachnamens wohl. Auch dabei blieb es. Ein Leben lang. Das »Kind« hatte seinen eigenen Willen nicht preisgegeben.

Zwischen der Zusendung des Märchens und der Übergabe der »Legende des Baalschem« muss ein Besuch Radványis in Köln gelegen haben. Das Wintersemester 1921/22 hatte er in Wien verbracht. Doch noch vor Schluss des Sommersemesters 1922 wird er nach Köln gereist sein. Auch er kann an der Demonstration im Juni 1922 teilgenommen, seine Freundin hineingezogen haben in den Massenaufmarsch der Arbeiterinnen und Arbeiter, die gegen die Ermordung Walther Rathenaus, des Außenministers und Unterzeichners des Rapallo-Vertrages zwischen Deutschland und der Sowjetunion, protestierten. Wieder geben lustige Bilder Auskunft, auch über den Ort seines Aufenthaltes. Am Zeichnen, an Botschaften in Bildern, fand er immer wieder seine Freude.

Im Sommer 1922 malte Radványi in ein Schulheft eine kleine Bilderzählung: »Die wundersame Geschichte von dem großen Tschibe und der kleinen Tschibe. Tragödie in 2 Akten«.[37] Der Autor: »Tschib«. Das Signum: »Tschiboka-Verlag-Köln. Copyright – 1922«. Der Maler: »R. L.: Pinxit« – Radványi, Ladislaus. Schon auf dem Etikett ein kreisrundes Wappen, das im Heft wiederholt wird und im Mittelpunkt einen Vogel zeigt, links einen Judenstern, rechts ein kleines Haus. Darüber finden sich die Initialen beider Namen: N. R. L. – das R groß hervorgehoben: Soll es schon den zukünftigen gemeinsamen Namen vorwegnehmen? Ein gemeinsa-

---

37 Das Büchlein befindet sich im Besitz von Pierre Radvanyi. Eine Fotokopie stellte er mir dankenswerterweise zur Verfügung. Die Signierung ist meines Erachtens ein Beleg dafür, dass Radvanyi damals in Köln war.

mes Wappen. Ein gemeinsames Haus. Mit der Übernahme des Judensterns respektierte Radványi die religiöse Bindung seiner Freundin. Mehr noch: Hatte er sich im Winter 1920 offiziell als »konfessionslos« bezeichnet, so gab er jetzt Netty Reiling gegenüber zu erkennen, dass er ihrer Frömmigkeit folgen, sich der israelitischen Religion erneut zuwenden werde. Noch einmal versuchte er es mit der Zueignung vom November 1921: »Der große Tschibe gibt dieses Buch der kleinen Tschibe«, steht auf einer extra Seite. Diesmal unterstrichen Bilder die Worte. Noch hielt Radványi fest an seiner Selbstbezeichnung. Auch bei den beiden Vögelchen blieb er. Sie malte er immer wieder. Einmal im gemeinsamen Zimmer brav beim Studium, sie auf seinem Kopfe hockend, beide ins gemeinsame Buch schauend. Ein andermal in bergiger Landschaft auf dem Weg »Zum lieben Gott«. Unverkennbar: die Größenunterschiede. Zwei Bilder der »Tragödie in 2 Akten«, zum Ausklappen eingeklebt, werden ein lustiges Erlebnis in der Studentenbude festgehalten haben: Die Vögelchen sitzen nebeneinander auf einem Tisch, die Wirtin schaut ihnen freundlich lächelnd zu. Plötzlich fällt ein Bild von der Wand, beiden auf den Kopf, rahmt sie ein. Entsetzt reißt die Wirtin beide Arme hoch.

Gezeichnete Spielereien. Kritzeleien, voller Witz und Phantasie. Zeugnis dafür, wie nah sich beide gekommen waren. Das Eingerahmtsein – Symbol der Zusammengehörigkeit. Eine Partnerschaft hatte sich angebahnt, die dauern sollte. Nicht ohne Konflikte, Krisen gar. Aber dauern. Jahrzehnte später lernte ich beide bei gemeinsamer Arbeit kennen. Damals waren sie mehr als sechzig, siebzig Jahre alt. Mich berührte, wie aufmerksam, wie behutsam sie aufeinander reagierten. Er sorgte sich um Rezensionen und Honorare zu ihren Arbeiten, sollten sie ausbleiben oder unzureichend sein. Anna Seghers fragte um Rat, wenn sie unsicher war, ob ein Text in die Sammlung ihrer publizistischen Schriften aufgenommen werden sollte. Er ließ sich Zeit mit der Antwort. Prüfte genau. Begründete seine Meinung. Manchmal hatte er sie an den Rand eines Textes geschrieben. Wir sprachen jedes seiner Worte durch. Diskutierten mit ihm. Und dann entschied Anna Seghers: mehr als einmal anders als Radványi. Oft aber auch in seinem Sinne. Einmal erlebte ich beide, als sie einen Pelzmantel anprobierte, den sie mochte, haben wollte. Zotteliges, krauses Fell kaukasischer Lämmer. Wie ein Kind sah sie ihn an. Bittend. Hoffend. Und wie groß die Enttäuschung in ihren Augen, als er meinte, sie benötige keinen neuen Mantel. Zwei alte Menschen, die sich ergeben waren. Sich brauchten. Und doch selbständig handelten – in eigener Arbeit vor allem.

Im Sommer 1922 wird Ladislaus Radványi, der einst selbst Gedichte schrieb, vielleicht noch von eigener Arbeit als Schriftsteller träumte, die Freundin bestärkt haben in ihrem Entschluss, sich dem Kunstschaffen zuzuwenden. Mithilfe und Partnerschaft im väterlichen Geschäft auszuschlagen. Vielleicht sogar eine Lebensweise anzustreben, die eine Arbeitsteilung zuließ. Er: zuständig für den Lebensunterhalt. Sie: eine schreibende Hausfrau. So jedenfalls verbrachten sie ihre ersten gemeinsamen Jahre. In dieser Hinsicht zahlte sich aus, dass sie eine Frau war.

Netty Reiling konnte – von außen gesehen – die tradierte Rolle einer Ehefrau übernehmen. Zugleich – weniger auffällig – ihre eigene Selbstverwirklichung betreiben. Doch bis dahin sollten noch drei Jahre vergehen. Zuerst wurde das Studium abgeschlossen. Nicht nur formal. Ordnungsgemäß und anspruchsvoll. Mit einer Dissertation. Auch das gehörte zu ihrer Haltung: Eine einmal begonnene Aufgabe wurde zu Ende geführt, nicht leichtfertig preisgegeben. Auch, wenn sie nicht mehr als die wichtigste galt. Zudem kämpfte sie immer wieder mit Unsicherheiten. Bohrten Zweifel, ob ihr Talent ausreiche, sie den Forderungen einer Schriftstellerexistenz genügen könne. Die bedrängendste Frage jedoch: Durfte sie die Erwartungen des geliebten Vaters enttäuschen? Er hatte – sicherlich – ihren Aufenthalt in Köln vorgeschlagen, vorbereitet, finanziert. Seine Träume jedoch von einer Geschäftserweiterung und Nachfolge durch die Tochter – so er sie gehegt hatte – musste er begraben. Das Kölner Jahr trug andere Früchte.

Mit Riesenschritten dem Abschluss des Studiums entgegen

Im Sommer 1922 beendeten Netty Reiling und Ladislaus Radványi ihre Studien in Köln bzw. Wien. Beide kehrten nach Heidelberg zurück. Über Mainz: denn Netty muss ihren Freund mit den Eltern bekannt gemacht haben. Dann begannen für beide die letzten Studienjahre: Radványi schrieb sich am 16. Oktober, Netty Reiling am 24. Oktober 1922 wieder in die Matrikel der Ruprecht-Karls-Universität ein.[38]

Die Freundschaft zu Philipp Schaeffer blieb erhalten. Auch er hatte sie in Köln besucht. Kam mit einem Revolver, um sie vor »Räubern« zu schützen, hatte sie ihm doch geschrieben, sie habe hier Angst. Aber die Räuber erwiesen sich als Mäuse. Auch gegen sie wusste er ein Mittel, verstopfte die Mauselöcher im Zimmer mit Kamille und Sägespänen.[39] In Heidelberg stand er ihr weiterhin hilfreich zur Seite. Ladislaus Radványi hielt das Dreigespann auf einem Bildchen fest, versah es mit der Unterschrift: »Radfahrt Heidelberg – Darmstadt. (Radvanyi – Schaeffer.)« Auf der oberen Hälfte der Bleistiftzeichnung fahren auf einem breiten Weg zwei Männer mit dem Rad; zwischen sich transportieren sie in einem Korb, einer Rikscha gleich, die Freundin. Darunter zeigt das Blatt, woher sie kommen, wohin sie gehen: Aus einer hügeligen Landschaft führt eine Serpentinenstraße hoch hinauf in die Berge; vor einem Wegweiser hockt ein Vogelpärchen, eins auf dem Rücken des anderen, liest, was das Schild verspricht: Sie sind auf dem Weg »Zum lieben Gott«.[40] Dieses glückliche Miteinander muss Netty Reiling angespornt haben. Ein gewaltiges Arbeitspensum traute sie sich zu. Je vierzehn, dreizehn, siebzehn

---

38 Die Immatrikulationslisten befinden sich im AUH.
39 Anna Seghers: Erinnerungen an Philipp Schaeffer, in: Anna Seghers: KuW IV, Berlin 1979, S. 131.
40 Das Bild – im Besitz von Pierre Radvanyi (Paris) – ist abgedruckt bei Christiane Zehl Romero: Anna Seghers. Eine Biographie, 1900–1947, Berlin 2000. Leider ist nicht angegeben, wann genau es entstand.

Vorlesungen, Seminare, Übungen belegte sie in den kommenden drei Semestern.[41] Jetzt wusste sie, was sie wollte. Im Sommer 1924 dann – nach dem Rigorosum am 4. März – Arbeit an der Dissertation, die am 4. November, fünfzehn Tage vor dem vierundzwanzigsten Geburtstag, mit Erfolg verteidigt wurde.

Dennoch absolvierte Netty Reiling auch jetzt kein eng begrenztes, nur vom schnellen Abschluss diktiertes »Schmalspurstudium«. Sie nahm ihre Arbeiten auf dem Gebiet der Sinologie wieder auf, lernte weiter Chinesisch, beschäftigte sich mit der Geschichte Chinas, den einheimischen Religionen in China und Japan, dem Buddhismus. Verstärkt wandte sie sich der Philosophie zu. Indische Philosophie, »Logik und philosophische Systematik«, »Von Kant bis Nietzsche«, »Ethik« standen auf dem Programm. Ihre Lehrer: Max Walleser, Karl Jaspers, Heinrich Rickert. Fortgeführt wurden auch das Erlernen der französischen Sprache und die Studien zur französischen Literaturgeschichte. »Dichtung und bildende Kunst des deutschen Mittelalters in ihren Wechselbeziehungen« bei Professor Friedrich Panzer und »Geschichte der deutschen Literatur im klassischen Zeitalter« bei Professor Max Freiherr von Waldberg kamen neu hinzu. Russische Sprache und Literatur wurden nicht weiter verfolgt. Schwerpunkt dieser allgemeinbildenden Fächer jedoch war die Geschichte. Dieses Studium betrieb Netty Reiling intensiv. Sie legte nicht nur Wert auf den Erwerb eines breit gefächerten Wissens. Sie war weiterhin daran interessiert, sich ein Weltbild zu erarbeiten, ein Weltbild, das philosophisch und religionsgeschichtlich, vor allem historisch fundiert war. Sie belegte »Weltgeschichte von der Völkerwanderung bis zur Reformation«, »Vorgeschichte des deutschen Volkes im Überblick«, »Europäische Geschichte im Zeitalter Friedrich des Großen und der Aufklärung«, »Geschichte des 18. Jahrhunderts«, »Geschichte der Französischen Revolution«, »Bismarcks auswärtige Politik von der Reichsgründung bis zu seiner Entlassung«, »Neuere Geschichte«. Auch hier hörte sie hervorragende Wissenschaftler wie Willy Andreas, Nachfolger Hermann Onckens und Ordinarius für Neuere Geschichte, bei dem Netty Reiling sich schon zu Beginn ihres Studiums eingetragen hatte. Kein Wunder: Die Erzählerin Anna Seghers sollte später nicht nur historische Stoffe und Themen aufgreifen. Sie gestaltete ihre epische Welt immer auch als historische Welt.

Die Ausführungen Friedrich Panzers im Wintersemester 1922/23 müssen für Netty Reiling einschneidend gewesen sein. Zweifach einschneidend. Es war die erste Vorlesung zur deutschen Literatur überhaupt, die sie als Studentin besuchte. Sie entschloss sich dazu unmittelbar nach ihrer Entscheidung in Köln, wusste sie doch jetzt, dass sie selbst literarische Texte schaffen werde, es heimlich bereits erprobte: Ich »schrieb, studierte, schrieb, studierte – wie 'ne Verrückte«, hieß es ja in ihren Erinnerungen.[42] Sie wird den Worten Friedrich Panzers über Dichtung und

---

41 Ausgezählt nach den Vorlesungsverzeichnissen im UAH. Auch alle folgenden Angaben zu besuchten Vorlesungen und Seminaren erfolgten in Auswertung dieser Verzeichnisse.
42 Vgl. Anm. 31.

Kunst des Mittelalters mit gespannter Aufmerksamkeit gefolgt sein, nicht nur zugehört, sich selbst leidenschaftlich mit dem Themenkomplex auseinandergesetzt, ihren »Vorgängern« auf die Finger geschaut haben, begierig, von ihnen zu lernen. Vielleicht versuchte sie sich auch an Übersetzungen aus dem Alt- und Mittelhochdeutschen. Schriftliche Zeugnisse ihrer Bemühungen jedoch sind nicht überliefert. Einzig in einem späten Brief findet sich eine Andeutung. Ab Januar 1938 hielt Anna Seghers in Paris an der für Emigranten neu gegründeten »Freien Deutschen Hochschule« eine Vorlesungsreihe über ausgewählte Kapitel in der deutschen Literaturgeschichte.[43] Im Juni 1938 berichtete sie Fritz Erpenbeck, Redakteur der Literaturzeitschrift »Das Wort« in Moskau, dass sie auch an der »Deutschen Volkshochschule« einen solchen Kurs übernommen habe.[44] Sie schlug vor, die Vorbereitung auf die Vorträge weiter zu nutzen, Aufsätze über Walther von der Vogelweide und mittelalterliche Spielmannslyrik für »Das Wort« und die Zeitschrift »Internationale Literatur« zu verfassen. Denn, so schrieb sie, solche »Einzelthemen« seien »wenig bearbeitet« worden, »weil wir wenig Mittelalter-Spezialisten« hätten. Als »Mittelalter-Spezialistin« also fühlte sie sich. Sie begründete Fritz Erpenbeck, warum sie sich diese ungewöhnlichen Vorhaben zutrauen konnte, charakterisierte die inhaltliche Anlage ihrer Referate: »Es geht mir darum die wichtigsten Kapitel der Literatur herauszuarbeiten, von früh bis jetzt, also von der Völkerwanderung bis zum Humanismus [...]. Auf einem sehr breiten geschichtlichen und kulturgeschichtlichen Grund, mit starker Hinzuziehung der Kunstgeschichte. Ich habe natürlich früher in alten Zeiten in diesen Dingen viel gearbeitet, und habe sie jetzt von einem anderen Standpunkt aus wieder vorgenommen.«

Früher in alten Zeiten – es muss Friedrich Panzer mit seiner vergleichenden Betrachtung von mittelalterlicher Dichtung und Kunst gewesen sein, der das Fundament schuf für ihre Pariser Vorträge. Ihre Worte von 1938 bezeugen noch etwas anderes: Die Heidelberger Besonderheit zum Vergleich, zur Zusammenschau spezieller Forschungsgebiete, zur »kulturwissenschaftlichen Synopsis«, wie es Ludwig Curtius rückblickend nannte[45], hatte Netty Reilings Weltsicht, hatte ihr Denken geformt.

Das schloss Spezialisierung ein. Das Fach Kunstgeschichte rückte ins Zentrum ihrer Arbeit während der letzten Semester. Die meisten Lehrveranstaltungen besuchte Netty Reiling bei Ludwig Curtius und Carl Neumann. Beim Verlassen Kölns

---

43 Die »Deutsche Volks-Zeitung« in Paris kündigte am 9.1.1938 an, dass Anna Seghers an der »Freien Deutschen Hochschule« in Paris ausgewählte Kapitel aus der deutschen Literaturgeschichte vortragen werde. Albert Betz berichtet in seinem Buch »Exil und Engagement« (München 1986) von einem weiteren Vortrag zu diesem Thema (S. 314). Die »Deutsche Volkshochschule« in Paris war der im November 1935 begründeten »Freien Deutschen Hochschule« angeschlossen. Ob alle Vorhaben auch realisiert wurden, ist nicht nachzuweisen.
44 Der Brief von Anna Seghers an Fritz Erpenbeck vom Juni 1938 befindet sich in der von Leonore Krenzlin und Dieter Schiller besorgten Ausgabe »Anna Seghers: Briefe nach Moskau 1933–1942«, abgedruckt in: Argonautenschiff, Bd. 11, Berlin 2002; die Zitate stehen auf S. 289.
45 Vgl. das Kapitel »Zu sich selbst finden« in diesem Buch.

muss für sie festgestanden haben: Ihre Abschlussarbeit sollte einem kunsthistorisches Thema gewidmet werden. Ihrem Vater zu Ehren.

Auch diese Spezialisierung: eingebettet in historisches, diesmal fachhistorisches Überblickswissen. Zu Beginn ihres Studiums hatte der Archäologe Hermann Ranke sie eingeführt in die ägyptische Kunst. Dann ließen Alfred Salmony und Karl With die alten Kunst- und Kulturlandschaften Chinas und Japans lebendig werden, debattierten sie neue theoretische Auffassungen. Jetzt baute Ludwig Curtius Gegenwelten auf. Er sprach über die Geschichte der griechischen Plastik, die alte Kunst Vorderasiens, die griechische Malerei, bot Netty Reiling Möglichkeiten, moderne und antike Plastik, europäische und asiatische Kunst zu vergleichen, die Auffassungen Withs und Salmonys noch einmal zu durchdenken. Bei Prof. Hedicke absolvierte Netty Reiling eine Überblicksvorlesung zur »Malerei und Plastik der italienischen Renaissance«. Carl Neumann, der ihr Doktorvater werden sollte, vermittelte Detailwissen zur Kunstentwicklung in Deutschland, las über »Albrecht Dürer und seine Zeit«, »Max Klinger und die Kunst des 19. Jahrhunderts«, »Geschichte der deutschen Kunst«, »Kunstgeschichte der deutschen Stadt in Mittelalter und Neuzeit«. Mit der zuletzt genannten Vorlesung kehrte Netty Reiling gegen Ende ihres Studiums zu einer Welt zurück, die ihr als Kind schon ans Herz gewachsen war. Seit sie durch die Straßen und Gassen ihrer beinahe zweitausendjährigen Heimatstadt Mainz laufen, sehen, schauen, anschauen, sich umschauen konnte, erlebte sie auf Schritt und Tritt Geschichte. Spielend sah sie, was Kelten, Römer, Germanen, Franken hinterlassen, was Baumeister, Künstler, Handwerker der Romanik, Gotik, Renaissance, des Barock und Klassizismus hervorgebracht hatten. »Schon als Kind hat das, was man ›bildende Kunst‹ nennt, stark auf mich gewirkt. Allerdings nicht so sehr durch mein Elternhaus, als durch die ganze Umgebung, in der ich lebte«, erzählte sie. Ich muss sagen, »dass ich fast mehr mit bildender Kunst gelebt habe als mit Literatur«[46]. Die Vorlesung weitete den Blick. Richtete ihn auf das ganze Land. Mit Erlebtem, eigener Anschauung konnte gearbeitet, das Bekannte in größere Zusammenhänge eingeordnet werden. Und wieder faszinierte das Mittelalter. Als »Anfang zu etwas Neuem«. Mit einer Seminararbeit bei Carl Neumann – der ersten und einzigen, von der wir bislang Kenntnis haben – wurden tastende Schritte auf kunsthistorischem Gebiet versucht: Sie begann, Einzelwissen zu einem Bild welthistorischer Kunstentwicklung zusammenzufügen.

Dabei half ihr ein Mann, der schon dem Kind zur Seite gestanden hatte: der Lehrer, Privatgelehrte, Entdecker zahlreicher Werke mittelrheinischer Kunst, der zugleich Mitarbeiter des Dom- und Diözesanmuseums in Mainz war. Über Franz Theodor Klingelschmitt wurde schon im Zusammenhang mit der Darstellung der »Rheinischen Republik« von 1919 gesprochen.[47] Nicht allein, dass er mit dem

---

46 Achim Roscher: Wirklichkeit und Phantasie, Fragen an Anna Seghers, a. a. O., S. 52 f.
47 Vgl. das Kapitel »Erfahrungen und Denkanstöße 1918/19« in diesem Buch.

Vater Netty Reilings befreundet gewesen sein muss. Nach 1933 – allen faschistischen Anfeindungen zum Trotz – kümmerte er sich »um Juden, die zu seinen kunstgeschichtlichen Zirkeln gehörten«[48]. Unter ihnen sicherlich auch Isidor und Hermann Reiling. Gegen Ende der siebziger Jahre nannte Anna Seghers ihn ihren »Lehrer«. Seinen Namen wollte sie wohl nicht nur deshalb aufbewahrt wissen, weil er ihre eigene Entwicklung gefördert hatte. Wichtiger mag gewesen sein, dass er, der aus anderen Gründen selbst Verfolgung und Drangsal erleiden musste, als einer der wenigen Bürger der Stadt Mainz ihren Eltern und Verwandten in tiefster Not und Verzweiflung hilfreich zur Seite stand. Klingelschmitt muss schon früh Nettys Liebe zum Mainzer Dom geweckt, dafür gesorgt haben, dass sie überall »in den Gewölben herumzustreichen« vermochte. Unauslöschlichen Eindruck hinterließen »in der großen Krypta des Doms die Zeichnungen der Lehrlinge aus gotischer Zeit an den Wänden«; immer wieder erinnerte Anna Seghers an dieses Erlebnis.[49] Ihr Lehrer könnte ihr die Zeichnungen gezeigt und erklärt haben. Denn 1915 publizierte er einen Artikel über »Umrißzeichnungen im Mainzer Dom«.[50]

Einen Namen machte der Privatgelehrte sich durch Beschreibung und Interpretation mittelalterlicher Grabplatten und -steine. Auf diesem Wege konnte er den verschollenen Namen eines Mainzer Bildhauers der Spätgotik wieder auffinden, ihm bedeutende Werke in Kirchen und Dom der Stadt zuordnen. Möglich, dass er die Studentin ermutigte, sich selbst an einer Abhandlung über Ornamentik und Figurendarstellung auf Grabplatten zu versuchen. »Bei Karl Neumann schrieb ich eine Seminararbeit über die Entstehung des Porträts, denn die Porträtkunst hat eine lange und interessante Geschichte«, verriet Anna Seghers schon um 1976 in einem Gespräch.[51] Doch erst unlängst wurden handschriftliche Manuskripte aufgefunden, die Abschnitte einer solchen »Seminararbeit« bei Carl Neumann gewesen sein könnten und deutlich auf den Einfluss Klingelschmitts verweisen. Aber auch auf das, was Netty Reiling bei Karl With und Alfred Salmony gelernt hatte. In der Untersuchung über »Anfang und Entwicklung der frühromanischen Grabplastik« mit der Einleitung »Römische Soldatengräber im Rheingebiet«[52] fragte auch sie nach dem »Übergang« von einer Kunstepoche zur anderen. In beiden Texten werden Grabsteine römischer und frühmittelalterlicher Zeit beschrieben, interpretiert und verglichen. Mit der »Zersetzung des römischen Reiches« wandelten sich die Le-

---

48 So berichtet es Hermann Mayer in seiner Arbeit »Wappen auf dem Grabstein wies den Weg. Franz Theodor Klingelschmitt, Forscher und Interpret der Kunst am Mittelrhein, identifizierte das Werk von Meister Valentinus«, in: Mainz. Vierteljahreshefte für Kultur, Politik, Wirtschaft, Geschichte, 17(1997)1, S. 101.
49 So erzählte es Anna Seghers Achim Roscher, in: Achim Roscher: Wirkung des Geschriebenen. Gespräche mit Anna Seghers, a. a. O., S. 61 und Achim Roscher: Wirklichkeit und Phantasie. Fragen an Anna Seghers, a. a. O., S. 53.
50 Angabe nach Hermann Mayer: Wappen auf dem Grabstein wies den Weg, a. a. O., S. 98.
51 Achim Roscher: Wirklichkeit und Phantasie, Fragen an Anna Seghers, a. a. O., S. 53 f.
52 Beide Manuskripte befinden sich im Besitz von Pierre Radvanyi (Paris). Christiane Zehl Romero stellte in ihrer Biographie »Anna Seghers« (a. a. O.) beide Texte erstmals vor (S. 133 ff.). Die folgenden Zitate befinden sich dort auf S. 135.

bensverhältnisse der Menschen. An den Grabsteinen fränkischer Soldaten, die nach dem Abzug des römischen Heeres die Grenzwacht übernommen hatten, fiel der Studentin auf, dass diese zwar »die mannigfachsten Formen« aufwiesen, nicht aber in der Tradition ihrer Vorgänger standen: Die fränkischen Steinmetze ignorierten, was an künstlerischen Möglichkeiten von den Römern bereits entwickelt worden war. Sie brachen mit dem Überlieferten. Stellten eigene Versuche an: »Obgleich doch römische Vorbilder die Fülle vorhanden waren, werden sie nicht einmal barbarisch nachgeahmt; es wird völlig von vorn angefangen.« Netty Reiling sah, dass die fränkischen Handwerker nach Ausdrucksformen suchten, die ihrem veränderten Dasein, ihrem eigenen Lebensgefühl entsprachen. Auch wenn sie anders, sogar primitiver waren als jene, die sie von den Römern gewohnt waren. Sie begriff den Zusammenhang zwischen Werk und Lebenszeit seines Schöpfers. Verstand künstlerische Arbeit als Auseinandersetzung mit der Lebenssituation, den Veränderungen, dem Neuen vor allem, dem der Künstler ausgeliefert war. Wollte er eigene Sorgen und Ängste, Erwartungen und Hoffnungen in seinem Werk zum Ausdruck bringen, konnte es notwendig werden, Kunstleistungen vergangener Jahrhunderte nicht fortzuführen, sondern zu verwerfen – auch wenn sie als vollkommen galten. »Von vorn« musste angefangen werden.

Eine Erkenntnis fürs Leben. Netty Reiling hatte ein geistiges Fundament ausgebildet, auf dem ihr literarisches Lebenswerk wachsen konnte.

Mit Recht verweist Christiane Zehl Romero bei ihrer ersten Vorstellung der unveröffentlichten, nur fragmentarisch erhaltenen Manuskriptseiten auf die Verwandtschaft dieser Überlegungen Netty Reilings mit dem späteren Briefwechsel zwischen Anna Seghers und Georg Lukács aus den Jahren 1938/39.[53] Hier ist nicht der Ort, auf die öffentliche Diskussion der Schriftstellerin mit dem befreundeten Wissenschaftler näher einzugehen. Der Briefwechsel war nur ein Teil eines in Exilzeitschriften öffentlich ausgetragenen heftigen Streitgespräches. 1935 entbrannt, dauerte es Jahre. Zahlreiche antifaschistische Emigranten nahmen daran teil. Auch Anna Seghers mischte sich ein, besorgt, die Wortgefechte könnten eher zu Trennungen führen als zur Klärung und zum Zusammenschluss unterschiedlichster Partner im gemeinsamen Abwehrkampf gegen Faschismus und drohenden Weltkrieg. Dieser Gefahr wollte sie entgegenwirken. Sie verteidigte Experimente, »jähe Stilbrüche«, »sonderbare Mischformen« moderner Literatur des 20. Jahrhunderts einschließlich sozialistischer Literatur gegen ungerechtfertige Abwertungen durch Genossen der KPD. Vielfach sahen diese literarischen Versuche zwar aus wie »der reinste Zerfall«. Anna Seghers jedoch verstand sie als »Anfang zu etwas Neuem«[54]: »Es ist ja nicht die Rede davon, dass da etwas Neues zu Bruch ging, es fing ja erst etwas an, was auch jetzt noch nicht abgeschlossen ist: die Ge-

---

53 Ebenda.
54 Anna Seghers in ihrem Brief an Georg Lukács am 28. Juni 1938, in: Anna Seghers: KuW I, Berlin 1970, S. 176 f.

staltung der neuen Grunderlebnisse, die Kunst unsrer Epoche. [...] Überhaupt, wenn man es mit der Kunst einer Übergangszeit wie der unsren zu tun hat, dann ist es immer gut, sich parallele Zeiten in der Geschichte, vergangene ›Übergangszeiten‹ anzusehn, [...] weil das ein andres Gefühl für den Ablauf und für die Anfangsschwierigkeiten gibt.«[55]

Dieses »Gefühl« für Vergehen und Werden, für den »Anfang zu etwas Neuem«, hatte Netty Reiliung während ihres Studiums ausgebildet. Was mit ersten tastenden Schritten hin zu selbständigem geschichtlichen Denken begann, zeigte sich 1938/39 als sicheres Verständnis für historische Abläufe. Es prägte ihr gesamtes Leben und Schaffen. Bereitete den Boden, auf dem Anna Seghers als Erzählerin, Gefährtin im antifaschistischen Widerstand und späterhin Präsidentin des Schriftstellerverbandes der DDR stand. Goethes »Stirb und Werde!« war ihr zum festen Besitz geworden.

---

55 Anna Seghers in ihrem Brief an Georg Lukács vom Februar 1939, ebenda, S. 183.

Selbstverständigung am historischen Material

Der Freundschaftsbund

Verborgen in einem Aufsatz über Tolstoi, der nur an Leser in der Sowjetunion adressiert war, erinnerte Anna Seghers sich 1965 ihrer Jugend als Studentin.[1] Auffällig an dem kurzen Text: Die Schriftstellerin gebrauchte nur das Personalpronomen Wir, sprach in der Mehrzahl, sah sich zurückversetzt in die Gruppe ihrer Freunde. Karl Mannheim, Julia Láng, Radványi und sein Schulkamerad György Kaldor setzten in Heidelberg fort, was ihnen in Budapest lieb und teuer geworden war.[2] Zogen neue Freunde zu sich heran. Auch Netty Reiling. Bislang hatte ein Schatten der Einsamkeit sie eingehüllt. Bedrückt. Jetzt schloss sie sich dem kleinen Kreis mit Hingabe an. Nicht mehr ab und an teilnehmen wollte sie, sondern dazugehören. Endlich ganz und gar dazugehören! Dass die meisten von ihnen jüdischer Herkunft waren, vertiefte das Gefühl, heimisch zu werden. In Köln hatte sie einzelne Freunde gefunden, denen sie nahestand. Wieder in Heidelberg, wurde sie aufgenommen in eine Gruppe von Menschen, die nicht nur ein gemeinsames Forschungsthema einte. Sie wünschten mehr. Gemeinsame, wenn auch längst noch nicht festgefügte Vorstellungen einer Zukunft, die besser sein sollte als die Gegenwart, führten sie zusammen. Gemeinsam wollten sie leben, gemeinsam geistig arbeiten, Probleme in offenen Diskussionen klären. Dieser kleine Kreis der Gleichgesinnten war der letzte Spross des Sonntagskreises. Versuch einer neuen Lebensform. Ein neuer Menschentyp sollte sich herausbilden, eine neue Lebensweise entstehen, die es nach den Erfahrungen des »Sonntagskreises« und der (gescheiterten) ungarischen Räterepublik möglich machte, weiterhin der Verwirklichung eines schönen Traumes näher zu kommen und irgendwie eine zerstörerische »Kluft zwischen Wissen und Leben« überbrücken zu können.[3] Für Netty Reiling eine »andere Welt« als die daheim bei den Eltern, die befangen blieben in ihrer von Herkunft, Vermögen und Geschäft bestimmten Haltung, denen das ungewohnte Treiben der Tochter unverständlich, gar verdächtig blieb: »[...] heimkommend eifersüchtige Kälte gegen die Welt, die ich mitbringe. Warum ist heimkommen nicht heimkommen«, notierte Netty Reiling 1925 nach einer Reise zu Karl Mann-

---

1 Anna Seghers: Tolstoi aus verschiedenen Aspekten, in: Anna Seghers: KuW IV, Berlin 1979, S. 81 ff. Das Original dieses Aufsatzes in deutscher Sprache stellte mir Tamara Motyljowa (Moskau) zur Verfügung. Russisch erschienen in: Literaturnoje nasledstwo, Bd. 75, Moskau 1965, S. 226 ff.
2 Möglich, dass noch ein, zwei weitere Emigranten aus Ungarn dazugehörten; genau ermitteln ließ es sich nicht.
3 So die literarische Figur des Wissenschaftlers Steiner im Roman »Die Gefährten«. Er sehnt sich danach, endlich Leben und Arbeit in Übereinstimmung bringen zu können. (Anna Seghers: Die Gefährten, Berlin 1959, S. 164.)

heim und Julia Láng in ihr Tagebuch.⁴ Mannheim, der in Heidelberg die Rolle von Georg Lukács in Budapest übernehmen, geistiges Zentrum und Mentor der Jüngeren sein wollte, beschrieb 1922, was ihnen dieser Freundschaftsbund bedeutete. In diesen Jahren der Krisen und Umbrüche genüge eine Gemeinsamkeit der Interessen oder der Ideen nicht, um dem existentiellen Problem »der seelischen Heimatlosigkeit« des in der modernen Gesellschaft »einsam gewordenen ›Intellektuellen‹«⁵ zu begegnen. Notwendig sei ein Zusammenhalt, wie ihn nur der Einklang der Seelen stiften könne: »Und gerade, weil in unserer Zeit solche Assoziationen auf charismatisch geprägter Grundlage so selten sind und weil ich irgendwie dennoch des Glaubens bin, dass der neue Mensch sich weder in der Familie noch in der Schule, noch im Leben und der Politik der Außenwelt wirklich neu umgestalten kann, halte ich es für wichtig, dass eine solche Art Zusammenleben in unserer Zeit existiert.«

Fernes, nicht wieder erreichbares Beispiel solch idealen »seelischen Zusammenhaltes« gaben ihm »Jesus und seine Jünger«; erst in dieser Gemeinschaft, bestimmt durch »die seelische Ausstrahlungskraft« eines Einzelnen, würden die unterschiedlichen Erfahrungen und Denkhaltungen aller zu einem »System« neuen Lebens umgeschmolzen werden. Einen solchen Vergleich wagt nur, wer an sich und seine Freunde hohe Anforderungen stellt. Sie bildeten den Rahmen für die Entwicklung Netty Reilings während der letzten entscheidenden Semester. Ihre Verwandlung begann.

Vierzig Jahre später ließ Anna Seghers in ihrem Tolstoi-Aufsatz die Atmosphäre von damals wieder lebendig werden.⁶ Sich und ihre Freunde nannte sie »freche, im gewöhnlichen Leben unachtsame Gesellen«, die »das persönliche und das politische Leben […] selbst wild packte«. Zu ihrem »größten Erstaunen« lasen sie mit »unsagbarer Hochachtung« kleine Novellen Tolstois, »die uns da irgendwie trösteten«, vielleicht, weil wir verstanden, »wie ein großer Künstler Leben und Tod beherrscht«. Bedurften die Studenten des Trostes, weil ihre Debatten an den Grund ihres Daseins rührten, um den »unerkläriche[n] Ablauf Leben – Tod« kreisten? Ohne inhaltlich auf Einzelheiten einzugehen, gab Anna Seghers zu erkennen, dass die Studentin damals ihr Glück nicht allein in der Liebe zu Radványi suchte. Auch sie hatte das Politische »wild« gepackt. Was die Freunde in Budapest bereits vorgelebt hatten, in ihren Erzählungen immer wieder lebendig werden ließen, machte sie sich zu eigen. Auch sie nahm die Forderung, die Gierigen und Unmenschlichen zurückzudrängen, mitzuhelfen, eine neue, menschenfreundlichere

---

4 Anna Seghers: Und ich brauch doch so schrecklich Freude. Tagebuch 1924/25. Die Legende von der Reue des Bischofs Jehan d'Aigremont von St. Anne in Rouen, Berlin 2003, S. 25. Die Notiz stammt vom 28. Januar 1925.
5 Karl Mannheim: Heidelberger Briefe, in: Georg Lukács, Karl Mannheim und der Sonntagskreis, hrsg. von Éva Karádi und Erzsébet Vezér, Frankfurt am Main 1985, S. 91. Die folgenden Zitate befinden sich S. 86 f. und S. 86.
6 Anna Seghers: Tolstoi aus verschiedenen Aspekten, a. a. O. Alle Zitate S. 82.

Welt vorzubereiten, in ihren Lebensplan auf. Doch damit waren längst nicht alle Fragen geklärt. Wie und wo konnte Netty Reiling mithelfen? »Und in uns war noch nichts dominiert«, erklärte Anna Seghers. Die Jahre des Studiums, als »Zeit des Erwachsenwerdens« erinnert, blieben Jahre »des Zweifelns, des Grübelns«. Noch lagen viele Möglichkeiten vor ihr ausgebreitet. Sollte sie eine politische Partei wählen, ihren Lehrern Wendel und Lederer in die Reihen der SPD folgen? Oder klang die Stimme Radványis, der für die Kommunisten zu plädieren schien, überzeugender? Sie konnte aber auch handeln wie bislang: Teilnehmen an zahlreichen Projekten, sich selbst aber nicht festlegen. In diesem Falle trat sie an die Seite Mannheims, der als Assistent Emil Lederers seine Habilitation vorbereitete, in Deutschland die Laufbahn eines Gelehrten anstrebte und sich von politischer Aktivität verabschiedet hatte. War er anfangs in Budapest bereit gewesen, Georg Lukács und Belá Balázs bei der Erneuerung des kulturellen Lebens zu unterstützen, so zog er sich »vom Sonntag zurück, als sich dieser der kommunistischen Revolution verpflichtete«. Zornig und enttäuscht kritisierte im Sommer 1921 Balázs den Freund als den Ängstlichen, Zaudernden, politisch Unentschlossenen, »der den Zug auf einer Provinzstation verpasst« habe, wo doch heute »jede geistige Tätigkeit, die nicht irgendwelche Wurzeln in der revolutionären Bewegung besitzt, den Charakter eines anachronistischen Spiels, des Briefmarkensammelns« bekomme und alle menschlichen Beziehungen, »die nicht zugleich Bündnisse sind« im politischen Sinne, ihren Zweck verlieren.[7]

Doch gerade Karl Mannheim sollte der Schriftstellerin Anregungen geben zu einer ihrer eindrucksvollsten Intellektuellen-Gestalten, mit der sie wohl ihre eigenen Sorgen und Nöte damals in Worte fasste. Der Roman »Die Gefährten« (1932) ist das einzige Buch ihres Gesamtwerkes, in dem sie vom Leben an der Universität in Heidelberg erzählt. »Nach den Berichten vieler politischer Emigranten entstanden, mit denen ich fortgesetzt lebte«, steckt darin »vieles, was ich in diesen Jahren erfuhr und lernte«, schrieb Anna Seghers Anfang der fünfziger Jahre in zwei internen »Lebensläufen«.[8] Erzählt wird von den unterschiedlichsten Menschen und Schicksalen. Der ungarische Privatdozent Steiner zum Beispiel hatte in Budapest sich mit seinem »ganzen Wissen und Können« den Genossen der Räte-Republik »zur Verfügung« gestellt, musste über Wien nach Heidelberg ins Exil flüchten. Liebevoll, mit Verständnis und Sympathie berichtet die Schriftstellerin von ihm. »Zwischen dem, was war, und dem, was sein wird« will er »noch einmal ruhig nachdenken«, in »einer kleinen deutschen Universitätsstadt« Rechenschaft ablegen über seine vergangene Tätigkeit. Von den ebenfalls in der Emigration lebenden Gefähr-

---

7 Béla Balázs: Tagebuch 1915–1922, in: Georg Lukács, Karl Mannheim und der Sonntagskreis, a. a. O., S. 126 f. (Die Eintragung stammt vom 12. Juli 1921.)
8 Anna Seghers: »Lebenslauf«. Beide Texte sind unterschiedlich. Das erste Typoskript befindet sich in: SAPMO, DZ 30/IV2/11v. 3154 (abgedruckt in: Argonautenschiff, Bd. 12, Berlin 2003, Zitat S. 93), das zweite im ASA.

ten der Räterepublik zieht er sich allmählich zurück, politische Aktivität lehnt er ab, heiratet, richtet sich ein im bürgerlichen Leben eines Wissenschaftlers. Allein seiner Arbeit fühlt er sich verpflichtet. Aber eine ihm unerklärbare Unruhe bleibt, eine innere Leere, das Gefühl, etwas zu versäumen. Und dann, in der letzten Szene, in der von ihm berichtet wird, sprengt die Autorin den Erzählton des Romans, verschmilzt sie inneren Monolog und Kommentar, nimmt sie das Bild auf, das Balázs gebraucht hatte, um Mannheim zu charakterisieren: »Eines Abends nach vielen Jahren«, so beginnt sie, wird Steiner auf den Bahnhof der Provinzstadt eilen, um fortzureisen. Seinen »alten Freund Bató« – durch dessen literarische Gestalt auch Züge von Georg Lukács schimmern – »will er aufsuchen«, »zu seinen Gefährten zurückkehren«, sein Leben ändern. Und dann fehlt ihm doch die Kraft, aufzuspringen auf den langsam abfahrenden Zug. Entsetzlich müde, »verzweifelt wie am Rand eines Abgrunds«, wird er sein gewohntes Gelehrtendasein fortsetzen. Mit den Worten: »Vorbei waren die Möglichkeiten, er war alt geworden«, endet die Geschichte Steiners.[9] Und doch lässt die Erzählerin ihn, den Zögernden, Unentschiedenen, im Verlauf der Handlung all die Probleme aussprechen, die auch die Studentin quälten. Auch er zweifelt immer wieder, grübelt, was zu tun sei. Vor allem eine Frage quält, gibt keine Ruhe: Wird politisches Engagement zugunsten der Erniedrigten und Beleidigten ausreichen, sich auf Erden zurechtzufinden? »Auf was warte ich eigentlich? Was ist das eigentlich für ein Ding, Weltrevolution? Abgesehen von dem Brot, das wir alle genug haben werden – wird der Weg zwischen Leben und Sterben gangbarer sein (abgesehen, sage ich, von dem Brot, dem Proviant auf diesem Weg), wird der Tod geringfügiger sein, werde ich weniger allein sein?«

Von Steiner erzählend, wird Anna Seghers Abschied genommen haben von ihrer Studentenzeit. Abschied auch von einem lieben Freund. Dankbar für die Aufnahme und Anregungen, als auch sie nach dem Sinn ihres Lebens suchte. Traurig über sein Zurückbleiben auf dem Bahnhof. Hatte sie Antworten gefunden? War für sie weiterhin alles »offen«?

Das Himmelreich auf Erden schon errichten

Mit ihren Dissertationen wollten Netty Reiling und Ladislaus Radványi nicht nur das Studium abschließen. Auch die Zeit des Zweifelns, des Grübelns sollte ein Ende finden. Getragen vom Kreis der Freunde, gingen beide daran, Probleme, Fragen, Erfahrungen zu durchdenken, um Klarheit zu gewinnen über sich selbst und ihre Zukunft. Jeder wählte – seinem Fach entsprechend – ein besonderes Thema, dachte und schrieb in der ihm eigenen Art. Und doch gab es eine Korrespondenz zwischen beiden Arbeiten. Gehörten sie zusammen.

---

9 Anna Seghers: Die Gefährten, a. a. O.. Die Zitate finden sich S. 19, S. 34, S. 164 ff.

Den Anfang machte Ladislaus Radványi. Er schritt der Freundin voran. Setzte Zeichen. Schon im Januar 1923, drei Monate nach der erneuten Einschreibung in die Matrikel der Heidelberger Universität, reichte er einen Antrag für ein »Abgangszeugnis« ein: »zwecks Anmeldung zur Doktorprüfung«.[10] Die er kurz danach auch mit Glanz bestand. Der Philosoph Karl Jaspers nahm seine Arbeit an, belohnte sie mit dem höchst möglichen Prädikat »summa cum laude«.[11]

Radványi hatte sich ein streng historisches Thema gewählt, sich zudem der Religionsphilosophie zugewandt, gab seiner Abhandlung den Titel: »Der Chiliasmus. Ein Versuch zur Erkenntnis der chiliastischen Idee und des chiliastischen Handelns«. Die Geburtsstunde chiliastischen Denkens – so stellte er dar – schlug während des ersten Jahrhunderts der Zeitrechnung in den Krisen des nachmakkabäischen Judentums und des Urchristentums; seine geschichtsbildende Kraft erlosch »mit den chiliastischen Volksbewegungen des Reformationszeitalters für immer« (59). War eine Wiederbelebung möglich? Der junge Mann, der seiner Freundin versprochen hatte, sich erneut der israelitischen Religion zuzuwenden, wollte in seiner Dissertation nachdenken über Schicksal und Perspektiven eines religiösen Menschen, über das »religiöse Gefühl«, eine »religiöse Welt- und Lebensauffassung« (41). Die geistigen Grundlagen seiner revolutionären Haltung und politischen Abenteuer, in die er so früh verwickelt worden war, wurden überprüft.

Das Datum seiner Anmeldung zur Doktorprüfung verriet: Mit Stoff und Problematik seiner Arbeit muss er sich schon während seines zweiten Wiener Aufenthaltes 1921/22 beschäftigt haben. Zumindest erste Entwürfe oder Teile seiner Dissertation werden entstanden sein, als die vertriebenen »Sonntägler« Balázs, Lukács, Mannheim, Hauser, Káldor sich in Wien erneut zusammenfanden und leidenschaftlich »das Problem des Kommunismus« debattierten.[12] Sie waren an einem Scheidepunkt angelangt. Vor ihnen öffneten sich Wege, die in alle Himmelsrichtungen wiesen, sie auseinander führen sollten. Nicht nur räumlich. Denn jeder Einzelne musste versuchen, sich in einer historisch veränderten Welt zurechtzufinden. In ihrer Heimat Ungarn festigte sich die Horthy-Diktatur; an eine Heimkehr war für die meisten vorerst nicht zu denken. Die deutschen Kommunisten verloren als Folge ihrer Niederlage in den Märzkämpfen fast die Hälfte ihrer Parteimitglieder. Und in Russland wurde, um der Krise Herr zu werden, eine »Neue Ökonomische Politik«, eine Art »Staatskapitalismus«, eingeführt. Für die politischen Emigranten in Wien ging es um Sein oder Nichtsein. Trost, aber auch Sarkasmus lag in den

---

10 UAH.
11 1985 wurde die Dissertation publiziert: Ladislaus Radványi: Der Chiliasmus. Ein Versuch zur Erkenntnis der chiliastischen Idee und des chiliastischen Handelns, hrsg.von Éva Gábor, Lucács Archivum 1985, Budapest, S. 5. Das »Vorwort« schrieb Éva Gábor. Nach dieser Ausgabe wird zitiert; im Folgenden stehen die Seitenangaben für die Zitate in Klammern direkt hinter dem Zitat im Text. Das betrifft auch Zitate aus dem »Vorwort«.
12 Vgl. dazu Béla Balázs: Tagebuch (1915–1922), in: Georg Lukács, Karl Mannheim und der Sonntagskreis, a. a. O., S. 125.

Worten, die Balázs am 26. April 1921 trotzig in seinem Tagebuch festhielt: »Und es ist sicher, dass es schon in tausend Jahren eine kommunistische Gesellschaft geben wird [...].«[13] An seinen Hoffnungen hielt er fest. Ihre Einlösung jedoch sah er in weite Ferne gerückt. Als Radványi über den Chiliasmus nachzudenken begann, aufzuspüren suchte, wie »sich aus dem Ineinander von Verzweiflung und Kraftlosigkeit freudenverheißend und kraftentzündend der messianistische Gedanke« (43) erhob, warum er dann seine Kraft verlor und scheiterte, schrieb er über Gefühle und Verhaltensweisen, die er selbst nur allzu gut kannte, durch den historischen Stoff verfremden, vor sich hinstellen wollte, um sie zu betrachten, zu beurteilen. Nicht er allein: seine Arbeit wird in der verzweifelten Krisensituation aller Gesprächsstoff im Freundeskreis, Gegenstand einer Selbstklärung für alle, Netty Reiling eingeschlossen, gewesen sein.

Als Quellen seiner Untersuchung nutzte er neben dem Neuen und dem Alten Testament vorwiegend Schriften der Religions- und Kirchengeschichte, der jüdischen und christlichen Theologie. Nur ein, zwei Werke zur allgemeinhistorischen Entwicklung nahm er zur Hand. Die konkrete soziale Lage der Menschen interessierte den jungen Philosophen nur am Rande. Vom Denken, von »der Entwicklung des menschlichen Geistes« (81) – so der letzte Satz seiner Doktorarbeit – erwartete er alles. Der ehemals »intransigente Knabe« des Sonntagskreises war in seiner Dissertation noch ganz dem geistesgeschichtlichen Boden seiner Herkunft verhaftet. Nichts schien darauf hinzudeuten, dass er in wenigen Jahren zu denen gehören sollte, die in Berlin im Auftrag der Zentrale der KPD darangingen, eine »Marxistische Arbeiterschule« aufzubauen: Auch bei ihm war eben »noch nichts dominiert«. 1966 sagte Georg Lukács rückblickend in einem Interview, er sei damals wohl der Einzige gewesen, der in den Zusammenkünften des Sonntagskreises »begann, einen hegelianisch-marxistischen Standpunkt zu vertreten«, auch er hätte »eine gewisse Krise« durchlaufen müssen, »um vom Sonntägler zum Kommunisten zu werden«.[14] Das galt wohl ebenso für Ladislaus Radványi.

Mehr als fünfzig Jahre später wurde seine Dissertation in einer Schriftenreihe des Georg-Lukács-Archives in Budapest publiziert. Die Herausgeberin, Éva Gábor, hatte noch das Glück, Radványi wenige Jahre vor seinem Tode nach seinen Intentionen von damals zu befragen. Den »Grundgedanken für diese Arbeit« habe er »aus der im Sonntagskreis vorherrschenden messianistischen Auffassung« geschöpft, Károly Mannheim ihn »zur Ausarbeitung einer Dissertation zu diesem Thema« angeregt[15], erzählte er. In ihrem Vorwort zur Buchausgabe 1985 schrieb

---

13 Ebenda, S. 25.
14 Georg Lukács in einem Interview in Budapest 1966, ebenda, S. 97.
15 Éva Gábor: László Radványi und die MASCH, Aufsatz aus einem unveröffentlichten Buchmanuskript »Ungarische Schriftsteller, Kritiker und Künstler im Weimarer Exil«, hrsg. von László Illés und Alfred Klein, Stiftung Archiv der Akademie der Künste Berlin. Manuskript S. 4. Mannheim, der zur selben Zeit an seiner Habilschrift arbeitete, wertete die Arbeit seines Schülers aus für sein erstes Hauptwerk »Ideologie und Utopie«, das 1929 erschien. Im Kapitel »Gestaltwandel des utopischen Bewußtseins und seine Stufen in der

Éva Gábor, Radványi habe gefordert, die »spezifischen Umstände« zu berücksichtigen, die ihn »seinerzeit inspirierten«, sonst könne man seine »Absichten leicht missverstehen«. Es sei zwar möglich, seinen Aufsatz »als eine immanente geschichtsphilosophische Beschreibung des Chiliasmus« zu begreifen, zu meinen, er »habe sich lediglich für das eng gefasste Problem des Chiliasmus interessiert; in Wahrheit galt jedoch sein Interesse mindestens ebensosehr den gesellschaftlich-geschichtlich-ideologischen Hintergründen, den Treibkräften des Chiliasmus, und nicht zuletzt auch der Botschaft, die auch für unser Heute enträtselbar ist« (5 f.). In seinen Erinnerungen wies »Radványi darauf hin, dass er, wie die übrigen Mitglieder des Sonntagskreises auch, an das Kommen einer ethisch besseren und edleren Welt glaubte, für die sie alle auch zu Opfern bereit gewesen wären. Die ›Erlösung‹ sollte durch das ›Werk‹ erreicht werden« (19).

Hatte der Doktorand 1923 seiner Arbeit tatsächlich eine »Botschaft« eingeschrieben? Ist es möglich, eine wissenschaftliche Abhandlung, die noch im Jahre 1999 der Kritik standhielt und »als zeitgemäß«[16] ihre Würdigung fand, so durchsichtig zu machen, dass sie in einer zweiten Schicht biographische Auskünfte freigibt?

Es war nur ein kurzer Text, den Radványi im Jahre 1923 einreichte; er war übersichtlich in fünf Kapitel gegliedert, auf knappe, aber prägnant theoretische Definitionen hin ausgerichtet. Erstaunlich, mit welcher Sicherheit und Bildkraft der Ungar die deutsche Sprache beherrschte. Seine Dissertation beweist, dass auch er die Möglichkeit zu literarischer Arbeit in sich trug.

Gleich anfangs stellte Radványi das Problem vor, das er erörtern wollte. Er ging davon aus, dass religiöse Gefühle, religiöses Bewusstsein, die Sehnsucht nach Erlösung von allen erlebten Übeln historisch aus dem Zusammenprall des Menschen mit einer als unvollkommen und schlecht empfundenen Realität entstanden seien. Als Halt und Lebenshilfe schuf sich der Mensch ein geistiges Gegenbild, eine »ideale, gewollte, geforderte Welt des Absoluten« (25), der »absoluten Werte« (23), die er seiner vorgefundenen Wirklichkeit als Programm für Leben, Denken und Handeln entgegenhielt. Diese Entstehungsgeschichte barg für den Doktoranden eine Aufgabe in sich: »Der religiöse Mensch kann und darf sich nicht von der Empirie losreißen; er muss und soll in ihr leben und in ihr handeln«, sich »handelnd bewähren«. Doch zu fragen bleibt, wie er handeln muss, »um das religiöse Zentralgut: das Idealreich des Göttlich-Absoluten, des summum bonum zu erreichen, um die Erlösung zu verwirklichen« (25). Diese sehr weit und sehr allgemein gefasste Aufgabe wurde im Verlauf der Arbeit mehrmals begrenzt und konkretisiert. Schon in Auslese und Strukturierung seines Materials machte der Autor deut-

---

neuzeitlichen Entwicklung« ging er auf die Geschichte des Chiliasmus ein, verwies er auch auf Radványi. (Vgl. Karl Mannheim: Ideologie und Utopie, Frankfurt am Main 1985, S. 189)

16 Vgl. dazu Hans Otto Horch und Bernhard Spies: Zur Faszination chiliastischen Denkens nach dem ersten Weltkrieg, Ladislaus Radványis Dissertation »Der Chiliasmus« (1923) und das literarische Werk von Anna Seghers, in: Argonautenschiff, Bd. 8, Berlin 1999, S. 175.

lich, worauf er bei der Frage nach den Handlungsmöglichkeiten des Menschen besonderen Wert legte.

Nach Radványis Auffassung hatten sich im Prozess historischer Entwicklung mehrere verschiedenartige Möglichkeiten religiösen Handelns herausgebildet. Er skizzierte das Verhalten des weltabgewandten Mystikers, des Einsiedlers, des weltzugewandten Mystikers, des magischen, des calvinistischen, des »werktätigen« Menschen, um sich dann einzig und allein einem siebenten Typ, dem »chiliastischen« Menschen, als dem eigentlichen Problem seiner Untersuchung zuzuwenden und differenzierter fragen zu können: »Wie und was« muss der chiliastische Mensch »in der empirischen Welt handeln, um seinen Erlösungswillen zu realisieren?« (40)

Nicht religiöses Handeln schlechthin, das Verhältnis des Menschen zur ihn umgebenden Lebenswirklichkeit sollte ins Zentrum der Aufmerksamkeit gerückt werden. Radványi entschied sich für die Analyse jener Art Religiosität, die ihm die größten Freiräume zur Veränderung von Mensch und Welt zu eröffnen schien. Denn der chiliastische Mensch unterschied sich seiner Meinung nach von den anderen sechs beschriebenen Typen vor allem dadurch, dass er sich ganz und gar der Realität zugehörig fühlte: Im Diesseits und für das Diesseits wollte er leben und handeln, hier sollte das Idealreich des Guten verwirklicht werden. Für alle anderen Religiositäten war »die empirische Welt nur ein vorübergehender Aufenthaltsort, nur ein Übergang zur überempirischen Gotteswelt« (32). Der Chiliast dagegen empfand sich »als ein Teil, als ein Schicksalsgenosse der Empirie« (36). Auch er hielt fest an Gott, hoffte auf seine Rückkunft, auf den »im Lichte der Parusie wiederkehrenden Erlöser«, damit er das Menschenwerk vollende und »inmitten seiner Getreuen sein Reich des Heils und der Seligkeit« (76) errichte. Nicht allein für das einzelne Individuum: Erlöst werden sollte auch die Wirklichkeit. Auch sie sollte »geläutert und vervollkommnet«, in eine »göttliche Welt« (34) verwandelt werden. Der Chiliast fühlte sich nicht nur »für seine Seele, für seine Taten verantwortlich, sondern auch für die Empirie, auch für die gesamte schlechte und schwache irdische Welt« (36). Einer ungeheuren Aufgabe sah er sich gegenüber.

Diesem »Hauptcharakteristikum« (34) fügte Radványi noch drei weitere »Wesenseigenheiten« (21) hinzu. Gefordert wurde die »Universalität der Erlösung« (45): Sie sollte, »wie ein ungeheures Feuerrad der kosmischen Läuterung unaufhaltsam auf jeden zugleich niedersausend« (37), jedem Menschen ohne Ausnahme zuteil werden. Sie musste zudem »radikal« sein, schlagartig und kompromisslos alle Bereiche der empirischen Welt durchdringen, sie »gänzlich umgestalten«, »vollkommen umändern« (36) und zugleich »in einer brennend realen Nähe« (38) liegen, hier und heute vor sich gehen. Diese Auffassungen ließen den Chiliasten zum Gegner einer jeden Kirche werden, die nicht in die Empirie verändernd eingreifen wollte, die auf Kompromisse bedacht war, Erlösung »durch eine langsame Evolution der friedlichen Vervollkommnung« erreichen wollte und damit in eine nebelhafte Zukunft verlagerte. Erlösung »von einem durch die natürliche Geschichtsentwicklung stufenweise vorwärtsschreitenden Vervollkommnungsprozess« (38) lehnte der Chiliast ab. Nur »einer sofortigen, radikalen und universalen Umänderung durch ein übernatürliches Eingreifen der göttlichen Gewalt in das empirische Weltgeschehen« gab er seine Zustimmung: »Gegenüber dem Standpunkt der kirchlich-reformistischen natürlichen Evolution vertritt also der Chiliasmus den Standpunkt der übernatürlichen Revolution.« (38) Radványi hatte sich dem Chiliasmus also nicht allein deshalb zugewandt, weil er die größten Möglichkeiten zur Veränderung von Mensch und Welt zu bieten schien: Er konnte zugleich nach den historischen Schicksalen revolutionären Handelns fragen.

Der Wesensbestimmung der chiliastischen Idee folgte die Darstellung ihrer Entstehungsgeschichte. Auch hier skizzierte Radványi nur. Er ließ sich jedoch Raum, zu zeigen, wie tief verwurzelt in der Geschichte diese Auffassung war, wie weit verzweigt in den Ländern Europas und Asiens. Kein Produkt neuzeitlicher Entwicklung. Ergebnis des mühseligen Erwachens des Menschengeschlechtes zum Selbstbewusstsein. »[...] uralte mythische Religionsbildungen«, »Jahrtausende vorchristlicher und vorjüdischer religiöser Tradition« (42) arbeiteten mit an ihrer Herausbildung. Die Eschatologie mit ihren »Vorstellungen von der Zukunft des irdisch-menschlichen Lebens und von der Zukunft der Welt überhaupt« (41) musste aufkommen, die Apokalyptik sich entfalten: Deren Ursprungsort bleibe in Dunkel gehüllt, schrieb Radványi, sei aber »bestimmt nicht genuinjüdisch«, liege in »nichtjüdischen und vorjüdischen Religionsgebilden« (42). Zur Zeitenwende dann, in historischer Krisensituation, als das Judentum in »stets wachsender Zerrüttung« und einer »chaotischen Verzweiflung« darniederlag, erhob sich der »messianistische Gedanke« (43), konnte die chiliastische Ideenwelt in den »beiden miteinander so nah verwandten Religionssysteme[n]« (41) des Juden- und des Urchristentums emporwachsen.

In dieses Geschichtsbild waren kritische Aspekte eingearbeitet. Radványi charakterisierte den jüdischen Messianismus zwar als »Geburtsstätte der chiliastischen Religiosität« (42), ließ ihn aber nur als ein »Vorstadium«, höchstens als »nationalen Chiliasmus« gelten. Ein wesentliches Kriterium, die »Universalität der Erlösung« (45), fehle ihm: Hier könne der Mensch sein Schicksal nicht selbst bestimmen. Es sei abhängig von einem Moment, das seinem Einfluss entzogen sei: von seiner nationalen Zugehörigkeit. Nur dem Juden stehe das Erlösungsreich offen. »Der nichtjüdische Teil der Menschheit« werde, so er »Feind des heiligen Volkes war, vernichtet« oder »dem heiligen Volk als Dienerschicht untergeordnet« (46). Das Christentum dagegen lasse dem Menschen mehr Freiheit; durch religiös-ethisches Verhalten könne jeder Einzelne selbst über sich und seine Zukunft entscheiden.

Nicht Unkenntnis jüdischer Theologie, eher Vertrautheit mit der Praxis des jüdischen Lebensalltages fand Ausdruck in diesen Worten. Hier kam etwas zur Sprache, das Radványis eigene religiöse Unentschlossenheit erklären mochte, seinem angestrengten Versuch im Wege stand, zu jüdischer Religiosität zurückzufinden. Kritisiert wurde nicht allein der »starre und außerethische Heilspartikularismus«. Auch die Forderung nach Befolgung aller jüdischen Gesetze nannte Radványi eine »starre und seelentötende Forderung« (46), die Gesetzesbefolgung selbst sei ein »starre[s], jede individuale und subjektive Regung unmöglich machende[s] Prinzip«, zumal den Gemeindemitgliedern eine bloß »wortgemäße Befolgung« (45) genüge.

Dieser vom Sonntagskreis geprägte junge jüdische Intellektuelle liebte die Freiheit, die Gerechtigkeit. Legte Wert auf selbstbestimmtes ethisches Handeln als Individuum, wollte eine Kluft zwischen Wort und Tat nicht gelten lassen. Eine jegliche Bevormundung war ihm zuwider – auch die einer jeglichen Kirche oder Gemeinde. Zudem verlangte er die Gleichbehandlung aller anderen Menschen.

Von solch innerer Verfasstheit zeugte auch die Periodisierung seiner Geschichtsdarstellung. Radványi teilte den Prozess der Entwicklung chiliastischen Denkens in zwei Phasen: Die erste reichte von der Entstehung über die urchristlichen Gemeinden mit ihrer »ständigen chiliastischen Erregung« (47) bis zum Spätmittelalter, war bestimmt vom wachsenden Einfluss der Kirche, die an Macht gewann und schließlich alle chiliastischen Bewegungen als Ketzerei verdammte und »in ihrem Keim erstickte« (49). In diesem Zeitraum hatte der Chiliasmus »den Charakter der Passivität« (52). Der einzelne Mensch konnte nur auf die Wiederkehr Gottes warten. Er hatte keinen Anteil an Vorbereitung und Durchführung der Erlösung, wurde zu keiner eigenen Aktivität aufgerufen. Das änderte sich erst mit der »immer mächtiger und mächtiger anschwellenden reformatorischen Bewegung«. Eine zweite Phase historischer Entwicklung setzte ein, »eine neue Art des Chiliasmus« entstand: »der Chiliasmus der Aktivität« (51).

Ohne seine Sympathien zurückzuhalten, feierte Radványi »das Auftreten des aktiven Chiliasmus« am Beginn der Neuzeit als »eine geistige Weltwende, eine neue Epoche« (61). Zum ersten Mal in der Geschichte erlangte der Mensch »das Bewusstsein der Freiheit«. Wurde er als »Subjekt des Erlösungsgeschehens« (60) und der historischen Entwicklung eingesetzt, bevollmächtigt zur weltverändernden Tat. Auch diese neue Art des Denkens blieb religiöses Bewusstsein. Gott galt weiterhin als Schöpfer der Welt und des Menschen. Doch wesentliche Aufgaben verlagerten sich auf den Menschen: Jetzt übernahm er »in spontaner, freier Tathandlung einen Teil der erlösungsverwirklichenden Aktivität« (61). Er verstand sich als »Vorkämpfer und Mitkämpfer Gottes« (60), war »Mitsubjekt« (68), wollte »mitarbeiten«, »selbst mit bewusster und starker Aktion in das Weltgeschehen eintreten« (51). Gott sollte nur »das mit Menschenhand begonnene Werk der Läuterung« vollenden, das Handeln des Menschen mit »der erlösenden Seligkeit des summum bonum« (68) krönen.

Mit der Unterscheidung von passivem und aktivem Chiliasmus grenzte Radványi den Gegenstand seiner Untersuchung ein letztes Mal ein. Klar und eindeutig formulierte er die »eigentliche Hauptfrage« seiner Untersuchung, die zugleich seine persönliche »Hauptfrage« war, mit der er eigene Vergangenheit prüfte: Wie muss nun der aktiv-chiliastische Mensch handeln, fragte er, »um an der absoluten Läuterung und Vollendung der Erde mitzuarbeiten: um die Erlösung auf der Erde zu verwirklichen?« (61)

An drei mächtigen Volksbewegungen des 15./16. Jahrhunderts beschrieb Radványi die historischen Ausprägungen aktiv-chiliastischen Denkens und Handelns. Was er zuvor theoretisch analysiert hatte, wurde jetzt einzeln ins Bild gebracht: Taboriten, Wiedertäufer (hier konzentierte er sich auf die Vorgänge in Münster als dem Neuen Jerusalem), englische Chiliasten. Der deutsche Bauernkrieg fehlte auf seinem Gemälde.[17] Radványi charakterisierte Programme, Höhepunkte der Aktionen, ihren Zusammenbruch; er suchte Ursachen des Scheiterns aufzudecken, nannte Namen herausragender Akteure wie Jan Hus, John Wicliff, Hieronymus von Prag, Melchior Hoffmann, Jan Mathys, Berndt Rothmann sowie John Lilburn und Gerard Winstanley, die beiden Führer der Leveller und Diggers in England. Nur umrisshaft traten Akteure und Aktionen auf seinem Panorama hervor. Alles aber war mit Wohlwollen gezeichnet. Radványi erinnerte an Ereignisse und Menschen, die bis zum Ende des 18. Jahrhunderts von offiziellen Geschichtsschreibern nur wenig beachtet oder mit dem schon von Melanchthon herkommenden Verdikt »vffrur« verworfen worden, für ihn aber Vorbilder waren.[18]

Das »radikale Revolutionsprogramm« (53) der Taboriten, in das »Ideen Wicliffs« (52) eingegangen waren, richtete sich »gegen alle kirchlichen und staatlichen Institutionen«, die »als Gestalten des Antichrists« angesehen wurden. Die »sozial-ökonomische Grundlage ihrer Gemeinschaft war der konsequente christliche Kommunismus« (53). Die Wiedertäufer folgten denselben Vorstellungen, gingen aber in Münster zielstrebiger vor: »Ihre erste Tat war die Enteignung sämtlicher Besitzer und die Wiederbelebung der urchristlichen Gütergemeinschaft«; die »sozial-ökonomische Konsequenz des chiliastischen Willens«, der »Kommunismus, wurde konsequenter und strenger realisiert als bisher«. Doch das Ausbleiben

---

17 Ich vermute, dass Radványi das Buch von Ernst Bloch »Thomas Münzer als Theologe der Revolution« von 1921, das er am Schluss seiner Dissertation erwähnt, erst während der Abschlussarbeiten kennenlernte. Nur so ist der Widerspruch zu erklären zwischen der Wertschätzung Münzers in einer Anmerkung und dem Fehlen seines Bildes auf dem Panorama. In der Anmerkung nennt Radványi ihn den »feurige(n) Prediger des Bauernkrieges« und schreibt: »Wenn dieser gewaltige Mann nicht in den Wellen des Bauernkrieges untergegangen wäre, so hätte vielleicht die damalige radikal-chiliastische Bewegung ein ganz anderes Schicksal gehabt.« (Anm. 36, S. 89)

18 Ernst Bloch eröffnete 1921 sein Buch »Thomas Münzer als Theologe der Revolution« mit einer Darstellung zur Geschichte der Münzer-Forschung, wobei er auf die Verurteilung des Bauernkrieges seit Melanchthon aufmerksam machte. (Vgl. den Neudruck im Aufbau-Verlag Berlin 1960, S. 10) Auch Radványi beklagt die geringe Beachtung, die der Chiliasmus bislang in der Forschung fand. Seine erste Anmerkung beginnt er mit dem Satz: »Die Literatur über den Chiliasmus ist äußerst arm.« (S. 85.) Neben Blochs Darstellung ist Radványis Arbeit ein weiterer Versuch, dem bewussten Vergessen ein Ende zu bereiten und nach den Lehren dieses »vffrurs« von damals für die revolutionären Kämpfe und ihre Niederlagen in der Nachkriegszeit des 20. Jahrhunderts zu fragen.

der Parusie schwächte allmählich den religiösen Willen, die religiöse Ekstase beider Bewegungen; dem »religiösen und ethischen Geist völlig inadäquate Handlungen« (55) waren die Folge. Ein Prozess des Zerfalls setzte ein. Die »grausame Ausmerzung durch die gegnerischen kirchlichen und staatlichen Gewalten« (56) besiegelte den Zusammenbruch. Die »chiliastisch-revolutionären Kämpfer der Reformation« wurden durch die päpstlichen und staatlichen Militärorgane »vollends wie wilde Tiere zum Tode verfolgt« (57).

Einen anderen Verlauf nahm die Entwicklung in England. Hier war Cromwells Revolutionsarmee, »in der sich die religiös führende Geistesschicht des damaligen Englands versammelte«, auch der »Hauptsitz« (56) der Chiliasten; sie wirkten als Mitkämpfer nicht nur einer geistigen, sondern einer gesamtgesellschaftlichen Umwälzung, die zum Siege geführt werden konnte. Cromwells Triumph allerdings brachte auch hier die Unterdrückung aller über die bürgerliche Revolution hinauszielenden »sozialen Realisationsversuche der superrevolutionären chiliastischen Radikalen« (57). Dennoch war auf der Grundlage einer größeren »Annäherung zur tatsächlichen, faktisch-empirischen Lebensrealität« (58) eine theoretische Weiterentwicklung der chiliastischen Idee möglich. Ohne dass Radványi direkt darauf hinwies, machte sein Gemälde deutlich, worin für ihn das Uneingelöste historischer Entwicklung bestand: Die erwartete und versprochene Gleichheit für alle Menschen in ihren sozial-ökonomischen Lebensverhältnissen war nicht realisiert worden – und dieser Mangel schleppte sich bis in die Gegenwart fort.

Zwei »weltgeschichtliche Tendenzen« nannte er als Ursache dafür, dass mit dem Ende des Reformationszeitalters auch die chiliastische Religiosität »für immer von dem Schauplatz des Weltgeschehens« (58) verschwand. Die fortschreitenden Veränderungen menschlicher Existenzbedingungen in der Neuzeit und der unaufhaltbare Prozess der Säkularisierung schwächten die Kraft religiöser Gefühle. Zudem zerstörte die »lutherische Staatsideologie« (70) zwar den Alleinvertretungsanspruch der Kirche, aber nur, um »neben der Kirche auch dem Staate eine religiös fundierte Funktion« (59) einzuräumen. Die weltliche Gewalt wurde auch hier »unmittelbar auf die göttliche Vorsehung« zurückgeführt, was ein Eingreifen in diese Sphäre nicht nur verbot, sondern erneut unmöglich machte: »Denn wie könnte der schwache Mensch in das, in der göttlichen Vorsehung fundierte, also quasi selbst göttliche, Walten der sozialen Mächte aktiv, d. h.: gestaltend und umgestaltend eingreifen?« (70) Luthers Auffassungen zwangen den gemeinen Mann, der als Christ leben, als Christ sich gegen Kirche und Staat erheben wollte, zurück auf die Knie, banden ihm nicht nur die Hände. Schnürten auch sein Denkvermögen ein. Zwar gab es nach der Reformation noch einzelne chiliastische Theologen und Schwärmer – in den Gang der Geschichte eingreifen konnten sie nicht mehr. Der chiliastische Geist erlosch. Die von Radványi gefeierte »geistige Weltwende« war beendet worden.

Kann man den Teufel mit teuflischen Mitteln vertreiben?

Im fünften und letzten Kapitel, dem gewichtigsten Abschnitt der gesamten Arbeit, beantwortete Radványi seine Frage, wie aktive Chiliasten handeln konnten und sollten. In abschließenden Thesen stellte er offen einen Gegenwartsbezug seiner historischen Arbeit her. Bei der Erörterung des Problems, wer handeln solle, wies Radványi auf Unterschiede zwischen den Menschen hin, die trotz aller Ansprüche auf Universalität der Erlösung bestehen blieben, ohne jedoch ihre Handlungsfähigkeit einzugrenzen. In der inneren Logik chiliastischer Ideologie liege begründet, dass nicht alle Menschen gleichermaßen zum Subjekt der Geschichte erhoben werden könnten. Die weltverändernde Tat stand nur den »Guten«, den »Gerechten« (63) offen. Die Sündigen, die »Bösen« (65) wurden ausgeschlossen. Da jedes Individuum die Freiheit besaß, über sein Tun selbst zu entscheiden, entschied es zugleich über sein weiteres Schicksal. Denn das Feuerrad der Erlösung musste die angetroffenen Sündigen unter sich »zerschmettert liegen« (37) lassen. Der »Erlösungsuniversalität« (64) stand die »Heilspartikularität« (65) gegenüber. Und diese Kluft zwischen »Auserwählten« und »Verworfenen« (65) war, da ein jeglicher Kompromiss abgelehnt wurde, nicht zu überbrücken. Erst nachreformatorische chiliastische Theologen suchten das schroffe Gegeneinander von Entweder – Oder zu versöhnen: Eine »Vorerlösung« sollte den anfangs Sündigen eine letzte Chance einräumen, sich zu läutern.

Gegenstand, Objekt des Handelns, war das Böse »in allen seinen irdischen Gestalten« (68). Gekämpft wurde gegen den Antichristen, den Teufel, den Erzfeind Gottes. Nicht gegen das einzelne Individuum: Betroffen wurde es nur als Mitobjekt, als Verbündeter des Bösen: Mit dem Sünder sollte die »Sünde selbst« (66) vernichtet werden. Die »mächtigste und gefährlichste Gestalt des Bösen« verkörperten für den Chiliasten die kirchlichen und staatlichen Instanzen mit den von ihnen hervorgebrachten und gestützten sozialen Ordnungen. Denn Kirche und Staat suchten die Menschen zu täuschen, deklarierten »ihr Reich des Bösen als das Reich des Guten, als von Gott gewollt und zu seiner Stellvertretung eingesetzt« (69). Diese Auffassung machte eine bestimmte Organisierung allen Handelns erforderlich. Keine »Aktion eines einzelnen Menschen« konnte sich gegen die Übermacht staatlicher und kirchlicher Institutionen durchsetzen. Aussicht auf Erfolg hatte nur »eine gemeinsame und gemeinschaftliche Aktion vieler Menschen, einer Menschengruppe, eines Menschenkollektivums«, also eine »soziale Aktion, die »soziale Aktion der chiliastischen Gemeinde« (69). Zusammenfassend formulierte Radványi eine erste These chiliastischen Handelns, mit der er zugleich das Existenzrecht der chiliastischen Gemeinde als eines bewusst gegen Kirche und Staat organisierten Kollektivs einforderte und begründete: »Das chiliastische Handeln ist deshalb immer ein soziales Handeln; die chiliastische Bewegung ist immer eine soziale Bewegung.« (69) An die Stelle des individualethischen Handelns eines

Christen, das die Kirche erlaubte und förderte, setzte der Chiliast ein kollektives Handeln – und verstieß damit einmal mehr gegen eine Grundregel christlichen Lebens, die von Luther verschärft worden war. Bei der Erläuterung seiner These stellte Radványi zum ersten Mal offen eine Beziehung zur Gegenwart her: »Die nichtchiliastisch-christliche Sozialethik« sei »ihrem Wesen gemäß entschiedene Gegnerin jeglichen aktiven Eingreifens des Menschen in die Wirkungssphäre der sozialen Gewalten«, begründe ihre Meinung mit dem »Jesuswort ›Gebet dem Kaiser, was des Kaisers ist‹« und befördere damit »die Ausbildung eines sozialen Indifferentismus, der seit den Anfängen des Christentums bis in die heutigen Tage herrscht« und einen jeglichen »Ausbruch der verzweifelten Entrüstung« auch dort hemme, »wo die Lasterhaftigkeit der sozialen Mächte mit zweifelloser Evidenz hervortrat und die heiligsten Güter der Menschen bedrohte und vernichtete« (69 f.). Diesen Indifferentismus konnte der Chiliast nicht akzeptieren; er durfte nicht zurückschrecken, musste, so es erforderlich wurde, sich für die Aktion gegen Kirche und Staat entscheiden. Deshalb, so Radványi in einer zweiten Grundthese, »ist der Chiliast immer der Mann der sozialen Bewegung, das katexochene Subjekt der sozialen Revolution« (71).

Diese Haltung hatte, wie er darstellte, katastrophale Folgen, auch sie wirkten bis in die Gegenwart fort. Beide Seiten standen sich unversöhnlich gegenüber, waren nicht bereit zu Kompromissen. Beide Seiten griffen zur Gewalt, wobei Staat und Kirche mit ihren bewaffneten Organen von vornherein die Überlegenen waren. Die chiliastischen »Gerechten« dagegen wussten, dass sie »in dieser sündigen Welt zahlenmäßig nur eine geringe Minderheit« darstellten; Siegeszuversicht konnten sie allein aus der Überzeugung schöpfen, eine »auserwählte Kriegerschar des Erlösers« zu sein. Sie forderten deshalb den »schonungslosen Krieg, den läuternden und vernichtenden Krieg der Erlöserverwirklichung«. Aus ihrer Zwangslage heraus deklarierten sie zu ihrer Rechtfertigung und Verteidigung »eines der wichtigsten Grundmomente der chiliastischen Sozialethik«, das »Gewaltrecht des Guten« (72). Zum ersten Mal wandte sich Radványi dem Problem der Gewalt in der Geschichte zu. (Er sollte das hier Erörterte am Ende der Dissertation noch ergänzen.) Die chiliastische Begründung und Rechtfertigung einer Gegenwehr versah er mit einer distanzierenden Reflexion: Das »Gewaltrecht des Guten« habe als Problem »alle christlichen Jahrhunderte« beherrscht, aber »in keinem eine befriedigende Lösung« gefunden. Es sei evident, dass »Gewalt etwas an sich Verwerfliches« darstelle, nicht nur ethisch, sondern auch religiös. Sie sei »die hauptsächlichste Waffe des Teufels«. Und, so fragte er weiter, zweifelnd und kritisch, kann man »den Teufel mit teuflischen Mitteln zerstören? Kann man das Recht des Guten durch die Mittel des Bösen verwirklichen?« In allen Bewegungen der Chiliasten, in allen Unternehmen von Kirche und Staat zur Vernichtung ihrer Feinde war Gewalt gutgeheißen und praktiziert worden. Aber, so bekannte er, der Chiliasmus hat »dieses Problem nicht gelöst, und es ist fraglich, ob es überhaupt lösbar ist.« (72 f.)

So fragte und urteilte 1922/23 einer, der die Auseinandersetzungen um die Erneuerung Ungarns, die militärische Intervention rumänischer Truppen im Auftrage der Entente und den Terror der siegreichen Konterrevolution miterleben, miterleiden musste (möglicherweise sogar als Soldat der Revolutionstruppen). Seine Erfahrungen ließen ihn zu keiner Gewissheit kommen. Für ihn blieb es ungeklärt, ob von irgendeiner Seite, irgendeiner Partei jemals Gewalt als Mittel politischer Auseinandersetzungen angewendet werden dürfe. Auch Anna Seghers sollte später diese Frage aufnehmen. In ihrem großen preisgekrönten Werk vom »Aufstand der Fischer von St. Barbara« suchte auch sie als Erzählerin nach einer Antwort.

Die Erörterung des Problems einer »heilige(n) Revolution« (63) als »Tatgehalt« (74) chiliastischen Handelns nutzte Radványi zur Ergänzung seiner bisherigen Ausführungen. Er trug nach, was er in den vorangegangenen Kapiteln nicht berücksichtigt hatte, beachtete jetzt auch die materiellen Grundlagen menschlicher Existenz. Möglich, dass Mannheim hier seine Hand im Spiele hatte, schrieb er doch zur selben Zeit an seiner Habilschrift »Altkonservatismus. Ein Beitrag zur Soziologie des Wissens«, mit der er »die Seinsgebundenheit allen Denkens und Erkennens«[19] aufzuweisen suchte und sein Lebenswerk einer »Wissenssoziologie« eröffnete. Auch Radványi erwähnte nun die »ökonomischen« Grundlagen des Lebens. Er erwähnte sie nur. Gab damit aber zu erkennen, dass auch ihn weiterführende Überlegungen bewegten. Er begann zu begreifen, dass nicht allein das Geistige, Religiöse, Ethische die Lebensweise der Menschen bestimmten; sie sei auch abhängig von ihren ökonomischen und sozialen Bedingungen, erst alles zusammen in gegenseitigen Abhängigkeiten und Wechselwirkungen schaffe die Voraussetzungen menschlichen Daseins. »Der Chiliast weiß wohl«, schrieb er jetzt, »dass die religiösen und ethischen Faktoren des Lebens allzu untrennbar mit seinen sozialen und ökonomischen Zusammenhängen verwoben sind; und wo er damit nicht rechnete, belehrte ihn eines Besseren die sofortige Gegenaktion der sozialen und ökonomischen Mächte gegen jedes revolutionäres Eingreifen-Wollen in die religiös-ethischen Zusammenhänge.« Damit musste er seine dritte zusammenfassende Schlussthese über die Inhalte des Handelns präzisieren: »Der Chiliast will also eine All-Umänderung, einen All-Umsturz. Er will den Gesamtbau der empirischen Weltordnung abreißen, in all seinen Teilen und in all seinen Bedingungen und Bedingtheiten, damit an seiner Stelle das Neue Reich der Vollkommenheit entstehen soll.« (74)

So gesehen konnte der Chiliasmus auch von anderen denn religiösen Kreisen als Erbe verstanden werden. Er vermochte eigenes Handeln historisch zu legiti-

---

19 Karl Mannheim reichte seine Arbeit Ende 1925 ein; neben Alfred Weber und Carl Brinkmann war Emil Lederer sein Hauptgutachter, auch sein Förderer in Heidelberg. Lederer ist es zu verdanken, dass Mannheim sich als Wissenschaftler durchsetzen und zum Professor ernannt werden konnte. Vgl. dazu Dirk Hoeges: Kontroverse am Abgrund: Ernst Robert Curtius und Karl Mannheim: Intellektuelle und »freischwebende Intelligenz« in der Weimarer Republik, Frankfurt am Main 1994. Nach dieser Ausgabe wurde auch zitiert (S. 98).

mieren. Auch Akteure revolutionärer Bewegungen, die einzig politisch-national oder sozial-ökonomisch fundiert waren, so Radványi, griffen gern auf chiliastische Vorstellungen zurück, sahen sich als Fortsetzer ihrer Ideen, erhofften von ihnen für die anstehenden Aufgaben und Ziele »machtstärkende und geltungfundierende Unterstützung« (75). Das galt auch für die »Sonntägler«. Der Schriftsteller Ervin Sinkó sprach es aus. An der Seite von Georg Lukács und Béla Balázs im Volkskommissariat für Unterrichtswesen tätig, hatte er die Entwicklung Räte-Ungarns auch als Offizier der Revolutionsarmee unterstützt. In seinen Lebenserinnerungen verglich er später den »schwärmerischen Glauben« der »Sonntägler« mit den Chiliasten, zählte er sich zu »einer chiliastisch fieberhaften, in jeder Weise menschlichere und freiere Lebensformen suchenden revolutionären Generation«.[20] Auch der Sekretär von Béla Balázs, Ladislaus Radványi, gehörte dieser Generation an. Auch er war von diesem »schwärmerischen Glauben« beseelt, hatte mit seiner Geschichte chiliastischen Denkens und Handelns nach dem Herkommen eigenen Verhaltens gefragt, eigene Tätigkeit historisiert. Es verwundert nicht, dass er den letzten Abschnitt, die letzten vier Seiten seines fünften Kapitels ganz der Gegenwart und Zukunft chiliastischen Denkens widmete, dass er damit – unausgesprochen – nach der Perspektive eigenen Handelns forschte. Mit einer Art Epilog schloss er seine Dissertation ab.

Er begann damit, dass er noch einmal nach den Ursachen für die Niederlagen aller chiliastischer Bewegungen fragte. Bislang hatte Radványi auf äußere Faktoren hingewiesen. Auf der Grundlage seiner neuen Aufmerksamkeit für die materiellen Bedingungen menschlicher Existenz fügte er seinen beiden Überlegungen zum Ausbleiben der Parusie und zur erbarmungslosen Ausrottung eine dritte hinzu: Die wahre, »vielleicht noch wichtigere, weil innerlich-geistige, Ursache« (77) sah er jetzt in einem unaufhebbaren Widerspruch chiliastischer Ideologie. Ihre religiöse Gebundenheit verwehrte den Chiliasten die Sicht auf die objektiven Bedingungen menschlichen Handelns, ließ sie eine Idee verfechten, die unvereinbar war mit den Gegebenheiten der Realität. Überempirisches konnte nicht in Empirie verwandelt werden. Eine neue Sicht auch auf die Anwendung von Gewalt wurde möglich. Die Chiliasten – schrieb Radványi jetzt – setzten Gewalt ein, um Unzulänglichkeiten der Idee auszugleichen. Gewalt sollte Unmögliches erzwingen. Der Versuch der Chiliasten musste scheitern, »denn der Gegensatz zwischen Idee und Wirklichkeit, zwischen der Un- und Überempirizität der Absolutheitspostulate der Erlösung und der Empirizität der irdischen Welt ist unaufhebbar« (78). Nicht bedingungslos war das Himmelreich auf die Erde herabzuholen.

Dennoch sah er eine Chance »der Weiterentwicklung für die chiliastische Idee« (79 f.) in der Zukunft. Sein historischer Exkurs hatte gezeigt, dass es im Verlauf der Geschichte Veränderungen in der religiösen Gefühlswelt und Denkstruktur ge-

---

20 Ervin Sinkó: Vor dem Richter, in: Georg Lukács, Karl Mannheim und der Sonntagskreis, a. a. O., S. 22.

geben hatte. Der Mensch war in seiner Beziehung zu Gott allmählich selbstbewusster und freier geworden. Mit dem Schritt vom passiven zum aktiven Chiliasmus hatte er Widersprüche seines Denkens überwinden, mehr und mehr zu sich selbst finden können. Sollte dieser Prozess »der religiösen Verselbständigung« des Menschen nicht fortgesetzt werden können? Seit dem Reformationszeitalter, so Radványi, sei eine »Abschwächung des religiösen Gefühles« zu beobachten, und diese Entwicklung vollziehe sich – allen Restaurationsversuchen zuwiderlaufend – »in immer größeren Schritten«. Folgerichtig fragte er: Was geschieht aber, »wenn der chiliastische Mensch das ganze Werk der Erlösung für sich vindiziert, wenn er von der Gottheit nichts mehr erwartet, sondern die gesamte Erlösungsarbeit, sowohl die Destruktion, die Vernichtung des Bösen, wie die Konstruktion, die Verwirklichung des Guten, selbst vollbringen will?« (80)

Eine Antwort konnte nur in einem Vergleich mit der Gegenwart gefunden werden, denn seit 1917 liefen praktische Versuche, eine »neue bessere Welt« aufzubauen. Radványi selbst hatte in Budapest daran teilgenommen. Er zog den Bolschewismus in seine Überlegungen mit ein und berief sich dabei auf Ernst Bloch, der 1921 in seinem Buch »Thomas Münzer als Theologe der Revolution« den Bolschewismus als »ein neues Entwicklungsstadium der chiliastischen Idee« angesehen habe.[21] Auch »im Bolschewismus«, stellte Radványi fest, »handelt es sich um den Angriff einer wahrheitsbewussten Minderheit auf die empirische Welt, um die Verwirklichung ihrer Postulate in ihr mit Gewalt zu erzwingen« (80). Wie viele seiner Zeitgenossen sprach er nicht vom Kommunismus. Kommunismus verstand er als »eine Grundforderung der christlichen Sozialethik«, die von den Chiliasten nur »besonders ernst« (93) genommen wurde. Kommunismus war für ihn verbunden mit Religiosität. Mit dem Begriff des Bolschewismus dagegen verwies er auf die tatsächlich vor sich gehenden gesellschaftlichen Veränderungen in Russland. Ihre Initiatoren und Akteure aber, ihre Ideen wollte er nicht mehr mit Gott in Zusammenhang bringen: »Und in der Gedankenwelt des Bolschewismus können wir tatsächlich solche Züge finden, die einem solchen, von religiösem Standpunkt aus ›dämonischen‹, ›gottlosen‹ Chiliasmus (einem, Gott ausschaltenden, und alles nur von menschlichem Handeln erwartenden, Verwirklichen-Wollen der absoluten Postulate in der gegenwärtigen empirischen Welt) entsprechen.« (80)

Obwohl er nicht den Begriff »Marxismus« gebrauchte, mochte er mit Ernst Bloch übereinstimmen, der 1921 geschrieben hatte: »Derart also vereinigen sich endlich Marxismus und Traum des Unbedingten im gleichen Gang und Feldzugsplan; als Kraft der Fahrt und Ende aller Umwelt, in der der Mensch ein gedrücktes, ein verächtliches, ein verschollenes Wesen war, als Umbau des Sterns Erde und Berufung, Schöpfung, Erzwingung des Reichs: – Münzer mit allen Chiliasten

---

21 So Radványi im Text seiner Dissertation S. 79. In der Anm. 52 dazu stellt er die Beziehung zum Buch von Ernst Bloch direkt her, »wo viele Bemerkungen auf eine chiliastische Auffassung des Bolschewismus schließen lassen«. (S. 93)

bleibt Rufer auf dieser stürmischen Pilgerfahrt.«[22] Auch Radványi sah im Chiliasmus ein Erbe, ein kostbares Gut menschheitlicher Entwicklung, das nicht verlorengehen dürfe. Seine Dissertation hob es auf, bewahrte es für kommende Generationen. Das hieß für ihn nicht, es fortzuführen, direkt an das anzuknüpfen, was im Reformationszeitalter begonnen worden war. Was Netty Reiling beim Vergleich römischer und fränkischer Grabdenkmäler staunend beobachtet und als historisch notwendig verstanden hatte, bestätigte er an seinem Forschungsgegenstand: Der Bruch mit Traditionen musste vollzogen werden, um veränderten Bedingungen gemäß handlungsfähig zu bleiben. Er plädierte für Wertschätzung, aber auch für Ablösung zumindest von einem Teil chiliastischer Überlieferung. Für Ablösung von Religiosität. Anders als Bloch wollte er »in dem Bolschewismus keine chiliastische Bewegung erblicken. Denn Gott fehlt in ihm – und einen Chiliasmus ohne Gott können wir nicht mehr Chiliasmus nennen.« (80) Für ihn war es »durchaus vorstellbar und möglich«, dass im Laufe der Entwicklung der Chiliasmus »Gott aus seiner Gefühlswelt ausschaltet«, eine »Wesens-Umwandlung« vollzieht und damit »sich selbst aufhebt« (81), sich eine historisch neuartige Qualität des Denkens herausbildet. Mit überkommenen Denkgewohnheiten gebrochen wird. Dann – so hieß das – würde der Mensch nicht mehr als Mit-Kämpfer Gottes auftreten. Dann handelte er selbstbewusst und selbstverantwortlich. Hatte er sich endgültig ganz als Subjekt der Geschichte eingesetzt. Ein neues Zeitalter würde beginnen.

Im Schlussteil seiner Dissertation sprach Radványi nur von der Zukunft, nur von dem, was möglich sei. Im letzten Satz stolperte sogar er über die deutsche Sprache. In einer Prüfungsarbeit in einem Exilland, das Ausländer und Juden zunehmend diskriminierte, wollte er nicht eindeutig Stellung nehmen zu einem heftig umstrittenen aktuell-politischen Thema. Dennoch ließ er erkennen, womit er rechnete. Es sei durchaus denkbar, schrieb er abschließend, dass aus der »Wesens-Umwandlung« des Chiliasmus »noch neue, ganz unerwartete und bedeutungsvolle Möglichkeiten und Wirklichkeiten für den menschlichen Geist entstehen werden; wie es auch durchaus möglich ist, dass eben der Bolschewismus der Übergang zu dieser neuen Epoche ist. Doch dies alles ist schon kein Chiliasmus mehr, sondern gehört bereits in eine ganz andere Periode der Geistesentwicklung; und von seiner Darstellung müssen wir umso mehr absehen, als dieses Neue erst jetzt in Entstehung begriffen ist, und erst die kommenden Jahrhunderte der Entwicklung des menschlichen Geistes seine Entfaltung bringen können werden.« (81)

War dieser verhaltenen Stimme die angekündigte Botschaft abzulauschen?

Was Radványi in seiner Dissertation erarbeitet hatte, fügte sich ein in die Debatten der »Sonntägler« in Wien. Auch er hatte Erfahrungen durchdacht. Erkenntnisse gewonnen. Bestätigte oft diskutierte Auffassungen. Schlug Neues vor. Fest-

---

22 Ernst Bloch: Thomas Münzer als Theologe der Revolution, Berlin 1960, S. 183.

halten und weiterschreiten: so lautete seine Devise. Die ethischen Ideale der Freunde wurden nicht preisgegeben. Revolutionären Veränderungen – historisch verbürgt und notwendig – galt weiterhin seine Sympathie. Obwohl er von Niederlagen berichten musste. Auch Béla Balázs schrieb im April 1922, die Diskussionen im Sonntagskreis über die Wirkung der Romane Dostojewskis zusammenfassend, von der »Ethik der Revolution«: Dostojewski hätte »mit der tiefsten moralischen Wahrheit seiner Gründe ein neues und entscheidendes Motiv in den Glauben, die Gefühlswelt und Agitation der russischen Revolutionäre« eingeführt, gelehrt, »dass ich mich nicht damit zufrieden geben kann, selbst ›anständig‹ zu leben, weil ich für jede um mich her geschehene Ungeheuerlichkeit verantwortlich bin, wenn ich sie nicht angreife«[23]. Dieses »neue Verantwortungsgefühl« war auch der Analyse chiliastischen Denkens und Handelns abzulesen. Die Auseinandersetzung mit dem historischen Material ließ Radványi jedoch eine neue Überlegung hinzufügen.

Balázs verstand die Ethik Dostojewskis, von der »jeder seiner Romane erfüllt« sei, als »die neue Moral des neuen Christentums«, als den »Glaube(n) der neuen – echt lebendigen – Menschengeneration«, las gleich anderer russischer Revolutionäre Dostojewskis Werke wie eine alle »Kämpfe aufheizende Bibel«[24], wollte auch den »Kommunismus zu einer Religion spiritualisieren«.[25] Radványi dagegen war schon mit Materialauswahl und Gliederung seiner Arbeit der Frage nach der Rolle des Menschen in der Geschichte nachgegangen. Ihm war klar geworden, dass die Widersprüche chiliastischer Ideologie nur durch eine Befreiung aus religiösen Bindungen überwunden werden konnten. Für ihn stand fest: Besserung der unvollkommenen Welt war nur von menschlichem Handeln zu erwarten. Die Dissertation hatte sein Gottvertrauen, seine Religiosität nicht erneuern, nicht kräftigen können. Nicht neue Religionen, sondern neues Wissen, neue Überzeugungen mussten errungen werden, Haltungen, die den Menschen in seiner historischen Handlungsfähigkeit bestärkten. Würde der väterliche Freund Verständnis aufbringen können für eine solche Einsicht? Bedrängender noch: Radványi hatte Netty Reiling ein Versprechen gegeben. Schwer musste es werden, es einzulösen: Dem gemeinsamen Haus im Zeichen des jüdischen Gottes stand er ferner denn je.

Die von Mannheim geweckte Aufmerksamkeit für die wirklichen Lebensverhältnisse der Menschen, die Darlegungen des Freundes über die »Seinsgebundenheit allen Denkens und Erkennens«[26] stützten Radványis Auffassung, ließen ihn zugleich nüchterner, sachlicher auf die politischen Auseinandersetzungen in Europa, auch in Deutschland blicken. Er fand sich bestätigt in seiner Auffassung, dass der einzelne Mensch nur handlungsfähig ist im Zusammenschluss in einem

---

23 Béla Balázs: Zur Dostojewski-Jahrfeier, in: Georg Lukács, Karl Mannheim und der Sonntagskreis, a. a. O., S. 269 f.
24 Ebenda, S. 269.
25 Béla Balázs: Tagebuch, ebenda, S. 124.
26 Karl Mannheim: Altkonservatismus. Ein Beitrag zur Soziologie des Wissens, zitiert nach Dirk Hoeges: Kontroverse am Abgrund, a. a. O., S. 98.

Kollektivum, einer Gemeinde, einer Partei. Wusste jetzt, dass nicht zu erzwingen war, was den objektiven Entwicklungsbedingungen der Gesellschaft widersprach. Keine religiöse Leidenschaft, kein noch so heftiges Wollen einzelner Menschen vermochte sie zu überspringen, durfte sie ignorieren. Egal, ob Radványi im Februar/ März 1921 mit Mátyás Rákosi, dem Beauftragten der Kommunistischen Internationale, zusammengetroffen war oder nicht: Früher als manch einer seiner Freunde wird er verstanden haben, dass der Tag einer »Weltrevolution« hier und heute nicht angebrochen war, dass Umsturzversuche wie die von 1921 in Deutschland scheitern mussten. Béla Balázs hoffte auf die nächsten tausend Jahre. Radványi auf »die kommenden Jahrhunderte der Entwicklung« (81). Sollte diese Einsicht nicht bereit machen, wie vor Zeiten die englischen Chiliasten sich der »tatsächlichen, faktisch-empirischen Lebensrealität« (58) anzunähern, um handlungsfähig zu bleiben?

Einige Jahre noch suchte und versuchte sich der Ungar in Deutschland durchzuschlagen. Zunächst ohne klar erkennbares Ziel. Bis 1924 blieb er in Heidelberg. Er machte seine Exmatrikulation rückgängig. Schrieb sich zum drittenmal als Student ein.[27] Studierte weiter – bis auch Netty Reiling ihre letzte Prüfung bestanden hatte. Diesmal jedoch war er bestrebt – wohl zum ersten Mal in seinem Leben – sich die Mittel für seine Existenz selbst zu verdienen. Nicht als Wissenschaftler. Als Angestellter einer Buchhandlung.[28] Habilitation und Laufbahn als Gelehrter waren undenkbar. Schon Georg Lukács hatte sich in Heidelberg nicht habilitieren dürfen – er war »Ausländer«. Philipp Schaeffer fand, trotz seiner Fähigkeiten und Publikationen, keine Arbeitsmöglichkeit an der Universität. Bei Karl Mannheim häuften sich wenige Jahre später die Schwierigkeiten, antisemitische Stimmungen hatten sich ausgebreitet. 1928/29 setzte eine Zeitungsschlacht ein, begann ein »Krieg um Mannheim«: Konnte, durfte der Ausländer und Jude eingebürgert, zum Professor ernannt werden? Vor allem Bayern meldete Bedenken an: Bei einem »fremdstämmige[n] Ostausländer«, der »die Voraussetzung einer mindestens 20-jährigen Bewährungsfrist« nicht erfülle, bestehe die Gefahr »einer Überfremdung deutscher Kultur«.[29] Bis nach Berlin rollten die Wogen: Der Reichskanzler musste entscheiden. In einer solchen Atmosphäre wird Radványi es gar nicht versucht haben, sich zu habilitieren. Ende 1924 verlor er sogar seine Arbeit.

»Im Laufe des Jahres 1924«, schrieb er später in einem Lebenslauf, »reifte in mir der Entschluss, in die KPD einzutreten. Ich fuhr im Dezember 1924 nach Berlin und trat im selben Monat in die KPD ein.«[30] Im Büro des ZK Münzstraße wurde

---

27 UAH.
28 In einem handschriftlich verfassten Lebenslauf vom 16. Juli 1952, kurz nach seiner Rückkehr aus dem mexikanischen Exil, machte Radványi diese Angabe (SAPMO, Akte Nr. DY 30/IV 2/11 v 2576, Blatt 2-11).
29 Zitiert nach Dirk Hoeges: Kontroverse am Abgrund, a. a. O. Hoeges stellt diese Auseinandersetzungen um Mannheim ausführlich dar (S. 87 ff.).
30 Diese und die folgenden Angaben stammen ebenfalls aus dem Lebenslauf Radványis vom 16. Juli 1952, a. a. O.

er aufgenommen, verwandelte er sich in den Mitarbeiter Johann Schmidt. Diese Art seines Beitritts war ungewöhnlich, vor allem in einer Zeit, da die KPD offiziell verboten war. In der Regel konnte eine Aufnahme nur in einer kleinen kommunistischen Gruppe in der Nähe der Wohnung erfolgen, wo die Menschen einander kannten. Radványis Selbstdarstellung verweist darauf, dass er schon in Ungarn der KPU angehört haben muss, er 1924 seine Zugehörigkeit zur kommunistischen Weltbewegung nur erneut bestätigte. In dieser Frage folgte er seinem Ratgeber Karl Mannheim nicht. Er zog sich nicht vom politischen Engagement zurück – obwohl auch er Zeit brauchte, um zwischen »dem, was war, und dem, was sein wird«, ruhig nachzudenken.[31] Im Februar 1925 bekam er von der russisch-deutschen Handelsgesellschaft »Rusgertarg«, im Oktober 1925 von der Handelsvertretung der UdSSR die Chance einer Anstellung als »Ökonomist«. Und erst ab Sommer 1927 waren in Deutschland Bedingungen herangereift, die ihn sein eigentliches Betätigungsfeld erkennen und ergreifen ließen. Nicht Schriftsteller würde er werden. Als die KPD begann, eine »Marxistische Arbeiterschule« aufzubauen, wurde er an der Seite von Hermann Duncker ihr Organisator und einer ihrer Lehrer. Er lernte es, bislang von Bildung ausgeschlossene Arbeiter und Arbeiterinnen im Fach »Politische Ökonomie« zu unterrichten, ihnen zu helfen, geistig selbständig, historisch handlungsfähig zu werden – und trat damit in die Fußstapfen von Georg Lukács. Erfahrungen der ungarischen Räterepublik konnten in Deutschland erneut lebendig werden.

---

31 Anna Seghers: Die Gefährten, a. a. O., S. 34.

»Jude und Judentum im Werke Rembrandts« – nur eine historische Arbeit?

Selbstbewusst und streitbar

Es ist nicht bekannt, welchen Anregungen Netty Reiling folgte, als sie das Thema ihrer Dissertation wählte. Auf Fragen antwortete Anna Seghers später sehr zurückhaltend oder gar ablehnend. 1976 sagte sie in einem Gespräch: »Meine Dissertation ›Jude und Judentum im Werke Rembrandts‹ war sicherlich eine scholastische, in mancher Hinsicht naive Arbeit. Sie verfolgte eine bestimmte sonderliche Frage.«[1] Sie verriet nicht, was sie »sonderlich« fand. Erwähnte nur, dass die jüdische Gemeinde in Amsterdam zur Zeit Rembrandts nach Herkunft und Lebensweise zutiefst gespalten, auf Rembrandts Bildern ein Unterschied zwischen vornehmen reichen und armen gehetzten Juden deutlich zu erkennen wäre. »Darin sah ich damals nicht nur die historisch-soziale Frage«, betonte sie, schloss aber ihre Bemerkung, ohne zu erwähnen, welche Ursachen sie noch entdeckt hatte: »Wie ich heute zu diesen in der Doktorarbeit dargestellten Problemen stehen würde, weiß ich nicht. Ich müsste alles noch mal nachprüfen, die Kopien der Zeichnungen und meinen Text, doch ich habe dazu keine Zeit.« Als die Arbeit veröffentlicht werden sollte, gab sie – anders als Ladislaus Radványi – nichts weiter von ihren Intentionen preis. Auch Christa Wolf, die im Februar 1980 – drei Jahre vor dem Tod der Schriftstellerin – ihr »Vorwort« abschloss, mit dem 1981 die Buchausgabe der Dissertation[2] eingeleitet wurde, hatte keine Details mehr erfahren können. So bleibt nur die Analyse des Textes, um herauszufinden, wie ihre »sonderliche Frage« damals lautete, welche – eingestandenen oder unbewussten – Absichten Netty Reiling die Feder führten. Spurensuche also auch hier. Denn, so Christa Wolf, die »speziellen Fragen, die man seinem Thema stellt, können Auskunft geben über ein spezielles Interesse, das sich im Fragenden, vielleicht noch nicht voll ausgebildet, anbahnt.« (8)

Die im Herbst 1924 eingereichte und am 4. November mit der Note »sehr gut (2. Grad)«[3] bei Prof. Dr. Carl Neumann verteidigte Dissertation ist nicht nur kurz. Sie ist ungewöhnlich. In mehr denn einer Hinsicht ungewöhnlich für die Abschluss- und Prüfungsarbeit einer Studentin. Diese junge Frau trat selbstbewusst und anspruchsvoll auf. Nichts war mehr zu spüren von der Schüchternheit, mit der

---

1   Achim Roscher: Wirklichkeit und Phantasie, Fragen an Anna Seghers, in: Achim Roscher: Also fragen Sie mich! Gespräche, Halle-Leipzig 1983, S. 54. Auch die folgenden beiden Zitate finden sich dort.
2   Netty Reiling (Anna Seghers): Jude und Judentum im Werke Rembrandts, Leipzig 1981. Nach dieser Ausgabe wird im Folgenden zitiert; die Seitenangaben für die Zitate erfolgen in Klammern direkt im Text, auch die des Vorwortes. Christa Wolf veröffentlichte ihr Vorwort zum ersten Mal unter dem Titel »Zu Anna Seghers« in »Sinn und Form. Beiträge zur Literatur«, Berlin 32(1980)5, S. 976-980.
3   Zitiert nach Christiane Zehl Romero: Anna Seghers. Eine Biographie, 1900–1947, Berlin 2000, S. 143.

sie im Sommer 1920 zum ersten Mal den Boden Heidelbergs betreten hatte. Mit ihrer Arbeit, siebenundfünfzig Schreibmaschinenseiten[4] lang, wollte sie nicht das Gesamtschaffen Rembrandts betrachten, nur einen kleinen ergänzenden »Strich am Porträt Rembrandts« (13) anbringen. Ihr Freund hatte mit weit ausholenden Schritten Jahrhunderte historischer Entwicklung durchmessen. Sie konzentrierte sich auf einen kleinen überschaubaren Abschnitt niederländischer Kunstgeschichte, der auch das Spezialgebiet ihres Vaters war, fragte danach, wie Rembrandt Juden dargestellt, warum er, der im calvinistischen Holland heranwuchs und vom Calvinismus geprägt wurde, sich diesem Thema zugewandt hatte.

Die genau festgelegte Problemstellung bestimmte den Umgang mit Sekundärliteratur: Die Doktorandin verzichtete auf ein Verzeichnis der ausgewerteten kunsthistorischen und -theoretischen Schriften zur Rembrandt-Forschung. Nannte einleitend im Text nur die Namen von vier Wissenschaftlern, deren Arbeiten ihrer Untersuchung zugrunde lagen: Wilhelm von Bode, dessen Werkverzeichnis sie benutzte, Carl Neumann, Richard Hamann und Eduard Kolloff.[5] Carl Brinkmann aus Köln fehlte, ebenso der Meisterschüler ihres Doktorvaters, Wilhelm Fraenger, der 1920 ein Buch über den jungen Rembrandt veröffentlicht und im Winter 1921/22 in der Kunsthalle in Mannheim Vorträge zu diesem Thema gehalten hatte: Netty Reiling muss diese Arbeiten Fraengers nicht gekannt haben – ein weiteres Argument, das Zuckmayers Meinung widerspricht, der eigenwillige junge Wissenschaftler habe sie zur Wahl ihres Pseudonyms »Seghers« inspiriert.[6] Sie gab auch keine konkreten Werke der genannten Rembrandt-Spezialisten an. Begnügte sich im Text mit einer kurzen allgemeinen Charakteristik ihrer Forschungsergebnisse: Für Neumann sei »die religiöse Konstellation« im Werke Rembrandts wichtig gewesen, »für Hamann und andere der Reiz des malerischen und absonderlichen Modells« (13), während Kolloff einen »jüdelnden Rembrandt« (16) vorgestellt habe. Merkwürdig ernst genommen wurde zudem das Buch »Rembrandt als Erzieher«, das 1890 anonym, nur gezeichnet »Von einem Deutschen«, auf den Markt gebracht worden war. Es erreichte Massenauflagen, konnte tief und langdauernd vor allem auf Schichten des Bildungsbürgertums einwirken – Ausdruck zunehmender nationalistischer Stimmungen im deutschen Kaiserreich. Denn der Autor,

---

4   Hier urteile ich nach dem Original der Dissertation im Archiv der Universität Heidelberg. Auf dieses Original – im Folgenden nur Original – komme ich mehrmals zurück, denn der Wiederabdruck im Reclam Verlag zeigt leider Lücken.
5   Die Schreibweise einiger Namen, wie z. B. Eduard Kolloff, habe ich dort, wo sie keine Zitate betreffen, der modernen Schreibweise angepasst, auch einige Daten sind nach heutigem Forschungsstand präzisiert worden.
6   Wilhelm Fraenger: Der junge Rembrandt. Erster Band: Johann Georg van Vliet und Rembrandt. Heidelberger Kunstgeschichtliche Abhandlungen, hrsg. von Carl Neumann und Karl Lohmeyer, Heidelberg 1920. Die Vorträge Fraengers über Rembrandt werden vorgestellt im Ausstellungskatalog »Neue Kunst – Lebendige Wissenschaft. Wilhelm Fraenger und sein Heidelberger Kreis 1910 bis 1937«, hrsg. von Susanne Himmelheber und Karl-Ludwig Hofmann, Heidelberg 2004, S. 219 ff. Zu Zuckmayer vgl. auch das Kapitel »Abenteuer menschlicher Begegnungen« in diesem Buch.

Julius Langbehn, feierte den Niederländer als Ausdruck deutschen »Volkstums« und stempelte ihn kurzerhand zum Symbol »gesunder deutscher Seelenkraft«[7]. Netty Reilings Lehrer distanzierte sich nicht von dieser Schrift. Selbst interessiert an der Herausbildung einer besonderen deutschen Kunstwissenschaft, die sich gegen die anhaltende Wirkung italienischer Renaissance auf das Kunstverständnis wehrte, meinte Carl Neumann 1924, »ein großer, der beste Teil« von Langbehns »Gedankenvorrat« sei »in die allgemeine Meinung übergegangen und uns selbstverständlich geworden«.[8] Es verwundert nicht, dass auch Netty Reiling das Buch wegen seiner »starken, wurzelfesten Volkstümlichkeit« (13) akzeptierte.[9]

Die Dissertation, übersichtlich in Einleitung, Nachwort und drei Kapitel gegliedert, wurde trotz Spärlichkeit der ausgewerteten wissenschaftlichen Quellen von einer polemischen Zielrichtung strukturiert. Schon die Einleitung nannte zwei »vorherrschende Ansicht[en]« (16), die widerlegt werden sollten. Zurückgewiesen wurde erstens die These, Rembrandt habe seine jüdischen Figuren sämtlich nach Modellen seiner Umwelt gestaltet, »alle gleichermaßen« könnten »als Schilderungen zeitgenössischen Judentums« gelten, »auf die gleiche Wurzel« (15) zurückgeführt werden. Zum zweiten wollte die Doktorandin der von vielen Forschern vertretenen Auffassung entgegenwirken, Rembrandt habe sich »in die Psyche des Jüdischen, in die Atmosphäre des Jüdischen versenkt«, in der »Welt des Religiösen« habe ihn »das spezifisch Jüdische angezogen«, was »zumeist in dem alttestamentarisch gefärbten calvinistischen Geist, aus dem Rembrandt erwachsen ist«, begründet liege. Sie dagegen, heißt es resolut, sei »zu dem Ergebnis gekommen«, dass von all dem »nicht die Rede sein kann« (16).

Das erste Kapitel trägt die Überschrift »Die jüdische Welt um Rembrandt«. Auch das musste als Abgrenzung verstanden werden. Die Doktorandin folgte nicht dem zeitgenössischen Trend, sich einzig in das Werk, in die Seele eines Künstlers zu versenken, um herauszufinden, »aus welchen Eindrücken und Vorstellungen« seine Arbeiten »zustande gekommen« sein mochten (18). Sie ging von der Lebenswirklichkeit aus, in der Rembrandt sich bewegt hatte. Es zahlte sich aus, dass sie in Heidelberg studieren, die besondere Luft dieser Universität atmen konnte: Netty Reiling hatte gelernt, historisch zu denken, spezielle Fragen in ihren umfassenderen Zusammenhängen zu untersuchen. Möglichst genau wollte sie jüdisches Leben in Amsterdam während des 17. Jahrhunderts rekonstruieren. Denn um dem »Wi-

---

7 Zitiert nach Stefan Hohenadl: »... die Häute meines Herzens lösten sich.« Anmerkungen zu Carl Neumann (1860–1934), einem Lehrer Wilhelm Fraengers an der Heidelberger Universität, in: Neue Kunst – Lebendige Wissenschaft, a. a. O., S. 39.
8 Carl Neumann: Rembrandt, München 1924, S. 28. (Die erste Auflage dieses Buches erschien in Heidelberg 1901.)
9 Carl Neumann und Netty Reiling standen mit ihrem Wohlwollen gegenüber Langbehn nicht allein. Seine Meinung scheint damals tatsächlich »in die allgemeine Meinung übergegangen« zu sein. Auch Wilhelm von Bode sagte 1917 über Rembrandt, dass er »der Spross eines rein germanischen Stammes und seine Kunst eine echt germanische ist. Sie ist der mächtigste Ausdruck germanischer Kultur überhaupt.« Zitiert nach Stefan Hohenadl: »... die Häute meines Herzens lösten sich«, a. a. O., S. 40.

derschein der jüdischen Welt in Rembrandts Werk nachgehen zu können, muss man zuerst wissen, wie diese Welt in Wirklichkeit beschaffen war« (19).

Für die Bewältigung dieser Aufgabe wurde ein umfangreiches Material zu Rate gezogen. Auch Carl Neumann hatte in seinem Standardwerk »Rembrandt« der Darstellung jüdischen Lebens ausführlich Raum gewidmet. Aus vielen der von ihm ausgewerteten Quellen schöpfte auch seine Schülerin. In mancher Auffassung stimmte sie mit ihrem Lehrer überein – und gelangte letztlich doch zu einem anderen Ergebnis. Schon methodisch unterschieden sich beide Arbeiten. Neumann beschrieb erst in seinem neunten und vorletzten Kapitel »das religiöse Leben in Holland«[10], darunter auch das der jüdischen Gemeinde. Netty Reiling eröffnete ihre Dissertation damit. Jetzt bewährte sich, was die vom akademischen Betrieb nicht anerkannten Lehrer Franz Theodor Klingelschmitt und Karl With ihr an Grabplatten und Skulpturen gezeigt und verständlich gemacht hatten: Sie sah ihre Aufgabe darin, die Beziehungen zwischen Wirklichkeit und einzelnem Werk aufs genaueste zu untersuchen, wollte Veränderungen aufspüren, ihnen nachgehen, Ursachen aufdecken. Um die »jüdische Gesellschaft um Rembrandt« historisch konkret nachbilden zu können, suchte sie nach authentischen zeitgenössischen Urkunden und Dokumenten, beachtete sie z. B. einen Nachweis über den ersten jüdischen »Gottesdienst in Amsterdam 1596« und ein Eheaufgebot, »das erste Dokument über portugiesische Juden im Stadtarchiv 1598«, bevorzugte sie Darstellungen niederländischer Autoren: »Nicht die tendenziösen Schriften der ausländischen Gelehrten (Schudt usw.), sondern die Schilderungen der Amsterdamer selbst sind maßgebend, die auch das bildlich Abweichende schildern«, hieß es in einer Fußnote.[11] Werke von Kunsthistorikern hatte Netty Reiling in ihrem Verzeichnis benutzter Literatur nicht angegeben. Darstellungen zur Geschichte der Juden in den Niederlanden, speziell in Amsterdam, dafür umso mehr: eine »Beschreibung der Stadt Amsterdam und derselben Begäbnüsse« von 1664 beispielsweise. Auch eine Abhandlung zur »Geschichte der Juden in Spanien und Portugal« und eine Studie über das »Judentum in der deutschen Vergangenheit« (59 f.) finden sich. Es ist offensichtlich: Nicht nur für Rembrandt interessierte sich die Doktorandin. Sie beschäftigte sich gleichermaßen mit der Geschichte der Juden. Vielleicht intensiver, als für ihr Thema erforderlich. Wollte klären, was unter dem »spezifisch Jüdischen« (16) zu verstehen sei. Vielleicht sich selbst klar werden über die eigene religiöse Haltung. Viele ihrer Angaben weisen aus, dass sie die verzeichneten Bücher gründlich gelesen hatte, denn sie wurden mit kurzen Charakteristiken und Werturteilen versehen. Sigmund Seeligmann z. B. wurde als einer der »vorzüglichen Kenner[...] Amsterdamer Judengeschichte«[12] vorgestellt.

---

10 Carl Neumann: Rembrandt, a. a. O., S. 626 ff.
11 Original, S. 7. (Diese Fußnote fehlt leider in der Reclam-Ausgabe.)
12 Ebenda, S. 56.

Die Bemerkungen im Anhang der Arbeit, die in die Druckfassung des Reclam Verlages ebenso wie eine Reihe von Fußnoten leider nicht aufgenommen wurden, verraten, dass die Dissertation eine weitere Ebene der Polemik enthält: Gleich mit dem ersten Kapitel wehrte sich Netty Reiling gegen Antisemitismus. Zu Johann Jacob Schudts Buch »Jüdische Merckwürdigkeiten«, 1714 in Frankfurt und Leipzig erschienen, schrieb sie: »Schudts Standpunkt ist einesteils der des streng protestantischen Gelehrten (Sohn eines Pfarrers!), der, nicht im geringsten infiziert von den philosemitischen Strömungen seiner Zeit, die Amsterdamer Juden von den deutschen Zuständen aus beurteilt und gegen die ›allzu große Judenfreiheit‹ polemisiert, anderesteils der des Orientalisten, der eine Menge völkischer Einzelheiten aufzuspüren sucht. Für Schudt ist charakteristisch, dass er trotz der antijüdischen Tendenz seiner Schrift seine orientalischen Studien in Hamburg bei den Juden Erszardi machte und eine Ausgabe eines Frankfurter Rabbiners mit Vorwort versah (wogegen er sich in den ›Merckwürdigkeiten‹ weitschweifig auslässt).«[13] Nicht nur im Anhang zeigt sich diese kritische Haltung. Auch im Text der Dissertation kommt sie zum Ausdruck. Netty Reiling erwähnte dort die Judenfeindlichkeit im Mittelalter, beschrieb, wie damals im Bild des Juden, den man einzig als »Widersacher Christi« (27) verstand, »das Abstoßende und Fremdartige, gleichsam als äußeres Merkmal der inneren Unzulänglichkeit, mit aller Feindseligkeit« (53 f.) geschildert wurde. Dass es auch anders ging, zeigten ihr die Niederlande. »Für den jungen Rembrandt scheint das Jüdische diesen alten Sinn eingebüßt zu haben« (54). Und in einer Fußnote wies sie darauf hin, dass es sogar eine Solidaritätsbewegung gegeben hätte, indem Christen aus Protest gegen die Maßnahmen der Inquisition zum Judentum konvertierten: »Das ganze Gebiet behandelt am eingehendsten Kayserling: ›Geschichte der Juden in Spanien und Portugal‹, aus der sich u. a. ergibt, wie – ein Zeichen für den Umschwung der Stimmung – die starke Neigung, ja der Übertritt von Nichtjuden zum Judentum nicht erst für das calvinistische Holland charakteristisch ist, sondern bereits als eine Art Reaktion gegen die Inquisition in Spanien eingesetzt hat.«[14] Sie machte jedoch darauf aufmerksam, dass diese Tatsachen »natürlich nur für unseren Fall, für Amsterdam« gelten, »in den meisten übrigen Ländern dauert in religiöser und sozialer Hinsicht der mittelalterliche Zustand bis in die für uns in Betracht kommende Zeit hinein fort, mit allen künstlerischen und kulturellen Folgerungen« (27 f.).

Antisemitismus hatte die Schülerin in Mainz nicht merklich erlebt; viele ihrer Klassenkameradinnen waren wie sie jüdischen Glaubens; die Schule als Institution ermöglichte durch Freistellung vom Unterricht das Einhalten jüdischer Feiertage. Desto nachhaltiger werden judenfeindliche Umtriebe in Heidelberg die Studentin aufgeschreckt haben. Die Ermordung Rathenaus 1922 erschütterte sie tief.

13 Ebenda, S. 55.
14 Ebenda, S. 9.

Die Beschreibung der Protestdemonstration Kölner Arbeiter, an die sie sich noch zwanzig Jahre später erinnerte, verriet ihre Erregung damals. Die furchtbaren Triumphlieder, die Heidelberger Studenten über Rathenau grölten und von denen Zuckmayer erzählte, müssen auch ihr Ohr erreicht, sie empfänglich gemacht haben für alternative Vorstellungen über die Zukunft der Juden.[15] Christa Wolf erwähnt in ihrem »Vorwort« zur Dissertation, in Heidelberg habe die Studentin »die Gedankenwelt des Zionismus kennen« (8) gelernt. Sicherlich nicht allein in Heidelberg. Auch in Mainz und Frankfurt wird die rasche Ausbreitung der zionistischen Weltbewegung für Gesprächsstoff gesorgt haben. Auch Eltern und Verwandte fühlten sich betroffen von dem heraufziehenden Unheil, werden nach Wegen gesucht haben, ihm zu wehren. Isidor Lutz Reiling beteiligte sich 1925 an der Gründung des »Vereins zur Pflege jüdischer Altertümer«, der eine Gesamtdarstellung der »Geschichte der Juden in Mainz« vorbereiten sollte.[16] Und nicht zufällig befindet sich Martin Bubers Buch »Der Heilige Weg. Ein Wort an die Juden und an die Völker« in der Bibliothek der Anna Seghers: Seine programmatischen Reden über Werk und Weg der Juden heute zur »Verwirklichung des Göttlichen in der Menschheit«[17] werden im Kreis der Familie debattiert worden sein. Aus dem Tagebuch geht hervor, dass Netty Reiling 1924 – das Studium war beendet, sie wohnte wieder bei den Eltern – zusammen mit einer Verwandten oder Freundin in Mainz oder Frankfurt eine »Zionistentagung« besuchte. Vom Inhalt der dort vorgetragenen Gedanken notierte sie nichts, nur den Eindruck hielt sie fest, den die Versammlung auf sie ausübte: »Betäubende Menge fader Gesichter Von weither kommt – mich mit Eifersucht erfüllend u Schmerz – in meiner ebenfalls faden Geborgenheit – die hebräische Rede des Vertreters v. palestinenzisch. Arbeiter.«[18]

Unzufriedenheit mit der eigenen Lage sprach aus diesen Worten. Warum aber Eifersucht und Schmerz? Bedrückten sie angesichts eigener Ratlosigkeit Sicherheit und Siegesgewissheit der zionistischen Hoffnungsträger? Netty Reiling war empfindsam geworden für Töne und Ereignisse ihrer Umwelt. Registrierte aufmerksam, was geschah. Wach geworden war das Gefühl für Gefährdungen, die sich durch die Jahrhunderte zogen, unüberwindbar, unberechenbar. Kein Wohlstand bot Schutz gegen sie. Auch zionistische Alternativen schienen sie nicht überzeugen zu können. Ihre Sensibilisierung gegen den wachsenden Antisemitismus in Deutschland mag die Wahl ihres Dissertationsthemas erklären. Das Studium der Geschichte der Juden wird das Bewusstsein geschärft haben für die wachsenden politischen Spannungen der Zeit. Sie wollte nicht hinnehmen, was geschah. Wollte sich wehren. Suchte nach einem Ausweg. Was aber tun? Als Schriftstellerin

---

15 Vgl. dazu die Kapitel »Zu sich selbst finden« und »Erste Entscheidungen« in diesem Buch.
16 Vgl. dazu das Kapitel »Auf den Spuren der Mütter und Väter« in diesem Buch.
17 Martin Buber: Der Heilige Weg. Ein Wort an die Juden und an die Völker, Frankfurt am Main 1920, S. 11.
18 Anna Seghers: Und ich brauch doch so schrecklich Freude. Tagebuch 1924/1925. Die Legende von der Reue des Bischofs Jehan d'Aigremont von St. Anne in Rouen, Berlin 2003, S. 16.

nutzte Anna Seghers später immer wieder historische Stoffe, um sich selbst zu klären und zugleich ihren Kritikern den Spiegel vorzuhalten. Probierte das schon die Studentin? Schon 1924? Entwarf sie mit ihrem Rembrandt-Bild ein Gegen-Bild?

Sephardim zur Zeit Rembrandts in Amsterdam

Überraschend die Welt der Juden in Amsterdam, wie Netty Reiling sie zeichnete. Zuerst beschrieb sie das »Haus in der Breetstrat, in welchem Rembrandt siebzehn Jahre gelebt hat«[19]. Sie schilderte das Judenviertel, »eine Insel für sich in der Weltstadt Amsterdam« (18) und doch kein Ghetto, ging sogar ein auf die Lebensweise von Rembrandts Nachbarn, auf »die Menschen, die er vor seinen Fenstern sehen konnte« (19): »Denn indem man diese Umgebung festhält, zeichnet man gleichzeitig einen Teil« von Rembrandts Leben, »zu dem auch die Ereignisse gehören, die sich in seiner unmittelbaren Umgebung abspielten« (18 f.). (Acht Jahre später sollte sie Arbeiterschriftstellern erklären, dass man »einem Stück Wirklichkeit einen Steckbrief ausstellen« müsse, um das Innere eines Menschen darstellen zu können: Sie hatte verinnerlicht, was ihr bei Rembrandt aufgefallen war.[20]) Aus dürren Fakten zauberte sie Porträts zweier Freunde, des Rabbi Samuel Manasse ben Israel und des Arztes Ephraim Bueno (Bonus), die beide bei Rembrandt Gemälde in Auftrag gegeben hatten. Ein anschauliches, aber kontrastreiches Bild entstand. Die hier schrieb und urteilte, kannte jüdisches Leben genau, war zutiefst berührt, gerührt davon. Sie sprach über Details, die bis in ihre Gegenwart hinein lebendig geblieben waren, sie selbst zutiefst geprägt hatten. Bislang wurde in der Seghers-Forschung vornehmlich danach gefragt, ob sich in der Dissertation die Verwandlung der Netty Reiling in die Schriftstellerin Anna Seghers ankündigt (5). Ihre Arbeit enthält noch eine andere Schicht: Sie erzählt auch davon, wie Netty Reiling ihr Judentum verstand.

Am ausführlichsten ging sie ein auf die Geschichte der Sephardim und der Maranen, der unmittelbaren Nachbarn Rembrandts. Seit dem frühesten Mittelalter hatten sie auf der Pyrenäenhalbinsel gelebt, sich im Laufe der Jahrhunderte mit der einheimischen Bevölkerung vermischt, »zum Teil ihre eigene Kultur so völlig abgestreift, dass sie, mit dem vornehmsten Adel verschwägert, die höchsten Stellen am Hofe und in der Geistlichkeit einnehmen konnten« (20). Diese »Edelleute, Geistlichen, Gelehrten und vornehmen Kaufleute« waren »halbe Spanier«, wären es »in kurzer Zeit vielleicht völlig geworden«[21]. Doch die spanische Inquisition be-

---

19 Nach neuesten Forschungen lebte Rembrandt in der Breetstraat, der Jodenbreetstraat, von 1632 bis 1636 und von 1639 bis 1658. Vgl. dazu Christian Tümpel: Rembrandt, Reinbek bei Hamburg 2002, S. 68.
20 Anna Seghers: Kleiner Bericht aus meiner Werkstatt, in: KuW II, Berlin 1971, S. 13. (Der erste Abdruck erfolgte in der Zeitschrift »Die Linkskurve«, Berlin 4(1932)9, S. 10 ff.)
21 Original, S. 9. Im Gegensatz zur Reclam-Ausgabe zitiere ich das dort verwendete Wort »völlig« (statt »völlige«).

reitete dieser Entwicklung ein Ende. Sie wurden vertrieben. Fanden Zuflucht in den Niederlanden, besonders in Amsterdam, nachdem sich 1579 die nördlichen Provinzen vom Joch der spanischen Monarchie befreit hatten. Das Exil gab der Geschichte dieser Flüchtlinge eine besondere Wende. Holland, so Netty Reiling, war »das gegebene Asyl«. Denn »calvinistische Kultur mit alttestamentarischen Neigungen« (19) und die Geschäftsinteressen der Kaufleute schufen ein günstiges Klima für den Aufbau einer neuen Lebenswelt, sodass die Ankömmlinge schnell Fuß fassen, ihren »natürlichen Neigungen zu Erwerb und Prachtentfaltung« (20) weiterhin nachgehen konnten. Auch die Amsterdamer Kaufleute, die »nicht eigentlich Toleranz« praktizierten, sondern sich selbst »von dem Zuzug der vermögenden, verbindungsreichen Emigranten allerlei« (19) Vorteile versprachen, kamen auf ihre Kosten. Bald glich »das jüdisch-sephardische Milieu Amsterdams im Grunde einem sehr wohlhabenden holländischen« (22). Unterschiede zwischen Juden und Nicht-Juden spielten hier keine Rolle. Der Sephardim erschien den Zeitgenossen »als nichts weiter denn als vornehmer Bürger« (29), repräsentierte das bürgerliche Leben Amsterdams. Wenn Rembrandt, inzwischen nicht nur Maler, Inhaber einer Werkstatt und Lehrer, sondern auch Unternehmer, Geschäftsmann, Kunsthändler und Sammler, um 1632 in die Breetstraat übersiedelte, 1639 ein eigenes Haus dort erwarb, »bekundete er mit dieser Wahl keine eigentümliche Neigung, wie es oft in der Literatur dargestellt wurde, sondern zog in eine Umgebung von reichen, vornehmen Kaufleuten« (23), wo er Freunde gewinnen, geschäftliche Verbindungen herstellen, Aufträge als Maler erhalten konnte. Das Judenviertel, »gerade das Gegenteil eines Ghettos« (22), war Mittelpunkt eines allseits florierenden bürgerlichen Lebens, das von wirtschaftlichem »Aufschwung, Beziehungsreichtum und Bildungsregsamkeit« (24) in ganz Holland charakterisiert war und weit in die Welt hinaus wirkte: »Auf diesem kleinen Ort liefen mehr Fäden zusammen als sonst in einem ganzen Lande, auch das öffentliche Leben der Straße zeigt die Geschäftigkeit der fortwährenden Besuche und Empfänge der ausländischen Gäste.« (22) Die Studentin widerlegte 1924 die verbreitete Legende vom alttestamentarisch-bunten orientalischen Treiben in der Breetstraat. Sie kannte sich aus: Was die Kaiserstraße zu Beginn des 20. Jahrhunderts in Mainz, das war im republikanischen Amsterdam die Breite Straße. Ihre Auffassung hat sich heute in der Rembrandt-Forschung durchgesetzt.[22]

Und doch pulsierte in diesem Judenviertel, verborgen, »eine zweite, unter der Oberfläche liegende Welt« (20). In der Geschichte des 16./17. Jahrhunderts trat der Doktorandin ein Vorgang entgegen, wie er sich im 20. Jahrhundert wiederholen und jüdisches Leben für lange Zeit prägen sollte. Die spanische Inquisition hatte den Juden nicht nur Besitz und Heimat geraubt. Auch alle Versuche zur Integration und oder gar Assimilation waren zunichte gemacht worden. Doch die Diaspo-

---

22 Vgl. dazu Christian Tümpel: Rembrandt, a. a. O., S. 68 ff.

ra – so Netty Reiling voller Vertrauen in die ungebrochene Bindungskraft jüdischen Glaubens – konnte religiöse Eigentümlichkeiten zwar verwischen, nicht aber auslöschen. Innerhalb einer fremden Welt war »eine Art eigener innerer Geschichte mit eigener Gesetzmäßigkeit« (21) bewahrt worden. Die Enteigneten und Vertriebenen erinnerten sich an ihr »jüdisches Erbteil«, fanden »zu ihrem Volkstum, zu ihrer Quelle«, zum Glauben ihrer Väter zurück. Das Exil erneuerte jüdische Religiosität. Die neugebildete jüdische Gemeinde bekam dadurch einen widersprüchlichen Charakter. Das »Neue Jerusalem«, wie man Amsterdam nannte, wurde einerseits zur »Stätte einer völlig neuzeitlichen Lebensentfaltung und Erwerbslust«, zum Ort reicher Bürgerlichkeit, andererseits zum »Schauplatz altertümlich religiösen Lebens«, wiedererweckten Judentums. »Eine Fülle widersprechender Ereignisse und Schicksale kreuzen sich in den einzelnen Menschen.« In ein und derselben weit verzweigten Familie fanden sich Bankiers, Kaufleute, »in Handelsgeschäfte verstrickte [...] Unternehmer«, Gelehrte, Rabbis und »in ihre Zimmer verschlossene [...] kabbalistische [...] Träumer« (20). Kein Wunder: Versuche, den jüdischen Messianismus wieder zu beleben, fanden auch hier begeisterte Anhänger. Bei dieser Beschreibung zeigte sich Netty Reilings geistige Nähe zu Ladislaus Radványi. Von Anfang an wird sie in die Probleme seiner Dissertation eingeweiht, am Fortgang seiner Arbeit beteiligt gewesen sein. Er hatte messianische Ideologie als eine der Quellen des Chiliasmus bezeichnet. Indem Netty Reiling auf Sabbatai Zewi einging, der sich 1648 als der erwartete Messias ausgab und in Jerusalem sein Reich Gottes errichten wollte, fügte sie den von Radványi angeführten historischen Beispielen christlich-revolutionärer Protestbewegungen ein spätes Ereignis aus der jüdischen Geschichte hinzu. Die Opfer der spanischen Inquisition begannen aufzuatmen, als Sabbatai Zewi erschien. Nicht allein die europäischen Juden, auch Christen folgten hingerissen seinen Predigten, beobachteten voller Erwartung seine Unternehmungen. Die »Spannung der Zeit« musste »Augen und Herzen, die so etwas verstanden, miterregen«. Doch die »neugebildeten jüdischen Ideen« fanden in der gescheiterten sabbataianischen Erhebung, die sie »ins Phantastische steigern und dadurch aufheben« (21) sollte, Kulmination und Ende. Wieder einmal zeigte sich, was schon Radványi festgestellt hatte: »Überempirisches« konnte nicht in Realität überführt werden.

Messianische Erregung erlebte auch Rembrandt in seiner Nachbarschaft. Für das vom messianischen Geist erfüllte Buch »Piedra gloriosa« des Samuel Manasse ben Israel fertigte der Maler Illustrationen, in denen er den messianischen Deutungen alttestamentarischer Geschichten seines Freundes folgte. In Dokumenten fand Netty Reiling die Beschreibung einer Familie, die in unmittelbarer Nähe Rembrandts wohnte. Von ihr hieß es, sie hatte »Beziehungen zu allen Erdteilen«, einige gründeten die Gemeinde Rotterdams, andere zogen »bei der Erhebung des Sabbatai nach Smyrna«, wieder andere vermachten der Kirche und christlichen Spitälern beträchtliche Geldsummen: Das – so merkte die Doktorandin extra an –

galt als »Zeugnis für die jüdisch-christlichen Wechselbeziehungen einer Zeit, in der reiche Christen Geld für den Bau einer Synagoge vorstreckten« (22). In den Häusern seiner jüdischen Freunde und Auftraggeber sah Rembrandt zudem viele Einzelheiten »des jüdischen Heimes und Familienlebens«[23], die auf seinen Bildern wiederkehrten, im Allgemeinen jedoch nicht öffentlich waren, da sie sich im kleinen Kreis der Familie und der engsten Freunde abspielten: Er lernte »die Feiertage« kennen, den »Empfang der Gäste«, den »Segen der Kinder« (24), durfte »die Sabbatlampen in den Häusern, die gestickten Thorarollen und die köstlichen Feiertagskleider« (37) bestaunen. Netty Reiling kannte all das, bewahrte den Glanz der auch von ihr erlebten Feiertage bis an ihr Lebensende.

Gerade deshalb muss ihre zusammenfassende Schlusseinschätzung dieser geschilderten Gemeinde reicher Amsterdamer Juden verblüffen: Denn – so betonte sie – hier lernte Rembrandt »keine durchaus jüdischen Menschen nach Blut und Erziehung« (26) kennen. Was der Maler bei ihnen bewunderte, sei nicht ununterbrochen von Generation zu Generation, nicht unmittelbar vom Vater auf den Sohn weitergegeben worden. Nur durch »Versenkung in etwas Vergangenes, Historisches« (26), nur durch schriftlich überlieferte Zeugnisse sei es den Sephardim und Maranen möglich geworden, jüdische Religiosität erneut auszubilden. In der Not der Zeit, während Verfolgung und Flucht vermochte sie Trost zu spenden, Halt zu geben. Im Asylland konnte sie geistige Grundlage werden für den Aufbau einer neuen Existenz. Als »lebendige[s] Judentum« (57) jedoch wollte Netty Reiling dieses Produkt der Erinnerungsarbeit der Emigranten nicht gelten lassen. Ein »romantisches Judentum« (26) nannte sie diese Erscheinung: »Gewiss konnte Rembrandt aus seiner sephardischen Umgebung an künstlerischen Eindrücken und Anschauungen manches schöpfen, Einzelheiten zum Beispiel des Kultus und der Kleidung, aber niemals war dort für ihn die Möglichkeit, den jüdischen Menschen in seiner Ausprägung des Jüdisch-Völkischen als abgesondertes Modell zu finden.«[24]

Auf der Suche nach dem spezifisch Jüdischen

Dieses »romantische Judentum« verglich die Doktorandin mit einer anderen Art jüdischer Religiosität, die sie ebenfalls in Amsterdam entdeckte. Die jüdische Gesellschaft um Rembrandt war keineswegs »etwas Gleichmäßiges und Einheitliches« (34), schrieb sie, die Rembrandt-Forschung jedoch habe dieser Situation bislang gar nicht oder nur unzulänglich Rechnung getragen. Ungefähr seit 1640 kamen andere Gruppen jüdischer Exilanten in die Niederlande. Pogrome trieben sie »scharenweise« nach Amsterdam: Juden aus Russland, Polen, Deutschland. »Zerlumpt und geduckt, gehörten sie zu den Besitzlosen, den Geldwechslern,

---

23 Original, S. 16.
24 Original, S. 19.

Hausierern und Trödlern, welche in ihrer Weise das Straßenbild beleben halfen.« (24 f.) Nicht weit entfernt von der Breetstraat, in einem »von Kanälen umschlossene[n] Rechteck«, der »Flöheburg«, fanden sie Zuflucht. Ihre Wohnstätte jedoch, anders als die der Sephardim und Maranen, erhielt »einen ghettoartigen Charakter«, »weniger wegen ihrer Abgeschlossenheit als wegen der Armseligkeit und Zusammengepferchtheit ihrer Bewohner« (25). Nur »spärliche Quellen« berichteten von Geschichte und Existenz dieser »aschkenasischen Juden«[25]. Die Bildung einer öffentlichen Meinung über jüdisches Leben in Amsterdam vermochten sie zu ihrer Zeit kaum zu beeinflussen: »Was im 17. Jahrhundert unter dem Thema Amsterdamer Juden erörtert wird, betrifft fast ausschließlich die Sephardim«, meinte Netty Reiling in einer Fußnote.[26] Dennoch – sie muss intensiv danach gesucht haben – konnte sie einige der wenigen historischen Zeugnisse aufstöbern. Denn auch das, was sie in ihrer Dissertation kurz und knapp beschrieb, kannte sie, hatte sich zweihundertundfünfzig Jahre später wiederholt. Um die Wende zum zwanzigsten Jahrhundert zwangen erneute Drangsale in Russland und Polen wiederum Scharen jüdischer Menschen, ihre Heimat zu verlassen. Diesmal kamen sie nach Deutschland. Auch nach Mainz. Netty Reiling sah in ihnen späte Leidensgefährten Amsterdamer Asylanten des 17. Jahrhunderts. Wusste um die Zurückweisung, die sie von den beiden alteingesessenen wohlhabenden jüdischen Gemeinden in Mainz erfuhren. Hatte den Erzählungen ihrer Mutter gelauscht, die ostjüdischen Flüchtlingskindern Unterricht erteilte.[27] So schaute sie auch bei der Betrachtung vergangener Jahrhunderte genau hin. Legte den Finger auf eine bis in ihre Zeit weiter schwärende Wunde, wenn sie schrieb: »Von den Sephardim werden sie als Proletarier verachtet und verachten ihrerseits wieder die Sephardim als in ihrem Sinn ungebildete Halbjuden.« (25)

Auch Carl Neumann, wie Netty Reiling jüdischer Herkunft, aber 1887 zum Protestantismus konvertiert, gehörte zu den wenigen, die auf die unterschiedlichen Gruppierungen innerhalb der jüdischen Gemeinde eingingen. Auch er sprach vom »ostjüdische[n] Proletariat«[28]. Aber ihn interessierte nur das Unversöhnliche der gegensätzlichen Haltungen: »Eben der Verfolgung und einer furchtbaren Märtyrerära entronnen, dachte man so wenig wie die Reformationskirchen, als sie ihre Unabhängigkeit gewonnen hatten, daran, aus den schrecklichen Erfahrungen die Lehre der Toleranz zu ziehen; dies war nun einmal nicht der Geist des Jahrhunderts.«

Netty Reiling dagegen betonte den sozialen Unterschied, auf den sie mit dem Gebrauch des Begriffs »Proletariat« hinwies. Die »Sephardim, aus den oberen Schichten eines Volkes kommend«, nahmen »auch in der neuen Heimat ihren Platz

---

25 Ebenda, S. 17.
26 Ebenda, S. 21.
27 Vgl. dazu das Kapitel »Sie liebte die Verse...« in diesem Buch.
28 Carl Neumann: Rembrandt, a. a. O., S. 682. Auch das folgende Zitat befindet sich dort auf S. 654.

in den entsprechenden Schichten« ein, lebten weiterhin im gewohnten Wohlstand. Die Aschkenasim dagegen blieben auch in Amsterdam die »gänzlich verarmten, gehetzten Ghettojuden« (25), die sie seit dem Mittelalter waren. Doch die Doktorandin begnügte sich nicht damit, allein auf die soziale Lage aufmerksam zu machen. Sie wusste, dass nicht nur der Glanz der einen und die Armseligkeit der anderen die jüdische Gemeinde auseinanderriss. Die Ursachen für den Bruderzwist lagen tiefer. Wurzelten im Religiösen. Was sich im 17. Jahrhundert in Amsterdam abspielte, erlebte Netty Reiling erneut in Mainz. Sie quälte, was Carl Neumann als Geist der Zeit nicht weiter beunruhigte. Sollte es immer so bleiben? Die »Lehre der Toleranz« niemals angenommen werden? Die »sonderbare Frage«[29], die sie mit ihrer Abschlussarbeit zu klären suchte, umkreiste immer wieder das Problem jüdischer Religiosität, über das sie sich später öffentlich nicht äußern wollte. Das Religiöse wog schwerer als das Soziale. Überwog. Die gedemütigten Aschkenasim verachteten die Sephardim, deren Haltung doch der ihrer Eltern, ihrer eigenen gar zu gleichen schien, nicht wegen ihres Reichtums. Sie kritisierten eine ungenügende Gläubigkeit, sahen in ihnen nur »ungebildete Halbjuden«. Aber die beiden »verschieden geformte[n] Volksgruppen« (25) vertraten im Exil nur, was schon in der alten Heimat ausgebildet worden war: Die Sephardim Amsterdams hatten »bereits in Spanien ihre kulturelle und völkische Absonderung aufgegeben« (15), »ihre eigene Kultur [...] völlig abgestreift« (20), fühlten sich nicht mehr in der Diaspora lebend. Die späteren Neuankömmlinge jedoch konnten in der »abgeschlossenen und damit glutofenhaften Atmosphäre der östlichen Ghettos« (23) das spezifisch Jüdische erhalten. Es weiter tragen ins Exil. Nicht allein »äußere Umstände« zwangen sie dort »zur Isolierung«. Aus eigenem »inneren Willen« (15) fanden sie sich in der »Flöheburg« erneut zusammen: Auch in den Niederlanden wollten sie »in ihrem Leben und Auftreten die Ghettojuden des Mittelalters bleiben«, das »eigentlich Volkstümliche, Unvermischte« bewahren (28). Im Gegensatz zum neubegründeten »romantischen Judentum« der Sephardim meinte Netty Reiling bei den »gehetzten Ghettojuden« Osteuropas den eigentlich jüdischen Menschen in seinem Urväterglauben wiedergefunden zu haben.

Die hier vertretene Auffassung muss inspiriert worden sein von Reden und Erzählungen Martin Bubers, des Wiederentdeckers der ostjüdischen Chassidim, vor allem ihres großen Rabbi Baal-Schem-Tow, der von 1700 bis 1760 gelebt hatte. Die von 1909 bis 1918 vorgetragenen sieben programmatischen Reden kamen 1920 in einer Schriftenreihe erneut an die Öffentlichkeit. Die Büchlein, sicherlich schon im Besitz der Eltern, bewahrte Anna Seghers treulich auf. Denn auch sie und Ladislaus Radványi verehrten diesen Religionswissenschaftler und Schriftsteller, der die Juden der Welt immer wieder ermahnte, »dem tausendfältigen, zerklüfteten, widerstreitenden Getriebe der Menschheit gegenüber« zur »Einheit« zurück-

---

29 Vgl. Anm. 1.

zufinden³⁰. Seine religionswissenschaftliche Tätigkeit verband er mit der Sammlung und Nacherzählung chassidischer Legenden, um auch über diese Zeugnisse literarischer Erinnerung dazu aufzurufen, jüdische Religiosität nach dem Beispiel der Chassidim des 18. Jahrhunderts zu regenerieren. Möglich sogar, dass Radványi und Reiling mit Bubers Sohn Raphael zusammentrafen, der ebenfalls in Heidelberg studierte und dem kommunistischen Jugendverband angehörte.³¹ 1922 widmete Netty Reiling dem Freund das Buch Bubers »Die Legende des Baalschem«; und das in ihrer Bibliothek ebenfalls zu findende Werk »Der große Maggid und seine Nachfolge« enthält neben Notizen Radványis den in ihrer Handschrift geschriebenen Vers: »Und aus seinen Finsternissen / tritt der Herr soweit er kann / und die Fäden, die zerrissen, / knüpft er alle wieder an.« Führte dieses Buch Martin Bubers, 1922 erschienen, wieder zusammen, was im Frühling des Vorjahres durch die plötzliche Reise oder Flucht Radványis nach Wien getrennt worden war? Zumindest die Gläubigkeit Netty Reilings damals wird sichtbar. Fünfzig Jahre später, in krisenhafter Situation der DDR, erfand Anna Seghers selbst eine chassidische Legende, wollte sie warnen vor der Bedrohung ihrer sozialistischen Lebenshoffnungen. Eingelagert in die Novelle »Die Reisebegegnung« von 1972, trägt die chassidische Legende vom Großen und vom Kleinen Licht – verdeckt, aber unüberhörbar – die entscheidende Botschaft des gesamten Textes³² – Zeugnis dafür, wie tief und nachhaltig der Einfluss Martin Bubers auf sie war.

Erste Grund-Sätze eines eigenen Kunst-Programms

Auf dieser geistigen Grundlage wandte sich Netty Reiling in Kapitel zwei und drei der Beschreibung, dem Vergleich und der Wertung einzelner Bilder Rembrandts zu. Vor allem Porträts, aber auch Zeichnungen, Radierungen und Historienbilder, die Stoffe und Themen des Alten und des Neuen Testamentes behandelten, hatte sich die Doktorandin ausgewählt. Schon die Reproduktion von Rembrandts Lebenswirklichkeit war differenzierter ausgefallen als bis dahin üblich. Das beeinflusste die Analyse einzelner Werke: Veränderungen wurden aufgefunden, die sich aus veränderten Lebenserfahrungen des Künstlers ergaben, bislang jedoch nicht beachtet worden waren. Carl Neumann hatte in seinem Rembrandt-Buch die Existenz der Aschkenasim zwar erwähnt, jedoch nur das Dasein der aus Spanien und Portugal vertriebenen wohlhabenden Juden ausführlicher beschrieben, sich nicht die Frage gestellt, ob auch die aus Osteuropa Geflüchteten das Werk Rembrandts

---

30 Martin Buber: Der Heilige Weg, a. a. O., S. 10.
31 Vgl. dazu das Kapitel »Abenteuer menschlicher Begegnungen« in diesem Buch.
32 Anna Seghers schrieb die Autorschaft der Legende Franz Kafka zu, ich gehe aber davon aus, dass die Schriftstellerin auf der Grundlage ähnlicher Vorlagen diesen Text selbst erfand und erzählt. Vgl. dazu Anna Seghers: Erzählungen 1963–1977, in: Anna Seghers: Gesammelte Werke in Einzelausgaben, Bd. XII, Berlin und Weimar 1977, S. 514 f.

beeinflussen konnten. Was der Lehrer noch nicht vermochte, holte die Schülerin nach: Sie entdeckte die Wirkung der »ostjüdischen Proletarier« auf den Maler. Und was sie bei Rembrandt an künstlerischer Leistung hervorhob, sollte zugleich bedeutsam werden für die eigene künstlerische Tätigkeit. Denn sie betrachtete das Werk eines Malers bereits mit den Augen einer Schriftstellerin. Die Mühen der Abschlussarbeit wurden begleitet von den Mühen der Erzählung »Die Toten auf der Insel Djal«, die Weihnachten 1924 als erster Text ihres literarischen Werkes veröffentlicht wurde. Abschied und Neubeginn konnten zusammen gefeiert werden.[33]

Netty Reiling unterschied drei Stufen künstlerischen Schaffens bei Rembrandt. Bei der Betrachtung von Grabdenkmälern hatte sie beobachtet, dass eine neue historische Epoche künstlerischer Aktivität mit dem Abbruch des Vorangegangenen begann. Bei Rembrandt dagegen verstand sie, dass auch Kontinuität zu neuem Kunstschaffen führen konnte. Hier zeigte sich das Neue oder andere in der Entwicklung der individuellen Künstlerpersönlichkeit als Aufgehobenwerden dessen, was zuvor geleistet wurde: Neue Erfahrungen, veränderte künstlerische Intentionen formten zwar um, was dem Maler einmal wichtig erschienen war. Aber die einzelnen Phasen veränderter Malweise konnten nebeneinander bestehen. Die Vorliebe des jungen Rembrandt in seiner Geburtsstadt Leyden für »Pracht und Würde« (30) beispielsweise, für »das an Formen und Farben Überraschende, das Verlockende des Andersseins«, mochte das Abstechende auch »durch Glanz und Farbigkeit oder durch Elend und Lumpen« (33) hervorgerufen werden, blieb bis ins hohe Alter des Künstlers erhalten. Sie veranlasste ihn sogar, sich ständig auf die Suche danach zu begeben, führte ihn in unbekannte Lebensbereiche und damit zu neuen Ausdrucksmöglichkeiten.

Auf der ersten Stufe seines Schaffens überwog bei Rembrandt die geistige Übereinstimmung mit seinen Freunden in seiner Heimatstadt: Die eigene Neigung zur Darstellung jüdischer Stoffe und Themen habe im Trend der Zeit gelegen, zum »alttestamentarisch gefärbten calvinistischen Geist« (16) seiner Umgebung gepasst. Der junge Maler schwamm im Strom allgemeiner Auffassungen. Nicht aus eigener Anschauung habe er sich ein Bild vom Juden erarbeiten können. »Zur Zeit Rembrandts gab es in Leyden keine Juden«[34], betonte Netty Reiling extra in einer Anmerkung. (Dass der Maler 1624 mindestens ein halbes Jahr als Schüler bei Pieter Lastmann in Amsterdam weilte, beachtete sie nicht.[35]) Er malte den Juden so, wie er und seine Zeitgenossen ihn sich vorstellten, und diese Sicht war geprägt durch die Lektüre des Alten Testamentes, das für Calvinisten »das bevorzugte Buch war und das Volk Israel als ein Volk von Gotteskämpfern« zeichnete, was

---

33 Die Erzählung erschien als »Sage aus dem Holländischen. Nacherzählt von Antje Seghers« am 25.12.1924 in der »Sondernummer Weihnachten« in der Frankfurter Zeitung und Handelsblatt, Frankfurt. Wiederabdruck in: Anna Seghers: KuW IV, Berlin 1979, S. 205 ff.
34 Original, S. 24.
35 Vgl. dazu die Darstellung von Christian Tümpel: Rembrandt, a. a. O., S. 16 ff.

dem calvinistischen »Ideal von religiöser Kraft und Aktivität entsprach« (16 f.). Das »phantastische, äußere Moment des Kultus, der Lebensgestaltung« (28) zog Rembrandt an. Im Bild eines Rabbiners oder des vom Aussatz befallenen Königs Usia nutzte er die Möglichkeit, »die Pracht und Würde des Priesters an seinen Kleinodien und seinem Turban auszumalen und durch eine bizarre und auffallende Gesichtsbildung zu überraschen« (30). Seine Darstellung erschöpfte sich »in einer äußeren Typisierung« (58): »Nicht um einen genauen Spiegel des wirklichen Juden handelt es sich hier«, urteilte Netty Reiling, »vielmehr um ein Beispiel, wie im Gegensatz zum wirklichen zeitlichen Bild des Juden sich aus den Vorstellungen der Zeit und den Neigungen des Künstlers ein künstlerisches Bild kristallisieren konnte.« (30)

Mit Rembrandts Übersiedlung nach Amsterdam um 1632 bot sich die Chance, Neues kennenzulernen, neue Malweisen auszubilden. Das Malen nach wirklich lebenden Modellen jüdischer Menschen begann. Doch die Porträts seiner jüdischen Freunde und Nachbarn in der Breetstraat, die Rembrandts Ruf als einzigartigen Maler weit durch die Lande trugen, beachtete Netty Reiling nicht weiter. In den Darstellungen des Rabbi Samuel Manasse ben Israel (1636) und des Arztes Ephraim Bueno (Bonus) von 1647, die beide »in der Tracht des vornehmen Holländers« (40) gemalt worden waren, sah sie nur das von ihr mit Distanz beschriebene »romantische Judentum«. Diese Gemälde waren ihr nichts weiter als Bildnisse »vornehmer Bürger« in ihrem »repräsentativ-bürgerlichen Anstrich«, gemalt in Übereinstimmung mit dem niederländischen Geist der Zeit. Zudem entstanden sie als »Auftrag oder Freundschaftsdienst«: Nur Werke, in denen Rembrandt »frei von sich aus das selbstgewählte Thema« (29) Jude gestaltet hatte, zog sie in ihre Überlegungen mit ein. Erst als der Maler anfing, als Einzelner die vorgegebenen Pfade öffentlicher Meinung zu verlassen, konnte eine neue Etappe seiner Entwicklung einsetzen, ungefähr zeitgleich – so die Doktorandin – mit dem Zuzug ostjüdischer Asylanten.

Um 1645 begann für sie Rembrandts »neue Gestaltung von Judentum« (58). Während seiner Wanderungen durch die Stadt traf er »auf den Ghettojuden« (34), sah er Besitzlose, Geldwechsler, Hausierer, Trödler und »Straßenschwätzer« (17), zerlumpt und geduckt. Sein Bild der Wirklichkeit weitete sich. Er begann, die Realität in Gänze aufzunehmen, in all ihrer Fülle und Widersprüchlichkeit. Auch in die Hinterhöfe Amsterdams schaute er, die für die Vornehmen und Wohlhabenden nicht zu existieren schienen. Den Vorwurf der Obrigkeit, sein Verhalten entspreche nicht den gesellschaftlichen Umgangsformen, »er verkehre nur mit schlichten Leuten und wisse seinen Stand nicht zu wahren«[36], schob er rigoros beiseite. Er malte und zeichnete die ostjüdischen Flüchtlinge in der Unmittelbarkeit ihrer realen Erscheinung, manche in ihrer »fast rohen Hässlichkeit und Verwahrlosung« (32). Diese

---

36 Christian Tümpel: Rembrandt, a. a. O., S. 76.

»Straßenfiguren« (34) waren nicht geeignet, »ins Phantastische und Märchenhafte« verwandelt, als »biblische Könige und Propheten« verkleidet und als »Idealtyp« gestaltet zu werden. Hier war zunächst »nur Wirklichkeit« (32), »strenge Realität« (58), vom Auge des Künstlers gesehen, von seiner Hand festgehalten, nicht umgeformt durch besondere ideelle und künstlerische Vorstellungen und Absichten. Eine kleine Bemerkung verriet auch hier Netty Reilings Empfindsamkeit und Verletzlichkeit: Einige Zeichnungen erinnerten sie an die Judenfeindlichkeit des Mittelalters, denn zunächst schienen Rembrandt nur der gekrümmte Rücken, der Bart, der zerschlissene Kaftan seiner Modelle zu interessieren. Wären diese Menschen dem jungen Maler in Leyden begegnet, schrieb sie, er hätte sie wohl in »Geste, Mienenspiel und Ärmlichkeit der Kleidung zur Karikatur« (34) verzerrt.

Jetzt jedoch entdeckte Rembrandt in diesen Menschen etwas Neues. Er entdeckte es im Widerspruch zu seinen Zeitgenossen, kritisiert von den Stadtvätern, allein, auf sich gestellt, »isoliert«, auf »Umwegen« (26). Für die Schriftstellerin war der Künstler in seiner Subjektivität eine wichtige Instanz, seine Begabung, an seine Persönlichkeit gebunden, ließ ihn zu etwas Einmaligem werden. Kunst galt ihr als eine besondere, durch nichts ersetzbare Möglichkeit der Erkenntnis. An dieser Auffassung der Absolventin hielt Anna Seghers fest. Was sie am Werk Rembrandts gelernt, leitete später ihre Tätigkeit als Präsidentin des Schriftstellerverbandes der DDR. Wieder und wieder wies sie auf die Bedeutung der Künstlerpersönlichkeit hin, betonte sie die spezielle Funktion der Kunst. Talent, Voraussetzung jeglichen Kunstschaffens, bezeichnete sie als etwas Geheimnisvolles, Unerklärliches, Empfindliches, das beschützt und behütet werden müsse. Oftmals verteidigte sie erste Versuche junger Schriftsteller gegen ungerechtfertigte Kritik: »Damit viele aufatmen unter dem Licht der Worte, dazu braucht es Talent, eine eigentümliche, unersetzbare Fähigkeit, und es ist sträflich, ein Talent zu zerstören. Ist es doch selten, wie kostbare Steine in der Natur«, mahnte sie 1974 in einer Rede.[37] Fünfzig Jahre zuvor hieß es in ihrer Dissertation, nur »einem einzigen Maler« sei es dank seiner individuellen Neigungen und Fähigkeiten vergönnt gewesen, damals in Amsterdam etwas zu sehen und zu erkennen, was anderen verborgen blieb. Im Bestreben, »den Sinn und das Wesen dieser jüdischen Wirklichkeit wiederzugeben« (32), habe Rembrandt allmählich »den wirklichen jüdisch-individuellen Menschen« (26) verstehen gelernt. Und dieses Besondere und Einmalige »jüdischen Wesens« sah Netty Reiling in »Passivität, Hoffnung, Kummer und Leidensfähigkeit« der Vertriebenen (17). Rembrandt malte die Gesichter der Aschkenasim, in deren Antlitz sich »Armut, Hoffnungslosigkeit und Hoffnungsmöglichkeit, Vereinsamung und Verwahrlosung« (48) eingegraben hätten, wie sie sich ihm in der Realität darboten

---

37 Anna Seghers: Der sozialistische Standpunkt läßt am weitesten blicken, Rede auf dem VII. Schriftstellerkongreß der DDR, in: Anna Seghers: KuW IV, Berlin 1979, S. 104. Auch Carl Neumann hatte diese Problematik behandelt. Das letzte Kapitel seines Buches »Rembrandt« (a. a. O.) war dem Thema »Mensch und Genius« gewidmet. (S. 694 ff.)

und »wie er einen dunkeln Hinterhof oder eine öde und unscheinbare Landschaft gemalt hat, die noch niemand vor ihm in seinem Reichtum von Ausdruck sehen konnte und den man erst im Bilde wiedererkennt« (32 f.).

Für den Künstler, der seine ostjüdischen Modelle mit den Augen eines Christen betrachtete, erschlossen sich damit neue »Ausdrucksmöglichkeiten seiner christlichen Religiosität« (17). Die dritte Stufe künstlerischen Schaffens war vorbereitet. Ein Prozess der Veränderung des Gesehenen und Erlebten konnte einsetzen. Rembrandt unterwarf das Wirklichkeitsmaterial seinen geistigen Interessen, formte es um. Das Ergebnis: eine bislang unbekannte, aber sehr eindringliche Art der Darstellung eines Juden – und zugleich – der eines Christen.

Denn das Neue zeigte sich dort, wo eine Verbindung mit der Person Christi hergestellt wurde. Netty Reiling erreichte, was sie wollte, wies nach, dass Rembrandt keine »Jüdelei« betrieb, wie Eduard Kolloff 1854 geschrieben hatte.[38] Aber entgegen seinen jungen Jahren, in denen, zeitgemäß, Aktives und Heroisches dominierten, bevorzugte der Maler jetzt Gefühlswerte, wie er sie in den Augen seiner Modelle gesehen hatte. Mit zunehmendem Alter, mit wachsenden persönlichen, sehr schmerzlichen Erfahrungen wurde auch sein calvinistisches christliches Weltbild verändert, zunehmend geprägt durch Gefühle schmerzlicher Vereinsamung, Trauer und Leid. In seinem Spätwerk hob Rembrandt gerade das hervor, »was außerhalb der ästhetischen, ja vielleicht auch der religiösen Wirkung seiner Zeit« (50) stehe. Späte Christusbilder waren für Netty Reiling Höhepunkte dieser Entwicklung. Rembrandt malte keinen »heldischen Christus«, auch keinen »vergöttlichte[n], auferstandene[n]« (52). Er sah in ihm einen Menschen – einen Menschen, der Leid erdulden, Schmerz und Einsamkeit ertragen musste, einen jüdischen Jüngling »in seinem menschlichen Dasein« (31). Seine Modelle waren ihm willkommen, weil er sie »ausschließlich als Medium einer christlichen Idee« (52) nutzen konnte. Charakteristisch dafür waren ihr Studien und Porträts, die nach dem Antlitz eines jungen Juden entstanden, der dem Maler und seinen Schülern häufig als Modell diente. «Rembrandts Versuche, ein Bild für die Züge Christi zu schaffen, treffen hier zusammen mit Rembrandts Studien nach jüdischen Köpfen und erheben die jüdische Realität vor seinen Augen in ein überwirkliches Judentum« (53), lassen aus dem Wirklichkeitsmaterial das Kunstwerk entstehen. In dem »höchsten Thema« offenbare sich, »was das Jüdische in den Augen des späten Rembrandts geworden« (52) sei. Nicht allein das Bild Christi, zugleich »Jüdisch-Volksmäßiges« konnte »seinen endgültigen Ausdruck« (58) finden. Der Betrachter seiner Bilder wurde darauf aufmerksam gemacht, dass Jesus, Verkünder einer

---

38 Eduard Kolloff: Rembrandt's Leben und Werke, in: Historisches Taschenbuch, hrsg. von F. v. Raumer, 3. Folge, 5(1854), S. 497. (Tümpel nennt die Darstellung Kolloffs »die erste kunstwissenschaftliche Monographie über Rembrandt«, den »Beginn der Rembrandt Forschung«, die den Maler »in einem neuen Licht zeigt«, ihn als »trutzigen Republikaner« verehrt und die bislang herrschende, Rembrandt missachtende »klassizistische Kunstkritik« überwindet. In: Christian Tümpel: Rembrandt, a. a. O., S. 131. Diese Bedeutung Kolloffs konnte Netty Reiling aufgrund ihrer begrenzten Fragestellung nicht berücksichtigen.)

neuen, der christlichen Religion, dem Judentum entstammte. Bemerkenswert der letzte Satz der Dissertation: »Dass Rembrandt zu der Gestaltung vom Judentum gelangt ist, nicht aus dem jüdischen Ideenkomplex seiner Zeit heraus sondern trotz seiner, darin scheint mir das Wesentlichste und Erstaunlichste in Rembrandts Judendarstellung zu liegen.«[39]

Erst als der Maler sich befreit hatte von zeitgenössischen Vorstellungen, er überkommene Auffassungen an der unmittelbaren Wirklichkeit überprüfte, erst als er die Schranken seines vornehmen Standes übertrat und in den sozial Schwächsten und Niedrigstehenden, in den ostjüdischen Flüchtlingen, die Menschen achtete, erkannte, dass Jesus Christus einer von ihnen gewesen war, vermochte er zum »eigentlichen Maler der Juden« (26) zu werden. Netty Reiling, die erfasst hatte, dass Andersdenken und Unbotmäßigkeit künstlerisch so überaus produktiv sein konnten, war auf eine Maxime künstlerischer Arbeit gestoßen, die für sie selbst entscheidend werden, ihre eigene Haltung, ihr eigenes Schaffen als junge Schriftstellerin bestimmen sollte. Ihre ersten literarischen Versuche gewannen an Kraft und Eigentümlichkeit, als auch sie sich einem Stoff zuwandte, der noch nicht das literarische Leben ihrer Zeit bestimmte. Nur vier Jahre vergingen, und sie errang den begehrten Kleistpreis mit einer Arbeit, in der sie vom Leben, Aufbegehren und Sterben der Fischer von St. Barbara erzählte.[40]

1924 wird die Doktorandin noch etwas anderes bewegt haben, gerade jene wenigen, dazu noch relativ kleinen Christusbilder als das Besondere im Werk Rembrandts auszuwählen. Die in ihrer Studentenzeit bekannten Werktitel – »Junger Jude als Christus« z. B. – hoben Ungewöhnliches hervor, betonten die Nähe zwischen Modell, Maler und künstlerisch gestalteter Figur.[41] Diese Nähe wurde auch zur Zeit Rembrandts bemerkt, wie sich aus später aufgefundenen Urkunden ergab: 1656, beim Konkurs des Malers, fertigte man Inventarlisten an, in denen diese Porträts unter der Bezeichnung »Bildnis Christi nach dem Leben« erschienen. Rembrandts Zeitgenossen hatten verstanden, dass der Maler mit seiner Art der Darstellung auf die Brüderlichkeit beider Religionen aufmerksam machte. Sollte das auch ein Anliegen Netty Reilings gewesen sein? Wollte auch sie nach dem Beispiel Rembrandts auf die in der Geschichte vorhandenen »jüdisch-christlichen Wechselbeziehungen« (22) aufmerksam machen, um die politischen Spannungen der Zeit lösen zu helfen? Auch Ladislaus Radványi hatte von jüdischer und christlicher Religion als den beiden »miteinander so nah verwandten Religionssyste-

---

39 Ich habe mich hier absichtlich an die Zeichensetzung des Originals (S. 54) gehalten, weil sie mir deutlicher werden lässt, was Netty Reiling meinte. Hervorhebung im Zitat: S. B.
40 Die Erzählung »Aufstand der Fischer von St. Barbara« erschien 1928. Vgl. auch das Kapitel »Den Träumen der Jugend treu bleiben« in diesem Buch.
41 Für ihre Arbeit benutzte Netty Reiling das von Wilhelm v. Bode von 1897–1905 herausgegebene »Beschreibende Verzeichnis seiner Gemälde mit den heliographischen Nachbildungen«, die im Laufe der Jahre auf der Grundlage wachsender Erkenntnisse der Rembrandt-Forschung korrigiert wurden. Vgl. dazu Christian Tümpel: Rembrandt, a. a. O., S. 75.

men«[42] gesprochen. Vielleicht wollte Netty Reiling dem wachsenden Antisemitismus ihrer Umgebung entgegentreten, indem auch sie hinwies auf die Brüderlichkeit von Juden und Christen. Anders als ihr skeptischer Freund jedoch war sie persönlich zu anderen Ergebnissen gekommen als er: Obwohl auch sie bereits Zweifel an ihrer religiösen Haltung kannte, in manchem Augenblick das Gefühl sie beunruhigte, sich »von Gott zu entfernen«[43], stellte sie nicht in Frage, was ihr seit Kindheit und Jugend vertraut und lieb war. Ihre Arbeit an der Dissertation hatte ihre Gläubigkeit bestätigt. Bestärkt. Die geistigen Grundlagen ihrer Existenz wollte sie bewahrt wissen. Jüdische Religiosität gehörte weiterhin zu ihrem Selbstverständnis. In komplizierten Situationen suchte sie Zuflucht im Gebet. Als ihre Freunde Karl Mannheim und Julia Láng den Wunsch äußerten, zum Christentum überzutreten, reagierte sie schroff ablehnend: »Kein gutes Gefühl für Mannh. mehr, wegen Böthis beabsichtigt. Taufe und manch andrem«, notierte sie am 14. Dezember 1924 in ihr Tagebuch.[44] Eine Erzählung, gegen Ende des Jahres 1924 abgeschlossen, dann aber unveröffentlicht liegengeblieben, trug auf der ersten Seite des Manuskriptes den Leitspruch: »mit Gottes Hilfe«[45]. Wählte sie für diese Arbeit einen katholischen Bischof zur Hauptfigur, so rückte sie auch in der Sage »Die Toten auf der Insel Djal« einen Christen, einen calvinistischen Pfarrer, in den Mittelpunkt. Vielleicht hängt diese Entscheidung mit der eigenen Gläubigkeit zusammen: Sie überprüfte, den Wunsch der Freunde nach Konversion vor Augen, jüdische und christliche Religionen.[46] Überprüfte sich selbst. Religiosität gewann auch Anteil daran, dass sie sich allmählich jenen Menschen verpflichtet fühlte, die im zwanzigsten Jahrhundert noch immer erniedrigt und beleidigt wurden, auf der untersten Stufe sozialer Hierarchie standen. Von ihnen sollte sie in ihrem späteren Werk erzählen, von allen, die dazugehörten, von Juden und Christen und Glaubenslosen.

Mit dem Nachdenken über das Verhältnis von Wirklichkeit und Werk bei Rembrandt griff die Absolventin eine Problematik auf, die zum innersten Kern eigener künstlerischer Arbeit werden sollte. Am Schaffen eines Malers aus dem siebzehnten Jahrhundert tastete sie sich an Aufgaben heran, die sie als Schriftstellerin selbst zu lösen hatte. Schon in ihrer Dissertation fragte Netty Reiling nach dem Schaffensprozess eines Künstlers, fand sie Antworten, die wie erste Grund-Sätze ihrer Erzählkunst gelesen werden können. Sie begründeten ihr Kunst-Programm als Erzählerin. Wurden in jeder Phase ihrer Entwicklung neu durchdacht. Legten den Grundstein dafür, dass ihr ein weltbedeutendes Werk gelingen konnte.

42 Ladislaus Radványi: Der Chiliasmus, Ein Versuch zur Erkenntnis der chiliastischen Idee und des chiliastischen Handelns, Budapest 1985, S. 41. Vgl. auch das Kapitel »Selbstverständigung am historischen Material« in diesem Buch.
43 Anna Seghers: Und ich brauch doch so schrecklich Freude, a. a. O., S. 20.
44 Ebenda, S. 13.
45 Ebenda, S. 34.
46 Die Erzählung »Die Legende von der Reue des Bischofs Jehan d'Aigremont von St. Anne in Rouen« wurde erst im Jahre 2003 aus dem Nachlass veröffentlicht. (Anna Seghers: Und ich brauch doch so schrecklich Freude, a. a. O., S. 34 ff.) Vgl. auch das Kapitel »Den Träumen der Jugend treu bleiben« in diesem Buch.

Drei Entwicklungsstufen in der Darstellung eines Juden waren ihr bei Rembrandt aufgefallen. Die späten Christusbilder hob sie als Meisterwerke hervor – schmälerte jedoch mit keinem Wort die künstlerische Leistung des jungen Malers: Wirklichkeitstreue war ihr kein Kriterium künstlerischen Wertes. Phantasie schätzte sie als Ausdruck künstlerischen Talentes, als notwendig für das Vermögen, Wirklichkeitsmaterial in ein Kunstwerk zu verwandeln. Sie bemerkte wohl, dass dem Maler Fehler unterliefen bei der Wiedergabe einer Synagoge. Sie stellte es fest. Verurteilte es nicht. Die Freiheit des Künstlers im Umgang mit seinem Stoff durfte nicht eingeschnürt werden. Einen Kritiker Rembrandts tadelte sie: »Man kann auch an das freie Schaffen des Künstlers, der seinem Stoffe entnimmt, was ihm wesentlich dünkt, nicht mit dem Einwurf herangehen, dass etwa Rembrandts Juden keinerlei Kennzeichen, wie Gebetsmäntel u.s.w. an sich tragen (was sich im übrigen widerlegen ließe).«[47]

Und dennoch nannte sie die Begegnung Rembrandts mit der Realität, mit den Aschkenasim, einen Wendepunkt in seinem Schaffen. Die künstlerischen Ergebnisse, erste Zeichnungen jüdischer Straßenschwätzer und Bettler, erste Bildnisstudien junger Juden, waren, so unmittelbar sie die Wirklichkeit auch wiedergaben, für das Weiterkommen des Künstlers unentbehrlich. Mochten sie für nicht wenige Betrachter auch einen Rückschritt darstellen, höchstens als Studien Erwähnung finden. Sie erlaubten dem Maler, die Enge eines gewohnten Kanons künstlerischen Schaffens zu zerbrechen. Dennoch waren sie nur ein Anfang, erste Versuche. Sie reichten nicht aus: Die gedankliche Arbeit mit dem Wirklichkeitsmaterial, die Einordnung der neuen Erlebnisse in die Lebensvorstellungen des Malers, in sein christliches Weltbild fehlten. Irgendwann musste Rembrandt an Grenzen stoßen, musste er – Netty Reiling stellte ein treffendes Wort zusammen – »das Nichtmehrauskommen mit der Wirklichkeit« allein spüren (43) und an die Stelle »der Realität eine andere künstlerische Wirklichkeit« (42) setzen, die sie vorerst nur mit Begriffen wie »Steigerungen und Veränderungen« (53) der Wirklichkeit oder »überwirkliches Judentum« (58) zu erfassen vermochte. Nicht nur Beobachtungs-, auch Erfindungsgabe verlangte sie, auch die Fähigkeit, Erfahrungen zu durchdenken, Wirklichkeitsmaterial gemäß einem geistigen Konzept zu verändern. Der Künstler müsse »Mittel erfinden« (43), die ihm helfen, aus dem Geläufigen und Alltäglichen das Besondere und Einmalige eines Kunstwerkes herausfiltern zu können.

Diese »Mittel« beschrieb Netty Reiling. »Gewiss ist das eigentliche Mittel Rembrandts immer das Licht«, meinte sie, »aber auch die Schilderung des einzelnen Menschen muss sich in allen Einzelheiten verändern, um das Gefühl des Einmaligen, Besonderen, um das Ungewöhnliche glaubhaft zu machen.« (43) Sie zeigte, wie es dem Maler gelang, aus Gesehenem, Erlebtem und Durchdachtem ein Kunstwerk zu formen, machte auf Kompositionsprinzipien, Maltechniken und

---

47 Original, S. 28.

Verfahrensweisen aufmerksam, zog sogar zeitgenössische Betrachter der Bilder in ihre Überlegungen mit ein, verstand Kunst als Dialog, in dem der Künstler sehr wohl Bedürfnisse seines Partners oder Auftraggebers berücksichtigte. Die Feinheiten und Details, die sie aufspürte, ihr Wissen um das »Machen«, um die Anstrengungen künstlerischer Produktion verrieten, dass sie Kunstwerke nicht passiv, nicht nur als Betrachterin oder Leserin aufnahm – mochten es Bilder oder literarische Texte sein. Auch praktisch probierte sie sich bereits aus. Nicht nur die Geschichte von den »Toten auf der Insel Djal« wird zeitgleich mit der Dissertation entstanden sein. Der calvinistische Pfarrer Jan Seghers entsprach dem calvinistischen »Ideal von religiöser Kraft und Aktivität« (16 f.). Wie für den Maler war auch für die Gestalt des Pfarrers die Bibel das Buch der Bücher: »Ich finde, dass es ein prächtiges Buch ist. Ich weiß es von A bis Z auswendig, und hätte ich noch mal zu leben, würde ich's nochmals auswendig lernen.«[48] Jan Seghers hätte dem jungen Rembrandt begegnen können. War Geist von seinem Geiste. Aber Netty Reiling muss in diesen letzten Wochen und Monaten mehr zu schreiben versucht haben, als bislang bekannt. Ihrer Dissertation war abzulesen, was sie schon damals von einem Künstler – sei er Maler oder Schriftsteller – und seinem Werk erwartete. Vielleicht zwangen sie diese Erwartungen, eigene Versuche als ungenügend zu empfinden und zu verwerfen.

Der Bildbetrachter oder Leser sollte nicht allein auf ein Stück Wirklichkeit hingewiesen werden, das bislang übersehen, mit Eifer übersehen wurde, weil es nicht in das allgemeine Weltbild passte. Auch der »Sinn und das Wesen« (32) der Realität mussten erkennbar werden. Die geforderte Umformung des Wirklichkeitsmaterials sollte darauf abzielen, den »innersten Kern« (52) des Dargestellten aufzudecken. Rembrandts Christusdarstellungen von 1656/58 akzeptierte sie nicht nur, weil ein junger Jude porträtiert wurde, sondern weil im Individuellen zugleich Allgemeines, Leiden und Schmerz eines einzelnen Menschen und »Jüdisch-Volksmäßiges«, »seinen endgültigen Ausdruck gefunden« hatte (58). Das aber vermochte ihrer Auffassung nach nur ein Kunstwerk zu leisten, das Wirklichkeit aufgenommen – aber dem Weltverständnis des Malers entsprechend umgeformt hatte. Ein Kunstwerk, in dem – wie sie anderthalb Jahrzehnte später erzählen sollte – Realität »schon durch ein Fegefeuer durchgegangen, durch einen kleinen Brand, das Gehirn« eines einzelnen Menschen und dadurch »klar und lauter« geworden war.[49] Eine »Steigerung« (41) des Realen nannte Netty Reiling diesen Arbeitsvorgang, in dem der Künstler dem Umgeformten einen von seiner Weltanschauung bestimmten »neuen Sinn« (41 f.) verlieh. Ihre Erwartungen fasste sie in der Frage zusammen: Können wir bei Rembrandt »jüdische Wirklichkeit« so gestaltet finden, »dass, wenn diese Wirklichkeit selbst auch verloren gegangen wäre, ihr Kern uns

---

48 Anna Seghers: Die Toten auf der Insel Djal, in: Anna Seghers: KuW IV, Berlin 1979, S. 207 f.
49 Anna Seghers: Transit, Werkausgabe, bearbeitet von Silvia Schlenstedt, Berlin 2001, S. 27.

in Rembrandts Bild erhalten wäre«? (31) »In diesem Satz drückt sich eine Vision vom Sinn aller Kunst aus, die Anna Seghers sich bis heute bewahrt hat« (10), meinte Christa Wolf 1980 in ihrer Einleitung zur Dissertation. In der Tat: In gestalteter Romanwelt – so die Schriftstellerin noch in ihrem letzten Roman »Das Vertrauen« 1968 – »knistert und rauscht die Wirklichkeit [...] wie ein Waldbrand. Viel stärker als die wirkliche Wirklichkeit.«[50] Und – Ironie der Geschichte – diese Dilogie, zu der als erstem Teil »Die Entscheidung«[51] (1959) gehört, bewahrt eine Wirklichkeit auf, die »verloren gegangen« ist: Wer immer in späteren Generationen wissen will, was Deutsche Demokratische Republik war, was die Menschen dort wollten, woran sie scheiterten, der wird seine Fragen in diesen beiden Büchern »im Kern« beantwortet finden.

---

50 Anna Seghers: Das Vertrauen, Berlin und Weimar 1968, S. 402.
51 Anna Seghers: Die Entscheidung, Berlin 1959.

Das Verlockende des Andersseins

Spiegel eigener Träume, eigenen Verlangens

Abschied und Ankunft: Zusammen mit der Abschlussarbeit über Rembrandt begann die ernsthafte literarische Tätigkeit. Die Absolventin verwandelte sich in die Schriftstellerin, Netty Reiling in – zunächst Antje – Seghers. Von Verwandlungen war auch in dem Text die Rede, den ihr Philipp Schaeffer als Geschenk zum bestandenen Examen aufzeichnete. Noch immer fühlte Netty Reiling sich von Märchen, Sagen, Legenden angezogen. Ihre Kindlichkeit hatte sie sich bewahrt. Eines ihrer Lieblingsstücke, Spiegel eigener Träume, eigenen Verlangens, gehörte zu einer Sammlung »Chinesischer Geister- und Liebesgeschichten«, die kein anderer als Martin Buber herausgegeben hatte. Der Freund schrieb »Das Wandbild« in der Originalsprache mit »schönen chinesischen Schriftzeichen [...] auf Seidenpapier« und schenkte es ihr zum Abschied[1] – zum Abschied vom Studentenleben und von Heidelberg, nicht von Philipp Schaeffer: Die Freundschaft dauerte.

Im Märchen wird von dem jungen Gelehrten Tschu erzählt, der durch Zufall in einen Tempel geriet, sich dort in die Betrachtung eines Wandbildes vertiefte und sich vom Kunstwerk verzaubert fühlte. Es zeigte ein Mädchen, das inmitten einer Schar anmutiger Feen Blumen pflückte und ihm zuzuwinken schien. Plötzlich trat er auf wundersame Weise selbst in das Wandbild hinein, fand er sich in einer Welt, die anders als »die Wohnungen Sterblicher« war. Er folgte dem Mädchen in ein Gemach, wo beide »in inniger Gemeinschaft beieinander waren und die Lust sie wie eine Ewigkeit umfing«. Als Tschu in die Wirklichkeit zurückkehrte, wieder auf das Wandbild schaute, sah er, dass das Mädchenbildnis dort sich verändert hatte: Die vormals offenen Locken waren zum hohen Knoten, der Haartracht einer verheirateten Frau, aufgebunden. Die beiden Liebenden hatten »der Predigt des Gesetzes« gelauscht.[2] Waren Erwachsene geworden. Mensch und Kunstwerk hatten sich verwandelt.

Um Verwandlungen ging es auch im eigenen literarischen Debüt »Die Toten auf der Insel Djal«. Auch Netty Reiling erzählte von »wunderbaren Sachen«.[3] Was sie bei Rembrandt so sehr geschätzt hatte, wusste sie noch nicht auf die eigene literarische Produktion zu übertragen. Die junge Schriftstellerin begann, wie der junge Maler begonnen hatte: Nicht die Wirklichkeit inspirierte sie. Phantasie führte die

---

1 Anna Seghers: Erinnerungen an Philipp Schaeffer, in: Anna Seghers: KuW IV, Berlin 1979, S. 131.
2 Das Wandbild, in: Chinesische Geister- und Liebesgeschichten. In deutscher Auswahl von Martin Buber, Zürich 1948, S. 22, S. 25 f. und S. 27.
3 Die Toten auf der Insel Djal. Eine Sage aus dem Holländischen. Nacherzählt von Antje Seghers, in: Anna Seghers: KuW IV, Berlin 1979, S. 208. (Im Folgenden werden die Seitenzahlen in Klammern direkt im Text angegeben.)

Feder. Eine Art »Sage« wurde erfunden – nicht aber, um von der Liebe zweier Menschen zu erzählen, sondern von einem sie nicht minder bedrängenden Problem: vom Verhalten des Menschen zu Gott.

In ihrer Dissertation hatte sie einen Calvinisten als heroischen Menschen beschrieben, »der die Widerstände zunichte macht, sich mit Gott auseinandersetzt, die Feinde schlägt«.[4] Solch ein verwegener Kerl ist auch ihre Hauptfigur, der calvinistische Pfarrer auf der Insel Djal. Die Bibel nennt er ein »prächtiges Buch« (207), glühende Leidenschaften treiben ihn. Ertrunkene Seeleute entreißt er unter Lebensgefahr dem Meer und dem Sturm, um sie mit einem christlichen Begräbnis ordentlich unter die Erde zu bringen. Im Mittelpunkt der Geschichte steht ein Zweikampf zwischen dem Geistlichen und einem Fremden, der eines Nachts ins Pfarrhaus kommt, lästerliche Reden führt über Bibel und christlichen Glauben, dennoch – wie er sagt – das Grab eines Verwandten besuchen möchte. Der wahre Kern seines Anliegens enthüllt sich auf dem Friedhof, als es vom Lotsenturm her die zwölfte Stunde schlägt: Der Fremde, Kapitän Morten Sise, ist ein Toter. Sein Schiff zerschellte an den Klippen vor Djal. Der Seelsorger zog ihn aus dem Meer und bestattete ihn. Morten jedoch will dem Tod trotzen, das Leben zurückgewinnen, indem er um Mitternacht seinen Gastgeber als Stellvertreter ins leere Grab stürzt. Doch dem Pfarrer gegenüber ist er machtlos. Denn der ist selbst ein Wiedergänger. Morten Sise wie einen Hammel ins Grab zurückziehend, erklärt er ihm sein Geheimnis. Seine Frömmigkeit, mächtiger als die des Kapitäns, zwang Gott, ihn ins Leben zurück zu lassen. Er brauchte keinen Stellvertreter, kämpfte mit Gott selbst: Ich setzte ihm mit »wilden und zornigen Gebeten so lange zu, bis er mich auf die Fürbitte seiner sieben Engel noch einmal in meiner alten Gestalt ins Leben lassen musste« (209). Zum Beweis führt er den Kapitän an einen verwahrlosten Grabstein, und erst jetzt, am Ende der Geschichte, erfährt der Leser den Namen des Pfarrers. Stotternd liest Morten: »Hier ruht JAN SEGHERS / gestorben auf Djal / im Jahre des Herrn 1625 / im kalvinistischen Glauben / in dem er lebte und geboren wurde / zu Altmark 1548.« (208)

Diese Geschichte bewies: Die Autorin konnte Fabeln erfinden, farbenreich erzählen, eine Handlung aufbauen, die in Atem hielt. Ebenso aufschlussreich: Sie verriet zugleich eigene Befindlichkeit. Sieben Wochen nach der Verteidigung der Dissertation, am 25. Dezember 1924, wurde die Erzählung in der »Sondernummer Weihnachten« von »Frankfurter Zeitung und Handelsblatt« als »Sage aus dem Holländischen. Nacherzählt von Antje Seghers« publiziert. Und was hier als erste Arbeit an die Öffentlichkeit gebracht wurde, kündigte Protest an. Widerstand.

Nicht als Erfinderin des Textes, nur als Nacherzählerin trat Netty Reiling auf. Sie gab vor, sich auf authentischen Stoff, auf Familienüberlieferung, zu stützen, stellte eine direkte Beziehung her zwischen Hauptfigur und sich selbst. Die junge

---

4   Netty Reiling (Anna Seghers): Jude und Judentum im Werke Rembrandts, Berlin 1981, S. 46.

Frau projizierte eigenes Empfinden, eigene Sehnsüchte in die literarische Figur eines Mannes, identifizierte sich mit ihrem frommen, aber wilden ungebärdigen Pfarrer: Ihn wählte sie zu ihrem Namenspatron. Seinen Nachnamen behielt sie bei. Ein Leben lang. Wie sie auch die entdeckte Möglichkeit, Autobiographisches in einer männlichen Gestalt zu verbergen und so zum Gegenstand des Erzählens werden zu lassen, beibehielt: In zahlreichen eigenen Werken erzählte sie so von sich selbst.

Rund fünfzig Jahre später – von vertrauten Gesprächspartnern wieder und wieder gedrängt, über ihre literarischen Anfänge zu berichten – verstärkte Anna Seghers den Eindruck einer nahen Verwandtschaft von Hauptfigur und Autorin. Niemand mehr kannte die kurze Zeitungsgeschichte. Der Text, von der Autorin nie aufgenommen in eine Werkausgabe, schien verloren. Nur Anna Seghers erinnerte sich genau – dessen bin ich sicher. Dennoch verriet sie keine Details, beließ sie es bei kurzen Andeutungen. Damals wurde in der DDR viel über die Herkunft des Pseudonyms und über die ersten Texte der Schriftstellerin gerätselt. Die Auffassung war verbreitet, sie habe sich nach dem holländischen Maler und Graphiker Hercules Seghers, einem Zeitgenossen Rembrandts und Gegenstand der Forschung am Heidelberger kunstgeschichtlichen Institut, benannt.[5] Wilhelm Fraenger, bis 1918/19 Assistent Carl Neumanns, danach als freier Wissenschaftler tätig, publizierte 1922 ein Buch, das Aufsehen erregte. Seine Schrift »Die Radierungen des Hercules Seghers« wollte er als »schlichtes Denkmal«[6] verstanden wissen, das an den Stürmer und Dränger der Malerei gemahne. Es lag nahe, die Wahl des Pseudonyms Anna Seghers mit ihm in Verbindung zu bringen. Auf Nachfragen bestätigte die Schriftstellerin 1970 und 1976 zwar, »von Wilhelm Fraenger oder – wahrscheinlicher – von Carl Neumann« etwas, »bestimmt nicht viel«[7], über den Graphiker erfahren, nicht aber, sich nach ihm bezeichnet zu haben. Auf der Suche nach einem holländischen Namen für ihre Hauptfigur seien die Worte Hercules Seghers ihr wahrscheinlich »als Lautverbindung durch den Kopf«[8] gegangen, soll ihr – »Situation eines Moments – die Idee gekommen sein, ihn auf diese Weise wieder in Erinnerung zu rufen. [...] Dieser Name ist so ungewöhnlich, der musste auffallen, wenn er plötzlich über einer Erzählung in der Zeitung erscheint. Andererseits konnte ich mich auch hinter ihm verbergen.«[9]

Mit ihrer ersten Veröffentlichung nutzte sie ein literarisches Verfahren, das sie beibehalten, das ihr manches Missverständnis, gar manchen Ärger einbringen sollte: Literarische Figuren erhielten oftmals Namen der »Leute von nebenan«, von

---

5 Vgl. dazu Friedrich Albrecht: Originaleindruck Hercules Seghers, in: Über Anna Seghers. Ein Almanach zum 75. Geburtstag, Berlin und Weimar 1975, S. 29 ff. und Kurt Batt: Anna Seghers. Versuch über Entwicklung und Werk, Leipzig 1973, S. 23.
6 Wilhelm Fraenger: Die Radierungen des Hercules Seghers, Leipzig 1986, S. 7.
7 Achim Roscher: Wirkung des Geschriebenen. Gespräche mit Anna Seghers, in: ndl, Berlin 31(1983)10, S. 68. (Das Gespräch fand am 1.7.1976 statt.)
8 Christa Wolf: Bei Anna Seghers (1970), in: Christa Wolf: Anna Seghers. Das dicht besetzte Leben. Briefe, Gespräche und Essays, Berlin 2003, S. 130.
9 Achim Roscher: Wirkung des Geschriebenen, a. a. O.

Nachbarn, Bekannten, Mitschülerinnen oder einfach nur Menschen, denen sie irgendwann begegnet war, von denen sie gehört oder gelesen hatte. Sie wollte keine außergewöhnlichen kunstvollen Bezeichnungen erfinden, sondern Worte gebrauchen, die alltäglich waren, zur Zeit, zum Umfeld der erzählten Begebenheiten gehörten. Und der Zeitgenosse Rembrandts, Hercules Seghers, dessen Vorname sofort die Erinnerung an die gewaltigen Taten des griechischen Helden weckt, lebte auch als Zeitgenosse ihres erfundenen calvinistischen Pfarrers. Kein Wunder, dass Netty Reiling ihn Seghers nannte. Den Namen ihres Helden gab die Schriftstellerin in ihren späten Äußerungen zwar preis, vertauschte jedoch die Funktion der Figur: Jan Seghers beschrieb sie als den »holländischen Kapitän«.[10] Einen Pfarrer erwähnte sie nicht. Auf Fragen zur Religiosität wollte sie nach wie vor nicht eingehen. Stattdessen bezeichnete sie im Gespräch mit Christa Wolf Jan Seghers als ihren »Großvater«, erklärte sie, »als Enkelin des Alten« habe sie sich »auch Seghers nennen«[11] müssen. Achim Roscher gestand sie, die Erzählung über Jan Seghers »als eine Geschichte aus meiner Familie angelegt« zu haben: »Und da lag es nahe, dass ich mich als erzählende Nachfahre dieses Mannes ebenfalls Seghers nannte.«[12]

Nicht nur eine Geschichte hatte Netty Reiling 1924 erfunden. Sie erfand sich zugleich eine andere Familie, andere Vorfahren als die ihrer »eigenen blässlich-kleinbürgerlichen Sippen« der erfolgreichen Kaufleute in Mainz und Frankfurt, die ihrer Meinung nach »zu keinem starken Gefühl, zu keinem Gefühlsausbruch fähig« seien.[13] Kein Held eigener jüdischer Konfession, ein Christ, ein Reformierter jedoch, ein Rebell zudem, ein Stürmer und Dränger führte ihre Wunschbiographie an. Ein Kerl wie der Held der griechischen Sage, der mit seinen »furchtbar auf die Spitze getriebenen Leidenschaften, die auf einen gewaltigen Ausbruch zutrieben«[14], Sieger blieb im Kampf mit Gott und dem Tod.

1977 entdeckte ich nach langem Suchen den verschollen geglaubten Zeitungstext. Als ich ihn Anna Seghers brachte, wir uns anschauten, wusste ich: Sie freute sich, war zugleich traurig: Ihre schöne selbst gebastelte Legende vom rebellischen holländischen Kapitän und Großvater war »futsch«. Dafür trat die Haltung der jungen Erzählerin ins Licht. Sie schrieb nicht in Übereinstimmung mit ihrer Familie und »den Vorstellungen der Zeit«[15]. Anders als der junge Rembrandt wollte sie von Anfang an festgefügte Ordnungen sprengen. Selbst als Stürmerin und Drängerin auftreten. Sich verwandeln. Ihr Erzählen – ein Ausbruchsversuch. Später sollte sie,

---

10 Christa Wolf: Bei Anna Seghers, a. a. O., S. 151.
11 Ebenda, S. 151 f.
12 Achim Roscher: Gespräche mit Anna Seghers, a. a. O.
13 Anna Seghers: Woher sie kommen, wohin sie gehen. Über den Ursprung und die Weiterentwicklung einiger Romangestalten Dostojewskis, besonders über ihre Beziehungen zu Gestalten Schillers. Geschrieben auf dem Schiff zwischen Brasilien und Europa, in: Anna Seghers: KuW II, Berlin 1971, S. 183.
14 Ebenda.
15 Netty Reiling (Anna Seghers): Jude und Judentum im Werke Rembrandts, a. a. O., S. 30.

einem kleinen Mädchen antwortend, das von ihr »Zaubergeschichten« haben wollte »mit Menschen, die sich verwandeln«, sich zugestehen: »Nun ja, es gibt in manchem meiner Bücher märchenhafte Geschichten mit sonderbaren Verwandlungen. [...] Im Grunde genommen stellen meine Romane, stellt das meiste, was ich geschrieben habe, eine Art von Verwandlung dar.«[16] Von Verwandlung auch des eigenen Erlebens, der eigenen Erwartungen in Geschichten. Das Anderssein verlockte Netty Reiling. Gefährliches Leben wollte sie auf sich nehmen, Leben ohne Sicherheiten, »immer auf der Kante«[17], immer bedroht vom Absturz, aber mit der Chance, in neue Wirklichkeitsbereiche vorzustoßen, die eigenen Fähigkeiten und Kräfte zu erkennen, sich selbst zu verwirklichen. In ihrem ersten Roman »Die Gefährten« (1932) beschrieb sie ein solches Dasein. Anfangs vermochte sie es nur in phantastischen Geschichten zu realisieren. Aber sie lernte es, einen ihr gemäßen Stoff zu finden, aufzufinden in der Wirklichkeit.

Bittere Erfahrungen im Elternhaus

Ihre private Welt gab allen Anlass, einen Ausbruch zu verlangen.
Während des Studiums war sie geistig zu einer selbständigen Persönlichkeit mit eigenem Lebensplan herangewachsen. Sie wollte literarisch arbeiten und heiraten, hatte sich – anders als ehemals die Eltern – ihren Partner selbst gewählt. Materielle Unabhängigkeit von den Eltern jedoch, Voraussetzung eines solchen selbstbestimmten Lebens, hatte sie nicht errungen. Sie konnte nicht, wie gewünscht, von Heidelberg in die Welt hinausfliegen. Musste in das »Nest Mainz«[18] zurückkehren. Allein. Ohne Ladislaus Radványi. War wieder die Tochter aus gutem Hause. Nichts hatte sich verändert. Sie musste fürchten, so zu leben wie ihre Mutter, ihre Großmutter Helene Fuld. Einer Heirat sofort – wie im »Wandbild« erträumt – stand die Arbeitslosigkeit Ladislaus Radványis entgegen. Auch der Wille des Vaters, der weder ihre Wahl des Ehepartners noch ihren Arbeitswunsch billigen mochte. Konfliktreich und verworren müssen die dem Studium folgenden Wochen und Monate in Mainz gewesen sein. In einem Tagebuch, dem einzigen, das sie außer Kalendern jemals nutzte, hielt Netty Reiling ihre Qual fest: »Zukunftsangst, Angst um Rod, um Arbeit, die Verblendung meines Vaters«, notierte sie am 17. Januar 1925.[19] »So verzweifelt, so unruhig, so todesgleichgültig«, beschrieb sie sich wenige Wochen später.[20] »Gott nimm von mir die schreckliche Angst, die schreckl.

---

16 Anna Seghers: Bücher und Verwandlungen (1969), in: Anna Seghers: KuW IV, Berlin 1979, S. 91.
17 Anna Seghers: Die Gefährten, Berlin 1949, S. 25.
18 Achim Roscher: Gespräche mit Anna Seghers, a. a. O., S. 62 (Dieses Gespräch fand am 28. April 1973 statt.)
19 Anna Seghers: Und ich brauch doch so schrecklich Freude. Tagebuch 1924/25. Die Legende von der Reue des Bischofs Jehan d'Aigremont von St. Anne in Rouen. Berlin 2003, S. 21. (Abkürzungen im Buch)
20 Ebenda, S. 26 (25. Februar 1925). Alle Zitate folgen in Schreibweise und Zeichensetzung dem Original.

Gewissensqualen«, betete sie und entschied: »Ich muss fort. Ich muss wahr leben, sonst geht alles zu Grund. Niemals ist das Rechte leicht. Ich will nicht verzweifeln Gott soll mir helfen.«[21]

Für Außenstehende sah es aus, als lebe sie so, wie es standesgemäß war für eine Tochter aus wohlhabendem Hause. Sie empfing Besuche und nahm Einladungen an, reiste zu Freunden und Verwandten nach Darmstadt, Frankfurt am Main, Wiesbaden, Köln, Berlin, Heidelberg, verlebte zusammen mit den Eltern Ferien in Königstein im Taunus und fuhr mit ihnen – es wird ein Geschenk zum Geburtstag und zum bestandenen Examen gewesen sein – nach Paris, der Stadt, in der ihr Großvater Sally Salomon Fuld einst geschäftlich so erfolgreich war.[22] Auch ihre Sprachstudien konnte sie fortführen: Bei Privatlehrern lernte sie Russisch, mit einer Freundin übte sie sich im Französischen. Turnstunden wurden absolviert. Sogar der lästigen Forderung, zusammen mit der Mutter an der eigenen Aussteuer zu nähen, kam sie nach. Zugleich hielt sie fest an der Tradition ihres jüdischen Elternhauses, folgte sie der vor allem von der Mutter übernommenen Gewohnheit, freiwillig Sozialarbeiten zu übernehmen. Sie erteilte einem Mädchen Englischunterricht, ging – wie schon während ihrer Schulzeit[23] – regelmäßig in eine Lesehalle, um Kindern Geschichten zu erzählen oder vorzulesen, wurde gebeten, das auch in einem Waisenhaus zu tun, half wahrscheinlich wieder in einem Kindergarten aus.[24] In diesem kleinen Bereich traf sie auf eine ihr unbekannte Wirklichkeit, deren Aufgaben sie oftmals nicht gewachsen war. Im Kindergarten erlebte sie »das schreckliche Kind Anna, das mich trostlos u angeekelt macht«[25]. In der Lesehalle traf sie auf die »schlechten Knaben« und fragte sich: »Was mit ihnen tun? Ich bin noch nicht reif genug.«[26] »Niedergeschlagenheit über das Grausame Schlechte in diesen Knaben«[27] ließ sie fast verzweifeln. Doch sie gab nicht auf, versuchte, ihre Pflichten zu erfüllen, so gut sie es vermochte. Sie spürte, dass sie an den Herausforderungen zu lernen, zu wachsen vermochte, ihre Standhaftigkeit sie glücklich, zufrieden machte: Vor der Arbeit in der Lesehalle »immer schlechtes, danach immer ruhigeres Gefühl, selbst wenn ich selbst dort versagte!« bekannte sie nach einigen Wochen.[28] Diese Erfahrungen mit der Wirklichkeit, wahrscheinlich einer anderen sozialen Welt als der, in der sie lebte, setzten Produktivität frei: Der Umgang mit den Kindern muss sie zu einer Erzählung angeregt haben, die erst im Nachlass auf-

21 Ebenda, S. 26 (1. März 1925) und S. 31 (15. April 1925). Zeichensetzung nach dem Original.
22 Vgl. dazu das Kapitel »Auf den Spuren der Mütter und Väter« in diesem Buch.
23 Vgl. dazu das Kapitel »Sie liebte die Verse...« in diesem Buch.
24 Diese Angaben basieren nur auf den Eintragungen im Tagebuch. Dokumente dafür sind nicht erhalten. Netty Reiling gebraucht die Begriffe Lesehalle, Kindergarten, Kinderhalle. Es ist nicht genau zu sagen, welche Einrichtung sie meint, ob es wiederum die von den Franzosen eingerichtete Lesehalle war, in der sie unmittelbar nach dem Krieg tätig war, oder eine andere. Vgl. auch das Kapitel »Erfahrungen und Denkanstöße 1918/19« in diesem Buch.
25 Anna Seghers: Und ich brauch doch so schrecklich Freude, a. a. O., S. 12 (8.Dezember 1924).
26 Ebenda, S. 17 (30. Dezember 1924).
27 Ebenda, S. 26 (27. Februar 1925).
28 Ebenda, S. 25 (26. Januar 1925).

gefunden und im Jahre 2000 publiziert wurde. Auf diese Erzählung »Jans muss sterben« werde ich zurückkommen.

Zermürbend werden die Auseinandersetzungen mit den Eltern gewesen sein. Vor allem der Vater wehrte sich gegen eine Verbindung mit Ladislaus Radványi. Die Mutter dagegen, nur zwanzig Jahre älter als die Tochter, zeigte mehr Verständnis. Sie suchte zu helfen, zu trösten, war grundsätzlich jedoch an den Willen ihres Mannes gebunden. Gegen Ende des Jahres 1924 wird der Vater eine Trennung von Radványi gefordert haben: »Es ist also unumstößlich, dass er weg muss. Mutter gut zu mir, aber mein Herz zieht sich zusammen«, hieß es im Tagebuch.[29] Warum will die Mutter, »dass ich gegen mein Gewissen, gegen das Recht handle? Das Schrecklichste der Welt sind blinde Eltern.«[30] Und sie fragte sich: »Warum ist mein Vater kein guter Mensch?«[31]

Die Ursachen des Zerwürfnisses lagen in unterschiedlichen Vorstellungen einer lebenswerten Existenz. Was den Eltern Bedürfnis war, empfand die Tochter als störend. Sie sprach von ihrer »faden Geborgenheit«, davon, dass sie sich »von der Nähe von Bürgerlichkeit bedrängt fühle«, klagte, dass sie durch »gleichgültig. Besuch« nicht zur Arbeit komme, und registrierte im Verhalten der Eltern einen Widerspruch zwischen Überzeugung und Handeln, wehrte sich gegen den Zwang, aus Rücksichten auf das Geschäft des Vaters Besuchern gegenüber Freundlichkeit heucheln zu müssen, obwohl sie Ablehnung empfand.[32] Der Lebensstil der Eltern sah eine Arbeitsteilung der Geschlechter vor, verwies die Frau ins Haus, bot unter der Schirmherrschaft des Mannes Wohlhabenheit und Sicherheit, erlaubte außerhalb des eigenen Heimes nur begrenzten Einsatz bei Gemeinde- und Sozialarbeit, entschädigte dafür durch Bildung, Kultur, Reisen, soweit danach verlangt wurde. Ladislaus Radványi – Ausländer, nur geduldeter Exilant, ohne sichtbares Vermögen, in den Augen der Eltern zudem politisch und religiös zweifelhaft – würde der Tochter all das nicht ermöglichen können. Als im Sommer 1925 der Widerstand des Vaters endlich überwunden war, er einer Eheschließung zustimmte, war sein Misstrauen noch längst nicht beseitigt. Ein »Ehe-, Erb- und Erbverzichtsvertrag«, am 26. Juli 1925 unterzeichnet, zeigt, wie stark sich die Eltern um die finanzielle Sicherstellung der Tochter sorgten. Aussteuer und Erbe wurden ihr sicherlich zugestanden. Verhindert jedoch eine »Verwaltung und Nutznießung des Mannes am Vermögen der Frau«. Festgelegt, »dass die gesamte Einrichtung des ehelichen Hausstandes Eigentum der Frau« bleibe.[33] Die Eintragung in die Familienbibel am

---

29 Ebenda, S. 14 (18. Dezember 1924).
30 Ebenda, S. 26 (1. März 1925).
31 Ebenda, S. 12 (9. Dezember 1924).
32 Ebenda, S. 16 (28. Dezember 1924), S. 15 (21. Dezember 1924) und S. 18 (5. Januar 1925). Am 26. Dezember 1924 hieß es: »Und die verkehrte Gastlichkeit meiner Eltern, und dass ich nicht den Gast so nehmen kann, wie ich will, als einen Mensch im Verhältnis zu meiner Gemeinschaft, ist bitter.« (S. 16)
33 Christiane Zehl Romero: Anna Seghers. Eine Biographie 1900–1947, Berlin 2000, S. 176.

Hochzeitstag verriet zudem, dass Isidor Lutz Reiling um die Gläubigkeit der Tochter bangte: Würde sie durch die Ehe untergraben werden?[34]

Das Bitterste jedoch für den Vater, der im Herbst 1924 siebenundfünfzig Jahre alt wurde, wird etwas anderes gewesen sein. Erst jetzt muss er vollends verstanden haben, dass er mit dieser Ehe nicht nur seine einzige Tochter verlor. Er verlor zugleich seine einzige Nachfolgerin. Was er und sein Bruder, der kinderlos blieb, von Mutter und Vater übernommen, was in Jahrzehnte währender Arbeit mühselig vom »Krämpler, Spezerei-, Mehl- und Dürgemüßhändler« – so im Mainzer »Adressbuch 1860« – bis zum international angesehenen Kunst- und Antiquitätenhandel ausgebaut worden war, würde keine Fortsetzung finden. Erinnerte sich Isidor Lutz Reiling manchmal an seine Mutter? Bevor Esther Jeannette Schmalkalden heiratete, war sie als Altwarenhändlerin selbständig tätig gewesen, und sie war couragiert genug, nach dem Tod des Mannes das inzwischen weit ausgedehntere Unternehmen allein zu führen, bis die Söhne sie unterstützen konnten.[35] Warum wollte Netty nicht in ihre Fußstapfen treten? Hatte das von ihm finanzierte Studium nicht beste Voraussetzungen dafür geschaffen? Doch Ladislaus Radványi zerstörte seine letzten Hoffnungen. Nicht nur, dass dieser Philosoph selbst nicht zum Geschäftsleben taugte: Er würde Netty dieser Welt endgültig entfremden.

Die Tochter sah die Not des Vaters, hatte Mitleid mit ihm,[36] fühlte sich schuldig, wertete ihre Absichten, zu heiraten und Mainz zu verlassen, sogar als »Sünde«. Eine »schreckliche Frage« bedrängte sie: »Darf man um der Wahrh. willen andre zu Grunde richten«?[37] Sie fürchtete, der Vater könne von Radványis Verbindung zur kommunistischen Partei und zur sowjetischen Handelsvertretung erfahren.[38] Dann gäbe es kein Einlenken mehr. Dann wäre eine Trennung von den Eltern unvermeidlich – wie so viele kommunistische Schriftsteller bürgerlicher Herkunft sie auf sich nahmen, Johannes R. Becher zum Beispiel. Netty Reiling wollte diese Konsequenz nicht. Sie warb um Verständnis. War traurig, dass sie es nicht vermochte, die Welt, der sie zugetan war, auch für Vater und Mutter leuchten zu lassen: »Meine Mutter, warum liebt sie meine Welt nicht genug? Warum bin ich nicht stark genug, sie lieben zu machen?«[39] Wie nachhaltig sie diese Sorge bedrängte, zeigt sich darin, dass diese Unfähigkeit zu einem Motiv ihres Werkes umgeformt wurde, das vor allem die späten Romane »Die Entscheidung« (1959) und »Das Vertrauen« (1968) durchzieht. Netty Reiling muss auch Radványi, der wahrscheinlich den Kontakt zu seinem Vater in Budapest abgebrochen hatte, gedrängt

---

34 Vgl. dazu das Kapitel »Auf den Spuren der Mütter und Väter« in diesem Buch.
35 Vgl. ebenda.
36 Am 21. Dezember 1924 notierte sie nach der Rückkehr des Vaters von einer Reise: »Vater zurück. Fühle sogleich Bedrängnis mit Ausnahme kurzer Lichtblicke des Mitleids.« (Anna Seghers: Und ich brauch doch so schrecklich Freude, a. a. O., S. 15.)
37 Ebenda, S. 31 (29. April 1925).
38 Christiane Zehl Romero, die bislang unzugängliche Briefe auswerten konnte, weist in Anmerkungen zum Tagebuch darauf hin. Vgl. ebenda, S. 80 und S. 94.
39 Ebenda, S. 25 (29. Januar 1925).

haben, die Verbindung wieder herzustellen, Vater, Mutter, Geschwister zur Hochzeit einzuladen.[40] Während ihr Freund zu radikaler Kritik und Haltung neigte, akzeptierte sie für sich, was eine Freundin ihr riet: »Wenn nur ein Funken Möglichkeit besteht, etwas in Güte zu tun, so darf man es nicht in Härte tun. Erfordert die Wahrheit Härte, dann Härte. Aber sowie man nicht um der Wahrheit willen weich sein darf, so muss man auch die letzte Gütemöglichk. probieren.«[41] Diese Auffassung sollte zu einer Maxime ihres Handelns werden – ein Leben lang. Zur Preisgabe ihrer Überzeugungen jedoch war sie nicht bereit. Sie spürte, dass sie an einem Punkt ihrer Entwicklung angelangt war, der sie zur Entscheidung zwang. Bislang hatte sie nur in der Literatur von einer solchen Situation gelesen. Jetzt stand sie selbst an einem Scheideweg.

Mit Ausnahme von Kinderbuchautoren erwähnt Netty Reiling nur einen einzigen Schriftsteller in ihrem Tagebuch: Sören Kierkegaard. »›Erziehung z. Christent.‹ mit Trost gelesen«, hieß es gleich zu Beginn.[42] Arbeiten Kierkegaards waren nicht nur ihr und der Mutter seit langem vertraut. Die Lektüre vereinte sie auch mit Ladislaus Radványi. Sie wird als geistiges Bindeglied zwischen den dreien gewirkt, zu ihrer Verständigung beigetragen haben. Die persönliche Krisenerfahrung vertiefte die Wirkung des Schriftstellers und Philosophen: Netty Reiling verinnerlichte einige seiner Grundsätze und Lebenseinstellungen. Sie prägten ihr Leben und Werk.

Zum Schreibprogramm Sören Kierkegaards gehörte es, eigene Erfahrungen auszuwerten, sich durch Erzählen das Leben zu retten. Schon in seinem ersten großen Buch »Entweder – Oder« hatte der junge Schriftsteller 1843 versucht, eine Existenzkrise zu bewältigen. Er stellte unterschiedliche Lebensweisen dar – nicht aber, um die eine gegen die andere auszuspielen. Er wollte darauf hinweisen, dass ein sinnvolles Leben, »eine höhere Form des Daseins«, nur zu erreichen sei, wenn der Mensch aus der Fülle aller vorhandenen Möglichkeiten eine einzige, allein diejenige auswähle, der er sich mit Leib und Seele widmen könne. Jedes Individuum besitze die Freiheit zur Wahl und müsse sie nutzen, gewinne nur so die Kraft, das Ausgeliefertsein an Zufälligkeiten und Fremdbestimmungen zu überwinden, sich selbst zu finden, sich als Persönlichkeit zu entfalten. Denn indem man wählt, »wählt man sich selbst, nicht in seiner Unmittelbarkeit, nicht als dieses zufällige Individuum, sondern man wählt sich selbst in seiner ewigen Gültigkeit«.[43]

Im Konflikt mit den Eltern ermutigte Kierkegaard Netty Reiling. Sie lernte es, sich zu entscheiden. Mobilisierte all ihre Kräfte, um die Eltern nicht zu verlieren.

---

40 Vgl. dazu das Nachwort zum Tagebuch von Christiane Zehl Romero, ebenda, S. 84.
41 Ebenda, S. 32 (4. Mai 1925).
42 Ebenda, S. 7 (16. November 1924). Netty Reiling irrte sich im Titel, sie meinte »Einübung im Christentum«.
43 Sören Kierkegaard: Entweder – Oder. Teil I und II. Unter Mitwirkung von Niels Thulstrup und der Kopenhagener Kierkegaard-Gesellschaft, hrsg. von Hermann Diem und Walter Rest, München 2003, S. 746 und S. 768.

Blieb dennoch ihrer Liebe treu. Tat, was sie für richtig hielt. Ließ sich von ihrem Gewissen leiten: »Wenn man nicht ein Leben lebt, gibt es 1000 Zwiespälte«, rief sie sich zu. »Hör, wenn du das in einiger Zeit wieder liest im gleichen Dilemma, dann zögere nicht, nimm ein Leben, lieber eine feste Sünde statt tausend.«[44] 1973 sollte in ihrer Erzählung »Die Reisebegegnung« die literarische Figur Franz Kafka sich direkt zu dem Dänen bekennen: Kierkegaards Worte hätten »allezeit einen tiefen Eindruck gemacht; und sie tun es noch«, wirkten »wie eine Beschwörungsformel«, erklärt Kafka. Und beinahe wörtlich lässt Anna Seghers ihn ausrufen, was fünfzig Jahre zuvor ihr selbst weiterhalf: »Mein Freund! Was ich Dir schon oft gesagt habe, das sage ich Dir wieder. Wieder rufe ich Dir zu: entweder – oder!«[45] Diese Forderung Kierkegaards hatte im Laufe der Jahre die Sicht der Schriftstellerin auf die Wirklichkeit bestimmt, wurde zu einem Motiv umgeformt, das ihr Werk zu durchziehen begann. Als nach dem Ende von Faschismus und Zweitem Weltkrieg Anna Seghers ihren ersten Roman über das Leben der Menschen unter veränderten gesellschaftlichen Bedingungen veröffentlichte, begründete sie 1959 die Wahl des Titels »Die Entscheidung«: »Mir war die Hauptsache zu zeigen, wie in unserer Zeit der Bruch, der die Welt in zwei Lager spaltet, auf alle, selbst die privatesten, selbst die intimsten Teile unseres Lebens einwirkt: Liebe, Ehe, Beruf sind sowenig von der großen Entscheidung ausgenommen wie Politik oder Wirtschaft. Keiner kann sich entziehen, jeder wird vor die Frage gestellt: Für wen, gegen wen bist du? – Das wollte ich an verschiedenen Menschenschicksalen zeigen.«[46] Eine der tragenden Figuren dieses Buches verschlägt es nach dem Krieg in den Osten Deutschlands, wo sie in einem Großbetrieb Arbeit und Freunde findet. Doch der Ingenieur Riedel, wie die Autorin im Rheinland geboren und aufgewachsen, vermag es nicht, seine noch in der Heimat lebende Frau für das zu begeistern, was ihn selbst mit Freude und Hoffnung durchglüht: teilzunehmen am Wagnis, das den ehemaligen Besitzern »enteignete« Unternehmen in einen »Volkes eigenen Betrieb« umzuwandeln. Und Katharina, strenggläubige Christin, die einem schwer kriegsverletzten Bauern zur Seite steht, weiß nicht, was sie tun soll: Wem soll sie folgen? Ihrer Christenpflicht dem hilfsbedürftigen Bauern gegenüber? Dem Ruf ihres Herzens und ihres Mannes? Sie geht zugrunde – am Unvermögen Riedels und an ihrer Unentschiedenheit. Die Erinnerung der Schriftstellerin an eigenes Leid im Elternhaus 1924/25 wird an der Gestaltung dieser Menschenschicksale mitgeschrieben haben.

---

44 Anna Seghers: Und ich brauch doch so schrecklich Freude, a. a. O., S. 27 f. (25.März 1925).
45 Anna Seghers: Die Reisebegegnung, in: Anna Seghers: Erzählungen 1963–1977, Berlin und Weimar 1977, S. 517. Bei Kierkegaard heißt diese Stelle: »MEIN FREUND! Was ich Dir schon oft gesagt habe, ich sage es noch einmal, oder besser, ich rufe es Dir zu: entweder – oder.« (Sören Kierkegaard: Entweder – Oder, a. a. O., S. 704.)
46 Anna Seghers: [Über die eigene Schaffensmethode. Ein Gespräch], in: Anna Seghers: KuW II, Berlin 1971, S. 25.

Nicht nur die Wahl des Ehepartners, auch Netty Reilings »Schreiberei« stieß auf den Widerstand der Eltern. Alle Pflichten in Haus und Geschäft beiseitezuschieben, Stunde um Stunde allein im Zimmer zu hocken, um – über ein Schulheft gebeugt – wie »betäubt«[47] zu schreiben, wollte Isidor Lutz Reiling nicht als ernsthafte Arbeit gelten lassen. War »brotlose Kunst«. Lesen, wie es die Mutter nach getaner Hausarbeit liebte, mochte angehen. Gespräche mit bedeutenden Persönlichkeiten über Literatur, Kunst, Philosophie, wie sie im Salon der Großmutter Helene Fuld und später der Tante Clementine Cramer in Frankfurt gepflegt wurden, gehörten zum Lebensstil, auch zum Image des Geschäftes. Aber sie fanden an Abenden und an Feiertagen statt, galten der Unterhaltung, Zerstreuung, Bildung. Mit Stolz hatte die Mutter das Talent des Kindes zum Geschichtenerzählen gepflegt. Von Verwandten und Freunden, unter ihnen Hermann Wendel, war das junge Mädchen gefördert worden. Der Achtzehnjährigen soll Alfred Kerr, ebenfalls mit der Familie Fuld verbunden, »die schriftstellerische Zukunft« vorausgesagt haben.[48] Kerr wird es auch gewesen sein, der den Druck der Erzählung »Die Toten von der Insel Djal« vermittelte[49] – jedoch nur versehen mit dem Pseudonym: Sollte hier schon die Angst der Autorin mitgewirkt haben, Eltern und Verwandte könnten entdecken, dass Schreiben für sie mehr war als Spiel? Wie selbstverständlich ging ihr Großvetter Heinrich Benjamin später in seiner »Chronik der Familie Herz Salomon Fuld« davon aus, »dass sie mit Rücksicht auf die Eltern« sich für einen »Schriftstellernamen« entschieden hätte.[50] Nicht ernst genommen wurden ihre ersten Schreibversuche, blieben Kindereien. Saß sie zu Haus in ihrem Zimmer über ihr Heft gebeugt, wurde sie wieder und wieder gestört. Besucher, die unterhalten werden sollten, »Familienabende« in Frankfurt, kleine Aufträge des Vaters, die eigene Unruhe, wenn sie sah, dass die Mutter auf ein Gespräch mit ihr wartete, verhinderten jedwede Konzentration auf das Eigene: »Nachmitt. zerstörte Arbeit, da Mitleid mit mein. Mutter, die allein sitzt«, hieß es z. B. am 29. Januar 1925.[51] »Ich kann es nicht ertragen, nicht zur Arbeit zu kommen, ich muss schreiben, ich fühle verzweifelt den Wunsch und den Willen«, notierte sie mutlos und deprimiert ins Tagebuch. Sie wollte sich konzentrieren, fleißig sein. Erlebte jedoch, dass ihre Pläne durchkreuzt wurden. Schreiblust paarte sich mit Angst: »Ich muss jeden Tag mehrere Stunden« arbeiten, »Furcht, dass man mich hindert.«[52]

---

47 Anna Seghers: Und ich brauch doch so schrecklich Freude, a. a. O., S. 14 (18. Dezember 1924).
48 So in einem Artikel im »Mainzer Anzeiger« vom 29. Dezember 1928 »Anna Seghers, die Trägerin des Kleistpreises«. Vgl. dazu auch das Kapitel »Auf den Spuren der Mütter und Väter« in diesem Buch.
49 Alfred Kerr wird auch im Tagebuch erwähnt: Anna Seghers: Und ich brauch doch so schrecklich Freude, a. a. O., S. 12 (8. Dezember 1924).
50 Heinrich Benjamin: Chronik der Familie Herz Salomon Fuld, Manuskriptdruck, S. 20, ASA, Nr. 592. Auch Anna Seghers meinte zu ihrem Pseudonym: »Andererseits konnte ich mich auch hinter ihm verbergen.« (Achim Roscher: Gespräche mit Anna Seghers, a. a. O., S. 68.)
51 Anna Seghers: Und ich brauch doch so schrecklich Freude, a. a. O., S. 25.
52 Ebenda, S. 10 (29. November 1924) und S. 11 (5. Dezember 1924).

Ahnten die Eltern, wie schwer es der Tochter fiel, ihre Projekte zu verwirklichen? Denn nicht nur die anderen, auch sie selbst stand sich im Wege. Sie ließ sich ablenken. Nutzte selbst jede Möglichkeit zum Ausbruch. Fast täglich war sie unterwegs, in die Lesehalle, zum Sprachunterricht, zu Freunden. Auf der Reise nach Paris hatte sie am 20. November 1924 beschlossen, »von der Rückkehr ab rücksichtslos zu arbeiten«. Es dauerte nicht lange, und sie bemerkte, dass ihre Anstrengungen nicht genügten. Ihr Tagebuch hielt es fest: »Ich war faul, träge, bloß verträumt.« »Zorn auf mich, dass ich noch nicht genug arbeite. Das muss morgen abend schon anders sein.« Doch zwei Tage später wieder eine Ernüchterung: »Etwas gearbeitet, noch nicht genug.«[53]

Netty Reiling war überzeugt, zur Schriftstellerin befähigt zu sein. Sie glaubte an ihre Begabung, die sie als Geschenk oder »Gnade« Gottes[54] annahm. Nur in wenigen Augenblicken zweifelte sie. Doch sie musste begreifen, dass Begabung allein nicht ausreicht. Eine Vielzahl literarischer Vorhaben, von ihrer Phantasie herbeigezaubert, und schnelle spontane Schreibergüsse machten noch keine Erzählung, keinen Roman. Nicht nur die Eltern hatten zu lernen, die Versuche der Tochter als harte Arbeit zu akzeptieren. Auch sie selbst: Schreiben, so musste sie erkennen, war vor allem anstrengende Arbeit, Kunst-Arbeit. »Nein, das Schreiben ist schwer – selten fliegen die Worte«, so fasste sie 1974 in einer Rede ihre Erfahrungen zusammen.[55] Nur dann konnte literarische Arbeit von Erfolg gekrönt werden, wenn sie kontinuierlich und ausdauernd vor sich ging – Stunde um Stunde, Tag für Tag, Jahr für Jahr. Die zehn Monate im Elternhaus wurden für Netty Reiling zur Lern-Zeit. Sie übte, allen Widerständen zu trotzen, die eigene Bereitschaft zur Ablenkung zu überwinden, sich zu konzentrieren. Zwischen Abschluss des Studiums und Heirat baute sie, unterstützt von Ladislaus Radványi, am Fundament ihres späteren Werkes. Und mit wachsender Arbeitsfähigkeit milderte sich zugleich ihre Erschütterung über Entscheidung und »Sünde«, die Eltern verlassen zu müssen. Die Frage, ob sie »um der Wahrh. willen andre zu Grunde richten« dürfe, beantwortete sie selbst: »Jedenfalls gibt es vor der Sünde nur eine Beschwichtig.: die Not ernster Arbeit.«[56] Und als im Mai 1925 die Verlobung öffentlich verkündet wurde und die Eheschließung als unwiderruflich galt, notierte sie: »Freude auf Hochzeit u tiefe Angst um Mutter. Im Ganzen etwas mehr Glaube u Hoffnung. Ich bin schrecklich zornig furchtsam auf m. Arbeit. Sie ist in allen Fällen mein Rückgrat. Möge Gott mir helfen.«[57]

---

53 Ebenda, S. 8 (20. November 1924), S. 18 (3. Januar 1925), S. 21 (20. Januar 1925), S. 22 (22. Januar 1925).
54 Ebenda, S. 12 (11. Dezember 1924).
55 Anna Seghers: Der sozialistische Standpunkt läßt am weitesten blicken. Rede auf dem VII. Schriftstellerkongreß der DDR, in: Anna Seghers: KuW IV, Berlin 1979, S. 103.
56 Anna Seghers: Und ich brauch doch so schrecklich Freude, a. a. O., S. 31 (29. April 1925).
57 Ebenda, S. 32 (13. Mai 1925).

Ehe als Lebensform zur Selbstverwirklichung eines jeden

Helfer in aller Not war auch Ladislaus Radványi. Auch er wünschte das gemeinsame Leben, war überzeugt, dass Netty beides gelingen werde: Ehe und Schriftstellerei. Auch er vertraute ihrer Begabung. Durchschaute ihre Schwäche. Vielleicht war er der Initiator des Tagebuches. Vielleicht wollte er die Freundin anhalten, sich in den Wochen der Trennung regelmäßig im Schreiben zu üben, sich selbst zu prüfen, ob sie fähig dazu war, durchhalten konnte. Er eröffnete das Tagebuch, wiederholte gleich anfangs sein Versprechen und damit die beide erfüllende Gewissheit, dass sie zusammengehören: »Ich weiß, dass wir im Frühling heiraten werden.« Mit einem Vers des jüdischen Propheten Jesaia bestärkte er Netty in ihrer literarischen Zuversicht: »Die auf den Herrn harren, kriegen neue Kraft, dass sie auffahren mit Flügel wie Adler, dass sie laufen und nicht matt werden, dass sie wandeln und nicht müde werden.«[58]

Beide werden sich schon in Heidelberg geklärt haben, wie sie ihr Zusammenleben gestalten wollten. Keine Ehe nach bürgerlichem Muster sollte es werden. Eine moderne Ehe, getragen von dem Grundsatz, verbunden und doch frei zu sein. Jeder bestrebt, in der Gemeinschaft die individuelle Persönlichkeit des anderen wie die eigene zu achten und zu fördern. Im Tagebuch Netty Reilings ist über diese Seite ihrer Zukunftspläne nichts zu lesen. Der Konflikt mit den Eltern und die Mühen des Schreibens dominierten. Das lässt darauf schließen, dass sie darauf vertraute, als Ehefrau ungestört literarisch arbeiten zu können. Sie verließ sich auf die Hilfe des Mannes. Sie konnte es. Schon während der zehn Monate der ersten Trennung bewies Radványi, dass er gezielt zu fördern verstand.

Denn trotz aller Verzweiflung war diese Zeit für Netty Reiling äußerst produktiv. Eine Fülle von Projektplänen wirbelte ihr durch den Kopf. Sie schrieb an Erzählungen. Sprach sogar von einem Roman.[59] Schon bei der Eröffnung des Tagebuches formulierte sie den Titel einer Arbeit. Vier Wochen später, am 22. Dezember 1924, war »Die Legende von der Reue des Bischofs Jehan d'Aigremont von St. Anne in Rouen« bereits vollendet. Sofort begann sie, etwas Neues zu schreiben. Beide Texte lernte Radványi bei kurzen Besuchen kennen. Die Lektüre des »Bischofs« wurde für ihn zur »Enttäuschung« – und das Manuskript blieb liegen, obwohl Netty Reiling sich nicht sicher war, ob der Freund mit seiner Meinung »Recht« habe.[60] Was von dem zweiten Vorhaben »Der Aufruhr bricht aus im Bergwerk von Gassanagyi« bereits fertiggestellt war, las sie ihm vor, als sie ihn im März 1925 in Berlin besuchte. Sie hielt im Tagebuch jedoch nicht fest, ob sie über den Text sprachen und wie Radványi ihn beurteilte. Veröffentlicht wurde eine sol-

---

58 Ebenda, S. 7 (15. November 1924).
59 Ebenda, S. 18 (2. Januar 1925).
60 Ebenda, S. 16 (25. Dezember 1924).

che Erzählung nicht. Ein Manuskript ist bislang nicht aufgefunden worden.[61] Wahrscheinlich half das Erarbeitete der Autorin 1928 bei ihrer Bewerbung um den Kleistpreis, in relativ kurzer Zeit die Novelle »Der Aufstand der Fischer von St. Barbara« zu schreiben. Doch darüber später. Jetzt interessiert nur, dass sie Radványi in ihre schriftstellerischen Versuche einbezog, ihn um seine Meinung fragte, sein Rat gebraucht wurde. Und er antwortete, förderte sie nach Kräften. Auch sie sollte es in den kommenden Jahren so halten. Sie half ihm bei der ungewohnten Arbeit als »Ökonomist«, später bei seiner Tätigkeit als Lehrer der MASCH. Als er klagte, keine Zeit mehr zu haben für eigene literarische Versuche und für wissenschaftliche Forschungen, tröstete sie ihn mit einem Argument, das auf die Art ihrer Zukunftsplanung verwies: »Wenn sie erst zusammen seien, würden sie ihr gemeinsames Leben schon regeln«, soll sie in einem Brief geschrieben haben.[62]

Ehe: nicht allein Liebes-, zugleich Arbeitsgemeinschaft. Lebensform zur Selbstverwirklichung eines jeden.

Auf diesen beiden Säulen gründend, dauerte sie bis zum Lebensende des Mannes im Jahre 1978, überdauerte sie Krisen. Noch vom Spätwerk der Autorin sind Typoskripte erhalten geblieben, auf denen Ladislaus Radványi am Rande oder auf beiliegenden Zetteln Diskussions- und Korrekturwünsche anmeldete.

Dennoch waren die Beziehungen beider 1924/25 nicht frei von Spannungen. Netty Reiling liebte »ihren Rodi«. Auch sie wusste, dass sie »in Wahrheit vor Gott zusammen« gehören.[63] Nur schwer ertrug sie die Trennung. Voller Unruhe und Sehnsucht wartete sie auf jeden Besuch, auf jeden Brief. Sie war verzweifelt, als er endlich in Berlin Arbeit fand, sie deshalb fast drei lange Monate mit ihm nicht zusammentreffen konnte. Sie litt aber auch unter den Verbotstafeln, mit denen bürgerliche Konventionen und orthodox-jüdische Religiosität die Liebenden umstellten. Netty Reiling durfte nicht zeigen, was sie fühlte, träumte, wünschte – und war doch voller Verlangen auch nach erotischen Erlebnissen. Ihre Vorliebe für die Geschichte »Das Wandbild« verriet, was sie selbst sich sehnlichst wünschte. Sexualität war für sie von Gott gegeben, etwas Natürliches, Menschliches. Die Liebenden hätten »der Predigt des Gesetzes gelauscht«, hieß es auch in diesem Märchen.[64] Die junge Frau sah sich jedoch gezwungen, ihre Wünsche zu verleugnen. Radványi durfte während seiner Besuche in Mainz nicht im Elternhaus Nettys wohnen. Als sein fünfundzwanzigster Geburtstag in Darmstadt bei Freunden mit einem Konzert gefeiert wurde, wagte sie es nur »heimlich«, sich während der Musik »an Rodis Schulter« zu lehnen. Später notierte sie mutlos: »Trauer und Angst, der Abend in schreckl. Liebe zu Rod, aber der Körper vergewaltigt von der Enge rundum, und der schreckliche Zwiespalt in mir, dies. halben

---

61 Christiane Zehl Romero in ihren Anmerkungen zum Tagebuch, ebenda, S. 28 (27.3.1925).
62 Ebenda, S. 81.
63 Eintragung Netty Reilings ins Tagebuch vom 26.3.1924, ebenda, S. 28.
64 Vgl. Anm. 2.

Abende.«[65] Immer versah sie das Eingeständnis ihres »Liebesbedürfnisses« mit dem Beiwort »schrecklich«, fühlte sie sich ihren Wünschen qualvoll ausgeliefert, allein gelassen.

Denn auch Radványi gab sich zurückhaltend. Er hütete sich, bürgerliche Normen zu durchbrechen, den Zorn Vater Reilings weiter zu entfachen. Zudem werden ihn Sorgen und Unsicherheit bedrückt haben. Mit seinem Eintritt in eine damals offiziell verbotene Partei hatte der ehemalige »Sonntägler« sich erneut zu einer politischen Überzeugung bekannt, die in der Weimarer Republik des terroristischen Umsturzes verdächtigt wurde. Die Annahme eines Decknamens verriet, dass er auch zu illegalem politischen Einsatz bereit war. Er wird sich gefragt haben, ob er in einer solchen Situation Verantwortung für einen anderen Menschen, den er aufrichtig liebte, übernehmen dürfe: Was würde sein, sollte er verfolgt, gar verhaftet werden? Tatsächlich sollte später seine Tätigkeit in der MASCH polizeilich überwacht werden. Nur seiner Geschicklichkeit hatte er es zu verdanken, dass nicht entdeckt werden konnte, wer sich hinter Johann Schmidt wirklich verbarg. Doch darüber an anderer Stelle. Und das Schicksal der Familie 1933 bewies, wie berechtigt solche Überlegungen waren. Netty Reiling sah die Problematik ihrer Beziehungen, ohne das Ausmaß ihrer Gefährdung überschauen zu können. Sie akzeptierte das Engagement des Mannes, schloss sich selbst jedoch keiner politischen Partei an. Sie wird auch verstanden haben, dass Radványi seiner Tätigkeit im Dienste der KPD mit religiösem Eifer anhing, sich ihr mit Leib und Seele verschrieben hatte. Seine ungarischen Blütenträume hatte er auch jetzt nicht abgeschüttelt. Warum sollte eines Tages nicht in Deutschland, anders zwar, reifen können, was in seiner Heimat zerstört worden war? Das Wichtigste für ihn war, daran mitzuwirken. Dabei, so hoffte er, sollte Netty ihm helfen. Als sie im März 1925 versuchte, sich klar zu werden über ihre Zukunft zusammen mit Radványi, schrieb sie nicht ohne Resignation in ihr Tagebuch: »Er ist immer religiös traurig. Ich, ich bin für ihn die Gefährtin im religiösen Sinn, werde es immer sein. Es ist sinnlos von mir, unser Verhältnis anders umzuphantasieren. Es ist keine Stätte der erotischen Phantasie. Diesen Eros, den Gott mir gab, u den ich leben muss, soll ich sicher in der Kunst leben.«[66] Muss in diesem Stoßseufzer das Wort »religiös« nicht als Synonym für »politisch« gelesen, Radványi als »politisch traurig« verstanden werden? Waren beide nicht schon seit Jahren geübt in der Nutzung einer getarnten Verständigung?

---

65 Ebenda, S. 13 (13. und 14. Dezember 1924).
66 Ebenda, S. 28 (27. März 1925).

Es ist noch zu viel von Liebe und zu wenig von Zement die Rede

Eine Frau wird Netty Reiling Mut zugesprochen haben auf ihrem Weg. Nicht allein den Berichten ungarischer Revolutionäre und Emigranten in Heidelberg hatte Netty Reiling – wie sie immer wieder zum Ausdruck brachte – erregt zugehört. Auch den Erzählungen einer Frau, die 1918 in Russland an der Seite Lenins in den Rat der Volkskommissare gewählt, in der neuen Regierung für kurze Zeit als erste »Volkskommissarin für Öffentliche Wohlfahrt« tätig wurde und später für die UdSSR als erste weibliche Botschafterin im Ausland wirksam werden konnte. Als Anna Seghers 1947 aus Mexiko nach Europa zurückkehrte, gehörte diese Frau neben ihrem Freund Philipp Schaeffer zu den wenigen Menschen, die sie unbedingt sprechen musste, von denen sie Rat erwartete. Sie wusste, dass Alexandra Kollontai nach dem Zweiten Weltkrieg für den Nobelpreis vorgeschlagen worden war und schwer erkrankt in Moskau lebte. 1948, bei ihrer ersten Reise in die russische Hauptstadt, nutzte sie die Gelegenheit, diese Frau endlich persönlich kennenzulernen. Denn ihre Arbeiten kannte sie seit langem.

Im Herbst 1925 war das kleine Büchlein »Wege der Liebe« von Alexandra Kollontai auch in Deutschland erschienen. Anna Seghers las es – und erinnerte sich noch mehr als zwanzig Jahre später an die Lektüre.[67] Obwohl in literarisch anspruchsloser Weise erzählt wurde, musste etwas beschrieben worden sein, was die jungverheiratete Frau zutiefst berührte. Keine Märchen wurden erzählt. Harte Wirklichkeit kam zur Sprache. Mit der Geste einer Chronistin, die Erfahrungen eigener politischer Arbeit durchdenkt und authentisches Gesprächsmaterial verwendet, berichtete die Autorin in drei Geschichten vom Alltag russischer Frauen vor allem nach 1917. Kollontai sprach anders von der Revolution in Russland als ihre männlichen Kollegen: Nicht um Erlebnisse an der Front des Bürgerkrieges ging es. Sie erzählte Liebesgeschichten, erzählte von jungen Menschen, die die Revolution zusammengeführt hatte. Gemeinsamer Einsatz für das gemeinsame große Ziel, eine »gerechte Welt aufzubauen«[68], ließ auch ihre Herzen höher schlagen. Doch in einer neuen Gesellschaft wollten sie auch auf neue Art leben und lieben, selbständig und ohne äußere Zwänge und Regeln ihr Zusammensein gestalten. Nicht nur Mann und Frau, Geliebter und Geliebte wollten sie einander sein, sondern auch Freunde und Kameraden, die offen und ehrlich alle Probleme austauschen, denen Arbeit zum Wohle der Allgemeinheit oberstes Lebensprinzip geworden ist. Was aber in den Jahren stürmischer Auseinandersetzungen so hoffnungsfroh begann, erlosch in den Mühen des Alltags. Kollontais Frauengestalten erlebten, was so viele vor und nach ihnen überall in der Welt erfuhren. Aber waren es nur »Murks-Liebesschmerzen, Murks-Ausschweifungen, murksig das Ganze«, wie Kurt Tucholsky bissig bemerkte?[69]

---
67 Vgl. dazu Anna Seghers: Die gefiederte Schlange, in: Anna Seghers: KuW IV, Berlin 1979, S. 42 ff.
68 Alexandra Kollontai: Wege der Liebe. Drei Erzählungen, Berlin 1992, S. 50.

Der Versuch, Elend und Chaos von Bürgerkrieg und Intervention in Russland durch eine »Neue Ökonomische Politik« zu überwinden, forderte einen hohen Preis. Die Schriftstellerin, Widersacherin dieser Wende zu einem »Staatskapitalismus«, deckte unerwartete Folgen auf, die Männer schnell zu ignorieren bereit waren: Zusammen mit Spekulantentum, Arbeitslosigkeit, Prostitution kehrten überholte Verhaltensweisen und Anschauungen zurück. Frauen mit Kindern wurden als Erste aus Fabriken und Werkstätten entlassen, Berufsarbeit und Selbständigkeit sollten erneut eingetauscht werden gegen Hausfrauendasein und Abhängigkeit vom Mann. In allen drei Geschichten scheitern die Frauenfiguren in der Liebe. Den angebotenen Weg zurück geht keine von ihnen. Nicht alle wissen, wie sie weiterleben sollen. Auch die Autorin maßt sich nicht an, Rat zu wissen, auch sie fragt zum Beispiel: Was ist zu tun »gegenüber dem noch nicht besiegten Feind« wie der Arbeitslosigkeit?[70] Doch sie schließt ihr Buch mit einer Geschichte, die einem Kurzroman gleicht und programmatischen Charakter trägt. Die Hauptgestalt, Wassilissa Malygina, trennt sich von ihrem Mann, doch sie verzweifelt nicht. Die bitteren Erfahrungen haben ihren Traum von einem selbstbestimmten Leben nicht zerstören können, ihr Wunsch nach Freude und Liebe ist nicht erloschen. Sie weiß: Es war gut und richtig, dass sie in den vergangenen Jahren am revolutionären Umbruch teilnahm, glücklich mit Wolodja zusammenlebte. Sie vertraut ihrer Fähigkeit zur Arbeit, vertraut auf die Solidarität der Menschen, der Frauen vor allem, die wie sie weiterhin versuchen, eine gerechte Welt zu verwirklichen – trotz alledem. Das Kind, das sie zur Welt bringen und allein, ohne ihren Mann, aufwachsen lassen wird, verspricht, das Vergangene jung zu erhalten.

Möglich, dass Anna Seghers nicht erst 1925 auf Alexandra Kollontai hingewiesen wurde. 1908 hatte die Revolutionärin aus Russland fliehen müssen. Bis zum Beginn des Ersten Weltkrieges lebte sie im Exil in Wannsee bei Berlin, trat sie – jetzt Mitglied der deutschen Sozialdemokratischen Partei – in zahlreichen Veranstaltungen als flammende Rednerin für die Rechte der Frauen ein. Auch in der Heimatstadt von Netty Reilings Mutter wurde sie wirksam und bekannt. 1911 realisierte sie einen Beschluss der Internationalen Konferenz sozialistischer Frauen, alljährlich am 8. März einen Internationalen Frauentag zu begehen: Die erste öffentliche Feier Deutschlands organisierte sie in Frankfurt am Main. Nicht ausgeschlossen, dass Großmutter und Tante Netty Reilings, Helene Fuld und Clementine Cramer, die längst mit den Emanzipationsbewegungen sympathisierten, Kontakte zu ihr suchten. Möglich sogar, dass Hermann Wendel, der mit Alexandra Kollontai in der SPD zusammenarbeitete, seine Freunde in Frankfurt auf diese besondere Frau aufmerksam machte. Auch die 1920 publizierte programmatische Schrift »Die neue Moral und die Arbeiterklasse« wird im Kreis der Verwandten

---

69 Vgl. dazu die Rezension von Ignaz Wrobel (Kurt Tucholsky) in: Die Weltbühne, Berlin 1927, Nr. 22, S. 230 f.
70 Alexandra Kollontai: Wege der Liebe, a. a. O., S. 61.

Nettys nicht unbekannt, nicht unbesprochen geblieben sein, war sie doch so verfasst, dass interessierte Leserinnen bürgerlicher Herkunft sich angesprochen fühlen mussten.

Denn den Versuch, ihre langjährigen Überlegungen und Erfahrungen zur Frauenfrage zusammenzufassen und ein Idealbild künftigen Lebens zu entwerfen, eröffnete Kollontai mit der Betrachtung von Frauenfiguren in europäischen Romanen und Erzählungen, die seit der Jahrhundertwende veröffentlicht worden waren und heftig diskutiert wurden. Sie widmete sich Werken bekannter Schriftsteller aus Deutschland, Frankreich, Russland, Skandinavien, zog aber auch Autoren heran, die heute vergessen sind, auch Frauen, die autobiographisch arbeiteten und begannen, »ihre eigene Sprache zu sprechen«, eine »ganz weibliche Sprache«.[71] Kollontai skizzierte die in Romanen und Erzählungen dargestellten literarischen Figuren, die aus allen Schichten der Gesellschaft stammten. Die meisten Frauen verzichteten auf eine Ehe, sie verdienten sich in freien Berufen, als Künstlerin, Ärztin oder Wissenschaftlerin, selbständig ihren Lebensunterhalt, waren als Arbeiterin, Sozialistin, Sozialrevolutionärin tätig, schlugen sich als Vagabundierende oder Prostituierte durchs Leben. Alle waren »durch eine Periode der ›Rebellion‹« gegen Vater oder Ehemann gegangen, sie hatten »gebrochen mit der Vergangenheit« ihrer Großmütter und Mütter, protestiert »gegen die allseitige Versklavung der Frau im Staat, der Familie, der Gesellschaft«. Im täglichen Kampf um ihr Leben innerhalb einer erbarmungslosen kapitalistischen Gesellschaft waren sie zu unabhängigen Persönlichkeiten herangewachsen. Jede von ihnen trat auf als ein »eigenwertiger Mensch, mit seiner eigenen inneren Welt«, als »Individualität, die sich selbst behauptet«, als die »Frau, die die verrosteten Ketten ihres Geschlechtes zerreißt«.[72]

In diesen literarischen Frauenbildern fand Kollontai, was sie suchte. Schriftstellerinnen und Schriftsteller hatten in ihren Reaktionen auf die sich rasant ändernde Wirklichkeit des beginnenden zwanzigsten Jahrhunderts etwas entdeckt, was bislang nur vereinzelt zu erleben war und doch Neues, Kommendes ankündigte. Die Künstler lieferten der Politikerin Material, um ein Programm formulieren zu können, das in die Zukunft wies, konkrete Aufgaben und Ziele für die »Frau des sich neu formenden Typus«[73] benannte und doch darauf verweisen durfte, dass Zukünftiges in der Gegenwart bereits Wurzeln geschlagen hatte. Vier Aufgaben stellte die Frauenrechtlerin in das Zentrum: Sie forderte die Freiheit der Persönlichkeit, die Überwindung einer Auffassung, die in der Frau im Vergleich zum Mann ein Ge-

---

71 Alexandra Kollontai: Die neue Moral und die Arbeiterklasse, Münster 1978, S. 24. (Das Buch erschien zuerst – wie auch »Wege der Liebe« – im Malik-Verlag von Wieland Herzfelde, einem Verlag, den sich auch Anna Seghers schon während der zwanziger Jahre für eigene Veröffentlichungen wünschte.) Die Autorin sprach z. B. über Werke von Flaubert, Gorki, Hauptmann, Maupassant, Schnitzler, Sudermann, Tschechow, Turgenjew, Zola.
72 Ebenda, S. 48, S. 26, S. 9, S. 26.
73 Ebenda, S. 25.

schöpf niederen Wertes sah, die Absage an den Individualismus, damit Kameradschaftlichkeit und Solidarität das Zusammenleben der Menschen prägen konnten, und – als das Wichtigste, als Voraussetzung einer jeglichen Veränderung der Lebensweise – die Berufstätigkeit: Die Frau musste materiell unabhängig sein, auf eigenen Füßen stehen, um über ihr Schicksal selbständig entscheiden zu können. Das hieß nicht, auf die Leidenschaft der Liebe zu verzichten – wozu viele Figuren der genannten Erzählungen und Romane durch den Zwang der Verhältnisse verurteilt waren. Aber die Frau sollte lernen, in der Liebe nicht – wie bislang üblich – ihren »einzigen Lebensinhalt« zu erblicken: Nur »noch die untergeordnete Rolle« wurde ihr eingeräumt, »die sie bei den meisten Männern spielt«. »Verliebtsein, Leidenschaft, Liebe« galten als »vorübergehende Perioden«, waren zweitrangige Erlebnisse. Die »neue Frau« gab ihrem Leben einen anderen Inhalt. Das Wertvollste waren ihr die »soziale Idee, die Wissenschaft, der Beruf, das Schaffen«: »Und diese ihre Arbeit, dies ihr Ziel ist für sie, für die neue Frau, meistens wichtiger, wertvoller, heiliger als alle Freuden des Herzens, alle Genüsse der Leidenschaft.«[74] Dennoch vertrat Kollontai keine durch Kargheit und Verzicht geprägte Lebensweise. Eine neue Gesellschaft sollte ermöglichen, was eine kapitalistische Umwelt verweigerte. Das vorgestellte Zukunftsbild versprach, »innere Freiheit und Unabhängigkeit mit der alles verzehrenden Leidenschaft der Liebe zu vereinbaren«. Das jedoch erforderte mehr als nur gesellschaftliche Veränderungen. Verändert werden mussten auch psychische, mentale und geistige Verhaltensweisen – bei Frauen ebenso wie bei Männern. Eine »Umwertung der moralischen und sexuellen Normen«[75] hatte stattzufinden, um auch die Geschlechterbeziehungen erneuern und bereichern zu können. Die Politikerin war der Auffassung, dass dieses Ziel nur in einer sozialistischen Gesellschaft zu verwirklichen sei. Nur innerhalb der Arbeiterklasse würden die allgemeinen Interessen aller mit den geforderten individuellen Bedürfnissen einer Frau übereinstimmen. Aber mit ihrer Skizze schöngeistiger Literatur hatte sie hervorgehoben, dass schon vor einer revolutionären Umwälzung in allen sozialen Schichten ein nicht mehr versiegender Kraftquell aufgebrochen war. Bereits in der Gegenwart zeigten sich Frauen in ihrem Wissen und Können, in ihrem geistigen und seelischen Vermögen reicher, vielfältiger, differenzierter als je zuvor. Man musste nur fähig sein, zu sehen, was bereits vorhanden war, es weiter fördern auf dem Wege in die Zukunft. Mit ihrer Schrift öffnete die Kommunistin für alle Frauen die Tür zu einem neuen Leben. Alle Frauen, gleich welcher Herkunft und Denkweise, wollte sie auf diesen Weg mitnehmen.

Auch Netty Radvanyi wird das Büchlein »Die neue Moral und die Arbeiterklasse« gekannt, spätestens nach der Lektüre des Büchleins »Wege der Liebe« danach gefragt haben. Auffassungen Alexandra Kollontais finden sich in ihrem persönlichen Lebensentwurf wieder, rückten die Zukunftspläne der beiden jungverheirate-

---

74 Ebenda, S. 36.
75 Ebenda, S. 39 und S. 49.

ten Menschen Netty und Ladislaus näher zueinander, halfen, die im Zusammenleben mit Radványi auftretenden Schwierigkeiten zu meistern. Auch sie rückte die Arbeit ins Zentrum ihres Lebens, obwohl sie nicht auf Liebe und Liebesgemeinschaft verzichtete. Als sie 1927 mit der Veröffentlichung publizistischer Schriften begann, sich vielleicht – wie noch zu zeigen ist – in einer persönlichen Krise befand, widmete sie ihre erste Arbeit der Rezension eines Romans aus der jungen Sowjetunion. Trotz aller Sympathie kritisierte sie das Buch »Zement« von Fjodor Gladkow. Der Schriftsteller hätte »mit dem Schreibzeug, das von gestern auf seinem Schreibtisch liegen« geblieben wäre, den Verwirrungen der Liebe noch immer die größte Aufmerksamkeit geschenkt, die neuen Beziehungen der Menschen im Arbeits- und Lebensalltag dagegen in den Hintergrund gedrängt. »Es ist noch zu viel von Liebe und zu wenig von Zement die Rede«: Mit diesem Satz beendete sie ihre Rezension.[76] Auch als Schriftstellerin begann Anna Seghers zwischen dem »Wichtigsten« und dem »Zweitwichtigsten« zu unterscheiden: Sie formte ihre Auffassung um zu einer Motivkette, die sich durch ihr gesamtes Werk zieht und immer differenzierter ausgestaltet wurde. 1924/25, kurz vor ihrer Eheschließung, hatte die junge Netty Reiling – anders als Ladislaus Radványi – noch keine politische Konfession ausgebildet. Aber sie wusste, wie sie als Frau künftig leben wollte. Die Ereignisse ihrer Zeit hatte sie zuerst und vor allem unter diesem Aspekt verarbeitet.

Aufforderung, im strengsten Sinne religiös zu sein

Dennoch verfolgte sie auch politische Vorgänge bereits mit wachem Blick. Ihre Hoffnungen galten den Möglichkeiten der Weimarer Republik. In ihrem Tagebuch allerdings sprechen nur zwei Bemerkungen davon: Auf erneute Zuspitzungen der politischen Auseinandersetzungen zu Beginn des Jahres 1925 – trotz Proteste und Gegenstimmen der beiden Arbeiterparteien SPD und KPD konstituierte sich eine Bürgerblockregierung – reagierte sie »aus mehr als ein. Grund niedergedrückt und angstvoll« und den Tod Friedrich Eberts einen Monat später betrauerte sie.[77] Einer anderen Tagebucheintragung gilt es, weiter nachzuforschen. Am 10. Dezember 1924 notierte sie: »Ich gehe nicht aus Müdigk. in die S. A. G. u fühle Gewissensbisse. Warum kann ich mich in keine Gemeinschaft fügen?«[78] Sollte Netty Reiling sich entschlossen haben, ihrem Freund zu folgen und ebenfalls Kontakte herzustel-

---

76 Anna Seghers: Revolutionärer Alltag, in: Anna Seghers: KuW II, Berlin 1971, S. 50. (Der Roman erschien 1925 in der Sowjetunion, 1927 in deutscher Übersetzung im Malik-Verlag. Wie Kollontai unterlag auch Anna Seghers der vergeblichen Hoffnung, mit der sozialistischen Umgestaltung Russlands werde sich automatisch die Emanzipation der Frau realisieren – auch ohne spezielle Frauenbewegung.)
77 Anna Seghers: Und ich brauch doch so schrecklich Freude, a. a. O., S. 20 (15. Januar 1925) und S. 26 (28. Februar 1925).
78 Ebenda, S. 12.

len zu einer Organisation? Hatte Hermann Wendel ihr geraten, anders als Radványi das ihr Vertrautere zu wählen, sich in Mainz einer sozialistischen Arbeitsgemeinschaft oder Jugendgruppe anzuschließen? Die Fragen sind bislang nicht zu beantworten. Nur eines lässt diese Notiz deutlich werden: 1924 erging es ihr wie schon der Schülerin bei den »Wandervögeln«. Sie warb um die Mitgliedschaft in einer politischen Organisation. Spürte jedoch die Distanz, das Fremdsein. Konnte ihre Zurückhaltung, ihren Widerwillen nicht überwinden. Nur wenige Jahre später versuchte sie, schreibend zu klären, was sie wohl noch immer lähmte. 1929 erzählte sie von einem »Politischen«, eingesperrt in einer »Wellblech-Hütte« irgendwo in der amerikanischen Wüste. Auf engstem Raum muss er mit einem zweiten Gefangenen zusammenleben, lernen, das Unerträgliche »fremd, aber nicht unerträglich« zu finden. Die Autorin setzt sich mit dem missionarischen Eifer dieses Funktionärs auseinander, der »in den letzten zwanzig Jahren [...] acht frei gewesen« war, beschreibt seine Weltfremdheit, sein Unverständnis für die Eigenarten anderer Leute. Und stellt doch das Nützliche seiner Arbeit heraus.[79]

Deutlicher dagegen als die Bruchstücke der Tagebucheintragungen lassen Lebensgefühl und Schreibprojekte Netty Reilings erkennen, dass 1924/25 die gesellschaftlichen Veränderungen in Deutschland, Ungarn und Russland ihre Emotionen, ihr Denken bereits nachhaltig zu prägen begannen. Revolutionäre Umbrüche gehörten in ihre Zukunftsvorstellungen, vermittelten die Hoffnung, dass ihre Lust zum Anderssein sich erfüllen könne, bestimmten die Thematik literarischer Vorhaben: »Elternhaus – Rodi – Revolution Viel gedacht. 10 Seiten Rom.«, schrieb sie am 22. Januar 1925 in ihr Tagebuch. Und am 23. Januar hieß es: »Viel viel gedacht. In einem Tag, viel Licht viel Finsternis – Revolution – Lebensverlangen – Todnotwendigk. Wie wird sich das lösen?«[80] Der neue Roman »Der Aufruhr bricht aus im Bergwerk von Gassanayi«, an dem sie zur gleichen Zeit arbeitete, sollte ein »Revolutionsmythos« werden[81], »fast ein Revolutionsmärchen, etwas was es noch gar nicht gibt«.[82] Es wurde in der geplanten Form wohl nicht realisiert. Zu vage waren alle Vorstellungen gewünschter Veränderungen außerhalb ihrer persönlichen Erfahrungen. Zu wenig wusste sie von den Ereignissen, die tatsächlich vor sich gingen. Zu Ende führen konnte sie Weihnachten 1924 nur einen ersten Entwurf der Geschichte, in der sie von der Verwandlung eines Bischofs in einen Bett-

---

79 Anna Seghers: Die Wellblech-Hütte. Bruchstücke einer Erzählung, in: 24 neue deutsche Erzähler, hrsg. von Hermann Kesten, Berlin 1929, 2. Aufl. Leipzig und Weimar 1983, Zitate S. 143, S. 166 und S. 163.
80 Anna Seghers: Und ich brauch doch so schrecklich Freude, a. a. O., S. 22.
81 Ebenda, S. 20 (14. Januar 1925).
82 So Netty Reiling in einem Brief an Ladislaus Radványi, aus dem Christiane Zehl Romero in ihren Anmerkungen zum Tagebuch zitiert. Ebenda, S. 79. Bei der Arbeit an diesem Roman wird Netty Reiling an die Erzählungen der emigrierten Revolutionäre aus Ungarn gedacht haben, mit denen sie in Heidelberg zusammentraf. Vgl. dazu Helen Fehervary in ihrem Kommentar zur Erzählung »Aufstand der Fischer von St. Barbara« in der neuen Werkausgabe, Berlin 2002, S. 125 ff. Netty Reiling wird versucht haben, an reale Erfahrungen der Freunde anzuknüpfen, scheiterte, weil ihr diese Welt fremd war.

ler erzählt. Und die Ladislaus Radványi, der an einem wirklichen Revolutionsversuch teilgenommen hatte, nicht gefiel. Enttäuschen musste.

Wieder, wie bei den »Toten auf der Insel Djal«, stellte sie einen religiösen Menschen ins Zentrum der Handlung. Wieder wählte sie dafür nicht den eigenen jüdischen, sondern den christlichen Glauben, diesmal jedoch entschied sie sich nicht für einen Calvinisten, sondern für einen Katholiken.

Das Erste, was sie am 16. November 1924, einen Tag vor der Abfahrt nach Paris, über ihren Plan ins Tagebuch eintrug, war neben einem vorläufigen Titel ein zweizeiliges Gedichtchen: »Reisevorbereitungen wie gestern. Dabei nachgedacht über eine Erzählung: Die Reue des Bischofs von Pripournous. ›Der heilige Bischof von Priepournous, tralilatralilalala. Der heilte viel Weiber für 20 Sous tralilatralilalala.‹«[83] Ein Spottlied auf einen katholischen Geistlichen, der dem Gesetz des Zölibats unterworfen war. War es vor Jahren vom Vater gesungen worden? Im Briefwechsel zwischen Anna Seghers und ihrem Vetter David Cramer nach 1947 erinnerten beide solche Verse, die Isidor Reiling, ihr »Babasche«, den Kindern zu ihrem Vergnügen oftmals vorgetragen hatte.[84] Erfand sich die erwachsene Tochter, angeregt von der Reisefreude, eine Geschichte dazu, die in dem Land spielen sollte, in das sie fuhr? Wie ein Leitmotiv durchzieht das Lied ihre Erzählung.

Aber auch Spuren einer Kierkegaard-Lektüre finden sich. Unmittelbar an die erste Erwähnung ihrer neuen Arbeit schloss Netty Reiling den Hinweis, sie habe das Buch » ›Erziehung z. Christentum‹ mit Trost gelesen«.[85] Was Kierkegaard in seiner ersten Publikation »Entweder – Oder« als ideale und einzig erstrebenswerte Lebensform nur angedeutet hatte, beschrieb er in seinem letzten literarischen Werk in aller Ausführlichkeit. »Einübung« im Christentum hieß für ihn, seine Forderung nach einer wahrhaft religiösen Lebensweise »bis zu einem Höhepunkt der Idealität zu steigern«[86], sie gleichzeitig zu verbinden mit schonungsloser Kritik am offiziellen Christentum, das seiner Meinung nach in Glanz und Lüge erstarrt sei. Auch die Hauptfigur der Legende, mit der Netty Reiling die Forderung Kierkegaards nach idealer Religiosität zu erfüllen sucht, befindet sich auf der Suche nach der einzig richtigen Lebensform.

Überliefert ist nur die handschriftliche Fassung. Sie ist engzeilig in ein Schulheft eingetragen – eine Arbeitsweise, die Anna Seghers zeit ihres Lebens beibehielt. Abkürzungen verraten die Eile des Niederschreibens. Zahlreiche Streichungen, Korrekturen, Fehler, die heute eine Entzifferung erschweren, zeugen von der

---

83 Anna Seghers: Und ich brauch doch so schrecklich Freude, a. a. O., S. 7.
84 Der Briefwechsel zwischen Anna Seghers und David Cramer befindet sich im ASA. Im Brief vom 18.12. 1951 nennt David Cramer »Pappa Lutz«, den Vater seiner Cousine, auch »Babasche«. Einige Briefe sind abgedruckt in: Anna Seghers: Hier im Volk der kalten Herzen, Briefwechsel 1947, hrsg. von Christel Berger, Berlin 2000; vgl. vor allem S. 101, S. 137 und S. 141.
85 Anna Seghers: Und ich brauch doch so schrecklich Freude, a. a. O., S. 7 (16. November 1924). Der Titel des Buches wird hier falsch zitiert.
86 Sören Kierkegaard: Einübung im Christentum, Jena 1912, S. 2. (Dieses Buch befindet sich in der Bibliothek der Anna Seghers.)

Mühe der Kunst-Arbeit. Zur Überarbeitung, zur Anfertigung eines druckreifen Typoskriptes kam es nach dem ablehnenden Urteil Radványis wohl nicht mehr. Auch der Autorin erschien der Text »wie ein ungehauener Stein«[87]. Dennoch: Er brachte zum Ausdruck, was der Freund in seinem Vorspruch zum Tagebuch mit den Worten Jesaias so inständig beschworen hatte: ein »Adler« wuchs heran. Vieles, was das Gesamtwerk der Seghers auszeichnet, findet sich im Ansatz schon hier. Unübersehbar die Sprachgewalt, die Kraft der Bilder, die Kühnheit der Anfängerin im Umgang mit Stoff und Erzähltechniken – trotz der Gefahr, manches noch nicht meistern zu können. Wenige Worte lassen Landschaft, Situationen, Figuren lebendig werden. In einem Satz kann eine Welt aufscheinen: »Er senkte den Kopf, und Catharina nahm ihn in ihre Hände, betrachtete und wiegte ihn, wie ein loses Ding für sich, wie das abgeschlagne Haupt des Täufers, und hob ihn wieder auf die Schultern und gab ihn dem Bischof zurück.«[88]

Eine Liebesgeschichte also, aber eine Liebesgeschichte ungewöhnlicher Art.

Dem vornehmen Bischof Jehan d'Aigremont erscheint das Leben leer und langweilig. Er befiehlt eine Dirne zu sich, aber diese Art Liebe enttäuscht ihn. Er erwürgt das Mädchen aus Ekel und Unbehagen, verliert Amt und Würde, wird in ein Straflager verbannt. Seine Ankunft dort, als ihm statt der Stola der Strick umgelegt wird, eröffnet die Geschichte. Von der Mordtat wird nur in der Rückblende berichtet. Doch für den Gefesselten, Ausgestoßenen beginnt ein freieres und glücklicheres Leben. Er entfernt sich von Gott, sucht die Nähe der Menschen. Um seine veränderte Lage begreifen zu können, erzählt er den Häftlingen von seinem Verbrechen. Er beginnt mit Worten, wie sie fast zwanzig Jahre später im Roman »Transit« erneut wiederkehren, als der Flüchtling aus einem faschistischen Konzentrationslager wie unter Zwang einem Mitemigranten in Marseille mitteilen muss, was ihm widerfuhr: Erzählen wird gebraucht, um Erfahrungen zu verarbeiten – für die Autorin ein Bedürfnis der Menschen seit Urväterzeiten, auch für sie selbst. Gleichzeitig lernt Jehan die Wirkung seines Berichtes kennen: Die Angst der zuhörenden Häftlinge, die wissen, dass er vormals der angesehenste Bischof war, verfliegt, die Aura des Besonderen zerrinnt. Er wird einer von ihnen, wird ihresgleichen. Sogar an ihren homoerotischen Abenteuern nimmt er teil. Was Jehan früher in der vornehmen Welt am meisten bedrängte, kann unter den Ausgestoßenen der Gesellschaft überwunden werden: Aufgenommen in ihre Gemeinschaft, schwindet sein Gefühl der Einsamkeit.

Diese erste Wende in seinem Leben macht die Autorin sichtbar an einem Motiv, das in seinem Bedeutungsgehalt ambivalent bleibt, offen ist für Veränderungen. In

---

87 Anna Seghers: Und ich brauch doch so schrecklich Freude, a. a. O., S. 15 (22. Dezember 1924). Die Erzählung, 2003 aus dem Nachlass zum ersten Mal abgedruckt, wurde zusammen mit dem Tagebuch in diesem Band veröffentlicht. Seitenzahlen von Zitaten befinden sich unmittelbar im Text.
88 Ebenda, S. 50; eine Verwechselung von Akkusativ und Dativ im letzten Satzteil wurde stillschweigend korrigiert.

der Legende vom Bischof Jehan wird es entdeckt und eingeführt; es ist jedoch im Gesamtwerk zu finden, sollte sich zum Erkennungszeichen eines jeden Seghers-Textes entwickeln: das Motiv vom Leuchten in den Augen. Zum ersten Mal taucht es auf, als Jehan dem Häftling Chat Chat Rouge[89], einem Adligen, begegnet, der ihm zum Vertrauten wird, ihm hilft, sich zurechtzufinden. Er ist »glatt und dünn«, zeigt »in den blauen Augen winzige glitzernde Flämmchen von Lustigkeit« (39). Als Jehan sein Dasein als Sträfling zu akzeptieren beginnt, ein »zufriedenes Gesicht« bekommt, blinken auch um seine Mundwinkel »die Lichtchen von Lustigkeit, die in Chatchats Augen« stehen. (44)

Der Weihnachtsabend zerstört diese Art Glücklichsein. Seine neuen Gefährten fordern ihn auf, die Christmesse zu lesen, das Abendmahl zu reichen und ihnen vorzuführen, wie er durch das Auflegen seiner Hände Kranke zu heilen vermag – eine Kunst, die ihn berühmt gemacht und ihm einst das Gefühl eines Auserwählten Gottes verliehen hatte. Er erfüllt ihre Bitten – und sogleich ist er wieder der Fremde, legt sich der Mantel der Einsamkeit erneut um seine Schultern. In dieser Wendung klingt an, was Netty Reiling schon als Kind erlebte: Auch sie trug an einer Besonderheit. Ihre Begabung, Geschichten erfinden und erzählen zu können, zeichnete sie aus. Riss zugleich schon früh eine Kluft auf zwischen dem Kind und den Freundinnen.

Die zweite Wende im Ausprobieren von Lebensweisen leitet Chatchat ein. Er ermöglicht dem Bischof die Flucht in die Vorstadt von Rouen an den Ufern der Seine, verfolgt damit aber eigene Pläne. Er, der sich seit Jahren »auf allen Galeeren und Prangern der Heimat« herumtreibt (39), will die Kunst des Freundes nutzen, um in den Schenken, bei Zuhältern und Dirnen Geld zu erpressen. Jehan soll zu einem Leben verführt werden, das einzig an »Weiber(n), Gefährten, Abenteuer(n)« Genuss und Genüge findet. (47) Chatchats Kleider jetzt, die Kleider des adligen Herrn von Bialors, »den Degen umgeschnallt, das Hütchen auf« (48), von dem »die Spitze einer Feder vom Hutrand herab gegen die Stirn tippte« (54), verraten, wer er wirklich ist, verraten auch die literarischen Anleihen der jungen Schriftstellerin. Anfangs schätzt es Jehan, hier in der Vorstadt »frei zu sein, mit ungefesselten Armen und Beinen, ohne Stricke um Hälse und Seelen«. (48) »Damals«, so die Erzählerin, »fing man in den Flusshäusern von Rouen, in den Schenken und unter seinem Fenster zu pfeifen an. ›Der heilige Bischof von Priepournous, tralilalilala, der heilt die Weiber für zwanzig Sous, tralilalilala.‹ « (49) Später kommen zwei weitere Zeilen hinzu: »Und sind sie geheilt in Gottes Dank, trala, so macht er sie von neuem krank, trala.« (54) Mochte Spott aus dem Liedchen klingen, es verriet auch Anerkennung und Achtung. Jehan hätte zufrieden sein, Chatchat sich die Hände reiben können.

---

89 Die Schreibweise dieses Namens ist verschieden, verwendet wird auch einfach Chatchat.

Aber das Leben des ehemaligen Bischofs wendet sich erneut. Er lernt Catharina kennen. Spürt bei der ersten Begegnung, dass auch er ihr gefällt. Weiß sofort: »Ja, jetzt muss sich alles ändern, [...] jetzt soll alles vorbei sein, jetzt will ich ein ganz anderer Jehan werden, ein ganz anderes Gesicht, ein ganz andres Herz bekommen. Ich pfeife auf alle Chatchats der Welt, ja was war denn das nur mit mir? Ich brauche ja nur in die Hände zu klatschen und meine Stirn springt auf und alle Schatten wie ein Schwarm Vögel fliegen weg. Warum habe ich bloß nicht schon früher in die Hände geklatscht?« (50 f.) Beide leben zum Ärger Chatchats in der Kammer einer Schenke zusammen. Catharina warnt – wie Gretchen ihren Faust – Jehan vor seinem »roten Gefährten«, bittet: »Hörst du, sprich nie mehr mit ihm.« (51) Und tatsächlich: Der Teufel verliert seine Macht über ihn. Lange Zeit bewahren sich Catharina und Jehan ihre Liebe. Beide sind glücklich, stolz aufeinander, wissen, dass sie, nur sie zusammen gehören, tun das, was auch Netty Reiling so gern erlebt hätte: Sie verbergen ihre Liebe nicht vor den Leuten, in den Schenken nicht und nicht auf den Straßen von Rouen, trotzen dem Gerede anderer, leben – ohne Trauschein – so, wie sie es möchten. Aber Catharina ist vom Aussatz befallen. Anfangs hofft sie auf Heilung. Doch der Bischof vermag die geliebte Frau nicht zu retten. Bei ihr versagen seine Wunderkräfte. Verzweifelt muss er zusehen, wie sie dahinsiecht. Jeder Kranke, der zu ihm kommt, geht gesund von dannen. Catharina nicht. Ist das die Strafe, fragt sich Jehan, die Gott für ihn aussuchte, als er sich von ihm entfernte? Catharina jedoch hält zu ihm, auch nachdem sie seine Ohnmacht erkannt hat. Sie bleibt die bedenkenlos Liebende. Die Autorin vertauscht die Rollen: Der Frau gelingt bei dem geliebten Mann, was ihm bei Catharina verwehrt ist: Sie vollendet, sich selbst opfernd, seine Wandlung.

Auf Dauer jedoch vermag Liebe allein Jehan nicht zu befriedigen. Träume quälen, zeigen ihm, was ihm fehlt. Die Kraft seiner Hände, Menschen heilen zu können, ist ihm kein Zeichen mehr für die Auserwähltheit durch Gott wie die Stigmata in den Händen von Jesus Christus. Er aber will zu Gott zurück, sucht erneut seine Nähe, unverstellt durch Amt und Institution. Er gesteht Catharina seine Not. Und eines Nachts im Schlaf scheint Jehan, als habe sich »etwas Besonderes, Unbegreifliches zugetragen«, er selbst sich verändert. (63) Erwacht, blickt er auf seine Hände, sieht frische Blutstropfen, glaubt sein Beten und Drängen erfüllt, hat zur Religiosität zurückgefunden.

Er verlässt die sterbende Catharina, lebt hinfort als Bettler unter den Ausgestoßenen der Stadt auf den Stufen der Kathedrale, in der er einst als Bischof amtierte. Aber nicht damals, als er »in Gold und Purpur, schwer und beladen« (64) als Repräsentant der Kirche mit seinem Gefolge ins Innere des Gotteshauses trat, war er ein glücklicher Mensch. Glücklich ist er jetzt, bar allen Besitzes, bar allen Ruhmes. Er hat gefunden, was er suchte: die für ihn einzig richtige Lebensweise. Im Augenblick seiner tiefsten Reue, als er – dem verlorenen Sohne gleich – zurückkehrt zu Gott, »nicht mehr war als ein in ein paar Spinnweben gewickeltes Herz«

(64), beginnt die Sehnsucht des Jehan d'Aigremont sich zu erfüllen, ist er »im strengsten Sinn Christ«[90] geworden.

Jahre später trifft er noch einmal auf den alt gewordenen Chatchat, fährt er mit ihm in die Schenke, in der er einst zusammen mit Catharina lebte. Ein letztes Mal versucht Chatchat seine Macht: Er verrät – »mit schrecklichen Augen, in denen die Punkte kleine Nadelspitzen wurden« (66) – ein Geheimnis: Nicht Gott, Catharina habe Jehan die Wunden in den Händen zugefügt, damit er die Vorstadt verlassen und »in Frieden leben« könne. (66) Die Bosheit vermag nicht zu treffen. Längst sind die von Catharina zugefügten Verletzungen zu echten Stigmata geworden,[91] weiß Jehan, dass seine Reue, seine Rückkehr zu Gott, gelungen ist. Er stirbt, den Kopf auf einen Tisch der Schenke gepresst, ist erlöst, denn: »Gott hatte seine Seele aufgenommen in das Ewige Leben.« (67) Mit diesem Satz schließt die Erzählerin ihre Legende, die sie mit der Bitte begonnen hatte: »mit Gottes Hilfe«. (34)

Mit sicherem Gefühl für die Grenzen eigenen Könnens und die Erfordernisse ihres Stoffes hatte die Autorin die Form der Legende gewählt. Sie erlaubte es, sich auf eine »wunderbare Wandlung« zu konzentrieren, ohne alle Einzelheiten und Zusammenhänge streng ausformen, alle Vorgänge und Handlungsweisen genau motivieren zu müssen. Überliefertes nutzend, hatte Netty Reiling sich eine Möglichkeit zum Erzählen geschaffen, eine Möglichkeit auch, eigenes Empfinden, eigene Sehnsüchte, Ängste, Religiosität in ihre Geschichte hineinzuweben, vielleicht auch eine Botschaft an den geliebten Mann weiterzureichen. Mit der »Sage aus dem Holländischen« war eine Art Wunsch-Biographie entstanden. In der Legende baute die Erzählerin eine Gegen-Welt zu der ihrer Herkunft auf. Außerhalb der Welt der Vornehmen und Reichen pulsierte echtes Leben, gab es menschliche Gemeinschaft, Geborgenheit, Religiosität, fand auch Sexualität ihren Platz: »Und wie saß man warm und eng« in den Schenken, »Kopf an Kopf gelehnt, die Arme umeinander verschlungen, wie ein runder, heißer Körper.« (48) Nachklingende Elemente expressionistischen anti-bürgerlichen Kunstschaffens verstärkten dieses Gegen-Bild, blieben im Gesamtwerk der Autorin erhalten: Kneipe, Schenke oder Höhle als Handlungsort sollten immer wieder auftauchen. Auch Dirnen als die wahrhaft Liebenden. Immer auch trieb der Verführer sein teuflisches Spiel.

Vor allem das artistische Vermögen, mit literarischen Anregungen, mit tradierten Stoffen und literarisch Vorgeformtem umzugehen, der erzählten Geschichte mehrere Bedeutungsebenen einzuschreiben, verwies auf einen kommenden »Adlerflug«. Die Autorin machte zum Beispiel selbst aufmerksam auf einen Stoff des Neuen Testamentes, der verborgen hinter dem Erzählten steht, der Liebesgeschichte besonderen Sinn verleiht. Seit Jahrhunderten fühlten Maler, Musiker, Schrift-

---

90 Sören Kierkegaard: Einübung im Christentum, a. a. O., S. 62.
91 Über den Bettler auf der Treppe der Kirche schreibt Netty Reiling: »Er verbarg ängstlich seine Hände, aber er selbst betrachtete sie öfters heimlich, spreizte sogar die Finger, um den Riß spannen zu fühlen und ein frisches Tröpfchen aufsteigen zu sehen.« (S. 64)

steller sich von dem Bericht über den Propheten herausgefordert, der die Hochmütigen im Volk der Juden getadelt hatte, vor Fürstenthronen nicht zurückgeschreckt war und den Ehebruch von Herodes und Herodia verurteilte. In ihren Darstellungen jedoch triumphierten immer wieder Hass, List und Triumph der Herodia, die den Tod des Täufers Johannes forderte, sich seinen Kopf in einer Schüssel überreichen ließ. Netty Reiling brach mit dieser tradierten, männlich bestimmten Deutung des Mythos, betonte das menschliche Antlitz der Frau: Ihre literarische Figur der Catharina, die den gesenkten Kopf des Bischofs »wie das abgeschlagne Haupt des Täufers« in ihre Hände nahm, »betrachtete und wiegte«, »hob ihn wieder auf die Schultern«, richtete den Geliebten auf und gab ihm das Leben zurück (50) – verzichtete auf das eigene Glück.

Ursprünglich diente die Legende, die an das vorbildliche Leben eines Heiligen erinnerte und in Kirchen zum Vortrag kam, der Stärkung der Religiosität aller Gläubigen. Auch die Geschichte vom Bischof Jehan, der als Bettler seine Schuld sühnt, kann als fromme Mahnung verstanden werden: Irrfahrt, Not und Gewissensqual enden, sobald eine religiöse Lebensweise zur »Idealität« gesteigert, als Ziel allen Strebens akzeptiert wird. Richtete dieser Anruf sich an Ladislaus Radványi? Verstand er diese Zuordnung? Weihnachten 1922 hatte er – um Netty Reiling werbend – der Freundin ein Buch mit den »schönsten Legenden aus den deutschen Passionalen des 15. Jahrhunderts« mit der Widmung »Seinem Mutterkind«[92] geschenkt, ging er auf ihre Interessen ein. Wenige Monate später jedoch verwies er in seiner Dissertation auf die neue Qualität im Verhältnis zu Gott bei jener Bewegung, von der er herkam und zu der er sich erneut bekannte. In dem Monat, in dem die Legende geschrieben wurde, schloss er sich mit Wissen Netty Reilings erneut einer Organisation an, in welcher »der Mensch das ganze Werk der Erlösung selbst vollbringen zu können glaubt, und von Gott nichts mehr erwartet«.[93] Er hatte sich endgültig vom israelitischen Glauben verabschiedet. Die Botschaft der Legende vom Bischof erreichte ihn nicht mehr. Er lehnte sie ab, konnte seine Kritik aber nicht mit mangelnder künstlerischer Qualität begründen. Er wird als Philosoph und politisch Engagierter geurteilt haben, nicht gewillt, zu Gott zurückzukehren. Gleichzeitig jedoch – ein Bekenntnis zu der Frau, die er liebte – tarnte er sich mit dem Vornamen der Hauptfigur, um künftig als Johann bzw. Johann Lorenz Schmidt unsichtbar zu bleiben für die Augen sämtlicher Schnüffler – und er behielt sein Pseudonym bei, sein Leben lang.

Sollte die Autorin die Mahnung vor allem an sich selbst gerichtet haben? Verstand sie – wie Kierkegaard – »das Gesagte wie allein zu mir gesagt«?[94] Nur

---

92 Der vollständige Titel des Buches, das sich in der Bibliothek der Anna Seghers befindet, lautet: Der Heiligen Leben und Leiden, das sind die schönsten Legenden aus den deutschen Passionalen des 15. Jahrhunderts. Ausgewählt und übertragen von Severin Rüttgers, Insel-Verlag, Leipzig 1922.
93 Ladislaus Radványi: Der Chiliasmus. Ein Versuch zur Erkenntnis der chiliastischen Idee und des chiliastischen Handelns, Budapest 1985, S. 81.
94 Sören Kierkegaard: Einübung im Christentum, a. a. O., S. 2.

allzu gut wusste sie, dass Zweifel an einer religiösen Lebensweise auch sie bedrängten. «Mir scheint, ich habe nicht mehr den Weg zu Gott frei, nicht mehr Reue genug«, schrieb sie am 22. Dezember 1924 in ihr Tagebuch, und am 12. Januar 1925 fragte sie sich: »Warum habe ich immer in d. Freude das Gefühl mich von Gott zu entfernen?«[95]
Nur zögernd wagte sie zu fragen.

Nicht zufällig verwechselte sie den Titel des Kierkegaard-Buches, schrieb sie in ihrem Tagebuch »Erziehung« statt »Einübung im Christentum« (7). Sie wollte sich erziehen. Bemühte sich, ihre Zweifel beiseite zu drängen. Unsicherheiten zu überwinden. Die Lektüre wird sie in ihrem Glauben bestärkt, ihr Sicherheit zurückgegeben haben. Wohl deshalb las sie vor der Reise mit den Eltern das Werk mit Trost. Mit dem Gedanken einer Konversion spielte sie nicht. Noch über Jahre blieb sie ihrer jüdischen Religion treu. Noch in anderer Hinsicht wird Kierkegaard ihr Mut gemacht haben: Er bestärkte die junge Jüdin, Teile der Lebensweise ihrer Eltern abzulehnen. Denn der Philosoph überschüttete seine Zeitgenossen, Kopenhagener Bürger, mit höhnischer Kritik, beschuldigte vor allem die wohlhabenden Repräsentanten von Kirche und Gesellschaft, durch ihr Verhalten »das Christentum abgeschafft« zu haben.[96] Mit seiner Forderung, »im strengsten Sinn Christ« zu werden,[97] wollte er die Menschen wachrütteln; jeder Einzelne sollte die Kluft zwischen seinen Worten und Taten schließen, sich zumindest bemühen, die Gebote seines Gottes auch zur Richtschnur seiner Existenz zu nehmen. Netty Reilings literarischer Figur Jehan d'Aigremont gelingt es am Ende ihrer Tage, Glauben und Leben in Übereinstimmung zu bringen. Die Autorin hatte das Anliegen des Philosophen verinnerlicht, als eigene Aufgabe angenommen. Die Aufgabe blieb erhalten – auch dann, als sie Jahre später sich ebenfalls politisch engagierte und »sich von den religiösen Bindungen« ihrer Herkunft zu lösen begann, ohne »ihre ethischen Forderungen für ungültig«[98] zu erklären: Immer suchte sie, zu einer »unangreifbaren, klaren Einheit von Sein und Denken« zu gelangen.[99]

---

95 Anna Seghers: Und ich brauch doch so schrecklich Freude, a. a. O., S. 15 und S. 20.
96 Sören Kierkegaard: Einübung im Christentum, a. a. O., S. 31.
97 Ebenda, S. 62.
98 Anna Seghers: Fürst Andrei und Raskolnikow. Die militärische und die ideologische Invasion Napoleons in den Romanen »Schuld und Sühne« und »Krieg und Frieden«, in: Anna Seghers: KuW II, Berlin 1971, S. 151.
99 Vgl. dazu den programmatischen Aufsatz »Inneres und äußeres Reich« (Anna Seghers: KuW I, Berlin 1970), den Anna Seghers gegen Ende des Exils in Mexiko im Frühjahr 1946 schrieb. Damals war sie überzeugt, in einem vom Faschismus befreiten Deutschland werde es ihr möglich sein, diese Forderung endlich selbst verwirklichen zu können.

Erste Ehejahre: Schreibende Hausfrau und Mutter

Eine neue Rolle wird übernommen

10. August 1925: Hochzeitstag. Das lang ersehnte und umstrittene Fest fand statt. Netty Reiling hatte sich gegenüber den Eltern durchgesetzt. Auch gegenüber Ladislaus Radványi: Denn zumindest seine Mutter und die Schwester Lili, die der jungen Frau vertraut und lieb werden sollte, kamen nach Mainz. Vater und älterer Bruder dagegen blieben der Feier fern: Sie werden noch Zeit zur Versöhnung gebraucht haben. Im Pariser Exil jedoch besuchte auch Imre Radványi Sohn, Schwiegertochter und Enkel.

Ob die Hochzeit nach jüdischem Brauch gefeiert wurde, ist nicht überliefert. Nur die Eintragung beim Standesamt, der »Privatgelehrte« habe »die Ehe geschlossen« mit der »Kunsthistorikerin«, überdauerte die Zerstörungen während der Nazizeit. Auch eine Visitenkarte blieb erhalten:

Dr. Laszlo Radvanyi
Dr. Netty Radvanyi
geb. Reiling
Vermählte
Mainz 10. August 1925[1]

Laszlo und Netty Radvanyi – der gemeinsame Name wurde ohne Akzent geschrieben. Zeichen eines neuen Lebensabschnitts für beide Partner. Eine Reise an die Nordsee, nach Scheveningen in den Niederlanden wahrscheinlich, schloss sich an. Und dann, endlich, endlich, konnte Mainz verlassen, ins eigene Heim in Berlin-Charlottenburg eingezogen werden. Das Mietshaus in der Sybelstraße ähnelte dem in der Kaiserallee der Heimatstadt. Ein vielgeschossiges Gebäude inmitten einer mit gleichartigen Bauwerken zugestellten Straße, die aber weitaus schmaler war, ohne großzügigen, mit Bäumen bewachsenen Mittelstreifen. Dennoch keine Mietskasernen – eine vornehme Gegend nahe dem damals wohl belebtesten und mondänsten Boulevard Berlins, dem Kurfürstendamm. Gepflegte Tennisplätze lagen dem Wohnhaus gegenüber, kündeten von der Exklusivität dieses Stadtviertels. Die Ausstattung der Wohnung wird ein Geschenk der Eltern an die Tochter gewesen sein, hieß es doch im »Ehe-, Erb- und Erbverzichtsvertrag«, dass »die gesamte Einrichtung des ehelichen Hausstandes Eigentum der Frau« bleibe.[2] Der Weg ins Leben begann.

---

1 Die Dokumente befinden sich im Besitz der Tochter, Frau Dr. Ruth Radvanyi, Berlin.
2 Vgl. dazu Christiane Zehl Romero: Anna Seghers. Eine Biographie. 1900–1947, Berlin 2000, S. 176.

Hatten der Studienfreund Philipp Schaeffer und seine Frau Antonina, die bereits vor zwei Jahren nach Berlin gekommen waren, mitgeholfen, eine Wohnung zu suchen? Berlin, Groß-Berlin, keine Kaiserstadt mehr, mit über vier Millionen Einwohnern jetzt Hauptstadt der Weimarer Republik, reckte sich bereits zur Metropole von europäischem Rang, machte es den von 1925 bis 1928 mehr als hunderttausend Hinzukommenden schwer, eine den Wünschen angemessene und dennoch bezahlbare Unterkunft zu finden. Auch der Familie Schaeffer hatten Freunde beim Sprung von Heidelberg nach Berlin beistehen müssen: in ihrem Haus in Dahlem fanden sie anfangs Quartier.[3] Dann gelang es – mit viel Mühe und Geld – am Kurfürstendamm eine großräumige Atelierwohnung zu bekommen und herzurichten. Nur wenige hundert Schritt entfernt lag die Sybelstraße. Frau Dr. Radvanyi besuchte Teenachmittage Antonina Schaeffers, obwohl beide sich nicht recht leiden mochten und die Jüngere Gespräche und Tee-Zeremonie durch herausforderndes Strümpfestopfen störte – wie Schaeffers zehnjährige Tochter erstaunt beobachtete. Doch als am 29. April 1926 Peter Radvanyi zur Welt kam, durfte sie ihn stolz im Kinderwagen spazieren fahren – und behielt so beide Begebenheiten über Jahrzehnte im Gedächtnis.

Netty Radvanyi jedoch wird nicht nur an Teenachmittagen teilgenommen und mit Lust provoziert haben. Sie muss auch Menschen begegnet sein, die ihre Aufmerksamkeit fesselten. Denn Philipp Schaeffer war dank seiner Dahlemer Freunde, dem Filmproduzenten de Witt und der Schauspielerin Lil Dagover, der Zugang eröffnet worden zu einem der beiden modernsten technischen Medien, die das öffentliche Leben der Republik zu verändern, künstlerischer Arbeit ein Massenpublikum zu schaffen begannen: zum Film. Auch seine Frau ließ sich mit Vergnügen als Komparsin in den aufkommenden Gesellschaftsfilmen engagieren. De Witt verschaffte dem jungen Sinologen eine zeitweilige Tätigkeit als Berater Lotte Reinigers, die mit dem überlieferten chinesischen Schattenspiel experimentierte und von 1923 bis 1926 den Scherenschnittfilm »Die Abenteuer des Prinzen Achmed« schuf. Weitere kleine Aufträge bei der Ufa kamen hinzu. Möglich, dass die Entscheidung für die Wohnung am Kurfürstendamm mit diesen Arbeiten zusammenhing: Das Atelier lag nicht nur in einem Zentrum des aufstrebenden geistig-kulturellen Lebens von Berlin. Hier waren auch Europas modernste Uraufführungskinos, Ufa-Palast, Marmorhaus, Gloria-Palast, errichtet worden. Von einem Besuch im Kino war es nicht weit bis zur Familie Schaeffer, um über die Film-Erlebnisse zu diskutieren und zu streiten. Die älteste Tochter erinnerte sich noch im hohen Alter an die zahlreichen Geselligkeiten im Atelier: Bei russischer Küche, »Piroggen, Piroschkis, Blinis, Borscht und Schtschis«, trafen sich »russische Emigranten, Studienfreunde Papas, Verwandtschaft«. In diesem Kreis wird das nachhaltigste Stummfilm-Ereignis der zwanziger Jahre nicht unreflektiert geblieben sein: der von Sergej

---

3 Diese und die folgenden Angaben stellte mir die älteste Tochter Philipp Schaeffers, Frau Antonie Grill, Baden-Baden, zur Verfügung, der ich dafür zu besonderem Dank verpflichtet bin.

Eisenstein zum Gedenken an die Revolution von 1905 gedrehte Streifen »Panzerkreuzer Potemkin«. Nach heftigem Kampf mit der Zensur konnte der in der Sowjetunion entstandene erste und künstlerisch gelungenste der damals sogenannten Russenfilme im Frühjahr 1926 auch in Deutschland gezeigt werden. Noch vierzig Jahre später sprach Anna Seghers davon, dass er »einen ungeheuren Eindruck« auf sie ausgeübt, sie so etwas »noch nie gesehen und gehört« hätte.[4] Möglich, dass die »Russenfilme« – sie nannte noch »Sturm über Asien« und »Der Weg ins Leben« – sie bestärkt haben, eine erstarrte Bürgerwelt abzulehnen. Wichtiger noch: Sie muss gespürt haben, dass der von ihr geplante und begonnene Roman, den sie als »Revolutionsmythos« anlegen wollte,[5] nicht ohne genau beobachtete Wirklichkeit, nicht ohne Suche nach neuen Darstellungsmöglichkeiten zu bewältigen sei. Ihre nächsten Arbeiten zeigten die Richtung an, die sie – beeinflusst vom Film – einschlagen sollte.

Warum die junge Familie nach nur einem Jahr die Wohnung wechselte, ist nicht bekannt. Vielleicht war sie zu klein geworden, zu ungünstig für das Kind, vielleicht belastete die Ehekrise der Freunde auch sie: Denn Philipp wie Antonina Schaeffer wandten sich anderen Partnern zu. Ein Grund für das Zerwürfnis ihrer Eltern soll nach den Worten der Tochter Antonie die wachsende Sympathie ihres Vaters für die KPD gewesen sein.[6] 1927 wurde die Ehe geschieden, 1928 heiratete Philipp Schaeffer die Bildhauerin Ilse Liebig, die später mit ihm gemeinsam am Widerstand gegen den Faschismus teilnahm und wie er verhaftet, nicht aber hingerichtet wurde. Die Beziehungen zu den alten Freunden aus Heidelberger Studienjahren lockerten sich. Schon im Oktober 1926 kehrten die Radvanyis nicht mehr in die Sybelstraße zurück. Nach einem ausgedehnten Sommerurlaub 1926 bei den Eltern in Mainz und im Ferienort Königstein im Taunus bezogen sie im benachbarten Stadtbezirk Wilmersdorf eine neue Wohnung, wo sie sich bis zum Frühjahr 1932 heimisch fühlten und im Mai 1928 das zweite Kind, die Tochter Ruth, geboren wurde.

Hausfrau und Mutter war Netty Radvanyi geworden.

Sie akzeptierte ihre neue Rolle, nahm sie ernst. Fotos zeigen sie mit ihren Kindern auf Spaziergängen, beim Spielen, beide nicht in Samt und Spitzen gekleidet wie einst ihre Mutter.[7] Dagegen gab sie weiter, was sie selbst geprägt hatte: Wie ihr Vater erzählte sie Märchen, Sagen, Legenden, las sie aus der Bibel vor, und sobald es an der Zeit war, ließ sie geeignete literarische Werke lebendig werden: Die Abenteuer des Odysseus kannten Peter und Ruth bald auswendig.[8] Die Schauspie-

---

4 Anna Seghers: Gespräch mit Wilhelm Girnus, in: Anna Seghers: KuW III, Berlin 1971, S. 31.
5 Anna Seghers: Und ich brauch doch so schrecklich Freude. Tagebuch 1924/25. Die Legende von der Reue des Bischofs Jehan d'Aigremont von St. Anne in Rouen, Berlin 2003, S. 20.
6 Antonie Grill im Gespräch mit mir am 4.6.2003. Vgl. dazu auch in diesem Buch im Kapitel »Abenteuer menschlicher Begegnungen« die Anmerkung 15.
7 Anna Seghers. Eine Biographie in Bildern, hrsg. von Frank Wagner, Ursula Emmerich, Ruth Radvanyi, Berlin 1994, S. 64, S. 68, S. 82.
8 Gespräch mit Ruth Radvanyi am 19.3.1997. (Das Tonband mit diesem Gespräch befindet sich in der Anna-Seghers-Gedenkstätte, Berlin.)

lerin Steffie Spira-Ruschin erzählt in ihren Lebenserinnerungen, wie sie 1929 an einem sonnigen Vorfrühlingstag Anna Seghers im Strandbad Wannsee im Berliner Grunewald kennenlernte: »Nicht weit von uns spielte eine junge, sehr schöne Frau mit ihrem kleinen Jungen Ball, ein Baby lag im Wagen daneben. Wir fragten, ob wir mitspielen dürften. Wir spielten zusammen, es machte Spaß.« Aus dieser Begegnung sollte eine lebenslange Freundschaft erwachsen; alle Stationen des Exils der Familie Radvanyi musste auch Steffie Spira-Ruschin durchlaufen; immer wieder traf sie irgendwo die Freundin, wie gewohnt besorgt um ihre Kinder: »Immer, in allen wirren Lebenssituationen, hat Anna versucht, das Leben ihrer Kinder in ein Mindestmaß von Ordnung zu bringen.« Auch wenn sie in einem Fluchtort nur kurze Zeit verweilen durften, »wurden die Kinder in die Schule geschickt, während des Aufenthaltes in Santo Domingo wurde ihnen Unterricht erteilt. Überall hat Anna ein Zuhause errichtet, sei es auch nur mit einem Tischtuch und ein paar Servietten, die, wenn möglich, aus Leinen waren.«[9] »Die Eltern haben es geschafft, uns Kindern ein glückliches, mit dem Gefühl der Geborgenheit versehenes Leben zu ermöglichen«: nachdenklich-dankbar blickte 1991 die Tochter Ruth, selbst über sechzig Jahre alt, auf ihre Kindheit zurück.[10]

Die ersten Jahre ihrer Ehe werden für Netty Radvanyi nicht leicht gewesen sein, vor allem materiell nicht. Über ihre Lage damals hat sie sich nie geäußert, was ihrer Verschlossenheit entsprach. Auch einem Tagebuch vertraute sie sich kein zweites Mal an – zumindest scheint es bislang so. 1925 muss ihr Mann – seinen Angaben auf einem Fragebogen zufolge – noch keine feste Anstellung gehabt haben.[11] Wohl erst ab 1926 durfte er mit regelmäßigen Einkünften rechnen. Doch die werden nicht hoch gewesen sein. Das fiel sogar der Haushälterin auf, die Netty und Laszlo Radvanyi seit Heidelberg kannte und der jungen Familie nach Berlin folgte. Sie berichtete rückblickend, Ladislaus Radvanyi hätte eine »schlecht bezahlte Arbeit« angenommen, vermutete, dass »Nettys Eltern, vielleicht Rodis Familie« den Jungvermählten »etwas zukommen ließen«.[12] Hedwig Reiling wird darauf bestanden haben, dass ihre Tochter trotz des schmalen Budgets standesgemäß lebte, sich Hilfe holte für Kinderzimmer und Küche. Die Kosten wird sie getragen haben. Katharina Schulz aus dem Dorf Lindelbach bei Wertheim am Main, nur drei Jahre älter als Netty und Laszlo Radvanyi, gehörte bald zur Familie, folgte ihr ins Exil, teilte ihr Los bis 1938. Sie wirkte nicht nur als Haushaltshilfe, auch als Hausbewahrerin. Die Kinder Peter und Ruth, dank der Erzählungen ihrer Mutter wohlbewandert in der Welt der griechischen Sagen, gaben ihr den Namen Gaya, den Namen der

---

9 Steffie Spira-Ruschin: Trab der Schaukelpferde, Aufzeichnungen im nachhinein, Berlin 1984, S. 213 und S. 220 f.
10 Gespräch mit Ruth Radvanyi am 12.4.1991.
11 Diese wie die Angaben über Sprachkenntnisse und Tätigkeiten entstammen einem Fragebogen, den Laszlo Radvanyi am 20.11.1970 für die SED ausfüllte. SAPMO Berlin, Akte Nr. DY 30/IV 2/11 v 2576.
12 Ruth Radvanyi im Gespräch mit Katharina Schulz, November 1990, in: Anna Seghers. Eine Biographie in Bildern, a. a. O., S. 52 f.

Göttin der Erde, der mütterlichen Beschützerin alles Heranwachsenden. Zahlreiche Figuren im Werk der Anna Seghers wurden Katharina genannt.

Nicht nur für ihre Kinder sorgte Netty Radvanyi liebevoll und aufmerksam. Sie wird auch ihr Versprechen gehalten und ihren Mann bei seiner ungewohnten Arbeit unterstützt haben. Der Philosoph war nicht vorbereitet auf einen Beruf als »Ökonomist«, wie er seine Tätigkeit bei den sowjetischen Handelsunternehmungen selbst nannte. In einem Lebenslauf gab er zwar an, er habe sich nach der Promotion in Heidelberg dem »Studium der politischen Ökonomie und des historischen und dialektischen Materialismus« gewidmet.[13] Doch bislang konnte nicht geklärt werden, ob er dafür Vorlesungen an der Universität besuchte; Quästurlisten existieren nicht. Seine Wissenslücken füllte er wohl im Selbststudium. Vorbild könnte sein Vater gewesen sein, »der sich aus eigenen Kräften emporgearbeitet hatte und als Autodidakt hohe Allgemeinbildung erwarb«, Werke französischer und englischer Schriftsteller und Wissenschaftler im Original las.[14] Den Weg ins Berufsleben werden Ladislaus Radvanyi vor allem seine Sprachkenntnisse gebahnt haben. Denn fremde Sprachen musste er nicht lernen – sie blieben an ihm haften: Ungarisch war seine Muttersprache, Englisch und Französisch eignete er sich im Gespräch mit dem Vater und am Gymnasium in Budapest an, Deutsch im Wiener Exil, Russisch zuletzt in Heidelberg: Der sprachgewandte Philipp Schaeffer wird für ihn ein idealer Lehrer gewesen sein. Später kamen Spanisch, Italienisch, Portugiesisch hinzu. Und für Unternehmen wie die sowjetischen Handelsvertretungen, die Kontakte zu anderen Ländern erst anbahnen wollten, musste ein polyglotter Mitarbeiter ein Glücksfall sein.

Dennoch entschied die erste Anstellung über die Zukunft des jungen Mannes. Er nahm Ökonomie als persönliche Herausforderung an. Nicht der Kunst – der Wissenschaft und der Lehre widmete er sich fortan: Er hatte seine Lebensaufgabe gefunden. Später wurde er als anerkannter Wirtschaftswissenschaftler sowohl im mexikanischen Exil als auch danach in der Deutschen Demokratischen Republik zum Ordentlichen Professor ernannt, wirkte er als Forscher und Lehrer an der Arbeiteruniversität Mexikos (1941 bis 1952), der Wirtschaftswissenschaftlichen Fakultät der Nationaluniversität von Mexiko (1943 bis 1952), der Humboldt-Universität in Berlin (1952 bis 1963) sowie dem Wirtschaftswissenschaftlichen Institut der Akademie der Wissenschaften der DDR (1954 bis 1963). Auch nach seiner Emeritierung 1963 blieb er seiner Berufung treu. Bis an sein Lebensende.

Zeitlebens jedoch begnügte er sich nicht mit seiner Arbeit als Wissenschaftler. Was er schon als Student während der Räterepublik in Ungarn praktiziert hatte,

13 »Lebenslauf von Johann Schmidt (Laszlo Radvanyi)«, 16. Juli 1952, SAPMO Berlin, a. a. O.
14 Éva Gábor: László Radványi und die MASCH, unveröffentlichtes Manuskript aus dem Buch »Ungarische Schriftsteller, Kritiker und Künstler im Weimarer Exil, hrsg. von László Illés und Alfred Klein«, S. 2. Die »Wende hat aber das Manuskript vom Schreibtisch des Aufbau-Verlages weggewischt«, so László Illés im Brief an mich vom 7.5.2002. Das Buchmanuskript befindet sich jetzt in der Stiftung Archiv der Akademie der Künste, Berlin.

führte er in Berlin fort: Ehrenamtlich stellte er sich seiner Partei zur Verfügung, unterstützte er die Abteilung Agitation und Propaganda, nahm er sich vor allem der politischen, wissenschaftlichen, kulturellen Bildung der Werktätigen an. »Im Jahre 1926 hat mich die Agitprop-Abteilung der Bezirksleitung Groß-Berlin (Gen. Horst Fröhlich) zu der Organisierung der Kurse der Marxistischen Arbeiterschule herangezogen«, schrieb er rückblickend in einem Lebenslauf.[15] Und diese Seite seiner Tätigkeit sollte für Netty Radvanyi besondere Bedeutung erlangen.

Zum Lehrer berufen – von der Politischen Polizei Berlins gesucht

Netty und Ladislaus Radvanyi waren nach Berlin gekommen, als mit dem Ende der Nachkriegszeit die deutsche Wirtschaft sich wieder belebte, die Republik an Stabilität gewann und international die Kräfte sich neu formierten. In Regierungen ehemals Krieg führender Staaten konnten – Deutschland eingeschlossen – Politiker sich durchsetzen, die nicht auf Konfrontation abzielten, sondern auf einen Ausgleich der Interessen aller bedacht waren. Auch Sowjetrussland suchte sich diesem Prozess einzuordnen. Damit änderte sich in Deutschland nicht schlagartig die Lage der in Krieg und Inflation verelendeten Menschen. Die Arbeitslosigkeit wurde zurückgedrängt, aber nie ganz abgebaut. Nur einen einzigen Sommer lang – 1925 – sank für wenige Monate die Anzahl der Werktätigen, die ohne Beschäftigung und Einkommen blieben, auf 400 000; 1926 schnellte sie wieder hoch auf über zwei Millionen, um sich bis zum Beginn der Weltwirtschaftskrise bei mehr als einer Million einzupendeln – trotz sich ausdehnender Produktionsbasis und erhöhter Produktion. Modernes Wirtschaftswachstum durch technische Neuerungen und Rationalisierung wurde mit Vernichtung von Arbeitsplätzen teuer erkauft – bezahlen mussten die Zeche die einfachen Menschen. Doch das Chaos der Inflation beherrschte nicht mehr ihren Alltag. Sie konnten sich aufrichten, Atem holen, erneut Hoffnung schöpfen – zumindest die vier knappen Jahre, die dieser »goldene« Aufschwung währen sollte.[16]

Beeinflusst von diesen Veränderungen wurde auch die Arbeit der KPD, vor allem auf dem Gebiet der Kulturpolitik, dem Radvanyi sich zugewandt hatte und das seit dem Ende des 19. Jahrhunderts durch Persönlichkeiten wie Wilhelm Liebknecht, Franz Mehring, Clara Zetkin, Rosa Luxemburg, Hermann Duncker geprägt worden war.

Die Geschichte der deutschen Arbeiterbewegung ist auch als Geschichte der Inbesitznahme geistiger Kultur durch Menschen zu verstehen, denen sie bislang vorenthalten blieb. Wissensdurst und Bildungshunger wurden ernst genommen, Mög-

---

15 Laszlo Radványi: Lebenslauf, 16.7.1952, a. a. O.
16 Vgl. dazu Jürgen Kuczynski: Darstellung der Lage der Arbeiter in Deutschland von 1917/18 bis 1932/33, Berlin 1966.

lichkeiten des Lernens und des kulturellen Erlebens außerhalb staatlicher Institutionen geschaffen. Wilhelm Liebknecht, der 1872 mit seinem Referat und Aufsatz »Wissen ist Macht – Macht ist Wissen« ein Leitwort kulturpolitischer Arbeit vorgab, verstand die Sozialdemokratie als »Partei der Bildung« der Arbeiterklasse. Geistig-kulturelle Aufklärung und Förderung sollten der Ausbildung individueller Persönlichkeiten dienen, ihre Handlungsmöglichkeiten erhöhen, sie befähigen, selbstbewusst und tatkräftig an der Emanzipation der gesamten Klasse mitzuwirken.[17] Damit erniedrigte Liebknecht geistige Kultur nicht zur Waffe im Klassenkampf. Umfassende kulturelle Kenntnisse und Fähigkeiten zählte er zum unverzichtbaren Bestandteil menschenwürdigen Lebens. Aber bereitgestellte Schulbänke allein reichten nicht aus, um beides gegen den Widerstand der herrschenden Klassen zu erringen: »Wer da will, dass das Wissen allen gleichmäßig zuteil werde, muss daher auf die Umgestaltung der Gesellschaft hinwirken.«[18]

Die Einrichtung von Volkshochschulen und ihre Finanzierung durch den Staat, 1919 von der SPD durchgesetzt, waren gewaltige Sprünge nach vorn – doch die Sozialisten der Weimarer Republik hatten den Praxisbezug gestrichen. Ihre Wünsche glaubten sie erfüllt. Individuelle Allgemeinbildung, Anpassung des Arbeiters an das geistige Niveau des Bildungsbürgers sollten ausreichen.

Hermann Duncker dagegen, der seit 1906 als »Wanderlehrer« tätig war, für Mitglieder der SPD im ganzen Land Vortragszyklen durchführte, später zusammen mit Franz Mehring und Rosa Luxemburg an der Zentralen Parteischule der SPD in Berlin lehrte, suchte 1919 als Leiter des Bildungssekretariats der KPD das Erbe Liebknechts ungeschmälert weiterzutragen – doch nur wenige Monate später wurde er aus seinem Amt gedrängt. Denn die junge Partei, erst um die Jahreswende 1918/1919, zwischen Sturz des Kaiserreiches und Konstituierung der Weimarer Republik begründet, zeigte wenig Sinn für kulturpolitische Arbeit. Nicht allein die harten Kämpfe der Nachkriegszeit, oftmals von allen Seiten mit Waffengewalt ausgetragen, banden ihre Kräfte. Auch die nie gänzlich abreißenden innerparteilichen Streitereien. Immer wieder setzten sich anarchistische, syndikalistische, wirklichkeitsfremde Stimmungen und Auffassungen vor allem junger Genossen und Sympathisanten durch. Ihre Erlebnisse als Soldat an den Fronten des Weltkrieges hatten sie radikalisiert, der Verlauf der Revolution, das Paktieren sozialdemokratischer Führer mit den alten, vor allem militärischen Eliten des Kaiserreiches, sie enttäuscht. Missionarischer Eifer, zum Wohle der Menschheit die in Russland begonnene Revolution zur Welt-Revolution vorantreiben zu können, feuerte sie an. Und ihre Ungeduld siegte über diejenigen, deren Konzepte in der Tradition der Arbei-

---

17 Vgl. dazu auch »Lexikon sozialistischer Literatur. Ihre Geschichte in Deutschland bis 1945«, hrsg. von S. Barck, S. Schlenstedt, T. Bürgel, V. Giel, D. Schiller, Stuttgart und Weimar 1994, Stichwort Wilhelm Liebknecht, S. 296 f.
18 Zitiert nach Gabriele Gerhard-Sonnenberg: Marxistische Arbeiterbildung in der Weimarer Zeit (MASCH), Köln 1976, S. 37 f.

terbewegung wurzelten und von den konkreten Gegebenheiten und Alltagssorgen der Menschen ausgingen. Auch die Erfahrungen der Kulturarbeit vergangener Jahrzehnte drohten verlorenzugehen. So erklärte Heinrich Brandler, Mitglied der Leitung der KPD, im November 1920: »Die Bildungsfrage ist im jetzigen Stadium nicht das Ausschlaggebende. Ich bin der Meinung, dass wir heute keine Zeit mehr dazu haben, die Betriebsräte zu schulen, um ihnen durch diese Schulung Selbstbewusstsein zu bringen. [...] Die beste Schulung ist der Kampf!«[19] Nur wenige Monate später wurde er zum Mittäter der Ereignisse, die 1921 für den Studenten Ladislaus Radványi in Heidelberg zu einer Wegscheide werden sollten und ihm sein Dissertationsthema diktierten.[20]

Es fehlte nicht an Kritikern und Mahnern. Clara Zetkin schrieb Ende Januar 1924 ihre »Erinnerungen an Lenin« nieder, wollte den Verfechtern von linkem Sektierertum und Radikalismus mit der Autorität des soeben verstorbenen Repräsentanten der russischen Revolution entgegentreten. Sie war noch immer erschüttert darüber, dass Hamburger Arbeiter im Herbst 1923 den gewaltsamen Versuch, auch in Deutschland einen Roten Oktober zu erzwingen, mit dem Leben bezahlen mussten, brannte darauf, ihre Gedanken unter die Leser zu bringen. Sie wartete nicht ab, bis sie den Schlusspunkt setzen konnte hinter ihren Gesamttext, gab den fertigen ersten Teil sofort zum Druck – nicht aber in einem Verlag in Deutschland, sondern in Wien, wo die Kommunisten besonnener vorzugehen wussten und die Verbreitung ihres Aufsatzes auch über die Grenzen Österreichs hinaus nicht störten. Clara Zetkin erinnerte an die vergleichbaren Ereignisse im März 1921, die sie wie Paul Levi schon damals einen »putschistische[n] Sündenfall« genannt und verurteilt habe, betonte, dass auch Lenin »in Marx' Geist« immer auf die »innige Wechselwirkung zwischen Volksbildung und Revolution« aufmerksam gemacht hätte, für ihn »Volkserziehung Revolution, die Revolution Volkserziehung« gewesen wäre. Doch es dauerte noch Jahre, bis sich solche Einsichten durchsetzen konnten. Denn Clara Zetkin musste schon an zwei Fronten kämpfen.[21]

Nach dem Tode Lenins spitzten sich in der Sowjetunion die Auseinandersetzungen um dessen Nachfolge zu. Brutal und raffiniert ging Stalin gegen seine Rivalen vor. Alle Sektionen der »Kommunistischen Internationale«, speziell die mitgliederstärkste und einflussreichste, die KPD, suchte er unter seine Kontrolle zu bringen. Lenins Gedanken und theoretische Überlegungen wurden zum »Leninismus« als Mittel ideologischer Nötigung im In- und Ausland zurechtgestutzt. Doch die Umwandlung der KPD in eine von Stalin dirigierte, in eine »stalinistische« Partei ging nicht ohne Widerstand vor sich. Auch Clara Zetkin wehrte sich mit ihren »Er-

---

19 Ebenda, S. 51.
20 Vgl. das Kapitel »Abenteuer menschlicher Begegnungen« in diesem Buch.
21 Clara Zetkin: Erinnerungen an Lenin, Berlin 1985, S. 33 und S. 58. Zur Geschichte der KPD in diesen Jahren vgl. auch Klaus Kinner: Der deutsche Kommunismus. Selbstverständnis und Realität. Bd. 1: Die Weimarer Zeit, Berlin 1999.

innerungen an Lenin« – der zweite Teil wurde 1926, eine Gesamtdarstellung 1929 veröffentlicht – gegen einen Missbrauch des ihr befreundeten Kampfgefährten. Und vorerst boten die Unwägbarkeiten und wechselnden Bündnisse in den russischen Machtkämpfen noch Chancen, eine eigenständige deutsche Politik durchzusetzen. Denjenigen, die sich ernsthaft den Interessen der werktätigen Menschen widmeten, gelang es Schritt für Schritt, wenigstens für eine kurze Zeitspanne, ihren Einfluss zu erweitern und eine abenteuerliche Politik zurückzudrängen. Auf kulturelle Massenarbeit wurde wieder Wert gelegt, Volksbildung, Volkserziehung, wie Clara Zetkin sie gefordert hatte, gewannen erneut Aufmerksamkeit. Nach den Erfahrungen Hermann Dunckers wurde wieder gefragt.

Initiiert von der KPD, konnte ab Mitte 1926 ein in der Geschichte der deutschen Arbeiterbewegung völlig neuartiges System kultureller Organisationen aufgebaut werden. Institutionen entstanden, die sich wissenschaftlichen und traditionell künstlerischen Bereichen – Malerei, Literatur, Musik, Theater – widmeten, sofort auch die sich neu herausbildenden technischen Medien – Film, Fotografie, Rundfunk – berücksichtigten und – auch das war Neuland – die künstlerische, technische und sportliche Selbsttätigkeit von Arbeiterinnen und Arbeitern förderten. Moderne Publikationsmöglichkeiten, dank der Organisationskunst von Willi Münzenberg ins Leben gerufen, sorgten dafür, dass alle Unternehmungen nicht auf die kleinen Kreise der unmittelbar Beteiligten beschränkt blieben: In einer breiten Öffentlichkeit fanden sie ihren Widerhall. Johannes R. Becher leitete am 19. Oktober 1928 die Gründungsversammlung einer dieser Organisationen, des »Bundes proletarisch-revolutionärer Schriftsteller«, mit Worten ein, die für das gesamte Kommunikationssystem gelten konnten: »Wenn unser Bund das wird, was er sein kann und wozu unserer Ansicht nach die Kräfte vorhanden sind, dann wird dieser Augenblick [...] ein Ereignis sein in der Geschichte der Arbeiterbewegung.«[22]

Diese Entwicklung, Teil der sich herausbildenden Großstadt-Kultur, nahm von Berlin aus ihren Anfang. Eine »Marxistische Arbeiterschule« (MASCH), eine Bildungseinrichtung, der Volkshochschule vergleichbar, gehörte zu den Institutionen, die erste Schritte wagten. Ende 1926 begann Hermann Duncker, unter seiner Leitung eine »Hochschule der Werktätigen« aufzubauen.[23] Ladislaus Radvanyi, fünfundzwanzig Jahre jünger, seit Ende 1924 bereits als Lehrer für Parteifunktionäre erprobt, stand ihm unter dem Decknamen Johann Schmidt tatkräftig zur Seite, zeichnete verantwortlich für das Organisatorische. Zwei Generationen mit ihren Erfahrungen ergänzten einander: der seit Jahrzehnten bewährte Funktionär der deutschen Arbeiterbewegung und der junge ungarische Intellektuelle, den die »Freie Hochschule für Geisteswissenschaften« in Budapest geprägt, der unter der väter-

22 Johannes R. Becher: Unser Bund, in: Zur Tradition der deutschen sozialistischen Literatur. Eine Auswahl von Dokumenten 1926–1935, Berlin und Weimar 1979, Bd. 1, S. 112.
23 So der populäre Name der Schule. Er fand auch von der Schulleitung bei ihrer Korrespondenz Verwendung; Briefbögen mit diesem Aufdruck befinden sich im Landesarchiv Berlin, Akte Briefwechsel MASCH/Groß-Berlin 1932/33. A Pr. Rep. 030/st. 22, Nr. 193.

lichen Führung von Béla Balázs und Georg Lukács die Tätigkeit des Volkskommissariats für Kultur und Erziehung der Räterepublik Ungarn unterstützt hatte und jetzt seine Erfahrungen nach Deutschland trug.[24]

Im Winter 1926/27 wies Hermann Duncker in einer Vorlesungsreihe über die »Philosophischen, ökonomischen und politischen Grundlehren des Marxismus« die Richtung der geplanten Arbeit.[25] Am 5. April 1927 informierte die »Rote Fahne«, Zentralorgan der KPD, darüber, dass eine »neugeschaffene ›marxistische Arbeiterschule‹« ihre Tätigkeit aufnehmen, sie mit »einer Reihe von Einzelvorträgen« eröffnen werde. Nicht allein Funktionäre hatten die programmatische Erklärung unterzeichnet, auch Gewerkschafter, Ärzte, Lehrer, Wissenschaftler, Künstler, darunter einige, die sich keiner Partei verpflichtet fühlten.[26] Sechs Wochen später teilte ein interner Parteibericht mit, eine »Arbeiterschule für Marxismus-Leninismus« sei eingerichtet worden.[27] Der Bericht verriet: Die Arbeit begann mit einem Konflikt. Der Name der Schule brachte ihn zum Ausdruck.

Hermann Duncker und seine Mitstreiter hatten kein Interesse an einer Institution zur Ausbildung einzig von Funktionären der KPD. Sie sahen ihre Aufgabe auch nicht darin, »dem Einzelnen ein nur für ihn selbst verwertbares Wissen zu vermitteln und den vom Bürgertum genährten Bildungsdünkel zu unterstützen«. Die Türen ihrer Massenschule des Marxismus waren für alle Wissbegierigen weit geöffnet. In »einer Zeit, in der sich große geschichtliche Umwälzungen und mit ihnen tiefgreifende Veränderungen vollziehen und vorbereiten«, sollten sie auf der »Grundlage des Marxismus« Kenntnisse über die »gegenwärtigen Erscheinungsformen des politischen, wirtschaftlichen und sogenannten kulturellen Lebens in gleichzeitig wissenschaftlicher und allgemeinverständlicher Weise« erwerben und ihr neues Wissen »im Dienste der ausgebeuteten und unterdrückten Klassen und Völker« anwenden können.[28] Das schloss ein Studium der originären Werke Lenins ein; Duncker publizierte in den von ihm für Arbeiterleser herausgegebenen kleinen Reihen marxistischer Elementarbücher, die an der Schule als Unterrichtsmaterial Verwendung fanden, auch Schriften Lenins. Eine Ausrichtung der Schü-

---

24 Vgl. das Kapitel »Abenteuer menschlicher Begegnungen« in diesem Buch.
25 Gabriele Gerhard-Sonnenberg: Marxistische Arbeiterbildung in der Weimarer Zeit (MASCH), a. a. O., S. 78.
26 Der Aufruf »Besucht die Marxistische Arbeiterschule« (Rote Fahne, 5.4.1927, 2. Beil.) wurde unterzeichnet von Dr. Hermann Duncker, Horst Fröhlich, Schriftsteller Prof. Dr. Alfons Goldschmidt, Dr. med. J. Meyer, Dr. med. Leo Klauber, Ingenieur Dr. Lange, Dr. Ernst Meyer, Direktor Henry Meyer, Schriftsteller Richard Oehring, John Heartfield, Wieland Herzfelde, Dr. Lothar Wolf, Studienrat Dr. Ausländer, Dr. Ludwig Alexander, Walter Loewenheim, Dr. Rosenberg, Betriebsrat Walker, Siemens-Konzern, Betriebsrat Glatzer, AEG-Konzern Transformatoren. Der Name Dr. Johann Schmidt fehlte auf dieser Liste.
Die ersten Vortragsthemen lauteten: Die Volkswirtschaft der Sowjetunion am Ende der Wiederaufbauperiode (R. Oehring), Die Verflüssigung der Kohle und ihre wirtschaftliche Bedeutung (Dr. Lange), Mexiko und der Imperialismus der Vereinigten Staaten (Prof. A.Goldschmidt), Deutschlands Außenpolitik (Dr. A. Rosenberg).
27 »Bericht der Schulungskommission der Agitpropabteilung der Bezirksleitung Berlin-Brandenburg« vom 18. Juni 1927. Landesarchiv Berlin, Akte »Polizeipräsidium Berlin. Abt. Ia. Das Bildungswesen der KPD. 1923–1929, Sekt. 9, Nr. 193«. (Johann Schmidt war Mitglied dieser Schulungskommission.)
28 Zitate aus dem Aufruf »Besucht die Marxistische Arbeiterschule«, a. a. O.

ler nach einem »Leninismus« Stalinscher Art jedoch lag den Schulgründern fern. In diesem historischen Augenblick politischer Auseinandersetzungen und Machtanmaßung innerhalb der kommunistischen Weltbewegung war der von ihnen gewählte Name ihres Projektes – »Marxistische Arbeiterschule« – für sie das Programm. Die zentrale Führung der KPD unter der Leitung Ernst Thälmanns, schon beflissen, genau auf die aus Moskau kommenden Weisungen zu hören, änderte jedoch, forderte »Arbeiterschule für Marxismus-Leninismus«, ließ diese Bezeichnung schon in der Presse verbreiten. Hermann Duncker und sein Kollektiv widerstanden – und setzten sich durch. Auch wenn sie in den folgenden Jahren Kompromisse eingehen, Zugeständnisse machen mussten, blieben sie doch ihrem Gründungskonzept verpflichtet. Noch im Winter 1931 sprach Dr. Johann Schmidt in der »Vorbemerkung« zum neuen Vorlesungsverzeichnis davon, dass sich die »Marxistische Arbeiterschule« in der angespannten Situation der Weltwirtschaftskrise »erst recht als die Hochschule des unverfälschten Marxismus« erweisen müsse.[29] Die notwendig zu führenden Auseinandersetzungen, Radvanyis Konsequenz, seine einmal erarbeitete Auffassung auch gegen Widerstände zu verteidigen, werden nicht ohne Einfluss auf die Haltung Netty Radvanyis geblieben sein: ihre Abneigung einer Parteibindung gegenüber dauerte an.

Obwohl im Aufruf vom 5. April 1927 ein umfangreiches, »alle wichtigen Wissensgebiete« umfassendes Programm angekündigt worden war, an jedem Dienstag und Freitag regelmäßig »Einzelvorträge«, »seminaristische Kurse«, »Arbeitsgemeinschaften« stattfinden sollten, reichten die Kräfte vorerst wohl nur für Vorträge und Vorlesungen zu Problemen der marxistischen Philosophie, der politischen Ökonomie, der Geschichte der Arbeiterbewegung und der Sowjetunion.[30] Dr. Johann Schmidt konnte gleich anfangs, am 27. Mai 1927, mit einem Vortrag über »Bürgerliche und marxistische Wissenschaft« unter Beweis stellen, dass er nicht nur als Organisator, sondern auch als Lehrer tätig sein wollte.[31] Die Politische Polizei Berlins reagierte prompt: Am 10. Mai 1927 hatte die Zeitung seine Vorlesung angekündigt. Am selben Tag noch – der Vortrag selbst wurde nicht erst abgewartet – stufte der »Reichskommissar für Überwachung der Öffentlichen Ordnung« Dr. Schmidt als zu überwachende Person ein, erhielt er die Nummer K 5996/26.[32]

29 Johann Schmidt: Zum neuen Quartal. Vorlesungsverzeichnis zum 6. Schuljahr, 1931/32, Marxistische Arbeiterschule. Groß-Berlin, S. 2. In: Landesarchiv Berlin, Akte Briefwechsel MASCH/Groß-Berlin 1932/33, a. a. O. Hervorhebung S. B.
30 »Besucht die Marxistische Arbeiterschule«, a. a. O. Zur Geschichte der MASCH vgl. die Darstellung von Klaus Kinner und Dietmar Müller, die sich umfangreiche neueste Quellenauswertung stützt und bislang unterschiedliche Datenangaben klären kann. In: Lexikon sozialistischer Literatur, a. a. O., S. 322-325. Ich stütze mich – neben eigenem Quellenstudium – auch auf diese Darstellung.
31 Die Zeitungen »Rote Fahne« und »Berlin am Abend« kündigten am 10.5. bzw. am 11.5.1927 den Vortrag von Dr. Schmidt an.
32 Landesarchiv Berlin, Akte »Polizeipräsidium Berlin«, a. a. O. (Schmidt trat auch unter dem Decknamen Dr. Johannes König auf, z. B., als er am 23.3.1930 auf einer Matinee der »Interessengemeinschaft für Arbeiterkultur und moderne Volkskunst« e. V.« Ifa – das Hauptreferat hielt. Ebenda.)

Alle polizeilichen Gegenmaßnahmen jedoch konnten die Arbeit der MASCH nicht gefährden. Schon im dritten Jahr ihres Bestehens, 1928/29, war sie aus dem öffentlichen Leben Groß-Berlins nicht mehr wegzudenken, durfte sie sich mit den Volkshochschulen messen, obwohl ihr keine staatlichen Fördergelder zuflossen und die Hörergebühr anfangs nur 25 Pfennige betrug. Ihre Wirksamkeit nahm weiter zu. Das Lehrprogramm konnte endlich auf die geplanten Wissenschaftsbereiche und auf das Kunstschaffen ausgedehnt werden. Mit der Einführung von Diskussionsabenden, die Vortrags- und Vorlesungsreihen ergänzten, wuchs die Anzahl der Hörer, fanden unterschiedliche Bedürfnisse und besondere Interessen bessere Berücksichtigung. In den Lehrplan aufgenommen wurden sowohl gesellschafts- und naturwissenschaftliche Themen als auch Fragen von Kunst und Literatur, Film, Musik, Theater, Fotografie, sogar ein Chor und eine Agit-Prop-Gruppe entstanden. Die Schüler sollten mit den modernsten Ergebnissen der Wissenschafts- und Kunstentwicklung vertraut gemacht werden, auch auf Gebieten, die öffentlich noch immer heftig umstritten waren – wie Psychoanalyse und Sexualwissenschaften. Die Zusammenarbeit mit Künstlerorganisationen förderte den Gedanken- und Erfahrungsaustausch: Das neugeschaffene Kommunikationssystem bewährte sich.

Dazu trugen auch diejenigen bei, die als Lehrer gewonnen wurden. Nicht schlechthin Lehrer: Experten ihres Faches kamen zu Wort, ohne dafür Honorare zu verlangen. An dieser Schule versammelten sich Wissenschaftler und Künstler, die zu den herausragenden Persönlichkeiten des kulturellen Lebens gehörten und oftmals einen Namen von internationalem Rang trugen. Sie verwandelten die Hörsäle in Treffpunkte, die Arbeiterinnen und Arbeiter mit der wissenschaftlichen und künstlerischen Intelligenz zusammenführten, wo beide Seiten sich kennenlernen und ihre gegenseitigen Erwartungen formulieren konnten. In diesem Sinne wurde die MASCH tatsächlich zu einem Ereignis deutscher Kulturentwicklung. Vielleicht zu einem Ereignis, das einmalig blieb in der deutschen Geschichte.

Auf das Besondere dieser Begegnungen machte Anna Seghers selbst aufmerksam. Auch wenn sie persönlich im Hintergrund bleiben musste, so war doch auch sie in das Geschehen verwickelt. Im Auftrag ihres Mannes suchte sie 1930 Albert Einstein auf, um ihn für einen Vortrag zu gewinnen, überzeugt davon, dass er ihre Bitte erfüllen werde. 1974 erinnerte sie sich: »Mit dem Schwung, den einem diese Gewissheit gibt, vor allem einem jungen Menschen, der noch nicht viel Widersprüche erlebt hat, erzählte ich ihm von der MASCH. [...] Einstein hörte sehr aufmerksam zu. Eine Schule, in der den Leuten aus den Betrieben und den Arbeitslosen und allen, die sonst keine Gelegenheit gehabt hatten, Wichtiges zu erfahren, die Gesetze des Lebens, das Wesentliche in Wissenschaft und Kunst erklärt wurde! Er dachte nach, er nickte. Seine Frau fuhr dazwischen, besorgt wie jede Frau: ›Du musst absagen! Du hast dir selbst vorgenommen, keine Vorträge mehr anzunehmen.‹ Einstein sagte: ›Das ist eine ganz andre Art Vortrag. Das interessiert mich.‹« Am 14. November 1930 hielt er ein Referat über Relativitätstheorie – und Publikum und Gesprächspartner müssen ihn durch aufmerksames Zuhören und mit lebhaften Fragen überzeugt haben: Am 26. Oktober 1931 sprach er ein zweites Mal vor mehr als dreihundert Teilnehmern »aus allen Teilen der Stadt« über sein Thema »Was muss der Arbeiter von der Relativitätstheorie wissen?«[33]

Die Solidarität der Intellektuellen mit den Arbeitern bewährte sich auch praktisch: Als 1931 der Berliner Magistrat verbot, wie bisher Unterrichtsräume städtischer Schulen zu nutzen, bewiesen sie, wie sehr sie daran interessiert waren, den Kontakt nicht abreißen zu lassen. Künstler wie Brecht, Brentano, Eisler, Feuchtwanger, Heartfield, Weigel, Weill stellten ihre Privatwohnungen zur Verfügung, riefen zu einer Geldsammlung für Mieten und Unterrichtsmaterial auf, an der sich u. a. Kortner, Heinrich Mann, der S. Fischer- und der Kiepenheuer-Verlag beteiligten.

Einsamkeit

Die wachsende Ausstrahlungskraft der MASCH, die notwendig wachsende Arbeitsleistung ihres organisatorischen Leiters und ihres Lehrers gingen am Leben Netty Radvanyis nicht spurlos vorüber. Unerwartete Schwierigkeiten kamen auf sie zu. Denn als Hausfrau und Mutter zahlte sie zunächst einen hohen Preis. Schon als Kind in Mainz hatte sie sich nach Freunden gesehnt, in Heidelberg und Köln erfüllte sich ihr heißer Wunsch – in Berlin geriet sie erneut in die Einsamkeit, blieb sie ohne Rat und Hilfe der Vertrauten um Irene und Karl With, Julia Láng und Karl Mannheim. Auch die wachsende Entfernung von der Familie Schaeffer muss bitter gewesen sein. Zudem lebte sie isoliert vom literarischen Treiben der Stadt. Literarisch noch namenlos, war ihr der Zugang versperrt zur »Gruppe 1925«, die sich im Herbst auf Initiative von Rudolf Leonhard und Alfred Döblin konstituierte. Schriftsteller, die sich der »geistesrevolutionären Bewegung« ihrer Zeit verbunden fühlten, sich »aus ihrer Isolierung heben und durch den kameradschaftlichen Zusammenschluss fördern und stärken« wollten[34], bildeten einen Arbeitskreis, wo sich u. a. Becher, Brecht, Brod, Burschell, Ehrenstein, Leonhard Frank, Haas, Hasenclever, Kasack, Kersten, Kisch, Walter Mehring, Musil, Roth, Toller, Tucholsky, Wolfenstein trafen, um drängende Fragen des literarischen Schaffens zu debattie-

---

33 Anna Seghers: [Einstein in der MASCH], in: Anna Seghers: KuW IV, Berlin 1979, S. 113. Vgl. auch den Bericht, den Dr. Johann Lorenz Schmidt 1974 in den Zeitungen »Neues Deutschland« (9.3.1974) und »Wochenpost« (30.8.1974) veröffentlichte. Wiederabgedruckt ebenda, S. 224 f.
34 In der Erklärung, mit der die »Gruppe 1925« programmatisch an die Öffentlichkeit trat, hieß es u.a.: »Die ›Gruppe‹ sammelt um sich Schriftsteller von Belang, die mit der geistesrevolutionären Bewegung unserer Zeit verbunden sind, dies in ihrer Haltung zu Staat und Gesellschaft bekunden und dokumentieren in Arbeit auf künstlerischem, essayistischem, kritischem, allgemein-wissenschaftlichem Gebiet. Die ›Gruppe‹ will nach innen diese Schriftsteller aus ihrer Isolierung heben und durch den kameradschaftlichen Zusammenschluss fördern und stärken. Die ›Gruppe‹ bezweckt nach außen das endliche Hervortreten einer Repräsentanz dieser modernen geistesrevolutionären Bewegung.« In: Klaus Petersen: Die »Gruppe 1925«, Geschichte und Soziologie einer Schriftstellervereinigung, Heidelberg 1981, S. 41.

ren. Döblin hielt im Mai 1926 sein programmatisches Referat über den »Roman als Kunstform der Zeit und über die Stellung des Romanciers in der Zeit und zu der Zeit«[35], das für Netty Radvanyi von Bedeutung gewesen wäre. Auch die Türen des Schutzverbandes Deutscher Schriftsteller standen ihr noch nicht offen.[36] An dem von der Zeitschrift »Die literarische Welt« 1926 ausgerufenen Preisausschreiben für Lyrik, Prosa, Dramatik der jungen Generation, das in der Öffentlichkeit ein großes Echo auslöste, beteiligte sie sich nicht. Sie war nicht einmal dabei, als im Herbst 1928 der »Bund proletarisch-revolutionärer Schriftsteller« entstand.[37] Wusste sie nichts von den Vorbereitungen zu seiner Gründung? Fühlte sie sich nicht angesprochen? Wollte sie sich nicht einbinden lassen? Und je erfolgreicher die MASCH zu arbeiten vermochte, desto mehr wurde sie wahrscheinlich auf sich selbst zurückgeworfen, sah sie sich allein verantwortlich für Kinder und Haushalt.

Denn Ladislaus Radvanyi wurde mit immer neuen und umfassenderen Aufgaben konfrontiert – nicht nur in Berlin. Schon die Ausdehnung des Berliner Lehr- und Diskussionsangebotes forderte immense organisatorische Anstrengungen. Ab 1930 kam die Errichtung von Filialen in dreißig deutschen Städten hinzu, mussten in Wien, Paris, Zürich Pläne unterstützt werden, dem deutschen Beispiel zu folgen. Johann Schmidt reiste, organisierte, beriet, hielt Vorträge, hatte Aufsätze zu schreiben und Broschüren herauszugeben, war so mit seiner Arbeit verwachsen, dass ihm schwerlich Zeit blieb, sich der Familie zu widmen, die Schreibversuche seiner Frau – wie versprochen – ruhig und helfend zu begleiten. Hinzu kam, dass die MASCH von Anfang an polizeilich überwacht wurde, was die Bewegungsfreiheit auch Netty Radvanyis einschränkte. Auch sie musste Sorge tragen, dass seine wahre Identität nicht entdeckt wurde. (Dass es gelang, rettete ihr, ihrem Mann und den beiden Kindern 1933 sicherlich das Leben.) Ein Brief an das ZK der KPD, den nur Johann Schmidt geschrieben haben kann, der jedoch von der Politischen Polizei Preußens abgefangen und aufbewahrt wurde und dadurch der Vernichtung aller Akten über die MASCH durch die Nazis entging, bezeugt seinen unermüdlichen Einsatz, auch die polizeiliche Beobachtung seiner Arbeit. Ohne Absender und Unterschrift wurde am 17. Januar 1932 der Abteilung Agitation und Propaganda mit-

---

35 Ebenda, S. 56.
36 Wann Anna Seghers dem Schutzverband Deutscher Schriftsteller beitrat, ist nicht bekannt; es wird nicht vor 1929 gewesen sein.
37 Für Darstellungen, die Anna Seghers zu den Gründungsmitgliedern rechnen, gibt es bislang keinerlei Belege. Der 1930 angefertigte Rechenschaftsbericht über die Tätigkeit des Bundes im Jahre 1929 ist ernst zu nehmen. Bechers Worte machen deutlich, dass Anna Seghers erst nach ihrem sensationellen Erfolg der Kleistpreis-Verleihung im Herbst 1928 und nach ihrem Eintritt in die KPD 1928 Mitglied geworden sein kann: »Zwei Schriftsteller, die in der Bourgeoisie einen guten Namen hatten, kamen zu uns: der Genosse Ludwig Renn und die G e n o s s i n [gesperrt: S. B.] Anna Seghers. Sie kamen nicht etwa als ›Sympathisierende‹, sie nahmen unsere Literatur-Losungen völlig an und stellten sich auch organisatorisch ganz zur Verfügung.« (Johannes R. Becher: Bericht über die Tätigkeit des Bundes proletarisch-revolutionärer Schriftsteller im Jahre 1929, in: Zur Tradition der deutschen sozialistischen Literatur. Eine Auswahl von Dokumenten 1926–1935, Berlin und Weimar 1979, S. 183.) Oto Bihalji-Merin, damals Sekretär Bechers, bestätigte mir im Gespräch diese Angaben Bechers.

geteilt, jemand sei nach Köln, Düsseldorf, Essen, Bremen, Hannover, Kassel und Halle gefahren, um »den weiteren Ausbau der dortigen Marxistischen Arbeiterschulen bzw. die Gründung neuer Schulen zu besprechen«, und möchte, zurückgekehrt, über die Ergebnisse seiner Reise berichten.[38]

An der Überlastung Radvanyis änderte sich auch nichts, als er 1930 seine Tätigkeit bei der Sowjetischen Handelsvertretung aufkündigen konnte, die er trotz aller Anspannung so lange beibehalten musste, um den Lebensunterhalt für die Familie zu verdienen. Jetzt gehörte er als Hauptamtlicher – d. h. bezahlter – Funktionär der KPD zur kleinen Schar der sogenannten Berufsrevolutionäre. Stand er neuen Aufgaben und Pflichten gegenüber. Musste er lernen, mit neuen Zwängen und Versuchen einer Einflussnahme auf seine Arbeit aus den eigenen Reihen umzugehen. Was seine Lage nicht erleichterte. In ihrem ersten Roman »Die Gefährten« sollte Anna Seghers 1932 vom Schicksal solcher »Berufsrevolutionäre« aus Ungarn, Italien, Polen, Bulgarien und China während der zwanziger Jahre erzählen. Sie berichtet nicht nur von Not und Drangsal, denen die Kommunisten in Heimat und Exilländern wie Deutschland, Italien, Frankreich ausgesetzt sind. In allen Handlungssträngen zeigt sie, welche Probleme und familiäre Schwierigkeiten politisches Engagement und Exil mit sich bringen. Einst, zu Beginn ihrer Ehe, hatte die junge Frau, von Alexandra Kollontai inspiriert, ein leuchtendes Bild ihres Zusammenlebens mit Ladislaus Radvanyi entworfen. 1932 erzählt sie in ihrem Roman davon, wie schwer es den Menschen fällt, einen schönen Traum zu verwirklichen. Ist es Zufall, dass sie dabei in Szenen mit Bató, einem Aktivisten der Ungarischen Räterepublik, der als Emigrant und kommunistischer Funktionär in Berlin lebt, diese Probleme am krassesten zuspitzt?

Bató fällt das Leben mit Frau und Söhnen schwer. Sie stören ihn bei seiner Arbeit, die aus Reisen, Begegnungen und Beratungen mit Genossen, der Organisation und Redaktion einer Zeitschrift und dem Schreiben wissenschaftlicher Aufsätze besteht. Dargestellt wird ein quälender Prozess mühsamen Zueinanderfindens von Mann und Frau. Wenige Wochen nach der Geburt seines zweiten Kindes – es »war winzig und elend und schien langsam abzusterben« – sagte Marie, Batós Frau: »›Sieh nur mal, wie es jetzt aussieht.‹ Bató warf einen schnellen Blick auf das Kind. [...] Marie fuhr fort: ›Ich glaube, du hast das Kind, seit es auf der Welt ist, noch nicht angesehen.‹ Sie wartete ein wenig und fügte hinzu: ›Und es wird sterben, und du wirst es nicht angesehen haben.‹ Sie erschrak heftig über ihre eigenen Worte, aber Bató sagte gleichmütig: ›Lass doch, es wird schon leben bleiben.‹« Einige Jahre später, im Sommer 1926, macht Bató seiner Frau den Vorschlag, mit den Kindern zu ihrer Familie zurückzukehren: »Marie wurde weiß, es war, als erkenne er erst jetzt auf schneeweißem Grund ihr wirkliches Gesicht. Sie sagte: ›Ich weiß, dass du uns wenig liebst. Aber ich habe nicht gewusst, dass du deine Kinder

---

38 Der Brief wurde am 17.9.1932 an »Ernst Schneller, Agitprop. Abt. des ZK, Karl-Liebknecht-Haus«, adressiert. In: Landesarchiv Berlin, Akte Briefwechsel MASCH/Groß-Berlin 1932/33, a. a. O.

gar nicht liebst. [...]‹ Bató erschrak. Er sagte: ›Es ist nicht wahr, dass ich euch wenig liebe. Aber du weißt, dass es etwas gibt, das ich viel mehr liebe.‹«[39] Er unterscheidet zwischen persönlichem Glück und dem Wohlergehen aller Menschen. Die Forderung, in einer Zeit millionenfachen Elends Privates zurückzustellen, zuerst daran zu denken, wie der Mehrheit der Erniedrigten und Beleidigten ein menschenwürdiges Leben zu ermöglichen sei, besitzt für ihn oberste Priorität – und er verletzt damit diejenigen, die ihm am nächsten stehen, seine Frau, seine Kinder.

Die literarische Figur Bató ist kein Abbild Ladislaus Radvanyis. Auch kein Abbild von Georg Lukács. Anna Seghers, die sich entschlossen hatte, auch in zeithistorischen Begebenheiten den Stoff für ihr Erzählen aufzuspüren, verfasste niemals Schlüsselromane. Immer mischten sich Fiktives und Authentisches in komplizierter Schreibanstrengung, sprangen Phantasie und Vorstellungskraft dort ein, wo reales Erleben fehlte, bestimmte der Wille zur künstlerischen Gestaltung den Umgang mit dem Wirklichkeitsmaterial, konnten in einer literarischen Gestalt Züge mehrerer real erlebter Persönlichkeiten zusammenfließen. Vor allem der Roman »Die Gefährten« ist wie kein späterer durchtränkt von Erfahrungen mit Menschen, denen die Autorin persönlich begegnet war, deren mündliche Erlebnisberichte sie ausgewertet und literarisch umgeformt hatte. Sollten in einem solchen Buch in einzelnen Szenen, unterschiedlichen Figurengruppen, im Geschehen um Bató nicht auch eigene Erlebnisse anklingen, geklärt werden? Erzählen, um Lebensetappen abzuschließen, um Probleme zu bewältigen – schon hier?[40]

Der Widerspruch, dem Batós ausgesetzt ist, beschäftigte Anna Seghers ein Leben lang. In ihrer ersten Literaturrezension von 1927 hatte sie noch unbekümmert formulieren können, dass auch das Leben einer Frau in erster Linie von Arbeit, nicht von Liebeserlebnissen geprägt und bestimmt werden müsse, warf sie dem Schriftsteller Fjodor Gladkow vor, er erzähle noch »zu viel von Liebe und zu wenig von Zement«[41]. Fünf Jahre später baute sie im Roman »Die Gefährten« ein Motiv auf, an dem sie weiterarbeitete, das ihr Gesamtwerk durchziehen und im hohen Alter ob seiner Stimmigkeit vorsichtig neu bedacht werden sollte: das Motiv vom »Wichtigsten« und »Zweitwichtigsten«. Die Autorin blieb ihrer an Alexandra Kollontai orientierten Maxime treu, als Frau nicht nur der kleinen Welt der Häuslichkeit und Liebe verhaftet zu sein. Auch sie wollte mit ihrem Erzählen den Boden bereiten für ein freundlicheres Zusammenleben aller Menschen. Aber sie widersetzte sich dem Zwang, wie Bató handeln zu müssen. Entwarf schon im Roman »Die Gefährten« mit dem Liebespaar Janek und Anka aus Polen eine andere Lebensmöglichkeit – allerdings eine mit märchenhaften Zügen: Sah sie keine Chance, in der gegebenen Wirklichkeit den Dualismus von »Wichtigstem« und

---

39 Anna Seghers: Die Gefährten, Berlin 1959, S. 34 f. und S. 102.
40 Anna Seghers: Transit, Leipzig 1965, S. 205. Dort sagt die Erzählerfigur, die die Lebensgeschichte eines Fremdenlegionärs geduldig anhört: »Ich wusste, dass er erst jetzt, in dieser Minute, an diesem Tisch, sein vergangenes Leben abschloss. Denn abgeschlossen ist, was erzählt wird.«
41 Anna Seghers: Revolutionärer Alltag, in: Anna Seghers: KuW II, Berlin 1971, S. 50.

»Zweitwichtigstem« aufzulösen, zu überwinden? Doch auch für diesen märchenhaften Entwurf brauchte sie noch Jahre, um ihn darstellen zu können. Sie brauchte auch noch Jahre, um aus der Einsamkeit heraus an die Öffentlichkeit zu treten, sich zu politischem und gesellschaftlichem Engagement zu entschließen: Erst 1928 entschied sie sich, wie Ladislaus Radvanyi der Kommunistischen Partei beizutreten. Ihr langes Zögern: Ausdruck ihres Ringens darum, ob ein Leben, geteilt in »Wichtigstes« und »Zweitwichtigstes«, zu ertragen sei?

Es ist nicht bekannt, ob Netty Radvanyi an Veranstaltungen der MASCH teilnahm oder bei Vorlesungen ihres Mannes zugegen war. Sie stellte sich auch nicht als Lehrerin zur Verfügung. Schon aus Gründen der Konspiration musste sie sich zurückhalten. In einer anderen Organisation dagegen, dem »Bund proletarisch-revolutionärer Schriftsteller«, leitete nach 1929 auch sie einzelne Arbeitsgruppen, allerdings auch hier nur unter Pseudonym.[42] Dennoch gingen von der MASCH wichtige Anregungen zur eigenen Wegfindung aus. Netty Radvanyi wird Gelegenheiten gefunden haben, die Menschen näher kennenzulernen, denen Johann Schmidt all seine Arbeitskraft schenkte. Im Gespräch wird sie nach den Beweggründen für den späten Schulbesuch, nach Lebenssituation, Sorgen und Hoffnungen genauer gefragt haben. Lebenslange Freundschaften mit einigen dieser Menschen bahnten sich an. Sie teilte die Erwartungen ihres Mannes, gemeinsame Beschäftigung mit dem Marxismus trage dazu bei, Menschen unterschiedlicher Herkunft und Interessen zusammenzuführen. Hoffte vor allem, Sozialdemokraten und Kommunisten könnten sich ihrer gemeinsamen Wurzeln und Ziele wieder bewusst werden. Wie Radvanyi war sie überzeugt, dass Wissen, dass Bildung Menschen zu verändern, zu beflügeln vermag. All das beeinflusste ihre Entwicklung zu einer Schriftstellerpersönlichkeit. Lehrerfiguren spielen in ihren Erzählungen und Romanen immer wieder eine entscheidende Rolle. Immer wieder verlieh sie dem Wissen, der Bildung beinahe biblische, weil erweckende Kraft. Schon die in den ersten Jahren ihrer Ehe entstehenden Erzählungen ließen spüren, dass hier ein Umbruch bevorstand.

Neue Wirklichkeit – neues Erzählen

Allen Schwierigkeiten und Problemen zum Trotz: Nach der Hochzeit fand Netty Radvanyi die so sehnlichst gewünschte Zeit zum Schreiben. Vielleicht weniger als erwartet. Doch sie schrieb. Unbehelligt vom Unverständnis ihrer Eltern. Das Leben als Schriftstellerin begann.

In ihrem Tagebuch hatte die junge Frau eine Reihe geplanter Projekte benannt; ab Januar 1925 beschäftigte sie sich sogar mit einem Roman, einem »Revolutions-

---

42 Im französischen Exil dagegen, wo keine Tarnung vonnöten war, hielt sie in der von László Radványi begründeten »Freien Deutschen Hochschule«, der MASCH vergleichbar, Vorlesungen zur Geschichte der deutschen Literatur.

mythos«[43]; in ihrer letzten Eintragung vom 26. Mai 1925 hielt sie fest, sie »arbeite an Jans muss sterben«. Sieben Wochen später bekannte sie in einem Brief an Ladislaus Radvanyi, diese »Kindergeschichte« müsse »eigentlich schön werden, denn ihr Gedanke ist ein einfacher Gedanke, den ich lieb habe«.[44] Schrieb sie während ihrer ersten Berliner Jahre an diesen Projekten weiter? Keine der im Tagebuch erwähnten Erzählungen wurde damals publiziert. Auch der so enthusiastisch angekündigte »Revolutionsmythos« nicht. »Jans muss sterben« gedieh so weit, dass eine erste Fassung des Manuskriptes in Maschinenschrift übertragen werden konnte. Jedoch: wann das geschah, ob die Autorin das Typoskript einem Verlag anbot, warum es nicht veröffentlicht und dennoch von der Autorin aufbewahrt wurde, sodass es im Nachlass gefunden und postum im Jahre 2000 gedruckt werden konnte – alles Fragen, die nicht zu beantworten sind. Stattdessen entstand 1926 eine Erzählung, die nicht zu den bereits erwähnten Vorhaben gehörte.[45] Dafür unmittelbar anschloss an die Geschichte vom Bischof Jehan d'Aigremont. Grubetsch – Titelfigur der neuen Geschichte – setzt fort, was Chat Chat Rouge begann. Auch er tritt als Teufel und Verführer auf. Nur in anderer Zeit. In anderem Milieu.

War es die Groß-Stadt, die die Schriftstellerin zur Änderung ihrer Pläne zwang? Schon im Roman »Die Gefährten« von 1932 spielt Berlin eine Rolle. Jedoch nur von außen gesehen. Nur aus der Sicht ihrer literarischen Figuren, »Berufsrevolutionären« und politischen Emigranten aus China, Polen, Ungarn, mit denen die Autorin selbst »fortgesetzt lebte«[46], vermochte sie von einem Ort zu berichten, der auch ihr fremd war. Fühlte sie sich »überwuchert und überlistet in dem Gestrüpp aus Schienen und Drähten«[47]? Erst als Anna Seghers im Exil lebte, war es ihr möglich, diese sie erdrückende Welt mit den Augen der dort aufgewachsenen Menschen wahrzunehmen, als ein Stück Heimat zu empfinden. Erst jetzt konnte sie davon erzählen. Als sie ab 1943 im fernen Mexiko an ihrer Epochenbilanz »Die Toten bleiben jung« zu arbeiten begann, gewann Berlin Gestalt. Während der zwanziger Jahre dagegen muss es ihr ergangen sein wie ehemals Rembrandt, als der nach Amsterdam kam und das Judenghetto erlebte mit den armen, zerlumpten, geduckten Flüchtlingen aus Osteuropa, den »Proletariern« unter den Juden, wie Netty Reiling sie 1924 nannte. In ihrer Dissertation hatte sie nachweisen wollen, dass die Anschauung der Wirklichkeit zu einer Wandlung im Kunstschaffen Rembrandts geführt hatte.

Zwei Jahre später entdeckte auch sie eine Wirklichkeit, die ihr bislang unbekannt geblieben war, obwohl sie Ähnliches bereits bei ihren jugendlichen Streif-

---

43 Anna Seghers: Und ich brauch doch so schrecklich Freude, a. a. O., S. 20.
44 Ebenda, S. 32 und S. 85.
45 In ihrer Werkausgabe »Der Bienenstock. Gesammelte Erzählungen in drei Bänden«, Bd. 1, Berlin 1963, gab Anna Seghers als Entstehungszeit das Jahr 1926 an.
46 Anna Seghers: Lebenslauf, SAPMO Berlin, DZ 30/IV/2/11/v. 3154. Abgedruckt in: Argonautenschiff Bd. 12, Berlin 2003, S. 92 ff.
47 Vgl. Anna Seghers: Die Toten bleiben jung, Berlin 1952, S. 58: Die literarische Figur Marie empfindet die ihr unbekannte Stadt so.

und Erkundungszügen durch die Vaterstadt beobachten konnte. Schon damals war sie verwirrt worden.[48] Doch was am anderen Ufer des Rheins im Wohnviertel am Mainzer Fährhafen wie eine Randerscheinung wirken konnte, begegnete ihr in Groß-Berlin auf Schritt und Tritt, muss sie erneut erschüttert und stärker denn je beunruhigt haben.[49] Ein Ausweichen war unmöglich geworden. Das Unbekannte, Unfassbare übte einen Druck aus, dem sie sich nicht entziehen konnte. Am Beispiel Rembrandts hatte sie in ihrer Dissertation festgestellt, dass es einem »einzelnen Künstler beschieden sein« könne, »einen Teil der Wirklichkeit für seine Kunst zu entdecken, nach allen Richtungen hin abzutasten, mit einem bestimmten Stoff gleichsam eine Art Ehe einzugehen«.[50] Ihr selbst sollte es so ergehen, als sie auf das Leben von Arbeitern und Arbeitslosen in Berliner Mietskasernen und vielfach geschachtelten Hinterhöfen stieß. Mit der neuen Erzählung »Grubetsch« begann sie, diese Wirklichkeit »abzutasten«, entdeckte sie den Stoff, der ihr Kunstschaffen dominieren sollte. Sie wollte verstehen, was sie sah. Die erste Szene – ein Bild, mit dem ein Stummfilm über die Elendsquartiere der Armen, wie sie seit Mitte der zwanziger Jahre in Anlehnung an die »Russenfilme« versucht wurden, hätte beginnen können: »Wenn die Laterne am eisernen Arm über der Kellertür ein anderes Licht in sich getragen hätte als einen niedergebrannten Gasstrumpf, sie würde doch nur die Pfütze im gerissenen Holzpflaster beleuchtet haben, einen weggeworfenen Pantoffel und einen Haufen verfaulter Äpfel. Wie ein Grubenlicht in der Tiefe zeigte sie den Weg dem Regen, der dünn und unablässig in diesen Schacht herunterregnete. Nur irgendwo in halber Höhe regte sich müde etwas Weißflatterndes, Lebendiges, Gefangenes. Das waren ein paar Wäschestücke, die die Besitzerin ins Küchenfenster gehängt hatte, wie sie vor dem Regen in die Stadt gegangen war. Aber im Hof musste es doch freier und lustiger sein als hinter den Fenstern, sonst wären doch nicht links im zweiten Stock die Läden zurückgeschlagen worden, und die Frau hätte nicht mit einem langen ›Ah‹ den Kopf hinausgesteckt, und das Mädchen hätte sich nicht, davon angelockt, neben sie in die Ecke gedrückt.«[51]

Wie ein Film läuft die ganze Geschichte ab. Keine raffiniert ersonnene Fabel mehr, sondern über dreißig Szenen, vornehmlich aus der Perspektive der Figuren

---

48 Am 7. Juni 1961 schrieb Anna Seghers einer Leserin: »›Grubetsch‹ spielt am Fluss (Rhein?) in einer Umgebung, die mich wahrscheinlich als junges Ding beunruhigt hat. Gewiss verstand ich damals besonders gut den Wunsch vieler Menschen, auch wenn sie erniedrigt und verkommen waren oder gleichgültig und flott, nach etwas Hellem, das von ihrer gleichförmigen Umgebung abweicht. Mag es gut oder schlecht sein, es weicht ab.« (Anna Seghers: Briefe an Leser, Berlin und Weimar 1970, S. 7 f.)
49 Im Pariser Exil half Anna Seghers 1935/36 dem Arbeiterschriftsteller Jan Petersen, sein Manuskript über den antifaschistischen Widerstand in Hitlerdeutschland in eine druckreife Fassung zu bringen. Die Wallstraße, in der Petersen als junger Bursche gelebt hatte, deren Elendsquartiere er beschrieb, lag nicht weit entfernt von der Sybelstraße. Anna Seghers wird sie gekannt haben.
50 Netty Reiling (Anna Seghers): Jude und Judentum im Werke Rembrandts, a. a. O., S. 13.
51 Seghers: Grubetsch, in: Frankfurter Zeitung und Handelsblatt, 10.3.1927. [Ihren Vornamen nannte die Autorin nicht!] Friedrich Albrecht hat in seiner Analyse der Erzählung darauf aufmerksam gemacht, dass in späteren Veröffentlichungen die beiden Wörter »müde« und »Gefangenes« getilgt worden waren. (Friedrich Albrecht: Die Erzählerin Anna Seghers, Berlin 1965, S. 257)

vorgetragen und lose aneinandergereiht, strukturieren den Text. Eine Entwicklung setzte ein, die dauern sollte: Als die Erzählerin zum ersten Mal versuchte, den soeben entdeckten Stoff literarisch zu gestalten, kam ihr das neue Medium zu Hilfe. Sie lernte vom Film.

Im Kreis um Philipp Schaeffer war die Aufmerksamkeit der jungen Schriftstellerin für filmische Neuerungen geweckt worden. Ein anderer Film-Enthusiast wird ihr Verständnis weiter gefördert haben: Béla Balázs. Der Freund und Förderer Laszlo Radvanyis aus den Tagen des Budapester »Sonntagskreises« und der ungarischen Räterepublik[52] hatte bislang in der Emigration in Wien gelebt. 1926 kam auch er nach Berlin. Im Exil war der ungarische Dichter gezwungen worden, sich ein neues Betätigungsfeld zu suchen, wollte er weiterhin sein Brot verdienen. Er begann, in deutscher Sprache zu schreiben, wandte sich dem Film mit seinem Massenpublikum aus allen Schichten der Bevölkerung zu. Balázs entwickelte die Filmkritik als Bestandteil der Tagespresse und unternahm es als einer der Ersten, eine Theorie, eine Ästhetik des Films, zu erarbeiten. In Deutschland war er kein Unbekannter: Sein Buch »Der Sichtbare Mensch oder Die Kultur des Films« war ihm 1924 vorausgeeilt, hatte auch hier seinen Ruf als Filmtheoretiker begründet. Am 9. Juni 1926 hielt er seinen Einzug in Berlin mit einem viel beachteten Vortrag über »Filmtradition und Filmzukunft«, und in den folgenden Jahren bewährte er sich als Drehbuchautor, bearbeite er zahlreiche Filme aus der Sowjetunion für den deutschen Markt, schrieb er das 1930 veröffentlichte Buch »Der Geist des Films«, in dem er seine praktischen Erfahrungen mit Film und Filmindustrie auswertete und seine Auffassungen vor allem über die neuen ästhetischen Möglichkeiten der jungen Kunst weiter ausbaute.[53]

Netty Radvanyi wird begierig darauf gewartet haben, diesem Menschen, den sie längst aus den Erzählungen ihres Mannes kannte, persönlich zu begegnen. Es ist nichts darüber bekannt, wie sich die Beziehungen zwischen den Familien Balázs und Radvanyi in Berlin gestalteten. Doch es kann davon ausgegangen werden, dass sie einander trafen. Denn belegt ist, dass Balázs die Arbeit der MASCH unterstützte: Sobald das Lehrprogramm der Schule ausgeweitet werden konnte, tauschten die beiden Freunde ihre Rollen, half der Ältere seinem ehemaligen Sekretär, den Film in die Bildungsarbeit einzubeziehen. Balázs hielt Vorträge, leitete Seminare. Doch seine Begeisterung für die neue Massenkunst war anders motiviert als die der jungen Schriftstellerin. Ihm ging es darum, den Film aus der Bevormundung durch Literatur und traditionelle Erzählweisen zu befreien. Er wollte die neuen technischen Möglichkeiten wie Kameraführung, Großaufnahme, Film-

---

52 Vgl. das Kapitel »Abenteuer menschlicher Begegnungen« in diesem Buch.
53 Vgl. das Vorwort von Wolfgang Gersch »Versuche auf breiter Front: Balázs in Berlin«, in: Béla Balázs: Schriften zum Film, Bd. 2: Der Geist des Films. Artikel und Aufsätze 1926–1931, Berlin 1984. Ein kurzer Abriss des Werdegangs von Béla Balázs findet sich auch in: Lexikon sozialistischer Literatur, a. a. O., S. 44 f.

schnitt, Montage u. a. zur Geltung bringen, den Film zum selbständigen Kunstwerk mit eigenem Kunstwert erheben. Netty Radvanyi dagegen dachte nach über die Brauchbarkeit des Films für das Erzählen. Die neu hervorgebrachten Techniken, auf die Balázs genauestens aufmerksam machte, wollte sie für ihre eigenen Arbeiten nutzbar machen. Mit der Geschichte »Grubetsch« wagte sie den ersten Schritt. Noch vermochte sie nicht, Berliner Realität zu gestalten, siedelte sie ihre Geschichte in einer Welt an, die ihrer Heimatstadt ähnelte: die durch die Großstadt ausgelöste Erschütterung ist unverkennbar. Entdeckung von Wirklichkeit und Veränderung der Erzählweise gingen Hand in Hand. Dabei sollte es bleiben. Vor allem ihre Romane zeigen dieses Bemühen. Und es wird zu fragen sein, ob 1937/38 allein der italienische Schriftsteller Alessandro Manzoni den Anstoß gab für den Roman »Das siebte Kreuz«, in dem Anna Seghers am Schicksal eines einzelnen Mannes »sehr viele Schichten des faschistischen Deutschlands« erkunden wollte.[54] Einen solchen »Querschnitt« durch die Gesellschaft hatte Jahre vor ihrer Lektüre des Romans »Die Verlobten« schon ein anderer versucht.

Am 28. Oktober 1928 wurde im Ufa-Palast am Kurfürstendamm ein Film aufgeführt, der von den Rezensenten als »ein Stück Zukunft« gefeiert wurde: »Die Abenteuer eines Zehnmarkscheines«. Das Drehbuch hatte Béla Balázs geschrieben und sein Werk selbst »Vorstoß in eine neue Dimension« genannt, weil es möglich wurde, an einem einzelnen Gegenstand, dem Geldschein, einen »Querschnitt« durch die damalige Zeit zu ziehen. Die Filmindustrie setzte zwar Veränderungen am Drehbuch durch, schwächte die Kritik am »Fluch des Geldes in der kapitalistischen Gesellschaft« ab.[55] Künstlerische Idee und Methode jedoch konnte sie nicht zerstören. Anna Seghers erwähnte diesen Film später nie. Dennoch bin ich der Auffassung, dass sie die Aufführung nicht versäumte: Die Anregungen auch dieses Films werden nachgewirkt haben.

Die Erzählung »Grubetsch«

In ihrer Geschichte »Grubetsch« erzählt Seghers von Menschen, die in Vorder- und Hinterhaus einer Mietskaserne zusammengepfercht leben. Sie teilen sich entweder zu dritt ein Zimmer, das ihnen zum Kochen, Essen, Schlafen dient, oder sie haben irgendwo wenigstens einen Platz für die Nacht gefunden, sei es auch nur in einem Verschlag unter einer Kellertreppe. Der Blick der Autorin reicht nicht weit. Er konzentriert sich auf den Hof, eine im Kellergeschoss liegende Kneipe, auf ein Zimmer. Die Stadt interessiert nicht; sie beginnt jenseits am anderen Ufer eines Flusses. Nicht einmal die Straße bekommt der Leser zu sehen; er erfährt nur, dass

---

54 Anna Seghers: KuW II, Berlin 1971, S. 16 und KuW IV, Berlin 1979, S. 94.
55 Zitiert nach Wolfgang Gersch: Versuche auf breiter Front: Balázs in Berlin, a. a. O., S. 19 und S. 20.

sie unweit des Flusses entlangführt und in einem nahe gelegenen Eckhaus ein Bordell eingerichtet ist.[56]

Doch die spärlichen Angaben reichen aus. Die Autorin fragt nach den Menschen, jungen Leuten wie sie, die in dieser Umgebung ausharren müssen, rückt aus dem Figurenensemble die Familie eines Bauernjungen in den Mittelpunkt des Erzählens. Martin, der auf dem Dorf ein Handwerk erlernte, kam in die Stadt, um sein Glück zu suchen. Seit einem Jahr wohnt er zusammen mit seiner Frau Marie und seiner Schwester Anna im Vorderhaus, das ihm zwar »ein bisschen wunderlich«[57] vorkommt, in dem Marie sich jedoch wohl fühlt. Er hat tatsächlich Arbeit als Dreher gefunden. Der lange anstrengende Werktag fällt ihm schwer, zehrt an seinen Kräften, aber er kann seine Miete bezahlen, sich und den Seinen am Sonnabend eine Flasche Wein, am Sonntag einen Braten gönnen, auch mal einen Gast einladen. Und seine Frau Marie lässt ihn, sobald er daheim ist, alle Mühen vergessen. Er ist stolz auf seine Frau, stolz auf das von ihr versorgte Zimmer, das mit der geblümten Tapete, den Vorhängen an den blanken Fenstern, dem Spiegel und dem neuen Lampenschirm nicht nur »das beste und reinlichste« (13) im ganzen Hause ist. Es demonstriert, dass sein Leben ordentlich und geregelt verläuft. Demonstriert Martins Zufriedenheit.

Die anderen nicht vergönnt ist. Denn die Nachbarin Martins, Mutter eines kleinen Jungen, muss einen kranken Mann versorgen, andere, junge Burschen ohne Arbeitsplatz, lungern den ganzen Tag über auf dem Hof herum, sitzen auf der Treppe oder vor dem Tor zur Straße. Ihre Kräfte werden nicht gebraucht. Sie wissen nichts mit sich anzufangen. Langeweile beherrscht sie. Einzig Sexualität und Alkohol bringen ein wenig Abwechselung, ein wenig Freude. Trostlosigkeit, Düsternis und Regen der ersten Bildsequenz beleuchten ihr Dasein. Sie sind Gefangene. Vegetieren nur.

Und doch: Das eine Jahr, von dem die Autorin erzählt, verspricht, ein ungewöhnliches Jahr zu werden.

Die erste Szene schon – ein Meisterstück der jungen Erzählerin. Sie beginnt, zwei im Widerstreit liegende Zentralmotive aufzubauen, die den kärglichen Fabelrest aufladen, die Handlung in Bewegung bringen. Vorsichtig dem Gang des Geschehens vorauseilende Bemerkungen erzeugen Spannung. Mit dem Ausruf Maries beim Blick aus dem Fenster, der Grubetsch sei wieder da, es werde »wieder ein Unglück geben« (6), deutet die Autorin an, dass sich an der geheimnisvollen Figur Grubetsch das Schicksal der Hausbewohner entscheiden wird. Nicht nur die Kamera hält sie in der Hand. Nicht nur ein Bild der Außenwelt nimmt sie auf. Sie

---

56 Unverkennbar, dass Mainz der Autorin als Vorlage gedient hatte. Der alte Floßhafen liegt der Stadt gegenüber am anderen Ufer des Rheins.
57 Anna Seghers: Grubetsch, in: Anna Seghers: Erzählungen 1926–1944, Gesammelte Werke in Einzelausgaben, Band IX, Berlin und Weimar 1977, S. 14. (Im Folgenden finden sich die Seitenangaben zur Erzählung direkt im Text.)

schafft sich zugleich Möglichkeiten, ins Innere ihrer Figuren einzudringen, nach ihren Wünschen und Hoffnungen zu fragen, verborgene Regungen und Widersprüche aufzudecken.

Anna, die Schwester Martins – von den Eltern auf dem Dorf im Kindesalter zu fremden Leuten in Dienst gegeben, vom Bruder erlöst und in die Stadt geholt – eröffnet das Sehnsuchtsmotiv, das alle agierenden Personen mehr oder weniger stark bewegt: Alle hoffen darauf, ihre Fesseln abstreifen, aus ihrem kärglichen Dasein ausbrechen zu können. Auf engstem Raum mit Bruder und Schwägerin zusammenlebend, beobachtet die Fünfzehnjährige die Freude der beiden am sexuellen Spiel. Sie sinnt der Bemerkung über Grubetsch nach, hört Maries und Martins »Auflachen unter der Decke« (6), fühlt in sich selbst eine Sehnsucht aufsteigen, die sie nicht erklären kann, und fragt am Ende der ersten Szene: »Was ist das, ein Unglück? [...] Ist es wie der Hof dort unten und wie das Zimmer dort hinten? Oder gibt es auch noch andere Unglücke, rote, glühende, leuchtende Unglücke? Ach, wenn ich so eins haben könnte!« (7)

Grubetsch, den sie noch nicht kennt, wird ihr diesen Wunsch erfüllen. Mit ihm beginnt das Verführungsmotiv. Er gehört nicht zu den Dauerbewohnern des Hauses. Nur der Winter mit seiner Kälte treibt ihn in die Zimmer anderer oder in den Verschlag unter der Treppe zu Munks Kneipe. Er ist Flößer. Fährt in den warmen Jahreszeiten den Fluss, wahrscheinlich den Rhein hinunter bis zur »großen Stadt« an der Grenze, verschleudert dort in den Schenken all sein Geld, sucht sich »was Neues oder fährt wieder heim« (17). Einer ohne Frau und Familie, »ohne Grund und Boden, Dach und Fach«, denkt Martin kritisch, aber voller Mitgefühl. Ein »ausgehungerter Ohne-Heim-und-Herd-Gast« (15), kommentiert die Erzählerfigur seinen ersten Besuch bei Martin. Die Darstellung dieses Grubetsch verrät, woher die Autorin kommt, wohin sie unterwegs ist. Die Konturen seines Bildes verschwimmen, Phantastisches mischt sich mit Realem. Tritt er einerseits auf als jüngerer Bruder von Chat Chat Rouge, ist er andererseits Vorläufer des Rebellen Hull aus der Erzählung »Aufstand der Fischer von St. Barbara«, wandelt er sich zwanzig Jahre später zum Kommunisten Martin, der im Roman »Die Toten bleiben jung« dem Sohn seines Freundes Erwin zum Erzieher wird. Sozial immer genauer, historisch und politisch immer konkreter, immer differenzierter wird das Bild dieser Gestalt. Das Schimmernde, Transzendente verliert sie nie. Sie bleibt eine mythische Gestalt. Kommt von weit her. Weist in die Ferne. Mochte 1926 das Märchenhafte zunächst der Aufgabe geschuldet sein, unbekannte Wirklichkeit erzählend zu erkunden, so wurde es zugleich zur Chance, beobachtete Realität poetisch zu bewältigen, dem Text mehrere Perspektiven, universelle Bedeutung einzuschreiben, ihm die Dimension geschichtlicher Tiefe zu verleihen. Obwohl die Autorin mehr und mehr versuchte, ihr Jahrhundert erzählend zu begleiten, den Stoff ihrer Erzählungen und Romane zumeist im alltäglichen Geschehen ihrer Zeit aufzuspüren – der Zauber des Geheimnisvollen, der ihre Anfänge auszeichnet, konnte bewahrt werden: Die von ihr dargestellte Welt ist immer auch eine mythische Welt, in der Menschheitserfahrungen aufgehoben sind.

In der Erzählung »Grubetsch« umgibt die Titelfigur in den Augen aller Hausbewohner eine leuchtende Aura des Besonderen. Seine Lebensweise imponiert ihnen. Er ist kein Gefangener. Kennt keine Langeweile. Tut, was ihm Spaß macht. Besitzt Kraft und Mut, sein Leben selbst zu gestalten, unbekümmert darauf zu bauen, dass sich ihm immer eine Tür öffnen, ein Tisch decken, ein Schlafplatz anbieten wird. Er kennt das Zauberwort, mit dem er in die Herzen der Hofbewohner eindringen kann. Alle bewundern, verehren ihn, suchen seine Freundschaft, hoffend, dass er Abwechslung, Abenteuer bringen, von seiner Zuwendung ein wenig Glanz auch auf sie fallen möge.

Doch Grubetsch treibt sein Spiel mit ihnen. Sobald er spürt, dass jemand zaghaft beginnt, diesen ihm angebotenen »Fraß von Leben«[58] nicht mehr widerspruchslos hinzunehmen, sich der Wunsch regt, auszubrechen aus der Gefangenschaft von Alltag und Familie, blitzen – wie bei Chat Chat Rouge – »kleine Punkte der Freude« (15) in seinen Augen, lockt und verspricht er, stachelt er an – um den Verführten dann am Abgrund allein zu lassen. Sebald, ein Nachbar Martins, kommt mit tödlicher Krankheit von seinem Sommer als Flößer – »verwildert und verludert, verlumpt und verlottert« (9) – nach Hause zurück, um hier zu sterben. Seinem kleinen Sohn schenkt Grubetsch als Einziger in Familie und Hof ein wenig Aufmerksamkeit – um aus ihm einen »wilden Teufel, einen gerissenen Lumpen« (54) zu machen. Eine andere Alternative zu Elend und Trostlosigkeit des Alltags ist für ihn undenkbar. Der unstet Umhergetriebene, der kein anderes Ziel kennt, als den Augenblick zu genießen, kann Sebald und seine Leidensgefährten nur losreißen von dem Boden, der sie bislang unsanft zwar, doch sicher trug. Eine lebenswerte Zukunft ist auf seinem Wege nicht zu finden.

Auch in Martins Stube tritt Grubetsch mit der Verheißung, durch die Fahrt auf dem Rhein sei eine Welt zu gewinnen: »Wenn ich so ein Kind [wie Anna] wäre, ich wüsste, was ich täte. [...] Dumm würde ich mich stellen und weglaufen. [...] Dort auf dem Fluss haben es die Kinder anders wie hier im Hof«, prahlt er. »Lieber Gott, so ein Mädchen. Wenn's mal in so einen Hof gefallen ist, wer holt's heraus? Eng ist die Torfahrt, da fährt kein Freier ein. Hoch sind die Dächer, da hupft kein Liebster drüber.« (17 f.) Seine Worte wecken Annas Sehnsucht erneut. Sie lässt sich von Grubetsch verführen. Auf dem Lager im Verschlag unter der Kellertreppe sieht sie, wie das Gerümpel in der Ecke Schatten auf die Wand wirft, »etwas wie einen Hund, Ohren und Schnauze« (26). Sie versteht das Bild nicht zu deuten. Erst als es Wochen später zum zweiten Mal erscheint, entdeckt sich ihr des Pudels

---

58 Um Wirklichkeit kennenzulernen, übernahm die Schriftstellerin auch die Rolle einer Reporterin. 1931 schrieb sie die Gerichtsreportage »Was wissen wir von Jugendcliquen?«, fragte sie nach den sozialen Ursachen für das Verhalten solcher Jugendlicher, wie sie sie 1926 gestaltet hatte. In: Anna Seghers: KuW III, Berlin 1971, Zitat S. 176.

Kern. Doch es ist zu spät. Sie hat Grubetsch wahrhaft lieb gewonnen, glaubt, mit ihm sich von Enge und Öde befreien zu können. Für sie erhält der Fluss eine andere Bedeutung als für den Mann, wird er zum Symbol. Nicht in eine Kneipe soll er sie führen, sondern in ein Leben der Weite, des Lichts. Die Liebe, zunächst von Anna als Fluchtweg angenommen, erfüllt nicht alle Träume. Sie spürt, dass es noch etwas anderes gibt, etwas Wichtigeres. Sie kann ihr Ziel nicht benennen. Hofft nur, dass der »breite, lange, helle, glitzernde Fluss« sie hinbringen wird: »Dann erst fängt alles an«, sagt sie im Gespräch mit Grubetsch. Sie weiß nicht, was anfangen soll. »Ich weiß nicht, alles!« ruft sie nur. »Das« hier, ihre Liebe, sei »noch gar nichts«. (37) Zum ersten Mal deutet sich das Motiv vom »Wichtigsten« und »Zweitwichtigsten« an, zeigt sich, wie die Autorin an der Ausformung dieses Motivs arbeitet. Anna ist über Grubetsch hinausgewachsen. In einem Augenblick, da auch in ihm ein Fünkchen Sehnsucht aufglimmt, er sich fragt, ob nicht auch er Heim und Herd haben könnte, »eine Lampe und eine Frau, eine ganz junge, stille, immer dieselbe, das ist doch das Beste, Anna zum Beispiel, die würde mir schon gefallen. Wenn ich das könnte, aber es geht nicht.« (36) Auch er ist wie in einem Käfig gefangen. Verzaubert. Ihm bleibt nur das Zerstören.[59]

Nicht allein Sebald richtet er zugrunde. Auch Martin. Marie, in deren Augen ebenfalls »kleine Funken hüpften« (16) und glänzten, die – im Gegensatz zu Anna – dem Grubetsch ähnlich ist, bei ihm nur ein Abenteuer sucht und findet, verlässt ihren Mann, der auch für sie nur eine Fluchtmöglichkeit war, ihr auf »die Dauer zu langweilig« ist (41). Martin verliert zudem Schwester und Arbeit. Verfällt dem Alkohol. Sein Zimmer – einst Sinnbild von Ordnung und Geborgenheit – bietet sich schließlich als Wüste dar: Rissig die Tapete, die Vorhänge zerrissen, lahm Tisch und Stühle, blind die Fensterscheiben. (50) Mit dieser Verwandlung eines Zimmers führte die Autorin zum ersten Mal ein Motiv ein, dessen Sinngehalt sie ausweiten sollte. Denn vorerst vermochte sie nur, vorzuführen, wie auch das, was fest und sicher gegründet schien, der Veränderung unterworfen ist. Im Roman »Die Gefährten« (1932) dagegen erhielt dieses Motiv eine neue Qualität: Jetzt konnte gezeigt werden, dass mit dem Zugrundegehen des Althergebrachten zugleich der Boden bereitet wird, etwas Neues entstehen zu lassen: »Wenn man schreibt, muss man so schreiben, dass man hinter der Verzweiflung die Möglichkeit und hinter dem Untergang den Ausweg spürt«, verlangte die Autorin 1931 von sich als Schriftstellerin.[60]

---

59 Was im Dialog zwischen Anna und Grubetsch zum ersten Mal in Andeutungen auftaucht, ist 1932 im Roman »Die Gefährten« voll ausgeformt. Allerdings sind in der Erzählung die Rollen vertauscht: Hier ist es die Frau, die zwischen dem »Wichtigsten« und »Zweitwichtigsten« zu unterscheiden beginnt, wobei sie dem »Wichtigsten« zugleich eine andere Bedeutung beimisst als Bató: Sie fragt nach dem Sinn ihres persönlichen Lebens.
60 Anna Seghers: Selbstanzeige, in: Anna Seghers: KuW II, Berlin 1971, S. 11. In dieser Selbstrezension distanzierte sich die Autorin von ihrer Erzählung, beurteilte sie ihre Grubetsch-Figur in einer Weise, die dem Werk nicht gerecht wurde: »›Grubetsch‹: Ein böser Hof, und in dem Hof ein Mann, der es versteht, die geheimen Wünsche der Menschen nach Zugrundegehen zu erraten und jedem in seiner Weise zu erfüllen.«

Vielleicht hatte der Wunsch, so erzählen zu können, schon bei der Gestaltung Annas die Feder geführt. Nicht allein, dass diese Figur – deren Vorname später im Pseudonym Anna Seghers wiederkehren sollte – eigene Wünsche und Hoffnungen der Autorin zur Sprache bringt. Auch Annas Schicksal wird ambivalent gestaltet, auch ihr Bild bekommt märchenhafte Züge. Eindringliche Worte zeichnen die Verzweiflung des Mädchens, als sie erkennen muss, dass Grubetsch ihre Sehnsucht nicht zu erfüllen vermag: Eine Hand war durch einen Riss in ihre Brust gefahren, hatte etwas herausgerissen: »Da wo die Hand hingegriffen, etwas herausgeholt hatte, war es jetzt leer, es war nicht angenehm und nicht unangenehm, es war gar nichts.« (38) Doch Anna zerbricht nicht. Sie, die im Kontrast zur kraftstrotzenden Marie »von beinah wunderbarer Magerkeit« war, der man »überhaupt zu wenig Körper gegeben [hatte], nur ein ganz kärgliches, zerschlissenes Ding«, wie die Erzählerfigur gleich in der ersten Szene mitteilt (5), erinnert an die verwunschene Prinzessin im Märchen, die großes Leid erfährt, letztlich jedoch ihr Glück findet. Anna verlässt die Mietskaserne, kommt zwar nicht weit, nur bis zum Eckhaus: Aber sie hat einen ersten Schritt getan, sich selbst aus der Gefangenschaft zu lösen. Für die Autorin, die in ihrer Erzählung vom Bischof Jehan d'Aigremont eine Dirne als die wahrhaft Liebende dargestellt hat und in dieser Nachfolge expressionistischer Auffassung verbleibt, ist Anna eine Schwester Catharinas. Grubetsch, der sie noch einmal im Bordell besucht, erkennt, dass der Traum vom Fluss noch immer auf ihrer Stirn zu sehen ist, will ihn endgültig tilgen. Aber die Autorin lässt offen, ob es ihm gelingt. Seine Macht über die Frau hat er verloren. Anna wird weiter nach einem, nach ihrem Weg suchen. Der Schluss der Erzählung macht darauf aufmerksam.

Grubetsch dagegen findet einen elenden Tod in der Kneipe von Munk. Die in der Beziehung zu Anna erwachte Sehnsucht nach einem Leben, wie es Martin einst vergönnt war, hat ihm seine Selbstsicherheit geraubt, die Aura des Besonderen, die magische Kraft über die Hofbewohner zerstört. Seine Gefährten spüren seine Veränderung, erstechen ihn aus Wut, Zorn und Verzweiflung: Denn die erwartete Erlösung kann von einem, der ihnen gleicht, nichts anderes ist als sie selbst, nicht ausgehen. Mit Grubetsch töten sie ihre eigenen Hoffnungen. Das ungewöhnliche Jahr endet für sie in einer Katastrophe.

Auf der letzten Seite der Geschichte kommt nur die Erzählerfigur zu Wort. Im sachlich-nüchternen Stil einer Chronistin teilt sie mit, was weiterhin geschah. Nur

---

Mehr als dreißig Jahre lang wollte die Autorin nicht mehr an ihre Erzählung erinnern, erst 1963 wurde sie in der Ausgabe »Der Bienenstock. Gesammelte Erzählungen in drei Bänden« (Berlin) erstmals wieder veröffentlicht. Später hielt Anna Seghers mich an, dafür Sorge zu tragen, dass bekannt wurde, sie habe 1928 nicht allein für die Erzählung »Aufstand der Fischer von St. Barbara« den Kleistpreis erhalten, sondern zuerst und vor allem für »Grubetsch«. Die Selbsteinschätzung von 1931 ist für mich Ausdruck dafür, dass Anna Seghers während der ersten Jahre ihrer Mitgliedschaft im BPRS versuchte, die dort vertretenen Literaturlosungen voll zu erfüllen. In ihrem bereits zitierten Brief an eine Leserin von 1970 hob sie ihr einseitiges Urteil selbst auf. Jetzt sprach sie nicht mehr vom Zugrundegehen, jetzt hatten die Menschen den berechtigten Wunsch nach etwas »Hellem«. Vgl. das Kapitel »Zu sich selbst finden« in diesem Buch.

noch einmal unterbricht sie den kurzen Sachbericht, spricht sie im lyrischen Ton, lässt sie Erinnerung aufkommen an Anna, die ihren Märchentraum nicht preisgibt: Grubetsch geriet allmählich in Vergessenheit. Bald fragte niemand mehr nach ihm. Nur irgendwo wartete noch immer »irgendein junges Ding auf einen roten Fleck im grauen Pflaster, auf einen Ton in der Stille, auf ein Ereignis, das aus der Luft bricht wie ein Traum aus dem Schlaf, auf irgendetwas, mochte es sein, was es wollte, selbst ein Unglück.« Die anderen dagegen vegetierten weiter wie gewohnt, erbärmlich und trostlos. Eine Frau nahm sich einen neuen Liebsten, einer wanderte fort, ein anderer ertrank im Fluss: »Aber das waren gewöhnliche Liebschaften, gewöhnliche Tode.« (73 f.)

Ein merkwürdiger Brief

Die Erzählung »Grubetsch« wurde nicht nur fertiggestellt – sie konnte auch veröffentlicht werden. Wiederum in »Frankfurter Zeitung und Handelsblatt«. Wie die zuerst erschienene »Sage aus dem Holländischen« der »Antje Seghers«, in der vom Sieg des Pfarrers Jan Seghers über Gott erzählt wurde. Nur drei Jahre später. Und nur versehen mit der Autorenangabe »Seghers«. Der Vorname fehlte: Antje mochte Netty Radvanyi nicht mehr verwenden. Schien ihr vielleicht zu dialekt-, zu landschaftsgebunden. Für einen anderen Vornamen jedoch hatte sie sich noch nicht entschieden. Sie wusste nur, dass sie – ihrem Mann gleich – weiterhin unter einem Pseudonym an die Öffentlichkeit treten werde. Vielleicht gefiel ihr auch die Vorstellung, dass der Leser nun nicht mehr ersehen konnte, ob er sich der Arbeit eines Mannes oder einer Frau zuwandte. Am 10. März 1927 hielt sie, stolz und glücklich, das erste Blatt mit dem Anfang ihrer zweiten Publikation in den Händen. Und zwei Wochen lang konnte sie sich jeden Tag neu an einem weiteren Teil der im Feuilleton erscheinenden Fortsetzung erfreuen.

Doch war es eine ungetrübte Freude?

Es ist nicht bekannt, ob die Erzählung 1927 ein Echo fand. Gelesen wurde sie im Feuilletonteil der Zeitung sicherlich. In eine breitere Öffentlichkeit drang sie kaum. Ein öffentliches Gespräch löste sie nicht aus. Den Namen der Verfasserin machte sie nicht bekannt. Ihre Isolierung vom literarischen Leben durchbrach sie nicht. Einst schäumte Netty Reiling über von literarischen Plänen. Ihr Tagebuch 1924/25 sprach von Schaffensfreude und Ungeduld der jungen Frau, die am liebsten an mehreren Projekten gleichzeitig gearbeitet hätte. Drei Jahre später sah die reale Bilanz mager aus. Seit Dezember 1924, seit der Publikation der Erzählung »Die Toten von der Insel Djal. Eine Sage aus dem Holländischen«, seit der Fertigstellung der »Legende von der Reue des Bischofs Jehan d'Aigremont von St. Anne in Rouen«, die auf den Unwillen Laszlo Radvanyis stieß und liegenblieb, konnte in drei langen Jahren nur eine einzige weitere Arbeit vollendet werden. Abgesehen

von der Rezension zu Fjodor Gladkows Roman »Zement« vom Mai 1927, war nur eine Arbeit veröffentlicht worden. So hatte Netty Radvanyi sich den Beginn ihres neuen Lebensabschnittes wahrscheinlich nicht vorgestellt. Nach dem stürmischen Aufbruch – ein solch klägliches Ergebnis. Eine Lähmung schien eingetreten. Der Lebensplan in Gefahr. Befand sie sich in einer Krise?
  Beunruhigen musste zudem etwas anderes. Seit Herbst 1927 wusste Netty Radvanyi, dass sie ein zweites Kind erwartete. Die häuslichen Anforderungen würden wachsen. Bei wachsenden Belastungen ihres Mannes. Sollte die Zukunft der jungen Frau einzig von ihrer Freude als Mutter und Hausfrau bestimmt werden? Die Lust zum Fabulieren, zum Schreiben in den Hintergrund gedrängt werden?
  Da erreichte Anfang Dezember 1927 – die Feiern zum 116. Todestag von Heinrich von Kleist und die Verleihung des Kleistpreises 1927 waren vorüber – Hans Henny Jahnn ein handschriftlich verfasster merkwürdiger Brief, dem die Erregung des Schreibens abzulesen war:

»Berlin, 8. Dez. [1927]
Sehr geehrter Herr Jahnn!
Ich schicke Ihnen anbei eiligst eine Arbeit von Seghers, die vor etwa 2 Jahren in der Frft. Zeit. erschien. Im Augenblick steht mir eine andre Arbeit des Autors nicht zur Verfügung. A. Seghers ist 1900 am Rhein geboren. Längere Aufenthalte am Meer, Vorliebe zur See, Hafenstädte. Lebt in verschiedenen Städten mit vielerlei Menschen zusammen. Seit 1925 in Berlin. Für ausführlichere Mitteilungen u etwaige Übermittlung andrer Arbeiten wird Ihnen A. Seghers persönlich ab nächster Woche gern zur Verfügung stehn
  Hochachtungsvoll
  Radványi
  Helmstedterstr. 24
  Berlin«

Der Text, der Hans Henny Jahnn mit diesem Brief zugeschickt wurde, trug die Überschrift – »Grubetsch«![61]

---

61 Staats- und Universitätsbibliothek Hamburg, Carl von Ossietzky, Hans-Henny-Jahnn-Archiv, Signatur: NL H. H. Jahnn: Mappe Kleistpreis: Seghers. Ich bedanke mich bei den Mitarbeitern des Archivs für ihre freundliche Hilfe bei der Suche nach den Materialien. Da ich den Brief in einem bis dahin nicht geordneten Konvolut des Kleistpreises auffand, kann er nur auf das Jahr 1927 datiert werden. (Schreibweise, auch die des Namens Radványi, Zeichensetzung, Unterstreichung im Original.)

Den Träumen der Jugend treu bleiben

Besonderheiten des Kleistpreises

Seit 1912 brachte der Monat November alljährlich ein Ereignis, das Schriftsteller, Kritiker, Leser mit Spannung erwarteten: Der Kleistpreis – ein »Göttergeschenk«, wie Carl Zuckmayer meinte – wurde verliehen. »Es gab in dieser Zeit noch keine Literaturpreis-Inflation«, schrieb er, 1925 selbst ausgezeichnet.[1] Die Stadt Frankfurt am Main vergab einen Goethe-, der preußische Staat einen Schiller-Preis, die beide nur in langen Intervallen und nur für ein dichterisches Gesamtwerk zur Verteilung kamen. Die Ehrung im Namen Kleists dagegen wurde jedes Jahr aufs Neue ausgesprochen, war als »literarischer Jugendpreis«[2] gedacht. Er sollte jungen Autoren Mut machen, diejenigen, die erst am Beginn ihres Schaffens standen, materiell fördern, ihnen den Weg in die Öffentlichkeit und zu Verlagen bahnen.

1911 veranlasste die Erinnerung an Heinrich von Kleist den Schutzverband deutscher Schriftsteller und einige Intellektuelle, einen solchen Preis zu stiften. Denn hundert Jahre zuvor, am 21. November 1811, hatte der Dramatiker und Erzähler, erst vierunddreißig Jahre alt, seinem Leben selbst ein Ende gesetzt. Doch was ihn, der inzwischen verehrt wurde als einer der bedeutendsten Dichter Deutschlands, damals in den Tod trieb, bedrohte noch immer Existenz und Werk junger Künstler. Noch immer mussten sie sich materieller Not, mangelnder Anerkennung, fehlender Unterstützung erwehren. Die Auszeichnung sollte eine erneute »Kleistkatastrophe« verhindern helfen, »ringende poetische Talente durch rechtzeitige Hilfe davor bewahren [...], im Lebenskampf unterzugehen«, wie es am 13. November 1911 im »Aufruf zur Kleiststiftung« hieß.[3] »Gewiss, wir sind reicher geworden«, schrieb Fritz Engel, einer der Initiatoren und der Rührigste beim Werben um Mäzene und beim Sammeln von Spenden, aber hat sich »das literarische Gewissen Deutschlands seitdem, in diesen hundert Jahren, geschärft? Wie, wenn es auch jetzt Talente, wohl gar Genies, gäbe, die zugrunde gehen, ehe sie erkannt und leidlich gut gebettet sind? Begabungen, welche händeringend verzagen, weil niemand da ist, sie zu stützen? Das ist ein Gedanke, so hart, dass er körperlichen Schmerz bereitet.«[4] Die Initiative wurde auch von Buchverlegern unterstützt, die den Konkurrenzkampf aufstrebender Pressekonzerne fürchteten und um den Absatz ihrer Bücher bangten. Und bereits am 18. März 1912 konstituierte sich eine

---

1 Carl Zuckmayer: Als wär's ein Stück von mir. Horen der Freundschaft, Frankfurt/M. 2003, S. 474 f.
2 Aus dem Rundschreiben des Schutzverbandes deutscher Schriftsteller e.V. im Mai 1911. Zitiert nach: Der Kleistpreis. 1912–1932. Eine Dokumentation, hrsg. von Helmut Sembdner, Berlin 1968, S. 15.
3 Ebenda, S. 13.
4 Fritz Engel: Des Dichters Gedächtnis, Berliner Tageblatt und Handels-Zeitung, 13.11.1911, ebenda, S. 11.

literarische Gesellschaft, deren einziger Zweck darin bestand, »Ehrengaben« zu gewähren. Acht Monate später konnten die ersten beiden Preisträger, Hermann Burte und Reinhard Sorge, je eintausend Mark in Empfang nehmen, rückte die Presse ihre Namen und erste Arbeiten ins Licht der Öffentlichkeit.

Zwei Besonderheiten charakterisierten die »Kleist-Stiftung«. Statut und Geschäftsordnung sahen vor, dass niemand darauf warten musste, von einer Institution, einem Verlag oder von Kollegen vorgeschlagen zu werden. Jeder konnte sich selbst um die Auszeichnung bewerben. Die wichtigste Neuerung im Vergleich zu anderen Literaturpreisen jedoch hatte Richard Dehmel in die Gründungsvorbereitungen eingebracht: Die Entscheidung darüber, wer für eine »Ehrengabe« vorgesehen wurde, ging nicht von einer Jury, nicht von einem Kollektiv aus. Nur ein einziger Beauftragter, »Vertrauensmann« genannt, entschied über Wohl und Wehe sämtlicher Bewerber. Dieser »Vertrauensmann« wurde in der Regel vom »Kunstrat«, dem für literarische Fragen zuständigen Leitungsgremium des Vereins, im Frühling eines jeden Jahres und nur für dieses eine Jahr gewählt. (Eine Frau erhielt in der kurzen Geschichte der »Kleist-Stiftung« niemals Stimme und Vertrauen des »Kunstrates«.)

Richard Dehmel wollte mit seinem Vorschlag verhindern, »dass über erst entstehende Kunstwerte durch Mehrheitsbeschluss« entschieden werde. Er arbeitete eine »Geschäftsordnung« aus und begründete sie: Neue »und ungewöhnliche Begabungen« können »anfangs schwerlich den Beifall einer Mehrheit« finden; Mehrheiten stützen sich erfahrungsgemäß nur auf eine »Durchschnittsbegabung«; nur die »Mittelmäßigkeit« triumphiere bei der »üblichen Kuhhandelsabstimmung«. Allein ein Einzelner sei imstande, »sich rücksichtslos für das Außerordentliche« einzusetzen, vor Zeitgenossen und »dem Urteil der Zukunft« die Verantwortung für seine Wahl zu übernehmen. »Natürlich kann auch der Einzelne irren, wie z. B. Goethe im Falle Kleist«, aber das sei »dann eben ein Einzelfall«, der »kein System fortwährenden Irrtums« involviere, da »hinter dem aristokratischen Vertrauensposten« die »demokratische Einrichtung der jährlich wiederkehrenden Wahl« stehe.[5]

Dehmels neuartiges Prinzip zur Ermittlung eines Preisträgers setzte sich unter den Vereinsmitgliedern ebenso durch wie sein Vorschlag, dass ein jeder Schriftsteller sich selbst um die Auszeichnung bemühen dürfe. Bis 1932, dem letzten Jahr einer Preisverleihung – auch die »Kleist-Stiftung« fiel dem faschistischen Terror zum Opfer –, konnten auf diese Weise vierunddreißig Autoren, darunter drei Frauen, ausgewählt, unterstützt, öffentlich geehrt werden. Zumeist vergab man die »Ehrengabe« an zwei Schriftsteller zugleich; zusätzlich wurden zweiunddreißig Autoren »lobend erwähnt«. Auch drei Frauen. Die meisten erfüllten ihr Anfangsversprechen. Mit ihrem Schaffen prägten sie die Entwicklung deutscher Literatur, trugen sie vor allem in den Jahren der Weimarer Republik zur Ausbildung von

---

5 Zitiert nach: Helmut Sembdner: Der Kleistpreis, a. a. O., S. 20.

Vielfalt und humanistischem Anliegen bei. Arnold Zweig, Leonhard Frank, Hans Henny Jahnn, Bert Brecht, Robert Musil, Carl Zuckmayer, Else Lasker-Schüler z. B. gehörten zu ihnen. Auch Anna Seghers. Auch sie profitierte von den beiden Besonderheiten der »Kleist-Stiftung«.

Ansporn zur Arbeit

Die Verkündung der Kleistpreisträger im November 1927, die öffentliche Aufregung um die beiden Ausgezeichneten Gerhard Menzel und Hans Meisel, die aus den Feuilletons der bedeutendsten Zeitungen widerhallte, müssen Netty Radvanyi wachgerüttelt haben. Sie griff zur Feder, meldete sich selbst als Kandidatin für das kommende Jahr. Ihrem Schreiben an Hans Henny Jahnn vom 8. Dezember 1927 ist die Erregung des schnell gefassten Entschlusses anzumerken. In der Eile vergessen wurde sogar der abschließende Punkt hinter dem letzten Satz. Doch die Autorin hätte sich Zeit lassen können. Bis zum 31. August 1928. Dann erst mussten alle Bewerbungsunterlagen eingereicht sein. Doch wer hatte ihr den Wink gegeben, sich sofort an Hans Henny Jahnn zu wenden? Zu diesem Zeitpunkt konnte Jahnn als »Vertrauensmann« für den Kleistpreis 1928 noch nicht gewählt, sein Name noch nicht öffentlich mit dieser Funktion in Verbindung gebracht worden sein. Vielleicht war auch diesmal wieder Alfred Kerr der Helfer aus dem Hintergrund. Er gehörte mit zu den Gründungsvätern des »literarischen Jugendpreises«. War sicherlich eingeweiht in Vorschläge und Überlegungen für das kommende Jahr. Wusste zudem, was der jungen Frau der befreundeten Familie in Frankfurt am Main nottat, sie voranbringen konnte. Er wird ihr auch gesagt haben, dass einer Bewerbung ein Manuskript, zudem »freiwillige[...] autobiographische[...] Mitteilungen«[6] beizulegen waren. So verrät der Brief vom 8. Dezember 1927 nicht nur die Bewerbung Netty Radvanyis. Er ist zugleich das einzige authentische Dokument, in dem sie selbst etwas von ihrer Befindlichkeit zu dieser Zeit preisgibt.

Zunächst mögen die Rätsel verwirren, die ihr Schreiben aufgibt.

Die beiden Briefbogen tragen unmissverständlich die Handschrift von Anna Seghers – abgefasst aber wurde das Schreiben, als erfülle ein Fremder einen Auftrag. Sie wagte nicht, sich offen zu ihrem Anliegen zu bekennen, in ihrem eigenen Namen zu sprechen. Ausdruck von Unsicherheit? Wollte sie nach dem so »eiligst« abgesandten Manuskript Möglichkeiten zum Rückzug, zum Widerruf zur Hand haben? Unklar auch, wer den beigefügten Text »Grubetsch« verfasst hatte. Jahnn erfährt nur, es handele sich um eine »Arbeit des Autors« Seghers. Doch wer ist der Autor? Ein Mann oder eine Frau? Ebenfalls ohne Vornamen blieb die Unterschrift »Radványi«, wobei die erneute Nutzung des Akzents die Verfremdung des Schrei-

---

6 Merkblatt der Kleiststiftung für die Preisverteilung [etwa 1928], in: Der Kleistpreis, a. a. O., S. 23.

bens noch intensivierte. Seghers und Radványi erscheinen als zwei verschiedene Personen. Ein Spiel mit Namen. Ein Spiel mit dem Geschlecht. Verwirrspiel.

Eine eindeutige Aussage enthält der Brief: Eine »andre Arbeit« als die Erzählung »Grubetsch« stand im Dezember 1927 »nicht zur Verfügung«, um nach dem begehrten Lorbeer zu greifen.[7] Dennoch betrifft die merkwürdigste und zugleich aufschlussreichste Mitteilung an Jahnn gerade diese Erzählung: Obwohl sie zur Begründung ihres Anspruchs auf eine Auszeichnung dienen musste, distanzierte die Schreiberin sich. Erst im März 1927 war die Geschichte veröffentlicht worden. Knapp neun Monate später wurde behauptet, »Grubetsch« sei »vor etwa 2 Jahren in der Frft. Zeit.« erschienen. Ich glaube nicht, dass die Autorin das richtige Datum vergessen hatte. Doch was bezweckte sie mit der Zeitverschiebung?

Ihre autobiographischen Angaben führen vielleicht zu einer Spur. Netty Radvanyi nannte nur Stichpunkte, betonte aber ihre Nähe zum Rhein, zum Meer, zu Hafenstädten. Der Autor sei »1900 am Rhein geboren. Längere Aufenthalte am Meer, Vorliebe zur See, Hafenstädte«, schrieb sie, unterstrich die drei Worte »Rhein« und »zur See« und schloss damit, dass »A. Seghers persönlich ab nächster Woche« für »ausführlichere Mitteilungen u etwaige Übermittlung andrer Arbeiten« gern »zur Verfügung stehn« werde.

Deuteten die Stichpunkte an, dass etwas Neues im Entstehen war? Schrieb sie an einer Erzählung, die mit dem Rhein, dem Meer zu tun hatten? Fertig waren sie noch nicht – was der Empfänger des Briefes sicherlich nicht bemerken sollte. Aber sie war begonnen worden. Und dieses neue Werk sollte den unlängst gedruckten Text übertreffen, die Autorin zu neuen Ufern führen. Möglich, dass sie sogar glaubte, in einer Woche schon Schlusspunkte setzen zu können. Sicher war sie sich nicht. Vorsichtig versprach sie nur eine »etwaige Übermittlung andrer Arbeiten«. Aber Jahnn sollte zumindest spüren, dass er mit Größerem, Besserem rechnen durfte, das Alte, »vor etwa 2 Jahren« Erschienene längst überholt war.[8] Vielleicht deshalb die Distanz, der Gestus des Auftragnehmers, die Verdunkelung des ganzen Briefes. Netty Radvanyi hoffte auf einen neuen Aufschwung. War dabei, ihre Verunsicherung zu überwinden. Schon die Entscheidung, sich um den Kleistpreis zu bemühen, muss Produktivität freigesetzt, zum Schreiben provoziert, trotz aller Belastungen zu disziplinierter kontinuierlicher Arbeit angefeuert haben.

Tatsächlich brauchte sie noch Wochen, Monate bis zur Vollendung des Begonnenen. Aber sie schrieb.

---

7 In der dreibändigen Ausgabe »Der Bienenstock« (Berlin 1963) veröffentlichte Anna Seghers zum ersten Mal wieder die Erzählung »Die Ziegler«, die 1930 im Band »Auf dem Wege zur amerikanischen Botschaft und andere Erzählungen« erstmals erschienen war. 1963 gab sie als Entstehungszeit für diese Arbeit 1927/28 an. Ich gehe davon aus, dass sie erst nach der Fertigstellung von »Aufstand der Fischer von St. Barbara« zu Ende geführt werden konnte.

8 Alle Zitate aus dem Brief von Anna Seghers an Hans Henny Jahnn vom 8.12.[1927], Staats- und Universitätsbibliothek Hamburg, Carl von Ossietzky, Hans-Henny-Jahnn-Archiv, Signatur: NL H. H. Jahnn, Mappe Kleistpreis. Vgl. den Gesamtabdruck des Briefes am Ende des Kapitels »Erste Ehejahre: Schreibende Hausfrau und Mutter« in diesem Buch.

Am 21. Februar 1928 notierte Oskar Loerke, Lektor bei Samuel Fischer, in sein Tagebuch: »Für den Verlag alles Dringende erledigt, u.a. eine sehr begabte, sehr erfreuliche Erzählung von Anna Seghers. Merken!«[9] Möglich, dass Alfred Kerr ihm einen Text zum Kennenlernen der Autorin zugeschoben hatte. Vielleicht »Grubetsch« mit einem von ihm hinzugefügten und korrigierten Vornamen. Denn zum ersten Mal hieß es »Anna«, nicht mehr »Antje Seghers«, wie Netty Reiling sich bei der Publikation ihrer ersten Veröffentlichung »Die Toten von der Insel Djal« noch genannt hatte. Loerke vergaß jedoch, den Titel der Arbeit hinzuzufügen, sprach auch nicht davon, das Gelesene der Verlagsleitung zum Druck vorzuschlagen. Vorerst ging es wohl nur darum, sich den Namen der Schriftstellerin einzuprägen.

Zwei Monate später sah die Situation anders aus. Am 26. März 1928 war Hans Henny Jahnn tatsächlich zum »Vertrauensmann« der »Kleist-Stiftung« gewählt worden.[10] Am 2. April 1928 bat er den Fischer-Verlag, ihm mit »Rücksicht auf die Verteilung des Kleistpreises« alle dort »erschienenen Werke von Seegers« zu schicken. In einem Antwortschreiben des Lektors Rudolf Kayser erfuhr er von der Identität der Namen Radványi-Seghers, davon, dass noch keine Buchpublikation vorliege, die Autorin »noch keinen Verlag« habe, Loerke und er jedoch hoffen, »Herrn Fischer zu einer Erwerbung zu bringen«[11]. Denkbar, dass Jahnn die ihm im Dezember des vergangenen Jahres zugeschickte Erzählung »Grubetsch« längst gelesen und Feuer gefangen hatte, entsprach doch vieles darin seiner eigenen Mentalität.[12] Aber er muss der Auffassung gewesen sein, diese eine Arbeit sei zu wenig für eine Auszeichnung. Denn am 4. Mai 1928 wandte er sich direkt an »Frau Dr. Radványi«, sie möge ihm »eines oder mehrere Ihrer Manuskripte« zusenden. Die Autorin antwortete prompt, teilte vier Tage später mit: »Sehr geehrter Herr Jahnn,

---

9 Oskar Loerke: Tagebücher 1903–1939, hrsg. von Hermann Kasack, Heidelberg/Darmstadt 1955, S. 172.
10 Im April 1928 gab der Schutzverband deutscher Schriftsteller bekannt, dass am 26. März auf der Jahresversammlung der Kleist-Stiftung Jahnn zum Vertrauensmann gewählt wurde: »An diesen allein sind bis spätestens 31. August Bewerbungen um den Kleistpreis einzureichen. Alle Gattungen der Dichtung sind zugelassen. Ein kurzer Lebenslauf ist beizufügen.« (Kleistpreis 1928, in: Der Schriftsteller. Zeitschrift des Schutzverbandes deutscher Schriftsteller e.V. (Gewerkschaft Deutscher Schriftsteller), Berlin 15(April 1928)4, S. 60.)
11 Beide Briefe, auch der Kaysers vom 25. April 1928, im Jahnn-Archiv, a. a. O. Jahnn schrieb noch »Seegers«.
12 Im Gespräch mit Achim Roscher erzählte Anna Seghers am 19. August 1978: »Jetzt wirst du dich wundern: Den Kleistpreis bekam ich eigentlich gar nicht für die ›Fischer von St. Barbara‹. Das Manuskript für die ›Fischer von St. Barbara‹ w a r d a n o c h g a r n i c h t f e r t i g.« (»Wirkung des Geschriebenen. Gespräche mit Anna Seghers«, in: ndl, Berlin 31[1983]10, S. 70. Gesperrt: S. B.) 1983 berichtete Hans Mayer in seiner »Gedenkrede auf Anna Seghers«: »Ich habe später mit Hans Henny Jahnn über die damalige literarische Konstellation gesprochen. Er gestand mir dabei, dass er im Grunde nicht, wie bekannt, den Preis für die beiden Erstlingswerke vergeben habe, sondern dass er vor allem den Kleistpreis ›Grubetsch‹ für die bei weitem bedeutendere Erzählung gehalten habe.« In: Argonautenschiff Bd. 1, Berlin 1992, S. 79. Auch mich forderte Anna Seghers mehrmals auf, die Kleistpreis-Verleihung wie Hans Mayer darzustellen. In seiner Laudatio auf Anna Seghers 1928 jedoch sagte Hans Henny Jahnn: »Ich habe den Preis der jetzt achtundzwanzigjährigen Anna Seghers zuerkannt, […]. Bei großer Klarheit und Einfachheit der Satz- und Wortprägung findet sich in den b e i d e n N o v e l l e n […]. (Gesperrt: S. B.) In: Der Kleistpreis, a. a. O., S. 105.

ich nehme Bezug auf Ihr Schreiben vom 4. Mai und sende Ihnen ein Manuskript
›Aufstand der Fischer von St. Barbara‹.« Diesmal unterzeichnete sie nicht nur
offen mit beiden Namen »Netty Radványi (Anna Seghers)«. Sie fuhr gleich selbst
nach Hamburg. Gab Jahnn ihre vorübergehende Hamburger Adresse und Telephonnummer.[13] Lernte ihn, seine Frau und seine Mitarbeiter jetzt wahrscheinlich
persönlich kennen. In diesem Brief vom 8. Mai 1928 nannte sie zum ersten Mal
nicht nur den Titel ihrer fertiggestellten neuen Arbeit. Drei Wochen vor der Geburt
ihrer Tochter Ruth bekannte sie sich selbst zu einem vollständigen Pseudonym, zu
einem neuen Vornamen, zu dem sie sich – vielleicht auf Vorschlag Alfred Kerrs –
endlich durchgerungen hatte. Eine wichtige Entscheidung war gefallen: Die Krise
gehörte der Vergangenheit an. Fortan wollte sie sich nicht von der Arbeit ihres Mannes überwältigen, nicht von Liebe und Sorge um die Kinder völlig gefangen nehmen
lassen. Sie versuchte, ihrem Traum treu zu bleiben, ihn in die Tat umzusetzen.

Ein ausgesondertes Manuskript

Jahnn bekam nur ein Manuskript, obwohl er um »mehrere« gebeten, die Autorin
selbst mehr in Aussicht gestellt hatte. Nur »Aufstand der Fischer von St. Barbara«
sandte sie ihm. Einige Details jedoch lassen vermuten, dass sie zur selben Zeit
auch an »Jans muss sterben« arbeitete. Warum aber hielt sie diesen Text zurück?
War er in ihren Augen noch nicht fertiggestellt? Zieht man das Tagebuch von
1924/25 zu Rate, kann davon ausgegangen werden, dass für beide Erzählungen im
Winter 1927/28 Vorarbeiten existierten, die im Aufschwung neuer Schaffensfreude hervorgeholt werden konnten. Der »Revolutionsmythos«[14] musste – wie noch
zu zeigen sein wird – völlig umgebaut werden. Doch was geschah mit »Jans muss
sterben«? Ist das im Nachlass aufgefundene Typoskript noch die »Kindergeschichte«, der »ein einfacher Gedanke, den ich lieb habe«, zugrunde lag, wie Netty Reiling im Juli 1925 berichtet hatte?[15] Eine Antwort ist heute nicht mehr möglich.
Heute ist auch nicht mehr festzustellen, wann das Typoskript angefertigt wurde.
Auffällig: der Autorenname fehlt. Wahrscheinlich waren die fünfundzwanzig Seiten nicht für einen Fremden, für einen Verlag oder den »Vertrauensmann« Jahnn,
bestimmt; sie sollten wohl nur der Schriftstellerin als Vorlage dienen, ihr helfen,

---

13 Beide Briefe im Jahnn-Archiv, a. a. O. Die Adresse wurde von der Hand Netty Radványis mit Bleistift auf
    dem Briefbogen notiert. (Auch hier schrieb sie ihren Namen wieder mit Akzent.) Dass sie damals tatsächlich in Hamburg weilte, geht aus einem späteren Brief an Jahnn (8.2.1952) hervor, in dem sie sich an die
    Besuche Jahnns und seiner »Leute« in ihrem Hamburger Zimmer erinnerte. (Ebenda.)
14 Tagebucheintragung vom 14. Januar 1925, in: Anna Seghers: Und ich brauch doch so schrecklich Freude.
    Tagebuch 1924/25. Die Legende von der Reue des Bischofs Jehan d'Aigremont von St. Anne in Rouen, Berlin 2003, S. 20.
15 Netty Reiling an Ladislaus Radványi am 19.7.1925. Zitiert nach den »Anmerkungen zum Tagebuch« von
    Christiane Zehl Romero, ebenda, S. 84 f.

sich weiter mit der Arbeit zu beschäftigen. Vollendet wird die Arbeit in den Augen der Autorin nicht gewesen sein.

Denn die Nähe der Erzählung zu »Grubetsch«, zu dem Werk, von dem sie sich im ersten Brief an Jahnn distanzierte, das sie später für lange Jahre verleugnete[16], ist unverkennbar. Wieder sollte unbekannte Wirklichkeit erkundet werden. Figuren, Handlungsraum, Motive beider Arbeiten gleichen sich. Dieses Verfahren der Wiederholung wurde beibehalten, manchmal sogar auf Wunsch der Leser. Sie verfolgte das Schicksal einmal vorgestellter Personen weiter, variierte, änderte. Diesmal verzichtete sie auf eine märchenhafte Hauptfigur, auf das Irrlicht Grubetsch. Konzentrierte sie sich auf drei Personen. Jedoch nicht, um erneut deren Versuch zu thematisieren, dem Alltag zu entfliehen. Die Schriftstellerin unterlegte ihnen auch nicht die eigene Sehnsucht nach einem Ausbruch aus Familienbanden und traditioneller Lebensweise. Im Gegenteil: Sie fragte sich, wie es diesen Menschen gelingt, ihr Schicksal anzunehmen, das ihnen gegebene Leben zu überstehen.

Die jungen Eheleute Martin und Marie – nicht einmal die Namen hatte die Autorin verändert – wohnen wiederum in der Nähe eines Flusses in einem Zimmer, das zum Essen, Kochen, Schlafen dient, dessen Fenster den Blick frei gibt auf einen dunklen Hof mit einer einsamen Laterne und dem fauligen Geruch der Abfalleimer. Auch der an Tuberkulose sterbende »kleine Sebald« taucht wieder auf, um den sich einst Grubetsch besonders kümmerte – jetzt als Martins und Maries Sohn Jans, der zu Beginn der Geschichte schon sieben Jahre alt ist.

Diesmal jedoch wird nicht in schnell wechselnden Szenen wie im Film berichtet. Vom ersten Satz an ist eine allwissende Erzählerfigur präsent; Schritt für Schritt trägt sie vor, was sie weiß, mischt sie sich in das Geschehen ein, kommentiert. Spürbar wird die Suche der Autorin nach einer Erzählweise, die ihrem Anliegen am angemessensten ist. Sie hält sich nicht allein an Traditionelles, verbindet es mit Neuem, berichtet auch aus der Figurenperspektive, schafft sich Gelegenheit, ins Innere ihrer Figuren vorzudringen. Nur einmal unterbricht sie die Chronologie: Aus der Rückblende berichtet sie vom Beginn der Ehe Martins und Maries.

Martin – jetzt genauer als Arbeiter in einer Fabrik[17] gekennzeichnet – war »kein Abenteurer«, sondern »ein langsamer, schwerfälliger Mensch« (17), fleißig und stetig, gutmütig und zärtlich. Seine Frau hatte er sich aus einer »stickige[n], von Eltern und Geschwistern quälend übervolle[n] Stube« geholt und zunächst all ihre Hoffnungen auf Freiheit, Abwechslung, Abenteuer erfüllt (7). Bald jedoch fand Marie, »jung, duftend, gesund«, ihr neues Hausfrauendasein langweilig (9); sie begann – wie Marie in »Grubetsch« – »eine Liebelei mit einem hübschen Burschen«

---

16 Dass Anna Seghers sich selbst in ihrer Einschätzung dieser Erzählung in einem Zwiespalt befand, zeigt ihre »Selbstanzeige« von 1931: 1930 veröffentlichte sie den Text in ihrer zweiten Buchpublikation, dem Band »Auf dem Wege zur amerikanischen Botschaft und andere Erzählungen«, 1931 entsprach er nicht mehr ihren eigenen Anforderungen an Literatur. (Vgl. Anna Seghers: Selbstanzeige, wiederabgedruckt in: Anna Seghers: KuW II, Berlin 1971, S. 11)
17 Anna Seghers: Jans muss sterben, Berlin 2000, S. 26. Im Folgenden stehen die Seitenzahlen im Text.

(8), wurde enttäuscht. Beider Leben versank in der Öde des Alltäglichen und Immergleichen. Die Frau wurde »schlecht und hart« (26), der Mann fing an, »seines Wegs zu gehn und zu trinken« (9). Gleichgültigkeit breitete sich aus, Fremdheit, Unachtsamkeit. »Und dann kam das Kind.« (10) Es veränderte beide. Bei der Darstellung der Marie folgte die Autorin der tief verwurzelten und gebräuchlichen Auffassung von der Rolle der Frau. Marie erkannte endlich Sinn und Ziel ihres Lebens. Ihre ganze Aufmerksamkeit galt dem Kind: »Es war aus mit ihrer großen Erwartung und ihren tausend kleinen Wünschen. Sie hatte etwas zum Lieben, alles war erreicht!« (10) Ganz anders Martin. Mit Jans wurde auch er neu geboren. Was er früher sich nicht vorzustellen, nicht einmal zu träumen vermochte, bewegte ihn jetzt: »Für ihn war nichts zu Ende, für ihn zog in diese nackte enge, nach Suppe und Wäsche riechende Stube die Hoffnung mit ihrem glitzernden Kleid erst ein. Wenn sein Blick nur das Kind streifte, so erfüllte sich sein Herz mit verwickelten unsinnigen Plänen, mit abenteuerlichen leuchtenden Wünschen.« (11) Wie Anna aus der Erzählung »Grubetsch« wusste er nicht, was anders werden sollte. Er hatte das Kind in sein Leben treten sehen, fühlte ein bis dahin unbekanntes Glück, rot und glühend. Wusste jetzt, dass nichts so blieb, wie es war.

Und Jans wuchs heran, vergnügt und gesund, durchdrang »die Kammer mit seinem Sonnenglanz« (38). Bis zu jenem Tage, an dem das Unglück über alle drei hereinbrach, Jans aus heiterem Sommerhimmel jählings eine unbekannte, unabwendbare Krankheit befiel. Das Kind starb nicht plötzlich. Es siechte dahin. Von den knapp anderthalb Jahren seines langsamen Sterbens erzählt die Geschichte.

Jans Dasein hatte seinen Eltern eine Aufgabe zugewiesen, die sie mit Freude akzeptierten. Es vermochte jedoch nicht, ihre Entfremdung zu beenden. Jeder wachte »eifersüchtig und argwöhnisch« über das Kind wie über ein nur ihm allein zukommendes Eigentum, ließ den anderen nicht teilhaben an seinem Glück, »behielt alles für sich« (11), war »ganz wild vor Verachtung« des Partners (21). Mit einem grausigen Bild charakterisierte die Autorin die Situation der Eheleute: Es war, als sollten »zwei Feinde in der gleichen Zelle eines Zuchthauses gebändigt werden« (25). Auch Jans wurde in diese Teufelsenge gepresst. Er schwieg, wenn er spürte, dass seine Mutter ihn nicht verstand, lernte es, sich zu verstellen, ihren Wünschen nachzugeben, wagte nicht, von seiner wirklichen Befindlichkeit zu sprechen, verstummte schließlich fast ganz.

In diesem Verhalten entdeckte die Autorin eine Problematik, die in der Wirklichkeit vielfach vorhanden war: die Sprachlosigkeit der von ihr beobachteten einfachen Menschen. Von Bildung weitgehend ausgeschlossen, zu harter Arbeit gezwungen, hatten sie es nicht gelernt, ihre Gefühle, Stimmungen, Wünsche in Worte zu fassen, anderen mitzuteilen. Die Mühen um das tägliche Brot, um das Dach über dem Kopf verbrauchten all ihre Fähigkeiten, laugten sie aus. Kraft und Zeit fehlten, über sich nachzudenken, Erfahrungen zu verarbeiten, den anderen einzubeziehen in seine Welt. Auch in der Erzählung »Aufstand der Fischer von

St. Barbara« beschäftigte sich die Autorin mit dieser Problematik. Fragte sie, wie dieses Unvermögen, das dem sozialen Elend ein geistiges Elend hinzufügte, Menschen, die sich nahestanden, zu fremden, unbekannten Wesen erniedrigte, zu überwinden sei. In »Jans muss sterben« dagegen spielte die soziale Lage als eine der Ursachen keine Rolle. Die Autorin bezog die Umwelt ihrer Figuren in ihr Nachdenken nicht mit ein. Verharrte allein im Psychischen. Verallgemeinerte, was sie sah, stellte es als Allgemeinmenschliches, als Existentielles dar. In der Krankheit Jans, in seiner Vereinsamung, seinem Tod spitzte sie diese Situation zu. Dabei führte sie ein Motiv ein, das die beiden Erzählungen »Jans muss sterben« und »Aufstand der Fischer von St. Barbara« verbindet, zugleich die Unterschiede beider Werke deutlich hervortreten lässt. Wie ein Signal durchzieht dieses Motiv das gesamte Frühwerk: Jans wartet voller Sehnsucht auf spürbare Gemeinsamkeit mit seinen Eltern, hofft, zumindest sein Vater möge ihm die Hand aufs Haar legen, seinen Kopf berühren, ihn streicheln, ihm so auch ohne Worte seine Liebe mitteilen. Martin vermag es nicht – trotz größter innerer Anstrengung. Das Kind stirbt, ohne dass sein Traum sich erfüllt. Noch wusste die Autorin nicht, wie die zwischen den Menschen errichtete Mauer des Schweigens zu durchbrechen war, Sprachlosigkeit, Fremdheit, Einsamkeit beendet werden konnten.

Wie in »Grubetsch« sah sie eine solche Möglichkeit allein im Schmerz, im roten, glühenden, leuchtenden Unglück. Die gemeinsame Verzweiflung über das Sterben Jans vereinte seine Eltern aufs Neue. Dem Tod gelang, was das Leben nicht zu geben vermochte. Am Bett des Kranken stießen die Fingerspitzen von Martin und Marie »aneinander, sie sahen sich an, und jedes stutzte bei dem sonderbaren Anblick des andren. Ihre Blicke wurden fester, und in dem Grund ihrer Augen schimmerte etwas Neues. Zwar war es nicht die Liebe, aber etwas, so ähnlich der Liebe, dass selbst Weisere als sie es hätten nicht unterscheiden können.« (34)

Es war eine andre Art Gemeinsamkeit, die Martin und Marie von nun an verband. Hass und Verachtung waren gewichen. Sie gingen geduldig um miteinander, aufmerksam, hilfreich, teilten Freude und Leid. So erschienen die vier Wände von ehedem, die sie noch immer umgaben, nicht mehr »erstickend eng« wie eine Gefängniszelle. Zwar reichte der Platz nicht, um »große Luftsprünge« zu machen, doch es war genug da, »dass man atmen konnte«. Beide erwarteten nicht mehr »das unsinnige Glück, das man zum Schluss doch nicht ertragen kann, sondern eine schlichte, dem Raum angepasste Freude«. (37 f.) Ein zweites Kind, ein Mädchen, wurde geboren, und nach dem Tod Jans verlief ihr Leben wie das aller anderen Nachbarsfamilien. Nur Jans Leben endete nicht bescheiden und still. Ihm waren noch einmal eine übergroße Freude, ein heftiger Triumph beschieden – Ausdruck dafür, dass die Autorin die entsagungsvolle Selbstbeschränkung Martins und Maries verstand und achtete, hilft sie ihnen doch, ihr entbehrungsreiches Leben durchzustehen. Als einzig erstrebenswerte Haltung galt sie der Autorin nicht. Unglück, Leid, Entsagung als Lebensinhalt ließ sie nicht gelten. Verteidigte

den Anspruch aller Menschen auf rote, glühende, leuchtende Freude. Jans erlebt dieses Glück.
Die Erzählung wird eröffnet mit einer Szene, die sich kurz vor dem Ende wiederholt. Beschrieben wird das Lieblingsspiel Jans und seiner Kameraden: Die Kinder sitzen auf dem Geländer einer Brücke hoch über dem strömenden Wasser, wahrscheinlich dem Rhein, messen ihre Kräfte, wagen, was unmöglich scheint: zwei, drei von ihnen klettern unter die Brücke, versuchen, an den Balken hangelnd, über den Strom auf die andere Seite der Brücke zu gelangen. In diesen Minuten größter Gefahr und Angst erfahren sie den zum Leben unentbehrlichen »Glanz des Abenteuers, der eben nur da unten zu finden« ist (6). Wie ein Rahmen umgeben die Szenen das Geschehen. Gefahr und Angst und das erhabene Gefühl, an beidem wachsen, über beides siegen zu können, gewinnen durch phantastische Überhöhung symbolische Bedeutsamkeit. Mit ihrem Verzicht auf das Irrlicht Grubetsch verzichtete die Autorin nicht auf die Arbeit mit phantastischen oder märchenhaften Erfindungen. Sie blieben Bestandteil ihres Erzählens. Sind auch in »Jans muss sterben« zu entdecken – wenn auch nur im Detail: »Mittags, wenn die Sonne durch die Ritzen der Bretter schien, konnte man im braunen Wasser unter dem Brückenbogen eine Spiegelbrücke sehn, und zwischen ihren Pfeilern, unbestimmt und glitzernd, kletterten behend die kleinen Knaben herum, die im vorigen Sommer bei diesem Spiel ertrunken waren, ohne es deshalb aufgegeben zu haben.« (5 f.) Zu Beginn der Erzählung vermag es Jans nicht, sich dem ersehnten Abenteuer zu stellen. Die beginnende Krankheit lähmt ihn. Zuletzt jedoch, »winzig und mager, aber ganz besessen von Wildheit« (58), gelingt es. Er trotzt Krankheit und Tod wie einer ihm abverlangten Aufgabe. Rafft die versiegenden Kräfte zusammen, beweist Wagemut und Behändigkeit. Er klettert unter die Brücke, hangelt sich auf die andere Seite, zieht sich hinauf und schreitet stolz von dannen – nicht ohne voller Genugtuung zu sehen, wie in den lachenden Augen seines Freundes »kleine Fünkchen« der Anerkennung blitzen. Jans verbrauchte, was ihm an Leben noch gegeben war, aber »soviel Freude überhaupt hereinging« in sein winziges Seelchen, »soviel Freude war während dieser zwei Minuten darinnen«. Sterbend spürt er, »was jeder spürt, wenn das, worauf er sein Ziel gerichtet hat, erreicht und getan ist.« (60 f.)
Die letzten zwei Seiten gleichen dem Schluss der Erzählung »Grubetsch«: Im sachlich-nüchternen Stil teilt die Erzählerfigur mit, was weiterhin geschah. Das Leben ging weiter. Gewöhnliche Jahre mit gewöhnlichen Freuden und Leiden folgten dem Tag der Beerdigung Jans. Aber sie werden nicht mehr – wie noch bei »Grubetsch« – verächtlich als verlorene Jahre abgetan. Die Erzählerin hatte gelernt – vielleicht in ihren Begegnungen und Gesprächen mit Besuchern der MASCH – die alltäglichen Mühen einfacher Menschen zu schätzen. Sie lässt das Leben ihrer Figuren gelten, wie Georg Büchner das Leben seines Lenz gelten lässt: Auch Martin und Marie war ihr Dasein eine notwendige Last. Auch sie leb-

ten dahin. Aber sie verstanden, vertrauten, achteten einander. Wanderten von nun an jeden Sonntag »statt den Fluss entlang, über die Landstraße nach dem Friedhof«. Doch wie »es so geht, es kam ein Sonntag, an dem sie alle durch irgendein Ereignis abgehalten wurden, auf den Friedhof zu gehn, und diesem Sonntag folgte noch mancher andre, und schließlich benutzten sie nur noch die Feiertage«. Aber vergessen wurde Jans nicht. Von dem »Sonnenglanz«, mit dem er einst die Kammer erfüllt hatte, blieb ein Stäubchen zurück: ein leiser Anruf, auch ein anderes Dasein sei erstrebenswert, sei möglich, wenn man nur beharrlich bleibe. Jans Schwester Anna, inzwischen erwachsen, erzählte manchmal ihren Freundinnen von einem kleinen Bruder, »wie man etwas Sonderbares erzählt«. Und noch viele Jahre später, Marie war längst »eine magere ältliche Frau« geworden, bat Martin plötzlich um eine Stunde Urlaub, um »etwas Dringendes zu erledigen«. Dann eilte er auf den Friedhof, ganz allein, und »inmitten seines ausgepreßten grauen alten Herzens, rot und glühend«, erhob sich »eine brennende Freude, ein heftiger Stolz, ein wilder Triumph, seine alte Verzweiflung wiedergefunden zu haben« (61 ff.).

Und diese Minuten der Erinnerung gaben ihm Kraft, durchzuhalten bis zum nächsten Mal.

Die Mauer des Schweigens wird durchbrochen

Die gewonnene Achtung vor dem einfachen Leben gewöhnlicher Leute prägt die gesamte Erzählung »Aufstand der Fischer von St. Barbara«. Anna Seghers berichtet weiterhin von Menschen wie Martin, Marie und Jans, entscheidet sich erneut für einen Gegenwartsstoff. Wählt aber ein anderes Thema. Nicht die Sehnsucht einer jungen Frau oder die psychische Wandlung eines Ehepaares interessiert. Sie erzählt von einem Aufruhr: Eine ganze Küstenregion rebelliert. Denn was die Fischer mit ihrer Hände Arbeit erwerben können, reicht für ihre Familien gerade zur täglichen »Fischsuppe, ohne Fett und fast ohne Salz«[18]. Sie versuchen, höhere Löhne zu erzwingen. Streiken. Doch die Staatsmacht schlägt sich auf die Seite der Unternehmer, setzt Polizei und Armee ein, drängt die Fischer gewaltsam zurück.

Nicht in Deutschland lässt die Autorin ihre Geschichte spielen. Sie beschreibt das Leben an einem fiktiven Ort, der an die Bretagne oder die holländische Küste erinnert und mit dem sie ihrer Liebe zum Rhein, zum Meer, zu Hafenstädten huldigen kann – ganz so, wie sie es Hans Henny Jahnn berichtet hatte. Das Dasein an einem solchen Ort muss sie nicht erst erkunden. Sie erzählt, was ihr seit Kindertagen, seit den jährlichen Ferienreisen an die Nordsee vertraut ist: hört das Rauschen des Meeres, schmeckt wieder den Salzgeruch, fühlt den Wind, der über die Dünen

---

18 Anna Seghers: Aufstand der Fischer von St. Barbara, Werkausgabe, Das erzählerische Werk I/1.1, Bandbearbeitung von Helen Fehervary, Berlin 2002, S. 64. Im Folgenden erscheinen die Seitenzahlen im Text.

streicht, sieht »die Steinhaufen von Hütten die Klippen entlang« (6). Alles wird wieder lebendig. Vielleicht gibt es kein anderes Werk der Schriftstellerin mit einer solch eindringlichen, auf Lippen und Haut des Lesers spürbaren Landschaftsdarstellung. Sogar »mit gewissen primitiven Kenntnissen« über die Menschen und ihre Arbeit, die sie sich früh, seit ihrer Kindheit, »ziemlich unbewusst, angeeignet hatte«, weiß sie umzugehen.[19]

Die Anregung, sich einem solchen Thema, einem solchen Schauplatz zuzuwenden, mag von einem Artikel ausgegangen sein, der im Augenblick ihrer persönlichen Verunsicherung erschien und sich in ihrem Nachlass wiederfand. Vielleicht hatte er ihr Mut gemacht zum Wagnis Kleistpreis und damit zum Neubeginn. Am 3. August 1927 veröffentlichte die »Arbeiter-Illustrierte Zeitung aller Länder« (AIZ) einen reich mit Fotos versehenen Bericht über einen Streik bretonischer Fischer, die sich und ihre Familien »von Fischsuppe und trockenem Brot« ernähren mussten. Auf erneute Lohnkürzungen, »eine weitere Herabsetzung der Lebenshaltung«, antworteten sie mit Streik.[20]

Doch es überrascht, dass in einer Erzählung, die an einer Meeresküste spielt und Menschen eines Fischerdorfes ins Zentrum rückt, Personennamen und Details auftauchen, die der ungarischen Sprache, Landschaft, Geschichte entlehnt sein können. Die ersten Schreibversuche an der Erzählung werden nicht vom August 1927 datieren. Werden weiter zurückreichen. Zurück in die Zeit, da die Autorin von revolutionären Umbrüchen zu träumen begann.

Seit Verlassen ihres Elternhauses 1920 hatte sich ihr Lebensgefühl grundlegend gewandelt. Das Studium, die Begegnung mit Lehrern und Freunden in Heidelberg und Köln, aufwühlende Ereignisse während der zwanziger Jahre, die Ermordung Walther Rathenaus und wachsender Antisemitismus z. B., gaben ihrem ursprünglichen Verlangen, aus Elternhaus und Zwängen einer privilegierten bürgerlichen Lebensweise auszubrechen, eine neue Richtung. Vor allem Erlebnisse und Erzählungen ihres Mannes und derjenigen Freunde, die am Aufbau der ungarischen Räterepublik beteiligt gewesen waren und mit der Erfahrung einer Niederlange ins Exil nach Deutschland fliehen mussten, werden dazu beigetragen haben. Ihre Hoffnung auf ungewöhnliche Abenteuer, die das gewohnte Leben durchbrechen sollten, ihr individuelles Streben nach Veränderung des privaten Lebens wurden ergänzt durch die Einsicht, dass umfassendere gesellschaftliche Veränderungen erforderlich waren. Ihre bereits zitierte Tagebucheintragung vom Januar 1925 zeugte davon: »Viel viel gedacht. In einem Tag, viel Licht viel Finsternis – Revolution – Lebensverlangen – Todnotwendigk. Wie wird sich das lösen?«[21]

---

19 So antwortete Anna Seghers am 18.5.1957 auf einen Leserbrief. In: Anna Seghers: Briefe an Leser, Berlin und Weimar 1970, S. 10 f.
20 Streik der bretonischen Fischer, in: Arbeiter-Illustrierte-Zeitung aller Länder, Berlin, 3.8.1927.
21 Anna Seghers: Und ich brauch doch so schrecklich Freude, a. a. O., S. 22.

Damals begann sie, dieses Lebensgefühl literarisch umzusetzen, wollte sie sich sofort nach Abschluss der Arbeit an der »Legende von der Reue des Bischofs Jehan d'Aigremont von St. Anne in Rouen« an einem Roman versuchen, der sich dem gesellschaftlichen Bereich zuwandte. »Der Aufruhr bricht aus im Bergwerk von Gassanagyi« sollte er heißen und ein »Revolutionsmythos« werden. Schon um den 3. Januar 1925 wurden die ersten Seiten geschrieben.[22]

In ihrem »Kommentar« zur Wiederauflage der Erzählung »Aufstand der Fischer von St. Barbara« innerhalb der neu begonnenen »Werkausgabe« macht Helen Fehervary im Jahre 2002 darauf aufmerksam, dass die Ortsangabe »Gassanagyi« im geplanten »Revolutionsmythos« zu verstehen sei als »Anspielung auf die 1919 noch von Ungarn beanspruchte Stadt Kassa (slowakisch: Kosice)«. Sie bildete das Zentrum der »als slowakisch bekannte[n] Räterepublik«, die sich vom 16. Juni bis 7. Juli 1919 zu halten vermochte und ihre Existenz dem Wirken »hauptsächlich von Arbeiter- und Parteiorganisatoren aus Budapest« verdankte.[23] Die blutige Zerschlagung der ungarischen Räterepublik zerschlug auch die slowakischen Träume.

Der Roman vom »Aufruhr im Bergwerk von Gassanagyi« scheiterte. Die bereits entstandenen Seiten, von denen im Tagebuch die Rede war, sind nicht erhalten geblieben. Das Projekt musste scheitern. Die Schriftstellerin kannte vom eigenen Augenschein her weder Land noch Leute: »Ich weiß nichts«, hieß es bereits am 7. Januar 1925 verzweifelt im Tagebuch.[24] Fremd waren ihr auch die völlig neuartigen Vorgänge in einer Räterepublik, die zwar nach russischem Vorbild geschaffen, aber von einer völlig neuartigen, einer Vereinigten sozialdemokratischen und kommunistischen Arbeiterpartei getragen wurden. Und Erzählungen anderer – so sehr die Autorin ein Leben lang mündliche Berichte schätzte und immer wieder darauf zurückgriff – reichten nicht aus, um eine weit ausgreifende literarische Arbeit ausführen zu können. Stattdessen kehrte die Autorin noch einmal zu »privaten« Themen zurück, erzählte sie von Anna, die einem Grubetsch erliegt, und vom sterbenden Jans und seinen Eltern.

Der Artikel in der AIZ 1927 kann wie ein Signal gewirkt, die Schriftstellerin angerufen haben, die bereits fertiggestellten Seiten nicht zu verwerfen. Den Roman umzubauen. Ihn von einem slowakischen Bergwerk in ein Fischerdorf an der bretonischen Küste zu verlegen. Diese Entscheidung musste zwar einem Neubeginn gleichkommen. Bot aber die Chance, Ansätze in der Organisation der Fabel, Ent-

---

22 Ebenda, S. 18, S. 20, S. 18.
23 Anna Seghers: Aufstand der Fischer von St. Barbara, a. a. O., S. 128. Helen Fehervarys Kommentaren zur Neuausgabe der Erzählung und ihrem Nachwort, der »Geschichte einer Geschichte« verdanke ich viele Informationen und Anregungen zu meiner Interpretation. Sie macht darauf aufmerksam, dass die Grundlage der neuen Arbeit der »Revolutionsmythos« gewesen sein wird, weist auch hin auf die Flüchtigkeiten und Ungenauigkeiten – eine Folge des schnellen Schreibens und des Umbaus der Anfänge mit einem völlig anderen Schauplatz.
24 Anna Seghers: Und ich brauch doch so schrecklich Freude, a. a. O., S. 19.

würfe einiger Figuren, vielleicht sogar skizzierte Passagen zu übernehmen und dem veränderten Projekt einzupassen. Was den Neubeginn erleichterte und das Schreiben beflügelte. Die Hans Henny Jahnn versprochene neue Erzählung, eine nicht sehr umfangreiche Arbeit, wurde schnell geschrieben.[25] Flüchtigkeiten und Ungenauigkeiten bei Personennamen, Ortsangaben und Handlungsführung, noch in der Druckfassung zu finden, deuten darauf hin. Es ist nicht bekannt, wann genau die Arbeit beendet wurde. Ich gehe davon aus, dass Anna Seghers im Herbst 1927 mit dem Schreiben begann, im April 1928 vielleicht dem S. Fischer Verlag ein Exemplar zur Veröffentlichung anbot.

Jeder junge Autor, der damals davon träumte, in die erste Reihe deutscher Schriftsteller aufzusteigen, wandte sich zuerst an Samuel Fischer. Der hatte seinen Verlag zum bedeutendsten und profiliertesten ausweiten können. Als sein Lektor Rudolf Kayser am 25. April 1928 auf die Anfrage Hans Henny Jahnns antwortete, muss er ein anderes Manuskript in den Händen gehalten haben als acht Wochen zuvor sein Kollege Oskar Loerke. Es wird das vom »Aufstand der Fischer von St. Barbara« gewesen sein. Denn diesmal ging es nicht mehr darum, sich nur den Namen Anna Seghers ins Gedächtnis zu schreiben. Diesmal versuchten Kayser und Loerke, den Verleger »zu einer Erwerbung zu bringen«.[26] Vergeblich. Profilierung kann zuzeiten Stillstand bewirken. Samuel Fischer, zu Beginn seines Wirkens Förderer des Naturalismus, beteiligt auch am Zustandekommen der Kleist-Stiftung, orientierte sich an humanistischen Werken des 18. und 19. Jahrhunderts, führte Thomas Mann mit der Veröffentlichung des Romans »Buddenbrooks« zum Weltruhm. Die Ausrichtung des Verlages, das erreichte künstlerische Niveau wollte er bewahren. Zeigte keinen Sinn mehr für herangereifte neue Themen, veränderte Schreibweisen. Wollte die Sicherheit seines Verlages nicht gefährden. 1928 war Fischer auch nicht zu bewegen, einem anderen Manuskript eines anderen unbekannten Autors eine Chance zu geben, das ein Jahr später, von den Ullstein-Brüdern verlegt, die Welt alarmieren und damals zum absolut erfolgreichsten Buch Deutschlands werden sollte: Erich Maria Remarques Roman »Im Westen nichts Neues«.[27] Wie das scharfe Antikriegsbuch, so mochte auch die schonungslose Beschreibung rebellierender Fischer der Literaturauffassung des Verlegers nicht behagen. Vielleicht wollte er wütenden Stürmen der Entrüstung in der Öffentlichkeit ausweichen, scheute er sich, durch ein von ihm verlegtes Buch eine Auseinandersetzung um grundlegende Fragen nicht allein der Literatur, sondern vor allem des gegenwärtigen Lebens auszulösen. Fischer folgte dem Vorschlag seiner Lektoren nicht, lehnte das Manuskript ab.

25 Ein nachgelassenes Typoskript, undatiert, zählt nur 74, der kleinformatige Pappband der Erstausgabe nur 188 Seiten.
26 Brief Rudolf Kaysers an Hans Henny Jahnn vom 25.4.1928, in: Jahnn-Archiv, a. a. O.
27 Vgl. zu dieser Problematik Sigrid Bock: Antikriegsliteratur zwischen zwei Weltkriegen – Bemerkungen zu Wirkungsbedingungen und Wirkungsweise deutscher Literatur, in: Friedliche Koexistenz. Erfahrungen – Chancen – Gefahren, hrsg. von Fritz Klein u.a., Berlin 1987, S. 87 ff.

Anna Seghers versuchte es bei einem Jüngeren, bei Gustav Kiepenheuer. Auch er wurde als Verleger geachtet und gesucht, balancierte aber immer am Rande eines finanziellen Ruins. Was Fischer scheute, schien Kiepenheuer geradezu anzuziehen. Er suchte das Risiko. Hatte den Mut, sich einem Heer von Feinden zu stellen. Partner zu werden von jungen Künstlern, die nicht nur schreiben, sondern schreibend in den Lauf der Weltgeschichte eingreifen wollten. Er ebnete und sicherte den Weg für Bert Brecht, Lion Feuchtwanger, Georg Kaiser, Heinrich Mann, Walter Mehring, Joseph Roth, Ernst Toller, Arnold Zweig zum Beispiel, gewann so Anteil daran, dass in der Zeit der Weimarer Republik deutsche Literatur nicht abseits stand, als es galt, der Verelendung der Menschen und dem Vormarsch deutscher Faschisten zu wehren. 75 Prozent seiner Autoren gehörten 1933 zu den Verfemten, deren Bücher auf Scheiterhaufen zu Asche verbrannten. Deren humanistischer Geist jedoch weiter zu glühen vermochte. Merk- und denkwürdiges Ruhmesblatt eines deutschen Verlegers.

Seit dem 18. Juli 1928 gehörte auch Anna Seghers zum Kreis der Kiepenheuer-Autoren.[28] Den Vertrag über Druck und Vertrieb des Buches »Aufstand der Fischer von St. Barbara« unterzeichnete Dr. Fritz Helmut Landshoff, seit 1927 Teilhaber und Geschäftsführer des Verlages. In seiner Autobiographie erzählte er von seiner ersten Begegnung mit der Autorin. Sie hatte ihm das Manuskript geschickt, telefonisch »um baldige Lektüre« gebeten, »da sie kurz vor der Geburt eines Kindes stünde und gern wissen wolle, ob ihr Buch angenommen sei. Am nächsten Morgen rief ich sie an und berichtete ihr, ich hätte das Manuskript gelesen und sei so stark beeindruckt, dass ich ihr sogleich die Zusage machen könne, die Erzählung noch im Herbst des Jahres herauszubringen. Wenige Tage später ließ sie mich wissen, dass sie eine Tochter geboren habe.«[29]

Ein Kind kommt zur Welt. Die erste Buchpublikation wird versprochen. Beide Ereignisse beschließen den Monat Mai 1928. Anna Seghers hatte beides vollbracht: Kind und Werk. Verwirklichte ihren Lebensplan. Aus Netty Reiling, aus Netty Radvanyi war Anna Seghers, Mutter und Schriftstellerin, geworden.

Spannend wie ein Menschenleben verläuft auch die Geschichte, die sie erzählt. Die Handlung ist dramatisch zugespitzt. Strebt in fünf Akten oder Kapiteln eiligst Höhepunkt und Katastrophe zu. Doch die Menschen, von denen berichtet wird, sind alles andere als schnell. Rebellentum liegt ihnen nicht im Blute. Sie haben gelernt, stumm und ergeben ihr trostloses Leben zu ertragen. Sogar in der Kneipe sitzen die Männer reglos an der Wand, »aufrecht, die Hände auf den Knieen« – ein Bild, das von Käthe Kollwitz stammen könnte: »Da sie nicht tranken, waren sie offenbar gekommen, um miteinander zu schweigen. Ihre unbewegten Gesichter

---

28 Die Angaben über den Vertragsabschluss differieren um wenige Tage. Ich fand im Archiv des Kiepenheuer Verlages ein Exemplar mit dieser Zeitangabe.
29 Fritz Helmut Landshoff: Amsterdam, Keizersgracht 333. Querido Verlag. Erinnerungen eines Verlegers, Berlin 1991, S. 21 f. (Ruth Radvanyi wurde am 28. Mai 1928 geboren.)

hatten die Mienen von Menschen, die es zwecklos finden, Worte zu wechseln, da der Sturm doch jedes Wort übertönt.« (7) Das Bild der schweigenden Männer verrät, wo die Schriftstellerin sich Anregungen holte, um beobachtetes soziales Elend künstlerisch umformen zu können. Denn seit Dezember 1925 besaß das junge Ehepaar Radvanyi eine der schönsten Mappen des Kunstwart-Verlages mit Abbildungen von Lithographien, Holzschnitten, Zeichnungen, die Käthe Kollwitz zu einem Thema geschaffen hatte, dem sich auch die Schriftstellerin zuwandte: zu den Rebellionen des Volkes.[30] Holzschnittartig, düster stehen auch bei Anna Seghers die Menschen da, Hunger, Not, Verzweiflung prägen ihre Gesichter, die manchmal »sonderbar starr« sind, »ein harter Stacheldraht von Blicken« (12). Kinder sitzen mit Augen »so schwarz wie Löcher« (74) am Tisch, träumen von Brot oder »zwei Brocken« Bohnen (22). Wird ein Kind geboren, bietet der Tod sich sofort als Gevatter an – und niemand wehrt ab. Nur einen ganz jungen Burschen, kein Kind mehr und noch kein Mann, hat die Armut noch nicht ausgehöhlt. »Lust nach Freude« (13), so »schreckliche Lust nach irgendetwas Freudigem, Hellem« (69) erfüllt ihn.

In Bewegung geraten diese Menschen erst, als nach Abschluss der Fangsaison im Herbst ein Fremder nach St. Barbara kommt, ihre Gefühle in Worte fasst und ausspricht. Gemeinsam organisieren sie den Streik der Fischer aller umliegenden Dörfer. Erst, als die Unternehmer ihr Wort brechen, nicht, wie versprochen, verhandeln, sondern die gewählten Stimmführer der Fischer verhaften lassen, geht der Streik in einen Aufstand über: Die Ausfahrt der den Reedern gehörenden Schiffe wird verhindert. Doch Gewalt, Versprechungen, Verrat, vor allem die Macht der Arbeitgeber, die vom Lohn Abhängigen aushungern zu können, lassen die einheitliche Streikfront allmählich bröckeln: Die Reeder triumphieren, können die Ausfahrt der Schiffe erzwingen: zu »den Bedingungen der vergangenen vier Jahre« (5).

Wie in der Erzählung »Grubetsch« läuft die Geschichte ab wie ein Film, werden auch hier neue Wege des Erzählens eingeschlagen. Rund fünfzig Szenen reihen sich übergangslos aneinander. Die Autorin scheint mit einer Kamera ausgerüstet, schwenkt sie von Ort zu Ort, beleuchtet die Kneipe, einen Wohnraum, den Marktplatz, folgt dem Zug der zusammenströmenden Menschenmasse, dem Knäuel kämpfender Fischer und Soldaten und dem Wind, der jetzt, als der Kampf beginnt, »viel stärker geworden« war, »stark und zügellos«, und »kleine Stücke Licht von der schweren Sonne abriß und vor sich hertrieb« (68). Berichtet wird vornehmlich aus auktorialer Perspektive, und nach kurzen, die Handlung vorantreibenden Szenen schaffen eingefügte Kommentare Ruhepausen zum Nachdenken. Zugleich wird die Darstellung aus der Sicht einzelner Figuren beibehalten: ihre Träume,

---

30 Die Mappe »Käthe Kollwitz« (München o. J.) wurde Ladislaus Radványi im Dezember 1925 zum Geburtstag geschenkt. Sie enthält u.a. Abbildungen aus den Zyklen »Bauernkrieg« und »Weberzug« und zum Thema »Französische Revolution« – Themen, die den Traum der Autorin von einem »Revolutionsmythos« beflügeln mussten. Die Mappe befindet sich in der Bibliothek der Anna Seghers.

Ängste, Erinnerungsbilder und Zukunftsvorstellungen, auch einander widersprechende Meinungen geben ein Bild ihrer seelischen Reaktionen, schaffen dem Text eine Offenheit, die durch traditionelles Erzählen allein nicht zu erreichen ist und den Leser mit in die Geschichte hineinzieht: Er muss zu klären suchen, was durch Viel-Stimmigkeit, Viel-Deutigkeit unbeantwortet bleibt. Auf diese Weise entsteht ein Filmszenarium, ein Kurzroman oder eine Erzählung: Mit Bedacht vermied die Autorin jegliche Genrebestimmung. Eine »Flamme der Menschlichkeit«[31] beleuchtet Leben und Sterben einfacher Leute. Fordert weithin sichtbar ihr Menschenrecht auf Dasein in einer Zeit, in der die Grundlagen ihrer Existenz durch Monopolisierung auch der Fischwirtschaft mehr und mehr in die Brüche gehen.[32] Zurecht hieß es im Klappentext zur ersten Buchausgabe im Oktober 1928: »Was der ›Panzerkreuzer Potemkin‹ vor drei Jahren für den Film bedeutete, bedeutet der ›Aufstand der Fischer von St. Barbara‹ für die moderne deutsche Literatur.«

Es sind nur wenige Sätze, mit denen Anna Seghers Details des Zeitgeschehens in ihre Geschichte aufnimmt. Doch mit den wenigen Sätzen stellt sie – anders als in »Grubetsch« und »Jans muss sterben« – ihre literarischen Figuren in objektive historische Vorgänge, begründet sie dargestelltes Erleben und Handeln nicht mehr allein aus psychischen Besonderheiten, vermag sie, Mensch und Gesellschaft in ihren gegenseitigen Abhängigkeiten zu erfassen. Ihre kommenden großen Gesellschaftsromane kündigen sich an.

St. Barbara, früher »der größte Fischereihafen der Küste« mit einem Markt, auf den »die Käufer von überallher« zusammenströmten (18), verödet durch den Zusammenschluss mehrerer Reederfamilien zu einer »Gesellschaft der Vereinigten Bredelschen Reedereien« (62) und deren Kooperation mit einer »Transportgesellschaft«, die mit eigenen Arbeitern und Angestellten den »Fang sogleich von den Schiffen aus ins innere Land« verschickt. In St. Barbara kann »nur noch Abfall für die Einheimischen und Umliegenden verkauft« werden (18 f.). »Es war immer schlecht. Seit zwei Jahren ist es noch schlechter. Alles ist heruntergegangen« (14), sinniert schwerfällig der des Sprechens ungeübte Fischer Kedennek, eine der Hauptfiguren, für den »reden soviel bedeutete, wie für jemand anders, sich zu einer unbesonnenen und folgenschweren Tat hinreißen zu lassen«. »Früher gab es einen einzigen Reeder, das war besser, den konnte man sehen, der wohnte in seinem Hause« in St. Barbara, »jetzt gibt es nur eine Gesellschaft, die wohnt in Port Sebastian, aber man kann sie nicht finden« (15), charakterisiert er knapp, aber treffend eine der Ursachen seiner verzweifelten Lage. Er, der nur mit einem kleinen Segelboot zum Fang aufs Meer hinaus kann, muss seine Selbständigkeit opfern, anheuern auf den großen, bis nach Neufundland auslaufenden Schiffen der Reede-

---

31 So Hans Henny Jahnn in seiner Laudatio, in: Kleistpreis 1928, Die Literatur. Zeitschrift des Schutzverbandes deutscher Schriftsteller e.V. (Gewerkschaft Deutscher Schriftsteller), 15(1928)11/12, S. 149.
32 Auch in dem bereits zitierten Artikel in der AIZ wurde von der Verwandlung der »ehemals selbständigen Fischer in Lieferanten« der Konservenindustrie berichtet. a. a. O.

reigesellschaft, die seinen Fanganteil ebenso diktiert wie die Transportgesellschaft die Fischpreise auf dem Markt. Er ist abhängig geworden, den Unternehmern auf Gedeih und Verderb ausgeliefert.

Doch indem er über seine Lage spricht, wird er sich ihrer bewusst, verändert er sich als Mensch: Fortan wird er nicht mehr schweigen, sich nicht mehr ducken, seinen Peinigern aufrecht entgegentreten. Zu Beginn des Streiks weiß er die Forderungen der Fischer am lautesten vorzutragen, mit einer Stimme, die mächtig und mühelos aus seinem Brustkorb kommt: »Die Fischer wunderten sich«, bislang hatten sie »noch gar nichts von Kedenneks Stimme gewusst«. (47)

Kedennek ist auch das erste Opfer. Als sich Soldaten und Fischer gegenüberstehen, die einen mit Gewehren, die anderen nur mit Fäusten und Messern, wird er erschossen. Doch in den wenigen Sekunden, die der Soldat braucht, um das Gewehr auf ihn anzulegen, die Kugel, ihn zu treffen, »hatte er endlich Zeit gehabt, an alles Mögliche zu denken. In seinen Kopf waren alle Gedanken eingezogen, die zu empfangen der Kopf eines Menschen geschaffen ist. Er dachte auch an Gott, nicht wie man denkt, an etwas, das es nicht gibt, sondern an etwas, das einen verlassen hat.« (67) Kedennek stirbt als selbstbewusster Mensch. Tat, was notwendig war. Sein Tod befreit die Streikenden von ihrer Starre. Sie wagen den ungleichen Kampf.

Es ist der Fremde, der Kedennek die Zunge löst. Seine Wandlung bewirkt. Johann Hull gleicht Grubetsch. Und ist doch ein ganz anderer. Auch er kommt von außen. Scheint frei und ungebunden. Erfüllt die Wünsche der anderen. Doch nicht das individuelle, nicht das sexuelle Abenteuer bringt er. Ihm geht es um das Wohl aller Fischer. Er bringt Erfahrungen mit, die geeignet sind, den Fischern in ihrer Suche nach einem besseren Leben beizustehen. Bevor er nach St. Barbara fuhr, half er, in Port Sebastian, dem größten Hafen der Küste, einen Aufstand zum Siege zu führen. Eine dabei erlittene Verletzung heilte er aus auf der »Margareteninsel«, um dann den Aufstand über die »Grenze« nach St. Barbara zu tragen. (17) Hull könnte schon im Romanprojekt »Der Aufruhr bricht aus im Bergwerk von Gassanagyi« eine Rolle gespielt haben, Abgesandter der Ungarischen Räteregierung nach Kassa gewesen sein. Die Umrisse dieser Figur wurden sicherlich schon um 1925 skizziert. »Reste« – die Absicht, den Aufstand über die Grenze zu tragen, der Name Margareteninsel, Ausflugs- und Kurort in Budapest – deuten darauf hin.

Hull kommt ohne ein spezifisches parteipolitisches Programm. Wie viele der ungarischen Revolutionäre von 1919 – unter ihnen Ladislaus Radvanyi[33] – handelt er in chiliastischer Euphorie, will er den Hungernden ihr täglich Brot bringen, sie erlösen von allen Übeln: »Er brauchte nur in die Hände zu klatschen, dann sprang der Aufstand aus ihm heraus, auf die Stadt, aus der Stadt über die Küste, vielleicht über die Grenze« (17).[34] Er knüpft an die Sorgen der Fischer an, beschreibt ihnen

---

33 Vgl. das Kapitel »Abenteuer menschlicher Begegnungen« in diesem Buch.

– den Sprachlosen – ihre Lage, zeigt einen Weg aus der Misere. Und seine Zuhörer »hängten sich an seinen Mund, […], sie rissen ihm die Worte zwischen den Lippen heraus und fraßen sich voll damit«. Denn Hull sagt »genau das, was sie brauchten« (28), aber nicht aussprechen, nicht denken können. So ist es »ihr einziger Wunsch, eben diese Worte zu hören«, sie versetzen sie »in Erregung«, erwecken »in jedem etwas wie Hoffnung«. (48)

Damit beendet der Fremde ihre Vereinzelung. Er führt die Fischer zusammen. Sie verstehen, dass sie, die gemeinsam leiden, nur gemeinsam ihr Schicksal wenden können. Gespräche mit Hull wirken als Beispiel, durchbrechen die Mauer des Schweigens, bringen auch sie zum Reden. Laut denken sie darüber nach, worin ihre Bedürfnisse bestehen, was zu tun ist. Und sie beginnen, ohne auf die Hilfe Hulls zu warten, selbständig zu handeln. Doch nicht alle können den Strapazen des Kampfes trotzen. Die Fischer der umliegenden Dörfer kapitulieren bald vor den Drohungen und Verlockungen der Reeder. Auch in St. Barbara findet sich ein Judas. Diejenigen jedoch, die standhaft bleiben, verändern sich wie Kedennek: Sie wissen um ihre Niederlage, daraus »machten sie kein Hehl, hier in ihren vier Wänden«. Noch immer liegt die Zukunft dunkel vor ihnen. Hunger und Elend konnten nicht beseitigt werden. Eines jedoch wissen sie genau: Mit ihrem Widerstehen hat etwas begonnen, das nicht mehr aufzuhalten ist. Ihr Aufstand ist gescheitert. Aber er wird nicht der letzte Aufstand gewesen sein, »im nächsten Jahr oder in einigen würden ihn die andren mitmachen« (73).

Diese Gewissheit beruht auf dem Gefühl ihrer eigenen Wandlung. Sie spüren: Ihre Lethargie ist gewichen. Sie sind selbstbewusst geworden, kennen jetzt ihre Kraft. Das lässt sie – trotz alledem – mit Gelassenheit in die Zukunft blicken. Das Anfangsbild der Schenke mit den an den Wänden starr und stumm sitzenden Fischern weicht gegen Ende der Erzählung einem anderen: Keine »Pfingstfestlustigkeit, keine Blinkfeuerfreude« erfasst sie. Aber sie »fingen an zu reden, sie sangen, tranken was, klatschten in die Hände« (62). Und die Frauen sahen »in den Augen ihrer Männer ganz unten etwas Neues, Festes, Dunkles, wie den Bodensatz in ausgeleerten Gefäßen. Jede einzelne Frau dachte, das sei nur in den Augen ihres Mannes oder Sohnes. Aber alle Männer hatten es.« (83) Wie in »Jans muss sterben« arbeitet die Autorin mit dem Motiv vom unzerstörbar »Festen, Dunklen« im Innern der Menschen, das gewachsen ist durch ihre Erfahrungen, ihnen hilft, das Leben zu überstehen. Während es für den einzelnen Mann Martin ein unvergessliches Leid ist, wird der Gruppe der Fischer die Erinnerung an ihre gemeinsame Handlungsfähigkeit Beistand leisten.

34 Dieses Motiv vom Händeklatschen gibt es schon in der Erzählung vom Bischof (Anna Seghers: Und ich brauch doch so schreckliche Freude, a. a. O., S. 51). Es zeigt den Zusammenhang der drei Projekte »Die Legende von der Reue des Bischofs Jehan d'Aigremont«, »Der Aufruhr bricht aus im Bergwerk von Gassanagyi« und »Aufstand der Fischer von St. Barbara«. Es dokumentiert jedoch auch die Veränderung, die in den dazwischen liegenden vier Jahren vor sich gegangen ist: Der Bischof verändert nur sich allein, Hull hat die Absicht, gesellschaftliche Veränderungen zu bewirken.

Auch für den Jüngsten der Fischer wird der Streik zu einer Entscheidungssituation. Er hört die Botschaft Hulls, »berauscht und sorglos, ohne an das Ende zu denken« (48), folgt ihm wie ein Jünger. Er hilft dem Fremden, die Menschen in und um St. Barbara kennenzulernen, den Streik zu organisieren. Und in gemeinsamer Arbeit wachsen Vertrauen und Zuneigung. Ein Motiv aus »Jans muss sterben« wird weitergeführt, zeigt Nähe und Differenz beider Erzählungen. Martin quält die Unfähigkeit, seine Gefühle zu äußern: Er bückte sich über den im Bett liegenden kranken Sohn, »streckte die Hand aus, um sein Haar zu streicheln«, zog sie aber sofort zurück, »zuckte mit den Schultern, wandt sich ab und ging«.[35] Johann Hull dagegen gelingt, was Martin versagt bleibt. Sein junger Freund Andreas, der sich die Gedankenwelt Hulls angeeignet hat, mit ihm zusammen ein Treffen aller Fischer der umliegenden Dörfer organisiert, erlebt, wonach Jans sich vergeblich sehnte: Nach einem anstrengenden Marsch durch die Dünen schläft er während einer Pause erschöpft ein, »berührte Hull mit der Schulter. [...] Hull legte den Arm um ihn und schlief gleichfalls ein.« (40)

Andreas, Waise, großgezogen von seinem Onkel Kedennek und dessen Frau Marie, wird im Figurenensemble der Erzählung ein besonderer Platz eingeräumt. Sein Bild weicht ab von der Zeichnung aller anderen. Nicht die dunklen Farben, die hellen, glänzenden überwiegen. Mit seinem unbändigen Lebensverlangen, seiner »Lust nach Freude« bringt er Licht in den drückend grauen Alltag. Er ist »höflich und sanft« (13), pfeift und lacht gern, sein Lachen dringt in die Herzen der Älteren, zaubert »Weiches in die Gesichter« (77). Auch autobiographische Züge werden sichtbar, sprach doch im Januar 1925 die Autorin in ihrem Tagebuch davon, dass auch sie »so schrecklich Freude, nicht nur so ein bisschen« brauche.[36] Freude, unverstellte Lebensfreude, wird zur Metapher eines menschenwürdigen Lebens – für die Erzählerin und für ihre literarischen Figuren. Andreas verinnerlicht die Lehren Hulls, sieht jetzt einen Weg, seine Träume zu realisieren. Einem Kind, das während der Streikvorbereitungen zur Welt kommt, bringt er »eine ganz besondere Teilnahme« entgegen, »die den anderen verborgen bleiben musste« (69). Aufstand und Kind verschmelzen zu einer einzigen großen Hoffnung. Andreas fürchtet zwar, dass der Säugling bald sterben werde, setzt sich jedoch in den Kopf, »das Kind unter allen Umständen am Leben zu erhalten« (49). Es wird zum Symbol für die Möglichkeit, das Dasein zu verändern, menschenwürdig zu gestalten. Als die Lage der Fischer und des Jungen aussichtslos wird, stirbt auch der Säugling. Zum ersten Mal taucht im Werk der Anna Seghers ein Sinnbild auf, das sie noch oftmals einsetzen wird, das 1949 ihrem großen Epochenroman »Die Toten bleiben jung« den Titel geben, nach dem Ende des Faschismus ihr eigenes Vertrauen in die Zukunft ausdrücken sollte.

---

35 Anna Seghers: Jans muss sterben, a. a. O., S. 54.
36 Anna Seghers: Und ich brauch doch so schrecklich Freude, a. a. O. S. 21.

Andreas sucht die Botschaft Hulls konsequent zu verwirklichen – auch dann noch, als alle vom Scheitern des Aufstandes wissen. Die Sache der Fischer will er – ebenso wie das Kind – »unter allen Umständen« retten. Gewaltsam. Unter Einsatz seines Lebens. Er sprengt ein den Reedern gehörendes Schiff in die Luft. Dabei werden zur Arbeit gezwungene Fischer getötet. Andreas muss fliehen. Marie Kedennek, die ihn »lieber als ihre eignen Kinder hatte« (76), hilft ihm, sich einige Zeit lang in den Klippen zu verbergen. Auch sie ist in den Wochen des Aufstands eine andere geworden. Anfangs schien sie den Fremden zu hassen. Hull brachte Unruhe in ihr Leben. »Verführte« ihren Mann. Trug Schuld – wie sie meinte – an Kedenneks Tod, am wachsenden Elend der Kinder. Doch sie lernt. Begreift, was vor sich geht. Die Autorin bezieht die Frauen mit ein in das Geschehen. Lässt sie auf ihre Art am Aufstand teilnehmen. Auch die Frauen verändern sich – obwohl die Männer es nicht wahrhaben wollen, meinen, die »Weiber« würden immer nur dieselben Fragen stellen, immer nur an das eine denken: an die Kinder, den Lebensunterhalt. Schicksal und Wandlung der Marie Kedennek sollten vier Jahre später im Roman »Die Gefährten« ihre Fortsetzung finden in Schicksal und Wandlung der Italienerin Katarina Bordoni.

Bei aller Sympathie der Erzählerfigur für den Knaben Andreas, bei allem Verständnis für sein Tun bringt Anna Seghers mit seinem unbedingten Handeln eine Problematik zur Sprache, die sie zutiefst beunruhigt haben muss. Andreas widersetzt sich einem Leben, wie es ihm die Älteren vorführen. Er widersetzt sich den Unternehmern und dem Staat, die beide die Macht haben, Unschuldige wie seinen Onkel zu erschießen, Fischer zur Arbeit zu zwingen, ohne ihre Lebensbedingungen zu verbessern. Ihrer Gewaltanwendung antwortet er mit seiner Gegen-Gewalt: Doch ist das ethisch gerechtfertigt? So hatte 1923 schon Ladislaus Radványi gefragt, als er seine Dissertation nutzte, um am historischen Material der chiliastischen Bewegungen eigenes Denken und Handeln in der Zeit der ungarischen Räterepublik, vielleicht auch während des Putschversuches der KPD 1921 zu überprüfen: »Kann man das Recht des Guten durch die Mittel des Bösen verwirklichen?«[37] Anna Seghers trägt mit ihrer Erzählung diese Problematik in die Öffentlichkeit. Nicht allein einem Gegenwartsstoff und den Menschen ihrer Zeit wendet sie sich zu. Auch den ethisch-philosophischen Fragen, die eben diese Lebenswirklichkeit hervorbringt. Erzählen wird eingesetzt, um am konkreten Schicksal klären zu helfen, was noch immer ohne Antwort geblieben ist. Dabei entwickelt Anna Seghers ein Verfahren, das sie beibehalten sollte. Die Autorin maßt sich nicht an, Rätsel lösen zu können. Auch Radványi zweifelte, ob das Problem der Gewalt »überhaupt lösbar« sei. Aber die Schriftstellerin nutzt die Möglichkeiten, aus der

---

37 Ladislaus Radványi: Der Chiliasmus. Ein Versuch zur Erkenntnis der chiliastischen Idee und des chiliastischen Handelns, Budapest 1985, S. 73. Dort heißt es: »Die Gewalt ist die hauptsächlichste Waffe des Teufels; und kann man den Teufel mit teuflischen Mitteln zerstören? Kann man das Recht des Guten durch die Mittel des Bösen verwirklichen? Der Chiliasmus hat zwar dieses Problem nicht gelöst, und es ist fraglich, ob es überhaupt lösbar ist.« Vgl. auch das Kapitel »Selbstverständigung am historischen Material« in diesem Buch.

Perspektive einzelner Figuren sprechen, auf einen Autoren- oder Erzählerkommentar verzichten und damit die aufgeworfene Problematik an die Leser weiterreichen zu können. Klärung erwartet sie vom gemeinsamen öffentlichen Gespräch. Auch Andreas denkt über die Folgen seiner Tat nach. Anfangs war sie ihm »als etwas ganz Schreckliches und Großartiges erschienen« (89). Allmählich jedoch distanziert er sich: »So einen, wie ihn, liebte man nicht mehr. Von so einem, wie er, rückten die vier Wände der Hütte weg, weg die Teller auf dem Tisch. Mariens kleine Kinder, [...], der kleine verhutzelte Säugling, das war alles vorbei. Schrecklich, dass gerade ihm das geschehen musste.« (77) Er meint, alle menschlichen Beziehungen zerstört zu haben, denn »wenn einer so was tat, dann musste er für immer allein bleiben« (89). Seine Freude ist erloschen, das Leben hat seinen Sinn verloren. Er verzichtet auf die Fortsetzung der Flucht, kehrt ins Dorf zurück, wird erschossen. Doch seine Selbsteinschätzung bleibt nicht das letzte Wort der Erzählung. Der Bericht über seinen Tod betont mit den Worten »Freude« und »Leichtigkeit« weiterhin die Sympathie der Autorin, die Widersprüchlichkeit des Geschehens, das Offene, Unabgeschlossene ihres Erzählens, fordert zum Weiterdenken auf: »Andreas war schon umgefallen, hatte sich schon überkugelt, war in den Steinen hängengeblieben, das Gesicht unkenntlich zerschlagen, – aber etwas in ihm rannte noch immer weiter, rannte und rannte und zerstob schließlich nach allen Richtungen in die Luft in unbeschreiblicher Freude und Leichtigkeit.« (92)

Die Erlebnisse und Erfahrungen aller Fischer, auch der Frauen, verallgemeinert die Autorin mit einem Bild, das sie ihrer Erzählung voranstellt, das durch die folgende Handlung beglaubigt wird und über die Erzählung, über den Tod des jungen Andreas hinaus in die Zukunft weist: »Aber längst, nachdem die Soldaten zurückgezogen, die Fischer auf der See waren, saß der Aufstand noch auf dem leeren, weißen, sommerlich kahlen Marktplatz und dachte ruhig an die Seinigen, die er geboren, aufgezogen, gepflegt und behütet hatte für das, was für sie am besten war.« (5) Die Schriftstellerin personifiziert den Aufstand, überhöht ihn ins Mythische, enthebt damit das Aufstandsgeschehen der Gegenwart, rückt es tief hinein in die Menschheitsgeschichte: Was den Fischern widerfährt, ist Jahrtausende alt. Mussten vor ihnen andere durchleiden. Seit Hunderten von Jahren. Generation auf Generation. Zum ersten Mal offenbart sich der Blick der Epikerin, der die Zeiten zu überschauen vermag.

Dieser die Menschheitsgeschichte umfassende Blick bestimmt von nun an das Erzählen. Das einzelne Geschehen wird dem Prozess historischer Gesamtentwicklung zugeordnet. Unterscheidet die Geschichte vom Aufstand der Fischer von »Jans muss sterben«. Was einst die Studentin an den Bild-Geschichten Rembrandts beobachtet und bewundert hatte, wendet die Epikerin jetzt selbst an.[38] Auch sie arbeitet mit Material, von dem sie weiß, dass es den meisten ihrer Zeit-

---

38 Vgl. das Kapitel »›Jude und Judentum im Werke Rembrandts‹ – nur eine historische Arbeit?« in diesem Buch.

genossen bekannt ist. Baut damit ihrer Gegenwartsgeschichte eine zweite Bedeutungsebene auf. Schafft dem Aktuellen historischen Hintergrund. Wie Rembrandt vertraut Anna Seghers dabei der Bibelfestigkeit ihrer Leser. Andeutungen wie Struktur der Erzählung verweisen auf das Alte und Neue Testament. Verwandeln, erhellen dem Eingeweihten das Dargestellte.

Adrian Six beispielsweise, Sohn eines armen Fischers aus einem Dorf unweit St. Barbaras, ist durch die Unterstützung eines Pfarrers zum Kapitän im Dienste der Unternehmer aufgestiegen. Wie vor jedem besonderen Ereignis holt er sich zu Beginn des Streiks Rat in der Bibel, die bislang jedes Mal »seinen Kopf weiter und heller machte«. Doch diesmal erreicht ihn die Botschaft nicht. Zufällig schlägt er die Legende vom Propheten Bileam auf, der im Begriff ist, den Freiheitskampf der Juden gegen die Moabiter zu verraten. Anders als Bileam erkennt Six den warnenden Engel auf seinem Wege nicht: »Er grübelte und grübelte, aber wie sehr er sich auch anstrengte, er konnte keinen Zusammenhang zwischen dem Hohlweg und den Fischern von St. Barbara entdecken« (22), begriff nicht, dass er mit seinem nur privat vollzogenen Ausbruch aus dem allgemeinen Elend eine unvollkommene, wenn nicht gar eine falsche Entscheidung getroffen hatte.

Wiederum lässt sich auch das Johannes-Evangelium als mitschwingender Unterton vernehmen, untermalt als zweite Stimme das Erzählen von Johann Hull und den Fischern. Die Ankunft des Fremden deuten die Dorfbewohner als Ankunft des Messias: »›Manche haben gesagt, dass er kommt, [...], und manche haben gesagt, dass er nicht kommt, jetzt ist er also gekommen.‹ – ›Ja‹, sagte Andreas, ›er ist gekommen.‹« (14) Wie Kedennek und Andreas denken Männer und Frauen der umliegenden Dörfer. Erwartungsvoll versammeln sie sich auf dem Marktplatz von St. Barbara, und ohne den Fremden bereits gesehen und gehört zu haben, sprechen sie von ihm: » ›Also gekommen ist er.‹ – ›Was ihr nicht schwatzt!‹ – ›Doch, er ist da.‹ [...] ›Das ist gut, dass er da ist.‹ – ›Ja, gut ist das.‹ – ›Wirklich, hier in St. Barbara?‹ – ›Doch, eben hier.‹ – ›Drei Fünftel Anteil und neue Tarife!‹«« (28) Die altertümliche Anrede verstärkt den historisierenden Ton. Alle hoffen auf eine Besserung ihrer Lage. Mischen ihre Erwartungen mit ihren konkreten Bedürfnissen. Verstehen Erlösung durch den Sohn Gottes als Erlösung vom Hunger.

Doch die Autorin kehrt die biblische Geschichte um. Widerlegt sie durch den Gang der Handlung – auch dort, wo sie zunächst die Hoffnungen der Fischer zu nähren scheint. In der Kneipe setzt Hull sich vor das Fensterkreuz, weckt so Erinnerungen an den gekreuzigten Gottessohn: »Dieses Fensterkreuz versiegelte alles, was es auf Erden zu lieben gab.« Doch sofort zerstört die Erzählerin die Träume der Männer: Hull dreht sich um, kratzt wie sie »mit seinem Nagel einen Riß in die Tischplatte« (70), um anzuzeigen, was er getrunken hat. Nicht als Gott wird der Fremde gezeichnet. Er tritt als Mensch auf. Kennt wie alle Menschen die Angst. Fürchtet sich vor seiner Aufgabe. Erwägt mehrmals zu fliehen. Zweifelt an seinen Fähigkeiten. Traut seinen Reden die Kraft nicht zu, die Fischer erreichen, wecken zu können. Denn was er ihnen bringen kann, das ist keine der Welt abgewandte Heilsbotschaft. Im Gegenteil: Er will sie fest mit der Erde verbinden, ihnen sagen, dass sie sich nur selbst helfen können, nur ein Streik der Anfang zur Besserung ihrer Lage sein kann – sollte der Ausgang zunächst auch ungewiss sein.

Zum Schluss der Erzählung wird die menschliche Gestalt Hulls noch einmal hervorgehoben. Wie Grubetsch hat sich auch der ehemals Fremde verändert. Er aber wird nicht getötet. Wider Erwarten bleibt er nach der Beendigung seiner Aufgabe, nach dem Beginn des Streiks im Dorf, »pflegte mit den Männern zu arbeiten« (65), wird von ihnen als ihresgleichen angenommen. Der unstete Wanderer und Emissär ist heimisch geworden. Dieses neue Zugehörigkeits- und Heimatgefühl veranlasst ihn, eine spontan gewagte – und gelungene! – Flucht zu korrigieren. Hull ist längst auf der Margareteninsel in Sicherheit, hält die rettende Schiffspassage wahrscheinlich in die Vereinigten Staaten bereits in den Händen, da kehrt er nach St. Barbara zurück. Er bleibt an der Seite der Fischer – bis zu seiner Verhaftung. Seine zweite Ankunft im Dorf ist nicht sinnlos. Sie besiegelt den Bund zwischen ihm und den Fischern, die froh sind, ihn noch einmal neben sich zu haben: »Er ist wieder da, da ist er also, das ist gut. Hull setzte sich. Jetzt war es wie immer.« (85). Noch kann man Hull verhaften, die Fischer zur Arbeit zwingen: Das Wissen um ihre gemeinsame Kraft ist keinem zu nehmen, »das Feste, Dunkle vom letzten Winter« (93) in den Augen der Männer wie der Frauen – so heißt es in den letzten Sätzen der Erzählung – kann nicht mehr gelöscht werden.

Die Erzählung »Aufstand der Fischer von St. Barbara« erfüllte die Hoffnungen der Autorin. Ließ alle zuvor geschriebenen Texte, so bedeutsam sie im Einzelnen für ihre Entwicklung auch sein mochten, weit hinter sich. Nicht nur eine neue Geschichte wurde erzählt: Die Grundlage künftiger Arbeit hatte sich herausgebildet, die literarische Konzeption geweitet. Es genügte nicht mehr, von einem einzelnen Schicksal oder Vorkommnis zu berichten. Anna Seghers wollte Zusammenhänge herstellen. Mensch, Gesellschaft, Geschichte in ihrer Einheit fassbar machen. Dabei ging nichts verloren von dem, was an künstlerischen Mitteln und Verfahren angeeignet worden war. Nichts wurde widerrufen. Noch kannte ihr literarischer Werdegang den Abbruch nicht. Das bereits Errungene fügte sie ein in weiter ausgreifende Vorstellungen. Zwar sollte von nun an die Auseinandersetzung mit zeithistorischem Geschehen ins Zentrum ihrer Aufmerksamkeit rücken, die Autorin ihr Jahrhundert mit seinen Katastrophen, Neuanfängen, Experimenten erzählend begleiten: Doch damit entsagte sie nicht ihrer Fähigkeit, sich tradierter Formen wie Mythos, Legende, Sage oder Märchen zu bemächtigen, Phantastisches und Reales miteinander zu verflechten. Oftmals sprach Anna Seghers in Reden und Essays, Tolstoi zitierend, von den »drei Stufen der Entwicklung« eines Künstlers: »Auf der ersten nimmt er die Wirklichkeit unmittelbar, wie ein Kind auf. Seine Darstellung geht ihm leicht von der Hand, impulsiv, spontan. Oft sind gerade auf dieser Stufe seine Arbeiten vielversprechend, von besonderem Reiz. Auf der zweiten Stufe hat er über das Leben nachgedacht, es wirkt nicht mehr naiv auf ihn, seine Unmittelbarkeit geht verloren, manchmal schreibt er dann sogar schwächer – wir würden sagen, schablonenhaft. Denn er gerät in Gefahr, einer Erkenntnis gemäß zu montieren, statt darzustellen. Er muss die dritte Stufe erreichen: Dann sind ihm seine Erkenntnisse selbstverständlich geworden, sie sind ihm in Fleisch und Blut übergegangen. Dann wird er als großer Künstler wieder unmittelbar auf den Leser wirken. Nur viel tiefer und breiter als vorher.«[39] Als sie 1961 einer Studentin auf Fragen nach »Grubetsch« antwortete, Tolstois Darstellung zur Erklärung heranzog und ihre Erzählung der ersten Stufe künstlerischer Gestaltung zurechnete, wurde – unausgesprochen – sichtbar, was 1927/28 während der Arbeit am »Aufstand der Fischer von St. Barbara« vor sich gegangen war: Erforschen und Nachdenken waren der Autorin »in Fleisch und Blut übergegangen«, »Erkenntnisse selbstverständlich geworden«. Sie hatte die dritte Stufe erreicht, konnte als Wissende so »elementar und natürlich« erzählen »wie auf der ersten«.[40] Auch mit »Jans muss sterben« hatte die Autorin bei der Zeichnung ihrer Figuren versucht, weiter auszuschreiten, ohne sich schon einen Sprung an andere Ufer zuzutrauen. Vielleicht war das ein Grund, das begonnene Manuskript in der Schublade zu belassen. »Aufstand der Fischer von St. Barbara« dagegen konnte mit Zuversicht und Selbstvertrauen dem S. Fischer bzw. dem Kiepenheuer-Verlag zugesandt werden.

Leser zum Gespräch zusammenführen

Als die Erzählung »Aufstand der Fischer von St. Barbara« im Oktober 1928 erschien, fand sie zunächst kein nennenswertes Echo. In der »Flut der Erscheinungen dieses beginnenden Herbstes« bemerkten nur zwei Kritiker den »Seeroman«. Die »Herbheit der Schilderung«[41], die »sensationelle Begabung« der Autorin[42] überraschten. Erst als Hans Henny Jahnn seine Entscheidung bekannt gab, reagierte die Presse. Bedeutende deutsche Tageszeitungen und Literaturzeitschriften aller Schattierungen berichteten. Informierten sozial, politisch und kulturell unterschiedlich interessierte Leserkreise über Anna Seghers. Der Kleistpreis bewährte sich ein weiteres Mal: Er trug den Namen der bislang unbekannten Schriftstellerin in die Öffentlichkeit, steigerte den Absatz des Buches, sodass den ersten dreitausend Exemplaren im nächsten Jahr sofort weitere Auflagen mit sechstausend Exemplaren folgen mussten, und er gewann dem Werk Leser, die sich bislang ge-

39 Anna Seghers: Der Anteil der Literatur an der Bewußtseinsbildung des Volkes. [Rede auf dem IV. Deutschen Schriftstellerkongreß 1956], in: Anna Seghers: KuW I, Berlin 1970, S. 108.
40 Anna Seghers: Briefe an Leser, a. a. O., S. 8.
41 N. N.: Seeroman, in: Die Welt am Abend, 1. Beil., Berlin, 19.10.1928.
42 Hans Sahl: Ein neuer Erzähler, in: Berliner Börsen-Courier. Moderne Tageszeitung für alle Gebiete, 11.11.1928.

scheut hatten, die Schwelle eines Buchladens zu übertreten, Geld für Lektüre auszugeben.

Es ist nicht zu sagen, wie die Übergabe des Preises erfolgte. Zu einer glanzvollen Feier mit geladenen Gästen fehlten der literarischen Gesellschaft sicherlich Mittel und Neigung: Noch war es nicht üblich, sensationell laut ins Horn zu blasen, um einen jungen Autor zu fördern. Carl Zuckmayer berichtete, dass er durch die Morgenzeitung und – am selben Vormittag – vom Geldbriefträger erfuhr, welche Anerkennung ihm zuteil geworden war. Er erzählte zugleich von der Achtung, die einfache Menschen einem Ausgezeichneten entgegenbrachten: Als er am Abend in seinem kleinen Stammlokal nach einem ausgedehnten Festmahl alle über Wochen angehäuften Schulden begleichen wollte, soll der Inhaber alte und neue Rechnungen mit der Bemerkung zerrissen haben: »Ein Herr, der den Kleistpreis bekommen hat, hat keine Schulden.« Zuckmayer war zum zweiten Mal geehrt worden.[43]

Nach der Auszeichnung der Anna Seghers leistete die Presse ganze Arbeit. Mehr als dreißig Rezensionen oder Annotationen 1928/29 allein in Deutschland haben wir gezählt.[44] Und – ebenfalls ungewöhnlich – die Erfolgsmeldungen überschritten die Landesgrenzen: Das Buch wurde sofort in fremde Sprachen übersetzt. Bereits 1929 erschien es in England, den Niederlanden, der Sowjetunion und der Ukraine. In Norwegen, Schweden, den USA, in Frankreich, Ungarn und Spanien war es in den folgenden vier Jahren zu lesen – auch dort begleitet von Presseberichten.[45] Noch 1967 erinnerte sich Anna Seghers, dass sie »sehr erregt und froh« war, als ihr 1930 bei ihrem Aufenthalt in Charkow Jugendliche eine ukrainische Ausgabe ihrer Erzählung überreichten.[46]

In einer kurzen Erklärung begründete Hans Henny Jahnn seine Wahl. Ohne auf Thema und Fabel näher einzugehen, begrüßte er Talent und humanistische Gesinnung der Autorin, die sich gegen Bewerber wie Binding, Bronnen, Feuchtwanger, Fleißer, Kesser, Lissauer, Regler, Rehfisch durchgesetzt hatte: »Ich habe den Preis der jetzt achtundzwanzigjährigen Anna Seghers zuerkannt, weil ich eine starke Begabung im Formalen gespürt habe. Bei großer Klarheit und Einfachheit der Satz- und Wortprägung findet sich in den beiden Novellen ein mitschwingender Unterton sinnlicher Vieldeutigkeit, der den Ablauf des Geschehens zu einer spannenden Handlung macht. Die Funktionen des Lebens erscheinen weniger wichtig als die Tatsache seiner Existenz. Die Gestalten sind nicht so sehr Träger einer Handlung, als Äußerung in ihnen wirksamer Kräfte. Darum verbrennt alles, was als Tendenz

---

43 Carl Zuckmayer: Als wär's ein Stück von mir. Horen der Freundschaft, Frankfurt am Main 2003, S. 474 ff. und S. 476.
44 Es werden weitaus mehr gewesen sein. Vor allem die Regionalzeitungen konnte ich nicht systematisch durchsehen, und in den wenigen vorhandenen Bibliographien werden nur wenige Angaben gemacht. Ich danke Frau Schellenberg für die Hilfe bei den umfangreichen Recherchen.
45 Hier stütze ich mich auf die Angaben, die Helen Fehervary in ihrem »Kommentar« zur Neuausgabe der Erzählung macht, in: Anna Seghers: Aufstand der Fischer von St. Barbara, a. a. O., S. 136 ff.
46 Anna Seghers: [Gespräch mit Wilhelm Girnus], in: Anna Seghers: KuW III, Berlin 1971, S. 31.

erscheinen könnte, in einer leuchtenden Flamme der Menschlichkeit. Ich fand in diesen Novellen unter allen Einsendungen nicht den umfassendsten, aber vielleicht den reinsten Beitrag zur Wiederentdeckung des Daseins ohne Apotheose.«[47] Die meisten Kritiker urteilten wie er – mit einer Einschränkung allerdings: Jahnn hatte ausdrücklich betont, den Preis beiden von Anna Seghers eingesandten Arbeiten zuerkannt zu haben. Die Rezensenten dagegen wandten sich allein dem vor kurzem erschienenen Buch zu. »Grubetsch« geriet allmählich in Vergessenheit.

Mit Lob geizten die meisten Kritiker nicht. Die Autorin wurde als »wahrhafte Künstlerin«[48], als »Dichterin von Rang und Kraft«[49] gefeiert: Sie sei »die Würdigste unter der heranmarschierenden jungen Schriftstellergeneration«[50]. Die Erzählung, ein »Meisterwerk«[51], habe »nicht allzu viele Parallelen in der modernen Erzählliteratur«[52], ihre »strenge, einsame Gesinnung« erscheine dem »Geiste jenes Dichters, in dessen Namen diese Auszeichnung erfolgte, Heinrich v. Kleists, seltsam nah und verbunden«[53]. Das preisgekrönte Buch wurde eingereiht in das bedeutendste Literaturereignis des Jahres 1928: in die aufstrebende Antikriegsliteratur, deren Autoren versuchten, nach den Umbrüchen und Unsicherheiten seit dem Ende des Krieges ihrer Arbeit wieder eine gesellschaftliche Funktion zuzuweisen. »Die Zeit scheint gekommen, wo der Krieg in der Kunst gültige Gestalt erreicht«, schrieb Ernst Toller im Dezember 1928 in seinem »Rückblick«, und er rühmte Remarques »Im Westen nichts Neues«, Renns »Krieg«, Arnold Zweigs »Streit um den Sergeanten Grischa«, Ernst Glaesers »Jahrgang 1902«.[54] Diesen Büchern »innerlich verwandt« sei auch die Arbeit der bisher unbekannten Anna Seghers, hieß es in einem anderen Übersichtsartikel.[55] Viele Kritiker schätzten die Erzählung »als das formal reife Werk eines Mannes«[56]. Begriffe wie »männliche Handschrift«[57] wurden oft gebraucht. Die Autorin war daran nicht ganz unschuldig: Sie verzichtete bei der Drucklegung auf einen Vornamen, ließ allein den Namen Seghers auf dem Buchdeckel erscheinen. Und eine »gute« Erzählung wurde traditionell zunächst einem Manne zugesprochen. Erst Hans Henny Jahnn löste mit der Veröffentlichung seiner Laudatio das Rätsel. Die Rezensenten beschrieben genau, was sie unter »männlich« verstanden, lobten schon bei dieser ersten Buchpublika-

---

47 Hans Henny Jahnn: Kleistpreis 1928, in: Der Schriftsteller, Zeitschrift des Schutzverbandes deutscher Schriftsteller e.V. (Gewerkschaft Deutscher Schriftsteller), Berlin 15(1928)11/12, S. 149.
48 Arthur Goldstein in: Die Bücherwarte. Zeitschrift für sozialistische Buchkritik, Berlin 4(1929)4, S. 51.
49 Victor Wittner in: Der Querschnitt. Marginalien der Galerie Flechtheim, Düsseldorf, Berlin, Frankfurt/M., Köln 9(1929)2, S. 148.
50 Georg Schwarz: Wenn Literaturpäpste den Kleistpreis verteilen, in: Die Front, Berlin 2(1929)2, S. 49.
51 Hans Sahl: Ein neuer Erzähler, a. a. O.
52 Arthur Goldstein, a. a. O.
53 Hans Sahl: Die Kleistpreisträgerin Anna Seghers, in: Berliner Börsen-Courier. Moderne Tageszeitung für alle Gebiete, 22.12.1928.
54 Ernst Toller: Rückblick, in: Berliner Tageblatt und Handelszeitung, 23.12.1928.
55 Karl Strecker: Neues vom Büchertisch, in: Velhagen und Klasings Monatshefte, Berlin 43(1929)8, S. 230.
56 H. O.-W.: Anna Seghers, die Trägerin des Kleistpreises, in: Mainzer Anzeiger, 2. Bl., 29.12.1928.
57 N. N.: Wofür eine Mainzerin den Kleistpreis erhielt, in: Mainzer Warte, 19.1.1929.

tion eine Sprachgestaltung, wie sie das Gesamtwerk der Autorin auszeichnen sollte. Der Dichter Max Hermann-Neiße erfasste das Besondere mit den Worten, der Roman erzähle eigentlich nicht, sondern gestalte »unsentimental, männlich, herb, mit einer selbständigen Lapidarität«[58]. Ähnlich urteilten andere Rezensenten. In der »zum Überdruss« vorhandenen Menge der »sentimental-romantischen Erzählungen von Fischern, Meeresrauschen und Liebesqualen« fielen die »echte Darstellung eines großen Ereignisses«[59], der »harte, nur feststellende Ton«[60] wohltuend auf. »Ein Vorfall« werde »zu Protokoll genommen«[61]. Eine »mitleidlos rauhe Chronik«[62] berichte vom Schicksal »wortkarge[r] Sklaven einer Reedereigesellschaft«, die »ums Brot, um ihre elenden Kinder und abgezehrten Weiber« revoltieren.[63] »Schlag auf Schlag, ohne Ausdeutung, ohne Gefühlsbetonung«[64] erzähle die Autorin, »ruhig, ohne Pathos« berichte sie: »Nie, dass Gefühl zum Durchbruch kommt, und doch unausgesprochen empfindet man das herbe Mitleid der Autorin mit den verzweifelten Existenzkampf führenden Fischern«[65]. Der artistische »Wert der Erzählung« zeige sich darin, dass »diese Sachlichkeit nirgends nüchtern, dass diese Schmucklosigkeit niemals kahl« werde.[66] Von der Sprachmächtigkeit der jungen Erzählerin waren fast alle Rezensenten beeindruckt: Durch »die Kraft der Sprache« entstehe »eine Einheit von Natur und Menschen, von Wetter, Regen, Meer und Schicksal«, die »völlig einzigartig« sei.[67]

Das galt auch dort, wo gleichzeitig Bedenken angemeldet wurden. In der Münchner Zeitschrift »Hochland« klagte der Kritiker allgemein über den »Verlust weltanschaulicher Bindung«. Den meisten »Literaten« von heute fehle die »glaubensschwere Wucht« eines katholischen Bekenntnisses. Diese Gott-Verlassenheit spürte er auch bei »Toni Seghers«: »Ihr Buch ist von so brutaler Dumpfheit, dass es beklemmt. [...] Man schiebt sich leer und hoffnungslos herum, wie Tiere in der Menagerie. [...] Keine Bindung mehr, kein Sinn, verloren von Gewalten hin und her geschwemmt, die sie nicht mehr verstehen. Kein Trost lächelt.« Dennoch lobte er ihr »starkes und bereits mit großer Sicherheit arbeitendes Talent«.[68] Der junge Kurt Kläber dagegen, später eng mit der Autorin befreundet, sah den Mangel wo-

---

58 Max Hermann-Neiße: Kleine Revolution. Aufstand der Fischer von St. Barbara, in: Frankfurter Zeitung und Handelsblatt, Literaturbeil., 16.12.1928.
59 P[aul] F[riedländer]: Buch und Broschüre, in: Die Rote Fahne, Zentralorgan der KPD, 3. Beil., Berlin 9.12.1928.
60 Hermann Kesten: Seghers. Aufstand der Fischer von St. Barbara, in: Das Tagebuch, Berlin 9(1928)52, S. 2286.
61 Hans Sahl: Ein neuer Erzähler, a. a. O.
62 Kurt Pinthus: Männliche Literatur, in: Das Tagebuch, Berlin 10(1929)12, S. 907.
63 Walter Hoyer: Neue deutsche und russische Erzähler, in: Hefte für Büchereiwesen, Leipzig 13(1929)11, S. 508.
64 Hermann Kesten: Seghers. Aufstand der Fischer von St. Barbara, a. a. O.
65 H. O.-W.: Anna Seghers, die Trägerin des Kleistpreises, a. a. O.
66 N. N.: Wofür eine Mainzerin den Kleistpreis erhielt, a. a. O.
67 A. V.: Bücher, in: Schlesische Monatshefte, Breslau 6(1929)2, S. 87.
68 Franz Herweg: Neue Romane, in: Hochland, München 26(1928/29)7, S. 95 ff.

anders: »Es wird etwas wenig von Organisation in diesem Buche gesprochen. Es ist zu viel Rebellentum und zu wenig Disziplin darin«, schrieb er in der Zeitung der Jungkommunisten, der »Roten Garde«. »Aber es ist trotzdem gut, es ist elementar, und die ausgezeichneten Milieuschilderungen und die Schilderung der sozialen Not heben das etwas Phantastische und Primitive des Kampfes auf.«[69]

Nur zwei Rezensenten, selbst literarisch tätig, kritisierten die sprachliche Gestaltung. Gerhart Pohl akzeptierte Stoff- und Themenwahl und das Engagement der Autorin, lehnte aber die Darstellungsweise ab: »Ein sozialer Zeitroman, der ein Meisterwerk wäre, vermöchte die Sprache Gestaltung und Stoff zur Einheit zu verschmelzen«, schrieb der Herausgeber der Zeitschrift »Die Neue Bücherschau«. Ihn störten Ellipsen, Dialektfärbung, die Reihung kurzer Sätze – Eigenheiten, die Anna Seghers fünfundzwanzig Jahre später bei einer Neuausgabe der Erzählung zu einem Großteil glätten sollte.[70] Auch Arno Schirokauer fand ihre Prosa »unbrauchbar«, bezeichnete die Autorin als »Erfinder einer interessanten Mixtur« aus Hochexpressionismus und Neuer Sachlichkeit, die nicht von »Dauer« sein könne. Er bemerkte wohl, dass die Erzählerin mit Stoff- und Themenwahl nicht allein stand. Weltweit hatten Schriftsteller begonnen, Not und Bedrängnis der ärmsten Menschen zur Sprache zu bringen. Im »Aufstand der Fischer« werde gestaltet, was auch »in den ›Webern‹, in Gorkis Erzählungen, in Istratis ›Disteln des Baragan‹, bei Upton Sinclair, auf der ganzen Welt geschieht«. Anders jedoch als Sahl vermochte der Rezensent, der so alt war wie Anna Seghers, wie sie nach neuen Möglichkeiten künstlerischer Darstellung suchte, Stoff- und Themenwahl nicht als Weg zu neuen Erzählweisen zu erkennen. Einen Zusammenhang sah er nicht. Für ihn war St. Barbara nur »eines der unzähligen Ruhrgebiete der Welt«, nur Immergleiches und Unabwendbares finde statt: »in Uniform gesteckte Proletarier steuern der Hungersnot, indem sie die Hungernden« mit »blauen Bohnen« füttern.[71]

Schirokauer kritisierte, um sich selbst zu klären. So zynisch seine Äußerungen auch klingen mochten – sie waren Ausdruck eigenen Suchens. Er fand schließlich im neuen Medium Rundfunk und im Hörspiel das ihm Gemäße. Ehrliche Auseinandersetzung dagegen war nicht das Ziel der »Arbeitgeberzeitungen«, die durch ihre Rezensenten »die Preisverteilung als einen Missgriff bezeichnen« ließen[72]. Die Schreiber der »Rheinisch-westfälischen Zeitung« und des »Völkischen Beobachters« lasen die Erzählung erst gar nicht. Sie nutzten den Kleistpreis nur zum

---

69 Kurt Kläber: Neue gute Bücher, in: Die Junge Garde, Berlin 11(1928/29)8, S. 8.
70 Gerhart Pohl: Der Jahrgang 1902 ist aufgebrochen, in: Die Neue Bücherschau, Berlin 6(1928)12, S. 623. Den Hinweis auf die späteren Veränderungen verdanke ich Inge Diersen in ihrem Buch »Seghers-Studien. Interpretationen von Werken aus den Jahren 1926–1935. Ein Beitrag zu Entwicklungsproblemen der modernen deutschen Epik«, Berlin 1965, S. 313 und 318. Anna Seghers nahm die Korrekturen vor in ihrer ersten Ausgabe Gesammelter Werke in Einzelausgaben, Berlin 1951.
71 Arno Schirokauer: Kleistpreis für Seghers, in: Die Literarische Welt, Berlin 5(1929)2, S. 2.
72 Hans Henny Jahnn: Rechenschaftsbericht Kleistpreis 1928, in: Der Kreis. Zeitschrift für künstlerische Kultur, Hamburg 1929, H. 3, S. 137 ff. Zitiert nach: Der Kleistpreis 1912–1932, a. a. O., S. 107.

politischen Kampfgeschrei. Das Blatt der Schwerindustrie richtete seinen Angriff zunächst gegen den Vertrauensmann Hans Henny Jahnn. Der Kleistpreis sei seit langem schon in »Bedeutungslosigkeit« versunken, hieß es, jetzt habe sogar ein »pathologischer Bühnenschriftsteller«[73] die Ehrung vorgenommen. Man bediente sich eines Vokabulars, das nur wenige Jahre später dazu herhalten musste, Scheiterhaufen für humanistische Literatur, für Bücher von Seghers, Jahnn, Schirokauer z. B., zu rechtfertigen. Das »Kampfblatt der national-sozialistischen Bewegung Großdeutschlands« zielte direkt auf Anna Seghers. Griff sie persönlich an. Judenfeindlichkeit, Hass, Brutalität schlugen ihr entgegen. Schon bei ihrer ersten Buchpublikation lernte sie all das selbst kennen, was sie 1922 bei der Ermordung Walther Rathenaus mit Entsetzen beobachtet, womit sie sich 1924 in ihrer Dissertation auseinandergesetzt hatte. Man sprach nicht über ihr Buch. Das jüdische Elternhaus, der vermögende Vater, der stille Helfer Alfred Kerr, als »Literaturhebräer« attackiert, ohne den »heutzutage kein deutscher Dichter ›gemacht‹« werde, reichten aus, um die junge Schriftstellerin »echt deutschen Dichtern« entgegenzustellen, sie aus deutscher Dichtung auszugrenzen.[74] Sollte das frühe Wissen um diese steigende tödliche Gefahr sie nicht bestärkt haben, an dem vielleicht spontan gewählten Pseudonym als Schutzschild festzuhalten?

Hans Henny Jahnn fasste im Frühjahr 1929 in einem Aufsatz »Rechenschaft Kleistpreis 1928« seine Erfahrungen der letzten Monate zusammen. 800 eingereichte Manuskripte hatte er durchgesehen. Ausgewertet. Eine Autorin ausgezeichnet. Sieben weiteren Schriftstellern eine »Ehrenvolle Erwähnung« zuerkannt: Peter Martin Lampel, Hermann Kesten, Hans Reiser, Boris Silber, Wolfgang Weyrauch, Ernst Glaeser, Peter Werder. Bei seiner Arbeit konnte Jahnn ein Bild gewinnen allgemeiner deutscher Literaturentwicklung. Die acht von ihm hervorgehobenen jungen Autoren waren ihm dafür Ausdruck und Gewähr: »Die junge deutsche Literatur steht überwiegend links«, schrieb er. »Der Gründe für die Aktivierung sind viele. Das Messer sitzt an der Kehle. Leute in warmgepolsterten Sesseln wollen es nicht glauben. Der Krieg ist (glücklicherweise) nicht vergessen. [...] Die neue Jugend ist nicht weiser als die voraufgegangene; aber misstrauischer, darum roher, offener, unberechenbar.« In dieser Entwicklung sah er weder Verfall noch Verlust, »sondern das Dokument der Liebeskräfte, die eines Tages in Klarheit des Geistes und Mitleiden umschlagen werden, um den morschen Bau einer spätkapitalistischen Welt zu untergraben.« Die letzten Sätze seines »Rechenschaftsberichtes« widmete er allein der Erzählung »Aufstand der Fischer von St. Barbara«: »Ein gutes Buch mit knapper und sehr deutlicher Sprache, in dem auch die geringste Figur Leben gewinnt. In dem die Tendenz schwächer ist als die Kraft des Menschlichen. Es ist ein Daseinsvorgang in fast metaphysischer Verklärung. Das nenne

---

73 Paul Joseph Cremers, in: Rheinisch-Westfälische Zeitung, 22.12.1928.
74 Die Trägerin des Kleistpreises Anna Seghers, eine Jüdin, in: Völkischer Beobachter, Kampfblatt nationalsozialistischer Bewegung Großdeutschlands, München, 5.1.1929.

ich Kunst. Darüber hinaus: Die Darstellungsart wirbt sogar bei fast Herzlosen für die Tendenz. (Ganz Herzlose sind nicht zu umwerben.)«[75] Jahnn schien selbst von der Wirkungskraft der Erzählung überrascht. Er bemerkte eine Besonderheit, die hier zum ersten Mal aufschien, in späteren Werken der Autorin immer wieder überraschen sollte: Ihrer Erzählkunst gelang es, bei den unterschiedlichsten Menschen für ihr Anliegen »zu werben«, Gehör, Verständnis zu finden. Abgesehen von den »ganz Herzlosen« der »Rheinisch-westfälischen Zeitung« und des »Völkischen Beobachters«, »die nicht zu umwerben sind«, hatten sich in den Rezensionen Sozialisten, Kommunisten, Christen, liberale und demokratische Bürger zu ihrer Geschichte vom Aufstand verelendeter Menschen ernsthaft zu Wort gemeldet. »Arbeiterlesern«[76] war das Buch empfohlen worden. Nicht alle stimmten der Autorin zu. Nicht alle urteilten gleich über Reaktionen und Aktionen einzelner Fischer. Die Erschießung Kedenneks z. B. wurde nicht nur als Akt staatlicher Gewalt, auch als gerechte Sühne für begangenes Unrecht empfunden.[77] Dass aber Not und Angst und Fremdsein überwunden, die Menschenwürde aller Individuen verteidigt werden mussten, wurde nicht in Frage gestellt. Über ein drängendes Problem der Zeit konnte von vielen Menschen ruhig nachgedacht, ruhig gesprochen, gemeinsam nach Verständigung gesucht werden. Die Erzählung hatte vorgeführt, was Kunst vermag.

Eine Stellungnahme zum Kleistpreis, am 29. Dezember 1928 in der Heimatstadt der Schriftstellerin erschienen, konnte Besonderes leisten. Nicht nur auf beide Erzählungen »Grubetsch« und »Aufstand der Fischer von St. Barbara« ging sie ein. Auch auf die Biographie der jungen Autorin. Ihre Mutter wurde vorgestellt. Der Beruf des Vaters genannt. Sogar erwähnt, dass beiden preisgekrönten Erzählungen die Veröffentlichung einer »Skizze von Antje Seghers« vorangegangen war und Alfred Kerr der Achtzehnjährigen »die schriftstellerische Zukunft« vorausgesagt habe. Gezeichnet war diese Arbeit nur mit drei Buchstaben: »H. O.-W.« Unübersehbar jedoch: Nähe und Vertrautheit des Rezensenten mit den Familien Fuld und Reiling. Ich bin gewiss: nur der liebevolle, väterliche Förderer Netty Reilings, Hermann Wendel, kann der Autor gewesen sein. Er schrieb den ersten und für Jahrzehnte einzigen und verlässlichen Kurzbericht über Anna Seghers, erzählte von Kindheit und Jugend Netty Reilings. Und – er nannte glaubhaft einen weiteren Grund, sich für ein Pseudonym zu entscheiden: »Ihre Scheu, hervorzutreten und die Absicht, unbeeinflusst das Urteil der Öffentlichkeit abzuwarten, ließen sie ihren Decknamen wählen.«[78] Fremde vorurteilsfreie Leser sollten Netty Radvanyi

---

75 Hans Henny Jahnn: Rechenschaft Kleistpreis 1928, a. a. O. Zitiert nach: Der Kleistpreis 1912–1932, a. a. O., S. 108.
76 etz: Der Ausstand, in: Kulturwille. Monatsblätter für Kultur der Arbeiterschaft, Leipzig 6(1929)3, S. 60.
77 Werner Hager (Romane und Erzählungen) meint in seiner Rezension, »aus Not geschieht Unrecht und wird selbstverständlich und klaglos gesühnt«. Auch er spricht von der »vorbildlich saubere[n] Gesinnung«, mit der die Autorin den Aufstand gestalte, und er vergleicht ihr Buch mit Werken Hamsuns. (In: Die schöne Literatur, Leipzig 30(1929)8, S. 359.
78 H. O.-W.: Anna Seghers, die Trägerin des Kleistpreises, a. a. O.

die sie bedrängende Frage beantworten, ob sie wirklich »begabt«, zur Schriftstellerin berufen sei, mit ihrem Erzählen etwas bewirken könne. In ihrer krisenhaften Situation 1927/28 nahm sie die Auszeichnung mit dem Kleistpreis und das Echo, das vor allem ihre Erzählung von den Fischern hervorrief, als ein »Gottesurteil« an. Ihre Unsicherheit paarte sich mit einem Anspruch, den ihr der Sozialdemokrat Hermann Wendel, im Konflikt mit seiner Partei seit Beginn des Ersten Weltkrieges, vorgelebt und den sie sich zu eigen gemacht hatte: Auch sie wollte Sein und Schaffen miteinander verbinden, keinen Zwiespalt dulden zwischen Leben und Arbeit. Sie wünschte, zu einer »unangreifbaren, klaren Einheit von Sein und Denken« zu gelangen.[79] Dieses Streben prägte ihr Leben, ihm fühlte sie sich verpflichtet – bis zu ihrem Tode. Auch auf diese früh gefasste Lebensmaxime machte Hermann Wendel aufmerksam. Seinen kurzen Bericht vom Werdegang Netty Reilings, sein Lob der Erzählung schloss er ab, indem er seinen Schützling mit der Verpflichtung auf diese bleibende Aufgabe ins Leben entließ: »Wahrlich – ein reiches Frauenleben, in dem Künstler- und Menschentum Hand in Hand gehen und einander Richtung weisen.«[80] Mit ihrem Aufbruch nach St. Barbara hatte Netty Reiling ihren Weg in die Zukunft gefunden.

---

79 Anna Seghers: Inneres und äußeres Reich, in: Anna Seghers: KuW I, Berlin 1970, S. 205. Mit diesem 1946 geschriebenen Aufsatz schloss Anna Seghers die Reihe ihrer im mexikanischen Exil veröffentlichten programmatischen Arbeiten ab. Nach dem Ende von Krieg, Faschismus und Exil erwartete sie einen gesellschaftlichen Neuanfang. Sie beendete ihren Artikel, indem sie an Heinrich Heine erinnerte, der ihr ein Leben lang ein Richtung weisender Schriftsteller gewesen war. Sie zitierte einen Satz, der auch ihre Hoffnungen aussprach: »›Indessen, die neue Zeit wird auch eine neue Kunst gebären, die mit ihr selbst in begeistertem Einklang sein wird.‹ (Heine) Aus diesem Einklang kommt die Macht der Anziehungskraft von Werken, bei denen man fühlt: ihr Schöpfer ist zu der unangreifbaren, klaren Einheit von Sein und Denken gelangt.« Hermann Wendel hatte zu Beginn des Ersten Weltkrieges eine Biographie Heines geschrieben und das damals verbotene Buch 1916 seiner »Nichte Netty Reiling« gewidmet. Vgl. das Kapitel »Zu sich selbst finden« in diesem Buch.
80 Hermann Wendel: Anna Seghers, die Trägerin des Kleistpreises, a. a. O. (Was Wendel am Herzen lag, wurde von den Nationalsozialisten für ihre Angriffe ausgebeutet. Die genannte Rezension im »Völkischen Beobachter« bezog sich auf diesen Artikel.)

Abkürzungsverzeichnis

Für die Anmerkungen wurden folgende Abkürzungen verwendet:

Argonautenschiff: Argonautenschiff. Jahrbuch der Anna-Seghers-Gesellschaft Berlin und Mainz e.V.
ASA: Anna-Seghers-Archiv der Stiftung Archiv der Akademie der Künste, Berlin
ASG: Anna-Seghers-Gedenkstätte Berlin-Adlershof bei der Stiftung Archiv der Akademie der Künste, Berlin
Anna Seghers: KuW I: Anna Seghers: Über Kunstwerk und Wissenschaft. Bd. I. Die Tendenz in der reinen Kunst. Bearbeitet und eingeleitet von Sigrid Bock
Anna Seghers: KuW II: Anna Seghers: Über Kunstwerk und Wissenschaft. Bd. II. Erlebnis und Gestaltung. Bearbeitet und eingeleitet von Sigrid Bock
Anna Seghers: KuW III: Anna Seghers: Über Kunstwerk und Wissenschaft. Bd. III. Die Tendenz in der reinen Kunst. Bearbeitet und eingeleitet von Sigrid Bock
Anna Seghers: KuW IV: Anna Seghers: Über Kunstwerk und Wissenschaft. Bd. IV. Ergänzungsband. Bearbeitet und eingeleitet von Sigrid Bock
SAPMO: Stiftung Archiv der Parteien und Massenorganisationen der DDR im Bundesarchiv, Berlin
Stadt A Mz: Stadtarchiv Mainz
Stadt A F: Stadtarchiv Frankfurt am Main
UAH: Universitätsarchiv Heidelberg

Personenregister

Abendroth, Wolfgang – 123
Ady, Endre – 131 f.
Aischylos – 14
Aitmatow, Tschingis – 17
Andreas, Willy – 160
Aragon, Louis – 15
Arfeld (geb. Reiling), Johanna – 49
Baal-Schem-Tow, Rabbi – 200
Babel, Isaak – 25
Balázs, Béla – 132 ff., 142, 169 ff., 182, 185 f., 248, 258 f.
Balser, Dr. – 91
Barbusse, Henri – 19, 69 f., 72 f.
Becher, Johannes R. – 218, 247, 251
Bechstein, Ludwig – 17
Belsen, Jacobus – 120
Benjamin, Bernhard – 35
Benjamin, Heinrich – 33, 35 ff., 47, 221
Berger, Tivadar – 138
Binding, Rudolf – 292
Bloch, Ernst – 183 f.
Blok, Alexander – 14
Bode, Wilhelm – 42, 148, 190
Böll, Heinrich – 15
Bonnard, André – 14
Börne, Ludwig – 31
Brandler, Heinrich – 246
Braun, Lotte – 86 ff.
Brecht, Bertolt – 14, 251, 269, 281
Brentano, Clemens – 251
Brinckmann, Albert Erich – 147, 150
Brinkmann, Carl – 190
Brod, Max – 18, 251
Bronnen, Arnolt – 292
Buber, Martin – 125, 157, 194, 200 f., 211
Buber, Raphael – 125, 140 ff., 201
Buber-Neumann, Margarete – 124, 140
Bubnoff, Nicolai von – 116, 130
Büchner, Georg – 14, 45, 70, 276
Bueno (Bonus), Ephraim – 195, 203
Bulgakow, Michail – 25
Bunke, Tamara (Tanja) – 24
Burckhardt, Jacob – 100, 151
Burschell, Friedrich – 251
Burte, Hermann – 268
Busch, Wilhelm – 54 ff.

Cahn, Henriette – 30
Cahn, Jacob – 86
Chou Tun-i – 114, 125
Chuang-tse – 114, 125
Cramer, Clementine – 39, 46, 227
Cramer, David – 41, 47, 232
Cromwell, Oliver – 178
Croner, Fritz – 109 f.,
Curtius, Ludwig – 99 f., 102, 104 f., 161 f.
Dagover, Lil – 240
Dehmel, Richard – 268
Döblin, Alfred – 251 f.
Dostojewski, Fjodor – 17 f., 45, 64 f., 119, 133, 138, 156, 185
Duncker, Hermann – 70, 187, 244 f., 247 ff.
Dürer, Albrecht – 162
Ebert, Friedrich – 112, 230
Ehrenburg, Ilja – 10, 17
Ehrenstein, Albert – 251
Einstein, Albert – 250
Eisenstein, Sergej – 240
Eisler, Hanns – 251
Engel, Fritz – 267
Engels, Friedrich – 19
Ernst Ludwig, Großherzog von Hessen-Darmstadt – 40 ff., 71, 79
Ernst, Paul – 22
Erpenbeck, Fritz – 161
Erzberger, Matthias – 114
Fayolle, Emile, General – 83
Fehervary, Helen – 131, 279
Feininger, Lyonel – 36
Feuchtwanger, Lion – 251, 281, 292
Fischer, Adolf – 97, 148 f.
Fischer, Frieda – 149
Fischer, Samuel – 271, 280 f., 291
Fleißer, Marieluise – 292
Flörke, Anne – 91
Flörke, Hermann – 91
Fogarasi, Béla – 134
Forster, Georg – 85 ff., 92
Fraenger, Wilhelm – 117 f., 129, 190, 213
Frank, Leonhard – 251, 269
Frank, Rudolf – 42
Fröhlich, Horst – 244
Fuld, Clementine (s. Goldschmidt, Clementine)
Fuld (geb. Schuster), Caroline – 30, 33
Fuld, Harry – 35 f., 40 f., 96 f.
Fuld, Hedwig (s. Reiling, Hedwig)
Fuld, Helene – 32 f., 36 ff., 46, 51, 71, 215, 221, 227

Fuld, Herz Salomon – 30 ff., 35, 40, 221
Fuld, Sally Salomon – 31, 36 f., 40, 216
Fülep, Lajos – 133
Gábor, Éva – 172 f.
Ganz – 42
Georg I., König von Griechenland – 31
George, Stefan – 96
Gergely, Tibor – 134
Gladkow, Fjodor – 17, 230, 254, 266
Glaeser, Ernst – 293, 296
Goertz, Elsa – 58 f.
Goertz, Jakob – 58
Goethe, Johann Wolfgang – 14, 45, 64 ff., 85, 92 f., 137, 165, 267 f.
Gogol, Nikolai – 12, 14
Goldberg (geb. Reiling), Rirka – 49
Goldschmidt (geb. Fuld, gen. Clem), Clementine – 30 f., 34, 38 f., 41
Goldschmidt, Jacob – 29 ff., 36 f., 40 f.
Goldschmidt, Julius – 40 f.
Goldschmidt, Leah – 29
Goldschmidt, Meier – 29
Goldschmidt, Selig – 29 ff., 35 ff., 40 f.
Goll, Yvan – 19, 153
Gorki, Maxim – 295
Grimm, Gebrüder – 62 f.
Guardini, Romano – 18
Guevara, Ernesto Ché – 24
Günderode, Karoline von – 15
Gundolf, Friedrich – 96
Haas, Willy – 251
Haas, Fratel – 27
Haas, Löw – 27, 29
Haas, Ziphe – 27, 29
Hallgarten, Charles Lazarus – 38, 42
Hamann, Richard – 190
Hasenclever, Walter – 251
Hauser, Arnold – 133 f., 136, 171
Heartfield, John – 251
Hedicke, Prof. – 162
Heine, Heinrich – 14, 20 ff., 38, 45, 64, 70 f., 81, 115
Hermann, Magdalena – 18 f., 69, 90
Hermann-Neiße, Max – 294
Hermlin, Stephan – 15, 23, 48
Herz, Henriette – 37
Herz, Sally – 33
Hieronymus von Prag – 177
Hitler, Adolf – 103, 123
Hoffmann, E.T.A. – 12
Hoffmann, Melchior – 177

Hölderlin, Friedrich – 14, 22, 45, 153
Hölthy, Ludwig Christoph Heinrich – 45
Homer – 14, 63 ff.
Horthy, Miklós – 137, 171
Hus, Jan – 177
Istrati, Panait –295
Jacobsen, Jens Peter – 57
Jahnn, Hans Henny – 266, 269 ff., 277, 280, 291 ff., 296 f.
Jaspers, Karl – 103 f., 160, 171
Kafka, Franz – 12, 18, 63, 220
Kaiser, Georg – 281
Káldor, György – 134, 138, 142, 171
Kandinsky, Wassili – 152, 154
Karl der Große – 53
Károlyi, Mihály – 135
Kasack, Hermann – 251
Kautsky, Karl – 19
Kautsky, Luise – 19
Kayser, Rudolf – 271, 280
Kayserling, Moritz – 193
Keim, Anton Maria – 20
Kerr, Alfred – 38, 93, 221, 269, 271 f., 296 f.
Kersten, Kurt – 251
Kesser, Hermann – 292
Kesten, Hermann – 296
Kiepenheuer, Gustav – 251, 281, 291
Kierkegaard, Sören – 18, 45, 133, 135, 138 f., 219 f., 232, 237 f.
Kipling, Rudyard – 18, 143
Kirsch, Sarah – 25
Kisch, Egon Erwin – 251
Kläber, Kurt – 294
Klee, Paul – 36
Kleist, Heinrich von – 14, 45, 64, 70, 266 ff., 293
Klingelschmitt, Franz Theodor – 84, 86 ff., 96, 162 f., 192
Klinger, Max – 162
Kogan, Moissey – 152 ff.
Kohut, Adolf – 21
Kokoschka, Oskar – 36
Kolloff, Eduard – 190, 205
Kollontai, Alexandra – 44, 226 ff., 253 f.
Kollwitz, Käthe – 281 f.
Konfuzius – 125
Kopelew, Lew – 16
Korolenko, Wladimir – 19
Kortner, Fritz – 251
Krause-Bakowski, Friedrich Ernst-August – 114 f., 119 f., 126, 128

Kuczynski, Jürgen – 98
Kun, Béla – 135 f., 140
Küppers, Erich – 20
L'Ouverture, Toussaint – 9,
Lampel, Peter Martin – 296
Landshoff, Fritz Helmut – 281
Láng, Julia – 138, 167 f., 207, 251
Langbehn, Julius – 191
Langgässer, Elisabeth – 25
Lao-tse – 114, 125
Lasker-Schüler, Else – 269
Lastmann, Pieter – 202
Leander, Richard – 17, 52
Lederer, Emil – 105 ff., 115, 119, 122, 127, 130, 132 f., 144, 150, 169
Lederer, Irma – 133
Lehmbruck, Wilhelm – 153
Lenard, Philipp – 102 ff.
Lenau, Nikolaus – 14
Lenin, Wladimir – 19, 75 f., 140, 226, 246 ff.
Leonhard, Rudolf – 251
Lermontow, Michail – 14
Lessing, Gotthold Ephraim – 64
Lesznai, Anna – 133
Levi, Paul – 140 f., 246
Liebig, Ilse – 241
Liebknecht, Karl – 15
Liebknecht, Wilhelm – 244 f.
Lilburn, John – 177
Lincoln, Abraham – 127
Lissauer, Ernst – 292
Loerke, Oskar – 271, 280
London, Artur – 15 f., 26
Lukács, Georg – 14, 130, 132 ff., 141 f., 164, 168 ff., 182, 186 f., 248, 254
Luther, Martin – 15, 20, 115, 178, 180
Luxemburg, Rosa – 19, 70, 244 f.
Manasse ben Israel, Rabbi Samuel – 195, 197, 203,
Mangin, Charles, General – 83
Mann, Heinrich – 251, 281
Mann, Thomas – 14 f., 280
Mannheim, Karl (Károly) – 98, 134, 136, 138, 144, 167 ff., 181, 185 ff., 190, 207, 251
Manzoni, Alessandro – 259
Mao Tse-tung – 19
Marchlewski, Julian – 70
Márquez, Gabriel García – 25
Marx, Karl – 19, 102, 106, 246
Mathys, Jan – 177
Mehring, Franz – 70, 244 f.

Mehring, Walter – 251, 281
Meisel, Hans – 269
Melanchthon, Phillipp – 177
Menzel, Gerhard – 269
Mierendorff, Carlo – 101, 103 f., 110 ff., 122
Morgan, John Piermont – 31
Morgner, Irmtraut – 25
Münzenberg, Willi – 247
Münzer, Thomas – 9, 183
Musil, Robert – 251, 269
Nâgârjuna – 128
Napoleon (Bonaparte) – 9, 28, 83
Neruda, Pablo – 14, 65
Neumann, Carl – 100, 116, 118, 161 ff., 189 ff., 199 ff., 213
Nikolai II., Zar – 31, 42, 71
Olschki, Leonardo – 115
Onasch, Konrad – 19
Oncken, Hermann – 105, 115, 160
Oppenheim, Daniel – 36
Oppenheimer, Magdalena (s. Reiling, Magdalena)
Panzer, Friedrich – 160 f.
Pappenheim, Bertha – 38, 43 ff.
Pohl, Gerhart – 295
Radbruch, Gustav – 99
Radványi (Radvanyi), Ladislaus (László) (Johann Lorenz[-Schmidt]) – 9 ff., 17 f., 49, 119, 125, 130 f., 133 ff., 139 f., 142 ff., 156 ff., 168 ff., 178 ff., 189, 197, 200 f., 206, 215, 217 ff., 222 ff., 230 ff., 237, 239, 242 ff., 246 f., 249, 252 ff., 258, 265, 282, 284, 287
Radványi, Emerich – 130
Radványi, Imre – 239
Radvanyi, Peter (Pierre) – 53, 56, 142, 240 ff.
Radvanyi, Ruth – 34, 51, 241 f.
Rákosi, Mátyás – 139 f., 142, 186
Ranke, Hermann – 104, 115, 162
Ratazzi, Georg – 76 f.
Rathenau, Walther – 103 f., 145, 157, 193 f., 278, 296
Regler, Gustav – 19, 292
Rehfisch, Hans José – 292
Reiling, Carl – 9
Reiling, David – 28 f., 32, 39 f., 42, 49, 96
Reiling, Esther (geb. Schmalkalden, gen. Jeannette) – 29 f., 32, 39, 49 ff., 218
Reiling, Hedwig (geb. Fuld) – 11, 18, 22, 32, 34 ff., 38 ff., 43 ff., 49, 51, 58, 61, 68, 81, 227, 242
Reiling, Hermann – 40 ff., 49, 66 f., 71, 79 f., 86, 96, 163

Reiling, Isidor Lutz – 32, 35, 39 ff., 46, 48 ff., 57 f., 60, 66 ff., 71, 80, 86, 96 f., 163, 194, 218, 221, 232
Reiling, Joseph Loeb – 27
Reiling, Magdalena (geb. Oppenheimer) – 27
Reiniger, Lotte – 240
Reiser, Hans – 296
Remarque, Erich Maria – 280, 293
Rembrandt (van Rijn) – 100, 147, 189 ff., 195 ff., 201 ff., 213 f., 256 f., 288 f.
Richter, Ludwig – 17
Rickert, Heinrich – 132, 160
Ritoók, Emma – 134
Roscher, Achim – 48, 87, 214
Roth, Joseph – 251, 281
Rothmann, Berndt – 177
Rothschildt – 31
Rubiner, Ludwig – 70
Ruge, Arnold – 102, 120 ff.
Sacco, Ferdinando »Nicola« – 146
Sahl, Hans – 295
Salmony, Alfred – 149 ff., 162 f.
Schaeffer, Antonie – 124 f., 241
Schaeffer, Antonina – 124 f., 240 f., 251
Schaeffer, Philipp – 23, 119 ff., 127 ff., 140, 151, 159, 186, 211, 226, 240 f., 243, 251, 258
Schiller, Friedrich – 64 f., 92, 119, 267
Schirokauer, Arno – 295 f.
Schmalkalden, Esther (s. Reiling, Esther)
Schmalkalden, Fratel – 29
Schmalkalden, Herz – 49
Schmalkalden, Joseph – 27, 29
Schoeps, Hans-Joachim – 18
Schudt, Johann Jacob – 192 f.
Schulz, Katharina – 242
Schütz, Friedrich – 86
Seeligmann, Sigmund – 192
Seghers, Hercules – 213 f.
Seidel, Ina – 25
Shakespeare, William – 14, 21, 137
Signac, Paul – 36
Silber, Boris – 296
Simon, Ernst – 20
Sinclair, Upton – 295
Sinkó, Ervin – 182
Solshenizyn, Alexander – 16
Sophokles – 14
Sorge, Reinhard – 268
Spira-Ruschin, Steffie – 242
Spyri, Johanna – 17
Stalin, Jossif – 19, 246

Staudinger, Else – 105
Sun Yat-sen – 19, 126 f.
Sylva, Carmen (Pseudonym der Prinzessin Elisabeth Pauline Ottilie Luise zu Wied) – 44
Thälmann, Ernst – 249
Toller, Ernst – 112, 251, 281, 293
Tolnay, Károly – 134
Tolstoi, Lew (Leo) – 11, 14, 18, 167 f., 290 f.
Trifonow, Juri – 17, 25
Tschiang Kai-shek – 114
Tucholsky, Kurt – 226, 251
Urzidil, Johannes – 18
Vanzetti, Bartolomeo – 146
Varnhagen, Rahel – 37
Vogelweide, Walther von der – 63, 161
Wachsberger, Arthur – 149
Waldberg, Max Freiherr von – 160
Walleser, Max – 127 f., 160
Weber, Max – 105, 132 f.
Weigel, Helene – 251
Weill, Kurt – 251
Weiskopf, Franz Carl, 22
Wendel, Hermann – 21 f., 38, 45 f., 70 ff., 75 ff., 81, 89, 93, 105 f., 109, 111, 169, 221, 227, 231, 297 f.
Werder, Peter – 296
Weyrauch, Wolfgang – 296
Wicliff, John – 177
Windelband, Wolfgang – 115
Winstanley, Gerard – 177
With (Witt), Karl – 149 ff., 162 f., 192, 251
With, Irene – 151, 155, 251
Wolf, Christa – 15, 25 f., 77, 189, 194, 210, 214
Wolfenstein, Alfred – 251
Zehl Romero, Christiane – 142, 164
Zetkin, Clara – 140, 244, 246 f.
Zewi, Sabbatai – 197
Zuckmayer, Carl – 98, 101 ff., 110, 117 f., 129, 145, 190, 194, 267, 269, 292
Zweig, Arnold – 269, 281, 293